中卫年鉴

2024

中卫市地方志编审委员会办公室　　编

黄河出版传媒集团
阳光出版社

图书在版编目（CIP）数据

中卫年鉴. 2024 / 中卫市地方志编审委员会办公室编. -- 银川：阳光出版社，2024. 12. -- ISBN 978-7-5525-7763-1

Ⅰ. Z524.33

中国国家版本馆CIP数据核字第2025GN3678号

中卫年鉴 2024　中卫市地方志编审委员会办公室 编

责任编辑　杨　皎　赵维娟
封面设计　邵士雷
责任印制　岳建宁

出版发行　阳光出版社
地　　址　宁夏银川市北京东路139号出版大厦（750001）
网　　址　http：//ssp.yrpubm.com
网上书店　http：//shop129132959.taobao.com
电子信箱　yangguangchubanshe@163.com
邮购电话　0951-5047283
经　　销　全国新华书店
印刷装订　宁夏中报传媒印务有限公司
印刷委托书号　（宁）2500411
地图审图号　宁S（2022）第001号

开　　本　880 mm × 1230 mm　1/16
印　　张　17.75
字　　数　530千字
版　　次　2024年12月第1版
印　　次　2024年12月第1次印刷
书　　号　ISBN 978-7-5525-7763-1
定　　价　298.00元

《中卫年鉴 2024》

编 委 会

编写说明

一、《中卫年鉴2024》是中卫市地方志编审委员会办公室组织编写的大型综合性资料文献，主要记载2023年度中卫市政治、经济、文化、社会、生态概貌和发展情况，旨在为各级党政机关、社会各界了解、研究中卫提供较全面、系统的信息资料。

二、《中卫年鉴2024》以马克思列宁主义、毛泽东思想、邓小平理论、“三个代表”重要思想、科学发展观、习近平新时代中国特色社会主义思想为指导，坚持辩证唯物主义和历史唯物主义的立场、观点和方法，遵循年鉴编纂的有关规定，广征博采，深度挖掘，存真求实，服务现实。

三、《中卫年鉴2024》所刊载的资料由各县（区）、市直各部门（单位），以及中央、自治区驻中卫的单位及企业、集团公司等提供，并经本部门（单位）领导审核。部分资料来源于《中卫日报》等媒体。宏观数据以《中卫统计年鉴》为准，行业数据以各有关部门（单位）提供的数据为依据。所载内容均有供稿人或供稿单位署名，原文照录资料注明出处。

四、《中卫年鉴2024》采取分类编辑法，以类目、分目、条目组成框架结构的主体部分，个别分目中增设二级分目。全书条目标题统一用黑体字加【 】表示。

五、《中卫年鉴2024》篇目设置遵循科学分类和社会分工相结合的原则，设特载、大事记、中卫综览、中国共产党中卫市委员会、中卫市人民代表大会、中卫市人民政府、政协中卫市委员会、纪委 监委、民主党派与工商联、群众团体、法治、军事、经济管理、工业与园区建设、云计算和大数据、农业 水利、住房和城乡建设、交通 邮政 通信、生态环境保护、商贸流通、旅游、金融、教育 科学、文化 体育 传媒、卫生健康、社会管理、人物与荣誉、附录28个类目。

六、《中卫年鉴2024》收录人物为辖区时限范围内获得省部级以上表彰奖励的先进模范人物、新闻人物等。先进名录所收录的先进集体和先进个人名单依据市委、市政府表彰决定录入，获市级以上表彰奖励者的名单由各部门（单位）提供，部分来自《宁夏日报》等公开媒体。

七、《中卫年鉴2024》中数字、标点符号用法分别符合国家标准《出版物上数字用法》（GB/T 15835—2011）、《标点符号用法》（GB/T 15834—2011），计量单位符合国家技术监督局1993年12月发布的《量和单位》系列国家标准。

八、《中卫年鉴2024》除特载、附录内容保留原文表述方式外，其他篇目采用第三人称记述。

九、《中卫年鉴2024》所入编的文字资料、图片资料，截至时间为2023年12月31日，个别内容为反映其发生、发展的全过程作适当上溯或下延。

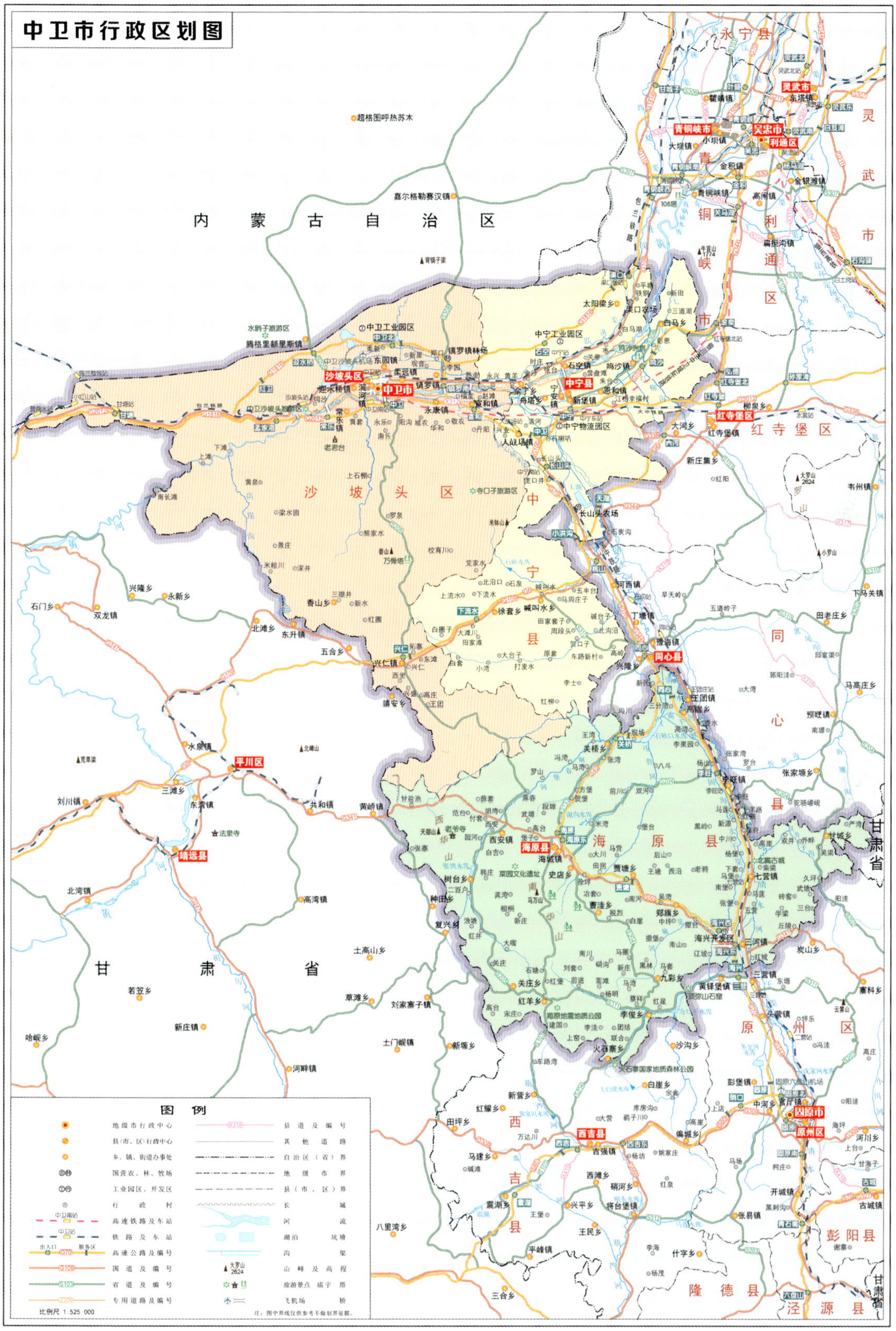

审图号:宁S(2022)第001号　　宁夏回族自治区自然资源厅 编制

中卫城区图(周利群 摄)

中卫新建滨河居住区(万如刚 摄)

沙坡头水镇(周利群 摄)

香山湖湖心亭(周利群 摄)

中卫体育馆(曾国福 摄)

鼓楼夜景(陈学仁 摄)

香山湖湿地公园(周利群 摄)

中卫市城区夜景(陈学仁 摄)

沙坡头景观大道水系(周利群 摄)

9月5日,“沙坡头杯”第五届全国大漠健身运动大赛在沙坡头旅游景区开幕(中卫市旅游和文化体育广电局 供图)

宁夏代表团入场(中卫市旅游和文化体育广电局 供图)

沙漠羽毛球(中卫市旅游和文化体育广电局 供图)

沙漠拉沙舟(中卫市旅游和文化体育广电局 供图)

沙漠马拉松(中卫市旅游和文化体育广电局 供图)

"沙坡头杯"第五届全国大漠健身运动大赛开幕式文体展演(中卫市旅游和文化体育广电局 供图)

沙漠足球(中卫市旅游和文化体育广电局 供图)

沙漠排球(中卫市旅游和文化体育广电局 供图)

抢收抢种硒砂瓜比赛(中卫市旅游和文化体育广电局 供图)

滑沙(中卫市旅游和文化体育广电局 供图)

2023年6月16日，以“办共享全运、展塞上新风、促全民运动”为主题的宁夏回族自治区第十六届运动会开幕式在中卫市举行（中卫市新闻传媒中心 供图）

开幕式运动员入场（中卫市新闻传媒中心 供图）

运动员宣誓（中卫市新闻传媒中心 供图）

同心筑梦向未来(中卫市新闻传媒中心 供图)

开幕式文体展演(中卫市新闻传媒中心 供图)

开幕式文体展演(中卫市新闻传媒中心 供图)

开幕式文体展演(中卫市新闻传媒中心 供图)

女子跆拳道比赛
（万如刚 摄）

高校组排球比赛
（中卫市旅游和文化体育广电局 供图）

青少年乙组拳击比赛
（万如刚 摄）

群众组乒乓球比赛（中卫市旅游和文化体育广电局 供图）

群众组羽毛球比赛（曾国福 摄）

群众组足球比赛（中卫市旅游和文化体育广电局 供图）

宁夏回族自治区残疾人运动会和特殊奥林匹克运动会会旗交接仪式(祁瀛涛 摄)

宁夏回族自治区首届残疾人运动会和特殊奥林匹克运动会闭幕式(祁瀛涛 摄)

宁夏回族自治区首届残疾人运动会和特殊奥林匹克运动会闭幕式(祁瀛涛 摄)

旱地冰壶比赛(万如刚 摄)

轮椅上的竞技(中卫市旅游和文化体育广电局 供图)

2023 年 5 月 26 日，中卫市第十三届丝绸之路大漠黄河国际文化旅游节在中卫市沙坡头旅游新镇开幕（中卫市新闻传媒中心　供图）

2023 年 8 月 13 日，“星星的故乡·宁夏沙坡头金蛙国际艺术节”启动仪式在中卫市文化广场举行（中卫市新闻传媒中心　供图）

大漠星河度假区(中卫市旅游和文化体育广电局 供图)

黄河宿集篝火晚会(中卫市新闻传媒中心 供图)

沙坡头旅游景区飞越黄河索道项目——飞黄腾达(曾国福 摄)

沙坡头旅游景区沙漠传奇(中卫市旅游和文化体育广电局 供图)

沙坡头旅游景区沙漠驼队(中卫市旅游和文化体育广电局 供图)

沙坡头水镇(中卫市旅游和文化体育广电局 供图)

通往宁夏历史文化名村北长滩的66号公路(中卫市旅游和文化体育广电局 供图)

修建于明代的中国古代寺庙经典建筑高庙(周利群 摄)

星星酒店(周利群 摄)

钻石酒店(中卫市旅游和文化体育广电局 供图)

中宁石空镇太平村丰安屯打造田园生活体验园(中卫市旅游和文化体育广电局 供图)

沙坡头区迎水桥镇河滩村传统流水席（何滩村 供图）

2月18日，中卫市2023年一季度重大项目集中开工(中卫市新闻传媒中心 供图)

2月18日，宁夏2023年一季度重大项目集中开工中卫市沙坡头区分会场(中卫市新闻传媒中心 供图)

2月18日，宁夏2023年一季度重大项目集中开工中卫市海原县分会场（中卫市新闻传媒中心 供图）

宁夏宁创新材料有限公司5万吨高精度铝板带箔项目（中卫市工业和信息化局 供图）

宁夏翰霖包装纺织品有限公司服装加工项目（中卫市工业和信息化局供图）

宁夏协鑫晶体科技发展有限公司自动化拉晶工厂（刘鸿强 摄）

宁夏三元中泰冶金有限公司全景图（中卫市工业和信息化局 供图）

宁夏瑞泰科技股份有限公司(中卫市工业和信息化局 供图)

宁夏钢铁集团(中卫市工业和信息化局 供图)

宁夏华御化工有限公司(中卫市工业和信息化局 供图)

9月16日，2023云天大会在中卫举行（中卫市新闻传媒中心 供图）

算力与应用生态战略合作签约仪式（中卫市新闻传媒中心 供图）

美利云中卫数据中心储存机房（中卫市数据局 供图）

算力绿色化发展分论坛（中卫市新闻传媒中心 供图）

“西部论剑”信息安全攻防演练赛（中卫市新闻传媒中心 供图）

国家（中卫）新型互联网交换中心机柜（中卫新型互联网交换中心 供图）

2023年6月22日，第六届枸杞产业博览会在宁夏中宁县杞乡黄河体育中心开幕（中宁县档案馆 供图）

百瑞源锁鲜枸杞采摘园（曾国福 摄）

枸 杞（中宁县枸杞产业发展服务中心 供图）

枸杞干果（中宁县枸杞产业发展服务中心 供图）

枸杞分拣（中宁县枸杞产业发展服务中心 供图）

航空物流助力枸杞走出去（中卫沙坡头机场 供图）

海原县李俊乡红星村(马国俊 摄)

海原县史店乡徐家沟村(马国俊 摄)

海原县谢沟水库(马国俊 摄)

中宁县徐套乡大棚种植产业（马国俊　摄）

沙坡头区柔远镇砖塔村(周利群　摄)

沙坡头区迎水桥镇何滩村(曾国福　摄)

沙坡头区迎水桥镇何滩村向日葵种植(何滩村 供图)

中卫高铁线路下葡萄茁壮成长（万如刚 摄）

沙坡头区宣和镇草台村黄花菜（万如刚 摄）

中宁大枣(中宁县林业和草原局 供图)

沙坡头区镇罗农文旅融合示范园(褚晓玲　摄)

沙坡头区滨河镇八字渠村小拱棚西瓜(万如刚　摄)

海原县关桥乡罗山村大棚香瓜(马国俊　摄)

海原县海城镇山门村红葱(马国俊　摄)

银兰高铁及下河沿黄河大桥公路枢纽（陈学仁 摄）

海原至平川高速公路工程主体完成（中卫市新闻传媒中心 供图）

中卫交通（陈学仁 摄）

中卫下河沿黄河大桥(陈学仁 摄)

海原牌路山双桥(马国俊 摄)

中卫市第一中学校园文化节(中卫市教育局 供图)

中卫三中2023年第十五届春季田径运动会(中卫市教育局 供图)

中卫第五小学《体教融合 快乐成长》表演(中卫市新闻传媒中心 供图)

中卫市第七小学2023年庆“六一”校园文化艺术节暨校园科技节展演(中卫市教育局 供图)

福建省名师工作室送培送教活动(中卫市教育局 供图)

职业教育活动周(中卫市教育局 供图)

中宁县宽口井九年制学校互联网+教育课堂(中卫市教育局 供图)

七营中学太极拳传承(中卫市教育局 供图)

中卫中学特色大课间活动(中卫市教育局 供图)

中卫市第五小学红领巾超市（中卫市教育局 供图）

中卫市第九中学劳动基地耕读园（中卫市教育局 供图）

2023年中卫市校园科学节启动仪式暨中卫市第六中学第二届校园科学节(中卫市科协 供图)

“你好,科学!”馆校合作(中卫市科协 供图)

2023年中卫科技馆“科技生日 Party”(中卫市科协 供图)

2023年宁夏中卫市全国科普日暨中卫市青少年科学节启动仪式(中卫市科协 供图)

2023年中国流动科技馆中卫市沙漠博物馆站启动仪式(中卫市科协 供图)

第九届中卫市青少年机器人竞赛(中卫市科协 供图)

目 录

特 载

大事记

中卫综览

中国共产党中卫市委员会

中卫市人民代表大会

中卫市人民政府

政协中卫市委员会

法　治

军 事

经济管理

云计算与大数据产业

农业 水利

住房和城乡建设

交通　邮政　通信

生态环境保护

社会管理

人力资源和社会保障

民　政

退役军人事务

医疗保障

乡村振兴

应急管理

·综　述·

·消防救援·

统计调查

人物与荣誉

个人荣誉

集体荣誉

附　录

特　载

全市经济回稳向好　高质量发展扎实推进

中卫市统计局

2023年，全市坚持以习近平新时代中国特色社会主义思想为指导，深入学习党的二十大、二十届二中全会和中央经济工作会议精神，全面贯彻落实习近平总书记视察宁夏重要讲话指示批示精神。在市委和市政府的坚强领导下，围绕自治区第十三次党代会部署要求，坚持稳中求进工作总基调，着力推动稳经济一揽子政策措施发力显效，生产供给稳中有升，市场需求持续改善，就业物价总体稳定，民生保障有力有效，转型升级扎实推进，全市经济运行稳步回升，高质量发展扎实推进。

一、踔厉奋发　经济运行稳中有进

（一）经济运行回稳向好

根据地区生产总值统一核算结果，2023年全市实现地区生产总值590.78亿元，按不变价格计算，比上年增长7.1%，增速比上半年、前三季度分别加快0.6个和0.2个百分点，高于全区平均增速0.5个百分点。

（二）三次产业协同发力

分产业看，第一产业实现增加值81.88亿元，比上年增长7.6%；第二产业实现增加值269.51亿元，增长9.5%；第三产业实现增加值239.39亿元，增长4.8%。第一、二、三产业对GDP的贡献率分别为16.5%、54.1%和29.4%，其中，工业对GDP的贡献率达60.9%。三次产业结构由上年的14.0:46.2:39.8调整为13.9:45.6:40.5。

（三）主要经济指标完成较好

2023年全市生产总值增长7.1%，高于全年目标任务0.1个百分点；规模以上工业增加值增长15.2%，高于目标任务5.2个百分点；地方一般公共预算收入增长6.0%，高于目标任务1.0个百分点；城镇新增就业和农村劳动力转移就业分别超额完成目标任务的1.8%、10.3%。全市社会消费品零售总额增长0.6%，低于目标任务4.4个百分点；城镇居民人均可支配收入增长6.0%，低于目标任务1.0个百分点；农村居民人均可支配收入增长8.1%，低于目标任务1.9个百分点。

二、赋强动能　发展基础更加稳固

（一）生产供给持续增加

1.农业生产形势稳定。2023年，全市实现农林牧渔业总产值165.83亿元，按可比价计算，比上年增长7.5%。其中，农业产值97.66亿元，增长3.3%，占农林牧渔业总产值的比重58.9%；林业产值0.96亿元，下降26.7%；牧业产值59.27亿元，增长16.3%，拉动农林牧业总产值增长5.4个百分点，对农业经济增长的贡献率高达71.9%；渔业产值3.09亿元，增长16.4%。粮食生产再获丰收。全年粮食播种面积191.45万亩，比上年增加0.06万亩，增长0.03%。总产量69.4万吨，比上年增加0.57万吨，增长0.8%；其中，夏粮产量3.4万吨，增长12.0%，秋粮产量66.0万吨，增长0.3%。单产362公斤/亩，比上年增加2.87公斤，增长0.8%。特色农产品发展壮大。全年蔬菜播种面积26.72万亩，比上年增长9.7%，产量51.91万吨，增长13.3%；瓜果播种面积62.33万亩，增长18.7%，产量140.90万吨，增长17.2%；园林水果播种面积32.51万亩，下降3.8%，产量20.36万吨，下降16.1%；枸杞播种面积25.47万亩，增长3.1%，产量4.51万吨，下降3.3%。畜牧业增势良好。全年牛出栏13.21万头，比上年增长20.6%；羊出栏123.15万只，增长28.8%；生猪出栏41.84万头，下降4.4%；家禽出栏225.94万只，增长12.6%。肉产量8.35万吨，增长10.4%；禽蛋产量3.75万吨，下降2.6%；奶产量59.57万吨，增长23.7%。

2. 工业生产稳中有升。2023年，全市规模以上工业增加值比上年增长15.2%，增速比1—11月加快2.1个百分点，比前三季度加快4.8个百分点。三大门类全面增长。规模以上采矿业增加值比上年增长40.3%；制造业增长9.2%，比1—11月回升4.0个百分点，连续6个月回升；电力、热力、燃气及水生产和供应业增长14.9%；三大门类分别拉动规上工业增加值增长6.2、5.9、3.1个百分点。重工业增长快于轻工业。轻工业增加值比上年增长12.5%，占全市规上工业增加值的比重4.7%；重工业增长15.3%，重工业增长快于轻工业2.8个百分点。十大主导行业“7增3降”。有色金属冶炼和压延加工业增加值比上年增长18.5%，电力、热力生产和供应业增长16.8%，黑色金属冶炼和压延加工业增长15.7%，计算机、通信和其他电子设备制造业增长13.6%，合计占规上工业的比重达52.3%，拉动规上工业增加值增长8.4个百分点；石油、煤炭及其他燃料加工业下降9.7%，造纸和纸制品业下降5.1%。主要工业产品产量“5增3降”。单晶硅产量比上年增长28.9%，发电量增长26.5%，十种有色金属增长22.3%，铁合金增长16.8%，水泥增长9.1%，合成氨下降25.1%，电石下降10.1%，钢材下降3.9%。

3. 服务业提质增效稳步发展。2023年，全市服务业实现增加值239.39亿元，比上年增长4.8%，占全市生产总值比重达40.5%，拉动全市经济增长2.1个百分点。七大行业“6增1降”。批发和零售业增加值比上年增长7.1%，占服务业增加值的比重为10.3%，拉动服务业增加值增长0.7个百分点。交通运输、仓储和邮政业增长12.3%，占服务业增加值的比重为13.3%，拉动服务业增加值增长1.5个百分点。住宿和餐饮业增长11.4%，占服务业增加值的比重为2.9%，拉动服务业增加值增长0.3个百分点。金融业增长5.1%，占服务业增加值的比重为11.1%，拉动服务业增加值增长0.6个百分点。房地产业增长4.3%，占服务业增加值的比重为8.4%，拉动服务业增加值增长0.4个百分点。营利性服务业增长14.6%，占服务业增加值的比重为15.4%，拉动服务业增加值增长2.1个百分点。非营利性服务业下降1.9%，占服务业增加值的比重为37.4%，下拉服务业增加值增速0.8个百分点。规上服务业较快增长。1—11月，全市规模以上服务业实现营业收入80.87亿元，比上年增长12.4%。其中，信息传输、软件和信息技术服务业营业收入38.55亿元，增长10.5%，占规上服务业营业收入的比重为47.7%；交通运输、仓储和邮政业营业收入28.60亿元，增长7.7%，占35.4%。

（二）内外需求加力恢复

1. 三产和重点领域投资支撑有力。2023年，全市固定资产投资（不含农户）比上年下降6.8%。三次产业“1增2降”。县属投资中，第一产业投资比上年下降34.8%，下拉全市县属投资增速2.4个百分点；第二产业下降10.9%，下拉县属投资增速6.0个百分点；第三产业增长4.4%，拉动县属投资增长1.6个百分点；三次产业投资分别占县属投资的比重5.0%、53.0%、42.0%。重点领域投资加速推进。基础设施投资比上年增长31.9%，快于县属投资增速38.7个百分点，拉动县属投资增长4.5个百分点；房地产开发企业投资下降15.8%，降幅比1—11月收窄0.1个百分点，连续4个月收窄。商品房销售增势较好。全年商品房销售面积69.99万平方米，比上年增长21.0%；商品房销售额35.40亿元，增长18.9%。

2. 消费需求逐步释放。2023年，全市实现社会消费品零售总额132.62亿元，增速止跌转正比上年增长0.6%，比前三季度加快2.2个百分点。其中，限额以上单位零售额34.96亿元，增长3.2%，占社会消费品零售总额的比重26.4%；限额以下单位零售额97.66亿元，下降0.4%，占73.6%。城乡市场同步发力。城镇市场消费品零售额99.68亿元，增长0.7%，增速比前三季度加快2.0个百分点；乡村市场消费品零售额32.94亿元，增长0.2%，比前三季度加快2.4个百分点。餐饮复苏活力增强。全市实现餐饮收入18.53亿元，比上年增长12.4%，快于社会消费品零售总额增速11.8个百分点，拉动社会消费品零售总额增长1.6个百分点；商品零售114.09亿元，下降1.1%，降幅比前三季度收窄2.3个百分点。17类商品零售额“12增5降”。限额以上单位中，与民生密切相关的日用品类、粮油食品类、饮料类、烟酒类零售额分别增长48.9%、39.0%、22.5%、21.6%；升级类商品销售较为活跃，化妆品类、通信器材类、书报杂志类零售额分别增长148.0%、40.5%、3.2%；大宗商品拉动有力，石油及制品类和汽车类零售额分别增长4.7%、58.6%。

3. 对外贸易逐渐回暖。据中卫海关统计，2023年，全市外贸进出口总值18.08亿元，比上年下降49.1%，降幅逐季收窄，分别比一季度、上半年和前三季度收窄16.8个、10.7个、4.3个百分点。从工业出口情况看,全市有14家规上工业企业出口产品,比上年新增2家,出口交货值比上年下降40.1%,占规上工业销售产值的0.8%。

(三)"三个口袋"更加充实

1.财政收入稳定增长。据市财政局统计,2023年,全市一般公共预算收入23.17亿元,比上年增长6.0%。其中,税收收入14.73亿元,增长5.8%,占一般公共预算收入的63.6%,税收中增值税5.89亿元,增长55.3%;非税收入8.44亿元,增长6.4%。一般公共预算支出211.86亿元,增长8.0%。全年民生支出179.89亿元,增长8.6%,占一般公共预算支出的84.9%,其中,交通运输、节能环保、农林水事务、社会保障和就业分别增长61.6%、17.6%、14.4%、11.2%,民生底线进一步兜牢兜实。

2.企业效益明显改善。1—11月,全市规上工业企业实现营业收入690.88亿元,比上年下降14.5%,降幅连续7个月收窄,分别比前三季度和上半年收窄4.8个、12.1个百分点。其中,116家制造业实现营业收入574.65亿元,占规上工业的比重83.2%。全市规模以上服务业企业实现营业收入80.87亿元,比上年增长12.4%,十大行业门类中有8个实现增长。从盈利状况看,1—11月,规上工业企业利润总额亏损7.70亿元,比1—10月减亏2.26亿元。规上服务业企业利润总额4.36亿元,比上年扭亏转盈5.15亿元,十大行业门类中有7个实现盈利。

3.居民收入稳步提高。据国家统计局中卫调查队统计,2023年,全市全体居民人均可支配收入22034元,比上年增长7.9%。其中,城镇常住居民人均可支配收入36138元,增长6.0%,比2022年提高1.2个百分点;农村常住居民人均可支配收入15566元,增长8.1%,比2022年提高1.4个百分点。城乡收入比由上年同期的2.37下降为2.32,城乡收入差距进一步缩小,共同富裕基础更加牢固。

(四)市场环境保障有力

1.就业形势总体向好。据市人社局统计,2023年,全市城镇新增就业1.22万人,农村劳动力转移就业22.06万人,就业困难人员再就业928人,分别完成全年目标任务的101.8%、110.3%和201.7%。

2.金融信贷平稳运行。据中国人民银行中卫市分行统计,12月末,全市金融机构人民币各项存款余额755.13亿元,比上年增5.2%。其中,住户存款559.48亿元,增长11.1%。人民币各项贷款余额633.38亿元,比年初新增贷款74.90亿元,增长13.4%。其中,短期贷款282.18亿元,增长2.5%;中长期贷款313.35亿元,增长30.1%。

3.消费价格涨势温和。据国家统计局中卫调查队统计,2023年,全市居民消费价格比上年上涨0.6%。八大类价格比上年"5涨3跌"。其中,食品烟酒类价格比上年上涨0.9%,衣着类上涨0.7%,居住类下跌0.1%,生活用品及服务类下跌0.2%,交通和通信类价格下跌1.5%,教育文化和娱乐类上涨2.2%,医疗保健类上涨1.1%,其他用品和服务类价格上涨5.0%。

(五)民营企业茁壮成长

1.民营经济贡献突出。2023年,122家规上民营工业企业增加值增长18.8%,占规上工业增加值的比重74.7%,拉动规上工业增加值增长13.8个百分点;99家资质以内民营建筑业企业完成产值31.93亿元,占资质以内建筑业企业总产值的比重86.7%;130家限额以上批零住餐民营企业实现营业额(销售额)115.91亿元,占限额以上批零住餐企业的比重74.9%。

2.民间投资主体地位稳定。2023年,全市民间投资下降8.1%,占全市投资的比重50.2%,占比高于国有投资22.8个百分点,是全市投资的主力军和"压舱石"。从行业分布看,全市民间投资涉及20个国民经济17个行业门类,投资领域覆盖面广。其中,电力、热力、燃气及水生产和供应业、制造业和房地产业是民间投资的主要投向领域,分别占民间投资的比重45.7%、20.4%、18.6%。从区域看,民间投资差异较大,沙坡头区、中宁县、海原县民间投资分别占当地投资的比重62.3%、56.6%、13.3%。

3.政策支持倾斜明显。四季度,全市共有301家"四上"企业被抽中参与国家生产经营景气状况专项调查。调查结果显示,有152家企业受益于相关政策的帮助和支持,其中民营企业124家,占受益于政策帮助和支持企业数量的81.6%。从受益的政策措施看,减税降费政策受益面最广,共有82家民营企业受益,占66.1%。分行业看,侧重点各有不同,除减税降费政策外,对规上工业企业更倾斜于创新支持、"一带一路"建设和"放管服";对限额以上住宿餐饮业倾斜于加计抵减;对规上服务业企业更倾斜于创新支持。

(六)发展势能加速聚集

1.信息产业活力迸发。2023年,全市信息传输、软件和信息技术服务业继续保持快速增长态势,实现增加值17.33亿元,比上年增长18.8%,增速分别高于GDP和第三产业11.7个、14个百分点,占GDP的比重

2.9%，对经济增长贡献率达7.7%。1—11月，电信业务总量增长38.2%，增速高于全区平均水平17.3个百分点。

2. 新旧动能加快转换。2023年，全市规上工业战略性新兴产业增加值比上年增长11.2%，快于2022年27.7个百分点，占规上工业增加值比重15.7%。装备制造业增加值增长14.1%，占规上工业增加值比重9.3%。高技术制造业增加值增长11.8%，快于2022年2.9个百分点，占规上工业增加值比重7.7%。研发投入持续加大。2022年，全市R&D经费投入8.12亿元，比上年增加2.74亿元，增长50.9%，位居全区五市第2位。

3. 产业投资趋新避高。全年新入统的435个投资项目中，有12个项目为新能源投资项目，有28个项目为高耗能投资（不含电力、热力生产和供应业）项目，新能源投资项目平均单体规模是高耗能（不含电力、热力生产和供应业）的1.7倍。2023年，全市新能源投资下降8.5%，高耗能投资（不含电力、热力生产和供应业）下降27.8%，低于新能源投资增速19.3个百分点；新能源投资规模不断扩大，占县属第二产业投资的50.7%，占比高于高耗能投资35.7个百分点。

4. 市场主体量增质升。据市市场监督管理局统计，2023年，全市工商新登记注册市场主体1.5万户，比上年新增0.38万户，增长34.5%。2023年，全市新增入库"四上"企业76家，截至12月末，现有在库"四上"企业576家，其中规模以上工业195家，有资质的建筑业106家，房地产开发经营业58家，限额以上批零住餐业139家，规模以上服务业78家。

总体来看，2023年，全市经济恢复态势持续巩固。但也要看到，外部环境不稳定不确定因素依然较多，全市经济回升向好基础仍需巩固。下阶段，全市上下要以习近平新时代中国特色社会主义思想为指导，坚持稳中求进、以进促稳、先立后破，持续提振市场信心，激发有潜能的消费，扩大有效益的投资，形成消费和投资相互促进的良性循环，抓好产业转型升级，促进经济实现质的有效提升和量的合理增长。

“云”聚高地 “数”赢未来

——中卫市云计算和大数据产业发展综述

驼铃悠远，黄沙舞风；古道漫漫，丝路绵长。河与沙漠的碰撞，诞生了中卫。

这里，是古丝绸之路北道上的重要驿站，是沙与河的相映生辉，构成了人与自然亘古千年和谐共融的绝美图景。

这里，是宁夏的西大门。当“一带一路”创新之路建设与云计算产业发展在这座沙漠水城相交，变革与创新就在这里碰撞融合。

2022年2月17日，国家发展改革委、中央网信办、工业和信息化部、国家能源局联合印发通知，同意在京津冀、长三角、粤港澳大湾区、成渝、内蒙古、贵州、甘肃、宁夏8地启动建设国家算力枢纽节点，并规划了中卫集群等10个国家数据中心集群。至此，全国一体化大数据中心体系完成总体布局设计，“东数西算”工程正式全面启动。“云天中卫”迎来又一个“春天”。

无中生有 孕育兴起

中卫，地处中国陆地几何中心，古丝绸之路上的重要枢纽，到全国各主要城市距离不超过2000公里，是光纤直连的最佳路径选择点。

摊开中国地图不难发现，中卫属于既不沿边，也不靠海的典型内陆城市，人力、财力、物力等方面略显单薄。要想实现高质量发展，如期与全国全区人民同步全面建成小康社会，是大考、是难题。

2013年起，中卫市紧紧抓住国家“一带一路”倡议和自治区党委、政府对中卫发展空间规划的定位，变“劣势”为“优势”，将云计算大数据产业确立为“一号工程”。10年筚路蓝缕，捷报频传，东风正劲。抢抓国家战略机遇，推动中卫成功获批全国首个“国家新型互联网交换中心”“全国一体化大数据中心枢纽节点”双节点城市，连续3次被中国数据中心产业发展联盟评为“最适合投资数据中心的城市和地区”之一，在建设西部地区数据引领发展、服务惠及民生宜居城市中展现出时代风采，多次被自治区、市级表彰奖励，“沙漠云”成为改革发展中的一朵“奇葩”。

从无到有、从有到聚、从聚到兴，荒漠变热土，中卫真正走出了一条西部欠发达地区发展高精尖产业的嬗变之路，走出了一条高质量发展的新路。

“东数西移”借势而为

且看云基地建设现场，塔吊转、机器响，一个个项目从图纸中走出来、铺展在大地上，充满着生机，涌动着能量。

“这里有上万台服务器在高速运行，环境一尘不染，24小时享受‘空调’、永不断电，大数据的‘居住环境’是非常舒服的。”中国联通中卫云数据中心工作人员介绍，中国联通中卫云数据中心定位国内超大型智算中心和大数据存储交换中心，秉承“绿色、安全、智慧、生态、云网一体”的高标准建设理念，采用全新设计的自然新风冷却技术，数据中心能源效率PUE可低至1.1，达到国际领先水平，如今基地的机柜供不应求。

特别值得一提的是，作为评价数据中心能源效率的指标，PUE值越小，说明电能使用率越高。而落户中卫的数据企业PUE值低至1.1，处于行业领先水平，这对高耗能的数据中心有着巨大吸引力。

如今，在亚马逊率先落户头雁效应的带动下，美团、奇虎360、欢聚集团等多家云制造、云服务、云应用项目和企业陆续落户中卫，产业生态逐步完善。构建立足宁夏、辐射全国、面向阿盟、联结欧亚的数据枢纽，云天中卫健步前行。

亚马逊、美利云等14个大型、超大型数据中心，机房总面积达到34万平方米，安装标准机柜5.7万个，集群资产规模近400亿元（含服务器），吸引美团、星际大陆、欢聚集团等200多家互联网及云计算大数据生态企业落地中卫，文化和旅游部、国家残疾人福利基金会等4000余家企事业单位提供海量存储和大数据计算服务，培育年收入上亿元的骨干企业7家，带动解决就业4000人以上。2023年上半年，全市信息传输、软件和信息技术服务业增加值增长33.2%，拉动GDP增长1.1个百分点，电信业务总量8.7亿元，同比增长47.4%，增速全区领先。

风生水起 助力发展

大数据充满机遇，云计算影响未来。

在位于中关村中卫园A座的宏芯信息科技（宁夏）有限公司车间内，工作人员井然有序地组装着服务器。

“总公司把分公司建到中卫，就是看中这里独特的区位优势和良好的自然环境。”宏芯信息科技（宁夏）有限公司董事长刘火林说：“别看这小小的服务器，它可是网络的‘灵魂’，是各种数据计算、储、存、传、输不可或缺的‘发动机’。我们的入驻，进一步完善了中卫云计算和大数据产业发展产业链。”

伴随西部云基地云计算企业的集聚，如今的中卫插上了“云翅膀”，“云”从一个陌生概念转化为有形抓手，云服务、云制造、云应用产业链逐步形成，政务云、旅游云、教育云等绚丽绽放，云服务逐渐走进普通百姓的生活。

“中卫旅游季节性强，进入冬春季景区便进入了歇业模式。”宁夏春秋网络科技有限公司负责人万晓天说，目前有“云天中卫”做强大支撑，他们不仅可以借助各种新媒体平台讲好中卫故事，宣传中卫、服务游客，还开发了“云游中卫APP”和小程序等五端合一平台，通过更全面的宣传改变人们对中卫的固有印象，打破只有夏天来中卫旅游的局面，让中卫没有旅游季节差，让外地游客能充分了解中卫的春夏秋冬。

是机遇、是挑战、更是压力。云计算和大数据在中卫的发展还有很多绕不开的难题。如何抓住这个“春天”，借助机遇完成转型追赶、高质量发展的关键一跃？

“去年自治区政府工作报告提出，要抢抓‘东数西算’机遇，高水平建设全国一体化算力网络国家枢纽节点，标志着宁夏数据产业发展迎来重大历史机遇。”中卫市政府有关负责人说，中卫将加快推进实施“东数西算”战略工程，形成一批“东数西算”典型示范场景和应用，高质量建成面向全国的算力保障基地，不断挖掘大数据“钻石矿”、拥抱数字经济“新蓝海”，奋力谱写中卫“云”新篇章。

（摘编于《中卫日报》）

宁夏“十六运”助中卫体育产业发展迈上新台阶

6月16日晚，宁夏回族自治区第十六届运动会将在中卫市开幕，此外，自治区首届残特奥运动会也将于7月9日至13日在中卫市举行。这是中卫市第一次承办自治区级大型体育盛会。对于中卫市而言，同时举办两场运动会，不仅是全面提升中卫体育事业发展的重大机遇，也是完善城市功能、提升城市品质、推介城市特色的重要机会。

办好一次会，提升一座城。中卫市以办好“十六运”为目标，推进全市赛事场馆、体育公园和健身设施建设，一批场馆的新建与改造出新，城市环境的美化提升，都是实实在在的民生工程，成为城市发展红利。

“十六运”筹备　亮点纷呈

自治区运动会是大力发展体育事业、全面扩大对外影响、展示全区经济社会发展成果的重要平台。

承办一场精彩的运动会，场馆建设是其重要的载体。为了办好宁夏十六运会，中卫市筹措资金，新建了中卫市田径场、中卫市射击馆、中卫市运动广场和中宁县轮滑场4个竞赛场馆，还在全市范围内改造提升了中卫市体育馆、沙坡头区全民健身中心、中宁县游泳馆等14个场馆，大大弥补了体育设施场所不足的短板。

同时，在十六运和残特奥会承办中，中卫市基于5G、云计算、大数据、人工智能应用等新一代信息技术，开发建设了赛事信息系统。该系统承担赛事报名、赛程编排、成绩处理、赛事管理等保障工作，为“办赛、参赛、观赛”提供全面的现代化、智能化、人性化服务支持。观众通过自治区十六运微信小程序，既可实时查看比赛赛程、场馆信息、比赛场地天气信息，也可实时查询竞赛项目、各阶段成绩公示、各竞赛项目运动员信息，查看奖牌榜和积分榜，“云端”享受精彩赛事。参赛者和各方嘉宾还可通过小程序获取酒店情况、用车情况等信息。

据介绍，开幕式上，贺兰山岩画、水洞沟遗址、古长城、闽宁镇、六盘山、沙湖生态旅游区、须弥山石窟、青铜峡、丝路古道、葡萄美酒等悉数亮相；西部数谷、云天中卫、沙坡头、星星故乡等中卫特色元素也一一展示。

市民共享“办赛红利”

对于中卫来说，承办自治区级的体育盛会，不只是增添几座新的体育场馆，而是要借助这一契机，实现全市范围内公共体育服务设施的优化提升，让广大市民共享城市发展的成果。

据介绍，本届自治区运动会新建和改造升级的中卫市体育馆、沙坡头区全民健身中心等7个公共体育场馆均落实免费低收费开放政策，室内场馆周一到周五免费开放，周末节假日半价开放，室外足球场、网球场等全年免费对外开放，全市公共体育场馆免费低收费开放率达100%，实现了广大群众健身有场所的目标。

通过赛事举办，中卫市体育基础设施有了大幅提升，全市体育场地总面积达到266.7万平方米，人均场地面积从2019年的2.09平方米提升到如今的2.57平方米，城市社区“10分钟健身圈”初步建成，解决了群众“去哪儿健身”的难题。

“点燃全民健身的新热潮，以举办十六运和首届残特奥运动会为契机，一系列场馆、设施建成使用，将带动更多人参与体育活动，更好满足人民日益增长的体育文化需求。”中卫市市长马洪海说。

体旅融合　有声有色

中卫市地处腾格里沙漠南缘，丰富独特的沙漠资源为发展沙漠体育运动和沙漠体育产业提供了得天独厚的条件，使其成为沙漠体育爱好者的天堂。

早在2007年，中卫市就与全国性的沙漠体育赛事结缘，首届全国大漠健身运动会在中卫沙坡头举办，吸引了全国23个省市及3个行业体协的34个代表团559名运动员参赛，使沙漠体育运动初具影响力。

经过十多年的发展演变，目前，中卫市已连续举办了四届全国大漠健身运动大赛，赛事场地不断完善，也积累了丰富的办赛经验。大赛已连续两届被国家体育总局评为全国地方赛事优秀组织奖，2017年，被国家文化和旅游部评为国家体育旅游精品赛事。2023年9月，中卫将举办第五届全国大漠健身运动会。

借助全国大漠健身运动会，中卫市开发了30个沙漠运动项目，沙漠穿越、沙漠马拉松、沙漠排球、沙漠足球、沙漠毽球等项目，吸引着越来越多的游客及运动爱好者前来体验。

近年来，中卫市依托黄河发展游泳、漂流、蹦极等水上运动，依托香山发展登山、攀岩、山地越野等山地运动，全面丰富户外休闲运动。不仅激发了体育旅游的活力，而且推动二者深度融合，打造出具有中卫特色的体育旅游名片。

（摘编于人民网—宁夏频道）

同样的梦想 同样的精彩

——中卫市筹办自治区首届残特奥运动会综述

手牵手奋进新时代，肩并肩续写新篇章。9月8日晚，自治区首届残特奥运动会开幕式将在中卫体育馆举行。连续5天，一场精彩、震撼、感人的体育盛会将呈现在全市、全区乃至全国人民眼前。

和国际惯例一样，大型运动会后必有残奥会和特奥会，无论是奥运会、亚运会，还是全运会。这一次，宁夏回族自治区第十六届运动会之后，举办自治区首届残特奥运动会。

自治区首届残特奥运动会共设置13个大项，其中，残运会设田径、乒乓球、羽毛球、飞镖、象棋、举重、旱地冰壶、跆拳道8个项目，特奥会设田径、乒乓球、羽毛球、旱地冰壶、轮滑5个项目。目前，已选用11个竞赛场地，共有运动员、裁判员、技术官员、工作人员等1580人参加。

在属于残疾人运动竞技的舞台上，选手们不但展现出良好的竞技水平，还展示了残疾人积极向上、顽强拼搏的精神风貌，他们的自信乐观、自强不息，感染和激励着每一个人。残特奥运动会也将推动残疾人事业不断发展，让越来越多的人了解、关心、帮助残疾人群体。

奋力搭建舞台 启幕残特奥会

自筹办本届残特奥运动会以来，东道主中卫市把筹备自治区首届残特奥运动会列入头等大事、政治任务，精心研究安排各项工作，主要领导靠前指挥、亲自部署，成立了自治区首届残特奥运动会筹(组)委会，下设15个工作部实行集中办公，努力创造安全、便捷、舒适的环境，为残疾人运动员的比赛、出行和生活提供便利，尽全力实现交流无阻隔、通行无障碍、服务更贴心的目标，以贴心周到的无障碍服务奋力为残疾人运动员搭建圆梦舞台。

概算投资700万元改造中卫市残疾人训练基地，建设有羽毛球、飞镖、乒乓球、举重、体能等多个专业训练室，同时，基地兼具训练与生活两个功能。

对比赛场馆进行深度无障碍改造，增设22个无障碍卫生间，重新划定无障碍车位，布置无障碍设施引导标识，对提供交通保障的车辆进行无障碍改造。

确定8家酒店、宾馆作为残特奥运动会保障酒店，完善了各代表团住宿酒店的无障碍设施，采购140台手动轮椅车、140套可移动马桶扶手、130个洗浴椅等辅助器具。

组织500余名志愿者参与后勤服务、竞赛服务、安保服务和礼仪服务，在保障比赛顺利进行的同时，为运动员们提供简单的手语翻译、导盲等关怀服务。

……

另外，中卫市在酒店和赛场还派驻专业辅助器具维修工作队，全天候为运动员们提供辅具维修服务，12辆无障碍车辆驻守酒店负责接送，为运动员顺利完成每一场比赛保驾护航。根据赛事需求，购置租赁了182项竞赛所需器材，制作了投掷凳固定铁链、轮椅投掷底座等残疾人专用器材，61项竞赛耗材已按照各项目分类打包送至各竞赛场地。

一言蔽之，为了举办好自治区首届残特奥运动会，无论是设施建设，还是服务保障，中卫市下足了绣花功夫。

砥砺为自强 拼搏圆梦想

自治区首届残特奥运动会是宁夏21.2万持有残疾证朋友们的盛会，也是残疾人运动员展示不屈意志、实现自我价值的魅力舞台。

来自全区各地的517名残疾人运动员努力克服身体上的种种不便，在训练场上顽强拼搏，力争在比赛场上获得佳绩。

在刚刚落幕的第四届全国肢残人轮椅马拉松赛暨宁夏无障碍畅行活动中，中卫市参赛选手杨世全、田佳宏分别以24分34秒和25分01秒获得冠军和亚军。

“见识过杨世全的拼劲与狠劲，所以，他获得这样的成绩，我一点也不意外。”中卫市残疾人教练包彧说，在每一次的常规训练中，杨世全都会拼尽全力，悉心接受教练提出的指导意见，努力克服体力、耐力和竞速轮椅使用技巧等多种问题，进步相当大。

刚下赛场，又上训练场。在比赛结束的第二天，记者见到杨世全时，他迎着朝阳，在运动场上用双手奋力转动轮椅手轮圈，感受着运动带来的自信和快乐，这样的画面，让人既感动又震撼。“我想要抓住残特奥运动会的机遇，争取走上更高的体育竞技平台。”杨世全说，通过这次训练，他不仅找到了自信，还确定了自己未来的发展方向。

像杨世全一样全力以赴备战的，中卫代表团还有105名队员，他们中年龄最小的8岁，最大的54岁，每天坚持6个小时的高强度训练，为的就是能在比赛场上获得好成绩，将残疾人运动员良好的精神面貌展现在世人面前。

“站在赛场上，我们不仅是运动员，更是中卫形象的代言人。”残疾人运动员王龙军说，他们一定会以最好的状态迎接比赛，争取取得优异的成绩为中卫增光添彩！

以体育的名义　超越体育的意义

残疾人体育活动的蓬勃开展是广大残疾人康复保健、增强体质、愉悦身心的重要手段，也是残疾人走向社会、融入社会、自强自立的重要途径。

“不论比赛结果如何，我都会尽情地享受在赛场上被尊重、被认可时带给我的快乐。”今年26岁的顾晓荣在得知选拔残疾人运动员时，第一时间报名参加。

训练备战五个多月过去了，顾晓荣的身体状况、精神面貌都发生了很大的变化。“是残疾人运动项目，为我的生活打开了另一扇窗。”顾晓荣说，自从2018年，他因训练时被上空重物砸伤，造成腹股沟以下终身残疾后，他便对生活失去了希望，直到被选拔成为自治区首届残特奥会运动员后，他才重拾希望，再次“入伍”。

“体育运动‘解锁’了我的多彩人生，对运动的热爱和对生活的乐观是我收获的宝贵财富。”顾晓荣说，今后，我还会像“战士”一样一直往前冲，努力过上更好的生活。

自治区首届残特奥运动会的举办将进一步促进社会各界对残疾人的理解、尊重、关心和帮助，进一步激励全区广大残疾人自尊、自信、自强、自立。相信全体残疾人运动员一定会保持昂扬斗志、不断创造新业绩，同时把宝贵的残运会精神带到赛场内外，发扬到工作和生活中，鼓舞带动全区广大残疾人和全区各族人民一道奋力书写现代化宁夏新篇章。

生命阳光　放飞梦想

圣火即将点燃，全区残疾人运动员追逐梦想的道路也将被照亮。相信本届残特奥运动会上运动员们奋勇争先拼搏的精神，定会创造出一个个佳绩，也必将激励更多残疾人勇敢追梦，携手奔向更加美好的未来！

（摘编于《宁夏日报》）

用拼搏书写人生 用汗水雕刻生命

——从体育视角看宁夏残疾人事业蓬勃发展

这是全区47.5万残疾人热切期盼的盛会，也是全区残疾人事业的一次巡礼。9月8日，自治区首届残特奥运动会将在中卫开幕，比赛设有田径、乒乓球等8个残运会项目和羽毛球、旱地冰壶等5个特奥会项目。

圆梦新时代，美好向未来。近年来，在自治区党委、政府的重视领导下，在社会各界的关心支持下，全区残联系统以习近平新时代中国特色社会主义思想为指导，全面深入学习贯彻习近平总书记关于残疾人事业重要论述和视察宁夏重要讲话指示批示精神，全区残疾人事业稳步发展，温暖的阳光洒在每一位残疾人身上，越来越多残疾人走出家门、融入社会，在体育运动中收获自信与健康。

奋勇争先，竞技赛场铸就辉煌

这是一份凝结着汗水的成绩单：在2021年举办的第十一届全国残疾人运动会和第八届特奥会上，宁夏代表团取得残运会9金、16.5银、23.5铜，特奥会55金、29银、4铜的成绩，其中特奥会金牌、奖牌总数均位列全国第一……

这是一群代表着宁夏残疾人竞技体育实力和底气的运动员：2023年，在柏林举办的第十六届夏季世界特奥会上，宁夏4名游泳项目运动员获得1金1银1铜的好成绩；在第四届全国肢残人轮椅马拉松赛中，宁夏选手杨世全以24分34秒的成绩获得男子组冠军……

这是一幅描绘残疾人用拼搏书写人生、用汗水雕刻生命的动人画卷：29岁的宁夏西吉小伙贾建东胸部以下瘫痪，却重新走上残运会赛场，在运动员伤残程度最重的T51赛场奋力拼搏；27岁的杜丹妮高位截肢没有握力，却取得了女子铅球F5三级比赛金牌；失去双臂的残疾跆拳道运动员焦龙屡次代表宁夏在残运会赛场上夺得第一名……他们不仅成了自尊、自信、自强、自立的优秀榜样，更向世界展示着新时代宁夏残疾人自强不息的精神风貌。

多措并举，用体育运动促残疾人康复

“没想到我可以取得这么好的成绩，运动让我重新找回了生活的自信和快乐！”8月26日，在取得第四届全国肢残人轮椅马拉松赛第一名的成绩后，杨世全对记者说。

体育运动是残疾人康复的重要一环，有助于残障人士增强身体机能，促进身心健康。宁夏多措并举，让残疾人享受体育带来的快乐。

宁夏不断丰富基层残疾人体育康复资源，建立0—6岁残疾儿童康复救助制度，救助标准走在西部前列，累计为9591名残疾儿童提供机构康复训练。创新实施“爱心接力、循环使用”“重塑未来”“能力重建”等康复项目，残疾人康复服务率由81.9%提高到99.3%。

宁夏还积极打造残疾人群众性体育赛事品牌，与中国残疾人体育运动管理中心合作推进“重度残疾人康复健身体育进家庭”项目，通过送康复体育服务进家庭的方式，为重度残疾人提供个性化、精细化居家康复体育服务，以体育健身达到康复的目的，实现“人人享有康复”的目标，提高残疾人生活质量。

残疾人运动，融入全民健身行动。宁夏在全民健身运动会中设置残疾人比赛项目，并结合线上运动会的形式，吸引残疾人在家里参与全民健身。各地开展的残疾人健身周活动及“全国助残日”“特奥日”相关活动，普及康复健身知识，倡导健康生活理念。

全面覆盖，扎实做好残疾人社会保障

残疾人体育活动的蓬勃开展，是宁夏残疾人事业全面发展的剪影。

剪辑视频、精修画面、推送……在银川市兴庆区一家企业内，新员工小马专心致志地工作。“这份工作和我的大学专业很契合，做起来得心应手。”今年25岁的小马8岁时因患脊髓血管瘤，腰部以下失去知觉，要靠轮椅才能出行。2023年7月，在银川市残联的主动帮扶下找到工作。2023年1月至8月，银川市残联已组织20余场残疾人招聘洽谈会。

就业是最大的民生。近年来，全区实施“美丽工坊”“天籁之家”等就业创业项目，职业技能和实用技术培训残疾人3.8万人次，城乡新增残疾人就业2.2万人，残疾人就业占比从“十三五”末的47.6%提高到61.2%，高于全国平均水平8.4个百分点。残疾儿童少年义务教育阶段入学率达到97.8%，1436名残疾学生考入普通高等院校，残疾人的获得感、幸福感、安全感更加充实、更有保障、更可持续。

2021年以来，宁夏构建全面覆盖、标准适度、动态调整、衔接有序的残疾人社会保障体系，残疾人收入增速高于全区平均水平1.8个百分点，将10.6万困难残疾人纳入最低生活保障范围，将5180名城乡特困残疾人纳入集中供养范围，残疾人城乡居民基本养老保险和基本医疗保险参保率分别达92.8%和98.2%。残疾人“两项补贴”实现动态调整并提标扩面，年均惠及残疾人20万人次左右，补贴标准达到全国中上水平。

（摘编于《宁夏日报》）

大事记

1月

3日　中卫市经济运行调度会召开。会议强调，要把思想和行动统一到中央、自治区经济工作会议精神上来，紧盯目标，主动作为，精准施策，完成2022年各项收官工作，力争2023年一季度实现"开门红"。

10日　中卫市生态环境保护工作调度会议召开，强调要深入学习贯彻党的二十大精神，按照党中央决策部署和自治区具体要求，聚焦思想强引领、聚焦目标激活力、聚焦问题明措施、聚焦时间提质效，全力打好一季度大气污染防治攻坚战，坚决抓好环保督察反馈问题整改工作。

14日　自治区医保局批复《中卫市安宁疗护医保支付试点工作实施方案》(宁医保函〔2023〕177号)，中卫市全面启动安宁疗护医保支付试点工作。

18日　中卫市非物质文化遗产代表性项目"桂花香扁豆子面制作技艺"在自治区商务厅、自治区财政厅联合五市商务主管部门举办的"浪宁夏·寻味道"塞韵宁宴美食大赛中因其独特的豆香美味，以总分第二名的成绩入选"塞韵宁宴"，被授权使用"塞韵宁宴"商标，作为宁夏美食必吃菜品向全国推荐。中宁县选送的桂花香原创菜品茄汁蒿子凉面，入选"塞韵宁宴"。

△　由《中国国家旅游》杂志主办的"2022《中国国家旅游》年度甄选创新案例"发布，中旅(宁夏)沙坡头旅游景区获2022《中国国家旅游》年度甄选"研学旅游目的地"。

28日　中卫市政府召开第二次全体(扩大)会议，传达学习区、市两会及自治区政府第一次全体(扩大)会议、市委经济工作会议暨先行区建设中卫市2022年第十次推进会精神，审议通过《2023年市政府工作报告重点工作任务分工方案》，安排部署各项任务。

30日　中卫市云计算和大数据项目调度会议召开，听取市云计算和大数据局2023年项目谋划、一季度计划开工重大项目推进情况及招商引资、争取资金工作计划汇报。

31日　中卫市文化和旅游项目调度会议召开，听取市旅游和文体广电局、旅游产业集团2023年项目谋划、一季度计划开工重大项目推进情况及招商引资、争取资金工作计划汇报。

是月　自治区科技厅下达2022年自治区重大科技成果转化项目的立项通知，中卫市宁夏协鑫晶体科技发展有限公司的单晶炉智能控制及产质提升成果产业化应用、宁夏华御化工有限公司的对氨基苯甲醚绿色加氢工艺中高盐废水资源化利用技术产业化应用、宁夏宁创新材料科技有限公司的阳极炭块毛耗降低技术在电解铝中产业化应用3个项目获得立项支持。

2月

2日　中卫市沙坡头区首个网络主播党支部成立。

9日　农业农村部发布《中华人民共和国农业农村部公告第646号》，公布全国50个国家级非洲猪瘟无疫小区名单，中卫市沙坡头区的宁夏海通达实业有限公司位列其中，成为宁夏回族自治区首个成功创建国家级非洲猪瘟无疫小区。

13日　中卫市建筑和房地产业座谈会召开，邀请企业代表面对面座谈交流、零距离问计问需。

17日　中国共产主义青年团中卫市第四次代表大会召开。

18日　在宁夏贝盛高效光伏组件与配套材料产业集群项目现场，中卫市一季度251个重大项目集中开工。

27—28日　由中国IDC产业年度大典组委会主办

的第十七届中国IDC产业年度大典(IDCC 2022)在北京国家会议中心举行,美利云中卫数据获"2022年度中国IDC产业'东数西算'建设贡献奖"。美利云中卫数据中心—Free Cooling技术应用案例入选"数字产业绿色'双碳'技术应用——2022年度'数字产业高质量发展'优秀案例"。

是月 中卫市沙坡头区滨河镇槐树北巷社区被评为第六批全国"扫黄打非"进基层示范点。

25—26日 "永联杯"全国拔河城市联赛(宁夏站)在银川市亲水体育中心开赛,海原县代表队获二等奖。

29日 宁夏首个邮政快递行业人民调解委员会在中卫市成立。

30日 中卫市公立医院改革与高质量发展示范项目推进会暨进一步加强医疗卫生机构规范化管理动员会召开。

3月

3日 中卫市2023年全国文明城市创建工作推进会召开,会议传达学习全国文明办主任会议、全区文明城市创建培训会精神,对创建全国文明城市工作进行再动员、再部署、再推进。

15日 工信部公示2022年工业互联网试点示范名单,宁夏瑞泰科技股份有限公司的安全生产智能管控一体化示范平台项目入选。

△ 工信部公示2022年国家新型数据中心典型案例名单,宁夏誉成云创数据投资有限公司申报的宁夏中卫云计算基地数据中心C1楼名列其中。宁夏中卫云计算基地数据中心C1楼,占地面积1.3万平方米,容纳机柜1888个,其中,8千瓦机柜1120个,12千瓦机柜768个。该项目按照国标A级标准设计建造,采用国际先进的全自然风冷技术,与传统大型数据中心制冷方案相比,全年节能率超过60%。

17日 海原县首家"国家高新技术企业"——海原县卡立方智能科技有限公司挂牌。

21日 自治区工业和信息化厅印发《关于公布自治区工业龙头企业(2023年)的通知》,中卫市宁夏天元锰业集团有限公司、宁夏钢铁(集团)有限责任公司、宁夏伟中能源科技有限公司、宁夏瑞泰科技股份有限公司、宁夏协鑫晶体科技发展有限公司、宁夏紫光天化蛋氨酸有限责任公司等8家企业上榜,其中宁夏伟中能源科技有限公司、宁夏瑞泰科技股份有限公司、宁夏协鑫晶体科技发展有限公司首次入围。

△ 中卫市直机关干部职工在沙坡头区迎水桥镇高墩湖北侧植树造林点开展全市2023年春季集中义务植树活动。

22日 沙坡头区融媒体中心揭牌成立,中心设在中卫市新闻传媒中心,整体按照市新闻传媒中心内设中层部门运行,业务受沙坡头区委宣传部、市新闻传媒中心双重管理。

4月

7—9日 中卫市第十七届南北长滩黄河梨花节在沙坡头区迎水桥镇南长滩村举行,梨花节期间陆续举办摄影艺术展、换装游园打卡、文武竞技等12项活动。

8—9日 国家国际发展合作署署长罗照辉率工作组及有关国家驻华使节和代表一行20人到宁夏参加"地方外援工作高质量发展研修班",考察腾格里沙漠荒漠化治理、黄河生态保护和文旅产业融合发展、"五带一体"防沙治沙工作、沙漠生态保护和文旅产业融合发展等情况。

13日 中卫市政府与中国电力工程顾问集团有限公司召开座谈会,双方围绕数据中心项目建设、新能源资源开发利用等事宜座谈交流。

14日 中卫市"12345"政务服务便民热线开通招商引资和企业服务专线并设立营商环境和招商引资咨询专席,为市场主体的举报、投诉、求助、咨询、建议等开辟绿色通道,实现企业诉求"一线直达"。

△ 中卫市医保局组织对市本级协议管理的9家医院、30家诊所和260家药店开展信用评价工作,通过市政府信用平台公示信用评价结果,264家医药机构被评定为A级信用主体、24家医药机构被评定为B级信用主体、11家医药机构被评定为C级信用主体。

20日 沙坡头区迎水桥消防救援站挂牌成立并投勤。该消防站有指战员21人,其中指挥员3人、消防员11人,政府专职消防员7人,配备消防车4辆、橡皮艇1艘及水域救援头盔、漂浮绳、抛投器等各类水域救援装备300余件(套)等,主要承担迎水桥镇及周边区域的火灾扑救、防火巡查等职责任务。

21日 沙坡头区"塞上书香节"暨"4·23"世界读书日活动启动仪式在中卫市区文化广场举行。

△ 瑞泰科技股份有限公司与西安交通大学联合组建的西安交通大学—扬农集团(瑞泰)新材料联合研发中心签约仪式在西安交通大学举行。

23日 以“悦读时代·惠享新生活”为主题的2023“塞上书香节”暨“黄河印象·中卫优品”消费季系列活动启动仪式在中卫市区红太阳广场举行。

是月 中卫市黄河流域规模化防沙治沙项目获2亿元中央财政补助资金支持。

△ 自治区财政下达中央、自治区专项补助资金8172万元支持中卫市高标准农田建设项目。

5月

11日 中卫市“推进公共场所信用承诺告知案例”获国家公共信用信息中心评选2023年度全国信用承诺特色案例奖。

△ 黄河流域生态保护和高质量发展先行区建设中卫市2023年第四次推进会暨大数据产业中心市推进会召开。

13日 宁夏回族自治区旅游服务质量提升工作推进会暨创建自治区文明行业启动仪式在中卫市举行。

18日 中卫市生态环境保护工作推进会议召开，传达学习习近平生态文明思想、全国生态环境保护会议、自治区生态环境保护会议精神，总结2022年全市生态环境保护工作，安排部署2023年重点工作。

△ 由自治区文化和旅游厅主办的宁夏首届“百村千碗·乡村美食”大赛中卫站在沙坡头区向阳步行街举行。

22日 自治区科技厅下达2023年自治区重点研发计划项目立项通知，中卫市新型互联网交换中心有限责任公司的“面向大规模数据交换中心的智能安全运营平台关键技术研究”项目获立项支持。

△ 自治区党委副书记、自治区主席张雨浦到中卫市调研。

24日 2023年度宁夏社会科学普及周启动仪式在银川市举行。活动现场颁发新命名的宁夏社会科学普及教育基地奖牌，中卫市博物馆、中卫市腾格里金沙岛博物馆、沙坡头区镇罗农文旅融合示范园、沙坡头区新世纪幼儿园、华宝枸杞科普研学教育实践基地被命名为宁夏社会科学普及教育基地。

26日 由中卫市人民政府、自治区文化和旅游厅联合主办，以“大漠黄河，星空之约”为主题的2023中国宁夏（沙坡头）·第十三届丝绸之路大漠黄河国际文化旅游节在沙坡头旅游新镇开幕。该届文化旅游节将围绕“休闲中卫”“激情中卫”“乐动中卫”“乡聚中卫”四大板块开展。

31日 中卫市疾病预防控制局挂牌成立。

是月 由科技部组织实施的“十四五”国家重点研发计划重点专项部省联动项目“宁夏六盘山区农业特色产业提质增效关键技术集成与示范”项目启动，该项目按照“一县一课题”原则，在中卫市海原县、吴忠市同心县等4个国家乡村振兴重点帮扶县进行优新技术集成创新和示范推广。其中，由中卫市承担的“海原小杂粮肉牛产业提质增效关键技术集成与示范”课题获批资金600万元。

6月

1日 中卫市按照国家和自治区医保局的工作安排部署，全面实施职工门诊共济制度。

5日 中卫市上半年投资项目调度会召开，通报上半年投资项目进展及招商引资情况，听取各县（区）、市直有关部门（单位）投资项目推进情况汇报，对全市投资项目工作进行再分析、再研究、再部署。

△ 中卫市总河长2023年第一次会议召开，会议传达学习全国河湖管理工作会议、2023年自治区全面推行河长制工作第一次联席会议、自治区总河长第七次会议精神，通报2022年全市河湖长制工作情况，听取沙坡头区、中宁县、海原县总河长述职，审议《中卫市2023年河湖长制工作要点》等文件。

16日 “喜迎十六运 云端游中卫”全国主流媒体及网络达人采风活动在中卫市正式启动，活动主题为“星空有约 韵动中卫”。

△ 以“办共享全运、展塞上新风、促全民运动”为主题的自治区第十六届运动会在中卫市开幕。运动会由自治区政府主办、自治区体育局和中卫市政府承办，共设青少年组、群众组、高校组3个组别43个大项382个小项比赛项目，59个参赛单位的8455名运动员报名参赛，是自治区运动会历史上参赛规模最大、参赛人数最多的一届运动会。

21日 黄河流域生态保护和高质量发展先行区建设中卫市2023年第五次推进会暨全市二季度重大项目建设推进会召开。

22—24日 由自治区林业和草原局、中卫市人民政府、中国经济林协会主办的第六届枸杞产业博览会在中宁县杞乡举办。

24日 自治区第十六届运动会在中卫市体育馆闭幕。在田径、举重、游泳和射箭4个项目上，有1队27人29次破21项自治区青少年纪录，1人2次破2项自治区成年纪录。

25日 中卫市举行2023年干部荣誉退休仪式。

30日 中旅(宁夏)沙坡头旅游景区“沙漠传奇”项目正式启动。

是月 中卫市“推进公共场所信用承诺告知案例”荣获2023年度全国信用承诺特色案例奖。

△ 人社部公示2023年国家公共就业服务能力提升示范项目名单,中卫市入选。

7月

6日 中卫市开展以“人人讲安全 个个会应急”为主题的庭院中压燃气泄漏应急救援演练。演练由市住房和城乡建设局、市应急管理局、市市场监督管理局等单位主办,宁夏深中天然气开发有限公司承办。

7日 “迎亚运 品宁夏”杭州亚运会官方枸杞产品供应商、杭州亚运会官方红酒供应商授牌仪式在浙江西湖山庄举办。中宁枸杞产业集团有限公司、百瑞源枸杞股份有限公司、宁夏贺兰红酒业有限公司获得亚运会官方供应商授牌。

△ 中卫市举办燃气用户(非居民)安全使用液化气瓶知识培训班,邀请自治区特种设备技术检查中心专家和燃气企业专业技术人员,对沙坡头区辖区652家餐饮经营单位的经营者进行培训。

8日 2022年度中国残疾人事业新闻人物、助残新闻人物揭晓,马永庆被专家提名荣获2022年度助残新闻人物称号。

8—9日 2023年,中国毽球公开赛、沙坡头区第二届全国沙漠毽球邀请赛暨“天行毽 毽行九州”全国毽球公益推广大篷车活动在沙坡头旅游景区举办。

10日 重组的中卫市疾病预防控制中心和新设置的沙坡头区疾病预防控制中心正式挂牌。

△ 由自治区药品监督管理局主办、中卫市市场监督管理局承办的2023年全国医疗器械安全宣传周(宁夏)活动在中卫市启动。

20日 中卫银保监分局更名为国家金融监督管理总局中卫监管分局。

△ 满载176名游客的昆明—中卫旅游包机抵达中卫沙坡头机场,标志着中卫市迎来2023年首个跨省旅游包机团队。

23—25日 由新华社新闻信息中心、新华社内蒙古分社、中共鄂尔多斯市委宣传部主办的“第三届市县融媒体中心建设发展论坛”在内蒙古自治区鄂尔多斯市举行。中卫市新闻传媒中心获得“市级融媒体中心融合发展典型事例”,并在“媒体融合在各领域的创新实践”主题论坛上分享媒体融合发展经验。

25日 疆煤入宁首列35吨敞顶箱班列抵达中卫,该趟班列编组50车,共搭载100只35吨敞顶箱,于7月25日凌晨2点40分从兰州局柳沟站发出,经兰新线、干武线、包兰线,用时17小时,抵达中卫迎水桥。

27日 沙坡头区首家“双拥主题银行”在中卫农村商业银行西街支行挂牌。

31日 由自治区党委宣传部、自治区政协文化文史和学习委员会、自治区农业农村厅、自治区乡村振兴局联合主办,中卫市委宣传部、中卫市农业农村局、中卫市乡村振兴局承办,以“书香润乡村 阅读促振兴”为主题的首届“书香宁夏——乡村阅读论坛”系列活动在中宁县石空镇丰安屯举行。

是月 自治区文化和旅游厅公布第八批自治区级非物质文化遗产传承基地名单,中卫市7家非遗保护传承基地位列其中,分别为中卫市阳光大麦地(复刻技艺、烙画、黄河石鉴赏艺术)保护传承基地、中宁县第二中学剪纸保护传承基地、宁夏手工毯织造技艺保护传承基地(中卫市)、海原县花儿保护传承基地、中卫市铁艺制作技艺保护传承基地、杞绣魂剪纸、刺绣保护传承基地 、中卫浮雕保护传承基地。

△ 文化和旅游部以“乡土中国 诗画生活”为主题,推出2023年第二期“乡村四时好风光”全国乡村旅游精品线路,中卫“大漠黄河星空之约”诗意田园动感之旅入选。

8月

1日 自治区工业和信息化厅公布2023年工业互联网建设和应用试点项目名单,中卫市7个项目入选,分别为宁夏润夏能源化工有限公司润夏5G工业互联网+安全生产平台、中冶美利云产业投资股份有限公司热电云智能化工业互联网平台、宁夏钢铁(集团)有限责任公司宁钢智慧管控平台、宁夏朗利新材料股份有限公司宁夏朗利工业互联网平台、宁夏瑞泰科技股份有限公司安全生产智能管控一体化示范平台、中卫市胜金北拓建材有限公司智慧管理平台、宁夏华御化工有限公司工业互联网+安全生产信息化管理平台。

△ 中交中卫云数据中心项目开工仪式在西部云基地举行。中交中卫云数据中心项目位于西部云基地,占地228亩,总投资38亿元,建筑面积约15.3万平

方米，规划建设7栋数据机房楼、5栋配套楼。

2日 自治区工业和信息化厅公布2023年度自治区绿色工厂名单，宁夏铭岛铝业有限公司、宁夏瑞泰科技股份有限公司、宁夏中晶半导体材料有限公司位列其中。

8日 中央宣传部印发通知公布2022年全国文化科技卫生“三下乡”活动示范项目、优秀团队、服务标兵名单，中卫市文联“千名文艺志愿者进基层”主题实践活动入选2022年全国文化科技卫生“三下乡”活动示范项目名单。

9—11日 宁夏沙坡头金蛙国际钢琴大赛（非专业组）总决赛在中卫市文化馆举行。

11日 自治区科技厅、自治区卫生健康委联合发布《关于备案第二批自治区临床医学研究中心诊疗技术实践基地的通告》，中卫市获批宁夏心血管疾病临床医学研究中心中宁县诊疗技术实践基地、宁夏骨科与运动康复临床医学研究中心中宁县诊疗技术实践基地、宁夏肝胆胰外科疾病临床医学研究中心沙坡头区诊疗技术实践基地。诊疗技术实践基地将获得科技计划、平台建设、职称认定、床位编制、样本库建设、设备配置等方面的政策支持。

△ 中卫市云计算和大数据人才产业培养基地揭牌仪式在中国移动中卫分公司举行。该基地包括数据中心运维管理、网络信息安全、分布式存储、西部云基地大学生实习实训4个人才培养基地。

16日 一辆满载10000吨球团铁矿石的27008次多联快车驶入迎水桥货场，该班列从哈萨克斯坦铁路出发，经由新疆乌鲁木齐局阿拉山口站，驶往中卫迎水桥货场，全程约2133公里，运行时间6天，是中亚至宁夏中卫首列大宗货物国际班列。

△ 沙坡头区2023年第三季度十个重点项目暨中能建牛奶全产业链+新能源一体化示范项目集中开工仪式在麦垛山奶牛养殖园区项目现场举行。

18日 中国人民银行中卫市中心支行更名中国人民银行中卫市分行，系中国人民银行派出机构。

△ 中卫市成立首家化工安全技能培训实训基地。

18—19日 沙坡头·沙漠传奇后世代音乐节暨沙舟回响音乐旅行嘉年华在沙坡头旅游景区举行。

22日 农业农村部办公厅公布全国首批农业高质量发展标准化示范基地（国家现代农业全产业链标准化示范基地）创建单位名单，中卫市宁夏早康枸杞股份有限公司位列其中。

24日 国能宁夏中卫电厂4×660兆瓦机组扩建工程开工。

30日 银昆高速宁夏段刘家咀子大桥顺利合龙。

是月 中卫市通过国家卫生城市复审。

△ 中卫市被全国爱卫办确定为健康城市建设推动健康中国行动创新模式第二批试点城市。

△农业农村部办公厅、财政部办公厅公布首批国家农业产业强镇名单，中宁县舟塔乡（枸杞）、中卫市沙坡头区镇罗镇（西红柿）榜上有名。

△ 中卫市建成首个劳动主题公园。

△ 国家发展改革委会同自然资源部、交通运输部、商务部、市场监管总局印发《关于布局建设现代流通战略支点城市的通知》，部署现代流通战略支点城市布局建设工作。其中，中卫被明确建设功能型流通支点城市。

△ 中卫市新增3家自治区临床医学研究中心诊疗技术实践基地，分别是宁夏心血管疾病临床医学研究中心中宁县诊疗技术实践基地、宁夏骨科与运动康复临床医学研究中心中宁县诊疗技术实践基地、宁夏肝胆胰外科疾病临床医学研究中心沙坡头区诊疗技术实践基地。

9月

5日 由国家体育总局社会体育指导中心、宁夏体育局、中卫市人民政府主办，中卫市旅游和文化体育广电局承办的“沙坡头杯”第五届全国大漠健身运动大赛在沙坡头旅游景区开幕。该届大赛以各省、自治区、直辖市、计划单列市、新疆生产建设兵团为单位组团参加，共有江苏省、福建省、浙江省、北京市、山东省、上海市等25个代表团627名运动员参赛。大赛共设置包括沙漠足球、沙漠排球、拉沙舟、沙漠毽球、沙漠拔河、沙漠定向赛（团体）、抢种抢收硒砂瓜、沙漠羽毛球在内的集体项目和包括沙漠马拉松（6公里）、沙漠定向赛（个人）、沙漠滑沙、沙漠障碍赛在内的个人项目。

6日 中卫市人民政府与宁夏黄河农村商业银行股份有限公司签订战略合作协议。

8日 宁夏首届残疾人运动会和特殊奥林匹克运动会在中卫市体育馆开幕。全区五市共372名残疾人运动员参加残特奥运动会全部13个大项的比赛。其中，残运会设田径、乒乓球、羽毛球、飞镖、象棋、举重、旱地冰壶、跆拳道8个项目，特奥会设田径、乒乓球、羽毛球、旱地冰壶、轮滑5个项目。

11日 自治区行政复议质量提升年暨行政复议规范化建设现场会在中卫市举行。

12日 自治区首届残特奥运动会闭幕式在中卫市体育馆举行。比赛共产生337枚金牌、253枚银牌、144枚铜牌。中卫市以88枚金牌、69枚银牌、47枚铜牌的成绩收官，总计获得204枚奖牌，位列总奖牌榜榜首。

16日 由自治区发展和改革委员会、自治区工业和信息化厅、自治区通信管理局、中卫市人民政府主办，以“数聚中卫 算引未来”为主题的2023云天大会在中卫星星酒店·星空剧场开幕。

19日 中卫市云计算和大数据发展局被国家机关事务管理局、中共中央直属机关事务管理局、国家发展和改革委员会、财政部联合授予全国“节约型机关”荣誉称号。

20日 由自治区农业农村厅、中卫市人民政府主办，中卫市农业农村局、海原县委、县政府承办的“庆丰收 促和美”海原县2023年中国农民丰收节暨宁夏·海原第七届牛王大赛在海兴开发区宁夏（海原）活牛交易市场开幕。“牛王”是海原县李旺镇马飞虎选送的西门塔尔肉牛，产地为李旺镇，月龄28个月，体高1.7米，体斜长1.9米，胸围2.54米，体重1200公斤。“牛后”是海原县贾塘乡杨学龙选送的西门塔尔基础母牛，产地为贾塘乡，月龄26个月，体高1.53米，体斜长2米，胸围2.1米，体重800公斤。“牛王”“牛后”拍卖会上，“牛王”最终以102000元成交，“牛后”以118000元成交。

21日 中卫市与巴基斯坦旁遮普省巴哈瓦尔布尔市在银川市签署《建立友好城市关系备忘录》。

25日 由中卫市委宣传部、市委统战部、市旅游和文化体育广电局主办的“民族团结一家人 中华民族一家亲”2023年中卫市民族团结进步月群众文化活动专场文艺演出在文化广场上演。

△ 以“品杞玉玫瑰香 吃土味流水席”为主题的2023年石空镇农民丰收节在中宁县石空镇跨村联建拱棚基地开幕。

27日 以“一房一车约‘惠’星星的故乡”为主题的2023第二届中卫房·车文化节在中卫市区五馆一中心开幕。该届房·车文化节为期三天，围绕住房、汽车、美食及名特优产品等消费核心内容设100个展位，组织开展“亲自然 享雅居”美好人居展、“遇未来 启新程”惠民汽车展、“品美味 鉴优品”美食及名特优产品展三大精品展，举办“大漠星空 探寻之旅”2023中卫房车露营季、“水城金秋 大漠之音”中卫汽车文化音乐节、“大漠星河 ‘卫’来可期 ”网红打卡、“炫彩中卫 点亮星乡”主题灯光秀、“坡好吃”沙坡头品牌美食大赛五大特色活动。

28日 黄河“几字弯”生态治理宁夏中卫片区现场推进会在腾格里沙漠南缘召开，会议深入实施腾格里沙漠锁边固沙项目秋季工程，部署加快推进荒漠化综合治理和“三北”工程建设取得新成效。

△ 由中卫市委宣传部、市文明办、市教育局、团市委联合主办的2023年中卫市“新时代好少年”发布仪式在市新闻传媒中心演播大厅举行。

30日 中卫市在中宁县烈士陵园纪念广场举行2023年烈士纪念日向人民英雄敬献花篮仪式。海原县在牌路山烈士陵园举行烈士纪念日向人民英雄敬献花篮仪式。

10月

8日 宁夏蓝丰精细化工年产5万吨光气项目暨中卫旭合科技5吉瓦组件项目开工仪式在中卫工业园区举行。

△ 蒙古国大呼拉尔（议会）自然环境、食品与农业常设委主席萨仁其木格一行14人到中卫市考察黄河生态保护和文旅产业融合发展及“五带一体”防沙治沙工作情况。

13—15日 国家评审专家一行5人对中卫市巩固国家卫生城市情况进行暗访评估，予以中卫市通过国家卫生城市复审。

17日 中国共产党中卫市五届委员会第八次全体会议召开，出席全会市委委员14人，候补委员6人。

△ 中部干旱带海原西安供水水源工程正式通水，海原县3个乡镇24个行政村6.51万人口和12万亩田地，从此告别干旱，用上“幸福水”。

18日 中卫市公安局沙坡头区分局镇罗派出所入选全国第三批“枫桥式公安派出所”。

20日 蒙古国总统乌赫那·呼日勒苏赫率团一行33人到中卫市，考察腾格里沙漠荒漠化治理、黄河生态保护和文旅产业融合发展、“五带一体”防沙治沙工作、沙漠生态保护和文旅产业融合发展等情况。

△ 大唐中宁100MW/400MWh压缩空气储能绿色低碳技术攻关项目主体工程建设全面启动。

23日 燕山大学（中国）住房公积金研究中心、公积金信息化（西安）研究中心、住房保障与住房公积金报社联合发布《2023年全国城市和地区住房公积金可持续发展评价报告》，中卫市住房公积金管理中心在全国333个城市和地区住房公积金综合发展评价中排名第四十二，在北方地区排名第二十二，在西北地区排名第八，取得跨越性突破。

25日 自治区科技厅下达2023年自治区重大科技成果转化项目的立项文件，中卫市宁夏瑞泰科技股份有限公司、宁夏全通枸杞产业有限公司等6家企业申报的项目获立项支持。

11月

1日 文化和旅游部发布《关于国家旅游休闲街区名单的公示》，中卫市沙坡头区向阳街旅游休闲街区上榜。

3日 第六届全国民宿品牌大会举行，中卫市被授予“中国民宿品牌发展先行区”荣誉称号。

7—9日 以“感恩奋进 ‘卫’来可期”为主题的全国网络达人看中卫活动顺利开展。

10日 全区医疗器械唯一标识试点工作现场观摩推进会在中卫市召开。

20日 由自治区应急管理指挥部主办，自治区应急管理厅组织，中卫市人民政府、中卫军分区承办的“应急先锋·2023”抗震救灾联合应急演练在中卫工业园区举行。

△ 自治区科技厅公布2023年度自治区创新型示范企业名单，宁夏瑞泰科技股份有限公司、利安隆(中卫)新材料有限公司位列其中。

22日 中卫市学习贯彻全区党委和政府办公厅(室)工作会议精神专题培训班在市委党校开班。

23日 第九届中国国际版权博览会暨2023国际版权论坛会举行，会上举行民间文艺版权保护与促进试点启动仪式，中卫市入选全国民间文艺版权保护与促进试点地区。

24日 中卫市妇女第四次代表大会召开，选举产生中卫市妇女联合会第四届执行委员会委员、常务委员，选举产生中卫市妇女联合会第四届执行委员会主席1名，副主席6名(2名专职副主席，1名挂职副主席，3名兼职主席)。

25日 2023年全国职业院校技能大赛教学能力比赛总决赛结果公布。中卫市职业技术学校组成的护理教师团队在全国职业院校技能大赛教学能力比赛中荣获二等奖，中餐烹饪教师团队荣获三等奖。

28日 中卫下河沿黄河公路大桥建成通车。该大桥位于中卫市沙坡头区，大桥主桥全长1228米，塔高113米，主桥双向6车道，采用一级公路建设，设计时速80千米，为双塔双索面斜拉桥。

△ 国道338线中宁至中卫段公路建成通车，该项目位于中卫市中宁县与沙坡头区境内，属于旧路改扩建工程。

△ 国道344线头营至李旺段公路建成通车，该项目位于原州区和海原县境内，为普通国道改扩建工程。

△ 省道205线西安至关庄段公路建成通车，该项目位于中卫市海原县境内，路线全长48公里，起点位于海原县西安镇，终点位于海原县关庄乡。

△ 中国零碳排放应用型旅游区联合研究中心在中宁县黄羊古落旅游度假区挂牌成立。

29日 国家知识产权局公布2023年新确定的国家知识产权优势企业名单，中卫市宁夏协鑫晶体科技发展有限公司、利安隆(中卫)新材料有限公司被评为国家知识产权优势企业。

30日 自治区科技厅公布首批自治区创新型县(区)建设名单，中宁县位列其中。

是月 中卫市沙坡头区滨河镇“红色物业联盟”化解物业纠纷工作法入选全国“枫桥式工作法”单位。

△ 中卫市滩羊地毯有限公司(宁夏手工毯织造技艺)入选2023—2025年国家级非物质文化遗产生产性保护示范基地推荐名单。

12月

4日 中卫市在沙坡头区文化广场举行“12·4”国家宪法日暨“宪法宣传周”宣传活动启动仪式，副市长、市公安局局长，市人大常委会法制工作委员会主任，市司法局党组书记、局长，市委宣传部副部长等出席启动仪式。仪式结束后，市、区各普法责任重点单位、辖区各律师事务所等分别结合自身工作职责，通过设立宣传咨询台、摆放宣传展板、发放法治宣传资料、悬挂宣传标语、现场咨询等方式进行普法宣传。

△ 自治区民政厅公布全区第一批议事协商示范村(社区)和“与您相约共创美好”优秀村规民约(居民公约)名单。沙坡头区文昌镇双桥村、滨河镇光明社区，中宁县余丁乡石空村、宁安镇黄滨村、宁安镇宁新社区，海原县红羊乡杨明村、西安镇园河村被评为议事协商示范村(社区)。沙坡头区滨河镇瑞丰社区、永

康镇永丰村、东园镇谢滩村，中宁县石空镇丰安社区、太阳梁乡德盛村、宁安镇黄滨村，海原县三河镇富陵村的村规民约（居民公约）被评选为优秀村规民约（居民公约）。

8日 S50海原至平川（宁甘界）公路PPP项目段建成通车。项目位于中卫市海原县境内，起点与同海高速和黑海高速通过立交枢纽相接，路线沿东西方向布设，终点接宁甘界甘肃省规划的一级公路。全长43.539公里，批复概算40.85亿元，采用双向四车道高速公路标准建设，设计速度80公里/小时，路基宽度25.5米，汽车荷载等级采用公路-1级。全线桥梁8288米/44座，占路线全长的19.04%；枢纽式互通1座，一般互通2座；设服务区1处，新设收费站3处，利用原收费站1处。

11日 中卫市公安局交通警察局制作的《村长说交通》（系列）作品获公安部交通管理局2023年道路交通安全文化作品评选展播活动音频类作品优秀奖。

13日 “中卫市：以改革促融合彰显黄河文化时代价值”入选“中国改革2023年度地方全面深化改革典型案例”。

15日 2024年度中卫市本级基本医疗保险零售药店医保服务协议签订会召开，与269家定点药店签订2024年度医保服务协议。

27日 宁夏社会科学院院长马文锋带领全区地方志工作考评组对中卫市地方志工作进行实地考评。

28日 中国共产党中卫市第五届委员会第九次全体会议召开，出席会议市委委员46人，候补委员6人。市有关领导同志、纪委常委、有关方面负责同志列席会议。

（李佳慧）

中卫综览

综 述

【行政区划】 中卫市地处宁夏回族自治区中西部、黄河前套之首,“东阻大河、西接沙山”,是宁夏、甘肃、内蒙古3省区的交界点,也是黄河自流灌溉第一地。中卫市辖沙坡头区、中宁县、海原县,共21镇19乡,443个行政村,68个社区,总面积17391.3平方公里,全市人口密度为66人每平方公里,境内分布汉族、回族、满族、蒙古族、东乡族等35个民族。

【生产总值】 2023年,中卫市实现地区生产总值590.78亿元,比上年增长7.1%,其中,第一产业增加值81.88亿元,增长7.6%;第二产业增加值269.51亿元,增长9.5%;第三产业增加值239.39亿元,增长4.8%。第一产业增加值占地区生产总值的比重为13.9%,第二产业增加值的比重为45.6%,第三产业增加值的比重为40.5%。按常住人口计算,人均地区生产总值54677元,比上年增长6.8%。

【人口发展】 2023年年末,中卫市户籍总户数39.16万户,户籍总人口121.98万人。年末中卫市常住人口108.06万人,比上年末增加0.02万人,其中城镇常住人口55.78万人,占常住人口的比重(常住人口城镇化率)为51.62%,比上年末提高0.79个百分点。全年出生人口1.28万人,出生率11.85‰;死亡人口0.73万人,死亡率6.76‰;自然增长率5.09‰。城镇新增就业人员12216人,比上年增加138人。农村劳动力转移就业22.06万人,比上年增加0.01万人。居民消费价格比上年上涨0.6%。服务项目价格上涨1.1%。

【农业】 2023年,中卫市实现农林牧渔业增加值85.02亿元,比上年增长7.5%(按可比价计算,下同),完成农林牧渔业总产值165.83亿元,比上年增长7.5%。其中,农业产值97.66亿元,增长3.3%;林业产值0.96亿元,下降26.7%;畜牧业产值59.27亿元,增长16.3%;渔业产值3.09亿元,增长16.4%;农林牧渔服务业产值4.85亿元,增长5.7%。

2023年,中卫市粮食种植面积191.5万亩,比上年增加0.1万亩,增长0.03%。其中,小麦种植面积15.1万亩,减少2.0万亩;水稻种植面积2.6万亩,减少2.1万亩;玉米种植面积102.3万亩,增加5.6万亩;薯类种植面积28.4万亩,减少2.1万亩。全市粮食总产量69.4万吨,比上年增加0.6万吨,增产0.8%。其中,夏粮产量3.4万吨,增产12.0%;秋粮产量66.0万吨,增产0.3%。全年小麦产量3.3万吨,增产11.9%;水稻产量1.5万吨,减产45.0%;玉米产量55.5万吨,增产4.4%;马铃薯(已折粮)产量5.7万吨,减产11.4%。全市蔬菜种植面积26.7万亩,增长9.7%,产量51.9万吨,增长13.3%;枸杞种植面积25.5万亩,增长3.1%,产量4.5万吨,下降3.3%;瓜果种植面积62.3万亩,增长18.7%,产量140.9万吨,增长17.2%。其中,西瓜种植面积60.6万亩,增长20.0%,产量138.9万吨,增长18.7%。

2023年,中卫市肉类总产量8.3万吨,比上年增长10.4%。其中,猪肉产量3.5万吨,下降3.1%;牛肉产量2.2万吨,增长20.8%;羊肉产量2.1万吨,增长28.0%;禽肉产量0.5万吨,增长12.1%。禽蛋产量3.8万吨,下降2.6%。牛奶产量59.6万吨,增长23.7%。2023年年末,中卫市生猪存栏33.6万头,比上年末增长4.6%;牛存栏38.0万头,增长5.0%,其中,奶牛存栏14.2万头,增长11.5%;羊存栏117.9万只,下降5.7%;家禽存笼385.7万羽,下降10.0%。全年生猪出栏41.8万头,下降4.4%;牛出栏13.2万头,增长20.6%;羊出栏123.1万只,增长28.8%;家禽出笼255.9万羽,增长12.6%。

【工业和建筑业】 2023年,中卫市实现工业增加值237.90亿元,比上年增长12.7%,占地区生产总值的比重为40.3%。规模以上工业增加值增长15.2%。在规模以上工业中，分轻重工业看，重工业增长15.3%，占规模以上工业增加值的比重为95.3%；轻工业增长12.5%，占规模以上工业增加值的比重为4.7%。分经济类型看，国有控股企业增加值增长5.1%；股份制企业增长15.6%，外商及港澳台商投资企业增长4.5%；私营企业增长26.1%。分门类看，采矿业增加值增长40.3%，制造业增长9.2%，电力、热力、燃气及水生产和供应业增长14.9%。

规模以上工业中，有色金属冶炼及压延加工业增加值增长18.5%，农副食品加工业下降0.1%，食品制造业增长10.0%，计算机、通信和其他电子设备制造业增长13.6%，石油、煤炭及其他燃料加工业下降9.7%，黑色金属冶炼和压延加工业增长15.7%，造纸和纸制品业下降5.1%，电力、热力生产和供应业增长16.8%，化学原料和化学制品制造业增长8.6%，非金属矿物制品业增长0.1%。

规模以上工业企业利润亏损10.68亿元，增亏3.67亿元。分经济类型看，国有控股企业利润16.36亿元，比上年下降0.6%；股份制企业利润亏损11.67亿元，增亏5.77亿元；外商及港澳台商投资企业利润0.99亿元，扭亏转盈2.10亿元；私营企业利润亏损26.31亿元，减亏2.18亿元。分门类看，采矿业利润亏损670.3万元，减亏422万元；制造业利润亏损36.81亿元，增亏10.80亿元；电力、热力、燃气及水生产和供应业利润26.19亿元，增长37.1%。规模以上工业企业每百元营业收入中的成本为92.15元，比上年增加1.61元。年末规模以上工业企业资产负债率为76.9%，比上年末提高12.9个百分点。

2023年年末，中卫市发电装机容量1248万千瓦，比上年末增长10.9%。其中，火电装机容量236万千瓦，增长1.7%；水电装机容量12万千瓦，与上年末持平；并网风电装机容量355万千瓦，与上年末持平；并网太阳能发电装机容量644万千瓦，增长22.5%。

2023年，中卫市建筑业实现增加值31.68亿元，比上年下降7.4%。全市具有资质等级的总承包和专业承包建筑业企业完成建筑业总产值36.82亿元，下降8.9%。其中，国有及国有控股企业完成产值4.89亿元，下降11.6%；私营企业完成产值28.03亿元，下降10.4%。

【服务业】 2023年，中卫市服务业实现增加值239.39亿元，比上年增长4.8%，占地区生产总值的比重为40.5%。分行业看，批发和零售业实现增加值24.66亿元，比上年增长7.1%；交通运输、仓储和邮政业实现增加值31.74亿元，增长12.3%；住宿和餐饮业实现增加值7.00亿元，增长11.4%；金融业实现增加值26.49亿元，增长5.1%；房地产业实现增加值20.01亿元，增长4.3%；其他服务业实现增加值126.28亿元，增长2.4%。全年规模以上服务业企业实现营业收入89.41亿元，比上年增长12.6%。2023年年末，中卫市民用汽车保有量21.36万辆，比上年末增长7.3%，其中私人汽车保有量19.21万辆，增长7.6%。民用轿车保有量11.72万辆，增长86.0%，其中私人轿车6.31万辆，增长4.2%。全年民航旅客吞吐量17.54万人次，货邮周转量60.8万吨公里。全年完成邮政行业业务总量2.03亿元，按2020年不变单价计算，比上年增长26.6%。完成邮政业务收入2.13亿元，增长25.3%。全年邮政业完成函件业务12.44万件，下降14.9%；邮政包裹业务0.78万件，增长9.9%；快递业务1364.7万件，增长33.8%。全年电信业务总量比上年增长35.6%。实现电信业务收入16.77亿元，增长43.7%。年末全市电话用户总数129.4万户，增长1.7%。其中，固定电话用户7.2万户，移动电话用户122.2万户。年末固定互联网宽带接入用户52.3万户，比上年末增加3.2万户。

【商业贸易】 2023年，中卫市实现社会消费品零售总额132.62亿元，比上年增长0.6%。按经营地分，城镇消费品零售额99.68亿元，增长0.7%；乡村消费品零售额32.94亿元，增长0.2%。按消费类型分，商品零售额114.09亿元，下降1.1%；餐饮收入18.53亿元，增长12.4%。在限额以上单位(法人)商品零售额中，粮油、食品类零售额比上年增长7.3%，饮料类增长5.2%，烟酒类增长16.6%，服装、鞋帽、针纺织品类增长8.6%，化妆品类增长20.6%，日用品类增长19.7%，家用电器和音像器材类下降19.5%，中西药品类下降6.6%，文化办公用品类下降8.6%，通信器材类增长40.5%，汽车类增长58.6%，石油及制品类增长4.7%。全年实现进出口总额18.08亿元，比上年下降49.1%。其中，出口总额15.29亿元，下降20.6%；进口总额2.79亿元，下降82.8%。

【固定资产投资】 2023年，中卫市固定资产投资(不含农户)比上年下降6.8%。其中，区属投资下降6.9%，县属投资下降6.8%。分投资主体看，国有投资下降5.9%，民间投资下降8.1%。在县属固定资产投资中，第一产业投资比上年下降34.5%，第二产业投资下降10.9%，第三产业投资增长4.4%。工业投资下降10.9%，占县属固定资产投资的比重为53.0%。新能源投资下降8.5%，占工业投资的比重为50.7%。高耗能投资(不含电力、热力生产和供应业)下降27.8%,占工业投资的比重为15.0%。工业技改投资下降13.3%,占工业投资的比重为18.4%。县属基础设施投资增长31.9%。全年完成房地产开发投资26.43亿元,比上年下降15.8%。其中,住宅投资20.91亿元,下降10.4%;商业营业用房投资1.58亿元,下降58.2%。年末全市商品房待售面积88.63万平方米,下降2.1%。其中,住宅待售面积41.65万平方米,增长31.7%。

【财税金融】 2023年,中卫市完成地方财政收入31.41亿元,比上年增长10.4%。其中,一般公共预算收入23.17亿元,增长6.0%。在地方一般公共预算收入中,税收收入14.73亿元,增长5.8%。主体税种中,增值税5.89亿元,增长55.3%;企业所得税1.73亿元,下降5.6%;个人所得税0.40亿元,下降8.6%。全年财政支出220.17亿元,比上年增长7.8%。其中,一般公共预算支出211.86亿元,增长8.0%。在一般公共预算支出中,一般公共服务支出10.10亿元,增长1.4%;教育支出28.76亿元,增长0.5%;社会保障和就业支出32.57亿元,增长11.2%;卫生健康支出25.19亿元,增长9.8%。2023年年末,中卫市金融机构本外币各项存款余额755.38亿元,比年初增长5.2%。其中,人民币各项存款余额755.13亿元,比年初增长5.2%。金融机构本外币各项贷款余额633.39亿元,比年初增长13.4%。其中,人民币各项贷款余额633.38亿元,比年初增长13.4%。中卫市保险公司原保险保费收入21.92亿元,比上年增长9.7%。其中,财产险业务保险保费收入9.56亿元,增长9.5%;寿险业务保险保费收入12.36亿元,增长9.9%。支付各类赔款及给付9.63亿元,增长31.7%。其中,财产险业务赔款及给付支出6.76亿元,增长19.1%;寿险业务给付支出2.87亿元,增长75.0%。

【居民收入消费】 2023年,中卫市居民人均可支配收入22034元,比上年增长7.9%,扣除价格因素,实际增长7.3%。按常住地分,全市城镇居民人均可支配收入36138元,比上年增长6.0%,扣除价格因素,实际增长5.4%。其中,人均工资性收入27034元,增长3.5%;人均经营净收入3664元,增长28.5%;人均财产净收入954元,增长1.0%;人均转移净收入4485元,增长7.4%。全市农村居民人均可支配收入15566元,比上年增长8.1%,扣除价格因素,实际增长7.5%。其中,人均工资性收入7049元,增长9.6%;人均经营净收入5774元,增长6.4%;人均财产净收入200元,增长1.5%;人均转移净收入2543元,增长8.5%。

中卫市居民人均消费支出14705元,比上年增长3.6%。按常住地分,城镇居民人均消费支出20692元,增长12.3%,其中食品烟酒类消费支出5713元,增长9.6%,占城镇居民人均消费支出的比重为27.6%。农村居民人均消费支出11959元,比上年增长7.8%,其中食品烟酒类消费支出3653元,增长8.7%,占农村居民人均消费支出的比重为30.5%。

【社会保障】 2023年,中卫市参加基本养老保险人数30.61万人,比上年末增加302人。参加城乡居民基本养老保险人数45.77万人,比上年末减少2.03万人。参加基本医疗保险人数110.98万人,减少0.62万人。其中,参加职工基本医疗保险人数14.34万人,增加0.36万人;参加城乡居民基本医疗保险人数96.64万人,减少0.98万人。参加失业保险人数9.41万人,增加0.26万人。领取失业保险金人数4556人。参加工伤保险人数16.34万人,减少0.15万人,其中参加工伤保险的农民工7.84万人,增加1.21万人。参加生育保险人数11.10万人,增加0.22万人。中卫市共有1.69万人享受城市最低生活保障,发放保障金9483万元;8.50万人享受农村最低生活保障,发放保障金32760万元,1589人享受农村特困人员救助供养,全年临时救助1.98万人次。全年抚恤、补助退役军人和其他优抚对象3963人。中卫市拥有养老机构24个,其中农村敬老院12个、社会福利院1个、民办养老机构11个,共有床位5727张,入住老人844人。儿童福利院1个,共有床位50张,入住儿童3人。城乡建立各类社区服务站511个。

【科学技术和教育】 2023年,中卫市共争取上级科技项目277个,到位资金1.66亿元。全年专利授权数816件,其中获得授权发明专利86件。年末,全市共有国家级高新技术企业14家,自治区科技型中小企业32家。每万人有效发明专利拥有量3.83件。制造业产品合格率94.63%。2023年,中卫市共有各级各类学校514所,教职工17061人,其中专任教师14157人。小学学龄人口入学率100.0%,初中阶段毛入学率99.64%,高中阶段毛入学率95.0%,小学六年巩固率100.0%,初中三年巩固率100.0%。

【文化旅游和体育】 2023年,中卫市拥有专业艺术表演团体9个,业余文艺团体191个,文化馆3个,公共图书馆3个,剧场、影剧院7个,文化站39个,全市已建成大型公共文化服务场所10个,村级文化室443个,社区文化室68个。中卫市接待旅游人数1503万人次,比上年增长68.8%。旅游总收入88.4亿元,比上年增长66.6%。有体育场馆23个,体育场地面积310万平方米。全年举办体育运动竞赛场次50次,举办大型职工群众运动会8次,培训二级体育指导员335人。

【卫生健康】 2023年,中卫市共有医疗卫生机构702个。其中,医院21个,基层医疗卫生机构665个,专业公共卫生机构14个,其他卫生机构2个。年末有卫生技术人员7048人。其中,执业医师(助理)2432人,注册护士3059人,药师493人,技师416人,其他610人。医疗卫生机构实有床位4489张。

【资源和环境】 2023年,中卫市城市建设用地73.52平方公里。其中,居住用地26.33平方公里,工业用地3.32平方公里,公共管理和公共服务用地6.34平方公里,商业服务业设施用地7.14平方公里,物流仓储用地4.07平方公里,道路交通设施用地14.20平方公里,公共设施用地2.21平方公里,绿地与广场用地9.91平方公里。全市城市道路长度561.67公里。全市共有公园44个,公园面积938.52公顷,人均公园绿地面积15.53平方米。年末全市建成区面积达到79.62平方公里。建成区绿化覆盖率达到39.09%,绿地率为36.06%。

2023年,中卫市空气质量优良天数290天,优良天数比例为79.5%,细微颗粒($PM_{2.5}$)平均浓度为28微克/立方米,可吸入颗粒物(PM_{10})平均浓度为66微克/立方米,环境空气质量综合指数为3.55%。全年全市降水量214毫米。全年平均气温为10.3℃,比上年下降0.1℃。

2023年,中卫市规模以上工业能源消费量比上年增长17.9%,单位工业增加值能耗比上年增长2.3%。

【应急管理】 2023年,中卫市共发生各类生产安全事故21起。其中,沙坡头发生安全事故9起,中宁县发生安全事故5起,海原县发生安全事故2起,中卫工业园区发生安全事故5起。全市亿元生产值生产安全事故死亡人数0.0355人。

沙坡头区

【概况】 沙坡头区位于宁夏回族自治区中西部,东邻中宁县,南与同心县、海原县及甘肃省靖远县交会,西接甘肃省景泰县,北邻内蒙古自治区阿拉善左旗,为中卫市政府驻地,是中卫市政治、经济、文化中心。辖10镇1乡,共有162个行政村、36个城乡社区,区域总面积6877.25平方公里。

【人口发展与变化】 2023年年末,沙坡头区常住人口40.21万人,其中,城镇常住人口25.90万人,乡村常住人口14.31万人,常住人口城镇化率为64.41%。全年出生人口0.40万人,人口出生率为9.94‰;死亡人口0.29万人,人口死亡率为7.20‰;自然增长人口0.11万人,自然增长率为2.74‰。

【经济运行】 2023年,沙坡头区实现地区生产总值254.22亿元,按不变价格计算,比上年增长4.0%。其中,第一产业增加值36.39亿元,增长6.4%;第二产业增加值114.35亿元,增长2.8%;第三产业增加值103.48亿元,增长4.2%。三次产业结构占比调整为14.3∶45.0∶40.7。按常住人口计算,人均地区生产总值63153元,比上年增长4.0%。

【居民收入】 2023年,沙坡头区全体居民人均可支配收入25720元,比上年增长6.9%。按常住地分,城镇居民人均可支配收入37799元,比上年增长6.3%;农村常住居民人均可支配收入18003元,比上年增长7.0%。城乡居民人均可支配收入比为2.10,比上年缩小0.01个百分点。

【招商引资】 2023年,沙坡头区实施中部干旱带引水上山、区人民医院迁建等项目116个,完成固定资产投资60亿元,签约落地中能建牛奶全产业链+新能源一体化示范等项目7个,招商引资到位资金151亿元;向上争取各类项目资金42.89亿元,同比增长22.54%;新增国有土地有偿使用收入1.6亿元。

【投资发展】 2023年,沙坡头区固定资产投资(不含农户)比上年下降13.9%。其中县属固定资产投资下降17.8%。分投资主体看,国有投资下降10.7%,民间投资下降17.0%。在县属固定资产投资中,第一产业投资下降79.4%,其中畜牧业投资下降87.1%。第二产业投资下降25%,随着光伏、风电市场的逐步饱和,依靠新能源投资带动增长的优势已弱化。第三产业投资增长3.9%,拉动县属投资增长1.3个百分点。三次产业投资占比为1.1∶57.3∶41.6。

【项目建设】 2023年,沙坡头区投资40亿元实施红圈子205万方调蓄水池、苹果产业高效节灌试点等项目33个,改造日光温室1057座,新建高标准农田和现代高效节水农业1.76万亩,培育种植朝天椒、小茴香、藜麦2.12万亩,建成朝天椒初深加工厂3个。投资148.8亿元,规划建设麦垛山15万头现代化奶牛养殖示范园区,引进中能建投资135亿元实施12万头牛奶全产业链+新能源一体化示范项目。3个风光储项目建成并网,6个风光储能项目开工建设,新能源总装机规模达460万千瓦,储能规模达35万千瓦。引进投资

10亿元的力印(宁夏)智能板材、投资29亿元的协和新型储能智能制造、投资15亿元的林源全钒液流储能电池等一批新材料、新能源项目落地建设。完成工业技改项目10个,培育入规企业12家、自治区创新型及专精特新中小企业23家,全社会R&D经费投入强度达到2.19%。聚焦"六优"产业,持续巩固拓展全域旅游示范区创建成果,实施沙漠主题度假中心、沙坡鸣钟田园综合体提档升级等项目5个,沙漠传奇、钻石酒店建成投运。引进美团、金山等5家超算、智算中心,建成投运亚马逊、美利云、三大运营商等14个数据中心,加快推进广电一期、特加森一期等10个数据中心建设,建成全国首个"万卡级"智算基地。

【工业经济】 2023年,沙坡头区全部工业增加值98.54亿元,比上年增长3.8%,占地区生产总值比重为38.8%。规模以上工业增加值比上年增长5.2%。分轻重工业看,重工业增加值比上年增长5.5%,占规模以上工业增加值的比重为94.6%;轻工业增加值比上年下降0.5%,占规模以上工业增加值的比重为5.4%。分经济类型看,国有控股企业增加值比上年增长5.9%,股份制企业增长5.4%,外商及港澳台商投资企业下降14.2%,私有企业增长9.3%。分门类看,制造业增加值比上年增长5.9%,电力、热力、燃气及水的生产和供应业增长9.1%,采矿业下降10.6%。分行业看,化学原料和化学制品制造业比上年增长12.7%,电力、热力生产和供应业增长11.8%,计算机、通信和其他电子设备制造业增长25.0%,非金属矿物制品业增长14.3%,农副食品加工业增长13.9%,黑色金属冶炼和压延加工业增长1.0%。

【现代农业】 2023年,沙坡头区实现农林牧渔业总产值73.77亿元,比上年增长6.6%。粮食生产稳定发展。全年粮食播种总面积27.58万亩,比上年下降0.3%,产量15.78万吨,比上年增长1.3%。其中,秋粮产量15.30万吨,增长2.0%;夏粮产量0.48万吨,下降15.8%。畜牧业生产较快增长。年末,沙坡头区生猪存栏25.2万头,增长7%,牛存栏11.26万头,增长8.9%,羊存栏27.04万只,增长0.5%;全年生猪出栏30万头,比上年下降2.8%,牛出栏2.77万头,增长28%,羊出栏27.97万只,增长27.7%。主要农产品供给充足。肉类总产量3.86万吨,增长7.3%;奶产量34.28万吨,增长30.9%;蛋产量3.24万吨,增长6.1%。

【三产服务业】 2023年,沙坡头区服务业实现增加值103.48亿元,比上年增长4.2%,占地区生产总值比重为40.7%。"大漠味集·向阳街"获评国家级旅游休闲街区、自治区级夜间文化和旅游消费集聚区,沙坡头区成功入选国家首批文化产业赋能乡村振兴试点,文化和旅游市场服务质量提升经验在全国、全区推广交流;成功举办金蛙国际艺术节、沙漠传奇音乐节、南北长滩梨花节、"坡好吃"美食大赛等特色品牌活动60余场次,打响"有头有尾"文旅品牌,全年接待游客1054万人次,实现旅游收入67.3亿元。

【城市建设】 2023年,沙坡头区实施房地产开发项目13个,改造提升新花园、金河一期2个老旧小区,棚户区住宅房不动产权证办理率超过60%,完成长城街等3条街道雨污分流和排水主管网改造,新(改)建城市公共卫生间25座。

【美丽乡村建设】 2023年,沙坡头区实行多元化投入机制,打造宣和镇重点小城镇及何滩村、冯庄村高质量美丽宜居村庄,柔远镇莫楼村成功入选自治区传统村落名录,新(改)建农村卫生户厕2020座。实施中卫黄河大桥旧桥交通导改,改建(造)红油公路等农村公路168.3公里,城乡环卫市场化服务实现全覆盖。沙坡头区获全区农田水利基本建设"黄河杯"竞赛一等奖、"2023中国高质量发展乡村振兴十大示范县"。

【深化改革】 2023年,沙坡头区加快高标准市场体系建设,企业开办时间压缩至0.5个工作日,47项审批事项"零材料"办理,35项事项"一证(照)通办",网上可办率达86.76%、不见面率达81%。建成水资源监测预警平台,收储闲置用水指标120万立方米,有偿配置118.74万立方米,收缴工业企业用水权有偿使用费1553万元;盘活农村承包地18.84万亩,培育林下经济经营主体60家,办理林权抵押贷款9761万元;完成中卫首笔排污权租赁和抵押贷款,碳排放权和用能权交易管理机制不断完善。"国字号""宁字号"等10余项试点改革任务全面落实,国资国企和社会保障体制改革持续深化。揭榜领题党建共同体试点发展新型农村集体经济,以全域推行村党支部领办合作社为抓手,打破村域限制,创新党组织设置,将周边村庄"握指成拳"抱团发展,打造8个党建共同体(融合发展区),覆盖36个村。成立村党支部领办合作社132个,为村集体增收3023万元,带动两万名群众增收2593万元。

【生态环保】 2023年,沙坡头区聚焦"双碳""双控"目标,实施环保技改项目8个,完成农村冬季清洁取暖改造70万平方米、公共建筑节能改造5.9万平方米,环境空气质量不断改善。压紧压实河(湖)长制责任,实施中沟水环境综合治理等工程11个,开工建设兴仁镇污水处理厂,完成沙坡头区第四污水处理厂扩建改造，建成投运永康镇徐庄村等农村污水处理项目4个，农村污水治理率达42.6%，重点入黄排水沟、黄河过境段水质全部稳定达标。强化土壤污染源头管控，做好农业面源、工业固废、生活垃圾污染防治，第二轮中央环保督察反馈信访件全部办结。系统推动生态修复治理，投资2.3亿元实施历史遗留废弃矿山生态修复示范项目6个，86个问题矿山完成生态修复并通过自治区验收。实施城乡增绿扩绿工程，全面完成造林绿化项目13个，栽植乔灌木24.5万株，森林面积达77.64万亩，沙坡头区林业和草原局被授予"全国防沙治沙先进集体"。

【民生保障】 2023年，沙坡头区聚合财力的85%用于民生支出，办结承诺的10件民生实事。全年，共有各类救助对象3.7万人，累计核发各类救助资金1.38亿元。为5211名困难群众发放临时救助资金773万元。全年共争取民政项目资金1500余万元，实施中卫市沙坡头区（设施）安全及护理能力提升项目、沙坡头区居家适老化改造项目、政府购买养老及社会工作服务项目、"塞上乐龄大学"等项目。培育创业实体944个，创造新岗位1522个，创业能力培训1420人。农村劳动力转移就业5.6万人，实现工资收入9.7亿元。城镇新增就业4303人，安置公益性岗位395个。城镇登记失业率5.5%。

【教育】 2023年，沙坡头区共有各级各类学校122所，教职工5820人，其中专任教师4726人。深化中小学教师"县管校聘"改革，调配教师231名，选派67名教师开展城乡轮岗交流，22名专业音、体、美教师到农村学校开展走教帮扶活动，促进城乡师资均衡配置。推行"集团化"办学模式，组建中卫四中、中卫七小等教育集团3个。推进教育高质量发展，实施九小综合楼、十中等新（改）扩建项目17个，新增学位1620个，学前三年毛入园率、九年义务教育巩固率分别达到97.72%、100%。

【卫生健康】 2023年，沙坡头区全面推进健康沙坡头区建设，挂牌成立沙坡头区疾病预防控制局、疾病预防控制中心、妇幼保健院，承接文昌、滨河社区卫生服务中心，实施区人民医院迁建、兴仁卫生院医养结合等项目3个，建成自治区级、市级重点专科4个，区域内住院量占比达52.71%，基层诊疗量占比达到62%，居民健康素养水平达到30%以上，顺利通过国家卫生城市全面复审。

【退役军人事务】 2023年，沙坡头区按时为各类优抚对象发放各类抚恤补助资金。完成退役士兵安置工作及自主就业退役士兵接收工作，组织召开退役军人专场招聘会5场、培训班5期；落实退役军人创业担保贷款27笔、税收优惠33.22万元、一次性创业补贴7万元。沙坡头区滨河镇槐树北巷社区退役军人服务站站长潘玉婷荣获全国退役军人服务站"百名优秀站长"称号。

【乡村振兴】 2023年，沙坡头区深入实施"六大提升行动"，严格落实"四个不摘"要求，消除返贫致贫风险80户284人，整合资金1.98亿元，实施兴仁镇枸杞示范园、海和村肉羊养殖园区牧光互补等移民致富提升项目25个，实现移民就业2.4万人，带动劳务创收2.65亿元，人均工资性收入同比增长17.27%。

【社会治理】 2023年，沙坡头区排查整治燃气领域各类安全隐患1.12万个，完成燃气"三件套"加装11万户，回收、报废钢瓶3.05万支，立案查处40起；全面开展危化品、工贸、矿山、自建房等领域安全排查整治，年内未发生较大及以上生产安全事故，创建全国首批综合减灾示范县。坚持和发展新时代"枫桥经验"，创建自治区民主法治示范村4个，滨河镇"红色物业联盟"管理新模式入选全国"枫桥式工作法"，镇罗派出所获评全国第三批"枫桥式公安派出所"。持续巩固提升民族团结进步示范县创建成果，文昌镇黄河花园社区、中卫九小被评为"全国民族团结进步示范单位"。常态化开展扫黑除恶斗争，严打突出违法犯罪，纵深推进禁毒和反诈人民战争，刑事、电诈发案率实现"双下降"，平安沙坡头区建设迈上新台阶。

中宁县

【概况】 2023年，中宁县政区总面积3369.58平方公里，全县辖6镇6乡，154个村级单位，133个行政村，21个城镇社区，7个农林渔场。2023年年末，全县常住人口33.86万人，比上年末增加0.07万人，其中城镇人口17.28万人，城镇化率为51.03%，比上年末提高0.75个百分点；汉族人口24.52万人，占72.43%。全年人口出生率12.42‰，死亡率为6.50‰，人口自然增长率为5.92‰。全县实现地区生产总值231亿元，同比增长11.6%。分产业看：第一产业增加值25.5亿元，同比增长7.3%；第二产业增加值132.9亿元，同比增长19.6%；第三产业增加值72.6亿元，同比增长2.3%。三次产业结构比为11.0∶57.6∶31.4。完成社会消费品零售总额42.2亿元，同比下降3.4%；实现城镇居民人均可支配收入35660元，同比增长6.2%；农村居民人均

可支配收入17970元,同比增长8.7%;完成地方一般财政公共预算收入7.1亿元,同比增长1.3%

【工业经济】 2023年,中宁县实施工业重点项目33个、技改项目26个,完成投资30亿元。和光方硅芯、铭岛再生铝等一批延链补链项目建成投产,大唐储能、宁电入湘等项目加速建设。打造锰基、铝基两个百亿级产业集群,培育自治区"链主"企业1家、行业领先示范企业4家、专精特新企业22家、新增规模以上企业5家,2023年,中宁县规模以上工业增加值同比增长28%,沿黄六市县排名第一,全区排名第二;工业技改投资同比增长127.6%;规模以上单位工业增加值能耗同比下降3.8%。佳洋光伏、泰源储能等新能源项目建成,中晶半导体等2家企业获评自治区绿色工厂,中宁工业园区获批自治区"绿电园区"创建试点。优化营商环境,扩大有效投资,开展"争项目、争资金、争示范"活动,向上争取项目资金41.4亿元,招商引资到位资金68.4亿元。

【现代农业】 2023年,中宁县推进枸杞产业"六大工程""四大体系"建设,新植改造枸杞3.1万亩,综合产值超140亿元,区域公用品牌价值达198亿元。枸杞主产区入列自治区首批枸杞农业科技园,舟塔乡跻身首批国家枸杞农业产业强镇名单,中宁枸杞入选杭州亚运会官方指定产品。全县落实粮食播种面积60.55万亩,粮食总产达3.09亿公斤,其中,玉米种植面积46.4万亩,比上年增加1.5万亩,增长3.3%;水稻、小麦种植面积分别为1.05万亩、5.2万亩;杂粮种植面积7.9万亩,农作物良种覆盖率达97%。全县奶牛存栏5.97万头,生猪、肉牛、肉羊、家禽饲养量15.5万头、14.8万头、91.2万只、123.9万只,肉、蛋、奶产量2.6万吨、0.37万吨和23.8万吨;渔业水域面积3.2万亩,水产品总产量达0.38万吨。全县瓜菜种植面积31亩,其中,设施瓜菜种植面积1.4亩(日光温室0.07亩,拱棚1.33亩),露地蔬菜种植面积5.3亩(供港蔬菜种植1.9亩、露地春夏菜1.9亩、露地秋菜1.2亩、黄花菜0.3亩),露地西甜瓜种植面积24.1亩(露地西甜瓜76298亩、压砂西甜瓜16.5亩)。中宁县顺利通过国家现代农业产业园中期评估,建成县乡村三级"数字供销"网络,成功创建全区农业绿色发展先行区综合示范县。

【商贸服务】 2023年,中宁县开展"走出去"招商引资活动47批次,企业78家,洽谈项目50多个;开展"请进来"招商引资活动55批次,对接企业74家。全县共实施招商引资项目71个,实际到位资金80.4亿元,同比增长46%,完成自治区下达中宁县75亿元目标任务的107.2%,位列全区22县(区)第七位。建成华夏物流铁路专用线。深化县域商业体系建设,建成商贸中心9个,新增升规上限服务类企业14家,培育国家级电子商务示范企业1家,电子商务交易额达到107.1亿元,增长7.2%。全县网商总数4249家,电商带动就业人数达1.29万人。中宁县实现电子商务交易额133.09亿元,同比增长5.84%,网络零售额56.72亿元,同比增长12.36%,占全市的74.33%,增速高于全市0.09个百分点,农产品网络零售额46.95亿元,同比增长16.04%。举办各类促销活动42场次,发放消费券421.5万元,拉动全民消费1.5亿元。全县实现社会消费品零售总额42.16亿元,同比下降3.4%,增速低于全国10.8个百分点、全区4.6个百分点,位居沿黄河六县(区)第四位。其中,限额以上单位消费品零售额9.32亿元,同比下降8.7%,占比22.1%;限额以下单位消费品零售额32.84亿元,同比下降1.8%,占比77.9%。支持外贸经济发展,进出口总额达到8.3亿元,占全市进出口额的63%。

【城乡建设】 2023年,中宁县改造棚户区400套、老旧小区41个,铺设雨污分流管网14.3公里,打造特色街区2处、小微公园3处,更换路灯6000余盏,新增停车位4000余个,安装充电桩200个。开展全国文明城市创建,顺利通过国家卫生县复审。推进巩固拓展脱贫攻坚成果同乡村振兴有效衔接,实施特色产业扶持、基础设施建设等衔接项目83个,发放小额信贷7528万元,兑付到户资金673.7万元,脱贫人口、监测对象收入达到14869元、15140元,分别增长13.4%和27.1%,实现"两个高于"目标。推进和美乡村建设,新建农村公路238公里,改造农村危旧房151户,打造人居环境整治示范村12个、提升村24个。

【生态建设】 2023年,中宁县实施大气污染防治项目2个,宁夏瀛海天祥建材有限公司日产2500吨水泥熟料生产线烟气超低排放改造项目和宁夏天元建材有限公司日产4500吨水泥熟料生产线超低排放改造项目,完成氮氧化物削减任务509.41吨,完成率达100%。2023年优良天数比例达78.7%,可吸入颗粒物PM_{10}平均浓度为72微克每立方米,与上年同期(72微克每立方米)相比持平;$PM_{2.5}$平均浓度为30微克每立方米,与上年同期(34微克每立方米)下降11.8%。实施水污染防治,国控黄河金沙湾断面、清水河泉眼山断面水质(扣除氟化物本底值影响)达到国控断面考核目标;区控红柳沟、北河子沟、南河子沟、中卫一排4条重点水体5个断面水质均达到自治区考核目标。康滩水源地水质稳定保持在Ⅲ类(扣除本底值)。实施3个农村污水处理项目,承办2023年全区农村生活污水处理现场观摩会,大战场镇、恩和镇农村生活污水处理站荣获宁夏农村生活污水治理"最美污水处理站",全县农村生活污水治理率为44.77%。出动执法人员1269人次,检查污染源423家次,下达督办函50份;立案查处13起,下达行政处罚决定书10份。

【社会保障】　2023年,中宁县持续增强公共服务均衡性和普惠性,民生支出占比达到78.6%。实现农村劳动力转移就业73082人,劳务收入11.68亿元。失业人员再就业1958人,发放失业保险金、失业补助金1670人1057.87万元,缴纳医疗补助金967人183.06万元。加强困难群体就业援助,安置城乡公益性岗位505人,发放就业困难人员社会保险补贴1787人811.71万元。全县城乡居民基本养老保险参保124916人、城镇职工基本养老保险参保78905人、机关事业单位养老保险参保10628人、失业保险参保36376人、工伤保险参保49218人,各项社会保险参保人数超额完成目标任务。全县基本医疗保险参保缴费人数329097人,完成目标任务100.42%(其中脱贫不稳定人员、边缘易致贫人员、突发严重困难人员、已脱贫人员参保率均为100%)。全县有低保对象16271人,发放资金7720万元。其中,城市低保对象2471人,累计发放资金1444万元,农村低保对象13800人,累计发放资金6276万元。实施临时救助3311人次,发放临时救助资金456.42万元,同比增长35.77%,人均救助水平达到0.14万元。拨付乡镇临时救助金316万元,全县救助困难群众3516人次,发放临时救助资金496万元,县本级临时救助38人,发放救助资金54万元。享受残疾人生活补贴6558人,护理补贴5843人,共计发放生活补贴830.32万元,护理补贴837.63万元。发放高龄津贴3659人1166.34万元。全县享受困难残疾人生活补贴6368人,重度残疾人护理补贴5815人。

【教育事业】　2023年,中宁县建成中宁县第十一幼儿园、中宁一小,新建中宁六小、中宁十二小、中宁五中、中宁十小教学楼,采购课桌凳6500套,配置电脑625台。实施"十四五"学前教育发展提升行动计划,招聘"基层服务专项计划"学前教师47人,全县普惠性幼儿园在园幼儿占比为87.2%,学前三年毛入园率超过93%。培育区级美育社团1个,创建市级劳动教育示范校5所、劳动教育示范基地1个。全县高考二本以上上线率较上年提高0.88个百分点。深化产教融合、校企合作,引进福建沐雨祥和有限公司建设汽车维修中心,县职业技术学校在中宁一幼等10所幼儿园建立实习实训基地。新建社区多功能运动场2个,承办全国U21男子篮球决赛、四国男子篮球俱乐部邀请赛、自治区十六运部分项目赛事,参加自治区十六运各项比赛,获得金银铜牌48块。参加自治区首届残特奥运动会,获得金银铜牌36块。

【卫生健康】　2023年,中宁县实施公立医院改革与高质量发展示范项目,投入资金10002万元,采购1.5T核磁、128排CT、血液透析机等医疗设备651台(件),建设重症监护室、血液透析室、DSA介入导管室以及心内重症监护室(CCU)等重点专科,建成重症监护室、血液透析室等重点专科。加快县级医疗卫生机构信息化建设,全县县级医疗卫生机构电子健康码门诊使用码率达到71.5%,预约诊疗率达到70.3%,预约诊疗时间精准在30分钟以内。持续运行远程影像、心电中心、加快建设远程B超中心、推广远程会诊中心。远程影像诊断中心进行远程诊断11950例,远程心电诊断中心进行远程诊断30330例,完成远程B超中心建设。14家乡镇卫生院检验系统全部入网,11家乡镇卫生院新增加的影像设备全部入网并接入远程影像中心。加强基层设施建设,实施县人民医院救治能力提升及10KV高低压配电工程项目、新堡社区卫生服务中心建设项目、标准化村卫生室建设项目。深入开展爱国卫生运动,创建健康细胞示范点39个,居民健康素养水平提至27.6%,通过自治区健康县评估验收。

【文化旅游】　2023年,中宁县开展模特走秀、戏曲、小品、快板培训、"钱鞭声声 畅享新时代"黄羊钱鞭广场舞、中宁蒿子面制作技艺培训等62期,受众群众8600余人次;开展寒暑期少儿书画、架子鼓、口才、电钢琴、快板等培训45期,受众学生3200余人次;文艺团队培训12期,培训4800人次;戏曲进校园4期,培训190人次;摄影培训1期,培训80人次。在全区首届乡村振兴农民合唱艺术节,大战场镇红宝村农民合唱团荣获一等奖;在《山水间的家》《远方的家》央视栏目中,中宁县农民合唱团向全国人民展现乡村振兴中新时代农民的新气象;中宁县大战场镇农民合唱活动入选2023年全区乡村文化惠民示范项目。以创建全域旅游示范县为目标,重点实施黄羊古落文化旅游项目、全通枸杞酒庄+枸杞康养体验项目、黄河枸杞康养旅游度假区公共基础配套设施项目,打造核心景区。借势第六届枸杞产业博览会,推出黄河生态民俗体验游、枸杞康养休闲度假游、枸杞工业研学观光游、杞乡生态庄园休闲游精品线路4条,举办大西北旅游联盟高峰会暨中宁县枸杞康养旅游高质量发展论坛。实施乡村旅游标识标牌项目。丰安屯旅游度假区被自治区文化和旅游厅评定为自治区级文明旅游示范单位,年内黄羊古落旅游项目88号公路建设完成;建成老南街枸杞文化一条街,为中宁县文化创意集聚区项目奠定基础。

【乡村振兴】 2023年,中宁县新识别纳入监测对象172户641人,全县监测对象累计862户2969人,消除风险471户1518人,消除风险比例为51.4%。投入资金2.38亿元(其中衔接资金2.1亿元),实施产业发展、基础设施配套、环境综合整治等项目238个。在移民地区实施农村公路路况提升工程187公里,实施公路改造工程19.8公里,铺设乡村道路39.8公里,新建农村公厕35个。新增电商村级服务站(物流配送站点、电商网点)54个、综合超市3个、综合运输服务站2个。在太阳梁乡、宽口井、红梧村3个移民安置区建成标准化枸杞种植基地2.11万亩,在太阳梁乡打造精品桃种植基地3000亩,在大战场镇打造花豹湾冷凉蔬菜种植基地6000亩、长山湖黄粉虫繁育基地1个,在喊叫水乡打造马塘移民区辣椒种植基地5200亩、上庄子黄花种植基地1405亩。大力发展肉牛产业,实施牛羊"出户入园"养殖场基础设施配套项目8个,脱贫地区肉牛饲养量达9.1万头,滩羊饲养量达56.04万只。为全县2687户脱贫户、移民群众托管养殖肉牛,2023年发放托管养殖分红3450.62万元,户均年增收0.8万元以上。全县41个脱贫村集体经济收益944万元以上,其中,10至50万元23个;50至100万元7个。

【改革创新】 2023年,中宁县聚焦"六权"改革,实施国家和自治区试点改革15项,政务服务"就近办"入选国务院办公厅"双十百千"工程典型案例,"一网通办""跨省通办"水平提升,天元发电纳入全国碳排放权交易市场,成功创建全国集体经营性建设用地入市改革试点县。2022年,全社会R&D经费投入2.5亿元,同比增长132%。批建自治区工程技术研究中心、科技企业孵化器等创新平台13家,新增国家高新技术企业6家,获评自治区专精特新中小企业1家、创新型中小企业20家,入列首批自治区创新型县。深入推进青年发展型县域建设,健全完善人才引进机制,引进科技创新团队11个、高端专家61人,建成人才培养载体43个。

【社会治理】 2023年,中宁县开展平安中宁建设,学习"枫桥经验"。2023年,县法院受理各类案件7886件,结案7633件,结案率达96.79%。县检察院全年办理各类案件752件,其中受理审查逮捕案件85件113人,批准逮捕56件76人;受理审查起诉案件360件468人,提起公诉240件312人。公安机关2023年立各类刑事案件1240起,同比下降8.1%;破案893起,同比下降12.9%;抓获696人,同比上升36.5%;立电信网络诈骗案件320起,同比下降26.15%;破案241起;抓获156人,同比上升44.4%;财产损失1746.7万元,同比下降14%。创建平安村50个、平安小区33个、平安家庭107个,余丁乡黄羊村入选全国乡村治理示范村名单。持续巩固全国民族团结进步示范县创建,打造铸牢中华民族共同体意识示范点56个,创建全区民族团结进步示范单位4个、模范集体2个。

海原县

【概况】 海原位于宁夏回族自治区中南部,隶属中卫市。面积4989.6平方公里,辖17个乡镇、1个街道办事处、1个自然保护区及甘盐池种羊场,148个行政村、11个社区,户籍人口45.6万人。2023年,全县经济总量跨过百亿大关,全年实现地区生产总值105.56亿元,同比增长6.1%;规模以上工业增加值同比增长17.2%;社会消费品零售总额29.94亿元,同比增长1.6%;一般公共预算收入完成2.66亿元,同比增长6.2%;城乡居民人均可支配收入分别增长5%、8.5%。

【项目建设】 2023年,海原县年开(复)工项目112个,完成投资66.5亿元。总投资2.7亿元的公立医院改革与高质量发展示范、2.4亿元的天然气一体化综合利用、1.4亿元的"互联网+城乡"供水工程等重大项目加速推进,清水河综合治理、公共实训基地等61个项目当年开工、当年投产见效。聚焦特色产业,开展招商、推介活动20场次,邀请区内外企业到海原考察54批次,实施中车储能等27个招商引资项目。中部干旱带西安供水水源工程全线通水,初步构建"两纵三横"的现代化水网体系;海平高速全线通车,宝中铁路海原东站扩能改造项目获得国家批复;天然气利用工程项目顺利开工,解决海原长年未通管道天然气问题。

【乡村振兴】 2023年,海原县整合资金6.83亿元,实施70类1288个项目,脱贫人口人均纯收入达16483元,同比增长16.5%。持续巩固脱贫成果,改造危房抗震房379户,新增自来水入户583户,救治大病患者1602人次。不断深化东西部协作和华润定点帮扶,投入帮扶资金1.22亿元,实施帮扶项目56个。完成消费帮扶2.3亿元,惠及农户2000余户,百瑞源枸杞进驻海原，曹洼乡脱烈村、三河镇富陵村获评“自治区乡村振兴示范村”。

【产业结构优化】 2023年，海原县坚持优一产强二产兴三产，三次产业结构比由2022年的18.8∶24.2∶57.0调整为18.0∶27.2∶54.8。实施“牛王谷”、肉牛精深加工三期、小南川良种肉牛扩繁育肥基地等项目，销售优质冻精20万剂，全县肉牛存栏15.8万头，良种率达94%。抓紧抓好粮食安全，出台耕地保护十条硬措施，建设高标准农田13.2万亩，粮食产量达23.4万吨。海原县荣获“品牌产业园示范基地”，三河镇获批创建“国家农业产业强镇”；中车宁夏海原储能生产基地、华润共享储能电站、金桥湾10万千瓦光伏等项目建成投运，新能源装机总量达240万千瓦。打造闽宁科技园和海兴农副产品加工园“两个平台”，引进闽宁原工贸服装加工、绿友原蔬菜加工等项目落地。培育国华农机、卡立方智能科技2家自治区专精特新企业，新增海润食品1家规模以上企业，预计全县规模以上工业总产值达26.5亿元；举办各类促消费活动12次，发放促消费券17万余张，带动消费3亿元，全区县域商业体系建设现场会在海原县召开，社会消费品零售总额增速领跑宁南九县（区）。建成梦驼铃数字经济园区，注册海原籍司机1.15万人，配货273万吨，货车空载率下降14%，“海原司机”劳务品牌参展“全国劳务协作暨劳务品牌发展大会”。成功举办乡村文化旅游节系列活动。全年吸引游客136.9万人次、旅游收入2763.2万元，分别增长73.5%、30.3%。

【城乡建设】 2023年，海原县投资1.4亿元，改造城中村200户、老旧小区2506平方米。优化设置南门转盘路口，提标改造政府南北街，整治华润大道等6处内涝隐患点，打造康平路绿色生态廊道。加快盘活原文化馆综合楼，新建南门广场“口袋公园”和4个城市社区阅读空间，新增停车位741个，海原连续4年上榜“中国最美县域”。有效化解城镇历史遗留“办证难”，700余户房主拿到房产证，建设宜居宜业和美乡村，村庄规划实现“应编尽编”，打造李旺重点小城镇，建设14个农村人居环境整治示范村，实施农村公路路况提升工程205公里，改造户厕3300座，绿化村庄1.32万亩，创建西安镇园河村等3个“自治区民主法治示范村”，贾塘乡被评为“全区乡村治理示范乡”。

【生态建设】 2023年，海原县改造城乡冬季清洁取暖203万平方米，更新新能源客运车辆27辆，西安、贾塘污水处理站被评为全区“最美污水处理站”。治理河沟道16.1公里、水土流失65平方公里，试点刈割天然草1万亩，生态修复退化草原1.6万亩，完成营造林27.3万亩，森林覆盖率和草原综合植被盖度分别达到8.84%、65.7%，污染防治攻坚战成效考核连续3年获全区优秀等次，连续2年获得全区最高奖补资金。中央生态环保督察年度6项整改任务全部完成，打击“洗洞”盗采金矿专项整治行动获自然资源部等七部委通报表扬。全面启动黄河“几字弯”海原片区攻坚战，全年完成国土绿化面积居全区第一。

【民生服务】 2023年，海原县办结10件民生实事。转移就业10.8万人，创收19.8亿元，荣获“自治区转移就业示范县”。投资3.8亿元，实施七幼、九小等16个项目，新增学位6720个，与银川市17所学校建立校级联盟，开展区域联合教研42场次，基础教育质量稳步提升。成功承办自治区第十六届运动会3项赛事，获评“优秀赛区”，海原县运动员获得42金、29银。建成社区卫生服务中心等项目，县医院介入导管室填补县域介入诊疗技术空白，城乡居民医保参保率稳定在98%以上。成功承办全区基层未成年人保护服务体系建设现场推进会，荣获“全区未成年人保护工作先进集体”。开展文化惠民演出活动400余场次，县文化馆被评为全区“文化和旅游系统先进集体”。开展“纪念延安双拥运动80周年”系列活动，创建全国示范性退役军人服务站5个，32名海原籍现役军人荣立“三等功”。统筹发展和安全，深入学习贯彻“1+37+8”系列文件，建立完善政府安全投入稳定增长长效机制，筹资3.2亿元用于安全生产，同比增长36%，城镇燃气居民用户“三件套”加装率100%，完成“交通安全防护工程”护栏安装173公里，国务院挂牌督办李旺镇集贸市场消防安全问题成功销号摘牌。落实食品药品安全“两个责任”，党政领导干部包保督导检查率达100%。侦破涉恶类案件5起，电信网络诈骗案件下降22.4%。

【改革创新】 2023年，海原县创新开展“领导坐窗口”，精简行政许可申请材料32%，910项政务服务事项实现“全程网办”，新增市场主体4643户，同比增长53.8%，“放管服”改革工作荣获全区三等奖。深入推进“六权”改革，完成水权抵押贷款1笔，收缴跨区域水权交易费208万元；处置闲置和批而未供土地8177亩，流转山林地5484亩，收取流转费886万元；完成全市首笔排污权抵押贷款，开展排污权交易9笔。深化国企改革，成立海润发新能源有限公司，启动与华润电力合作开发150万千瓦新能源项目；科学决策由县属国有企业以2200万元价格竞拍原华创风能有限公司资产。新认定国家高新技术企业2家、自治区科技型中小企业3家,县财政R&D投入较上年增长13.6%。

海兴开发区

【概况】 海兴开发区位于中卫市南部、海原县东部三河镇境内,距离中卫市170公里、海原县55公里、固原市50公里。北依凤凰山,苋麻河、中河川流而过,依山傍水,地势平坦。福银高速、萌海高速、405县道和宝中铁路从境内经过,交通便捷。规划总面积30.6平方公里,建成面积16平方公里,城区内现有常住人口3.1万人。

【经济发展】 2023年,海兴开发区完成工业总产值18.21亿元,工业增加值2.24亿元,固定资产投资2.1亿元,招商引资到位资金1.33亿元。赴京津冀、长三角、珠三角、云贵川等地招商14次,新引进落地建设中车轮毂、中车储能、奋杞枸杞泡腾片、枸杞膏加工、格星宁智能服装加工仓储、梦驼铃、绿友原蔬菜加工、普尔泰节能环保智能设备共8个项目,推动主导产业集聚集群发展。协助16家企业完成登记注册、税务登记等手续,推动项目落地建设。完成1个招商项目土地招拍挂工作,供地36亩。为企业减免各类费用56.9万元,兑付各类补贴150万元,协助申报专精特新中小企业1家,协助企业招工100余人。对小微企业孵化园厂房水、暖管道及道路进行维修改造。建立重点建设项目包抓机制,强力推进重点项目建设,全年实施项目12个。完成社会投资项目备案16个、政府投资项目审批4个。完成历年项目财务审计决算13个。储备宁南医院门诊楼项目、第二污水处理厂等项目13个。清退清空厂房场地8处。

【财政金融】 2023年,海兴开发区严控"三公"经费等非工资性支出,三公经费全部控制在2019年的80%以内。严格财务管理,持续做好预决算编制、预决算公开、资金审核、费用报销、财务记录、各类报表上报工作。2023年,争取化解债务资金2354万元,开发区政府债务余额由1.03亿元降至7949.86万元。配合县委、县政府及管委会盘活办公场所2处。

【规划建设】 2023年,海兴开发区坚持规划引领,将海兴开发区总规纳入海原县国土空间总体规划。提高土地节约集约利用率,无偿收回中银绒业厂房建设用地。实施海兴开发区供热管网提升改造项目,进一步优化供暖管道、换热站等基础设施;实施市政道路、路灯照明及公租房基础设施维修3个项目;实施永康街延伸段道路及给排水工程,打通永康街兴源路至瑞祥路路段。持续开展植绿增绿大会战,对2022年春季植绿增绿项目各标段完成补植补栽及养护。坚持问题导向,贯彻落实"1+37+8"文件精神,对市政设施、建筑工地、燃气及公园绿化园林安全隐患进行排查,共自查出隐患问题68个,转接县道交委整改问题15个,全部整改完毕;按照"四防"督查组和市生态环境局对重点领域安全生产专项排查反馈问题清单,共涉及市生态环境局问题83个,现全部整改完毕。推行城市精细化管理模式,集中开展市容市貌专项整治5次,整治乱摆乱放、乱贴乱画、乱搭乱建等突出问题395起,更换雨水箅子、下水井盖143个,清理广告牌和破旧横幅64处、地面油污8处;完成乔木和沿街绿篱墙的春季及秋季修剪,并完成4轮树木浇灌;积极探索公共服务设施市场化运营模式,将生态湿地委托于专业机构进行规范化标准化管理;强化保障房管理,实物配租公租房281户,清退转租(借)10户,维修公租房67套。

【安全生产】 2023年,海兴开发区排查重点领域235家(次),发现隐患502条,其中重大隐患4条,一般隐患498条,全部完成整改。悬挂宣传标语30余条、发放宣传资料15000余份、受教育群众11000余人。组织开发区全体干部职工参加为期2天的全市党员干部安全生产大轮训。党工委、管委会领导班子,各部门(单位)负责人积极参加为期10周的全区党政领导干部安全生产综合能力提升专题培训;组织开发区全体干部职工、各企业主要负责人、主管安全负责人、安全员等人员开展自治区十三届四次全会精神和"1+37+8"系列文件题专题培训、燃气安全知识专项培训各1次;组织辖区企业参加中卫市安委会企业安全培训2次;各分管副主任深入辖区重点企业开展消防、燃气安全知识培训3次;邀请市应急管理局相关专业人员对辖区20余家企业安全生产规章制度、作业安全、消防安全知识开展专题培训1次。协调组织消防、水务、医疗等部门,举办防汛应急抢险救援演练,参训100余人次。全年围绕消防、地震等重点内容积极组织开展培训、演练等活动4次。辖区2023年安全生产形势总体平稳,未发生安全生产事故。

【社会事务】 2023年,海兴开发区开展"八五"普法工作,加强《中华人民共和国民法典》《中华人民共和国宪法》贯彻落实,印发《关于2023年管委会干部职工学法安排的通知》《关于开展2023年"美好生活·民法典相伴"主题宣传月活动的通知》等文件。联合各部门开展集中宣传活动,营造尊法学法守法用法的法治氛围，共计悬挂横幅2条，发放宣传彩页1000余份。共处理“12345”信访投诉件8起，接待来信来访6起，协调解决农民工工资7批次12人工资12万余元。续签2023年公交车运营合同，按照《公交车营运管理办法》，实时监管公交车运行情况。与县总工会对接新采购录入图书114套，扩大职工的阅读范围。

【生态环境】 2023年，海兴开发区坚持“四尘”同治，开展餐饮油烟管控、油气回收治理摸排等专项行动30余次，检查重点涉气企业（单位）60余家次，开展道路扬尘、垃圾焚烧日常巡查、随机抽查、夜查等80余次。坚持“五水”共治，检查重点涉水企业60余家次，紧盯治污设施运行，污水处理厂与生态湿地出水水质稳定达标，污水资源化利用率100%。坚持“六废”联治，开展固体废物处置、危险废物风险集中治理工作，引进废机油回收企业1家，规范固、危险废物产生、贮存、处置全过程，检查反馈的12个问题全部完成整改，5家企业在固危废平台进行注册填报。各级督查反馈环保问题116项，全部整改到位。受理群众投诉问题4项，办结率100%。开展生态环境突发事件应急演练，增强突发环境事件应急处置工作思想认识，年内未发生重大及以上突发环境事件。开展各类环保宣传活动3场次。

【肉牛产业】 2023年，海兴开发区围绕两个示范县创建目标任务，通过开展内部改革、市场化运营、社会服务等重点工作，打造海原县服务肉牛产业综合性集团。2023年以市场化运营为目标，引进海原县源上牛农业发展有限公司、宁夏沁丰源农牧科技发展有限公司、内蒙古大北农、内蒙古海大、宁夏大北农等饲草料企业，先后盘活曹洼、李旺、三河饲草配送中心，加工销售小麦秸秆800余吨，配送豆粕、玉米原料、饲料1300余吨，刈割柠条1000余亩，加工成柠条饲料80余吨。开展品牌营销与肉牛屠宰及精深加工业务，全年共屠宰肉牛1425头，销售额2050万元，业务较上年增长162%；与8家肉类销售企业达成长期合作协议，成交订单357份；抖音、快手等线上宣传渠道及“塞鲜锋”微信小程序网售平台开通；海原牛肉已通过ISO9001国际质量管理体系认证；银川、中卫两家直营店和深圳、西安、上海联营店全部运营；与陕西华润万家达成合作，为2023年中亚峰会供应牛肉产品并受到陕西省市场监督管理局表扬。发展规模化肉牛养殖业务，以现有养殖场为基础，从通辽引入育肥牛犊360头，能繁母牛犊180头，同时，为鼓励养殖户养殖信心，结合县域活牛收购政策收购育成牛183头。集团总体养殖规模达1300头。制定肉牛饲喂、育肥技术方案2项；建立冷配技术及兽医技术、淘汰母牛短期育肥等示范点8个；宁夏种牛生物科技公司存栏种公牛407头，其中达到国际国内标准优质种公牛63头，种子母牛254头，新生犊牛90头；生产冻精71.2万剂、胚胎503枚，销售冻精17.2万剂，销售额共计181.73万元。以“村企联建，共同发展”为核心，为村集体开展活牛补栏、育成牛收购、饲草料优惠配送、养殖科技服务，与全县28个村集体和养殖大户签订联合发展协议，建立七营、三河、史店、贾塘、关桥、红羊、李旺7处村企联合发展示范点，以高于市场价格收购县域育肥架子牛183头，基础母牛14头。借助第七届牛王大赛，集团以10.2万元的价格竞拍得牛王，合资公司以11.8万元竞拍得牛后。2023年12月，肉牛产业集团交由海兴开发区管委会监管。

中国共产党中卫市委员会

综述

【概况】 2023年,在党中央及自治区党委的坚强领导下,中卫市坚持以习近平新时代中国特色社会主义思想为指导,深入学习贯彻党的二十大和习近平总书记视察宁夏重要讲话指示批示精神,全面落实党中央决策部署及自治区党委工作要求,紧扣全面建设社会主义现代化美丽新宁夏中卫市工作落实体系,大力实施“七个战略”,加快建设“五个示范市”,统筹推进稳增长、促改革、调结构、惠民生、防风险、保稳定,全市经济社会发展取得新成就、发生新变化。全年地区生产总值同比增长7.1%,规模以上工业增加值增长15.2%,固定资产投资下降6.8%,社会消费品零售总额增长0.6%,地方一般公共财政预算收入增长6%,城镇和农村常住居民人均可支配收入分别增长6%和8.1%。

【主题教育】 2023年,中卫市按照党中央及自治区党委部署要求,把开展主题教育作为重大政治任务,聚焦主题主线,把握目标要求,突出真学实干,一体推进五项重点措施,以学铸魂、以学增智、以学正风、以学促干取得明显成效。坚持把理论学习贯穿主题教育始终,深化“四学联动”,抓好“五个载体”,通过举办读书班、研讨交流会、专题党课等方式,深刻领悟习近平新时代中国特色社会主义思想的世界观、方法论和贯穿其中的立场、观点、方法,教育引导全市党员干部在深化理论武装中筑牢信仰之基、补足精神之钙、把稳思想之舵。坚持“四下基层”制度,大兴调查研究之风,聚焦重点工作和难点问题,“小切口”靶向选题,坚持调研问计、沉底问政、走访问需,发现和解决一批突出问题、推出一批务实举措、形成一批长效机制。坚持把检视整改作为主题教育的重中之重,边学习、边对照、边检视、边整改,树立和践行正确政绩观,深入开展“8+1”专项整治,化解信访积案168件,为民办实事解难题850件,为企业纾困解难271个,广大群众切身感受到主题教育带来的新气象新变化。

（曹兴元）

重要活动

【中卫市2023年干部荣誉退休仪式】 2023年6月25日,中卫市举行2023年干部荣誉退休仪式,深入贯彻落实习近平总书记关于老干部工作的重要论述,集中向机关事业单位及乡镇、医疗卫生系统、教育系统、公安系统长期在工作一线辛勤付出的退休干部致以敬意、送上祝福,加强对退休干部的组织关心和人文关怀,营造出爱护、激励退休干部的良好氛围。中卫市委书记、市人大常委会党组书记张利,市人大常委会主任崔昆出席。市委常委、组织部部长于建文致辞。参加荣誉退休仪式的退休干部最长工作42年,最短工作30年以上,亲身参与中卫改革发展事业,用实际行动诠释爱党为民的赤诚情怀和使命担当。活动现场通过播放退休干部代表风采录、年轻干部集体致敬、赠送纪念品和鲜花、责任使命传承等方式,回顾退休干部的工作历程,表达对退休干部的敬意,激励年轻干部勇担责任使命,勉励退休干部牢记初心、永葆政治本色,继续为推动全市经济社会高质量发展发挥余热、贡献力量。活动现场为宁夏离退休干部志愿者协会中卫分会、中卫老干部书画协会志愿服务队、中卫市关工委爱国主义教育志愿服务队、中卫市老年大学夕阳红创城志愿服务队、中卫市市场监督管理局退休干部志愿服务队、中卫市公安局退休干部志愿服务队进行授旗。

【国家国际发展合作署署长罗照辉一行到中卫考察】 2023年4月8日—9日,国家国际发展合作署署长罗照辉率工作组及有关国家驻华使节和代表一行20人到宁夏参加“地方外援工作高质量发展研修班”，考察腾格里沙漠荒漠化治理、黄河生态保护和文旅产业融合发展、“五带一体”防沙治沙工作、沙漠生态保护和文旅产业融合发展等情况。

【中卫市干部作风建设推进会暨2023年第一季度“晾晒评比”促“比学赶超”活动】 2023年5月5日召开。会议强调要深入学习贯彻党的二十大和习近平总书记视察宁夏重要讲话指示批示精神，全面落实党中央和自治区党委关于作风建设的部署要求，持之以恒转作风，担当实干抓作风。

【2023年全市烈士纪念日公祭活动】 2023年9月30日，中卫市在中宁县烈士陵园纪念广场举行2023年烈士纪念日向人民英雄敬献花篮仪式，市领导向人民英雄敬献花篮，激励全市人民缅怀革命先烈、致敬人民英雄，弘扬革命精神、赓续红色血脉，为全面建设社会主义现代化美丽新宁夏中卫篇章而不懈奋斗。海原县在牌路山烈士陵园举行烈士纪念日向人民英雄敬献花篮仪式。

重要会议

【中卫市领导干部廉政警示教育大会】 2023年1月18日召开。会议强调要深入学习贯彻党的二十大精神和习近平总书记关于全面从严治党的重要论述，落实自治区党委工作要求，以案为鉴、警钟长鸣，筑牢信仰之基、绷紧纪律之弦，永葆清正廉洁的政治本色，巩固风清气正的政治生态，坚定不移推进全面从严治党向纵深发展，为中国式现代化中卫实践提供坚强保证。

【中卫市纪委五届三次全会】 2023年1月29日召开。会议强调要深入学习贯彻党的二十大和自治区第十三次党代会精神，全面落实中央纪委、自治区纪委全会精神，发扬彻底的自我革命精神，持之以恒正风肃纪反腐，坚定不移全面从严治党，推动新时代党的建设新的伟大工程向纵深发展，为奋力谱写全面建设社会主义现代化美丽新宁夏中卫篇章提供坚强保障。

【黄河流域生态保护和高质量发展先行区建设中卫市2023年第一次推进会暨市委农村工作会议】 2023年2月2日召开。会议强调要深入学习贯彻党的二十大精神，全面落实中央和自治区党委农村工作会议部署要求，“铆”足干劲、奋发“兔”强，明责担责、真抓实干，加快建设乡村全面振兴示范市，奋力开创新时代新征程中卫“三农”工作新局面，努力绘就全面建设社会主义现代化美丽新宁夏中卫“三农”新画卷。

【中卫市委政法工作会议】 2023年2月14日召开。会议强调要深入学习贯彻党的二十大精神，学习贯彻习近平总书记对政法工作的重要指示精神，全面落实中央和自治区党委政法工作会议精神，增强做好新时代新征程政法工作的责任感、使命感，发扬斗争精神、增强斗争本领，以高水平法治保障高质量发展，奋力推进新时代新征程中卫政法工作现代化，为谱写全面建设社会主义现代化美丽新宁夏中卫篇章提供坚强政法保障。

【黄河流域生态保护和高质量发展先行区建设中卫市2023年第二次推进会暨全市第一季度重点项目建设调度会】 2023年2月15日召开。会议强调要牢固树立大抓项目、抓大项目、抓高质量项目的鲜明导向，锚定目标任务，下定必胜决心，保持拼抢状态，迅速掀起项目建设热潮，推动重大项目持续不断、新增长点持续涌现，在新时代高质量发展赛道上跑出中卫项目建设加速度，以项目建设之“进”撑起经济增长之“稳”。

【中卫市2023年全国文明城市创建工作推进会】 2023年3月3日召开。会议传达学习全国文明办主任会议、全区文明城市创建培训会精神，对创建全国文明城市工作进行再动员、再部署、再推进。会议强调要深入学习贯彻习近平总书记关于社会主义精神文明建设的重要论述，咬定目标、铆足干劲，举全市之力、下非常之功，奋力打好创建全国文明城市攻坚之战，为建设更高水平的宜居宜业宜游城市增光添彩。

【中卫市委统战工作会议暨建设铸牢中华民族共同体意识示范市第三次推进会】 2023年3月3日召开。会议强调要深入学习宣传贯彻党的二十大精神和习近平总书记关于做好新时代党的统一战线工作的重要思想，牢牢把握团结奋斗的时代要求，发挥统一战线法宝作用，加快建设铸牢中华民族共同体意识示范市，奋力开创新时代新征程全市统一战线工作新局面，为谱写全面建设社会主义现代化美丽新宁夏中卫篇章汇聚团结力量。

【中卫市委人大工作会议】 2023年4月20日召开。会议强调要深入学习贯彻党的二十大精神、习近平总书记关于坚持和完善人民代表大会制度的重要思想，全面落实中央和自治区党委人大工作会议精神，着力推动新时代人大工作与时俱进、创新发展，不断丰富和发展全过程人民民主的中卫实践，更好把人民代表大会制度优势转化为治理效能，为中卫现代化建设提供有力保障。

【黄河流域生态保护和高质量发展先行区建设中卫市2023年第三次推进会暨一季度经济形势分析会】 2023年4月23日召开。会议传达学习自治区党委常委会会议、全区一季度经济形势分析会等精神，通报全市一季度经济运行、重点项目推进、向上争取资金、招商引资情况，安排部署下一阶段经济工作。

【中卫市上半年投资项目调度会】 2023年6月5日召开。会议通报上半年投资项目进展及招商引资情况，听取各县（区）、市直有关部门（单位）投资项目推进情况汇报，对全市投资项目工作进行再分析、再研究、再部署。会议强调要深入贯彻党的二十大精神，全面落实党中央决策部署和自治区党委工作要求，明确目标、条块结合，再加压力、再强举措，靶向发力、凝心聚力，全力营造大抓项目、抓大项目、抓高质量项目的浓厚氛围，为推动全市经济社会高质量发展蓄势赋能。

【中共中卫市委专题会议】 2023年6月10日召开。会议传达学习生态环境部调研组到中卫调研时的有关要求、自治区党委常委会2023年第15次会议精神，安排部署市生态环境违法行为专项整治行动有关工作。

【中共中卫市委外事工作委员会第二次会议】 2023年6月12日召开。会议传达学习习近平外交思想有关内容及十三届自治区党委外事工作委员会第二次、第三次会议精神；审议《中卫市委外事工作委员会2023年工作要点（送审该）》《关于进一步规范外国记者来卫采访活动的实施方案（送审稿）》；听取中宁县外事工作情况、市商务局关于稳外贸外资工作情况、市口岸和投资促进办关于开行国际班列工作情况汇报，安排部署相关工作。

【黄河流域生态保护和高质量发展先行区建设中卫市2023年第五次推进会暨全市二季度重大项目建设推进会】 2023年6月21日召开。会议强调要深入学习贯彻习近平总书记关于做好当前经济工作和视察宁夏重要讲话指示批示精神，全面落实全区重大项目推进会部署要求，抢抓机遇、真抓实干，奋起直追、凝聚合力，坚定不移抓项目促投资，以项目之“进”助推经济之“稳”。

【黄河流域生态保护和高质量发展先行区建设中卫市2023年第六次推进会暨上半年经济形势分析会】 2023年7月24日召开。会议强调要深入学习贯彻党的二十大和习近平总书记视察宁夏重要讲话指示批示精神，全面落实全区上半年经济形势分析会部署要求，紧扣目标任务，坚定发展信心，奋力冲刺三季度，决战决胜下半年，全力完成全年目标任务，走好中国式现代化中卫实践之路。

【黄河流域生态保护和高质量发展先行区建设中卫市2023年第七次推进会暨全市耕地保护工作会议】 2023年8月7日召开。会议强调要深入学习贯彻习近平总书记关于耕地保护的重要论述，全面落实党中央、国务院和自治区党委、政府部署要求，坚决彻底整改每个违法图斑，依法守好每寸耕地，科学种好每亩农田，牢牢守住耕地红线，为全市粮食安全和经济社会高质量发展夯实基础、保驾护航。自治区自然资源厅有关负责同志到会指导。

【中共中卫市委五届七次全体会议】 2023年8月10日召开。会议坚持以习近平新时代中国特色社会主义思想为指导，深入学习贯彻习近平总书记关于安全生产重要论述和重要指示精神，全面落实自治区党委十三届四次全会部署，原文传达自治区党委书记梁言顺在自治区党委十三届四次全会上的讲话和自治区党委常委、秘书长雷东生对《关于深入学习贯彻习近平总书记重要指示精神、统筹发展和安全、提高安全生产工作水平、切实保障人民群众生命财产安全的意见》及专项配套文件的总体说明，对“1+37+8”系列文件集中再学习再研讨，市委书记张利作题为《深入学习宣传贯彻自治区党委十三届四次全会精神 加快推进全市安全生产治理体系和治理能力现代化》的讲话，对开好全会提出明确要求，就统筹发展和安全、持续抓好安全生产工作作出部署。审议通过中共中卫市纪律检查委员会关于张某严重违纪违法问题的审查报告，确认市委常委会之前作出的给予张某开除党籍的处分。

【中卫市组织工作会议】 2023年8月28日召开。会议强调要全面贯彻党的二十大精神，深入学习贯彻习近平总书记关于党的建设的重要思想，全面落实全国、全区组织工作会议部署要求，深入落实新时代党的建设总要求和新时代党的组织路线，深入推进新时代党的建设新的伟大工程，不断提高全市党的建设和组织工作质量，为加快推进中国式现代化中卫实践提供坚强政治保证和组织保证。

【中卫市学习贯彻习近平新时代中国特色社会主义思想主题教育工作会议】 2023年9月13日召开。会议学习贯彻习近平总书记关于主题教育的重要讲话和重要指示批示精神，全面落实中央和全区主题教育第一批总结暨第二批部署会议精神，对全市开展主题教育进行安排部署。

【黄河流域生态保护和高质量发展先行区建设中卫市2023年第八次推进会暨全市建设铸牢中华民族共同体意识示范市第四次推进会】 2023年9月14日召开。会议强调要深入学习贯彻习近平总书记关于加强和改进民族工作的重要思想，全面落实自治区第十三次党代会部署要求，夯实创建基础，提升创建水平，加快建设铸牢中华民族共同体意识示范市，为推进中国式现代化中卫实践汇聚磅礴力量。

【中共中卫市委外事工作委员会第三次会议】 2023年9月20日召开。会议学习《习近平外交思想学习纲要》相关内容，传达学习第三届宁夏国际友好城市论坛精神，自治区党委书记梁言顺、自治区主席张雨浦会见出席第三届宁夏国际友好城市论坛重要嘉宾时的讲话精神；研究《关于中卫市与巴基斯坦旁遮普省巴哈瓦尔布尔市建立友好城市关系的请示》。

【中共中卫市委五届八次全体会议】 2023年10月17日召开。会议坚持以习近平新时代中国特色社会主义思想为指导，深入学习贯彻习近平生态文明思想和习近平总书记在全国生态环境保护大会、加强荒漠化综合防治和推进“三北”等重点生态工程建设座谈会上的重要讲话精神，以及自治区党委十三届五次全会精神，对《关于深入学习贯彻习近平总书记重要讲话精神、全面推进新征程生态文明建设、加快建设美丽宁夏的意见》及环境整治、生态修复、绿色发展、组织保障4类专项文件集中再学习再研讨，就推进生态文明建设、加强生态环境保护工作作出安排部署。

【中卫市网络安全和信息化工作会议】 2023年10月19日召开。会议强调要深入学习贯彻习近平总书记关于网络强国的重要思想，认真贯彻落实全国、全区网络安全和信息化工作会议精神，推动全市网信事业迈上新台阶、取得新成效。

【中卫市学习贯彻习近平新时代中国特色社会主义思想主题教育工作推进会】 2023年10月25日召开。会议传达学习习近平总书记在江西考察时关于主题教育的重要讲话精神，中央主题教育工作推进会、全区第二批主题教育工作推进会等精神，听取市委主题教育领导小组办公室相关工作组、各县（区）党委、市直有关行业党工委主题教育工作进展情况汇报，研究分析存在问题，安排部署下一步工作。

【黄河流域生态保护和高质量发展先行区建设中卫市2023年第九次推进会暨三季度经济形势分析会议】 2023年10月30日召开。会议强调要深入学习贯彻习近平经济思想，全面落实全区三季度经济形势分析会精神，结合开展主题教育，坚定信心、振奋精神，保持强攻之势、彰显奋进之为，奋力冲刺四季度，坚决打好收官战，确保圆满完成全年各项目标任务。会议总结分析前三季度全市经济运行情况，对四季度重点工作进行安排部署。

【中卫市宣传思想文化工作暨文物工作会议】 2023年11月28日召开。会议强调要坚持以习近平新时代中国特色社会主义思想为指导，深入学习贯彻习近平文化思想和习近平总书记关于文物工作的重要论述，全面落实全国、全区宣传思想文化工作会议和文物工作会议部署要求，以铸牢中华民族共同体意识为主线，自觉担负起新的文化使命，开创中卫宣传思想文化工作和文物工作新局面，为谱写全面建设社会主义现代化美丽新宁夏中卫篇章提供坚强思想保证、强大精神力量、有利文化条件。

【黄河流域生态保护和高质量发展先行区建设中卫市2023年第十次推进会暨全市第五次全国经济普查工作会议】 2023年12月4日召开。会议强调要深入学习贯彻习近平总书记关于经济普查工作的重要指示批示精神，全面落实党中央决策部署及自治区党委工作要求，坚持依法普查、科学普查、为民普查，切实把经济普查各项工作抓实、抓细、抓出成效，以高质量经济普查服务全市高质量发展。

【黄河流域生态保护和高质量发展先行区建设中卫市2023年第十一次推进会暨全市新型工业化、全面深化改革工作会议】 2023年12月27日召开。会议强调要深入学习贯彻习近平总书记关于新型工业化、全面深化改革的重要论述，全面贯彻党中央决策部署及自治区党委工作要求，紧紧围绕铸牢中华民族共同体意识这条主线，聚焦高质量发展主题，以更大决心、更大力度推进新型工业化和全面深化改革，为新时代新征程中卫高质量发展注入强劲动力。

【中共中卫市委召开第九次全体会议】 2023年12月28日召开。传达学习中央经济工作会议精神，中共宁夏回族自治区第十三届委员会第六次全体会议暨自治区党委经济工作会议；听取审议市委常委会工作报告，总结2023年全市经济工作，安排2024年经济工作，评议市委书记抓基层党建工作。

（刘 才 马宇昕 刘 瑞）

2023年中共中卫市委常委会会议一览表

时间	会议	主要议题
1月2日	市委第1次常委会会议	传达学习党的二十大报告关于“新时代新征程中国共产党的使命任务”的重要论述，习近平总书记在中共中央政治局召开民主生活会、全国政协举行新年茶话会上的重要讲话，二〇二三年新年贺词，对爱国卫生运动作出的重要指示、给中国东方演艺集团的艺术家们的回信精神，安排部署贯彻落实工作；听取工会、共青团、妇联等市级群团组织工作汇报；听取全市维护社会稳定风险隐患“大排查大化解大整治”行动开展情况汇报；研究市委全面深化改革领导小组办公室《关于审定中卫市深化国防动员体制改革实施方案（送审稿）的请示》；套开2022年度县（区）和市直部门（单位）党委（党组）主要负责人述责述廉工作会议
1月9日	市委第2次常委会会议	传达学习党的二十大报告关于“推进文化自信自强，铸就社会主义文化新辉煌”的重要论述，习近平总书记致《经济日报》创刊40周年的贺信精神，安排部署贯彻落实工作；传达学习自治区党委农村工作会议精神，安排部署贯彻落实工作；研究市人民政府党组《关于审定中卫市2023年春节慰问活动方案（送审稿）的请示》，研究市人民政府党组《关于审定中卫市2023年“美丽新中卫 吉祥过大年”活动实施方案（送审稿）的请示》；研究市人民政府党组《关于自治区第十六届运动会和全区首届残运会暨特殊奥林匹克运动会开（闭）幕式有关事宜的请示》；套开2022年度县（区）党委和市直党（工）委书记抓基层党建工作述职评议考核会议；研究市纪委监委有关事宜；研究干部事宜
1月18日	市委第3次常委会会议	传达学习党的二十大报告关于“推进国家安全体系和能力现代化，坚决维护国家安全和社会稳定”的重要论述，习近平总书记对政法工作作出重要指示精神，安排部署贯彻落实工作；传达自治区两会精神，安排部署贯彻落实工作；研究市人民政府党组《关于审定中卫市贯彻落实〈自治区党委人民政府关于新形势下加强反恐怖工作的实施意见〉的实施方案（送审稿）的请示》；研究市人民政府党组《关于对海原县委、政府办公楼和政府礼堂进行抗震加固维修的请示》；研究市人民政府党组《关于拨付中卫南站黄河大桥工程PPP项目资金的请示》
1月28日	市委第4次常委会会议	传达学习党的二十大报告关于“坚定不移全面从严治党，深入推进新时代党的建设新的伟大工程”的重要论述，习近平总书记在二十届中央纪委二次全会、二〇二三年春节团拜会上的重要讲话，传达学习自治区纪委十三届二次全体会议精神，安排部署贯彻落实工作；传达学习中央政法工作会议、全国组织部长会议、全国宣传部长会议、全国统战部长会议精神，安排部署贯彻落实工作；研究市纪委监委关于召开市纪委五届三次全体会议的请示、审议市纪委五届三次全会《工作报告（送审稿）》；研究团市委《关于召开中国共产主义青年团中卫市第四次代表大会的请示》；套开市委理论学习中心组2023年第1次学习（扩大）会暨“大学习、大讨论、大宣传、大实践”第1次专题学习会
2月8日	市委第5次常委会会议	传达学习党的二十大报告关于“加快构建新发展格局，着力推动高质量发展”的重要论述，习近平总书记在中共中央政治局第二次集体学习时的重要讲话精神，安排部署贯彻落实工作；传达学习《中共中央 国务院〈关于做好2023年全面推进乡村振兴重点工作的实施意见〉》，研究市人民政府党组《关于做好2023年全面推进乡村振兴重点工作的实施意见（送审稿）》；审议《中卫市委常委会2023年工作要点（送审稿）》；研究市人民政府党组《关于实施中卫市迎湖路路面维修改造工程的请示》；研究市人民政府党组《关于实施中卫市中沟路（宁钢大道以东）路面维修改造工程的请示》；研究市委组织部《关于设立中卫市国防动员办公室党组的请示》
2月15日	市委第6次常委会会议	传达学习习近平总书记在新进中央委员会的委员、候补委员和省部级主要领导干部学习贯彻习近平新时代中国特色社会主义思想和党的二十大精神研讨班开班式上的重要讲话精神，向援中非中国医疗队队员的回信和给匈牙利匈中双语学校学生的复信精神，安排部署贯彻落实工作；审议《中卫市2023年度市级领导包抓特色产业、重点工作、重点项目任务分工方案（送审稿）》；研究市委组织部《关于中卫市属国有企业领导人员选拔任用工作办法（试行）的请示》；研究市委组织部《关于中国共产主义青年团中卫市第四届委员会有关人事安排的请示》
2月23日	市委第7次常委会会议	传达学习习近平总书记在中共中央政治局常务委员会会议上的重要讲话、对内蒙古自治区阿拉善左旗一露天煤矿坍塌事故作出的重要指示精神，安排部署贯彻落实工作；传达学习《宁夏回族自治区巡视整改和成果运用实施办法》，听取市委2022年度巡察工作情况及五届市委第三轮巡察情况汇报；传达学习全区粮食购销领域腐败问题专项整治工作再动员再部署电视电话会议及全区四个专项治理安排部署会精神，安排部署贯彻落实工作；市人民政府党组《关于拨付中卫市生活垃圾填埋场封场项目建设费用的请示》、《关于审定全市居民收入提升行动实施方案（2023—2027年）（送审稿）的请示》；研究市总工会党组《关于审定2023年全国、自治区五一劳动奖和全国、自治区工人先锋号拟推荐单位及人选的请示》；研究干部事宜

续表

时间	会议	主要议题
2月28日	市委第8次常委会会议	传达学习习近平总书记在二十届中共中央政治局第三次集体学习会上的重要讲话，对深入开展学雷锋活动作出的重要指示，给希腊学者的复信，致"中国+中亚五国"产业与投资合作论坛的贺信精神，安排部署贯彻落实工作；传达学习自治区2023年度督查工作会议精神，安排部署贯彻落实工作；研究市委政法委《关于审议中卫市市域社会治理现代化试点合格城市创建工作实施方案(送审稿)的请示》；研究市人民政府党组《关于实施中卫市2023年市政道路及管网建设项目的请示》《关于实施中卫市2023年城市绿地功能完善项目的请示》；研究市纪委监委有关事宜；套开市委全面深化改革委员会第十六次会议；套开市委全面依法治市委员会第九次会议；套开中卫市安全风险研判防控工作机制第二次会议
3月6日	市委第9次常委会会议	传达学习党的二十届二中全会精神，习近平总书记在中央党校建校90周年庆祝大会暨2023年春季学期开学典礼、中共中央民主协商会上的重要讲话精神，安排部署贯彻落实工作；传达学习全国、全区纪检监察干部队伍教育整顿动员部署会议精神，安排部署贯彻落实工作，审议《中卫市纪委监委开展纪检监察干部队伍教育整顿实施方案(送审稿)》《关于进一步理顺中卫市留置中心管理体制、提升管理服务保障能力水平改革工作实施方案(送审稿)》；研究市人民政府党组《关于解决宁夏回族自治区第十六届运动会有关经费的请示》；套开市生态环境保护领导小组2023年第一次会议；套开中卫市城市基层党建引领基层治理领导小组第一次会议
3月16日	市委第10次常委会会议	传达学习习近平总书记在十四届全国人大一次会议闭幕会上、参加江苏代表团审议、出席解放军和武警部队代表团全体会议、看望参加政协会议的民建、工商联界委员时的重要讲话精神，学习《中共中央办公厅关于严明纪律切实保证党和国家机构改革顺利进行的通知》精神，安排部署贯彻落实工作；传达学习习近平总书记关于粮食安全的重要论述，听取全市粮食安全工作汇报；研究市人民政府党组《关于中卫市土地及地面附着物征收补偿指导意见(试行)的请示》《关于改建中宁县鸣沙镇人民政府办公楼及新建业务用房的请示》《关于申请划转中卫市监察留置所资产的请示》；审议《2023年"全市领导干部廉政警示教育周"活动方案(送审稿)》；套开市委审计委员会第七次会议
3月24日	市委第11次常委会会议	传达学习习近平总书记在中国共产党与世界政党高层对话会上的重要讲话，中共中央办公厅《关于在全党大兴调查研究的工作方案》及梁言顺同志批示精神，安排部署贯彻落实工作；传达学习自治区党委组织部《关于常态化选拔优秀年轻干部的措施》，安排部署贯彻落实工作；听取市人民政府党组1—2月份全市经济运行情况汇报，分析调度一季度经济工作听取2022年黄河流域生态环境警示片披露突出问题整改情况汇报，安排部署相关工作；审议《市委理论学习中心组2023年专题学习计划(送审稿)》；研究市人民政府党组《关于审议中卫市2023年度重大行政决策事项目录的请示》；套开市规划管理委员会2023年第1次会议
4月4日	市委第12次常委会会议	传达学习习近平总书记在中共中央政治局会议、中共中央政治局第四次集体学习时的重要讲话，向中国发展高层论坛2023年年会致贺信精神，安排部署贯彻落实工作；传达学习宁夏党政代表团赴上海、浙江、江苏学习考察精神，安排部署贯彻落实工作；研究市人民政府党组《关于审定中卫市本级及沙坡头区国防领域财政事权和支出责任划分改革实施方案(送审稿)的请示》；研究市纪委监委《关于审定中卫市本级纪检监察机构开展监察官等级首次确定工作实施方案(送审稿)的请示》；研究市委统战部《关于审定中卫市2023年度政党协商计划(送审稿)的请示》；套开市委统一战线工作领导小组2023年第1次会议；套开市实施乡村振兴战略工作领导小组2023年第1次会议
4月11日	市委第13次常委会会议	传达学习习近平总书记在学习贯彻习近平新时代中国特色社会主义思想主题教育工作会议上的重要讲话，全区学习贯彻习近平新时代中国特色社会主义思想主题教育工作会议精神，学习《中共中央关于在全党深入开展学习贯彻习近平新时代中国特色社会主义思想主题教育的意见》，安排部署贯彻落实工作；传达学习习近平总书记"1•20"重要批示，全区维护政治安全工作会议、全区党委国安办主任会议精神，安排部署贯彻落实工作；传达学习全国巡视工作会议暨二十届中央第一轮巡视动员部署会，十三届自治区党委第二轮巡视动员部署会精神，安排部署贯彻落实工作；听取中卫市贯彻落实习近平总书记视察宁夏重要讲话指示批示精神情况全面大起底、"回头看"工作汇报，安排部署相关工作；通报2022年度自治区效能目标考核结果，安排部署相关工作；审议《中共中卫市委常委会贯彻落实中央八项规定及其实施细则精神的若干措施(送审稿)》；审议《中卫市大兴调查研究的实施方案(送审稿)》；套开市党的建设领导小组2023年第1次会议；套开市党风廉政建设和反腐败工作领导小组2023年第1次会议

续表

时间	会议	主要议题
4月18日	市委第14次常委会会议	传达学习习近平总书记在广东考察、参加首都义务植树活动时的重要讲话精神，安排部署贯彻落实工作；学习习近平总书记关于民族宗教工作的重要论述，听取全市民族宗教工作汇报，安排部署相关工作；研究市人大常委会党组《中共中卫市委员会关于新时代坚持和完善人民代表大会制度、加强和改进人大工作的实施意见（送审稿）的请示》《关于召开市委人大工作会议的请示》；研究市人民政府党组《关于审定2023年市本级预算调整方案（第一次）（送审稿）的请示》《关于审定中卫市2023年旅游宣传营销方案（送审稿）的请示》《关于审定2023中国宁夏中卫（沙坡头）第十三届丝绸之路大漠黄河国际文化旅游节策划方案（送审稿）的请示》；研究市委组织部《关于审定“十四五”期间中卫市人才发展规划（送审稿）的请示》
4月26日	市委第15次常委会会议	传达学习党的二十大报告第一章节“过去五年的工作和新时代十年的伟大变革”，学习《中共中央关于印发〈习近平新时代中国特色社会主义思想学习纲要（2023年版）〉的通知》《中共中央关于学习〈习近平著作选读〉第一卷、第二卷的通知》《习近平著作选读》第一卷1—5篇，传达学习习近平总书记在二十届中央全面深化改革委员会第一次会议上的重要讲话，致云南大学建校100周年、“中国式现代化与世界”蓝厅论坛的贺信，学习《中共中央办公厅关于印发〈规范地方党委政策性文件制定工作规定〉的通知》精神，安排部署贯彻落实工作；传达学习习近平总书记对北京长峰医院发生重大火灾事故作出的重要批示及梁言顺同志批示精神，听取全市安全生产工作情况汇报，安排部署近期安全生产工作；审议《全市2022年度效能目标管理考核结果（送审稿）》；审议《中卫市法治政府建设达标和示范创建工作实施方案（送审稿）》；研究市人民政府党组《关于调整市辖区城镇供水价格的请示》；审议《“十四五”平安中卫建设规划（送审稿）》；研究干部事宜
5月11日	市委第16次常委会会议	传达学习党的二十大报告第二章节“开辟马克思主义中国化时代化新境界”，学习《习近平著作选读》第一卷6—10篇，传达学习习近平总书记在中共中央政治局会议、二十届中央财经委员会第一次会议上的重要讲话，致第四届联合国世界数据论坛、亚洲文化遗产保护联盟大会、中国与世界知识产权组织合作五十周年纪念暨宣传周主场活动的贺信，给中国农业大学科技小院的同学们的回信，向全国广大劳动群众致以节日的祝贺和诚挚慰问精神，安排部署贯彻落实工作；传达学习《中共中央办公厅 国务院办公厅关于印发〈领导干部报告个人有关事项规定〉的通知》《中共中央纪委关于青海省6名领导干部严重违反中央八项规定精神问题查处情况及教训警示的通报》《自治区纪委关于6起形式主义官僚主义典型问题的通报》《自治区纪委关于5起违反中央八项规定精神典型问题的通报》，安排部署贯彻落实工作；传达学习梁言顺同志调研清水河流域生态保护治理和文旅岸线建设情况时的指示精神，研究中卫市贯彻落实意见；研究市人民政府党组《中卫市关于加强新时代老龄工作的实施方案（送审稿）》《关于划转市第六中学新建综合楼等资产的请示》《中卫市高新技术产业开发集团有限公司改革方案（送审稿）》；套开市委统一战线工作领导小组2023年第2次会议；研究市委组织部《关于审议市直部门（单位）、县（区）、市属国有企业领导班子和领导干部2022年度考核等次的请示》《关于首次确定监察官等级的请示》；研究干部事宜；研究市纪委监委相关事宜
6月5日	市委第17次常委会会议	传达学习党的二十大报告第五章节“实施科教兴国战略，强化现代化建设人才支撑”，学习《习近平著作选读》（第一卷）11—15篇，传达学习习近平总书记在河北雄安新区考察并主持召开高标准高质量推进雄安新区建设座谈会、在河北考察并主持召开深入推进京津冀协同发展座谈会、听取陕西省委和省政府工作汇报、在山西运城考察，主持中国—中亚峰会，在中共中央政治局第五次集体学习时的重要讲话；上海市虹口区嘉兴路街道垃圾分类志愿者的重要回信，致第32届阿拉伯国家联盟首脑理事会会议的重要贺信精神，安排部署贯彻落实工作；听取全市1—5月份经济运行情况汇报，安排部署相关工作；研究审议市人民政府党组《中卫市国家卫生城市复审工作方案（送审稿）》《关于划拨市疾病预防控制中心固定资产的请示》《关于“宁湘直流”配套新能源基地中卫300万千瓦光伏复合项目（二期200万千瓦）选址有关事宜的请示》；套开中卫市总河长2023年第一次会议；套开中卫市林长第二次会议；套开五届市委国家安全委员会第二次会议暨重大安全风险研判防控工作机制2023年第二次会议；研究市总工会《关于审定中国工会第十八次全国代表大会执行委员会委员候选人拟提名人选和代表候选人拟推荐人选建议名单的请示》《关于召开中卫市总工会第四次代表大会的请示》

续表

时间	会议	主要议题
6月12日	市委第18次常委会会议	传达学习党的二十大报告第六章节“发展全过程人民民主，保障人民当家作主”，学习《习近平著作选读》第一卷16—20篇，传达学习习近平总书记在中央审计委员会第一次会议、北京育英学校考察、文化传承发展座谈会、内蒙古巴彦淖尔考察并主持召开加强荒漠化综合防治和推进“三北”等重点生态工程建设座谈会、内蒙古考察时的重要讲话，在《中共中央办公厅关于总结推广浙江“千万工程”经验　推动学习习近平新时代中国特色社会主义思想走深走实的调研报告》上的重要批示，给参与“澳门科学一号”卫星研制的澳门科技大学师生代表、中国美术馆的老专家老艺术家们的重要回信，致“2023·中国西藏发展论坛”、2023中关村论坛、首届文化强国建设高峰论坛的重要贺信精神；传达学习生态环境部部长黄润秋一行到中卫调研生态环境挂牌督办问题整改、十三届自治区党委2023年第15次常委会会议精神，听取全市生态环境问题自查自检情况汇报，安排部署贯彻相关工作；传达学习全区建设黄河流域生态保护和高质量发展先行区推进会、黄河流域生态保护和高质量发展先行区建设企业家座谈会精神，安排部署贯彻落实工作；听取五届市委第四轮巡察情况和前两轮巡察整改工作督查情况汇报，审议《中卫市加强巡察整改和成果运用的实施办法（送审稿）》；研究市人民政府党组《关于划拨宁夏钢铁集团中卫热电铁路专用线项目国有建设用地使用权的请示》；套开五届市委网络安全和信息化委员会第二次会议；套开五届市委外事工作委员会第二次会议；审议《中共中卫市委外事工作委员会办公室关于因公临时出访俄罗斯、哈萨克斯坦的请示》
6月21日	市委第19次常委会会议	传达学习党的二十大报告第九章节“增进民生福祉，提高人民生活品质”，学习《习近平著作选读》第一卷21—25篇，传达学习《求是》杂志发表习近平总书记重要文章《健全全面从严治党体系 推动新时代党的建设新的伟大工程向纵深发展》，致全球人权治理高端论坛的贺信精神；传达学习十三届自治区党委2023年第16次常委会会议精神，自治区党委书记梁言顺一行调研中卫荒漠化综合防治工作时的有关要求，听取全市荒漠化综合治理、耕地保护和矿山治理情况、生态环境违法行为专项整治行动进展情况汇报，安排部署相关工作；传达学习梁言顺同志在自治区纪委监委《全区纪检监察干部队伍教育整顿进展情况汇报》上的批示精神，听取全市纪检监察干部队伍教育整顿进展情况汇报，安排部署下一步工作；听取市人民政府与宁夏龙源新能源有限公司签订新能源项目开发战略合作框架协议有关情况汇报，审议市人民政府党组《中卫市创建国家食品安全示范城市实施方案（送审稿）》《关于拨付市本级2022年突发和常态化疫情防控资金的请示》《关于划拨沙坡头区被征地农民参加养老保险政府补贴资金的请示》《关于增加亚马逊云计算中卫合作项目预交电费周转金的请示》《关于自治区首届残特奥运动会经费预算的请示》
6月22日	市委第20次常委会会议	传达学习习近平总书记对银川市兴庆区富洋烧烤店燃气爆炸事故作出的重要指示及中央有关领导同志批示精神；传达学习十三届自治区党委2023年第18次、19次常委会会议及自治区安委会会议精神；听取市级领导分管领域安全隐患排查整治安排部署情况汇报
6月25日	市委第21次常委会会议	传达学习党的二十大报告第十二章节“实现建军一百年奋斗目标，开创国防和军队现代化新局面”，学习《习近平著作选读》第一卷26—30篇，传达学习习近平总书记在视察南部战区海军、在内蒙古调研边境管控和边防部队建设情况时的重要讲话，致第十五届海峡论坛的重要贺信精神；听取全市安全生产工作及安全隐患排查整治专项行动、生态环境违法行为专项整治行动及“四防”督查情况汇报，安排部署相关工作；审议《中卫市关于加强新时代离退休干部党的建设工作的实施意见（送审稿）》；套开平安中卫建设协调小组2023年第1次会议
7月3日	市委第22次常委会会议	传达学习党的二十大报告第十三章节“坚持和完善‘一国两制’，推进祖国统一”，学习《习近平著作选读》第一卷31—35篇，传达学习习近平总书记在中共中央政治局会议、中共中央政治局第六次集体学习、同团中央新一届领导班子成员集体谈话时的重要讲话精神，致“鼓岭缘”中美民间友好论坛的重要贺信，向比利时知名友好人士董博的重要复信精神；传达学习习近平总书记对党的建设和组织工作作出的重要指示，全国组织工作会议精神，安排部署贯彻落实工作；传达学习十三届自治区党委2023年第20次常委会会议、梁言顺同志调研中部干旱带生态保护和防灾减灾工作时的指示精神、暗访督查安全隐患排查整治工作情况通报，审议《梁言顺同志暗访督查中卫市安全隐患排查整治通报问题整改工作方案（送审稿）》，安排部署相关工作；传达学习梁言顺同志在吴忠市调研民族宗教工作时的指示、全区民族宗教工作推进会精神，听取自治区“四防”督查组反馈中卫民族宗教问题整改情况汇报，安排部署相关工作；套开五届市委全面深化改革委员会会议；研究市妇联《关于中卫市拟推荐第八次全国维护妇女儿童权益先进集体和先进个人的请示》《关于中卫市拟推荐参加中国妇女第十三次全国代表大会宁夏代表中卫市候选人初步人选的请示》；研究市委统战部《关于拟推荐全区民族团结进步模范集体和模范个人的请示》；研究市纪委监委相关事宜

续表

时间	会议	主要议题
7月10日	市委第23次常委会会议	传达学习党的二十大报告第十四章节“促进世界和平与发展，推动构建人类命运共同体”，学习《习近平著作选读》第一卷36—40篇，传达学习习近平总书记在江苏考察、上海合作组织成员国元首理事会第二十三次会议、视察东部战区机关时的重要讲话，致第三届文明交流互鉴对话会暨首届世界汉学家大会、中英贸易“破冰之旅”70周年活动的重要贺信，给南京审计大学审计专业硕士国际班留学生的重要回信精神；传达学习习近平总书记对防汛救灾工作作出的重要指示精神，听取全市防汛工作汇报，安排部署防汛救灾工作；传达学习《中共中央办公厅关于深化拓展整治形式主义为基层减负工作的通知》《全区基层治理不良现象专项整治方案》《关于会议多文件多检查多考核多突出问题专项整治方案》《关于在全区开展纠治形式主义官僚主义专项整治的实施方案》《关于进一步严肃干部教育培训纪律的通知》，安排部署贯彻落实工作；套开市实施乡村振兴战略工作领导小组2023年第2次会议；套开市委统一战线工作领导小组2023年第3次会议；研究市人民政府党组《关于实施中卫新一代天气雷达系统建设项目的请示》；研究市委组织部《关于市总工会换届有关人事安排的请示》
7月16日	市委第24次常委会会议	传达学习《习近平新时代中国特色社会主义思想专题摘编》第一章节，学习《习近平著作选读》第一卷41—45篇，传达学习习近平在中央全面深化改革委员会第二次会议上重要讲话精神，致全球共享发展行动论坛首届高级别会议的贺信精神；传达学习《习近平关于力戒形式主义官僚主义重要论述选编》《自治区纪委关于6起形式主义、官僚主义典型问题的通报》，审议《市委常委会纠治形式主义官僚主义专项整治自查问题整改方案（送审稿）》；听取全市道路交通安全情况、“四防”督查情况汇报，安排部署相关工作；听取市人民政府与协鑫光伏科技有限公司、中卫协鑫绿能科技有限公司项目合作协议有关情况汇报，研究市人民政府党组《关于对中卫市作出突出贡献的云计算大数据企业予以奖励的请示》《关于进一步明确沙坡头区新能源发电项目土地租赁相关事宜的请示》
7月24日	市委第25次常委会会议	传达学习《习近平新时代中国特色社会主义思想专题摘编》第二章节，学习《习近平著作选读》第一卷46—50篇，传达学习习近平总书记在中央财经委员会第二次会议上的重要讲话，给“科学与中国”院士专家代表的回信精神；传达学习习近平总书记在全国生态环境保护大会上的重要讲话精神，梁言顺同志对全区深入学习贯彻习近平总书记重要讲话精神的有关要求，听取全市生态环境违法行为专项整治情况汇报，安排部署有关工作；传达学习习近平总书记对网络安全和信息化工作作出的重要指示及全国网络安全和信息化工作会议精神，研究贯彻落实意见；听取全市近期安全生产工作汇报，研究部署相关工作；研究干部事宜
7月28日	市委第26次常委会会议	传达学习《习近平新时代中国特色社会主义思想专题摘编》第三章节，学习《习近平著作选读》第一卷51—55篇，传达学习习近平总书记在中共中央政治局会议、党外人士座谈会上的重要讲话，给香港培侨中学高一年级全体学生的重要回信精神；传达学习习近平总书记在中共中央政治局第七次集体学习时的重要讲话，对全军党的建设会议作出的重要指示及全军党的建设会议精神，安排部署贯彻落实工作；传达学习自治区党委十三届四次全体会议精神，听取全市重点领域安全生产专项整治情况汇报，安排部署贯彻落实工作
8月2日	市委第27次常委会会议	传达学习《习近平新时代中国特色社会主义思想专题摘编》第四章节，学习《习近平著作选读》第一卷56—60篇，传达学习习近平总书记考察四川及陕西汉中、视察西部战区空军时的重要讲话，在成都第三十一届世界大学生夏季运动会开幕式欢迎宴会上的致辞，对防汛救灾工作作出的重要指示精神；传达学习全国安全生产电视电话会议，梁言顺同志在自治区党委办公厅《紧急信息》（第225期）上的批示精神，《自治区党委办公厅关于对落实自治区党委部署不力防范安全隐患失职失责人员进行追责问责和组织处理情况的通报》，听取自治区“四防”督查组督查反馈中卫市安全生产问题整改情况汇报，安排部署相关工作；传达学习《自治区党委办公厅关于进一步严肃会风会纪的通知》，安排部署贯彻落实工作；审议《中国共产党中卫市第五届委员会第七次全体会议建议方案》《中共中卫市委员会关于深入学习贯彻自治区党委十三届四次全会精神 加快推进全市安全生产治理体系和治理能力现代化的实施意见（送审稿）》；审议《关于建设产业转型升级示范市的实施方案（2023—2025年）（送审稿）》；研究市人民政府党组《关于实施中卫市十里水街安全改造提升项目的请示》
8月10日	市委第28次常委会会议	听取市委五届七次全会分组审议讨论情况汇报

续表

时间	会议	主要议题
8月16日	市委第29次常委会会议	宣布自治区党委干部职务任免决定，研究干部事宜；传达学习《习近平新时代中国特色社会主义思想专题摘编》第五章节，学习《习近平著作选读》第一卷61—65篇，学习《求是》杂志发表的习近平总书记重要文章《努力成长为对党和人民忠诚可靠、堪当时代重任的栋梁之才》，习近平总书记致中巴经济走廊启动十周年庆祝活动的贺信，给“模范空降兵连”全体官兵的回信精神；传达学习全国、全区医药领域腐败问题集中整治工作视频会议，中央纪委国家监委、自治区纪委监委配合开展医药领域腐败问题集中整治工作动员部署会议精神，安排部署贯彻落实工作；传达学习自治区关于举债搞“半拉子工程”“形象工程”“面子工程”和统计造假屡禁难绝问题有关文件精神，听取中卫市专项整治情况汇报，安排部署相关工作；套开市财政金融风险防范化解领导小组会议；研究市人民政府党组《2022年全市及市本级财政决算(草案)和2023年上半年财政预算执行情况报告(送审稿)》《关于拨付市本级2022—2023年疫情防控资金的请示》研究中共中卫市委外事工作委员会办公室《关于中卫市中宁县与韩国忠清南道青阳郡建立国际友好城市关系的请示》
8月22日	市委第30次常委会会议	传达学习《习近平新时代中国特色社会主义思想专题摘编》第六章节，学习《习近平著作选读》第一卷66—71篇，传达学习习近平总书记在中共中央政治局常务委员会会议上的重要讲话，在首个全国生态日作出的重要指示，给南非德班理工大学孔子学院师生、美国华盛顿州“美中青少年学生交流协会”和各界友好人士的复信精神；学习习近平总书记关于深化机构改革和机构编制工作的重要论述、蔡奇同志在地方机构改革推进会上的讲话、梁言顺同志在十三届自治区党委编委第二次会议上的讲话及全区机构改革动员部署精神，安排部署贯彻落实工作；学习习近平总书记关于巡视工作的重要论述，传达学习全区巡视工作会议暨十三届自治区党委第三轮巡视动员部署会议精神，听取全市巡视整改及迎接巡视准备情况汇报，安排部署相关工作；传达学习全区组织工作会议精神，研究中卫市贯彻落实意见；研究市人民政府党组《中卫市落实黄河流域生态保护和高质量发展先行区建设任务2023年工作要点(送审稿)》《关于调整全市公办幼儿园保育教育费收费标准的请示》；套开五届市委国家安全委员会第三次会议暨全市重大安全风险研判防控工作机制2023年第三次会议；研究市委常委工作分工
9月1日	市委第31次常委会会议	传达学习《习近平新时代中国特色社会主义思想专题摘编》第七章节，学习《习近平著作选读》第二卷1—5篇，传达学习习近平总书记在听取新疆维吾尔自治区党委和政府、新疆生产建设兵团工作汇报时的重要讲话，在金砖国家领导人第十五次会晤、“金砖+”领导人对话会上的重要讲话，在2023年金砖国家工商论坛闭幕式上的致辞和在中非领导人对话会上的主旨讲话，对四川凉山州金阳县山洪灾害作出的重要指示精神；学习习近平总书记关于政治监督的重要论述，传达学习中央纪委国家监委强化政治监督情况交流座谈会、全区纪检监察系统强化政治监督工作推进会精神，安排部署贯彻落实工作；学习《中央巡视工作规划(2023—2027年)》《中共宁夏回族自治区委员会巡视工作规划(2023—2027年)》，传达学习梁言顺同志听取第二轮巡视工作汇报时的讲话精神，安排部署贯彻落实工作；审议《2023年度中卫市效能目标管理考核实施方案(送审稿)》；研究市人民政府党组《关于拨付中卫市2022年招商引资奖励资金的请示》《关于建设中卫市应急粮食储备库项目的请示》《2023云天大会活动方案(送审稿)》，听取中卫市人民政府与北京天地通电信有限责任公司等企业签订投资合同情况的汇报，听取全市城镇燃气安全专项整治工作推进情况汇报
9月13日	市委第32次常委会会议	传达学习《习近平新时代中国特色社会主义思想专题摘编》第八章节，学习《习近平著作选读》第二卷5—10篇，传达学习习近平总书记在黑龙江考察时、在新时代推动东北全面振兴座谈会、在中共中央政治局会议上的重要讲话，向2023年中国国际服务贸易交易会全球服务贸易峰会发表的视频致辞，给安徽省潜山野寨中学新考取军校同学们、中国航发黎明发动机装配厂“李志强班”职工的回信，致国防科技大学建校70周年祝贺信，致2023中国国际智能产业博览会、第十次上海合作组织成员国司法部长会议贺信、致全国优秀教师代表的信精神；传达学习中央、全区学习贯彻习近平新时代中国特色社会主义思想主题教育第一批总结暨第二批部署会议精神，审议《关于在全市深入开展学习贯彻习近平新时代中国特色社会主义思想主题教育的实施方案(送审稿)》；学习《中央反腐败协调小组工作规划(2023—2027年)》，安排部署贯彻落实工作；传达学习自治区纪委关于加强耕地保护突出问题追责问责的有关要求，听取全市粮食安全和耕地保护工作汇报，安排部署相关工作；听取中央、自治区党委生态环境保护督察反馈问题整改情况汇报，安排部署相关工作；套开市委全面深化改革委员会第十八次会议
9月19日	市委第33次常委会会议	传达学习《习近平新时代中国特色社会主义思想专题摘编》第九章节，学习《习近平著作选读》第二卷11—15篇，传达学习习近平总书记对新时代办公厅工作作出的重要指示，致第六届海峡两岸青年发展论坛、中欧班列国际合作论坛、2023北京文化论坛、2023年浦江创新论坛的贺信，给红其拉甫海关全体关员的回信精神；传达学习《中共中央组织部关于进一步明确垂直管理部门党建工作责任的通知》精神，安排部署贯彻落实工作；审议《自治区党委第一巡视组巡视中卫市委自查问题整改方案》《自治区党委第一巡视组巡视中卫市纪委监委自查问题整改方案》《中共中卫市五届委员会巡察工作规划(2022—2026年)(送审稿)》，听取五届市委第五轮巡察情况汇报，安排部署相关工作；套开中卫市食品药品安全委员会全体会议；研究市妇联党组《关于召开中卫市妇女第四次代表大会的请示》；研究市委办公室《关于全区督查和信息工作先进集体和先进个人推荐对象的请示》

续表

时间	会议	主要议题
9月27日	市委第34次常委会会议	传达学习《习近平新时代中国特色社会主义思想专题摘编》第十章节，学习《习近平著作选读》第二卷16—20篇，传达学习习近平总书记在浙江考察时的重要讲话，在杭州第十九届亚洲运动会开幕式欢迎宴上的致辞，对推进新型工业化作出的重要指示，向全国广大农民和工作在“三农”战线上的同志们致以节日祝贺和诚挚问候，给东北大学全体师生的回信、致第六届海峡两岸青年发展论坛的贺信精神；传达学习自治区党委十三届五次全会精神，安排部署贯彻落实工作；听取市人民政府党组1—8月份全市经济运行情况汇报，安排部署相关工作；研究市人民政府党组《中卫市2023年自然资源督察反馈问题整改工作方案（送审稿）》《关于拨付中卫高铁站站前广场及综合客运枢纽一期项目资金的请示》《关于拨付市高新集团组建数字宁夏建设运营有限责任公司注册资本金的请示》《关于支付中卫南站黄河大桥工程PPP项目资金的请示》《关于2023年市本级预算调整方案（第二次）（送审稿）》《关于将中卫市应理城乡市政产业（集团）有限公司经营性资产划转中卫市鑫沙建设有限公司运营管理的请示》《关于转让市应理集团所属子公司启顺置业发展有限公司全部股权的请示》
10月10日	市委第35次常委会会议	传达学习《习近平新时代中国特色社会主义思想专题摘编》第十一章节，学习《习近平著作选读》第二卷21—25篇，传达学习习近平总书记在中共中央政治局第八次集体学习时，在中共中央政治局会议和庆祝中华人民共和国成立74周年招待会上的重要讲话；对深入推进自由贸易试验区建设、妇女儿童工作作出的重要指示，给中国人民公安大学在读英烈子女的回信，致全球可持续交通高峰论坛的贺信精神；传达学习《自治区党委 人民政府关于深入学习贯彻习近平总书记重要讲话精神 全面推进新征程生态文明建设 加快建设美丽宁夏的意见》，安排部署相关工作；研究市人民政府党组《中卫市2023年自然资源督察反馈问题整改工作方案（送审稿）》《关于拨付市高新集团组建数字宁夏建设运营有限责任公司注册资本金的请示》《关于2023年市本级预算调整方案（第二次）（送审稿）》《关于将中卫市应理城乡市政产业（集团）有限公司经营性资产划转中卫市鑫沙建设有限公司运营管理的请示》《关于转让市应理集团所属子公司启顺置业发展有限公司全部股权的请示》
10月16日	市委第36次常委会会议	传达学习《习近平新时代中国特色社会主义思想专题摘编》第十二章节，学习《习近平著作选读》第二卷26—30篇，传达学习习近平总书记在进一步推动长江经济带高质量发展座谈会上、在江西考察时的重要讲话，对宣传思想文化工作作出的重要指示精神；传达学习《中共中央办公厅关于加强年轻干部教育管理监督的意见》，安排部署相关工作；学习自治区党委十三届五次全会环境整治类专项相关文件（生态文明建设领域环境整治类5个），安排部署贯彻落实工作；听取全市学习贯彻习近平新时代中国特色社会主义思想主题教育工作情况汇报，安排部署相关工作；审议《中国共产党中卫市第五届委员会第八次全体会议方案（送审稿）》《中卫市落实〈自治区党委 人民政府关于深入学习贯彻习近平总书记重要讲话精神、全面推进新征程生态文明建设、加快建设美丽宁夏的意见〉任务分工方案（送审稿）》；研究市人民政府党组《中卫市碳达峰实施方案（送审稿）》《中卫市公共就业服务能力提升示范项目实施方案（2023—2024年）（送审稿）》
10月27日	市委第38次常委会会议	传达学习《习近平新时代中国特色社会主义思想专题摘编》第十三章节，学习《习近平著作选读》第二卷31—35篇，传达学习习近平总书记在同中华全国总工会新一届领导班子成员集体谈话时、出席第三届“一带一路”国际合作高峰论坛开幕式上的重要讲话，在第三届“一带一路”国际合作高峰论坛欢迎宴会上的祝酒词，向纪念亲诚惠容周边外交理念提出10周年国际研讨会的书面致辞，致第五届中俄能源商务论坛的贺信精神；学习自治区党委十三届五次全会环境整治类专项相关文件（生态文明建设领域环境整治类5个），安排部署贯彻落实工作；听取全市信访工作汇报，安排部署下一步工作；审议市人民政府党组《关于2023年市本级预算调整方案（第三次）（送审稿）》；研究市人民政府党组《关于移交国家（中卫）新型互联网交换中心综合监测与安全监管平台项目的请示》；审议《中卫市委常委班子成员主题教育调查研究课题（送审稿）》；研究干部事宜
11月3日	市委第39次常委会会议	传达学习《习近平新时代中国特色社会主义思想专题摘编》第十四章节，学习《习近平著作选读》第二卷36—40篇，传达学习习近平总书记在中共中央政治局会议、二十届中共中央政治局第九次集体学习、中央金融工作会议、同全国妇联新一届领导班子成员集体谈话时的重要讲话，致美中关系全国委员会年度颁奖晚宴的贺信精神；传达学习习近平总书记致中华全国工商业联合会成立70周年贺信精神，学习《中共中央 国务院关于加强新时代工商联工作的意见》，安排部署贯彻落实工作；安排部署贯彻落实工作；审议市人民政府党组《中卫市本级“1+5+3”防范化解地方债务风险一揽子方案（送审稿）》；研究市供销社党组《关于召开中卫市供销合作社第一次代表大会的请示》；研究市委组织部《关于设立市属国有企业党委及纪委的请示》

续表

时间	会议	主要议题
11月16日	市委第40次常委会会议	传达学习《习近平新时代中国特色社会主义思想专题摘编》第十五章节,学习《习近平著作选读》第二卷41—45篇,传达学习习近平总书记在中央全面深化改革委员会第三次会议上、在北京河北考察灾后恢复重建工作时的重要讲话,向2023年世界互联网大会乌镇峰会开幕式发表的视频致辞,向第六届中国国际进口博览会致信,致首届"一带一路"科技交流大会的贺信精神;传达学习二十届中央第二轮巡视工作动员部署会精神,安排部署贯彻落实工作;学习自治区党委十三届五次全会环境整治类专项相关文件(生态文明建设领域环境整治类4个),安排部署贯彻落实工作;听取全市未成年人思想道德建设工作汇报,安排部署相关工作;研究市人民政府党组《中卫市黄河流域生态保护和高质量发展先行区评价核心指标体系(送审稿)》《中卫数据中心集群建设规划(2023—2030年)(送审稿)》《关于申请拨付2023年企业职工养老保险退休人员取暖费发放资金的请示》;套开市委人才工作领导小组第3次会议;研究市委组织部《关于市妇女联合会第四届执行委员会有关候选人建议人选的请示》
11月27日	市委第41次常委会会议	传达学习《习近平新时代中国特色社会主义思想专题摘编》第十六章节,学习《习近平著作选读》第二卷46—50篇,传达学习习近平总书记对山西吕梁市永聚煤矿一办公楼火灾事故作出的重要指示,在出席亚太经合组织第三十次领导人非正式会议上的重要讲话,在亚太经合组织工商领导人峰会上的书面演讲,在美国友好团体联合欢迎宴会上的重要演讲,致2023两岸企业家峰会10周年年会、第二届全球数字贸易博览会的贺信精神;传达学习贯彻习近平新时代中国特色社会主义思想主题教育中央巡回指导组座谈会、全区县(市、区)主题教育工作推进会精神,安排部署贯彻落实工作,传达学习全区宣传思想文化工作会议、文物工作会议精神,安排部署贯彻落实工作;学习自治区党委十三届五次全会生态文明建设领域专项相关文件(生态修复类专项文件5个),安排部署贯彻落实工作;套开市委统一战线工作领导小组2023年第4次会议;套开市委全面依法治市委员会2023年第2次会议;研究市人民政府党组《关于统筹使用以前年度专项及市本级各部门存量资金的请示》《关于拨付宁夏中关村科技产业园西部云基地云计算服务基地项目建设资金的请示》《关于批准实施沙坡头区集体建设用地定级与基准地价成果、海原县中心城区土地级别与基准地价更新成果和海原县集体建设用地定级与基准地价评估成果的请示》《关于向沙坡头区卫生健康局划转国有资产的请示》《关于推荐全国自然灾害综合风险普查先进集体和先进个人的请示》
12月4日	市委第42次常委会会议	传达学习《习近平新时代中国特色社会主义思想专题摘编》第十七章节,学习《习近平著作选读》第二卷51—55篇,传达学习习近平总书记在中共中央政治局会议、二十届中共中央政治局第十次集体学习、深入推进长三角一体化发展座谈会、上海考察时的重要讲话,致世界中国学大会·上海论坛的贺信精神;学习自治区党委十三届五次全会生态文明建设领域专项相关文件(生态修复类专项文件4个),安排部署贯彻落实工作;研究《关于召开中卫市第五届人民代表大会第三次会议的请示》《关于召开政协中卫市第五届委员会第三次会议的请示》;研究市人民政府党组《中卫市人民政府关于进一步加强同民主党派工商联和无党派人士联系的制度(送审稿)》《中卫市行政机关事业单位工作人员医疗补助实施办法(送审稿)》《关于拨付中卫市城区第三批至第六批购房补贴资金的请示》;套开五届市委审计委员会第五次会议
12月11日	市委第43次常委会会议	传达学习《习近平新时代中国特色社会主义思想专题摘编》第十八章节,学习《习近平著作选读》第二卷56—60篇,传达学习习近平总书记在视察武警海警总队东海海区指挥部时的重要讲话,在第十个国家宪法日之际作出的重要指示,致首届"良渚论坛""2023从都国际论坛"的贺信精神;学习自治区党委十三届五次全会生态文明建设领域专项相关文件(绿色发展类专项文件7个),安排部署贯彻落实工作;套开2023年中卫市推进荒漠化综合防治打好黄河"几字弯"攻坚战第1次会议;套开2023年市禁毒委员会会议;研究市人民政府党组《关于加快清偿棚改历史债务的请示》《关于清偿第一批棚改历史债务的请示》《关于使用学位奖补资金实施市第七中学教学楼扩建等项目的请示》;研究市委组织部《关于补选市人大代表的请示》《关于增补市政协委员的请示》;研究干部事宜

续表

时间	会议	主要议题
12月18日	市委第44次常委会会议	传达学习中央经济工作会议及十三届自治区党委2023年第43次常委会会议精神，安排部署贯彻落实工作；传达学习《中国共产党章程》总纲，学习《习近平著作选读》第二卷61—65篇，传达学习习近平总书记在中共中央政治局会议、党外人士座谈会上，在广西考察时的重要讲话；对低温雨雪冰冻灾害防范应对工作作出的重要指示精神；学习自治区党委十三届五次全会生态文明建设领域专项相关文件（组织保障类专项文件8个），安排部署贯彻落实工作；审议市委政法委《关于进一步加强市、县（区）、乡镇（街道）及村（社区）综治中心规范化建设的实施方案（送审稿）》；套开2023年市党风廉政建设和反腐败工作领导小组第2次会议；研究市人民政府党组《关于划转沙坡头旅游区沙漠天宫配套基础设施资产的请示》《关于拨付城市园林绿地养护缺口资金的请示》《关于拨付沙坡头区被征地农民参加养老保险政府补贴资金相关事宜的请示》《关于上解2023年企业职工基本养老保险地方责任财政分担资金的请示》《关于解决中卫市人民医院历年欠款的请示》《中卫南站黄河大桥工程PPP项目补充实施方案（送审稿）》《关于拨付卫民黄河大桥（原中卫南站黄河大桥）工程PPP项目资金的请示》《关于拨付中卫市卫民公共交通有限责任公司公交车购车款的请示》《关于拨付中卫高铁站站前广场道路工程项目工程费用的请示》；研究市人大常委会党组《关于设立市人民代表大会财政经济委员会的请示》，研究市委组织部《关于补选自治区第十三届人大代表的请示》《关于市人大财政经济委员会组成人员和市人大社会建设委员会主任委员建议人选的请示》
12月22日	市委第45次常委会会议	传达学习《中国共产党章程》第1—5章，学习《习近平著作选读》第二卷66—70篇，传达学习习近平总书记对"三农"工作作出的重要指示和中央农村工作会议精神，传达学习习近平总书记对甘肃临夏州积石山县6.2级地震作出的重要指示，致美中贸易全国委员会成立50周年庆典的贺信精神，传达学习十三届自治区党委2023年第44次常委会会议精神；讨论张利同志代表市委常委会向中国共产党中卫市第五届委员会第九次全体会议所作的报告稿；审议《中卫市人大常委会工作报告（送审稿）》《政府工作报告（送审稿）》《中卫市2023年民生计划（10件实事）执行情况和2024年民生计划（10件实事）报告（送审稿）》《中卫市2023年国民经济和社会发展计划执行情况与2024年国民经济和社会发展计划草案报告（送审稿）》《中卫市2023年全市及市本级预算执行情况和2024年全市及市本级预算的报告（送审稿）》《中卫市中级人民法院工作报告（送审稿）》《中卫市人民检察院工作报告（送审稿）》；审议《中国人民政治协商会议中卫市第五届委员会常务委员会工作报告（送审稿）》《政协中卫市委员会2024年协商计划草案（送审稿）》；研究市人民政府党组《关于拨付沙坡头国家级自然保护区环保整治拆迁补偿资金的请示》《关于拨付中卫市公安监所管理中心和监察留置所项目市本级配套资金的请示》；研究市妇联党组《关于2023年度全国三八红旗手推荐人选的请示》；审议《关于中卫市第五届人民代表大会第三次会议各项建议名单及选举办法（草案）的请示》《政协中卫市第五届委员会第三次会议选举办法草案（送审稿）》《关于补选市人大常委会委员、增选市政协常委的请示》《关于设立市五届人大三次会议和市政协五届三次会议临时党组织的请示》
12月26日	市委第46次常委会会议	传达学习《中国共产党章程》第6—11章，学习《习近平著作选读》第二卷71—75篇，传达学习习近平总书记在学习贯彻习近平新时代中国特色社会主义思想主题教育专题民主生活会上的重要讲话精神；传达学习中共宁夏回族自治区第十三届委员会第六次全体会议暨自治区党委经济工作会议精神；听取市委常委会班子成员履行"一岗双责"情况汇报，安排部署相关工作；听取全市安全生产工作情况汇报，安排部署相关工作；听取"两节"前市场保供情况汇报，安排部署相关工作；听取工会、共青团、妇联等市级群团组织工作汇报，安排部署相关工作；套开市委退役军人事务工作领导小组第七次全体会议；研究市人民政府党组《关于移交自治区第十六届运动会部分设施设备的请示》
12月28日	市委第47次常委会会议	听取市委五届九次全会分组审议讨论情况汇报

组织工作

【基层组织】 2023年，中卫市辖3个县（区）40个乡镇443个行政村，其中，沙坡头区11个乡镇162个村、中宁县12个乡镇133个村、海原县17个乡镇148个村。共有社区68个，其中，沙坡头区36个、中宁县21个、海原县11个。基层党组织情况：全市共有1924个基层党组织和26个派出机构，其中，基层党委108个、党工委26个、党总支部77个、党支部1739个。党员队伍情况：全市有48734名党员。其中，农村（社区）党员25066名、党政机关事业单位党员11933名、非公企业和社会组织党员2463名、国企党员1930名、离退休领域党员7342名。村干部队伍建设情况：全市共有村干部2470人，其中，沙坡头区1035人、中宁县696人、海原县739人。村“两委”平均年龄44.3岁，村党组织书记、村委会主任平均年龄48.6岁，354个村实现“一肩挑”。社区干部队伍建设情况：全市共有社区干部517名，平均年龄37.5岁。社区党组织书记、居委会主任平均年龄39.9岁，67个社区实现“一肩挑”。非公企业和社会组织情况：全市共有非公企业294家，建立党组织212个（党委5个、党总支3个、党支部204个），党组织覆盖率为92.18%。社会组织290家，党组织覆盖率为96.56%。新业态新就业群体党建工作情况：全市新业态企业共307家，其中，外卖配送企业7家、快递企业28家、网约汽车企业2家、大型货运企业268家、平台直播企业1家、其他企业1家。共有新就业群体29324人（党员470人），其中，外卖配送员291人、快递员505人、网约车司机50人、货车司机25063人、电商从业者3345人、其他从业人员70人。市级成立交通物流行业综合党委、快递行业党委2个，县区成立行业（综合）党委4个、新业态党组织30个。

【干部队伍】 2023年，中卫市共有各类干部25655名。其中：公务员（含参公管理人员）4859名，事业单位工作人员20796名。全市有厅级领导干部35名（含1名挂职干部），平均年龄为51.8岁。其中，女干部5名、党外干部5名；具有大学以上学历的34名（研究生学历16名）。全市有处级干部711名，其中，处级领导干部416名（正处级领导干部106名，副处级领导干部310名），平均年龄为49.8岁；四级调研员及相当职务层级以上职级干部295名。全市有科级干部3614名。其中，正科级1452名、副科级2162名；科级领导职务2354名，职级公务员1260名，平均年龄为43.4岁。

【人才队伍】 2023年，中卫市共有各类人才58938人，占全市人口总数的5.46%，其中，党政人才4859人，专业技术人才20858人，农村实用人才20060人，企业经营管理人才10320人，高技能人才1384人，社会工作人才1457人。具有硕士研究生以上学历573人、本科学历14808人。人才工作载体情况：全市共有各类人才工作载体14类134家，其中，院士工作站2家、博士后科研工作站2家、人才小高地4家、专家服务基地13家、技能大师工作室4家、工程技术研究中心7家、技术创新中心61家、农村实用人才培训基地8家、人才培训基地4家、技术中心6家、创新团队11家、创业基地4家、人才工作站4家，其他人才载体4家。人才培养情况：全市参加各类人才培养计划共计7类352人，其中，国家“百千万”人才工程人选3人、国内引才“312”计划人选2人、自治区新世纪“313”人才工程人选6人；自治区青年拔尖人才72人、青年托举人才16人；基层之星233人、西部之光20人。人才表彰奖励情况：全市受到自治区、市级表彰奖励共计12类136人，其中，享受国务院政府特殊津贴8人、自治区政府特殊津贴2人、中卫市政府特殊津贴51人；“塞上英才”2人、“塞上文化名家”2人、“塞上名师”8人、“塞上名医”2人、“塞上技能大师”5人、“塞上农业专家”5人；自治区技术能手11人；自治区特级教师17人；“中卫英才”23人。

【主题教育】 2023年，中卫市围绕目标要求，坚持理论学习、调查研究、推动发展、检视整改、建章立制五措并举，推动主题教育取得实效。抓好理论学习和调查研究。坚持以“关键少数”带动“绝大多数”，市级领导干部以高质量举办读书班开局，带动县处级以上领导班子举办读书班82期、开展专题研讨420余次，推动党的创新理论入脑入心。开展“感恩总书记 奋进新征程”宣讲活动1030余场次。认真落实“四下基层”要求，市级领导带头领题调研，推动县处级以上领导干部确定调研课题490个，开展蹲点调研、解剖式调研，确保调研成果转化见效。检视整改突出问题。对标习近平总书记视察宁夏重要讲话指示批示精神，检视查摆制约高质量发展、群众急难愁盼问题131个，市级领导主动认领、推动销号127个。推进“8+1”专项整治，完成统计核查任务1302个；整治基层治理不良现象，市级层面发文同比下降13.79%；整治住房城乡建设领域群众反映强烈的突出问题，城镇住宅“办证难”化解率达98.4%；解决群众看病就医突出问题，新增专家号源近4000个；整治教育领域侵害群众利益不正之风，清退家庭经济困难学生课后延时服务等费用608.25万元；坚决整治乡村振兴领域突出问题，新识别监测对象480户1935人；新改扩建农村道路499.5公里，实施农村公路安全生命防护工程413.9公里，筑牢农村道路安全防线。办好惠民利民实事。细化梳理“为民办实事”11个方面48项重点任务，开展“就业创业促进年”活动，全市零就业家庭动态清零，高校毕业生帮扶就业率达92.63%。优化调整教育资源，新增幼儿学位2200个，缓解教育资源紧张、供需矛盾等突出问题。扩大停车位供给，全市新增停车位6817个。依托“12345”热线累计办理群众诉求事项16.66万件，用心用情用力为群众办好“关键小事”。开展“进企业、送服务、解难题”活动，为企业纾困解难271个。

【干部队伍建设】 2023年，中卫市围绕建设堪当民族复兴重任的高素质干部队伍，深入实施增信赋能工程。组织开展优秀年轻干部调研摸排工作，识别储备各类优秀干部培养对象420名。推进公务员、选调生招录工作，倾向性设岗优化队伍结构，招录基层公务员、选调生159人，遴选调任转任114名。推进闽宁协作、中央定点帮扶和干部交流“源泉工程”，从区直机关和外省市引进挂职干部15名，进一步拓宽选人渠道。实施干部政治能力提升工程，推动党的创新理论入脑入心、走深走实。坚持缺什么补什么、干什么学什么，深入实施干部专业能力提升工程，紧盯干部知识空白、能力弱项、素质短板，举办培训班43期、培训干部4800余人次，干部政治能力和专业能力不断提升。突出实战实训，抽调79名干部在一线“蹲苗历练”，跨地区、跨领域交流任（挂）职优秀年轻干部58名，推动干部历练成长。强化日常监督管理。建立安全生产责任落实干部“调”“究”机制，依纪依规组织处理、追责问责干部87人次，对18名处分期满表现优秀的干部重新提拔使用或晋升职级，《人民日报》内参刊登中卫市推动干部能上能下的做法。集中开展荣誉退休仪式4场次，将600余万元干部体检经费列入财政预算，激发干部干事热情。树立有为者有位、吃苦者吃香、优秀者优先的鲜明导向，调整优化领导班子26个，提拔干部68名，其中80后干部29名，市直部门配备80后干部的班子达到43%，中卫市2022年选人用人工作总体评价“好”等次占100%。《人民日报》及《中国组织人事报》报道中卫市年轻干部培养选拔做法。

【人才引育工作】 2023年，中卫市坚持把人才作为推动高质量发展的第一资源，深入实施聚才兴业工程。编制“十四五”期间人才发展规划，制定《中卫市“智创卫（未）来”人才培养计划实施办法（试行）》等3个方案，配套出台“云计算和大数据产业+人才”等6项“重点产业+人才”行动计划，形成“1+3+6”人才工作政策体系，持续增强人才政策区域竞争力。市委人才办牵头抓总，各成员单位通力协作，依托产业布局系统谋划、统筹推进人才布局，“人才围着产业干”的格局初步形成。紧盯产业发展之需，发布人才需求目录，拿出50%的事业空编，组织开展专场招聘，引进高层次人才168名，柔性引进高端专家103名，聘任新材料、新能源方面“中卫市特聘专家”2名。实施“智创卫（未）来”人才培养计划，选拔30名具有培养潜力的青年人才进行专项培养，择优推荐50余名优秀青年人才参加“西部之光”等人才培养项目。用好“组团式”帮扶力量，培养“双师型”教师、医疗学科带头人等159人。组织申报自治区专家服务基地建设单位9家，认定自治区工程技术研究中心1家、获批博士后工作站1家，真正让人才有“用武之地”。落实人才激励政策，兑现“中卫市特聘专家”津贴及工作经费，帮助高层次人才解决子女入学等后顾之忧。出台全职引进全日制博士硕士经费实施方案，168名高层次人才在原有政策基础上享受1万元安家补助。坚持在职称晋升、评先推优等方面向急需紧缺人才倾斜，为1500余名人才评聘中级及以上职称，推荐40名优秀人才参评“塞上名师”等。调整市委和市政府领导联系服务专家名单，直接联系服务高层次人才31名。评选奖励第二批“中卫英才”10名，开设专栏广泛宣传。定期举办青年干部人才读书会。

【基层组织建设】 2023年，中卫市更加注重夯实党的执政根基，深入实施提质增效工程。农村党建。深化“一抓两整”示范县乡创建行动，创建示范乡镇35个、示范村390个，分类培养“两个带头人”6096名，积极探索党建共同体发展农村集体经济新路径，全市村级集体经济实现质的提升和量的聚变。全市村级集体经济总量达到3.02亿元、增长55.7%，沙坡头区荣获2023中国高质量发展乡村振兴十大示范县（区），沙坡头区和中宁县被评定为全国县域商业体系“领跑县”。城市社区党建。探索社区大网格、小区微网格“双网融合”做法，构建高效运转的基层治理工作体系，强化物业党建联建共建，沙坡头区滨河镇“红色物业联盟”化解物业纠纷工作法被评为全国“枫桥式工作法”先进典型。机关企事业单位党建。推进“五型”模范机关创建工作，中卫市机关党建“网格化管理”做法被旗帜杂志社评为2022年党建工作优秀奖。深化教育系统“四强化六提升”工程，落实党组织领导的校长负责制的学校达88%。深入推进国企党建“八大工程”，党建引领国企高质量发展成效明显。“三新”领域党建。承接自治区新业态新就业群体党建“破题任务”，实施“五项行动”，建成“党建共同体”、示范街区、服务阵地等51个，中卫市工作经验入选“全国百个两新党建优秀案例”。党员教育管理。发展党员955名。探索流动党员分类管理，稳妥处置涉嫌违纪违法党员，整治党员参教信教问题。组织3.6万名党员参与应急管理和安全生产工作。

（杜 婷）

宣传工作

【理论阵地建设】 2023年，中卫市深化“扫黄打非”工作，查办涉黄涉非案件30余起，获评第六届全国“扫黄打非”进基层示范点1个。建成上线“学习强国”中卫学习平台，市委宣传部、沙坡头区委宣传部获全区“学习强国”学习平台推广使用工作先进单位，策划摄制的《宁夏人最念党的恩》获中宣部全国基层理论宣讲优秀微视频，《“美玉工作室”：将思政工作融入未成年人司法保护》入选中国政研会基层思想政治工作优秀案例。新命名自治区爱国主义教育基地2个、社科普及教育基地5家，打造党的创新理论“七进”示范点6个，宣传思想文化工作阵地持续巩固、不断拓展。

【理论武装】 2023年，中卫市深入实施习近平新时代中国特色社会主义思想凝心铸魂工程，坚持把理论学习贯穿主题教育始终，高质量举办读书班，推动“四下基层”走深走实，县处级以上领导干部调研领题490个，讲授专题党课525余场次。市委理论学习中心组集中学习14次、专题辅导讲座8次，交流研讨10次，县处级以上党委（党组）集中学习900余场次，征订《习近平著作选读》4500余套。建立市、县（区）联动宣讲机制，开展各类基层理论宣讲1000余场次。

【新闻宣传】 2023年，中卫市策划开展“喜迎十六运·云端游中卫”全国网络达人采风、“共话山海情·同唱协奏曲”主题调研采访等活动，协调对接央视《远方的家》《国家记忆》等栏目到中卫拍摄，央视一套节目《山水间的家》播出中宁县舟塔村“创意枸杞助产业振兴”专集，观众累计触达人次超8亿，全网热搜热榜超270个，话题阅读总量破42亿。中央和自治区主要媒体刊播中卫稿件6000余篇（条）。实施巩固壮大奋进新时代主流思想舆论工程，唱响自信自强、团结奋斗的社会主旋律，聚焦学习宣传贯彻党的二十大精神、自治区第十三次党代会等中央和区市重要会议精神，开展形势政策宣传，广泛引领社会共识。聚焦“五个示范市”建设、“六新六特六优”产业、自治区第十六届运动会等重大主题，开展主题宣传、成就宣传，立体全面展示中卫高质量发展的实践和成效。聚焦稳保促、安全生产等重大关切，及时发布政策解读、权威消息，有效引导社会预期，提振发展信心。全市各媒体平台刊播稿件7.4万余篇（条）。组织新闻发布活动22场次，在全区率先成立市级新媒体联盟，市新闻传媒中心入选“全国融媒体中心能力建设典型事例”，中宁县融媒体中心获全国广播电视基本公共服务县级标准化试点建设单位。

【社会主义核心价值观阵地建设】 2023年，中卫市委宣传部以铸牢中华民族共同体意识为主线，持续推进铸牢中华民族共同体意识“八进”活动，深入开展“强国复兴有我”“扣好人生第一粒扣子”等宣传教育活动1300余场次，厚植广大干部群众和青少年爱党爱国爱社会主义情怀。策划承办2023年上半年“宁夏好人”先进事迹发布仪式，推送宣传展播“道德模范”“中卫英才”等各类先进典型560余人，“一城好人、满城春风”高地不断夯实。承办的全区首届“书香宁夏——乡村阅读论坛”系列活动被中宣部评为“全国示范活动”。自治区第十六届运动会、“塞上书香节”暨“黄河印象·中卫优品”消费季、丝绸之路大漠黄河国际文化旅游节等活动，为中卫高质量发展提供强大精神文化力量。

【文明创建】 2023年，中卫市大力实施文明城市创建“六大提升行动”和文明风尚“五大行动”，3个集体入选第21届全国青年文明号，《以文明聚力 促景区发展》获全国第一批文明旅游宣传引导优秀案例。深入开展农村精神文明建设“百乡千村万户”行动，全市373个新时代文明实践所、站因地制宜打造“爱心超市”，以文明“微积分”激发社会“正能量”。深化“学雷锋志愿服务月”、寻找身边的“雷生勇”“千人万场”家庭安全素养提升教育培训等活动，开展各类文明实践活动1.2万余场次。

【群众文化活动】 2023年，中卫市实施文化惠民工程，开展群众性文化活动1300余场次，永乐村入选第一批宁夏文艺志愿服务实践基地。推出纪录片《古味新年》、歌曲《律动宁夏》等文艺作品，出版《中卫文物藏珍》《中国国家人文地理·中卫》分卷，微电影《冬去春来》获评第十届微电影艺术节“中国税收”单元最佳作品，4件作品入选全区文艺作品扶持项目，7个项目获全区文化产业专项资金支持，新增自治区级文化产业示范基地2家、非遗保护传承基地7处。争取中央宣传部“中央支持地方公共文化服务体系建设”补助资金1100万元。中卫市获“中国民宿品牌发展先行示范区”。

【精品文艺创作】 2023年，中卫市持续实施以“守护黄河根脉”为主题的传承黄河文化基因、延续中华历史文脉推进工程，花儿剧《不负青山》入选国家艺术基金资助项目，“千名文艺志愿者进基层”主题实践活动获评全国文化科技卫生“三下乡”活动示范项目。《中卫：以改革促融合 彰显黄河文化时代价值》入选“中国改革2023年度地方全面深化改革典型案例”名单，“宁夏中卫特色民宿成为热门旅游目的地”作为经验分享入编中宣部理论局《中国式现代化面对面》。中卫市入选全国民间文艺版权保护与促进试点地区。

统战工作

【概况】 2023年，中卫市强化理论武装。开展党的二十大和习近平总书记视察宁夏重要讲话指示批示精神“大学习、大讨论、大宣传、大实践”活动，推进学习贯彻习近平新时代中国特色社会主义思想主题教育，开展集中学习60余次，围绕13个专题进行交流研讨。履行市委统战工作领导小组职责，召开市委统战工作暨建设铸牢中华民族共同体意识示范市第三次、第四次推进会，召开市委统战工作领导小组会议4次，印发县（区）、市直部门（单位）及国有企业2023年统战工作重点任务清单，靠实各级党委（党组）主体责任，领导小组成员单位行业责任。

【多党合作】 2023年，中卫市委统战部召开纪念中共中央发布“五一口号”75周年、全市民主党派工作座谈会，支持各民主党派开展“凝心铸魂强根基、团结奋进新征程”主题教育，党派成员与党同心、敬业奉献的优良传统更加巩固。完善履职保障。印发《2023年度政党协商计划》，支持民主党派、工商联、无党派人士围绕乡村全面振兴、六权改革等重点任务积极建言献策，形成关于加快乡村文旅融合发展、学校铸牢中华民族共同体意识建设等调研报告15份，提交提案252件，反映社情民意137件。加强自身建设。认真落实党外人士培训教育规划，举办党外人士培训班5期240人次。建立民主党派代表人士信息库。打造标准化党（盟、会、社）员之家3个，开展基层支部联系活动30余次，支持民主党派广泛开展“传承雷锋精神，弘扬时代新风”等9项实践活动，向社会各界捐款捐物135万元。

【民族工作】 2023年，中卫市制定《中卫市铸牢中华民族共同体意识示范单位标准（试行）》和年度推进计划，明确各县（区）、市直部门创建工作任务，开展示范创建“互观互检”活动7次。构筑中华民族共有精神家园。打造市委党校铸牢中华民族共同体意识主题教育馆、“石榴籽号”专列等宣传教育阵地84个。以“民族团结一家人 中华民族一家亲”为主题，开展“十个一”宣传教育和群众文化活动300余场次。拍摄铸牢中华民族共同体意识宣传片10余部，编印《石榴籽故事征文集》500余册，开展网络竞答活动参与人数10万人次。推进示范创建。开展铸牢中华民族共同体意识示范创建“八进”活动，发挥基层文化阵地宣传教育作用，打造沙坡头区文昌镇恒祥社区、中宁县早康枸杞公司、海原县贾塘乡黄坪村等示范点200个，成功创建国家级民族团结进步示范单位4个，自治区级14个；8个集体、16名个人荣获全区民族团结进步模范集体和模范个人称号。

【非公经济】 2023年，中卫市实施“双引”行动，举办党的二十大精神宣讲、工商联大讲堂等，提振企业家发展信心。坚持“两个毫不动摇”，开展送政策进民企活动，建立政企沟通协商和合理诉求督办机制，解决企业困难和问题280条，持续优化营商环境。深入推进“万企兴万村”行动，22家民营企业开展“互赢式”帮扶，解决村级劳动力1.7万人。

【党外知识分子和新的社会阶层人士工作】 2023年，中卫市按照“尊重信任、团结引导、组织起来、发挥作用”的要求，支持党外知识分子和新的社会阶层人士开展主题教育，深化政治引领、价值引领、事业引领。指导县（区）成立新联会2个。实施实践创新基地精品建设工程，打造律师行业党委“党建+统战”、中宁县大战场镇石喇叭村等实践创新基地6个。

【港澳台与侨务工作】 2023年，中卫市全面开展侨情调查和港澳台同胞投资企业普查，建立信息库，涉及海外华侨华人、侨眷、归国留学生280人，港澳台资企业5家。全面落实国台办和宁夏涉港澳台胞（企）各项优惠政策，配合做好港澳台同胞文化交流活动。

（冯亦南）

政策研究

【政研工作】 文稿服务。2023年，中卫市委政研室坚持“开门”写稿、集体会稿，起草《中共中卫市委常委会2023年工作要点》《关于加快建设宜居宜业宜游示范市的实施方案（2023—2025年）》等重要文稿15篇。起草市委主要领导党课讲稿《牢固树立和践行正确政绩观 奋力谱写全面建设社会主义现代化美丽新宁夏中卫篇章》，在《共产党人》《宁夏日报》等，刊发《加快建设大数据产业中心市 为全面建设社会主义现代化美丽新宁夏贡献中卫力量》等理论文章8篇。开展“我为党的二十大精神落地见效献一策”“我为开展‘十六运’献计策”等征文活动，《关于中卫市稳步推进“村改居”工作的对策建议》等5篇征文分获一等奖、二等奖和优秀奖。调查研究。强化全面调研，制定《中卫市大兴调查研究的实施方案》《关于全市学习贯彻习近平新时代中国特色社会主义思想主题教育调查研究的专项方案》，推动调查研究制度化、规范化、常态化开展。强化典型调研，突出高质量发展首要任务，形成《中卫市发展清洁能源的现状问题及对策》《关于后疫情时代中卫民营经济发展面临的困难及对策建议》。到广东、陕西、甘肃等地考察学习文稿服务、调查研究、“六权”改革等先进经验，形成《关于赴陕西、甘肃考察学习情况的报告》。配合鄂尔多斯等区内外政研室开展调研5次，形成调研报告3期。强化问题调研，坚持“四不两直”，深入基层访民情、听民声、聚民智，形成《关于全面深化改革存在的问题及对策建议》《关于全市硒砂瓜销售及对种植户收入影响情况的调研报告》等，联合市委党校向市委报送《资政专报》3期，为市委科学决策提供参考。

【深化改革】　2023年，中卫市委政研室强化统筹协调，明确改革重点。全年共筹备召开市委深改委会议3次、改革专项小组联席会暨“六权”改革推进会1次、全市全面深化改革工作会议1次。制定印发《关于全面贯彻落实党的二十大精神 坚定不移把改革推向前进的实施意见的分工方案》，研究出台《中卫市深化国防动员体制改革实施方案》《中卫市市属国有林场深化改革方案》《贯彻落实〈关于深化“六权”改革的意见〉任务分工方案》等改革文件。制定《中共中卫市委全面深化改革委员会2023年工作要点》，建立重点改革、“六权”改革、试点改革“三个清单”，形成改革路线图、时间表、任务书。凝聚改革合力，确保改革实效。以“六权”改革为重头戏，加大改革攻坚力度，18项“六权”改革典型经验在全区交流，“千名文艺志愿者进基层”“红色物业联盟”化解物业纠纷工作法等入选全国典型案例，医疗器械统一标识、行政复议规范化建设等现场会在中卫市召开，年内新争取国家和自治区级改革试点9个，2家单位、4名个人被评为自治区全面深化改革工作先进集体和先进个人。强化督导考核，修订完善《中卫市2023年度全面深化改革考核赋分细则》，下发《工作提示函》《督办通知单》4份。加强教育培训，提升能力素质。举办中卫市全面深化改革专题培训班，邀请自治区有关厅局专家、领导，就“六权”改革、优化营商环境、建设高水平社会主义市场经济体系等进行专题辅导，全市改革系统80余人参加培训。创新方式方法，推介改革经验。建立改革宣传长效机制，首次组织评选中卫市年度十佳改革案例，在《中卫日报》、中卫电视台等媒体同步开设“中卫改革”专栏，发稿180余篇。向自治区党委改革办报送《中卫改革动态》35期，“六权”改革、园区管理体制改革、基层综合行政执法改革、体教融合改革经验在《宁夏工作研究》《宁夏改革动态》刊登，200余项改革经验做法在省级以上媒体宣传报道，18项改革案例入选全区“六权”改革典型案例，一体推进、一体谋划“六权”改革新路子在全区推广。

（陈泽平　任翠花）

网络安全和信息化

【网络治理】　2023年，中卫市聚焦网络信息领域生态治理，关口前移，触角下延，建立“市、县、乡（镇）、村（社区）四级联动”机制，加大网络信息安全治理。做好违法和不良信息举报办理工作，共受理办结网民举报16起，统筹市县网信部门开展联合辟谣，各平台发布辟谣信息200余条，推动网络生态持续向好。

【网络安全】　2023年，中卫市全面加强网络安全保障体系和能力建设，组织开展网络安全工作互学互评互促活动，指导各部门（单位）单位加强网络安全风险隐患排查整改力度，督促整改网络安全风险隐患19个，网络安全漏洞700余个。聘请国家网络安全应急中心宁夏分中心对全市重点网站、重要信息系统、电子政务外网接入单位开展网络安全风险监测，预警风险隐患63起。组织15个部门（单位）开展网络安全应急实战演练，获自治区优秀组织奖。组织开展网络安全宣传周活动，线上开展网络安全知识答题，同时采取制作宣传动漫、培训、宣讲等方式，提升全社会对网络安全知识的知晓率。

【网络宣传】　2023年，中卫市策划开展第五届“网络达人看中卫”活动，重点围绕中卫特色产业、星空旅游、黄河文化、非遗等进行网上宣传，相关作品被国内100多家主流媒体转载，累计点击浏览量近2亿次；推进网络文明建设，组织开展“网络中国节”“争做中国好网民”“中卫市网络正能量作品征集评选展播”等网络主题活动，推出2500余件接地气、聚人气、有情感、有温度的精品佳作，总点击量7600万人次，正能量持续滋养网络空间。参与自治区党委网信办组织开展的“我在宁夏晒月亮”网络互动传播活动，动员属地网络名人创作作品400余件，浏览量逾6000万次，点赞评论40万余人次，中卫市获一等奖、二等奖、三等奖、优秀奖各1个。

（白 杨）

机构编制

【概况】 截至2023年12月31日，中卫市本级设置机构共201个。其中，党政群机关77个，事业单位124个。党政群机关中，纪检监察机关1个、市委工作机关11个、人大常委会机关办公室及工作委员会7个、市政府工作部门33个、市委及政府派出机构2个、政协机关办公室及专门委员会8个、群众团体9个、民主党派6个。事业单位中，市委直属事业单位3个，市政府直属事业单位4个，部门所属事业单位117个。

【重点领域体制改革】 2023年，中卫市撤销市国防动员相关办公室，整合经济动员、人民防空、交通战备的综合协调职能，组建市国防动员办并制定印发“三定”规定，推动构建党全面领导、军队需求牵引、国动委统筹协调、政府依法落实的国防动员工作新格局。重新调整市区疾病预防控制机构设置和职能配置，在全区率先挂牌成立市区两级疾病预防控制局，组建市疾病预防控制中心，构建起疾病预防控制市区一体运行体系。研究制定县乡联动执法“1+8”主体制度框架机制和“一图一表两清单”，完善“乡呼县应”执法联动平台，建立完善执法联络员制度，提升基层依法治理能力和水平。贯彻落实自治区党委十三届四次全会精神，对全市40个乡（镇）应急管理机构运行、人员配备和工作开展情况进行调研督导，制定印发《关于进一步明确乡（镇）应急管理办公室职责和加强人员力量的通知》，明晰乡（镇）应急管理办公室职责和人员编制配备标准，构建起横向到边、纵向到底的应急管理责任体系。认真贯彻落实习近平总书记在内蒙古考察座谈会和在全国生态环境保护大会上的重要讲话精神以及自治区党委十三届五次全会有关部署要求，整合5个市属国有林场，组建中卫市国有林业总场，进一步强化防沙治沙、荒漠化综合防治和草原生态修复等职能职责。

【机构编制管理】 2023年，中卫市扎实开展机构编制评估。选取市工业和信息化局、科技局等15个部门（单位），综合运用座谈交流、个别访谈、查阅资料、问卷调查、征求意见等方式开展机构编制执行情况和使用效益评估，共查找整改问题21个，并将评估结果首次纳入市直部门（单位）年终效能目标考核，进一步强化机构编制刚性约束。设立市数字产业服务中心、旅游产业服务中心等5个事业单位，推动重点产业高质量发展的机构职能体系更加完善。核减收回市消费者协会、图书馆等21个单位事业编制25名，跨部门调整市人事考试培训中心、林场等22个单位事业编制66名，为市商务局、统计普查中心等14个部门（单位）新增行政编制10名、事业编制20名。争取2项试点，全面摸底市本级64个机关事业单位编外人员信息，形成编外人员台账。重点选取市发展改革委、司法局、科技局、应急管理局等25个部门（单位），采取“一听四查两谈”法对机关（单位）机构设置、职能职责履行、编制核定使用、编外人员管理等情况进行实地调研，梳理并建立《中卫市事业单位分类台账》《中卫市编制使用负面清单指导目录》，形成《关于建立“机关+事业单位”支撑运行模式的实施方案》《中卫市开展编制使用负面清单试点工作实施方案》，试点工作取得阶段性成效。推进事业单位法人登记管理，依法办理事业单位设立、变更、注销登记26件，指导79个事业单位完成2022年度法人年度报告公示工作，随机抽查事业单位16个，为34个机关群众团体办理统一社会信用代码事项。

【机构编制法定化建设】 2023年，中卫市强化学习宣传，对县（区）事业单位法定代表人和党政干部进行《中国共产党机构编制工作条例》（以下简称《条例》）及配套法规专题培训，发放《条例》200余本，推动形成学规守规用规的良好氛围。加强监督检查，严格落实《条例》及配套法规制度，对经市委编委会、编办室务会研究决定的机构编制事项，采取随机抽查、实地核查、调研督查等方式督促落实。对20多个市直部门（单位）开展机构编制执行情况跟踪问效和监督检查，共发出工作提示函5份、整改通知书2份、约谈部门领导2次、暂停受理机构事项1次。全年共召开编委会3次、室务会24次，共研究机构编制事项40件。

（徐 瑛 宋鹏飞）

市直机关工委工作

【概况】 2023年，中卫市共辖机关基层党组织182个，其中，党委8个、党总支15个、党支部159个。共有党员2633名。

【政治机关建设】 2023年，中卫市坚持机关党建和主题教育一体谋划、一体推进，督导机关基层党组织通过“三会一课”、理论学习中心组学习、主题党日等形式，落实“第一议题”制度。组织机关党员持续跟进学习习近平新时代中国特色社会主义思想“必读篇”“宁夏篇”“最新篇”“党建篇”，在学思践悟中坚定政治信仰、站稳政治立场、把牢政治方向。厚植凝心铸魂根基。推动机关党员干部把党的二十大精神装进头脑、注入灵魂、化为行动，组织开展“五学五比”“学思践悟二十大·砥砺奋进新征程”微党课大赛等活动8场次，组织微党课大赛获奖选手巡回宣讲4场次，督导机关基层党组织书记带头讲党课180余场次。紧紧围绕铸牢中华民族共同体意识主线，持续开展“十个一”活动，市直机关工委、市科技局等24个机关单位被评为全区民族团结进步示范单位。

【基层组织建设】 2023年，中卫市始终坚持把提升党支部标准化规范化建设水平作为推动机关党建高质量发展的基础工程，建机制、抓督导、提质效。抓实规范提升。深化完善机关党建“网格化”片区协作管理机制，结合实际优化调整党建片区3个、网格22个，指导新建机关党建工作阵地11个。通过制发工作提示、实地督导检查、持续巩固党支部规范化标准化建设成果，创建四星级及以上党组织84个，三星级及以上党组织比例达到90.6%。抓强基层组织。落实“三会一课”、主题党日、述职评议、民主评议党员、领导干部双重组织生活等制度，开展“四特五是否”大排查，推动基层组织全面进步、全面过硬。加强党务干部队伍建设，年内备案专兼职党务干部86名，组织49名机关党组织书记和党务干部外出培训。抓好教育管理。分专题、分层次举办市直机关单位党组织书记、科级干部、党员等培训班9期，培训机关党员干部1100余名。严格政治标准，注重提高质量，备案入党积极分子、发展对象65人，接收预备党员54人。开展以“五廉”“五条线”为主要内容的廉洁型机关建设，组织133名新任职科级干部参加“六个一”廉政教育活动。

【服务保障中心大局】 2023年，中卫市深入推进党建品牌创建。争做领题、破题、解题先锋，建立分批创建、梯次推进工作机制，指导打造示范点3个，创建机关党建品牌74个，推动机关党建与业务深度融合、互促共进。组织开展市直机关党支部书记论坛暨党建品牌示范案例“晒比促”活动，通过现场互观互学互评、演播大厅集中展示评比等一系列有效举措，评选优秀案例、示范案例20个。加强机关作风建设。持续深化“政治素质、工作质效、干事激情、作风形象”大提升“四项行动”，建立干部作风建设“晒比促”机制，集中展示60个党组织作风建设新成效，对全市12个重点领域的安全生产专项排查整治工作进行暗访，反馈相关问题9条，下发整改提示16份。组织开展党员风采展等活动3场次，选树先进典型75名，征集“我为党的二十大精神落地见效献一策”案例146个。推动党员干事创业。在主题教育中广泛开展立足岗位作贡献活动，指导机关单位党组织设立示范岗、划分责任区、组建突击队769个，引领机关党员在重大项目建设、重点任务落实一线冲锋在前、攻坚克难、贡献力量；组织2200余名机关党员参与文明城市创建、基层治理及“十六运”“残特奥”等重大活动志愿服务工作，累计为群众办实事405件。

【党建责任落实】 2023年，中卫市始终坚持把严格落实机关党建主体责任作为推动机关党建高质量发展的关键环节，明责尽责、上下贯通、协同推进。坚持书记抓、抓书记。压紧压实各级党组织书记“第一责任人”职责，引导增强主业主角意识，细化实化“三个责任”清单，督促定期研究、主动推动、按时报告党建工作，落实述职评议考核制度。坚持统筹抓、抓统筹。落实《中国共产党党和国家机关基层组织工作条例》，坚持各司其职、分工负责，构建机关工委领导指导、机关党委（党总支）主体责任、党支部具体负责的责任体系，强化统筹协调和整体联动，组织召开机关工委委员会会议、机关党建专题会议12次，推动解决制约机关党建工作的重点难点问题5个。坚持督导抓、抓督导。建立“每月调度、季度督查、半年讲评、年终考核”机制，年内深入机关基层党组织调研督导120余次，组织开展网格片区“互帮互助互评互促”活动2次，半年全覆盖督导检查1次，分层分类做好68个市直部门（单位）组织建设和22个单位重点工作年度考核，反馈整改各类共性个性问题240余条，以督导考核倒逼责任落实。

（房丽娜）

老干部工作

【概况】 截至2023年12月31日，中卫市本级有离退休干部2122名，其中，离休干部15名，退休干部2107名。

【政治思想建设】 2023年，中卫市委老干部局召开全市老干部情况通报会，向处级以上退休干部通报全市2022年经济社会发展情况、宣讲党的二十大精神。

组织推进离退休干部学习贯彻习近平新时代中国特色社会主义思想主题教育，通过“三会一课”、主题党日、线上推学、上门送学等多形式引导离退休干部党员及时跟进学习习近平总书记最新重要讲话和文章。组织离退休干部党支部书记专题培训班2次，邀请“塞上金秋”宣讲团成员李斌教授作学习贯彻习近平新时代中国特色社会主义思想专题辅导，组织离退休干部收听收看全国离退休干部网上专题报告会4次，夯实坚定拥护“两个确立”、坚决做到“两个维护”的思想根基。发挥党支部教育管理监督党员的主体作用，组织离退休干部认真学习贯彻落实党章的新要求、新规定；依托离退休干部党组织、涉老团体、市老年大学等，注重在平时了解掌握离退休干部思想动态，有针对性地开展警示教育、典型案例教育，组织离退休干部党员参观廉政警示教育基地。

【党组织建设】 2023年，中卫市委老干部局贯彻中办发〔2022〕31号和宁党办〔2022〕72号文件，制定《关于加强新时代离退休干部党的建设工作的实施意见》（卫党办发〔2023〕24号），提请市委研究通过并印发。到两县一区和20个市直部门（单位）进行督查调研，针对退休干部体检率低的问题，提出对策建议，督促纳入财政预算。组织基层党支部书记对2022年度抓党建工作进行述职，召开基层离退休干部党组织负责人联席会议4次；指导市直部门离退休干部党支部按期完成换届；以“学两会精神 助中卫发展”“赓续红色血脉 坚守初心使命”“话传统、谈复兴、聚力量”等为主题，统一安排组织支部主题党日活动5次。印发党组织规范化建设方案和创建“示范党支部”活动通知，召开党建工作提质增效工作推进会，推动离退休干部党支部规范化建设和“示范党支部”创建。

【服务管理】 2023年，中卫市委老干部局配合市委组织部完成全市荣誉退休仪式工作。为基层党组织和200余名老同志订阅《宁夏日报》《中卫日报》等报刊700余份，利用“学习强国”APP、“离退休干部工作”“塞上金秋”“中卫老干部”微信公众号等信息化平台，推送学习内容200余条。落实30名无固定收入离休干部遗孀生活困难补助费，对接市卫健委与市人民医院、市中医院签订就医“绿色通道”服务协议，为离退休干部提供就医绿色通道服务和家庭医生签约服务。年内，累计发放慰问金36.5万元，开展“五必访”及日常电话慰问256人次，协调处理老同志困难问题15件次。采取“一校多点”办学方式，在市本级建立老年大学分校3个，市老年大学新开设课程2门。协调解决市老年大学服务中心机构编制问题，争取专项资金26.8万元，对市老年大学进行维修改造，优化功能设置。开展防范网络电信、金融诈骗、老年健康生活等知识专题讲座5次，组织市老年大学参加全区离退休干部“学思想 守初心 银辉展风采”系列文化活动暨全区老年大学首届文化艺术节合唱展演活动。

【老干部活动】 2023年，中卫市委老干部局组织开展“浓墨飘香迎新春 义写春联送祝福”活动，为社区居民和干部职工赠送春联、福字近200副。举办“缅怀伟大领袖 传承红色基因”红歌传唱活动、全市离退休干部“银龄向党展风采 不忘初心颂党恩”专场文艺演出。组织80余名离退休干部开展“话传统、谈复兴、聚力量”观摩考察活动。开展“话传统、谈复兴、聚力量”专题调研讲座，征集文稿45篇，心声感言57条，意见建议10条。开展“我为党的二十大精神落地见效献一策”建言献策活动，共收集意见建议21条，采纳意见建议2条。市老年大学组织学员党员开展文艺下基层惠民巡演20余场次。市老干部书画协会开展送书画下基层志愿活动37场次。市老年大学退休党支部打造“讲述红色故事，让爱国主义教育深入人心”品牌特色，到学校进行红色故事宣讲32场次，爱国主义教育宣讲队入选全区“银才赋能”行动典型创新案例。市公安局发挥离退休党员民警优势作用，在沙坡头区文昌镇文昌阁社区成立志愿服务队，并依托该社区成立“银色先锋”工作室，参与社区法治宣传、矛盾纠纷化解、创建文明城市等志愿活动。市市场监督管理局老干部志愿服务队，在志愿活动中注重发挥退休干部党员的示范作用，在“3·15”消费者权益保护日“6·5”环境保护宣传日等节点，组织离退休党员到红太阳广场发放宣传资料、为市民讲解消费者权益保护、生态文明等知识。

（王悦康）

党校工作

【主题教育】 2023年，中卫市委党校开展学习贯彻习近平新时代中国特色社会主义思想主题教育，把习近平新时代中国特色社会主义思想作为校委会会议“第一议题”和常设议题，落实理论学习中心组学习、干部理论学习等机制。通过每周例会、青年教师理论学习小组、“三会一课”、主题党日等形式，组织集中学习92次、交流研讨46人次，学习《习近平著作选读》《习近平新时代中国特色社会主义思想专题摘编》

等书目，认真学习习近平总书记关于党校工作的重要论述，教育引导全体党员干部深刻理解“旗帜鲜明讲政治”的党校工作原则，把主题教育成果转化为实际行动。围绕党的二十大精神、习近平总书记最新重要讲话等内容，传承弘扬“四下基层”优良传统，组建教师宣讲小分队深入机关、学校、乡镇、农村、社区，宣讲122场次。

【干部教育培训】 2023年，中卫市委党校逐步完善课程体系，建立以理论教育、党性教育、能力提升、区情市情为单元模块的“1+N”课程体系，突出党的理论教育和党性教育，课程占比达到总课时的70%以上，开发现场教学课程43个，打造国家安全教育基地和铸牢中华民族共同体意识主题教育馆，形成“核心课程+特色课程+创新课程”的教学布局。注重干部培训成效，提高培训对象覆盖率，分批次举办学习贯彻党的二十大精神等专题培训班，2023年举办各类培训班48期，培训学员5410人次，领导干部上讲台授课12人次。落实集体备课、试讲评课等制度，新开发教学专题19个。坚持以赛促练，开展全市党校系统学习贯彻习近平新时代中国特色社会主义思想主题教育优质课评比活动，推出优质课5门。推行全封闭式学员管理模式，严格执行入学纪律教育、签订遵规守纪承诺书、请销假、结业考核等制度，健全“五随机”督查机制（随机抽查签到情况、随机调阅学员笔记、随机开展质量测评、随机旁听教师授课、随机提问培训内容），实施“班委会管理+小组分管+学员自主管理”三级联动机制。

【科研资政】 2023年，中卫市委党校强化科研基础支撑作用，深入推进教研咨一体化建设。围绕市委中心工作，加强理论研究和决策咨询，地厅级课题立项5个，县处级课题立项9个，向市委、市政府呈报《调研资政专报》5期，出版《中卫论坛》4期，在党报党刊公开发表理论文章17篇。承办全区党校（行政学院〈校〉）系统大数据产业发展智库论坛，参加各类理论征文入会或获奖共10篇。参加“我为党的二十大精神落地见效献一策”活动，3篇调研报告获奖，并获得“优秀组织奖”。

【师资队伍建设】 2023年，中卫市委党校推行“导师帮带”培养机制，5名专家、导师一对一、一对多帮带青年教师，通过集体备课、听课点评、课题开发、蹲点调研等方式，促进青年教师教学科研能力提升。组织教师外出参加高层次师资培训15人次，基层干部培训师资网络培训8人次。修订完善《专业技术人员量化考核办法》，强化政治纪律、教科研能力、教学工作量等方面量化考核，并将考核结果与干部选拔任用、职称评聘、评先评优挂钩，激发教师队伍活力。通过中层岗位竞聘、轮岗交流、自主公开招聘等方式，选拔配备中层干部3名，公开招聘高层次人才3名（其中博士研究生1名），支持1名教师脱产读博，为2名教师评聘中级职称。鼓励青年教师参加各类比赛，在全区党校（行政学院〈校〉）系统和市直机关微党课、经典诗文朗诵比赛中，市委党校参赛选手先后获得3个一等奖。

档案管理

【概况】 截至2023年年底，中卫市档案馆馆藏各门类档案234个全宗99906卷、资料14857件（册），各类实物档案2022件。馆藏档案跨度98年（1925年—2022年）。现存档案中华人民共和国成立前主要有民国时期国民党中卫县党部、卫宁地方法院、教育科、邮政局、统计局档案，中华人民共和国成立后，主要有原中卫县各机关单位、乡镇文书档案、专业档案，中卫市各机关单位文书档案、专业档案等，照片档案主要有国家领导人到中卫考（视）察照片等；馆藏资料主要有清《乾隆中卫县志》《道光中卫县志》及历史文献《万有文库》、中华人民共和国成立后报刊合订本、地情著述资料等。

【基础设施建设】 2023年，中卫市档案馆按照“场所规范化、业务标准化、管理现代化”目标要求，实施档案馆库等基础设施建设攻坚行动。市档案馆2023年争取财政资金35.9万元，购置智能档案密集架120组，扩容量、优贮量，提高库馆使用效率。

【资源建设】 2023年，中卫市档案馆围绕市委、市政府中心工作及重要会议活动、重大突发事件等，制订《中卫市档案馆2023年档案接收征集计划》，全方位收集中卫市反映党史、新中国史、改革开放史、社会主义发展史等档案材料，确保应收尽收、应归尽归。2023年共接收进馆等方面档案3126件，接收各级政府公报170件，不断丰富馆藏资源、优化馆藏结构。

【利用服务】 2023年，中卫市档案馆线上服务查档群众16人次，接待现场查档人员392人次，利用档案6035卷（件），复制档案4495页。充分挖掘整理馆藏档案资源，主动为党史研究室等单位提供红色档案史料，为市直各部门撰写《中卫扶贫志》提供大量脱贫攻坚珍贵资料，配合组织、人事部门做好干部档案审核工作。推进档案开放工作，制订《中卫市档案馆2023

年档案开放审核计划》，全年完成5个全宗文书档案的开放审核工作，通过自治区档案开放系统向社会公开开放目录1229条。

【信息化建设】 2023年，中卫市财政将馆藏档案数字化经费纳入年度预算，争取项目资金40万元，组织完成馆藏档案数字化第四期加工项目共63个全宗81万页。馆藏纸质档案数字化成果导入档案馆数字档案管理系统，方便查阅利用，保护档案原件。充分利用全区馆际共享利用系统、全国档案查询利用服务平台，打破档案利用时空局限性，实现“就地受理、远程查询、跨馆出证”。

【安全管理】 2023年，中卫市档案馆贯彻落实自治区党委十三届四次全会精神和自治区档案局《关于进一步加强档案安全工作的通知》要求，督促指导各级档案馆（室）进一步增强安全意识，压实安全责任，坚持预防为主，完善人防物防技防“三位一体”的综合安全体系，在抓好档案安全日常工作基础上，重点开展安全风险隐患排查整治、应急处置演练、档案安全抽查检查、安全培训指导等工作，织密扎牢档案实体和信息安全防护网。强化档案服务外包安全管理，落实档案服务外包制度和有效机制，强化事前、事中、事后全过程管理，采取有效措施和技术手段，实施场所、系统、设备和人员全方位监管，确保档案实体、信息载体和档案信息绝对安全。落实信息化工作相关制度，加强档案信息综合管理系统的安全管理。

（高慧敏）

党史研究

【概况】 2023年，中卫市党史研究室坚持贯彻落实党的“三个历史决议”，客观准确记录历史，首次组织开展《中共中卫组织史》编撰工作，编撰完善《中共中卫大事记（2016—2023）》，完成初稿24万字。开展《新民主主义革命时期中卫党建研究》《中卫改革开放史综述》专题研究，奠定中卫党史研究基础。开展习近平同志到中卫视察史实研究，编写完成《习近平同志2008年4月视察中卫相关资料》汇编。收集和整理党史研究相关书籍，分类编目，建立党史资料库。开展党史资料信息化工作，形成信息化资料10.8GB。配合相关部门及县区审核涉党史资料和展陈内容近10万字。开展调查研究，对各县（区）党史现场及涉党史场所展陈内容进行调研，形成调研报告，对发现的相关问题进行督促整改。

【党史宣传教育】 2023年，中卫市党史研究室联系有关部门将党史内容列入相关班次授课内容。参加主题教育宣讲和党史宣讲工作，撰写完善《感恩总书记、奋进新征程——习近平新时代中国特色社会主义思想》《新民主主义革命时期中共中卫历史》《关桥堡会议及其在党史中的重要意义》等宣讲课件，重要课件在市委办公室、党校、市生态环境局等部门及个别社区进行宣讲，受众约300人。

（刘 才）

中卫市人民代表大会

综 述

【概况】 2023年，中卫市人大常委会共召开主任会议18次、常委会会议7次，制定地方性法规1件、审查政府规范性文件10件、清理地方性法规9件，作出决议决定8项，听取审议“一府两院”工作报告13项，开展执法检查、视察9次，组织专题询问1次，评议政府工作部门3个，市五届人大二次会议期间代表提出的30件建议基本办结，年度确定的各项目标任务全面完成。

【坚持党的领导】 2023年，中卫市人大常委会始终把坚持党的领导贯穿人大工作全过程各方面，加强理论学习，党组中心组集体学习12次、开展交流研讨15次。主题教育走深走实。组织党组班子成员开展学习20次、研讨交流8次，形成调研交流成果11篇，为群众办实事解难题21件。贯彻落实坚定坚决。自觉接受市委领导，严格执行重大事项请示报告制度，年内向市委和主要领导请示报告工作21次。坚持党管干部与人大任免有机统一，依法任免国家机关工作人员49人。全面落实市级领导包抓特色产业、重点工作、重点项目任务分工，执行河（湖）长制、林长制和包抓基层联系点等制度，参与招商引资、项目建设、安全生产、风险防控、信访接待、企业纾困、自治区“十六运”和云天大会等中心工作。

【立法工作】 2023年，中卫市人大常委会重视发挥立法引领保障作用。健全完善“党委领导、人大主导、政府依托、社会参与”的立法工作格局，建立人大和政府负责同志担任“双组长”的立法专班制度，发挥人大在立法选题、法规起草、审议把关中的主导作用。发挥16个基层立法联系点和立法咨询专家委员会“民意直通车”作用，广泛听取群众的立法建议，将民意融入法规。结合中卫实际，突出特色立法，经过立项、起草、调研、论证、审议等环节，经自治区人大常委会批准，出台《中卫市湿地保护条例》，回应群众关切，为湿地保护修复提供法律遵循。开展《中卫市文明行为促进条例》立法后评估，助推条例宣传实施，助推文明城市创建。坚持“有件必备、有备必审、有错必纠”，认真做好规范性文件备案审查，维护国家法治统一。发挥法律监督职能作用。始终把安全发展作为头等大事，深入贯彻自治区党委十三届四次全会、市委五届七次全会工作部署，学习领会“1+37+8”系列文件，联合自治区和县（区）人大常委会开展三级人大对贯彻实施安全生产“一法两条例”情况执法检查，实现市、县（区）和乡镇（街道），安全生产重点行业、领域和场所全覆盖，其中市级检查企业、学校、医院、公共场所等50余家，发现并督促整改各类问题160个，促进安全生产领域法律法规全面实施。聚焦气象灾害防御，开展贯彻实施《自治区气象灾害防御条例》情况执法检查，发挥气象防灾减灾第一道防线作用。关注退役军人群体，开展贯彻实施《中华人民共和国退役军人保障法》情况执法检查，助推退役军人管理服务工作，维护社会稳定。开展贯彻实施《中华人民共和国反电信网络诈骗法》情况执法检查，宣传法律法规，护佑人民群众的财产安全。发挥公平正义导向作用。坚持以人民为中心，听取审议智慧法院建设工作情况报告，督促全市两级法院公正司法、智慧为民。听取审议未成年人检察工作报告，督促全市两级检察院依法能动履职，促推“六大保护”落实落地。组织开展法律援助工作视察。

【监督工作】 2023年，中卫市人大常委会向市“一府两院”交办审议意见6份，提出意见建议60条。听取审议“十四五”规划纲要实施情况中期评估、经济社会发展、财政预算执行、行政事业性国有资产管理、审计查出问题整改等专项报告，3次审查批准预算调整方案，加强政府债务审查监督，就防范化解政府债务风险、促进经济健康发展、全面完成“十四五”规划目标任务提出意见建议，巩固增强经济回升向好态势。组织开展粮食安全保障情况视察。助推重点产业提质增效。组织开展新能源产业发展视察，就加快建设以“新能源”为引领的新型能源体系，推动新能源制造业聚集发展提出意见建议。针对持续实施云计算和大数据产业提质增效行动、建设大数据产业中心市情况，向市云计算和大数据局、工信局等8个市直部门开展专题询问。助推深化改革加快推进。落实市委改革赋能行动，助推“六权”改革，听取审议排污权改革推进情况报告，推进深化排污权交易改革，推动绿色低碳高质量发展。听取审议国企改革三年行动推进情况报告，就固化提升国企改革成果，促进国企健康良性发展，提高国企经营水平提出意见建议。开展贯彻实施《中华人民共和国中小企业促进法》情况执法检查。助推城乡区域协调并进。坚持城乡一体化融合发展，审议通过《中卫市国土空间总体规划(2021—2035年)》。听取审议巩固拓展脱贫攻坚成果同乡村振兴有效衔接情况报告。助推生态环境优化改善。听取审议全市环境状况和环境保护目标完成情况报告。助推民生福祉补短提标。坚持发展为了人民、发展依靠人民、发展成果由人民共享，切实解决好人民群众急难愁盼问题，不断提升群众幸福感和满意度。听取审议基础教育质量提升行动实施情况报告，持续巩固“互联网+教育”建设成果。开展“互联网+医疗”健康服务视察，听取审议城乡大病统筹落实情况报告、养老事业养老产业发展情况报告、2023年民生实事办理情况报告。

【自身建设】 2023年，中卫市人大健全机构设置，加强工作力量，新设财政经济专门委员会，年内2名干部被交流提拔到市直部门任职，6名干部充实到市人大常委会机关任职。加强新闻宣传，讲好人大故事，在《宁夏日报》《宁夏人大》等各类媒体刊发文章38篇，营造良好的舆论氛围。持续加强效能建设。严格执行常委会工作规程、主任会议议事规则、常委会组成人员守则，健全完善执法检查、工作视察、专题调研等制度，不断提升议事决策和依法履职的民主化、科学化水平。坚持每周集中学法制度，邀请区、市部门领导和专家学者为人大干部作专题辅导21次，增强人大干部运用法治思维、法治方式做好工作的能力。坚持同题共答，注重加强与自治区和县(区)人大常委会的工作联动，提升全市人大整体工作水平。结合大兴调查研究和主题教育开展，加强作风建设，自觉践行“三个务必”，确保常委会各项工作任务落到实处。推进“清廉人大”建设，全面贯彻中央八项规定及其实施细则精神，认真落实自治区加强作风建设“八条禁令”，纠治形式主义、官僚主义。召开以案促改专题民主生活会，组织机关干部到市全面从严治党教育基地、监察留置中心接受警示教育，支持和保障派驻纪检监察组更好地开展工作。

重要会议

【市五届人民代表大会第三次会议】 会议于2024年1月3日至6日在中卫宸宇红宝宾馆举行。大会主席团常务主席、执行主席张利、马洪海、佘瑞东、于建文、万克军、韩秉文、何建勃、田风才、陈自强、景兆珍、马丽、金忱、何太成出席会议。杨文生，市委常委、副市长、市政协副主席和大会其他主席团成员出席会议。市中级人民法院、市人民检察院负责人出席会议。会议应到代表286人，实到261人。会议在表决通过总监票人、监票人名单后进行选举，王树华、刘宏阳、李红瑛、李金星、李斌、张永华、张振宇、袁海清、黄玉华、谭政平10人当选中卫市第五届人大常委会委员。会议表决通过中卫市第五届人民代表大会财政经济委员会组成人员、社会建设委员会主任委员。会议举行宪法宣誓仪式。会议表决通过关于政府工作报告的决议、关于中卫市2023年国民经济和社会发展计划执行情况与2024年国民经济和社会发展计划的决议、关于2023年全市及市本级预算执行情况和2024年全市及市本级预算的决议、关于中卫市2023年民生计划执行情况和2024年民生计划的决议、关于市人大常委会工作报告的决议、关于市中级人民法院工作报告的决议、关于市人民检察院工作报告的决议。市委书记、市人大常委会党组书记张利在闭幕会上讲话。

【市五届人大常委会第八次会议】 会议于2023年3月1日举行。市人大常委会主任、党组副书记崔昆，副主任万克军、韩秉文、何建勃、田风才、陈自强、景兆珍、马丽、金忱，秘书长何太成及委员共40人出席会议。市人大常委会主任、党组副书记崔昆主持会议并讲话。市人民政府副市长康俊杰、市监察委员会副主任周自军、市中级人民法院院长何莉、市人民检察院检察长李晓军；市人民政府组成部门主要负责人，部分市人大代表，市人大专委会、常委会各委室负责人，市人大各专委会委员列席会议。会议学习党的二十大报告中习近平总书记关于“发展全过程人民民主，保障人民当家作主”的重要论述、自治区十三届人大一次会议精神，学习《中卫市人民代表大会常务委员会议事规则》，审议《中卫市人大常委会2023年度工作要点（审议稿）》《中卫市人大常委会2023年度监督工作计划（审议稿）》，审议了关于任命市五届人大常委会代表资格审查委员会副主任委员的议案、深化开展市人大常委会组成人员联系人大代表和市人大代表联系人民群众活动事宜，审议辞职案，审议通过有关人事任免议案。

【市五届人大常委会第九次会议】　会议于2023年4月10日举行。市人大常委会主任、党组副书记崔昆，副主任田风才、陈自强、景兆珍、金忱，秘书长何太成及委员共32人出席会议。市人大常委会主任、党组副书记崔昆主持会议并讲话。市人民政府常务副市长许洪波、市监察委员会副主任周自军、市中级人民法院院长何莉、市人民检察院检察长李晓军；市直相关部门主要负责人，部分市人大代表，市人大专委会、常委会各委室负责人，市人大各专委会委员列席会议。会议传达学习十四届全国人大一次会议、全国政协十四届一次会议精神，审议中卫市人民政府关于《中卫市国土空间总体规划（2021—2035年）（草案）》的议案、市人民政府关于中卫市化解政府债务风险情况的报告，审议市人民法院关于全市智慧法院建设工作情况的报告，审议通过有关人事任免议案。

【市五届人大常委会第十次会议】　会议于2023年6月26日举行。市人大常委会党组副书记、主任崔昆，副主任万克军、韩秉文、何建勃、田风才、陈自强、景兆珍、马丽、金忱，秘书长何太成及委员共30人出席会议。市人大常委会党组副书记、主任崔昆主持会议。市人民政府常务副市长康俊杰、杨照明；市监察委员会副主任杨智龙、周自军；市中级人民法院院长何莉；市人民检察院检察长李晓军；市直相关部门主要负责人，部分市人大代表，市人大专委会、常委会各委室负责人，市人大各专委会委员列席会议。会议听取和审议市人民政府关于全市行政事业性国有资产管理情况的报告、市人民政府关于全市国企改革三年行动推进情况的专项报告、市人民政府关于提请审议2023年市本级预算调整方案（第一次）的议案、市人民政府关于全市城乡居民大病统筹政策情况的报告，审议市人大常委会执法检查组关于检查全市贯彻落实《宁夏回族自治区气象灾害防御条例》情况的报告、市人大常委会视察组关于视察全市“互联网+医疗健康”工作情况的报告，审议市人民检察院关于全市未成年人检察工作情况的报告，审议了市人大常委会委员辞职案，审议通过有关人事任免提案。

【市五届人大常委会第十一次会议】　会议于2023年8月29日举行。市人大常委会党组副书记、主任崔昆，副主任韩秉文、何建勃、田风才、陈自强、景兆珍、马丽、金忱，秘书长何太成及委员共33人出席会议。市人大常委会主任、党组副书记崔昆主持会议并讲话。市人民政府副市长郭爱迪、赵会勇，市监察委员会副主任杨智龙、市中级人民法院院长何莉、市人民检察院检察长李晓军，市人民政府组成部门主要负责人，市人大代表（3人），市人大专委会、常委会各委室负责人，市人大各专委会委员列席会议。会议学习中国共产党宁夏回族自治区第十三届委员会第四次全体会议、中国共产党中卫市第五届委员会第七次全体会议精神，审议《中卫市湿地保护条例（草案）》《中卫市人民政府关于2023年上半年国民经济和社会发展计划执行情况的报告》《中卫市人民政府关于2022年全市及市本级财政决算（草案）和2023年上半年财政预算执行情况的报告》《中卫市人民政府关于2022年度市本级预算执行及其他财政收支情况的审计工作报告》《关于2022年市本级财政决算（草案）的审查报告》《中卫市人民代表大会常务委员会关于批准2022年市本级财政决算的决议（草案）》，审议市人大常委会视察组关于视察全市新能源产业发展情况的报告、关于视察全市粮食安全保障情况的报告、关于视察全市法律援助工作情况的报告，审议市人民政府关于全市基础教育质量提升行动实施情况的报告、关于全市养老事业和养老产业发展情况的报告，审议通过有关人事任免议案。

【市五届人大常委会第十二次会议】　会议于2023年11月1日举行。市人大常委会主任、党组副书记崔昆，副主任韩秉文、何建勃、田风才、陈自强、景兆珍、金忱，秘书长何太成及委员共27人出席会议。市人大常委会主任、党组副书记崔昆主持会议并讲话。市人民政府副市长许洪波、康俊杰，市监察委员会副主任周自军、市中级人民法院院长何莉、市人民检察院检察长李晓军，市人民政府组成部门主要负责人，市人大代表（4人），市人大专委会、常委会各委室负责人，市人大各专委会委员列席了会议。会议学习中国共产党宁夏回族自治区第十三届委员会第五次全体会议、中国共产党中卫市第五届委员会第八次全体会议精神，听取和审议中卫市人民政府关于中卫市“十四五”规划（纲要）实施情况的中期评估报告、中卫市人民政府关于提请审议2023年市本级预算调整（第二、三次）方案的议案、中卫市人民政府关于化解债务风险工作情况的报告、中卫市人民政府关于安全生产“1+37+8”系列文件制度执行情况的专项报告、中卫市人民政府关于2023年民生实事办理情况的报告、中卫市人民政府关于市五届人大二次会议代表建议办理情况的报告、中卫市人民政府关于全市环境状况和环境保护目标完成情况及排污权改革推进情况的报告，听取和审议了《中卫市湿地保护条例（草案）（二审稿）》，听取和审议市人大常委会执法检查组关于检查全市贯彻实施《中华人民共和国中小企业促进法》情况的报告、贯彻实施安全生产“一法两条例”情况的报告、贯彻实施《中华人民共和国退役军人保障法》情况的报告、贯彻实施《中华人民共和国反电信网络诈骗法》情况的报告，听取和审议市五届人大二次常委会代表资格审查委员会关于个别代表变动情况的报告，审议通过有关人事任免议案。

【市五届人大常委会第十三次会议】 会议于2023年12月14日举行。市人大常委会党组副书记、主任崔昆，副主任万克军、韩秉文、田风才、陈自强、景兆珍、金忱及委员共25人出席会议。市人大常委会主任、党组副书记崔昆主持会议并讲话。市人民政府副秘书长贺伟龙，市监察委员会副主任杨智龙、市中级人民法院院长何莉、市人民检察院检察长李晓军，市人民政府组成部门主要负责人，市人大代表（2人），市人大专委会、常委会各委室负责人，市人大各专委会委员列席会议。会议审议市人大常委会法工委关于2023年度规范性文件备案审查工作情况的报告，审议《关于召开中卫市第五届人民代表大会第三次会议的决定（草案）》《中卫市第五届人民代表大会第三次会议议程（草案）》《中卫市第五届人民代表大会第三次会议日程（草案）》，审议辞职案，审议通过有关人事任免议案。

【市五届人大常委会第十四次会议】 会议于2023年12月27日举行。市人大常委会党组副书记、主任崔昆，副主任万克军、韩秉文、何建勃、田风才、陈自强、景兆珍、马丽、金忱，秘书长何太成及委员共29人出席会议。市人大常委会主任、党组副书记崔昆主持会议并讲话。市人民政府秘书长孙尚金，市监察委员会副主任杨智龙、市中级人民法院副院长彭吉文、市人民检察院副检察长高晓梅，市人民政府组成部门主要负责人，市人大代表（3人），市人大专委会、常委会各委室负责人，市人大各专委会委员列席会议。会议审议市人民政府关于2022年度市本级预算执行和其他财政收支审计查出问题整改情况的报告，审议《中卫市五届人大常委会代表资格审查委员会关于个别代表变动和补选代表的资格审查报告》《中卫市第五届人民代表大会第三次会议各项名单、办法及决定（草案）》《中卫市人大常委会工作报告（送审稿）》《中卫市人民代表大会代表议案、建议、批评和意见办理办法（修订稿）》，审议人事免职议案，补选自治区人大代表。

代表工作

【代表履职渠道拓展】 2023年，中卫市人大常委会健全完善人大审议机制。进一步规范常委会会议程序，对拟审议的监督议题，提前组织常委会组成人员和相关代表深入调研，提前将审议材料送达与会人员审阅，提高审议质量；完善审议形式，采取分组讨论、延长审议时间的方式，让常委会组成人员和代表充分发表意见，争取每一项议题都能审议透彻、每一位与会人员都能畅所欲言。建立健全常委会审议意见交办督办机制，采取主任会议交办、政府部门领办、相关委室督办的形式，强化工作监督，确保审议意见落地见效，让代表满意、让群众受益。扩大人民有序政治参与。将代表参与纳入人大常委会监督工作全过程，积极邀请代表列席常委会会议，参加执法检查、专题调研、集中视察、专题询问和建议督办等活动，发展全过程人民民主，全市各级人大代表参与常委会工作800多人次。特别是首次以区、市、县三级人大常委会和五级人大代表联动方式，组织665名代表参加安全生产执法检查，同步开展“护安全促发展”主题实践活动，同题共答、同频共振。结合代表培训，组织代表开展建议办理、重点项目建设视察等活动，让代表深入了解全市经济社会发展情况和市域治理现状，为代表汇集民智、吸纳民意、建言献策、积极履职创造条件。采取调研走访、听取工作汇报、查阅资料、召开座谈会、发放调查问卷、满意度测评等方式，组织对市住建局、旅游和文体广电局、农业农村局工作开展民主评议，发放调查问卷1600余份，收集代表和群众意见建议50余条，既亮“成绩单”，又点“问题项”。拓宽社情民意表达渠道。深入开展“双联”活动，印发《关于深化市人大常委会组成人员联系市人大代表和市人大代表联系人民群众活动的通知》,从制度层面对代表联系选民、代表接待群众进行规范。建设代表之家41个、代表工作室336个。常委会领导多次到县(区)和乡镇指导代表家站建设,以代表身份参加代表小组活动,带动全市各级人大代表依法履职,发挥作用。

【代表议案建议办理】 2023年,中卫市市级人大代表共收集意见建议200多件,办理率超过90%,群众身边的小事、急事、难事得到有效解决。优化代表履职服务保障。举办2期市人大代表履职能力区外培训班,1期代表履职能力提升暨安全生产知识培训班,组织52名自治区人大代表参加全区培训,实现基层代表培训全覆盖。加强对代表网络履职平台的运用管理,为代表履职提供全面、便捷、高效的信息化服务。坚持"内容高质量、办理高质量",严把代表建议提交关、交办关、督办关、验收关,重点督办"支持宁湘直流配套电源项目腾格里沙漠中卫新能源基地建设、改善提升中卫市设施蔬菜产业"等关系经济社会发展和民生改善的建议,市五届人大二次会议确定的30件建议,除1件不具备办理条件外,其他的全部办理完毕,代表满意率达到100%。

(冯 峰)

工作委员会

【法制工作委员会】 2023年,中卫市人大常委会法制工作委员会成立市人大常委会分管副主任和市政府分管副市长为"双组长"的立法工作领导小组,研究制订2023年度立法工作推进计划,推动立法工作有序开展。制定《中卫市湿地条例》,于2023年11月2日在市五届人大常委会第十二次会议上表决通过。对《中卫市文明行为条例》开展立法后评估工作。印制发放《中卫市养犬管理条例》法规宣传手册单行本和漫画本25000份。备案审查规范性文件6件。清理涉及与《中华人民共和国黄河保护法》有关规定不一致的地方性法规1件。

【财政经济工作委员会】 2023年,中卫市人大对政治经济工作委员会强化计划及预(决)算执行监督,对国民经济和社会发展计划、预算报告草案编制情况进行审查,对"十四五"规划纲要实施情况、2023年国民经济和社会发展计划和财政预算执行情况进行监督。听取和审议市人民政府关于行政事业性国有资产管理情况、国有企业改革三年行动推进情况、化解政府债务风险工作情况、2023年民生实事办理情况的报告和"十四五"规划实施情况的中期评估报告。对全市贯彻实施中小企业促进"一法一条例"情况进行执法检查。采取"三级人大联动,五级代表参与"的方式,联合开展安全生产"一法一条例"贯彻实施情况大检查,发现安全生产领域各类问题160个,并及时反馈相关部门整改。组织开展全市新能源产业发展情况视察。对市住房城乡建设局开展部门工作评议。对全市实施云计算和大数据产业提质增效行动情况进行专题询问。

【农业与环境资源保护工作委员会】 2023年,中卫市人大农业与环境资源保护工作委员会听取和审议全市巩固拓展脱贫攻坚成果同乡村振兴有效衔接专项报告和《中卫市国土空间总体规划(2021—2035年)》《全市生态环境状况和环境保护目标完成情况及排污权改革推进情况》的议案。对全市贯彻《宁夏回族自治区气象灾害防御条例》情况进行执法检查。对市农业农村局开展部门工作评议。对全市粮食安全保障情况进行视察。积极配合自治区人大执法检查组对中卫市贯彻实施《宁夏回族自治区气象灾害防御条例》《宁夏回族自治区乡村振兴促进条例》《宁夏回族自治区湿地保护条例》《宁夏回族自治区奶产业发展条例》的落实情况进行检查。认真做好自治区人大调研组对中卫湿地"一法一条例"、第255号建议督办、水资源管理情况、环境状况和环境保护目标完成情况及重点处理代表督办的调研工作。

【教育科学文化卫生民族宗教工作委员会】 2023年,中卫市人大教育科学文化卫生民族宗教工作委员会对全市"互联网+医疗健康"工作情况进行视察。对全市城乡大病统筹落实情况、养老事业养老产业发展情况和基础教育质量提升行动实施情况进行调研。对全市贯彻落实《中华人民共和国退役军人保障法》实施情况进行执法检查。对市旅游和文化体育广电局开展部门工作评议。组织考察组赴新疆维吾尔自治区对沙疗康养产业文化旅游新业态等工作进行考察学习。做好广西壮族自治区百色市、河南省新乡市、山东省东营市、安徽省亳州市等人大系统到中卫考察学习工作。

【人事代表联络与选举工作委员会】 2023年,中卫市人大人事代表联络与选举工作委员会依法做好人事任免服务工作,共任免国家机关工作人员40人次,组织20名新任命人员进行宪法宣誓,完成并接受4名国家机关工作人员辞职案。做好代表议案建议征集办理工作,年初将市五届人大二次会议主席团交付的

30件代表建议转交市人民政府办理，加强督办力度，确保每件代表建议有专人负责、专门部门办理，按时保质完成。组织代表对市五届人大二次会议代表提出建议办理工作情况进行视察，听取建议办理情况汇报，建议办理工作进行评议。推进人大代表家站规范化建设，坚持“建好、管好、用好”原则，不断健全机制、优化平台、创新活动。邀请常委会主任、分管副主任多次到县（区）和乡镇指导代表家站建设工作，组织代表到江西省吉安市考察学习代表家站建设经验，对各县（区）代表家站建设情况进行调研。制定印发《关于深化市人大常委会组成人员联系市人大代表和市人大代表联系人民群众活动的通知》。首次完成代表网络履职平台试运行期间代表议案建议网上交办工作。举办代表履职能力提升暨安全生产知识培训班，分别在浙江大学、井冈山大学举办市五届人大代表履职培训班，组织在中卫市工作的52名自治区人大代表和干部参加全区人大代表培训班，为代表和常委会组成人员订购《监督法与人大监督工作》《地方人大会务组织通鉴》等学习刊物。筹备召开代表资格审查委员会1次，对8名代表辞去代表职务或工作变动调离中卫市终止代表资格情况进行审议。

【监察和司法工作委员会】 2023年，中卫市召开第五届人大监察和司法委员会第二次全体（扩大）会议，通报市人大监察和司法委员会2022年工作暨2023年度监督工作计划。听取和审议全市智慧法院建设工作情况报告，督促全市两级法院公正司法、智慧为民，让“智慧法院”建设更好地服务审判、执行工作。听取和审议全市未成年人检察工作报告，督促全市两级检察院依法能动履职。组织开展法律援助工作视察，体现法律援助“司法为民”工作宗旨。对全市贯彻实施《中华人民共和国反电信网络诈骗法》情况进行执法检查。年内共组织5次对19名拟提请任命的政府组成部门、市监委、法院、检察院干部进行任前法律知识考试。及时转办督办15件群众来信来访。

中卫市人民政府

重要会议

【中卫市政府第二次全体（扩大）会议】 2023年1月28日，市长马洪海主持会议并讲话。会议传达学习区、市两会及自治区政府第一次全体（扩大）会议、市委经济工作会议暨先行区建设中卫市2022年第十次推进会精神，审议通过《2023年市政府工作报告重点工作任务分工方案》，安排部署各项任务。会议指出，团结奋斗、担当实干，必须始终保持政治上的清醒和坚定。各县（区）、各部门（单位）要把讲政治作为首要要求，要对党绝对忠诚、牢记殷殷嘱托、永葆为民情怀，牢牢把握团结奋斗的时代要求，大力发扬担当实干的工作作风，切实将今年确定的目标任务落到实处、变为现实。会议强调，团结奋斗、担当实干，必须把力量凝聚到高质量发展上来、必须提振干事创业的精气神、必须全力提升政府治理效能。各县（区）、各部门（单位）要坚持以经济建设为中心不动摇，紧盯主要指标、突出重点任务、坚持系统施策，聚焦聚力推动高质量发展。各级领导干部要带头落实“三个务必”和“四个特别”的重要要求，团结奋斗干事业，严明纪律守规矩，依法行政提效能，严于律己守底线，不断练就担当的“宽肩膀”，锤炼务实的“好作风”，提升成事的“硬本领”，全力建设法治政府、效能政府、廉洁政府、人民满意的政府。会议要求，各县（区）、各部门（单位）要围绕《全市一季度经济“开门红”工作目标任务》抓好落实，在项目建设上要先行快动，工业生产要开足马力，春耕备耕要争时赶早，项目资金争取要从快从实，安全稳定要抓实抓细，以实绩实效展现新气象、新担当、新作为。

【中卫市政府第三次全体（扩大）会议】 2023年9月8日，市长马洪海主持召开并讲话。会议深入贯彻习近平总书记关于当前经济形势和经济工作的重要讲话及做好安全生产工作重要讲话指示批示精神，认真落实中央政治局会议、国务院第二次全体会议精神，全面落实自治区党委十三届四次全会和全区上半年经济形势分析会、自治区政府第二次全体（扩大）会议和市委五届七次全会部署要求，围绕当前经济社会发展“怎么看”“怎么办”“怎么干”三方面，对全年工作进行再安排、再部署、再推进。会议强调，三季度是中卫市经济发展的“黄金季”，是全年承上启下的关键期，是抓推进抓落实的发力期。要突出防范风险保安全，强化底线思维、增强风险意识、注重分析研判，守牢安全生产红线、底线、生命线；要突出质量统一增动能，抓好项目建设、产业发展、社会消费、企业培育、营商环境、科技创新；要突出改革开放激活力，深化市场化改革、扩大高水平开放；要突出生态环保强支撑，加强污染防治、生态保护、监管执法；要突出城乡融合强县域，发展壮大县域经济、全面推进乡村振兴、持续完善公共设施；要突出民生保障增福祉，坚持就业优先战略、全力促进居民增收、强化社会事业保障、全面办好民生实事；要突出预期高位谋划明年工作，抓好项目建设、投资、产业发展、民生保障和政策落实，高质量、高标准、高效率抓好各项工作。会议要求，市政府党组和政府系统各部门要高度重视政府自身建设，坚定正确政治方向，强化使命责任担当，永葆为民尽责情怀，以苦干实干推动中卫发展。会前，与会同志重温《党委会的工作方法》。

【中卫市2024年项目谋划推进会】 2023年11月9日，市委副书记、市长马洪海主持召开全市2024年项目谋划推进会，听取重大项目谋划推进情况汇报，安排部署明年项目谋划工作，动员全市上下要进一步牢固树立项目为王的鲜明导向，坚定不移以项目强支撑，大抓项目、抓大项目、抓高质量项目，谋实谋细明年重点任务、重大项目,为中卫高质量发展提供有力支撑。马洪海强调,项目建设是落实统筹发展和安全、发展和环保、发展和民生,推动经济社会发展的保障,是提升经济实力、促进高质量发展的必由之路,是调整优化结构、促进产业转型升级的重要载体,是补短板强弱项、促进区域协调发展的客观要求,是增强发展后劲、促进人民共同富裕的有效支撑。各县(区)、各部门要以更高的站位切实把项目谋划放在心上,以强烈的机遇意识、责任意识,不等不靠、抢占先机,把重大项目谋划作为"强引擎"和"硬支撑",毫不放松抓紧抓牢。马洪海要求,要以更宽的视野切实把项目谋划扛在肩上、务求实效,把握机遇、抓住重点、注重质效、善谋会干,通过一个个项目累积、一批批项目投产支撑全市经济社会发展突破量的积累、实现质的飞跃。要以更严的要求切实把项目谋划谋在关键,持续防范化解政府债务、营商环境、工程质量安全风险,牢牢守住不发生系统性风险的底线。要以更实的作风切实把项目谋划抓在手中、落到实处。要谋定快干、深谋实干、大干敢干,算好时间账、任务账、长远账,在项目谋划中比学赶超、争先进位,用实的举措硬的作风抓好明年项目谋划工作。

(郭　伟)

2023年中卫市政府常务会议一览表

时间	会议	主要议题
1月5日	市政府第40次常务会议	传达学习习近平总书记在中央农村工作会议上的重要讲话精神,安排部署有关工作;审议《中卫市2023年春节慰问活动方案》;集中学习《中华人民共和国预算法》
1月17日	市政府第41次常务会议	传达学习自治区两会精神,安排部署有关工作。集中学习《宁夏回族自治区人民政府立法工作规定》
2月2日	市政府第42次常务会议	传达学习自治区党委农村工作会议精神,审议市农业农村局《关于做好2023年全面推进乡村振兴重点工作的实施意见》,听取自治区第十六届运动会和全区首届残特奥运动会筹备工作情况汇报,安排部署有关工作;集中学习《中华人民共和国黄河保护法》
2月11日	市政府第43次常务会议	研究有关城市建设项目等事宜;集中学习《宁夏回族自治区科学技术奖励办法》
2月22日	市政府第44次常务会议	传达学习习近平法治思想,审议市司法局《中卫市2022年法治政府建设工作报告》《中卫市法治政府建设2023年工作要点》,安排部署有关工作;会议研究市住房和城乡建设局关于实施中卫市2023年城市更新市政基础设施建设项目的请示;听取市生态环境局关于环保问题整改工作的情况汇报
2月27日	市政府第45次常务会议	传达学习习近平总书记对内蒙古阿拉善左旗一露天煤矿坍塌事故作出的重要指示及李克强总理批示精神,安排部署中卫市安全生产工作;审议《中卫市2023年消费需求促进年活动实施方案》等;集中学习《国家以工代赈管理办法》
3月15日	市政府第46次常务会议	传达学习全国两会精神,安排部署有关工作;传达学习习近平总书记关于粮食安全的重要论述和自治区有关会议精神,听取全市粮食安全工作汇报;听取全市一季度项目开工、招商引资和经济社会主要指标完成情况及下一步工作计划汇报;集中学习《中华人民共和国农产品质量安全法》
3月24日	市政府第47次常务会议	传达学习新一届国务院第一次全体会议、第一次常务会议精神,安排部署有关工作;传达学习《自治区党委 人民政府关于全方位优化营商环境推动民营经济高质量发展的若干意见》,安排部署有关工作;集中学习《中华人民共和国立法法》
4月12日	市政府第48次常务会议	传达学习贯彻党中央、国务院关于加强耕地保护、落实粮食安全有关文件精神,听取一季度落实自治区、市政府工作报告情况汇报,安排部署有关工作。
4月19日	市政府第49次常务会议	会议听取2023年市人大代表建议和政协议案办理工作情况的汇报,安排部署有关工作。会议研究审议《中卫市法治政府建设达标和示范创建实施方案》
5月4日	市政府第50次常务会议	传达学习习近平生态文明思想和习近平总书记视察宁夏重要讲话指示批示精神,传达学习自治区党委书记梁言顺调研清水河流域生态保护治理和文旅岸线建设情况时的讲话精神,听取全市生态环境保护工作等情况汇报,安排部署有关工作;听取全市"五一"期间消费和文旅融合发展情况汇报
5月19日	市政府第51次常务会议	传达学习全区科学技术奖励大会精神,安排部署有关工作;传达学习《宁夏回族自治区总林长令》(2023年第1号),安排部署有关工作

续表

时间	会议	主要议题
5月29日	市政府第52次常务会议	传达学习国务院、自治区常务会议精神和自治区领导来卫调研时的讲话精神，听取1—4月份全市经济运行情况汇报，安排部署有关工作；传达学习《自治区党委 人民政府印发〈关于支持中卫大数据产业中心市高质量发展的实施方案〉的通知》精神；集中学习《中华人民共和国土地管理法》
6月8日	市政府第53次常务会议	传达学习习近平总书记在二十届中央审计委员会第一次会议上的重要讲话精神，听取各级审计机关审计反馈问题整改情况汇报，安排部署有关工作；听取自治区第十六届运动会开幕式筹备工作情况汇报；听取旅游环境质量提升工作情况和"五一"期间投诉件办理情况的汇报；集中学习《中华人民共和国体育法》
6月15日	市政府第54次常务会议	听取城乡居民就业增收工作情况汇报，安排部署有关工作；集中学习《中华人民共和国消防法》；会议还研究其他事项
7月2日	市政府第55次常务会议	传达学习习近平总书记重要指示精神和国务院常务会议及自治区党委常委会会议、自治区政府常务会议精神，集中学习《城镇燃气管理条例》；听取全市上半年安全生产工作及重大事故隐患专项排查整治工作进展情况汇报，安排部署有关工作；听取全市促消费工作情况汇报；会议还研究其他事项
7月9日	市政府第56次常务会议	传达学习习近平总书记关于安全生产重要论述精神，自治区党委常委会2023年第21次会议、自治区政府第20次常务会议及自治区相关通知精神；听取全市城镇燃气安全隐患排查整治情况汇报；听取全市防汛抗旱工作情况汇报；听取全市粮食夏收夏种夏管工作情况汇报；听取全市生态环境领域违法行为专项整治行动和三大保卫战推进情况汇报；集中学习《生态环境行政处罚办法》；会议还研究其他事项
7月28日	市政府第57次常务会议	传达学习中共中央政治局会议精神，贯彻落实《中共中央 国务院关于促进民营经济发展壮大的意见》，安排部署有关工作；传达学习自治区党委十三届四次全体会议精神；与会人员集中学习《工贸企业重大事故隐患判定标准》；听取建房及燃气安全隐患整治情况汇报、全市民生实事办理情况汇报；会议还研究其他事项
8月8日	市政府第58次常务会议	传达学习习近平总书记关于加强和改进人民信访工作的重要思想，省部级干部信访工作专题研讨班、自治区政府第23次常务会议、自治区信访工作联席会议精神，传达学习贯彻6月26日自治区政府专题会议精神；听取上半年全市信访工作情况汇报，安排部署有关工作；审议《中卫市2023年上半年国民经济和社会发展计划执行情况的报告》《关于2022年全市及市本级财政决算（草案）和2023年上半年财政预算执行情况报告》；集中学习《中华人民共和国统计法》；会议还研究其他事项
8月17日	市政府第59次常务会议	学习贯彻习近平总书记在全国生态环境保护大会上的重要讲话精神、在首个全国生态日之际作出的重要指示精神，听取全市生态环境保护暨中央生态环境保护督察反馈问题整改验收推进情况汇报，安排部署有关工作；传达学习全国安全生产电视电话会议精神及自治区相关安全生产文件、市委五届七次全会精神，听取近期全市安全隐患排查整治工作进展情况汇报；听取全市防汛救灾工作情况汇报；会议还研究其他事项
8月28日	市政府第60次常务会议	学习贯彻习近平法治思想，中办、国办《关于建立领导干部应知应会党内法规和国家法律清单制度的意见》《宁夏回族自治区法治政府建设指标体系》及自治区人民政府办公厅有关文件精神，听取全市行政复议行政应诉工作情况汇报，安排部署有关工作；传达学习贯彻全国城镇燃气安全排查整治动员部署电视电话会议、全区城镇燃气安全专项整治工作推进电视电话会议精神，审议《中卫市城镇燃气安全专项整治工作方案》及整治工作任务清单、责任清单、落实清单，安排部署有关工作；会议还研究其他事项
9月15日	市政府第61次常务会议	学习贯彻习近平总书记关于全面深化改革的重要论述，全区"六权"改革推进会及自治区党委、政府办公厅印发《关于深化"六权"改革的意见》的通知精神，听取全市"六权"改革工作推进情况汇报，安排部署有关工作；会议听取全市秋冬季农田水利基本建设工作情况的汇报，安排部署下一阶段重点任务；会议还研究其他事项
9月23日	市政府第62次常务会议	学习贯彻习近平总书记关于当前经济形势和经济工作的重要讲话精神，传达学习自治区有关会议精神，听取全市1—8月份经济运行情况及项目建设推进情况汇报，安排部署有关工作；传达学习习近平总书记关于耕地保护工作的重要论述，安排部署有关工作；会议还研究其他事项

续表

时间	会议	主要议题
10月13日	市政府第63次常务会议	传达学习自治区党委十三届五次全会精神，自治区党委书记梁言顺在自治区党委十三届五次全会上的讲话精神及“1+4”系列文件精神，听取深入打好“三大保卫战”情况汇报，安排部署贯彻落实工作；传达学习习近平总书记关于加强和改进人民信访工作的重要思想，听取全市信访维稳工作情况汇报；传达学习自治区党委、政府办公厅《关于进一步严格财政支出管理坚决落实过紧日子要求的通知》精神，安排部署有关工作；集中学习《宁夏回族自治区生态保护红线管理条例》；会议还研究其他事项
10月27日	市政府第64次常务会议	学习贯彻习近平总书记关于推进新型工业化的重要指示、全国新型工业化推进大会及国务院、自治区有关会议精神，听取全市新型工业化工作情况汇报，安排部署有关工作；传达学习国务院总理李强在经济形势专家和企业家座谈会上的讲话精神及自治区有关会议精神，听取全市前三季度经济运行情况汇报，安排部署有关工作；会议还研究其他事项
11月2日	市政府第65次常务会议	学习贯彻习近平总书记关于未成年人思想道德建设的重要论述，听取全市未成年人思想道德建设工作情况汇报，安排部署有关工作；学习国务院安全生产委员会印发的相关通知和自治区党委十三届四次全会精神，安排部署全市安全生产工作；审议《中卫市耕地保护网格化监管工作方案》；集中学习《中华人民共和国预防未成年人犯罪法》；会议还研究其他事项。
11月15日	市政府第66次常务会议	学习贯彻中央金融工作会议精神和《自治区党委办公厅、人民政府办公厅关于树牢过紧日子思想进一步严控财政资金保障类活动的通知》精神，听取全市金融工作情况汇报，安排部署有关工作；学习自治区人民政府关于《中卫市国土空间总体规划(2021—2035年)》的批复，安排部署有关工作；会议还研究其他事项
11月22日	市政府第67次常务会议	学习贯彻10月20日、11月3日国务院常务会议精神，传达学习自治区党委副书记、自治区主席张雨浦到中卫调研时的讲话精神及自治区政府第34次常务会议精神，听取1—10月份全市经济运行情况汇报，安排部署有关工作；听取自治区首届残特奥运动会工作总结的汇报，安排部署有关工作；集中学习《中华人民共和国无障碍环境建设法》；研究审议《中卫市人民政府关于进一步加强同民主党派工商联和无党派人士联系的制度》
12月6日	市政府第68次常务会议	学习贯彻习近平总书记关于山西吕梁市永聚煤矿火灾事故的重要指示精神，国务院总理李强批示要求及全国、全区安全生产电视电话会议精神等，听取全市农村消防安全管理工作情况及全市创建国家安全发展示范城市工作情况汇报；学习贯彻全国、全区文物工作会议及全市宣传思想文化工作暨文物工作会议精神；研究黄河“几字弯”攻坚战中卫片区相关事宜；集中学习《宁夏回族自治区农村消防安全管理办法》；会议还研究其他事项
12月16日	市政府第69次常务会议	传达学习自治区中央生态环境保护督察整改工作领导小组会议精神，听取第二轮中央生态环境保护督察反馈问题整改进展情况和全市禁牧封育工作情况汇报，安排部署有关工作；集中学习《中华人民共和国行政复议法》；会议还研究其他事项
12月21日	市政府第70次常务会议	传达学习习近平总书记对低温雨雪冰冻灾害防范应对工作、对甘肃临夏州积石山县地震作出的重要指示精神，学习贯彻中央经济工作会议及自治区相关会议精神，听取全市经济运行情况汇报，安排部署有关工作；审议《中卫市人民政府工作报告(送审稿)》《中卫市2023年国民经济和社会发展计划执行情况与2024年国民经济和社会发展计划(草案)的报告(送审稿)》《关于2023年全市及市本级预算执行情况和2024年全市及市本级预算(草案)的报告(送审稿)》《中卫市2023年民生计划(10件实事)执行情况和2024年民生计划(10件实事)的报告(送审稿)》；会议还研究其他事项
12月29日	市政府第71次常务会议	对做好元旦春节期间各项工作进行安排部署，研究审议《中卫市2024年春节慰问活动方案》《中卫市2024年“美丽新中卫 吉祥过大年”促消费系列活动实施方案》；集中学习《中华人民共和国教育法》；会议还研究其他事项

重要活动

【中卫市第一季度251个重大项目集中开工】 2023年2月18日，在宁夏贝盛高效光伏组件与配套材料产业集群项目现场，中卫市一季度251个重大项目集中开工。中卫市2023全年计划实施项目593个，概算总投资2334.4亿元，年度计划投资565.9亿元。一季度集中开工重大项目251个，计划总投资753亿元，年度计划投资239.6亿元。其中，产业类项目102个，年度计划投资141.7亿元；基础设施项目100个，年度计划投资70.2亿元；社会事业项目26个，年度计划投资6.8亿元；民生保障项目23个，年度计划投资20.9亿元。沙坡头区、中宁县、海原县同步举行一季度重大项目集中开工。

【宁夏蓝丰精细化工年产5万吨光气项目暨中卫旭合科技5GW组件项目开工】 2023年10月8日10时许，宁夏蓝丰精细化工年产5万吨光气项目暨中卫旭合科技5GW组件项目开工仪式在中卫工业园区举行。此次开工建设的宁夏蓝丰精细化工年产5万吨光气项目与中卫旭合新能源科技有限公司5吉瓦组件项目位于中卫工业园区精细化工产业区，占地约50亩，总投资约10亿元，分两期建设5吉瓦超高效N型组件项目，全部投产后年产值将达到50亿元，年利税总额超1.6亿元。同时，年产5万吨光气项目将建设氯甲酸甲酯、氯甲酸乙酯、氯甲酸异辛酯、异氰酸环己酯，乙酰甲胺磷原药等20多个中间体及下游产品，建成后可形成以光气为核心的产业链及产值达30亿元的农化产业基地。

【第六届枸杞产业博览会】 2023年6月22日召开。博览会以“杞福天下 共享健康”为主题，采用“线上+线下”“国内+国际”相结合的方式，聚焦“宁夏枸杞”“中宁枸杞”两个区域公用品牌，举办专场推介招商、商贸洽谈、展览展示、主旨演讲、高峰论坛、成果发布、文化旅游等活动，全面展示枸杞产业新品种、新技术、新工艺、新成果，提升“宁夏枸杞 贵在道地”“中宁枸杞 道地珍品”知名度和美誉度。

政府督查

【概况】 2023年，中卫市政府督察室共开展督查活动800余次，对区市政府工作报告、民生实事、重点项目、政府常务会议、市长办公会议决定事项等政府重大决策及重要工作部署贯彻落实情况督查200余次。督办区、市委、市政府主要领导批示件300余次。督办区、市人大建议和政协提案176件，累计督办200余次。牵头组织专项督查100余次。全年共编发督办通知(工作提示单)230份。

【综合性督查】 2023年，中卫市政府督察室对区市政府工作报告、政府常务会议、市长办公会议决定事项等重点工作任务逐一进行分解，并挂账督办，年内，自治区政府工作报告涉及中卫市的82项重点工作和市政府工作报告162项重点工作任务均完成；市政府常务会议决定的172项工作任务基本办结。

【专项督查】 2023年，中卫市政府督察室按照《2023年度中卫市效能目标管理考核实施方案》要求，对市政府各部门(单位)年初确定的重点工作任务进行跟踪督办，促进工作落实；围绕区、市重点项目，进行跟踪督办，对存在问题和未开工的重点项目进行实地督查，督促解决项目推进过程中存在的问题30个；围绕国务院大督查、政策项目资金争取、环境保护等重点工作任务进行跟踪督查，全面完成各项工作任务。

【民生督查】 2023年，中卫市政府督察室对2023年10件民生实事进行滚动督查，已全部完成。中卫市承办的11件自治人大代表建议和15件政协委员提案，全部按规定答复，办理率100%；承办市人大代表建议30件、市政协委员提案120件，全部办结，满意率100%。

(杨 虎)

政府信息公开

【概况】 2023年，中卫市通过市、县(区)政府门户网站公开发布政策文件1062件、信息28417条，通过政务新媒体发布信息60000余条。创新政策解读方式，制作图文解读220件、视频解读52件、动漫解读34件。通过“12345”便民服务热线、领导信箱、网民留言等途径，共办理群众诉求170012件(其中，“12345”热线受理群众诉求169116件，领导信箱822件，网民留言74件)，办理人大代表建议119件、政协委员提案243件，发布重大行政决策意见征集100件。

【依法申请公开办理】 2023年，中卫市共受理政府信息公开申请210件，同比增加45%，其中自然人申请198件，法人申请12件；因政府信息公开申请行政复议案件4件，因信息公开提起行政诉讼案件9件。

【政府信息管理】 2023年，中卫市探索建立规范性文件库，全面集中公开行政规范性文件，并提供网页版式和下载版式，方便公众查询和使用。2023年，通过政府网站公开发布政府规章3件，规范性文件36件。通过日常监测与实地督查的方式，督促各县(区)各部门严格执行“三审三校”制度，强化信息审核发布、安全管理等内容。加强公开后信息管理工作，对政府网站历史存量信息进行“回头看”，对发布不规范的信息进行修改，对同一领域的信息进行汇总归集，提升政府网站的权威性和安全性。

【平台建设】 2023年，中卫市优化升级政府网站。中卫市政府门户网站优化调整首页版式和各专题页面，各县(区)政府网站全部完成适老化和无障碍功能改造，增强政府网站的实用功能。强化政务新媒体监督管理。依托全国政务新媒体管理系统,全面落实监测、检查、通报等措施,推进政务新媒体问题账号清理整合,确保209个政务新媒体健康平稳运行。进一步拓宽公开渠道。各县(区)人民政府采用"2+X"模式探索建立村务公开微信小程序3个,规范设置村务公开栏442个,实现村务公开全覆盖。

【监督保障】 2023年,中卫市持续强化监督保障。通过年初建账、年中查账、年底交账的管理模式,推动中卫市政务公开各项任务落实,组织开展政务公开专项考核,发挥监督机制的刚性约束作用。建立健全日常指导与集中培训相结合的制度,采取电话联系、线上答疑、集中培训等多种方式开展业务指导,提升政务公开工作能力和水平。通过"政府开放日"活动、发放调查问卷等方式,开展政府信息公开工作社会评议,吸收合理化建议,改进政府工作。

(刘红燕)

审批服务管理

【政务服务】 2023年,中卫市被自治区确定为深化政务服务一站办理试点市,中卫市审批管理服务局编制窗口委托授权清单、负面清单,实现70%以上事项委托窗口审批决定。开展行政办事员等级认定工作,115名窗口人员成为中卫市首批"持证上岗"的行政办事员。拓展帮办服务机制,设置"办不成事"反映窗口和政策咨询综合服务点。推进国家部署的13项"一件事一次办"事项深度应用,结合中卫实际梳理23项"一件事一次办"清单,推进审批服务线上"一次登录、一网通办",线下"只进一扇门、最多跑一次"。2023年"一件事一次办"办件4209件。对接招商引资地、原材料供应地、企业员工来源地等33个城市签订协议,通过"云牵手"联盟平台实现与区内外170多个市、县"跨区域通办"合作。全年通过全程网办、异地代办等方式办理"跨省通办"2793件、"区内通办"28441件。全区乡镇(街道)"一窗受理"系统正式上线运行,可办政务服务事项120个,45个事项可在村(社区)代办。实现85项事项"一证(照)通办"、101项事项"零材料办"。通过"一证(照)通办"办件2.15万余件、"零材料"办件4.2万余件。推行"5个零"零跑路代办服务,主动为206个市级招商引资项目、重点项目提供全程代办、领办、帮办服务,审批时限平均压减6个工作日,审批材料减少30.5%。该模式先后被《经济日报》《宁夏日报》等媒体宣传报道。依托"12345"政务服务便民热线,建立"1+N群众诉求排忧解难工作机制。在全区率先开通招商引资和企业服务专线并设立营商环境和招商引资咨询专席,实现企业诉求"一线直达"。2023年,市"12345"政务服务热线共受理企业、群众反映的营商环境、企业投诉、房产证办理、噪声扰民、劳资纠纷、培训退费等各类诉求工单168120件,办结率99.59%、接通率95.98%、直接答复率80%、群众满意率96.47%。

【审批服务】 2023年,中卫市审批服务管理局公布《中卫市行政许可事项清单(2023年版)》,共梳理确认行政许可事项317项,较2022年版减少10项,实现清单之外无审批。118项涉企经营许可事项实现清单管理,按照"取消审批、审批改备案、告知承诺、优化准入服务"四种方式分类推进,切实解决企业"准入不准营"问题。企业开办审批时限压缩至0.5个工作日,个体户登记实现秒批,企业登记全程电子化办理率达96%。为11231户市场主体同步发放"电子执照+电子签章",14个高频行业推行"一业一证"改革。工程建设项目审批事项由111项压减至57项,审批时限平均压减27.5个工作日。设置工改联审专区,推行"带方案出让"和部门联审,依托工程建设项目审批管理系统实行竣工联合验收,总体办理时限不超过15个工作日。将78项审批事项延伸工业园区办理,实行"园区大厅受理,市直部门后台审批,园区大厅出证"的联合办理模式,实现"企业的事园区办,园区的事园内办"。

【审批监管】 2023年,中卫市28个市直部门应用"互联网+监管"系统全流程录入监管数据。全市认领监管事项702项,覆盖582项,监管事项覆盖率达82.91%。构建"评价—受理—整改—反馈—公开—运用"的全流程闭环式工作机制,共归集"好差评"评价数据55440条,评价率为99.63%,群众满意度达99.98%。印发《推进"清廉政务服务大厅"建设实施方案》《推进"清廉政务服务大厅"建设十条措施》,窗口工作人员签订清廉工作承诺书,营造清廉政务服务环境。

(赵 丹)

信 访

【学习贯彻落实《信访工作条例》】 2023年,中卫市信访局以《信访工作条例》落实年活动为抓手,组织《信访工作条例》及信访业务规范化培训。联合市委宣传部举办“沙坡头大讲堂”，学习习近平总书记关于加强和改进人民信访工作的重要思想，市委党校将《信访工作条例》列为初任处、科级干部培训课程，各县（区）各部门举办培训班、设置专栏，解读《信访工作条例》，组织《信访工作条例》知识测试等活动，开展《信访工作条例》宣传月活动，推动《信访工作条例》进机关、进乡村、进社区、进学校、进企业等。制定印发《信访事项督查督办工作规则》等制度，改进和完善依法办理群众信访事项“路线图”、依法处理“责任图”。认真落实《信访工作条例》赋予的“三项建议权”，及时向市委和市政府呈报信访急报、动态42份，书面督办提醒责任部门（单位）43次，回访87次。

【重大疑难复杂信访事项化解】　2023年，中卫市信访局制定《全市信访积案包保化解方案》，各包案市领导分别召开专题会议或约见信访人，研究推进包抓重点信访事项，逐一落实化解方案；各县（区）、市直有关部门深入调查研究，力促信访问题解决到位；市信访工作联席会议建立滚动排查、定期梳理、持续化解的工作机制，确保办结的每一件信访积案经得起检验。

【社会矛盾纠纷化解】　2023年，中卫市全面推行城乡社区（村）扁平化网格管理，推广应用“人民调解+仲裁+信访”社会治理模式，指导县（区）明确工作职责，完善工作制度，规范内部运行，继续推进完善乡镇（街道）信访工作联席会议机制，切实提高信访工作在基层社会治理中的作用，指导三县（区）创建全国信访工作示范县，巩固海原县创建示范县成果。

【信访工作制度机制】　2023年，中卫市制定《中卫市贯彻落实〈信访工作条例〉任务分工方案》，细化任务，明确分工，责任到人，狠抓工作落实。进一步完善《信访工作条例》配套措施，认真梳理规范性文件，逐步做好新增、更新、完善、废止等工作，推动形成健全完备、运行有效的信访工作制度体系；深化网上信访工作改革，制定《中卫市关于加强新时代网上信访工作的意见》，深度应用信访信息系统，信访事项统一网上流转标准，信访业务信息化水平得到进一步提升。

（罗正举）

方志编纂

【方志编修】　2023年，中卫市地方志办公室始终坚持质量第一原则，完善质量体系、强化业务培训、严格质量审查，按照三方同步审校、同步修改工作方式，定期集中核稿、集中处理《中卫市志》存在的突出问题，完成中册、下册24卷内容第十一稿校对，重新撰写自然环境卷。加大对承担部门志、行业志编纂任务的市级单位的调研指导力度，先后深入20多家部门志编修滞后单位，督促部门加强方志的编修工作。年内《中卫市沙坡头区志》由阳光出版社出版。

【年鉴编修】　2023年5月18日，中卫市地方志办公室组织开展中卫年鉴编纂工作互观互学互比活动，邀请自治区地方志业务人员进行专题培训，对年鉴编纂框架结构、篇目设置、条目编写等进行辅导，为高质量编撰年鉴夯实基础。指导县（区）地方志部门提升综合年鉴编纂质量，终审批复出版《中宁年鉴（2023）》《沙坡头区年鉴（2023）》。年底，全市4部2023年卷综合年鉴全部进入出版程序。

【旧志研究】　2023年，中卫市地方志办公室开发研究旧志文献，全力抢救保护中卫七星渠古籍文献资料，对近年来新发现的清代中卫知县王树枏《重修中卫七星渠始末记》和收入四库全书的《中卫七星渠春工善后事宜秉》（清中卫知县龚景翰著）等历史文献资料进行系统整理，完成《中卫七星渠文献录注》编撰工作，编纂20余万字、重新制作扫描点校原图插图20余幅。

【方志宣传】　2023年，中卫市地方志办公室发挥地方志“存史、资政、育人”功能，积极与各地方志系统开展志书、年鉴等地情资料交流，免费向群众提供地情资料咨询。向广东、海南地方志工作机构、宁夏社会科学院图书馆等单位赠送中卫地情书籍百余册，为市博物馆捐赠《中卫风物》《中卫往事》《古今中卫大事录》等图书240余册。配合做好《中国国家人文地理·中卫》《中卫市扶贫志》编纂工作。完成中国共产党宁夏组织史中卫市政府相关资料搜集、整理工作。

（杨莉丽）

政协中卫市委员会

重要会议

【中卫市政协五届八次常委会会议】 2023年3月20日上午，主席杨文生主持召开。会议传达学习习近平总书记在全国两会期间的重要讲话精神、十四届全国人大一次会议精神、全国政协十四届一次会议精神；审议有关人事事项。

【中卫市政协五届九次常委会会议】 2023年8月11日上午，主席杨文生主持召开。会议传达学习习近平总书记对银川市兴庆区富洋烧烤店特重大燃气爆炸事故作出的重要指示和自治区政协办公厅《关于三级政协委员和政协系统干部职工积极做好安全隐患排查工作的通知》、市政协办公室《关于市政协委员和政协系统干部职工积极做好安全隐患排查工作的通知》精神；传达学习中共中央政治局会议、全区上半年经济形势分析会、黄河流域生态保护和高质量发展先行区建设中卫市2023年第六次推进会暨上半年经济形势分析会和自治区党委、人民政府《关于支持中卫大数据产业中心市高质量发展的实施方案》精神；传达学习全国政协十四届常委会第二次会议、上半年宏观经济形势分析座谈会和自治区政协十二届常委会第三次会议、上半年经济形势研讨会精神；传达学习自治区党委十三届四次全体会议、市委五届七次全体会议精神；围绕"中卫大数据产业中心市建设"专题协商议政；审议有关人事事项。

【中卫市政协五届十次常委会会议】 2023年9月15日上午，主席杨文生主持召开。传达学习习近平总书记在黑龙江考察、听取新疆维吾尔自治区党委和政府及新疆生产建设兵团工作汇报时的重要讲话精神；学习习近平总书记关于"三农"工作和乡村振兴战略的重要论述；传达学习全区学习贯彻习近平新时代中国特色社会主义思想主题教育第一批总结暨第二批部署会议、学习贯彻习近平新时代中国特色社会主义思想主题教育工作会议精神；传达学习自治区党委、人民政府《关于加快建设乡村全面振兴样板区的实施意见》和市委、人民政府《关于总结推广浙江"千万工程"经验加快建设乡村全面振兴示范市的实施意见》精神；围绕"实施乡村'五大振兴'打造乡村全面振兴示范市"专题协商议政；审议有关人事事项。

【中卫市政协五届十一次常委会会议】 2023年12月25日上午，主席杨文生主持召开。会议传达学习中央经济工作会议精神、习近平总书记近期重要讲话重要指示精神；审议有关人事事项；审议《关于召开中国人民政治协商会议中卫市第五届委员会第三次会议的决定》；审议市政协五届三次会议议程、日程、邀请参加会议人员名单、列席会议人员名单、各次大会主席台就座人员名单、各次大会执行主席和主持人名单、分组讨论及召集人名单和大会秘书处组成人员及工作职责；审议《政协中卫市委员会常务委员会工作报告（审议稿）》《政协中卫市委员会常务委员会关于政协五届二次会议以来提案工作情况的报告（审议稿）》及两个报告的报告人建议名单；审议《政协中卫市委员会2024年协商计划（草案）》；听取市政协委员年度述职。

重要活动

【主题教育】 2023年9月至2024年1月，政协中卫市委员会开展学习贯彻习近平新时代中国特色社会主义思想主题教育，制订工作计划，举办7天读书班。深入开展调查研究，形成调研报告24篇，认真剖析典型案例，积极促进成果转化。为基层群众办实事12项，整改问题7个、建章立制9项。

【"爱心助农"活动】 2023年，政协中卫市委员会对接自治区政协，发动全区政协委员和政协组织开展"爱心助农"活动，联系销售硒砂瓜3320吨。

【助力安全生产】 2023年，政协中卫市委员会动员区、市、县三级政协委员和政协工作者，投身安全生产一线，开展政策宣传、走访排查、督导检查，助推自治区"1+37+8"文件落实。

【对外联系交流】 2023年，政协中卫市委员会加强对外交流，外出招商、学习考察6批次，接待外地政协到中卫交流考察43批次450余人次。

【委员培训活动】 2023年5月，政协中卫市委员会组织政协委员分两批赴江西省井冈山市红色基因教育培训中心，举办"学习贯彻习近平新时代中国特色社会主义思想"培训班。

视察调研

【创建国家生态文明建设示范区调研】 2023年5月31日—6月2日，市政协副主席严玉华带领部分政协委员对中卫市创建国家生态文明建设示范区情况进行专题调研。针对创建示范区目标任务推进不够理想、生态环境保护工作张力不足、污染防治存在短板、农村人居环境整治还有差距等问题，提出建议：细化示范区创建指标任务；进一步增强示范区创建动力；持续打好重点领域污染防治攻坚战；深化农村人居环境整治。

【落实中小微企业和个体工商户优惠政策视察】 2023年6月5—7日，市政协副主席杨树春带领部分政协委员视察中卫市落实支持中小微企业和个体工商户发展优惠政策体系工作情况。针对惠企政策落实深度不够、融资难、争取优惠政策的基础较弱、营商环境存在短板等问题提出建议：加大政策宣传解读力度；创新落实金融普惠政策；不断助推企业基础创新；持续优化营商服务环境；建立健全统筹协调督导机制。

【促进乡村旅游高质量发展调研】 2023年6月7—9日，市政协副主席吕玉兰带领部分政协委员对中卫市培育挖掘乡村文化、促进乡村旅游高质量发展情况进行调研。针对主导作用不明显、规划引领不足、资源融合缺乏深度、配套服务还有差距、宣传营销力度不大等问题提出建议：以乡村振兴为统领，强化政策支持和规划引导；以文旅融合为重点，推进乡村旅游全要素多元发展；以提质升级为突破，加强基础设施和公共服务建设；以市场主体为引擎，加强乡村旅游营销宣传投入。

【建设全国性综合货运枢纽城市调研】 2023年6月19—21日，市政协副主席盛建宁带领部分政协委员对建设全国性综合货运枢纽城市情况进行专题调研。针对枢纽能级不足内外通道还未连线成网、基础设施薄弱货运服务供需不够匹配、市场主体不强物流产业还缺乏竞争力、项目支撑减弱年度投资总量持续下滑等问题，提出建议：顺应国家大势，在争与融上下功夫；完善基础设施，在通与畅上下功夫；壮大市场主体，在扶与导上下功夫；创新发展模式，在优与提上下功夫。

【深化医药卫生体制改革视察】 2023年7月5—7日，市政协副主席冯忠铁带领部分政协委员视察中卫市深化医药卫生体制改革情况。针对体制机制改革还不够深入、分级诊疗实施效果并不理想、医疗卫生服务体系有待完善、"互联网+医疗健康"建设应用不足等问题，提出建议：健全体制机制，加快推进医联（共）体实质性紧密融合；加大财政投入，不断优化配置医疗资源；完善医疗卫生服务体系，持续提升医疗服务水平；坚持多措并举，推进"互联网+医疗健康"建设。

【大数据产业中心市调研】 2023年7月10—12日，市政协副主席杨树春带领部分政协委员对中卫市大数据产业中心市建设情况进行调研，召开专题议政性常委会协商议政。针对产业化程度还较低、基础保障有待提升、电价不稳影响投资、人才严重匮乏等问题，提出建议：夯实产业基础，促进扩容提速；提升保障能力，优化发展环境；稳定用电价格，激发投资活力；深化引才聚智，优化人才储备。

【开展深化农业用水权改革调研】 2023年7月25—27日，市政协副主席孙尚金带领部分政协委员对中卫市中部干旱带深化农业用水权改革推进水资源集约节约利用情况进行调研。针对宣传发动还不够深入、政策体系尚未健全、确权成果应用不充分、一些水利设施老化失修、改革推进还不平衡等问题，提出建议：加大宣传引导力度；健全完善制度体系；推进确权成果应用；着力提高水资源利用效率；不断激发市场活力。

【开展打造乡村全面振兴示范市调研】 2023年8月9—11日，市政协副主席盛建宁带领部分政协委员围绕实施"五大振兴"打造乡村全面振兴示范市情况进行调研，召开议政性常委会协商议政。针对产业振兴方面抵御风险能力弱、农产品附加值低、同质化发展倾向严重的问题,人才振兴方面专业技术人才缺乏、引才难度较大、农村"空心化"严重、后备力量不足的问题,文化振兴方面文化阵地作用发挥不充分、农村传统技艺后继无人、文化活动缺少经费支持的问题,生态振兴方面规划编制有待加强、建筑垃圾和生活垃圾资源化利用水平较低、农村面源污染治理难度较大、人居环境整治长效管护不到位的问题。组织振兴方面党组织规范化建设水平还不够高、村干部能力素质还不够强、"四议两公开"制度落实还不够规范、村级集体经济收入总量比较小的问题,提出建议:因地制宜,推动产业发展;着眼需求,培育引进人才;立足长远,繁荣乡村文化;科学统筹,建设美丽乡村;蓄势赋能,加强组织引领。

专门委员会

【提案委员会】 2023年,中卫市政协提案委员会征集提案353件,审查立案130件,并案交办119件,为住卫自治区政协委员提供提案素材70余件。确定重点提案11件,分别由市委、市政府及市政协主席会成员领衔督办,组织开展卫生健康类、文化旅游体育类两大类25件提案集中协商督办活动。组织开展中部干旱带农业用水权改革及水资源集约节约利用专题调研,提出意见建议5条。组织界别委员开展联系社会组织活动4次,集体走访中小微企业6家,反映社情民意信息62件。联合人大、检察院出台《关于促进代表建议、委员提案与公益诉讼检察建议衔接转化的工作办法(试行)》,在全区率先建立提案与公益诉讼转化机制。

【经济委员会】 2023年,中卫市政协经济委员会围绕大数据产业中心市建设开展专题调研协商,提出意见建议12条。全年提交大会发言2篇,提案2件,政协简报8篇。引导委员撰写社情民意信息10条。研究制定《界别群众关注问题恳谈协商实施方案》,搭建不同意见、观点交流交融的平台和渠道,广泛凝聚共识。围绕"中卫四季鲜农产品综合批发市场部分经营区提升改造",召开"众人的事情由众人商量"协商座谈会,凝聚管理共识,提出改进建议。牵头推进界别委员工作室工作,制订年度计划,完善工作制度,优化工作流程,组织开展互观互评活动。

【农业和农村委员会】 2023年,中卫市政协农业和农村委员会组织开展"实施乡村'五大振兴'打造乡村全面振兴示范市"专题调研,召开议政性常委会会议,提出意见建议15条。牵头开展委员按界别联系社会组织工作,年内开展活动4次。扎实做好市政协机关干部结对帮扶工作,制订年度工作计划,定期组织机关干部开展结对帮扶活动。组织开展关注森林活动,指导县(区)成立关注森林活动组委会。全年编印简报14期,组织界别委员反映社情民意32件。开展以"生猪养殖粪污资源化利用"为主题的"众人的事情众人商量"协商会,达成的4条共识全部落实。在界别委员中探索建立"委员联系点"制度,方便委员就地、就近履职。

【教科卫体委员会】 2023年,中卫市政协教科卫体委员会组织开展深化医药卫生体制改革情况视察活动,提出对策建议15条。年内组织界别委员撰写社情民意35条,被区、市政协采用29条,获得区、市领导批示11条;提交大会提案3件,开展"微协商"活动2次。牵头开展委员会客室建设,探索建立"四同心""五个一"工作机制。创新建立政协参政议政人才库,在全区聘请27名行业专家,参与政协调研视察、协商议政。组织开展界别活动2次;组织界别委员就宁夏大学中卫校区西门不通公交车问题开展"众人的事情由众人商量"专题调研协商活动1次。

【社会和法制委员会】 2023年,中卫市政协社会和法制委员会组织开展"创建国家生态文明建设示范区情况"专题调研,召开座谈会4次,协商会议2次,提出意见建议11条。报送23期社情民意,采纳10期,形成工作简报5期。召开督办会跟踪督办《关于运用新媒体赋能中卫市乡村振兴》重点提案。开展"众人的事情由众人商量"活动1次。牵头推进市政协法治机关建设工作。开展委员讲堂、委员党课活动2次。精准选定2023年协商民主计划议题。

【民族宗教和港澳台侨委员会】 2023年,中卫市政协民族宗教和港澳台侨委员会组织开展落实支持中小微企业和个体工商户发展优惠政策体系工作情况的视察,提出"加大政策宣传解读力度"等5个方面14条意见建议。针对卫民公交公司1路公交车无首末站问题,召开"众人的事由众人商量"专题协商会,助推1路公交停车安全。组织政协机关开展第40个"民族团结进步月"主题活动。开展功能型党支部和界别委员活动各4次,联系社会组织活动2次。完善刘强委员会客室的设施,吸纳部分界别委员、行业和界别群众参与,会客室成员拓展到10人以上。

【文化文史和学习委员会】 2023年,中卫市政协文化文史和学习委员会组织开展培育挖掘乡村文化促进乡村旅游高质量发展情况调研活动，提出的5条意见建议全部采纳。制定印发《2023年市政协委员学习培训工作安排》，组织全体市政协委员开展集中培训3次，组织各专委会开展“委员党课”7次，“委员讲堂”9次。制定印发《关于创新丰富“两室一支部”工作的实施方案（试行）》，年内组织开展功能型党支部、界别委员活动4次，联系社会组织活动4次。全年编发工作简报15期，收集社情民意信息38件。编辑《中卫政协》杂志4期25万余字，整理上报自治区政协《宁夏政协志——中卫篇》15余万字，收集《中卫文史资料》第四辑资料181篇近70万字。

（詹卫明）

纪委 监委

综 述

【"三不腐"机制】 2023年，中卫市纪检监察机关共处置问题线索1238件，立案225人，给予党纪政务处分167人，采取留置措施8人，移送检察机关2人。坚持受贿行贿一起查，对1名单位行贿负责人立案调查，对17名行贿人进行处理，协同行业部门对5个行贿单位进行行政处罚，将40名涉案行贿人信息录入全国行贿人信息库，从源头上综合治理。发挥反腐败案件查处协调领导小组职能作用，协助市委化解有关企业金融风险、维护社会稳定、推动重大案件查处，一体推进反腐败工作机制更加顺畅。督促发案单位召开专题民主生活会，开展纪律教育和警示教育，推动检身改过、日进日新。制发纪检监察建议书88份，通报典型案例5起，督促民生、国企、粮食等领域职能部门健全完善内控制度、堵塞漏洞。创新开展廉洁文化建设八项活动，推动市、县(区)红色教育、廉政教育、警示教育资源优化共享。成立"清风中卫"廉政教育讲师团，把廉政课程纳入市委党校各类培训班，持续传播廉洁好声音。深化廉政机考和任前廉政谈话机制，组织361名新任职干部参加任前廉政法规知识考试，对22个职能集中、资金密集、资源富集的部门负责人，45名新任职领导干部，12名85后处级领导干部进行警示教育和集体提醒谈话。拍摄《中宁县北部山区非法采矿严重破坏生态环境案例警示录》，依托中卫市全面从严治党教育基地，组织465批次13261人次接受警示教育。

【纠治"四风"】 中卫市纪检监察机关深化落实中央八项规定及其实施细则精神，紧盯重要节点持续开展专项检查、明察暗访，创新手段、借力借技，会同相关部门严肃查处党员和国家公职人员酒驾醉驾背后隐藏的"四风"和腐败问题。以青海省6名领导干部严重违反中央八项规定精神为典型案例，对各县(区)党政"一把手"和市直部门"一把手"谈话提醒，督促以身作则、严管所辖。全市查处享乐主义、奢靡之风问题20起，问责处理35人，给予党纪政务处分14人。全面梳理形式主义、官僚主义34项具体表现，精准有力开展专项整治，严肃查处不担当、不作为等作风问题50件，问责处理125人，给予党纪政务处分31人。

【"两个责任"落实】 2023年，中卫市纪检监察机关坚决扛起协助职责和监督责任，认真落实全面从严治党"三个清单""一把手"述责述廉、廉情抄告函告、"一岗双责"等工作机制，加强党风廉政建设和反腐败斗争形势、政治生态分析研判，提升党风政风监督、监督检查和审查调查工作分析质量，积极为党委主体作用发挥提供有效载体，推动"两个责任"贯通协同、一体履行。全市查处落实"两个责任"不力问题12起，问责处理28人。

【办案质效提升】 2023年，中卫市召开全市纪检监察机关执纪执法工作互查互评通报暨整改部署会、提升问题线索办理质效工作推进会、消除"零留置"动员部署会、办案安全工作推进会，有力推动重点案件查办质效。开展案件评查、编发指导案例、加大业务培训，不断提升案件"共同体"意识，案件质量稳步提升。出台适用简易程序审理案件、立案并移送审理程序办法，案件查办、审理工作实现"繁简分流"，办案资源得到合理分配，审结效率明显提高，被评为全区纪检监察特色亮点工作优秀等次。

【营商环境优化】 2023年，中卫市开展清风进民企、服务进民企、监督进民企"三进民企"活动，当好企业"店小二"。组织382名民营企业负责人到中卫市全面从严治党教育基地接受警示教育，提升民营企业守法经营意识。召开优化营商环境座谈会，选取51家民营企业建立营商环境监督联系点，跟踪惠企政策落实、“放管服”改革、监督执法等情况，督促相关部门解决企业反映问题9件，查处破坏营商环境问题3件，问责处理3人，给予党纪政务处分1人。

【体制改革】 2023年，中卫市认真贯彻《纪检监察机关派驻机构工作规则》，健全“室组”联动监督、“室组地”联合办案机制，进一步优化调整派驻监督范围，全部实行综合派驻，使12个派驻纪检监察组监督部门数量和业务量大体均衡，将负责综合监督宣传文化系统的派驻纪检监察组驻在部门由市新闻传媒中心调整到市委宣传部。全市各级派驻机构共处置问题线索84件，立案15人。认真贯彻实施监察官法，完成市、县（区）276名监察官等级首次确定工作。理顺中卫市留置中心管理体制，设立市纪委监委直属公益一类事业单位留置管理中心（正科级），将市留置中心管理权由市公安局移交市纪委监委，将留置场所土地、资产、经费等全部划拨至市纪委监委统一管理。制定留置中心管理制度规定、办案工作指南，完善突发自然灾害、留置对象突发疾病等6类应急处置流程，构建起权责明晰、流程科学、分工协作、保障有力的管理运行体系，提升留置中心管理服务能力、保障安全工作水平。

监督检查

【政治监督】 2023年，中卫市纪检监察机关围绕学习贯彻党的二十大精神、习近平总书记重要讲话指示批示精神、落实自治区黄河流域生态保护和高质量发展先行区建设战略部署、“五个示范市”建设以及加强“一把手”和领导班子监督等“国之大者”“区之要事”，研究制定政治监督工作要点，实化细化36项监督任务。聚焦重点领域安全隐患排查整治，成立2个监督执纪组开展监督检查，会同组织部门建立安全生产责任落实干部“调”“究”机制，对作风漂浮、推诿扯皮等问题从严处理，问责处理87人。紧盯习近平总书记和党中央、区、市党委关心关注的安全生产、生态环保、铸牢中华民族共同体意识等大事要事，常态化开展专项监督检查，《宁夏中卫专项监督矿山治理 压实生态环保责任》经验做法被《中国纪检监察报》刊载。

【日常监督】 2023年，中卫市纪检监察机关灵活运用谈心谈话、督导调研、专项检查、列席重要会议等方式，强化近距离、常态化、全方位监督，抓早抓小、防微杜渐。健全完善廉政档案，审慎回复组织、人事等部门党风廉政意见7283人次，提出暂缓或否定性意见31人次，坚决防止“带病提拔”“带病提名”。深化小微权力“监督一点通”平台应用，群众点击访问量达1228.6万人次，受理办结投诉577件，办结率100%，有力推动监督向基层延伸。坚持惩前毖后、治病救人，精准运用“四种形态”批评教育帮助和处理干部945人次，第一、二种形态处理人次占“四种形态”处理总人次比例的95.03%，实现由惩治极少数向管住大多数有效拓展。认真落实“三个区分开来”要求，为5名受到不实举报的党员干部及时澄清正名，带着责任和感情做好269名受处理处分干部的回访教育，旗帜鲜明为担当者担当、为负责者负责。《中卫市纪委监委“233”工作法做深做实做细回访教育》经验做法被中央纪委国家监委网站刊载。

（朱启旺）

巡察工作

【概况】 2023年，中卫市纪检监察机关坚持高起点、高标准谋划部署巡察工作，科学修订五届市委巡察工作五年规划，探索制定《关于财政、审计、统计深度参与巡察工作的办法》等3项制度和4类巡察资料模板，实现巡察任务清单化、工作流程化、文书模板化。聚焦职能责任，完成3轮对18个党组织的巡察，同步开展选人用人责任制专项检查，发现问题752个，移交问题线索13件。

【巡察监督】 2023年，中卫市建立完善与组织、宣传、审计、财政等单位10项贯通协作机制，聘任执纪执法专业人员担任巡察组顾问，探索“纪巡结合”“巡审联动”新模式，对市应急管理局、市水务局开展巡审联动，着力解决人员力量紧缺等难题。充分发挥联动巡察“以下看上”和“以上看下”相结合优势，市、县（区）探索对民政局、司法局等4个部门开展联动巡察，对中宁县委宣传部开展提级巡察，发现问题数量质量明显提升，推动巡察横向到边、纵向到底。制定出台《中卫市关于加强巡察整改和成果运用的实施办法》，推动形成各方责任主体齐抓整改的良好局面。创新建立向市政府分管领导提示解决重点问题制度，综合施治“老大难”问题。建立巡察整改资料联审指导、日常督办、质效评估等机制，采取全面检查、重点抽查、发函督办等方式，对五届市委巡察整改情况开展联合督查，督促完成巡察反馈问题整改993个，整改完成率92%，健全制度办法238项。配合自治区党委第一巡视组巡视中卫工作，整改自查问题19个。

（王志卫）

民主党派与工商联

民革中卫市委会

【思想建设】 2023年，民革中卫市委会坚持凝聚共识和增进团结相互贯通。全年组织中心组集体学习5次，召开主委会4次，专题学习6次。先后累计选派43名骨干党员相继参加了中共宁夏区委统战部、民革宁夏区委会、中共中卫市委组织部、统战部举办的各类研修班和培训班。创新"六学"模式，召开专题学习会7次，主题读书班5期，开展专题研讨4次，撰写心得体会及理论文章22篇，组织17名基层组织负责人和骨干党员赴陕西社会主义学院开展专题培训，举办全市民革党员趣味运动会、"凝心铸魂强根基、团结奋进新征程"，配合区委会和民革中央调研组完成"新时代新征程加强中国特色社会主义参政党建设工作"专题调研任务。

【组织建设】 2023年，民革中卫市委会择优发展党员6名，推荐上报省级层面代表人士5名，市级层面代表人士12名。民革党员、中卫市阳光沐场农牧有限公司董事长王朝武荣获2023年上半年"宁夏好人"并被推荐为第九届全国道德模范诚实守信模范候选人。全年向民革宁夏区委会报送信息36篇，向市委统战部报送信息31篇，《中卫日报》采用1篇。

【参政议政】 2023年，区、市、县两会期间，民革中卫市委会共提交提案立案36件，其中，《关于推进中卫市新材料产业高质量发展的提案》被市政协列为重点提案督办。提交市、县政协大会发言5篇（大会口头发言2篇，书面3篇），在市政协五届二次会议上，《抢抓机遇期打好主动仗 坚定推动绿色低碳发展》的大会口头发言；围绕中卫市加快乡村文旅融合推进乡村文化振兴情况和中卫市新能源产业高质量发展情况进行专题重点调研，形成的2篇调研报告均受到中共中卫市委主要领导批示；先后向民革宁夏区委会报送社情民意28条，向中卫市政协报送社情民意15条。其中《关于出台专精特新企业培育体系的建议》《关于实施我区乡村振兴首席专家制度的建议》等17篇社情民意被民革宁夏区委会采用。《请把公共停车位还给"公众"》《农村安全隐患不容忽视》等5篇社情民意得到市主要领导批示。组织全市各级组织的民革党员参加市政协、市委统战部组织的观摩、调研、座谈会等活动10次。

【社会服务】 2023年，民革中卫市委会整合各方资源，开展社会服务。看望慰问36名民革老党员和备战自治区首届残特奥会的运动员、市老年公寓老人、残障儿童家庭、儿童福利院儿童等，支出看望慰问金4.2万元。白玉贤、高登举等民革心理专家免费开展残疾人运动员心理咨询和疏导等活动。通过开展儿童心理健康援助、"关爱健康乡村行""12·4"国家宪法日普法宣传等活动免费咨询、问诊治疗、化解矛盾纠纷410余人次，现场发放宣传资料800余份。协调为中宁县174名高三老师做免费健康体检。依托民革法律服务中心及工作站，民革界别律师积极参与接访、调解，化解矛盾纠纷，对家庭特别困难的当事人，一律实行法律援助无偿服务，全年累计服务群众300余人次。

【祖统工作】 2023年，民革中卫市委会按照中共中央"和平统一、一国两制"的方针，开展对"三胞"亲属宣传联谊工作；9月8日，接待"金秋两岸·农旅融合"台湾企业家宁夏行活动台湾淡江大学华东校友会会长、大中华文化教育交流协会副会长邱素蕙一行，台湾企业家们到中卫市宁夏全通枸杞供应链管理有限公司、中卫市云计算大数据中心实地调研。

（马国有）

民盟中卫市委员会

【概况】　2023年，民盟中卫市委员会共有盟员231人，分属沙坡头区委员会和中宁县委员会及14个基层支部。其中沙坡头区132人，分属机关、经济社会、中卫中学、中卫一中（四中）、义教联合、老年、卫生和特别支部8个支部。中宁县99人，分属中宁中学、中宁一中、城北支部、县城支部、城东支部、老年支部6个支部。本科及以上学历164人。离退休盟员80人。担任各级政协委员的26人，其中，自治区政协委员1人，市政协委员12人，县（区）政协委员19人，市人大代表1人。

【思想建设】　2023年，民盟中卫市委员会深入学习贯彻习近平新时代中国特色社会主义思想、中共二十大精神和民盟十三大精神，及时传达学习自治区、中卫市重大决策部署。在陕西社会主义学院举办“凝心铸魂强根基、团结奋进新征程”主题教育培训班。组织盟员们在八路军办事处、西安事变旧址、照金革命旧址、习仲勋故居、陵园等地进行现场教学和旧址访谈教学。组织盟员围绕主题教育，结合“双岗”履职进行专题研讨。开展“共读经典，书香润盟”读书活动2期。“民盟中卫”公众号开辟主题教育专栏，推出《习近平著作选读》《习近平新时代中国特色社会主义思想专题摘编》等3个篇目有声书系列。撰写盟务工作信息36篇。围绕纪念“五一口号”发布75周年等重大政治节点，征集征文7篇。

【参政议政】　2023年，市政协五届二次会议期间，民盟中卫市委员会提交集体提案12件，个人提案16件，大会发言2篇。《坚持多措并举 提升基层依法治理效能》被市政协列为大会书面发言，《关于加强中卫市中小学生心理健康教育的建议》《关于提升枸杞种植效益的建议》《关于构建中卫市未成年人综合保护体系的建议》3件提案被评为“优秀提案”，《关于运用数字媒体赋能乡村振兴的建议》被列为重点提案。完成市委调研课题《关于中卫市面源污染治理情况的调研报告》《关于中卫市中小学美育教育的调研报告》2篇，完成民盟宁夏区委会重点调研课题1篇。协助民盟宁夏区委会开展“互联网+教育”调研、民盟福建省委会“闽宁数字信息化产业民盟合作调研”。参加民盟中央论坛，提交论文14篇。向民盟宁夏区委会报送社情民意信息17件，向市政协反映社情民意30件，采用18件，市领导批示2件。

【社会服务】　2023年6月，民盟广东省委会、民盟珠海市委会、民盟东莞市委会一行到中卫开展“爱眼护眼慈善行”活动，对中卫市第五小学2500余名学生进行视力筛查，免费配镜800余副。9月，签订《民盟粤宁合作框架协议书》，民盟广州市委会和东莞市委会计划分三年为中卫品学兼优家庭困难学生捐赠奖助学金120万元，2023年到账40万元。民盟广州市委会为中卫市宣和中学捐建价值10万元的录直播教室1间。民盟“长颈鹿教室”线上支教系列活动开展《培养心灵富足的孩子》《人工智能走进教室，提升学生智能素养》专题讲座。为沙坡头区170名教育机构负责人及校保健医开展春季甲流等传染病防控和突发疫情应急处置专题培训。在6所学校开展“翰墨飘香润校园”书法名家进校园及培训活动，组织盟内书法家开展送春联等活动。

（祝　丹）

民建中卫市总支委员会

【概况】　2023年，民建中卫市总支委员会共有会员130名（发展新会员6名；因工作变动，转出会员3名），平均年龄47.8岁。其中，经济界75人，占57.7%；教育界19人，占14.6%；大专及以上学历123人，占94.6%；女会员62人，占47.7%。会员中有自治区政协委员1名，市政协委员15名，市人大代表3名，县级人大代表3名，县级政协委员9名。

【思想建设】　2023年，民建中卫市总支委员会结合工作实际，制订《民建中卫市总支深入学习贯彻中共二十大精神工作方案》《民建中卫市总支开展“凝心铸魂强根基、团结奋进新征程”主题教育实施方案》，对学习贯彻中共二十大精神、开展主题教育进行安排部署，通过主委会议、全委会议等全面学习“必读篇”，深入学习“统战篇”，系统学习“宁夏篇”，在会员微信群推送学习内容150余期。在陕西社会主义学院举办“凝心铸魂强根基、团结奋进新征程”主题教育培训班，市总支16名会员参加培训。参加自治区党委统战部、民建宁夏区委会及市委统战部等部门举办的培训、教育、学习活动47人次。开展“加入民建为什么 我为民建做什么”大讨论活动，提升主题教育质效。

【组织建设】　2023年，民建中卫市总支委员会召开市总支2022年度总结表彰会议，对市总支2022年度先进集体和6名优秀会员进行表彰。建立会员履职档案，对会员履职情况进行定时通报。共向25家单位邮寄支持会员履职感谢信。举办2023年“喜迎十六运·奋进新征程”趣味运动会，开展“学会章会史做合格会员”“民族团结一家亲 中秋陪伴显真情——凝心铸魂强根基、团结奋进新征程”主题教育支部活动等。

【参政议政】 2023年，民建中卫市总支委员会向区市政协提交提案55件，立案17件，转社情民意8件，其中《关于构建儿童友好型城市的建议》被市政协列为2023年度重点督办提案。向中卫市两会提交大会发言4篇，其中《加快推进生活垃圾分类 为中卫绿色发展贡献更多力量》《推进中卫市社区社会组织健康发展的探索思考》作为大会书面发言进行交流。反映社情民意100件，自治区政协采用3件，民建宁夏区委会采用15件，市政协采用25件，其中，《关于加强殡葬行业价格监管的建议》《关于拆除雍楼综合商贸市场北面平房的建议》《关于为美利渠沙坡头区长安社区段加装安全护栏的建议》《推动中卫市旅游业高质量发展应从杜绝“一锤子买卖”做起的建议》获市委主要领导批示。形成《中卫市光伏组件回收与利用情况的调研报告》《中卫市农村地区清洁取暖项目建设情况的调研报告》重点调研课题上报市委，其中《中卫市光伏组件回收与利用情况的调研报告》获市委主要领导重点批示。

【社会服务】 2023年，民建中卫市总支委员会争取中华思源工程扶贫基金会“思源·云图书馆”公益项目资金180万元，向中卫市捐赠云图书馆60所。在海原四中设立教育移民班1个，按每生每年660元标准，资助贫困中学生50名。联合会员企业中卫市博慧社工服务中心在沙坡头区宣和镇兴海村开展“情系困境儿童 传递温暖爱心”活动，为20名困境儿童捐赠书包、学习用品等物资共计0.5万元。到沙坡头区文昌镇开展“学雷锋送法下乡”活动，以《民法典时代基层常见法律问题以及矛盾纠纷化解》为主题，围绕农村土地、婚姻家庭、常见纠纷、司法救济等方面进行讲解。沙坡头区雷锋车队志愿者协会牵头组织开展“卫爱出发·爱心送考”公益活动，在沙坡头区黄河花园社区开展“春节送温暖”慰问活动，为20户生活困难老人共捐赠大米、胡麻油、消毒液和春联等物资。会员企业一字师（宁夏）企业管理有限责任公司向宁夏“幸福家园”村社互助工程——乡村（社区）慈善基金项目捐款1万元。

（张秀燕）

民进中卫市委会

【思想建设】 2023年，民进中卫市委会开展习近平新时代中国特色社会主义思想有声书学习活动，召开学习会议15次、交流发言23人次，开展宣讲活动6场次、提交心得体会37篇；以主题教育和作风建设、安全生产、教育改革为主题，创新举办“建言者说”活动4期；发挥民进“会员之家”阵地作用，开展“读先贤·强信念·转作风”活动5场次；举办市级主题教育知识竞赛，选派会员参加民进宁夏区委会主题教育读书交流、线上读会史和知识竞赛活动，在主题教育知识竞赛中获集体一等奖；县（区）组织分别在恩和镇、恒祥社区开展教育实践活动。向市委统战部、民进宁夏区委会报送理论研究文章4篇，《以党为师 中国共产党作风建设对民主党派的启示》《新形势下中国特色社会主义参政党凝聚思想政治共识研究》获统战理论政策创新研究成果三等奖；组织会员参加纪念中共中央发布“五一口号”75周年系列活动，获自治区党委统战部征文三等奖1人、优秀奖1人，获民进宁夏区委会征文一等奖、二等奖各1人，三等奖2人。市委会获民进宁夏区委会2023年度宣传思想工作先进单位，齐鲁宁获“民进全国宣传思想工作先进个人”。征订《民主》杂志，发放《宁夏民进》。报送工作信息39篇，民进中央网站采用13篇，区委会网站采用16篇，《华兴时报》《中卫日报》采用16篇。开展“支部主委联系会员”全覆盖工作。

【组织建设】 2023年，民进中卫市委会推进“作风建设”主题年工作。加强代表人士和后备干部队伍建设，推荐代表人士11名。发展会员8人（研究生1人），主界别占75%。在陕西社院举办培训班1期，培训会员16人，选派骨干会员35人次参加各级各类培训班。落实“三走访三推动”工作，走访骨干会员所在单位6次。召开年度工作总结会、“我身边的先进”报告会，举办趣味运动会、主题征文、知识竞赛、教师节座谈会等活动，开展“寒冬送暖”、关爱困难会员等慰问活动，开展重阳节慰问、“辞旧迎新、共话未来”茶话会、“健步走+读书分享”“音乐文化交流”等活动10余次。

【参政议政】 2023年，民进中卫市委会围绕职业教育服务区域产业能力情况、学校加强铸牢中华民族共同体意识教育工作情况等重点课题开展调研，调研报告获市委主要领导重点批示。履职两会，征集政协提案66件，经修改完善，提交自治区政协提案15件（个人立案10件），朱彦华的《关于推动宁夏枸杞产业高质量发展的提案》获自治区政协十二届一次重点提案；提交大会发言5篇，《携手筑牢保护屏障　呵护未成年人健康成长》被列为书面交流材料；10件履职成果获民进宁夏区委会2023年度参政议政优秀成果二等奖、三等奖。提交市政协提案43件，立案18件（集体7件），提交大会发言3篇，主委温旭茹代表市委会作题为《加快城市更新　打造宜居韧性智慧城市》的大会发言。提交社情民意信息78条，向民进宁夏区委会、市政协报送社情民意信息50条，《关于加大农村生活污水治理力度的建议》被民进中央委员会采用，自治区政协采用4条，市政协采用18条（市领导重点批示3条）。聚焦中卫市深化水环境综合治理、黄河入河排污口整治等情况，配合区委会完成黄河流域生态保护和高质量发展先行区建设专项民主监督工作。配合民进中央副主席黄震、研究室主任李晞分别完成新能源项目、“新时代新征程加强中国特色社会主义参政党建设”调研。

【社会服务】　2023年，民进中卫市委会开展“春联万家”活动2场次，写送春联1100余副、福字1200余张。走访慰问中宁县杞海村生活困难群众10户。组织5名书法家会员在市第十二小学开展“翰墨润童心·筑梦向未来”书法公益活动，捐赠书法用品450件，现场写赠书法作品近40幅。开展“爱心助农”活动、关爱女性健康”志愿服务活动、“急救安全应急知识宣讲”进学校活动、重阳节慰问活动、送教下乡、“传承中医文化　义务正骨诊疗”送医下乡系列活动。

（齐鲁宁）

农工党中卫市总支委员会

【思想建设】　2023年，农工党中卫市总支委员会把开展“凝心铸魂强根基、团结奋进新征程”主题教育作为一项重要政治任务，组织30名骨干党员到陕西省社会主义学院举办主题教育培训班，参加农工党宁夏区委会举办的各类学习培训。撰写纪念中共中央发布“五一口号”75周年理论文章12篇。

【参政议政】　2023年，农工党中卫市总支委员会向自治区政协提交提案9件、大会发言3篇，其中《扩大免费健康体检面筑牢农村劳力健康网》等2篇选为大会书面发言。向中卫市政协提交提案40件，立案11件，其中《关于提升中卫高铁南站道路通行能力的提案》等2件列为重点提案由主要领导督办。围绕“中卫市物流业发展情况”“中卫市人口生育情况”等课题，形成调研报告后呈报市委。向农工党宁夏区委会提交社情民意信息19篇，区委会采用6篇，自治区政协采用2篇，《关于在中卫打造算力产业基地的建议》得到自治区领导批转，《加强医疗美容行业乱象治理》被农工党中央采用后上报全国政协。向市政协提交社情民意信息34篇，采用18篇，其中，8篇获市领导批示，6篇转中卫市“12345”便民服务热线办理。

【社会服务】　2023年，农工党中卫市总支委员会到乡镇、社区开展2023年“环境与健康宣传周”“学雷锋健康义诊”等社会服务活动，举办“健康大讲堂”，发放、捐赠常用药品、生活用品等价值11000余元，发放健康知识宣传手册1500余份，累计服务群众近600人次。在沙坡头区镇罗镇河沟村成立首个“社会服务基地”。甘肃省临夏州积石山县地震发生后，号召农工党党员向红十字会捐款8100元。

【组织建设】　2023年，农工党中卫市总支委员会召开2022年度工作总结会，举办“喜迎十六运·奋进新征程”趣味运动会、“勇担健康使命，铸就时代新功”医师节健步走等活动。组织看望慰问在党派参政履职等工作中表现突出党员和退休老党员。新发展农工党党员4名，增补沙坡头区政协委员2名，新增补90后市政协委员1名。

（李秀红）

九三学社中卫市总支社委员会

【思想建设】　2023年，九三学社中卫市总支社委员会深入学习宣传贯彻习近平新时代中国特色社会主义思想，强化政治理论学习，做到融会贯通、一体理解把握。教育引导广大社员深刻领会重要会议精神，提高政治站位，夯实团结奋斗的共同思想政治基础。开展“凝心铸魂强根基、团结奋进新征程”主题教育。通过集中学习、研讨交流等多种形式，采取“线上+线下”的方式，学深悟透“必读篇”“宁夏篇”“统战篇”“最新篇”。组织20余人次参加区、市委统战部、市政协等举办的各类培训班。联合其他民主党派在陕西社会主义学院举办主题教育培训班，组织学员们在八路军办事处等地进行现场教学和旧址访谈教学。以纪念中共中央“五一口号”发布75周年为契机，组织社员参加征文、演讲比赛等系列庆祝活动。社委网站、微信公众号等宣传媒体累计刊登社务工作动态稿件27篇，向市委统战部报送工作动态信息38篇。

【参政议政】 2023年，九三学社中卫市总支社委员会聚焦中卫市改革发展的难点、高质量发展的重点、群众关切的热点提出意见建议，部分建言被吸收采纳。向自治区政协提交提案4件，1件得到自治区主席批示。向市政协提交集体提案15件，1件被评为优秀提案，1件被确定为重点提案。提交大会发言2篇，1篇被列为大会书面发言。向社宁夏区委会报送提案及社情民意信息16件，向市政协反映社情民意23件，其中，2件社情民意被自治区政协采用，3件社情民意得到市长批示，3件社情民意转至“12345”政务服务便民热线办理。协助社宁夏区委会完成1个重点调研课题，完成3个社区委参政议政中标课题，向市委报送2篇调研报告。

【组织建设】 2023年，九三学社中卫市总支社委员会贯彻民主集中制原则，坚持班子成员联系基层支社工作机制，班子成员带头积极参加基层活动，指导推动基层支社社务工作。协助社宁夏区委会在中卫举办2023年市级组织社务工作观摩研讨暨“凝心铸魂强根基、团结奋进新征程”主题教育推进会。联合民盟市委会等5个党派举办2023年“喜迎十六运·奋进新征程”趣味运动会。召开基层组织建设工作座谈会、主题教育暨重阳节座谈会，征求社员发展、组织建设、履行职能等意见建议。走访慰问退休老社员和困难社员，为1名重病社员申请王选关怀基金5万元。发展主界别社员3人，年内有社员81人，其中，高级职称26人占比32%，中级职称52人占比63%，社员中担任中卫市政协五届委员会常委2人，委员12人。

【社会服务】 2023年，九三学社中卫市总支社委员会举办蔬菜提质增效栽培技术培训班2次，发放栽培技术明白纸4类300多份，培训130余人次。慰问永康镇景台村10户困难家庭，为困难家庭送上关爱。举办为民服务科普讲座及义诊活动6次，免费发放价值8500余元药品及3000余份健康宣传彩页，服务人群500余人。与九三学社北京朝阳区委签订合作框架协议，借助首都医科大朝阳区分院科普资源，组织全市医护人员、社员参加视频科普讲座2次500余人次。配合中卫市卫生健康委年终启动实施中卫市心脑血管疾病综合防控惠民行动项目，在全市范围内开展“六高”多种危险因素分类干预，建立医防融合慢性病管理服务机制，提升心脑血管疾病防治成效。

（孟　聪）

中卫市工商联合会

【思想政治建设】 2023年，中卫市工商联带头开展理论学习、调查研究、推动发展、检视整改等，集中学习20次、专题交流研讨8次、举办读书班1期，观看专题教育片、视频讲授、微党课、宣讲会、现场教学等10次。确定调研课题3个、开展“四下基层”40余次，为民办实事解难题10件，2篇调研报告获自治区党委统战部优秀理论政策创新调研奖。

【服务“两个健康”工作】 2023年，中卫市工商联运用“谈、育、导、帮”4种方式，学习“民营经济篇”“宁夏篇”，引导民营经济人士自觉践行新发展理念。开展党的二十大精神宣讲13次，组织民营企业家参加线上线下学习培训225名，编制印发学习材料120本。开展民营经济人士思想状况专题调研1次，走访所属商会和执（常）委企业的覆盖率为58%，形成调研报告《关于加强民营经济人士“双引”工作促进“两个健康”的思考》。在江西省举办“中卫市民营企业家高质量发展综合素能提升研修班”，参加研修企业家50人。开展“工商联大讲堂”，举办以防范金融风险、法律进企业、清风进民企、政策进民企、“六个讲清楚”为主题的大讲堂5期，举办专题讲座6场。建立企业“吹哨”、部门“接招”、联合“销号”工作机制，及时回应企业利益诉求，用情破解企业之忧。采取现场座谈、实地走访、调查问卷等方式，拓宽问题反映渠道，召开座谈会3次，走访执常委71名，开展谈心谈话80余人，网上专题调研7次参与868人，梳理报送企业反映问题报告5份73条问题，办结26条，办结率为36%。提交调研报告3篇、社情民意12篇。在企业中开展“送政策·进民企”活动，通过线上宣传、线下讲解、召开银企座谈会和送政策汇编等方式，提升民营企业对政策知晓率，执委企业送政策覆盖率达到100%。开展“法治体检”“百所联百会”活动，深化司法税助企，维护会员合法权益，优化营商环境，与市税务局联合印发《2023年助力小微市场主体发展“春雨润苗”专项行动方案》，贯彻落实税费支持政策。

【招商引资】 2023年，中卫市工商联宣传推介中卫3次，举办“走进武汉·2023年招商引资推介会”，18名企业家和湖北省110名企业家参加招商引资活动。开展“走进合肥”招商引资推介活动，考察6家高新科技型企业。到广东省珠海市、福建省漳州市考察学习，召开2场次座谈交流会，走访考察7家企业。全国工商联带领七匹狼、九牧厨卫等福建省企业家一行10人到中卫调研村企帮扶工作、福建省工商联组织漳州市企业家等42人到中卫考察产业发展情况、民盟广东省委会率民盟广州市委会、民盟东莞市委会一行9人到中卫调研考察特色产业、湖北省孝感市孝南区招商引资专班一行6人到中卫回访、安徽省合肥阜阳商会一行7人回访、新疆克拉玛依白碱滩区工商联一行6人到中卫考察学习等。

【商会组织建设】　2023年，中卫市工商联通过座谈交流、实地走访等形式，到10家直属商会调研，指导商会建设，形成《关于市工商联直属商会反映问题情况的报告》《新形势下做好直属商会工作的对策建议》报市委转交落实。在中卫市工业园区召开吸纳新会员见面会，新发展会员21家。制订《关于开展"四好"商会建设工作计划》，明确"时间表""路线图"，召开商会交叉互查互评会，推动创建工作落实。中卫市食品行业商会、中卫市女商商会、中宁县枸杞商会先后被评为全国"四好"商会，女商商会被评为全区优秀商会。

【帮扶工作和光彩事业】　2023年，中卫市工商联指导56家企业与56个移民村结对帮扶，签订"村企帮扶"协议。联合8个成员单位到两县一区56个结对村和企业实地走访调研，通过现场查验、调查问卷、交流座谈等方式，进行现场指导、沟通协调，帮助移民村理清工作思路，并对优秀案例进行推广和宣传。加强企业与对接帮扶村在土地流转、创新合作模式、提供务工岗位、爱心捐赠捐助、消费帮扶等5个方面的措施，企业与对接帮扶村进行"互赢式"帮扶，解决村级劳动力1万余人，联农带农参与合作社560户，捐款捐物35万余元，帮助销售农产品10万元。共树立"万企兴万村"行动典型8个，4家民营企业帮扶项目被评为全区"万企兴万村"典型项目。

（康亚丽）

群众团体

中卫市总工会

【中卫市总工会第四次代表大会】 2023年7月18日召开。会议强调要认真学习贯彻党的二十大精神,深入学习贯彻习近平总书记关于工人阶级和工会工作的重要论述,为推动中国式现代化中卫实践而不懈奋斗。自治区总工会负责同志到会祝贺并讲话。

【职工思想政治引领】 2023年,中卫市总工会坚持用习近平新时代中国特色社会主义思想武装头脑、指导实践、推动工作,开展党的二十大精神、劳模精神等宣讲119场次。举办"生态黄河 美丽宁夏(中卫)"职工文艺会演、职工书画摄影展、演讲比赛、知识竞赛、朗读演说大赛以及全市女职工主题征文等15场次,开展朗诵、书法等公益课9个门类,首次在全区自主策划创作编排百年工运职工文艺专场,通过送文化下基层演出10场次。

【建功立业活动】 2023年,中卫市总工会制订《中卫市工运事业和工会工作三年行动计划(2023—2025年)》,在15个行业47个工种中举办职工劳动和技能竞赛41场次、参赛职工3548人,200余名职工通过技能培训和技能竞赛晋升技术等级。开展职工"五小"创新、成果评选活动,评选奖励创新成果21项,7项成果在全区"五小"创新大赛中获奖。举办创新成果交流展示会,激发职工创新创造动力。培育产改试点企业16个、试点县1个。举办"华御杯"ESH知识竞赛1期,开展职工安全宣传教育进企业活动30场次,征集评选"安全隐患随手拍"、安全生产合理化建议"金点子"优秀作品16个。

【关爱劳模行动】 2023年,中卫市总工会推进"十小便民工程"建设,建成劳动主题公园(广场)、劳模长廊5个,推荐评选全国"五一巾帼标兵岗"1个,自治区五一劳动奖状1个、奖章3人、工人先锋号2个,培育创建劳模创新工作室4家。实施困难劳模家庭"适老化"项目改造,对6户困难劳模家庭进行个性化"适老化"改造,在机场、医院、政务中心等公共场所开通"劳模优先"绿色通道14个。为46名区、市无工作单位劳模进行健康体检,组织42名劳模、一线优秀教师、援鄂医务人员参加疗休养。组织劳模、五一劳动奖章获得者、五一巾帼标兵等先进模范,组成8个志愿服务队开展"工会先锋"志愿服务活动。

【维护职工权益】 2023年,中卫市总工会通过"12351"工会法律服务热线平台和线下接访,参与调处劳动争议案件96件,为职工(农民工)挽回经济损失341.2万元。落实市政府与市总工会联席会议制度,争取政府支持,解决产改"五个纳入"和市直财政预算机关事业单位划拨工会经费等问题。指导全市164家企业、59家乡镇社区、5个行业工会建立"四员队伍"350余名,举办集体协商竞赛1场、劳动关系"四员"队伍能力提升培训班1期。开展工资集体协商工作,全市已建工会的百人以上企业集体合同、工资专项集体合同动态签订率超过90%。落实以职代会为基本形式的企事业单位民主管理制度,举办知识讲座、培训班,开展企业民主管理互观互学活动,组织基层单位参加"公开解难题 民主促发展"主题活动,筛选上报各类作品16个,选树民主管理工作典型6个。采取"工会干部+专业律师+企业员工"模式,开展"尊法守法·携手筑梦"农民工公益法律服务行动15场次,服务职工5000余名。

【困难职工帮扶】 2023年,中卫市总工会开展困难帮扶和春送岗位、夏送清凉、金秋助学、冬送温暖等"四季送"活动,筹资1123万元,慰问资助420家企业一线困难职工及子女1.8万人次。通过中卫工会微信公众号等发布招聘信息100期,线下联合人社部门举办现场招聘会10场次，为职工推荐就业岗位近万个。持续推进职工医疗互助扩面增员工作，为362名患病职工核发互助补助资金75.97万元。争取资金458万元在全市开展工会促消费活动，直接拉动消费3100万元以上。

【职工文化建设】　2023年，中卫市总工会创新职工书屋服务方式，采取流动服务的形式为17家企业事业单位提供流动图书1100册，覆盖职工近2000人，推出5元观影、6元洗车等普惠活动32项，让更多职工享受到普惠化的工会服务。新建职工之家14家。突出"党建引领聚合力·工会服务在身边"，筹资25.3万元，新建户外劳动者服务站12家。争取自治区总工会资金支持360万元，完成市职工文化活动中心体育场馆消防等设施维修改造，完成自治区首届残特奥运动会服务保障工作。

【基层组织建设】　2023年，中卫市总工会按照"专兼挂"的改革要求，全面完成市、县（区）总工会换届选举工作，配备挂职副主席4名，兼职副主席7名。聚焦"县级工会加强年"和"兜底建"工作，以新就业形态劳动者为重点，举办集中建会入会活动7场次，赠送"健康大礼包"1170份，为2000余名新就业形态劳动者进行健康体检。2023年，中卫市新组建工会组织63家，发展会员16562人，其中，25人以上非公企业9家1144人、新就业形态组织10家8251人，社会组织工会3家，自媒体行业联合工会1家。新建职工之家14家。突出"党建引领聚合力·工会服务在身边"，筹资25.3万元，新建户外劳动者服务站12家。

【女职工工作】　2023年，中卫市总工会以"一函两书"女职工维权工作机制为抓手，发挥女职工权益保护专项集体合同作用，下发"一函两书"49份，督促用人单位规范用工、依法保障女职工合法权益。为全市1256名女职工进行免费"两癌"筛查。创建工会"爱心妈咪小屋""爱心托管班"5家。开展"女职工心理健康讲座"26场次，覆盖女职工2669人。投入资金6.73万元开展六一儿童节系列关爱活动，惠及困难职工子女、留守儿童和困境儿童585名。开展女职工普法宣传讲座8场次，惠及女职工500余人。

（赵凤兰）

共青团中卫市委员会

【概况】　截至2023年年底，中卫市共有14～35周岁青年31.62万人，共青团员53197名，基层团委103个，团总支24个，团支部2534个，少先队员105223名，少先中队2814个。

【共青团中卫市第四次代表大会】　2023年2月16日，召开共青团中卫市第四次代表大会，参会代表211名，选举产生常委15名、委员39名、候补委员14名。共青团中卫市委员会第四届一次全体会议选举产生书记1名，副书记6名，其中，专职副书记2名、兼职副书记3名、挂职副书记1名。

【中国少年先锋队中卫市第三次代表大会】　2023年10月13日，召开中国少年先锋队中卫市第三次代表大会，参会代表99名，会议选举产生少工委委员33名。少先队中卫市第三届工作委员会第一次全体会议，选举产生少先队中卫市第三届工作委员会主任1名、常务副主任1名、副主任9名、兼职副主任5名。

【团员和青年主题教育】　2023年9月21日，召开全市面向团员和青年开展学习贯彻习近平新时代中国特色社会主义思想主题教育工作会议；9月28日，提请市委主题教育领导小组办公室印发《关于落实党建带团建 组织全市广大团员和青年开展学习贯彻习近平新时代中国特色社会主义思想主题教育的实施方案》；建立引学、讲学、比学、践学、展学"五位一体"学习体系，分级指导、分类施策，面向基层团组织发布工作指引1次、工作提示5次，创建青年理论学习"标杆小组"10支；开展青年之家"读书季"集体学习106场次，践行"强国复兴有我"集体宣讲132场次；组织开展调研指导10次，撰写《关于自治区级青年发展型城市试点常见工作的调研报告》《中卫市志愿服务工作存在问题的调研报告》2篇；"智慧团建"团员和青年主题教育"4+1"专题学习率达到100%，覆盖团支部2326个，覆盖团员和青年9万余人。

【青年发展型城市创建】　2023年8月，召开2023年中卫市青年工作联席会议暨自治区级青年发展型城市建设试点工作推进会；联合诚品·青创社区共同推出"卫青驿站"人才公寓品牌；征集青年发展型城市LOGO和标语；打造青年友好型场馆示范点——中卫中学风雨操场。

【引领凝聚青年】　2023年，中卫市开展首届"黄河少年说"、中卫青年演说大赛、红领巾讲解员演讲、铸牢中华民族共同体意识手抄报比赛等活动；联合指导各县（区）在单位、社区、学校共同开展民族团结主题宣讲和专题学习活动共70余场，以"石榴籽一家亲"为主题，遴选20场示范性铸牢中华民族共同体意识主题团（队）课，开展各族青少年交流"手拉手"专题活动共

4场；开展“青春品鉴·书韵留香”读书分享会，遴选优秀主题团(队)课20节、百佳社团14个；指导中小学累计开展红色、国防、法治、安全等各类主题活动32场次，参加“实践营”队员总数1784人；组织全市各级团组织观看团十九大开幕会并开展热议，不断深化“青年大学习”“红领巾爱学习”行动，主题团课平均参学率为388.29%，参学人次达到20万人，主题队课实现全市少先队中队100%全覆盖。

【组织动员青年】 2023年，中卫市在重点产业发展和重大项目建设一线青年突击队中举办“争先争效”比武竞赛，评选优秀青年突击队12支，举办中卫塞上工匠技能大赛，评选优秀个人66名、团体33家；为自治区第十六届运动会、自治区首届残特奥运动会、云天大会、金蛙艺术节、第六届枸杞产业博览会等大型赛会提供志愿保障，累计上岗志愿者近1300人，志愿服务10000余场次；在“三五”等重要时间节点围绕反诈、普法等开展志愿服务100余场，覆盖20余万人次；启动招募“扬帆计划”暨“返家乡”大学生社会实践，征集岗位1500余个，招募大学生1200余人；邀请厦门大学研究生团前往海原暑期支教，累计服务天数20天；打造中卫“志愿V站”，利用“志愿汇”服务管理平台，发布活动203个，参与志愿者10303人次、服务时长54771小时。

【联系服务青年】 2023年，共青团中卫市委员会会同市人社局等16家单位联合举办“中卫市2023年春风行动暨就业援助月”专场招聘会，提供就业岗位5166个，达成初步就业意向1502人；举办2023年中卫市高素质农民创新创业暨“青马工程”女农民培训班、“青春有约 卫青团缘”集体婚礼等联谊活动15场，开展高考考前心理咨询活动7场、覆盖3000余人；邀请北京大学研究生团开展青年发展型城市调研，联系北京大学、中国科学技术大学等高校研究生到中卫开展调研活动4次，形成调研报告2篇；指导大学生参加“知行杯”实践大赛，获评全区一等奖1项、二等奖2项、三等奖2项；建立困难青少年帮扶人员台账768人，争取慰问资金15.05万元，慰问青少年305人，帮助289名青少年点亮“微心愿”，在“为爱奔跑”中帮助困难家庭“小树苗”1875人；遴选30名品学兼优的高中学生开展为期8天的“塞上骄子沪上行”上海夏令营活动。

【全面从严治团】 2023年，中卫市配齐配强县(区)团委班子成员，全市专职团干部配备率达到100%；推动“一专一站两联”建设，组织145名团代表进站，联系团支部145个、团员青年1550人，建设青年之家102个；完成新兴领域建团137个、成立社会组织团工委、卫生健康系统团工委、海兴开发区团工委、宁夏青年枸杞产业联盟，推优入团765人、发展团员4200名；举办中卫市2023年中卫市学习贯彻习近平新时代中国特色社会主义思想“青马班”暨全市团(队)干部培训班，培训团干部及少先队辅导员100余人。

（何海月）

中卫市妇女联合会

【中卫市妇女第四次代表大会】 2023年11月24日召开。会议强调要深入学习贯彻习近平总书记关于妇女儿童工作的重要指示精神，贯彻落实中国妇女第十三次全国代表大会精神和自治区部署要求，以铸牢中华民族共同体意识为主线，勇担巾帼使命、凝聚巾帼力量，绘就新时代中卫妇女事业新画卷。

【妇女思想引领】 2023年，中卫市妇联坚持“第一议题”制度，强化理论武装，开展学习贯彻习近平新时代中国特色社会主义思想主题教育，全面学习贯彻党的二十大精神，深入学习贯彻习近平总书记关于妇女儿童和妇联工作的重要论述以及视察宁夏重要讲话指示批示精神，聚焦“巾帼心向党”主题，开展“她宣讲”“云宣讲”“家宣讲”“微宣讲”1300余场次，参与妇女群众15万人次。打造新媒体矩阵，转发党的二十大精神解读、习近平“家语”、时政信息582篇，编发工作动态121篇，制作展播的《巾帼力量:一起守护不能说的秘密》微视频在2023年全国“人人话保密”微视频征集评选活动中荣获优秀奖。开展“巾帼心向党 奋进新征程”庆祝“三八”国际妇女节、“激扬家国情 奋斗新征程”家风家教宣传月、“凝聚巾帼力量 浇灌民族团结幸福花”民族团结进步月等主题活动，开设“我奋斗家国美”宣传专栏，宣传三八红旗手、巾帼建功先进集体、“最美家庭”事迹。

【妇女创业发展】 2023年，中卫市妇联制定印发《中卫市“马兰花”创业妇女支持行动方案》《中卫市2023年巾帼创业创新基地实施方案》，与4家合作银行签订“巾帼创业贷”框架协议书，扶持培育1182名农村女致富带头人创业发展，发放创业担保贷款4.87亿元，支持3072名农村妇女实现增收，中卫市贷款发放量位居全区第一。制定印发《中卫市“巾帼直播间”扶持培育实施方案》，培养优秀巾帼直播带头人，巾帼直播带货达到5605.2万元。举办妇女技能培训班，开展手工制品、家政服务等技能培训164场次3138余人次、科技助农65场次1198余人。建立“互联网+家政”服务模式，开展巾帼家政服务大赛，举办家政培训就业推荐招聘会，学员就业率75%以上。

【家庭文明建设】 2023年，中卫市妇联选树全国“最美家庭”3户，自治区“健康家庭”“节水家庭”78户，中卫市“最美家庭”100户，完善“有德更有得”的激励机制。创新推广“美丽庭院+”模式，整县、整村全面建设“美丽庭院”。开展家风家教宣传活动600余场次，举办“书香飘万家·阅启新征程”家庭亲子阅读活动387场次。联合市纪委开展“忠诚立家风”主题宣传教育活动，助力新时代廉洁文化建设。开展“抵制高额彩礼、推进移风易俗”普法宣讲224场1.37万人次。举办中卫市2023年家庭教育骨干师资培训班，线上线下开展家庭教育公益宣讲322场次11.2万人次。组织少年儿童校外研学等实践活动38场次2500余人次，开展寒暑期儿童关爱活动575场次，参与家长和儿童1.4万人次。

【妇女儿童维权关爱】 2023年，中卫市妇联全力保障妇女儿童合法权益。加强未成年人防性侵宣传教育，开展儿童防性侵宣讲进校园活动64场4989人次。开展《中华人民共和国民法典》《中华人民共和国妇女权益保障法》等巡回宣讲120场次，畅通“线下+线上”婚姻家庭矛盾纠纷化解“双通道”，累计化解各类矛盾纠纷325人次，成功率达96.9%。深化“小树苗”困境儿童关爱服务。对1979个困境儿童摸排建档，招募1590名“爱心妈妈”，募集公益资金10.56万元，实施“春蕾计划”“恒爱行动”“孤儿喝奶”等公益项目资金150余万元，累计走访慰问困境儿童3136人次。启动“康乃馨”困境妇女关爱项目。开展困境妇女“六送”服务，累计发放慰问物资1398份、慰问资金34.37万元，1920余名妇女受益。落实“两癌”“免费筛查+救助+保险+关爱”机制，救助“两癌”患病妇女152名，共用152万元，动员妇女购买女性健康保险4.4万人。

【妇女组织建设】 2023年，中卫市妇联指导“两新”组织建立妇联组织52个，在商务楼宇、单元楼幢打造妇女之家（微家）302个，在部分社区和非公经济组织建立“爱心驿站”15家。线上线下开展妇联干部和执委培训8期3853人。在6个村（社区）实施“提升基层妇女参政议政能力和妇联组织力”项目，培训92名妇联执委。11月24日，召开中卫市妇女第四次代表大会，选举产生中卫市妇女联合会第四届执行委员会委员、常务委员，选举产生中卫市妇女联合会第四届执行委员会主席1名，副主席6名（2名专职副主席，1名挂职副主席，3名兼职主席）。

（王晓燕）

中卫市文学艺术界联合会

【协会管理】 2023年3月10日，中卫市文联召开二届二次全委会。会议以习近平新时代中国特色社会主义思想为指导，深入贯彻落实习近平总书记在中国文联十一大、中国作协十大开幕式上的重要讲话及自治区第十三次党代会、市委五届全会精神，学习贯彻落实全区、全市宣传部长会议精神和自治区八届七次全委会精神，总结2022年工作，安排部署2023年工作。市文联党组书记、主席王世东作题为《守正创新 担使命　奋楫笃行绘蓝图　凝心聚力谱写新时代中卫文艺事业新篇章》的工作报告。市委宣传部领导出席会议。4月27日，市文联召开2023年度党的建设专题培训暨文联工作会。市文联机关干部、市各文艺家协会主席等30余人参加会议。市文联党组书记、主席王世东主持会议并讲话。会议研究讨论《2023年度中卫市文联直属文艺家协会考核办法》、文艺采风交流活动事宜，安排部署中卫市“翰墨倡廉洁　丹青扬正气”廉洁文化书画展作品创作征集和“千名文艺志愿者下基层”文艺志愿服务活动等工作。

【文艺活动】 2023年1月11日，由市委宣传部、市直机关工委、市旅游和文体广电局、市总工会、市文学艺术界联合会主办，市博物馆、市书法家协会、市美术家协会、市摄影家协会承办的“美丽新中卫　吉祥过大年”全市书法美术摄影作品展在市博物馆开展。3月15日，中卫市文联举办“书写新时代雷锋故事”——书法、美术、剪纸作品网络展，用不同的文艺形式歌颂“雷锋精神”，倡导广大文艺志愿者主动做好雷锋精神的继承者、践行者、传播者，接续书写新时代的“雷锋故事”。3月29日，中卫市直机关工委、中卫市文联、宁夏大学博雅书院在宁夏大学中卫校区联合举办“翰墨颂中华　奋进新征程”书画创作座谈会暨作品展。市直机关工委、市文联负责人及市书法家协会、美术家协会部分书画家参加活动。座谈会上，博雅书院学生代表就本次活动畅谈自己的心声、感悟。4月7日，在中卫市第十七届南长滩黄河梨花节期间，中卫市文联汇集文艺资源，组织文艺工作者开展摄影艺术展览、音乐演出、艺术品推介、非物质文化遗产展示等系列活动。梨花节期间，市摄影家协会在南长滩村古树园林小径两侧和南长滩农家文化大院道路两旁以“相约梨花节 情系南长滩”为主题举办摄影展，共展出100多幅反映南长滩二十四节气、自然景观和人文风俗的摄影作品；市民间文艺家协会组织志愿者在梨花集市设置非物质文化遗产展区展示木雕、泥塑、石头画、刺绣手工包、剪纸书签、蒲扇等文创产品。7月14日，由市纪委监委、市委宣传部、市文联共同主办，市书法家协会、美术家协会协办的“翰墨倡廉洁 丹青扬正气”——中卫市廉洁文化书画展在市博物馆开展，参展书法、美术作品80幅。9月21日，由自治区文联、宁夏文艺志愿服务中心、中卫市文联联合组织开展的“强基工程”——文艺助力基层精神文明建设行动启动仪式暨宁夏2023年中国农民丰收节文艺志愿服务活动走进中卫，通过开展丰富多彩的文艺志愿服务活动，营造共庆共祝共享丰收的浓厚氛围，激发群众对创造美好生活的干劲。由自治区第十六届运动会暨首届残特奥运动会执委会、中卫市文联联合举办的“宁夏第十六届运动会摄影大赛”评选结果揭晓，69幅（组）摄影作品获奖。获奖作品通过不同角度全方位记录赛场内外的精彩瞬间，展现运动员积极向上、挥洒汗水的拼搏精神。11月13日，由市委宣传部、市委统战部、市文联共同主办的“民族团结一家人 中华民族一家亲”书法美术摄影作品展在市行政中心二楼开展。展览共收到主题书法、美术和摄影作品305幅，评选出100幅优秀和入展作品。

【文艺调研】 2023年6月8—9日，中国文联权益保护部主任、法律工作处处长、综合处三级调研员一行3人到中卫就文艺维权工作开展专项调研。

【文艺交流】 2023年5月26—28日，中卫市文联组织各协会文艺骨干33人走进固原市、隆德县和甘肃通渭县开展为期三天的采风交流活动。26日，在固原市文联开展座谈交流；27日，采风团一行到隆德县温堡乡杨氏彩塑艺术馆；28日，采风团一行到甘肃通渭县民俗馆、博物馆、悦心国际书画村、书画艺术交流鉴赏学会，了解通渭县书画艺术、书画产业的发展情况，参观通渭青年书画展和冷文炜书法专题展，开展书画创作笔会，大家相互交流、取长补短。

【文艺志愿服务活动】 2023年，中卫市文联组织文艺进校园、进企业等文艺“六进”活动20余场次，在永康镇永乐村举办书法、摄影、朗诵、美术等“周末文艺课堂”98期，“永乐风情”农民摄影展被多家新闻媒体转载。结合“我们的节日”“非遗过大年”活动，为机关、社区、企业赠送春联等5000余幅。自治区“强基工程”——文艺助力基层精神文明建设启动仪式暨宁夏2023年中国农民丰收节在中卫举办，“千名文艺志愿者进基层”主题实践活动入选全国文化科技卫生“三下乡”活动示范项目，永乐村入选第一批宁夏文艺志愿服务实践基地。

【文艺培训】 2023年4月7日，由市委宣传部、市旅游和文化体育广电局、市文联举办的全市文艺界学习宣传贯彻党的二十大精神培训班在市博物馆举办。市县文联干部、文艺工作者和宁夏大学博雅学院学生等120余人参加培训。3月19日，中卫市书法家协会在市博物馆举办展览视域下的书法创作培训活动。5月16日，由中卫市文联主办，中卫市文化馆、中卫市民间文艺家协会承办的“弘扬传统文化 坚定文化自信——石砚雕刻技艺培训班”在市文化馆二楼多功能厅举行。市民协雕刻艺术从业人员及爱好者50余人参加。5月19日，由市文联主办、市电影电视家协会承办的微电影短视频创作培训班在中卫市新闻传媒集团举办。市影协会员、电影短视频拍摄爱好者120余人参加。8月12日，中卫市文学创作培训暨名家文学讲座在市传媒中心举办。市文联机关干部、市作家协会、评论家协会员及文学爱好者共60余人参加活动。8月19日，中卫市“走近朗诵”和“走进朗诵”专题培训讲座在中卫市图书馆成功举办。中卫市朗诵艺术协会会员、宁夏中卫阅读会会员及中卫市朗诵爱好者近百人参加培训。10月3—4日，由中卫市文联主办、中卫市舞蹈家协会承办的民族民间舞蹈培训班在市文化馆举办，40余名舞蹈家协会会员、舞蹈爱好者参加培训。

【文艺成果】 2023年，中卫市文联牵头主创文艺作品《守护黄河根脉丛书》（《手艺中卫》《红色中卫》《故事中卫》《方言中卫》）。会员创作出版书籍：马卫民《故乡的风》、雍子中《耕梦集》、范春荣《慢行长歌》、利晓生《最后的江湖》、熊轲《寻轲》、张建忠《守望故乡一片云》、李海潮《底线》、李有宗《山榆树》。新增国家级会员。新增4名国家级会员，中国作家协会会员石也、朱敏，中国美术家协会会员周秀芳，中国民间文艺家协会会员岳晓亮。宁夏文联所属11个文艺家协会完成换届，中卫市多名文艺家当选。其中，张强当选为宁夏曲艺杂技家协会主席，潘志骞、徐岱、石建武、石文轩分别当选宁夏书法家协会、电影电视家协会、民间文艺家协会、摄影家协会副主席，刘乐牛、李钰华、梁建华、房继农分别当选宁夏作家协会、书法家协会、音乐家协会、文艺评论家协会主席团委员，赵爱东、朱秀琴、郭亮分别当选宁夏作家协会、宁夏摄影家协会、宁夏舞蹈家协会副秘书长，有34名会员当选所属文艺家协会理事。文艺作品获奖发表。作家彦妮报告文学《被林草改变的“西海固”》荣获全国林草故事征文特等奖。周芳的《西砂窝的连队菜地》《春蕾》入选庆祝中国人民解放军建军95周年全国美术作品展览暨第15届全军美术作品展，并被中国军事博物馆收藏。刘武国作品入展全国第九届楹联展。宁夏第11届摄影艺术展中，石宇清的《乡愁》获金奖，张明的《我的家乡我的河》获银奖、《神龙摆尾》获铜奖，马德的《沙漠深处别样景》获铜奖。第八届宁夏女画家作品展，王春燕的《浩瀚》、芮雪的《岸边的葵花地》、周芳的《故乡瑞雪》、郑源的《阳光正好》作品入展。在由自治区教育厅和自治区文联联合举办的全区学生舞蹈展演暨第十四届全区少儿“希望杯”舞蹈展演中，中卫市报送的10件舞蹈作品获奖。刘琬予、闪明强录制的本土作家拓兆农的长篇小说《黄河儿女》，获得宁夏广播电视奖长篇连播类二等奖；卢慧琴、苏国强、赵风梅、张志、桂师、吴彩文、候鹏飞、金梅花分别获得自治区级民间文艺奖项。石文轩、刘鸿强、田兴仁、王珊的作品入展宁夏第二届青年摄影展。褚晓玲、朱秀琴、吴梅霞、莫淑兰、康雪萍、张庆文等会员的作品入选宁夏第九届妇女摄影作品展。

（艾学璞）

中卫市科学技术协会

【全民科学素质工作】　2023年，中卫市科学技术协会组织召开中卫市2023年全民科学素质暨全域科普工作会议。首次举办全市领导干部科学素质专业能力培训班。举办中卫市第三十八届青少年科技创新大赛、第九届青少年机器人竞赛、第八届青少年科普剧竞赛等科技赛事。其中，在第三十七届宁夏青少年科技创新大赛中获得一等奖23个，在第九届全国青年科普创新实验暨作品大赛（宁夏赛区）中，中卫一中两名学生获得该赛区第一名，并代表宁夏参加全国总决赛。市科协被中国科协评为第37届全国青少年科技创新大赛基层赛事优秀组织单位。组织中卫市90余名师生参加第七届“一带一路”青少年创客营研讨活动。到36所中小学校常态化开展“你好·科学”等科技志愿服务活动47场次。组织开展为期15天的中卫市第六届“提升全民科学素质·争创全国文明城市”网络科普知识竞答活动，全市共10.3万人次参与活动。全年，免费开放市科技馆和市青少年科技馆275天，参观4.72万人次。定期开展“科探时光”“科技生日Party”等科普品牌活动65场次，中卫市科协“科技生日Party”被自治区科协评为2023年度“点赞·科普宁夏”年度科普活动。利用中国流动科技馆科普资源优势，在沙漠博物馆、中宁县黄河体育中心等地巡展4场次，受益群众超6万人次。利用“科普中国”优质科普资源，联合在中卫电视台、“中卫发布”服务号等主流媒体开设《科学普及》“健康有约”“科普在身边”等专刊专版专栏，逐步打造网、号、台、站线上全域科普平台。利用“中卫科协”微信服务号，通过发布科协工作动态、转载科普知识、录播科普短视频等方式，持续推进“科普中国”科普知识在社区、学校、乡村等地的精准推送。投资640万元完成中卫科技馆（宁大中卫校区南侧）改建工程，2023年10月正式免费向社会开放。

【主题科普活动】　2023年，中卫市科学技术协会结合科技、文化、卫生“三下乡”和全国科普日等主题活动，全年常态化开展群众“点单”、科协组织“派单”、科技志愿者“接单”、群众“评单”的科技志愿服务活动281场次。发挥科普大篷车“轻骑兵”作用，深入集市、广场、社区、学校开展科普宣传活动100场次。联合中卫市沙漠博物馆、镇罗镇农耕文化研学基地等科普教育基地打造科普场馆联盟活动品牌，年内开展安全科普知识讲座、防沙治沙、农耕文化研学、心理健康教育等活动181场次。

【科技助力行动】　2023年，中卫市科学技术协会按照《中卫市推进“科创中国”宁夏行动实施方案（2023—2025年）》要求，深入企业征集技术、项目、人才等科技需求，初步建成“问题库”“项目库”“人才库”200余项。争创第二轮“科创中国”试点城市，督促县（区）推广使用“科创中国·宁夏中心”数字平台，注册发布各类科技创新咨询。邀请中国工程院院士、吉林大学地球科学部部长林君一行16人到中卫香山风电场、中卫新能源基地开展技术指导、学术交流等活动。联合举办2023年宁夏食品科学青年学者（研究生）论坛暨枸杞食品科技交流大会等学术交流活动4场次，不断助力全市特色产业高质量发展。联合承办2023年中国科协“科技支撑乡村振兴公益行动”海原县活动，指导海原县梳理农业产业技术需求11项、公共卫生健康需求7项、科技教育需求10项。向中国科协申报获批瓜菜、香水梨和肉牛等特色产业科技小院4个，实现科技小院县（区）级全覆盖。组织申报宁夏科技专家助力乡村振兴等项目22项，获批5项。自筹资金82.5万元，组织实施2023年中卫市全民科学素质提升项目32项。

【科技工作者服务】 2023年，中卫市科学技术协会落实《中卫市科协联系科技工作者制度》，组织县（区）科协和市属学会协会等基层科技工作者，到银川、吴忠、石嘴山等地交流学习。向自治区推荐第19届中国青年女科学家奖候选人1名、第26届中国科协求是杰出青年成果转化奖候选人8名、第三届全国创新争先奖候选团队（人）4个（名）、“国家工程师奖”候选人2名、自治区青年托举人才培养对象20名，“典赞·2023科普宁夏”年度科普人物等7个（名），其中，中卫市防灾减灾救灾科普体验教育基地黄顺华等3人被自治区评为“典赞·2023科普宁夏”年度科普人物。鼓励支持科技工作者开展数字经济赋能乡村产业振兴、枸杞产业发展等内容专题调研5批次。发挥全国科技工作者调查站点平台优势，及时反映科技工作者的呼声和建议，搭建科技工作者与党和政府稳定畅通的沟通渠道，年内向中国科协上报有效站点信息9篇。

（王　坤）

中卫市残疾人联合会

【残疾人社会保障】 2023年，中卫市全面落实低保、医保、大病救助、养老保险等特惠政策，切实提高残疾人的社会保障水平，大力落实低保渐退期、刚性支出扣减和“单人保”等措施，实现“应保尽保”；落实重度残疾人政府代缴费政策、4050灵活就业残疾人社保补贴政策和一、二、三级残疾人城乡居民基本医疗保险补贴政策，残疾人城乡居民基本医疗保险参保率稳定在95%以上，为全市16052名就业年龄段残疾人购买意外伤害保险（圆梦护航保），年内理赔78人30.89万元；落实特困供养政策，把符合条件且愿意到养老机构供养的残疾人全部纳入集中供养，为行动不便和家庭无照护能力的重度残疾人提供上门代办服务23105次。实施“阳光助残小康计划”，扶持260户农村残疾人低保户、脱贫不稳定户、边缘易致贫户，发展市场前景好的特色种植养殖业，开展多元化经营；培育扶贫合作社1家，吸纳22户29名残疾人入社。2023年，中卫市对450户困难残疾人家庭实施无障碍改造（其中，沙坡头区200户、中宁县150户、海原县100户），完成计划任务的100%。对符合条件的607名残疾人实施居家托养服务。对820人次贫困精神病患者免费发放救助药品，涉及救助资金18万元，对31名贫困精神病患者开展住院救助，发放救助资金3.5万元。

【残疾儿童康复服务】 2023年，中卫市落实残疾儿童康复救助制度，做到对符合救助条件的“应救尽救、一个不漏”。常态化开展入户走访，指导家长做好家庭康复，为沙坡头区7名0～6岁残疾儿童开展一周一次的送康上门服务，为42名7～14岁残疾儿童开展一年四次的送康上门服务，对628名0～6岁残疾儿童转介至康复机构提供康复救助服务（其中，沙坡头区403名、中宁县120名、海原县105名）。

【残疾人就业创业】 2023年，中卫市实施农村困难残疾人家庭实用技术定向培训344户，开展残疾人职业技能培训469人、国家通用手语盲文培训201人。对236名自主就业创业残疾人给予补助（其中，沙坡头区83人、中宁县87人、海原县66人）。全年安置残疾人就业企业276家，其中，超比例安置残疾人就业企业达到12.3%，全年新增残疾人就业561人，残疾人参与职业技能培训和就业指导1303人次，自主就业创业残疾人236名享受政策优惠扶持。

【残疾人教育文化体育】 2023年，中卫市义务教育阶段适龄残疾儿童入学率100%，51名残疾大中专学生得到资助。结合残疾人文化周、文化进社区、文化进残疾人家庭“五个一”活动，开展“完善残疾人社会保障制度和关爱服务体系，促进残疾人事业全面发展”“关爱听力健康 聆听精彩未来”等主题活动。残疾人文创作品在“初心筑梦 匠之以成”全区残疾人文创作品及非物质文化遗产作品大赛中分别获得一、二、三等奖。残疾人运动员在全国第四届肢残人轮椅马拉松赛中分别获得冠、亚军。

【残疾人基本状况调查试点工作和持证残疾人基本状况调查】 2023年，中卫市残联对纳入试点的柔远镇3415户6797名常住人口进行全面摸排调查，掌握试点区域持证和非持证残疾人数、残疾种类、残疾等级、比例等基本信息。对沙坡头区14828名残疾人就基本信息、住房、教育、就业、社会保障、基本医疗与康复、无障碍、文化体育等方面开展基本状况和需求调查，入户率达98.59%，APP采集率达100%。针对公职人员违规持有残疾人证的现象，市残联组织全市186名持有残疾人证的在职公职人员进行复评，注销不符合持有残疾证件条件的47人。

（杨子良）

中卫市红十字会

【概况】 2023年,中卫市红十字会共有基层组织160个,市级红十字会志愿服务队8支,县级志愿服务队27支,团体会员单位50个,个人会员337人,志愿者7000余人,应急救护师资288名。

【“三救三献”】 2023年,中卫市红十字会开展红十字救护培训“五进”活动。为中卫一中、宁夏大学中卫校区等1600余名军训新生开展红十字应急救护知识培训。对接团体会员单位、AED(人体自动体外除颤仪)设点单位开展心肺复苏、AED使用、创伤包扎等红十字应急救护知识培训99场,受益12634人次。开展心肺复苏(CPR+AED)救护员培训138场,受益人数5272人。组织全市65名中小学老师、76名医务工作者和51名企事业单位工作人员参加自治区红十字会举办的应急救护师资培训班。全市公共场所新增AED21台。在宁夏大学中卫校区为300余名大学生志愿者集中举办应急救护知识培训,为中卫市承办的自治区第十六届运动会暨全区首届残特运动会参赛运动员的身体健康保驾护航;举办6期寒暑假大学生红十字应急救护员公益培训班,为200余名大学生普及应急救护知识和技能;依托新时代文明实践站(所)中心,开展“千人万场”家庭安全素养提升教育培训,培训师资60余人,深入沙坡头区为群众讲解健康教育知识,普及应急救护技能;选派红十字志愿服务队参加自治区第七届应急救护大赛并获得团体三等奖。

【服务群众】 2023年,中卫市红十字系统开展“博爱送万家”活动。元旦春节期间争取自治区红十字会调拨价值38.05万元的物资,结合新春“三下乡”关怀暖人心等活动,慰问全市1700余户困难党员、群众和红十字志愿者,共发放家庭生活慰问箱200箱,大米500袋,运动鞋1000双;实施“小天使基金”和“天使阳光基金”项目,救助10名先天性心脏病和5名白血病患儿,发放救助金33万元;在沙坡头区兴仁镇、文昌镇开展“金秋圆梦·公益助学”活动,救助困难学生40人,共计2.25万元;在常乐镇、永康镇开展“红十字博爱助残”活动,救助困难残疾人20户,共计1万元;到温馨一家养老院开展送医送药义诊活动,共计0.68万元。春节前慰问成功捐献造血干细胞志愿者13人,1.3万元;救助大病困难群众2人,0.2万元。市人大常委会主任一行到中宁慰问造血干细胞捐献者李阳阳。

【应急处置】 2023年,中卫市红十字会强化与应急等相关部门交流协作,建立信息畅通的合作机制,构建“横向到边,纵向到底”的应急处置机制,修订完善《中卫市红十字会自然灾害救助应急预案》,提升灾害应急反应和协同救援能力;培育壮大红十字应急救援组织和队伍,印发《中卫市红十字会蓝天救援中心管理办法》,调整和优化赈济救灾、水上救援、心理救援3支应急救援队伍;开展实战化应急演练,提升应急救援能力。5月,按照市抗震救灾指挥部安排,在市第七中学参加中卫市2023年全国防灾减灾日地震应急示范演练;10月,抽调红十字会系统7人,参加“同心协力—2023”中国红十字应急救援西北协作区暨黄河流域省(区)红十字应急救援(宁夏)联合演练。

【爱心传递】 2023年,中卫市红十字会动员社会各界人士参与到无偿献血、造血干细胞捐献和器官捐献志愿者登记等爱心活动中来。“6·14”第20个“世界献血者日”来临之际,联合市委宣传部、市卫生健康委等部门,在红太阳广场开展以“捐献血液 分享生命”为主题的宣传暨表彰活动,为获得2020—2021年度“造血干细胞捐献奖”获得者颁发荣誉证书。开展造血干细胞捐献工作,采集造血干细胞血样421人份,回访1700余人,累计成功捐献造血干细胞17例,其中,2023年成功捐献造血干细胞3例。清明节联合农工党中卫市总支部委员会、市中心血站、福兴苑社区及部分红十字志愿者代表,在红太阳广场组织开展以“生命·遇见”为主题的“清明祭英烈缅怀纪念暨人体器官捐献宣传”活动。9月10日,组织300多人,举办“生命之约·大爱传递”2023年人体器官捐献志愿登记宣传季暨“9·9”公益日“民族团结进步月”“世界急救日”活动,号召更多的热心人士加入器官捐献志愿者队伍中来。中卫市累计遗体、器官捐献志愿登记人数4120人,实现遗体捐献3例、眼角膜捐献2片,新增协调员3名。

【弘扬红十字精神】 2023年,中卫市红十字会累计接受社会捐赠(平时)4.96万元。以应急救护服务阵地建设为依托,促进应急救护服务体系进一步完善。按照“阵地+救护员”模式,争取资金12万元新建全国旅游重点村红十字救护站3个,沙坡头景区红十字救护站1个;投资7.5万元,在沙坡头区北区新建红十字会救护站1个;争取1.56万元在海原县关桥中学建设“博爱校医室”1个;撬动闽宁协作社会帮扶资金120万元,在海原县科技馆建设“红十字生命健康安全体验馆”;

争取香港红十字会援建项目资金221万元，在中宁县建设“城镇社区减灾”及“学校为本促进心理健康”项目；争取中国红十字会总会51.5万元，在海原县苍湾村建设“博爱未来·社区为本—防灾减灾”项目。借助腾讯公益平台，开展“博爱未来·一家一个急救包”“流动急救包”“5·8”人道公益日项目，筹款16.41万元；推动“9·9”公益日“一市一品牌，一县一特色”线下筹款活动，通过开展“红十字救在身边·为公共场所配备AED”项目筹款4.96万元。

【志愿服务】 2023年，中卫市红十字会建立骨干志愿者档案，对志愿服务队进行定期考核、动态调整，对志愿者队伍名称进行规范，对志愿服务活动实行备案审批制度。按照专业技能、服务领域成立志愿服务组织，通过中国红十字会志愿服务平台进行注册登记，使各项志愿服务活动有组织、有制度、有平台、有人员、有服务、有记录、有培训。围绕防灾避险、水上救援、健康义诊、“我为群众办实事”、卫生知识、博爱中卫、金秋助学、博爱助残、世界红十字日等主题，开展各类志愿服务活动50余次，受益人数10000余人次，服务时长7000多小时。融入城乡社区治理、服务社区百姓，成立“四支项目+三支社区（学校、医院）”志愿服务队，围绕创建文明城市、养老服务、心理健康、人道救助、应急救护、环境卫生整治等开展志愿服务活动，每周五到福兴苑社区开展创城工作。

（李 荣）

法　治

政法工作及综合治理

·综　述·

【坚持和发展新时代“枫桥经验”、综治中心规范化建设推进会暨全市调解工作会议】　2023年12月27日召开。会议强调要全面贯彻落实习近平法治思想和习近平总书记关于坚持和发展新时代“枫桥经验”及调解工作的重要指示精神，坚定信心、保持定力，砥砺奋进、攻坚克难，全力提升矛盾纠纷预防化解法治化水平，努力建设更高水平的平安中卫、法治中卫，为全市经济社会高质量发展营造安定和谐的社会环境。

【法治中卫建设】　2023年，中卫市召开党政主要负责人履行推进法治建设第一责任人职责现场述法评议工作会议，8位市直党政负责人进行专题述法。中卫市、县（区）法学会实现首席法律咨询专家制度和功能型党支部全覆盖，中卫市法学会获第十八届“中国·西部法治论坛”优秀组织奖。严格立法程序，制定发布《中卫市餐厨垃圾管理办法》。建立中卫市政府基层立法联系点工作制度，设立12个基层立法联系点。在中卫市聘任36名立法咨询专家，开启政府立法工作新模式。梳理近年来群众多次重复反映执法不规范、司法不严突出信访案件，整改问题130个，核结涉法涉诉信访案件125件。健全交通执法法规制度体系，全面推广执法案件线上办理，实施自由裁量基准，组织开展执法案卷评查2次，评查执法案卷92份。推进全民守法，实施“八五”普法，组织开展法律进乡村、进社区、进企业、进学校等活动600余场次。中卫市511个村（社区）实现法治文化阵地全覆盖，培育“法律明白人”7334名、骨干2028名。

【法律服务保障】　2023年，中卫市持续优化法治化营商环境，出台《关于持续加强法治化营商环境工作的实施方案》。依法审理涉及新技术新业态新模式案件38件。建立自治区首个邮政快递行业人民调解委员会、首家工业园区公共法律服务中心。法治服务保障能力增强，规范行政决策程序和重大决策风险评估机制，制定印发《中卫市生态环境资源案件联合执纪执法工作机制（试行）》，发挥行政执法与司法执纪协同联动作用，系统推进全市生态环境治理法治化工作。成立知识产权办公室，综合运用刑事、民事、行政和公益诉讼检察职能，加大保护知识产权创新。深化公安“放管服”改革，落实便民利企28条措施，解决企业困难问题160余件，提供便利服务2461次。推出“七办”便民利企举措，落实“最多跑一次”和“公证事项证明材料清单”便民服务要求，办理减免公证收费案件43件，减免收费15600元。

【政法改革】　2023年，中卫市政法系统聚焦政法领域改革，执法司法监督效能增强。落实司法责任。落实院庭长办案和情况通报制度，推进院庭长办理重大疑难复杂案件常态化，院庭长办理案件9026件。健全案件管理制度，对办案工作实行统一集中管理、流程监控，全程留痕。建立检察案件编号终身制，让司法责任分明、可追、可溯。完善政法机构职能体系。落实法官检察官助理、司法行政人员、聘用制书记员、司法警务辅助人员管理制度，选派6名优秀法官、检察官到下级院入额。公安机关打造沙坡头区“高度集中”、海原县“相对集中”模式的执法办案管理中心。提升执法司法监督效能。制定《中卫市政法系统执法监督专家库管理规定（试行）》，组建中卫市执法监督专家库。组织对中卫市4032件重点案件开展评查抽查复评工作，督促立行立改瑕疵案件65件，规范执法司法。

【政法队伍建设】　2023年，中卫市政法系统开展学习贯彻习近平新时代中国特色社会主义思想主题教育，落实“第一议题”制度，政法系统各级党组织开展理论学习400余场次、专题交流研讨1500余人次。践行“四下基层”制度，从推进平安中卫、法治中卫、审判、检察、公安等重点工作着眼，确定调研课题，形成43份调研报告。践行为民办实事，检察机关开展“以‘检察蓝’守护人民群众美好生活”专项监督活动，帮助农民工追讨欠薪148.06万元。公安机关“一窗通办”实现企业和群众从“一事跑多窗”到“一窗办多事”转变。开展检视整改，推动整改综治中心规范化程度不高、停车难、电动车挂牌难等突出问题，核查办结涉法涉诉信访积案34件。结合调查研究、检视整改发现问题，建立完善《铁路护路联防工作领导小组成员单位履行职责述职制度（试行）》等一批制度机制。突出业务培训，提升能力素质。研究制定《贯彻落实自治区党委政法委〈关于常态化加强新时代政法干警素质能力训练的实施意见〉主要任务分工方案》，通过线上、线下、实战训练等方式，开展新时代政法干警能力素质训练。组织举办中卫市政法系统学习贯彻党的二十大精神科级干部专题培训班，政法各单位共举办政治轮训班16场次，实现政法干警全覆盖。注重选拔锻炼，加强队伍建设。加大优秀年轻干部培养选拔，分类建立政法专业年轻干部库、有法律职业资格年轻干部库、政法机关领导干部备选人选储备库，储备干部1193人。开展纠治形式主义官僚主义专项整治，巩固政法队伍教育整顿成果，2023年，中卫市政法系统共查处违纪违法干警4人。

·扫黑除恶斗争·

【工作机制建设】　2023年，中卫市将“常态化开展扫黑除恶斗争，依法打击和惩治各类违法犯罪”写入中卫市第五次党代会报告，列入中卫市“十四五”规划，系统谋划部署。成立由中卫市委分管领导任组长的扫黑除恶斗争领导小组，并根据人事变动，及时调整。召开领导小组会议2次、扫黑办会议2次，各类专题会、协调会等3次，听取工作汇报，安排部署重点任务，研究协调重大事项。研究审定并印发《关于常态化开展扫黑除恶斗争巩固专项斗争成果的实施方案》总结专项斗争期间好的经验做法，指导推动常态化扫黑除恶斗争。注重长治长效，中卫市、县（区）先后建立源头治理防范整治等218项制度机制。强化服务保障。制定印发《关于调整中卫市扫黑除恶斗争领导小组办公室主任、副主任的通知》，中卫市委政法委明确1名分管领导和1名内设科室负责人承担具体工作，从中卫市直政法单位抽调4名人员充实到市扫黑办，各县（区）共抽调13人充实到扫黑办。各成员单位加强工作人员配备，确保专人干、接续抓，推动各项工作落实落地。中卫市、县（区）安排专项资金60万元，为常态化扫黑除恶斗争提供保障。

【依法严惩】　2023年，中卫市向社会公开举报电话111个、举报邮箱29个、举报信箱254个，结合中卫市维护安定风险隐患大排查大化解大整治行动，广辟线索来源，及时核查办理。规范线索核查办理。印发《中卫市关于进一步规范常态化扫黑除恶线索核查办理的通知》，按照线索（排查）受理、研判分流、核查办理、审核反馈流程核查办理，做到“一线索一编号，一结果一台账”，实现线索办理闭环管理。落实重点线索领导包案、提级核查等工作机制。自治区挂牌督办的2批次3条重点线索核查办结。强化重点案件攻坚。印发《关于进一步加强自治区扫黑办挂牌督办重点案件和重点线索办理的通知》，对挂牌督办的1件重点案件成立工作专班，中卫市委分管领导包抓，推动破案攻坚。深化黑财“清仓见底”。加大“黑财”处置力度，组织中卫市中级人民法院等8个单位召开涉案财产处置协调推进会2次，研究解决存在的难点、堵点问题，综合运用追缴、没收、网络查控和网络拍卖等多种手段，采取涉案财物现状移交、现状拍卖等方式，加快涉案财产处置进度，做到应追尽追、应缴尽缴。执行到位涉黑恶案件财产1429.41万元。推进“打伞破网”。落实纪检监察与政法、组织等部门线索双向移送和重大疑难复杂案件领导包案、提前介入、会商分析、协同推进等机制，紧盯线索案件，跟进循线深挖背后的“保护伞”问题，依法依纪处理公职人员4人。

【源头治理】　2023年，中卫市坚持源头治理，强化行业整治，铲除黑恶势力滋生土壤。建立健全常态化开展专项整治长效机制，推进教育、市场流通、金融放贷行业领域专项整治，规范行业行为。教育部门组织学校对校内图书室128万册教材等进行排查，清理下架配图问题等教辅书籍2.2万本，整治校园周边培训机构、娱乐场所等12家、文具店78家，排查整治校园周边交通安全隐患17处。中卫市场监管部门开展农村假冒伪劣食品、校园周边市场主体等专项整治28次，累计排查整治各类食品安全风险隐患等1600余个，查办食品药品安全等案件559件，下达责令整改通知书220份。金融工作部门排查发现金融乱象线索21条，移送公安机关依法侦查办理。其他行业领域主管部门主动做好各自行业领域深化整治工作，健全完善市场准入、日常监管、动态监控等制度机制，推动形成打击、整治、管理、建设的长效机制。发挥“三书一函”

在推动依法行政、加强行业监管方面的监督、指导作用，针对行政部门履行行业监管职责不严、工作执行不力等问题，共制发行业领域治理“三书一函”109份。

【宣传引导】 2023年，中卫市坚持教育引导，强化宣传发动，营造扫黑除恶浓厚氛围。将《中华人民共和国反有组织犯罪法》（以下简称《反有组织犯罪法》）纳入中卫市各级各部门党组理论学习中心组学习内容、列入政法系统科级以上干部政治轮训班重要内容，举办《反有组织犯罪法》专题培训班6期，培训政法干警和各级领导干部3000余人次。通过微博、微信、抖音、短视频等新媒体解读、阐释《反有组织犯罪法》，将室外LED电子屏、户外广告、知识测验、设置咨询台、宣传展板、悬挂宣传标语和发放知识手册等传统宣传方式作为宣传主阵地，通过发放宣传彩页、张贴海报、编排小品等，宣传《反有组织犯罪法》等，营造浓厚宣传氛围。制发《中华人民共和国反有组织犯罪法》单行读本1万余本、宣传册10万余份，制作推送转载电子图文信息200余篇、宣传片600余个，宣传覆盖90万余人次。

·平安中卫建设·

【维护社会稳定】 2023年，中卫市坚持树牢底线思维，维护社会稳定。做好重要节点社会稳定。制定印发《关于“五一”假期信息报送工作的通知》《关于切实做好中阿博览会期间安全防范工作的通知》等文件，建立日排查、日分析、日研判、日交办、日督办制度，形成领导包抓、挂牌督办等机制，适时启动不同等级勤务保障工作，完成重要节点、重大活动安保工作。开展矛盾纠纷排查化解。坚持和发展新时代“枫桥经验”，推进维护社会稳定风险隐患大排查大化解大整治行动，排查化解各类矛盾9964件，化解率99.72%。守护社会安定。常态化推进扫黑除恶斗争，紧盯线索核查、要案攻坚、黑财处置等重点任务，核查办结问题线索57条，侦破以李某为首的恶势力犯罪团伙。推进反诈斗争，电诈案件同比下降28.7%。

【法律服务保障】 2023年，中卫市坚持法治保驾护航，提高服务经济社会发展能力。加强法治中卫建设。严格立法程序，制定发布《中卫市餐厨垃圾管理办法》。优化法治化营商环境。中卫市委政法委牵头建立《中卫市生态环境资源案件联合执纪执法工作机制（试行）》，统筹做好涉资源环境违法犯罪行为查处、诉讼、执行及生态修复。公安机关侦办食品药品环保森林知识产权领域案件24起，破获涉企案件40起，挽回经济损失1016.4万元，解决企业困难问题160余件，化解涉企矛盾33起，整改风险隐患1109处。检察系统推动落实“河（湖）长+检察长+警长”“林长+检察长”工作机制，制发社会治理类检察建议93份，办理的中卫沙坡头机场净空安全行政公益诉讼案被最高检评为2023年安全生产公益诉讼典型案例。法院出台《关于持续加强法治化营商环境工作的实施方案》，聚焦“执行合同”“办理破产”等评价指标，服务高标准市场体系建设。司法局成立邮政快递行业人民调解委员会、工业园区公共法律服务中心。在中卫市政法系统推行“一窗全办、一网通办、容缺先办”服务模式，加强“微警务”“微检务”“微法院”等建设。公安机关窗口全部实行“365天×24小时”受理办理制度。建成乡级公共法律服务工作站41个、村级公共法律服务工作室511个，实现行政村“一村一法律顾问”和乡村两级公共法律服务平台全覆盖。落实“最多跑一次”和“公证事项证明材料清单”便民服务要求，办理减免公证收费案件43件，减免收费15600元。

【完善治理体系】 2023年，中卫市开展平安中卫建设重点工作提升行动，确定61项重点工作，逐项明确工作任务和责任单位，细化工作要求和措施。建立督导通报制度，开展实地督导调研2次，召开调度会、专题会商会、推进会等4次，提升平安建设工作质效。推进《“十四五”平安中卫规划》落实落地。研究制订“十四五”平安中卫建设规划及任务分工，召开平安建设协调小组会议、平安办会议6次，系统研究部署推进“十四五”平安中卫建设重点工作。贯彻落实中央政法委《“十四五”平安中国建设规划》中期评估部署要求，召开专题会议研究部署中期评估迎检工作，组成3个督导组开展规划实施专项督导，督促各县（区）各部门查漏补缺，推动“十四五”平安中国规划深入实施。推进平安建设挂牌督办任务落实。督促中宁县开展非法集资“清积攻坚”专项行动，整治非法集资乱象，中宁县公安局新增立案10起，在侦3起，移送审查起诉12起；检察院受理审查12起，移送法院起诉1起；县法院判决执行到位款项累计1487.74万元。推动综治中心规范化建设。制定印发《市、县（区）、乡镇（街道）综治中心规范化建设实施方案》，明确各级综治中心建设目标、功能定位、建设模式等具体内容，组织开展综治中心规范化建设年活动，投入资金300余万元，开展调研督导、观摩评促3次，乡镇（街道）综治中心规范化实现全覆盖。推进综治信息化建设，在中卫市行政中心一楼开通运行社会治理基层综合指挥平台，开通3个县（区）及中卫市41个乡镇街道指挥平台系统账号，派专人入驻负责运行，录入网格3423个，人口87.54万人，楼宇29.51万栋，单位1752个。

（樊 江）

公安

【平安建设】 2023年，中卫市公安局改造升级巡防一体警务站8个，布建警防区10处，构建形成扁平化指挥、网络化巡逻、一体化打防的街面管控“快反机制”，街面案件下降18.4%。统筹推进安全生产工作，深入排查整治道路交通、九小场所、危化民爆等各类安全隐患7477处，查处涉燃气违法犯罪案件35起，查处各类交通违法行为46.03万起，中卫市道路交通四项指标下降明显。推动矛盾纠纷多元化解机制，排查化解各类矛盾纠纷6339起，化解率达99.52%。

【聚焦突出犯罪】 2023年，中卫市公安局紧盯多发案件，严厉打击各类违法犯罪，破获刑事案件1986起，抓获犯罪嫌疑人2371人。常态化开展扫黑除恶，破获9类涉恶案件37起，抓获犯罪嫌疑人121人。破获电诈案件459起，抓获犯罪嫌疑人745人，破获偷越国境案件7起，打击处理11人，核减滞留境外涉诈高危人员133人，打掉“两卡”犯罪团伙5个，电诈案件同比下降25.6%。加强命案攻坚，现行7起命案全破，破获命案积案1起，抓获在逃25年以上命案逃犯2人。建立“1+3+N”专业合作化缉毒执法打击新模式，查获吸毒人员72人，抓获犯罪嫌疑人22人，缴获毒品海洛因753.8克，社区戒毒康复执行率达到100%。破获非法储存运输烟花爆竹案件4起，缴获烟花爆竹600余箱。

【提质增效】 2023年，中卫市公安局制定“情指行”一体化运行机制、加强新时代公安派出所工作三年行动计划、科技兴警三年行动计划、深化大部制改革等改革方案，完成2024年重点装备项目评审，共评审26个项目。推进改革和加强派出所工作，“两进班子”全覆盖，“两队一室”样板鲜明，在“两个40%”的基础上，中卫市辖区公安分局“两个50%”基本实现，318个警务室建设完成并全部投入使用。将128名网格员聘任为警务助理，构建“警格+网格”基层社会治理模式。统筹辖区网格员、保安员、综合执法员等社会力量，组建群防群治队伍318支6664人，形成“警民联防”的巡防工作格局。加大行政案件审查力度，案件查结率达到74.6%。

【便民利企】 2023年，中卫市公安局落实便民利企28条措施，解决企业困难问题160余件，制定“为民生办实事”10项工作措施，化解涉企矛盾33个，监督整改风险隐患1109处，为企业提供便利服务2461次。探索实行跨警种业务“一窗通办”服务模式，延伸服务触角，建成3个车管分所，大型机动车业务全域覆盖。推进“365天×24小时”政务服务，利用非工作日为群众办理业务17990件。排查整治各类安全隐患7477处，查处涉燃气违法犯罪案件35起，查处食品药品环保森林知识产权领域案件24起。落实“警企共建”机制，破获涉企案件40起，挽回损失3130万元。

（张 博）

检察

【概况】 2023年，中卫市检察系统共办理刑事、民事、行政、公益诉讼检察案件5566件，同比上升7.66%，审查逮捕426人，审查起诉1361人。

【服务发展大局】 2023年，中卫市检察系统共办理严重暴力犯罪案件114件135人、破坏社会主义市场经济秩序犯罪案件34件59人、电信网络诈骗等侵犯财产犯罪案件209件258人、危害社会秩序犯罪案件224件396人、重大责任事故等涉安全生产犯罪案件6件11人。落实少捕慎诉慎押具体工作要求，依法不批准逮捕141人，不起诉356人。办理涉案企业合规改革案件4件。成立知识产权检察办公室，建立知识产权行政执法和刑事司法衔接工作机制，以知识产权综合司法保护助力创新发展。跟进落实最高人民检察院一至八号检察建议，制发各类检察建议102件。对安全生产领域突出问题，向行政机关制发检察建议12件。将社会综合治理类检察建议落实情况纳入中卫市效能目标管理考核。开展黄河保护综合治理、黄河宁夏段水资源保护等专项行动，落实“河（湖）长+检察长+警长”工作机制，办理生态环境和资源保护公益诉讼案件104件。依法打击破坏生态环境违法犯罪7件9人，提起刑事附带民事公益诉讼2件，督促启动生态环境损害赔偿程序，追回生态环境损害赔偿金5231万元，推动赔偿义务人治理草地面积1540亩。常态化开展“携手清四乱 保护母亲河”专项行动，督促行政机关整治非法占用黄河流域中卫段河道26.5公里、清理各类固体废物450.6吨、清理污染水域3000余平方米。中卫市人民检察院办理的督促保护中卫沙坡头机场净空安全行政公益诉讼案，被最高人民检察院评为安全生产检察公益诉讼典型案例；中宁县人民检察院督促保护“中宁枸杞”品牌行政公益诉讼案被评为自治区知识产权保护典型案例。

【司法为民】 2023年，中卫市检察系统开展“以‘检察蓝’守护人民群众美好生活”专项监督活动，从守护人民群众“看病钱”、保护公民个人信息到保障人民群众用药安全等9个方面开展检察监督，依法办理各类案件224件，制发检察建议117件，帮助农民工讨回工资薪金214万元，89名因案致困当事人发放救助金95.8万元。压实首办责任，入额院领导包案办理首次到检察机关申诉的刑事案件、立案监督案件38件，签订息诉罢访协议14件。打击侵害未成年人犯罪，依法起诉52件86人，对未成年人犯罪依法起诉15件30人。构建罪错未成年人分级干预和多元救助机制，精准帮教作出附条件不起诉11件24人，开展心理救助、社会救助、司法救助99件112人。建立“美玉家庭教育指导站”，联合妇联开展家庭教育指导，制发督促教育指导令12份。

【司法监督】 2023年，中卫市检察系统推动侦查监督与协作配合办公室实质化、规范化运行，强化刑事立案、侦查、审判活动监督，监督侦查机关立案66件、撤案214件，纠正漏捕漏诉58人、书面纠正侦查活动违法68件次，对定罪量刑明显不当提出抗诉案件8件，书面纠正审判活动违法44件。办理民事监督案件355件，对民事生效裁判监督案件提出抗诉、再审检察建议19件，采纳率为89.47%。对审判、执行活动提出监督意见191件，采纳率为96.86%。紧盯高发常发的民间借贷、以物抵债、追索劳动报酬等领域案件，办理纠正虚假诉讼案件2件，提出再审检察建议2件，法院再审改判1件。办理行政检察监督案件132件，办理生效裁判监督案件9件，提出监督意见4件；对审判、执行活动提出监督意见73件，采纳率为98.63%。办理行政争议实质性化解案件11件。办理公益诉讼案件271件，97%的公益损害问题在诉前得到解决。建立人大代表建议、政协委员提案与公益诉讼检察建议衔接转化工作办法，收到线索24条，立案18件。落实耕地保护工作部署，督促保护耕地980余亩。

【现代化建设】 2023年，中卫市检察系统实施数字检察战略，围绕事关国家利益、社会公共利益、涉民生领域研发应用大数据法律监督模型61个，发现监督线索3890条，成案685件。黄河流域违规抽取地下水法律监督模型，被最高人民检察院在沿黄九省区推广应用。强化人才队伍建设，开展政治轮训、岗位练兵、实战实训以及同堂培训，注重业务专家、能手和专业化人才培养。落实司法责任制，检察官办案责任和检察委员会、院领导、部门负责人办案监督管理责任。优化检务管理，运用案件质量评价指标体系，完善检察人员考核机制，推动干部能上能下、员额能进能出。加强检察理论研究，深化检察实践创新和检察理论创新。

（张 莉）

法 院

【概况】 2023年，中卫市法院共审结各类案件24912件，审限内结案率为94%；其中，市中院审结案件2519件，审限内结案率为95%。全市员额法官人均办案221件。中卫市中院印发《中卫中院关于持续加强诉源治理工作的实施方案》。

【刑事审判】 2023年，中卫市法院共审结各类刑事案件1033件。贯彻宽严相济刑事政策，对1019名被告人适用认罪认罚从宽制度，对84名罪犯依法减刑。

【民事审判】 2023年，中卫市法院共审结各类民商事案件14631件，依法保护各类民事主体合法权益。审结婚姻、抚养、继承等民事案件2566件，发出家庭教育指导令、人身安全保护令6份。审结劳动争议案件922件，追回工资6500万元，注重保障外卖骑手、网约车司机等新业态从业者合法权益。践行“两山”理念，审结涉环境资源案件171件。推进僵尸企业有序清退市场，对29家有挽救价值的企业采取和解、重整等方式盘活企业资产近千亿元，守护2万余名员工的“饭碗”。审结涉知识产权案件68件，赔偿损失61万元。为确有困难的当事人依法减缓免诉讼费349万元，发放司法救助金140万元。

【行政审判】 2023年，中卫市法院共审结行政案件317件。联合市检察院、司法局制定《中卫市行政争议协调化解工作办法》，明确工作职责，规范化解流程，形成化解合力。依托行政争议协调化解中心，建立“人民法院委派+化解中心主导+法官跟案指导+检察官联合化解+法律顾问参与”工作模式，向中心委派行政争议105件，36件得到实质化解。建立行政机关负责人出庭应诉评价机制，全市行政机关负责人出庭应诉率达100%。

【执行工作】 2023年，中卫市法院开展“雷霆2023”“卫执利剑”等专项集中执行活动43次，执结案件9775件，兑付执行案款17.87亿元。发挥失信惩戒机制作用，限制高消费6212人次，纳入失信人员名单2828人次，发布悬赏公告60期，司法拘留519人。健全完善守信激励机制，解除限高1000人次，信用恢复2976人次。依托科技破解财产变现难题，网络司法拍卖7299件次，成交金额1.58亿元，为当事人节省佣金720万元。中卫市中级人民法院发出自治区首份《自动履行证明书》，正向激励督促被执行人自觉履行法律义务，引导全社会诚实守信。

【司法改革】　2023年，中卫市法院为477名被告人指定辩护人，推行民事诉讼繁简分流改革，适用简易程序、二审独任审结民事案件11190件。院庭长带头办理疑难复杂案件，审结案件12537件，占结案总数的53%。加强"四类案件"监督管理，二审、再审改判案件294件。建立院庭长阅核案件机制，院庭长阅核案件1239件。

【智慧法院建设】　2023年，中卫市推进"智慧诉讼服务"新模式，促进执法办案提质增效。依托在线智能化安检、远程庭审、智慧执行、裁判文书安全管控、调解平台、跨域立案等平台，为人民群众提供立案、调解、执行等一站式服务。以"数字革命"赋能新时代审判执行工作，线上立案2818件、线上开庭886件、线上调解4715件，线上委托鉴定326件次，线上保全281件次，电子送达32517次，升级改造智慧法庭10个。

【阳光司法】　2023年，中卫市法院主动接受人大和政协监督。向人大常委会作专题报告6次，接受各级人大调研指导9次，邀请人大代表、政协委员等旁听庭审、见证执行52次1913人次。依法接受监察、检察机关监督。贯彻落实《中华人民共和国监察法》，自觉接受监察机关和派驻纪检监察组对法院工作的监督。落实新时代检察机关法律监督工作的意见，邀请检察长列席审判委员会60次，办理检察建议246件。落实人民陪审员制度，人民陪审员参审案件796件。

（杨璐畅）

司法行政

【全面依法治市】　2023年，中卫市司法局提请市委、市政府主要领导先后召开治市委会议、治市办会议等，印发《中卫市全面依法治市委员会2023年工作要点》等文件，对全面依法治市工作进行系统部署。采取"现场述法+主要领导点评"模式，扩大述法范围，将各行政执法部门法制科负责人纳入述法范围，组织开展2022年现场述法评议会。落实法治政府建设工作报告制度，全市公示率为100%。制定印发《中卫市行政合法性审查工作规则》。推进示范创建工作，完成方案制订、提请会议研究部署、申报、上传4000余份证明材料、起草100项情况说明、举办3次培训班、督导落实等步骤。开设中卫市依法治市工作信息及工作专报，编发工作信息10期，共69篇，报送工作专报6期。

【行政立法】　2023年，中卫市建立政府立法后评估制度，对评估主体、范围、内容、程序、方式、评估报告及评估结果的运用等作出规定。授牌设立12个政府基层立法联系点，拓宽公众参与立法的途径。建立政府立法协商制度，实现与政协委员、民主党派、工商联、无党派人士、人民团体、社会组织等对立法工作的沟通、协商和交流。聘任36名具有法学理论知识、实践经验的人大代表、政协委员、律师等，组建政府立法咨询专家库，为政府立法提供智力支持。组织召开市政府立法工作会议，总结全市2023年政府立法工作，为政府立法咨询专家库专家颁发聘书，围绕2024年政府立法计划，与参会人员开展立法协商。

【行政执法】　2023年，中卫市公布全市各级行政执法部门投诉举报电话，办理投诉举报案件16件，办结14件。对行政执法全过程创新开展"伴随式"行政执法监督3次，聚焦安全生产领域开展行政执法专项监督1次，下发通报3份、提示函5份。印发《关于推动严格规范公正文明执法为安全生产工作提供有力法治保障的工作提示》。举办中卫市行政执法监督证件申领考试，全市考试通过率100%。构建"日常督导+专项督查+实地督查"的法治建设大督查模式，向工作进展缓慢的单位日常发送工作提示函62份，工作督办函8份，会同市委、市政府督查室组织开展实地督查1次，专项督查3次。在法治政府建设示范创建期间，聘请第三方公司对全市法治政府建设和法治社会建设工作进行"全面体检"，督促整改。开展法治调研，《中卫法治政府建设及依法行政问题研究》课题通过自治区法学会审查、立项，批准结项，入选宁夏社会科学院编纂的《宁夏法治蓝皮书》。对重大行政决策事项开展专项监督，向市委、市政府专报，点对点发送工作提示函，提请执法协调小组会议专题推进。

【社区矫正】　2023年，中卫市司法局持续创新完善"线上+线下"社区矫正监管方式，升级社区矫正指挥中心网上办公、网上监督管理、智能教育帮扶等功能，对各县（区）和41个司法所专项督查2次，制发《社区矫正安全隐患预警研判分析报告》12篇、工作通报2期、风险提示函1份、工作提示函1份，撰写《中卫市预防和减少社区矫正对象重新犯罪的分析和实践探索》调研报告1篇。依托"互联网+"、人工智能等现代信息技术，指导督促3个县（区）全部建成部级"智慧矫正中心"。创新法治、警示、国学、红色、劳动和心理疏导

“5+1”教育矫正新模式，组织130余名重点社区矫正对象开展沉浸式警示教育“缅怀革命先烈 感恩奋发前行”教育等活动7场次，发放宣传品5000余份。

【公共法律服务】 2023年，中卫市建成律师行业“党建+统战”法律服务实践创新基地项目。获司法部批准，增设国家统一法律职业资格考试中卫考区，组织全市382名考生完成2023年法考客观题和主观题考试工作。深入推进“百所联百会”机制，开展的“设立律师值班服务岗、法律服务工作站、律师调解工作室，实施‘三个一’行动”被全国工商联通报入选“民营企业产权司法保护协同创新百家实践案例”。落实法律援助“帮困助老扶弱”民生实事任务，创新法律援助“市域通办”工作模式，推行“告知承诺”“容缺受理”等便民利民举措，完成中卫市人民政府十大民生实事工作任务。2023年，受理法律援助案件3722件、代书4412份，受援10642人，为群众挽回经济损失6792.11万元。采取巡回办证、蹲点办证等形式，就近为群众办理公证业务，2023年公证机构受理公证案件3321件，提供上门服务92次，预约办证19件。

【行政复议】 2023年，中卫市调整中卫市人民政府行政复议委员会组成人员，建立行政复议咨询委员会，组织委员参与案件审理会、听证会等审议案件8次，共审理案件13件。强化行政复议规范化建设，建成集中统一的行政复议接待室、听证室。创建第三批自治区法治政府建设单项示范项目《“小试点”撬动“大改革”行政复议体制改革蹚出新路子》，行政复议改革工作入选中卫市2023年十佳改革案例。2023年，受理行政复议案件71件，办结68件，其中，作出撤销决定9件，确认违法2件，行政行为被纠错率为16.18%。

【行政应诉】 2023年，中卫市制定《中卫市落实〈自治区人民政府办公厅关于加强行政复议行政应诉工作的意见〉的任务清单》，深化行政应诉突出问题专项治理，强化行政与司法沟通互动，建立案件情况通报、数据共享制度。组织旁听庭审活动2次、行政机关应诉能力提升培训1次，提高行政机关负责人出庭应诉水平，行政机关负责人出庭应诉率为100%。

【府院联动】 2023年，中卫市司法局完善行政争议协调化解工作机制，制定《中卫市行政调解与人民调解、司法调解衔接机制（试行）》《中卫市行政调解职责清单》，与市中级人民法院、市检察院联合制定《中卫市行政案件协调化解工作办法（试行）》，与市中级人民法院、市公安局联合制定《中卫市辖区化解公安机关行政争议工作联席会议制度（试行）》，召开2023年府院联席会议和行政争议预防和协调化解工作推进会，加强府院联动，共推行政争议实质化解。2023年，中卫市行政争议协调化解中心接收转办案件38件，办结31件，化解成功10件，化解成功率为32.26%。

【法律顾问】 2023年，中卫市司法局调整“一对一”“一对多”法律顾问服务结构。为城市建设、招商引资等重点工作审查合同、协议559份，为“十四五”规划等重大决策提供合法性审查意见179份，办理涉法性事务33件，参与政府会议合法性审查84次，就重大涉法涉诉事项报送法治专报11份；办理诉讼案件116件，办结91件，胜诉78件，胜诉率为85.71%。

【法治宣传】 2023年，中卫市召开市委全面依法治市委员会守法普法协调小组全体会议2次，通过自治区“八五”普法中期抽查评估。开展中卫市第三届国家机关落实“谁执法谁普法”普法责任制履职报告评议活动，录播《以案释法》《与法同行》广播、电视访谈节目各30期。开展市政府常务会议前学法30场次，印发《法治参考》15期，开展全市国家工作人员网络学法用法考试，对31名拟提拔任用的干部进行任前法律知识考试。开展青少年法治宣传教育专项活动，建成中卫市青少年法治教育基地，司法局被授予“全区青少年普法教育工作成绩突出集体”。实施“法律明白人”精准培养工程，培育“法律明白人”6986名、骨干2028名。沙坡头区柔远镇镇靖村等10个村被评为自治区“民主法治示范村（社区）”。对接自治区司法厅争取资金250万元，通过举办民法典主题宣传活动启动仪式，召开民法典实务座谈会，举办法治“‘典’亮旅游”“‘典’亮生活”“‘典’亮乡村”等活动，掀起民法典学习宣传新高潮。

【人民调节】 2023年，中卫市对41个司法所进行督导，督促各县（区）制定司法所品牌创建计划，开展品牌创建工作。开展“塞上枫桥”调解品牌提升行动和“人民调解质效提升”活动，成立中卫市校园矛盾纠纷人民调解委员会及全区首个邮政快递行业人民调解委员会。践行“人民调解+仲裁+信访”纠纷治理模式，调解矛盾纠纷7529起，办理“人民调解+仲裁+信访”案件1400件（全年计划850件），4名人民调解员受到部级单位通报表扬，中宁县司法局荣获“全国组织宣传人民调解工作先进集体”。制订人民监督员培训计划，建立师资库，举办任期培训班，开展人民监督员年度考核。

（周兆鹏）

军 事

中卫军分区

【思想政治建设】　2023年，中卫军分区党委贯彻落实军委国防动员部和军区党委决策部署，学习贯彻党的二十大精神，强化政治引领，突出练兵备战，夯实基层基础，纯正政治生态。

【练兵备战】　2023年，中卫军分区开展指挥所演练，保障任务部队调整轮换。落实"军事训练日"制度，开展理论辅导、课目训练、民兵营连级指挥员联考、民兵基地化轮训等活动。

【武装阵地建设】　2023年，中卫军分区抓实开发区人民武装部阵地建设，组织基层武装部达标考评、专武干部履职考评。年度征兵"五率"量化考评取得优异成绩。

【基层建设】　2023年，中卫军分区滚动更新保障预案方案，联合友邻单位和驻地金融机构开展军地应急资金联保演练。接受中央军委"五治八查树形象"百日专题教育整顿财务行业领域的督导检查。对标推进"五型财务"规范化建设，开展基层财务正规化建设集训。协调地方相关部门为任务部队调整轮换提供通用装备维修、油料加注和热饮热食等各项保障。与地方医院签署保障协议，保障官兵衣食住行医标准化供应。

【党委全体(扩大)会议】　2023年，中卫军分区召开两次中卫军分区党委全体(扩大)会议暨党管武装述职会议，传达学习上级党委扩大会议精神，审议工作报告，军分区纪委作书面工作报告，县(区)人武部党委第一书记进行党管武装述职，市委书记、军分区党委第一书记出席会议并讲话。

【军民团结】　2023年，中卫军分区邀请国防大学教授为市四套班子领导、各部门负责同志进行国防形势报告，举办活动让官兵走上讲台讲述英雄故事，传承红色基因。有效衔接乡村振兴，投入23万元帮扶后塘村新时代文化广场建设，打造党建文化墙，购置器材，定制校服，选派人员外出参观见学，业务骨干参加网络直播带货培训。制定乡村振兴工作实施方案，开展"兵叔叔进课堂"活动，为帮扶小学师生普及国防知识，更新国防教育长廊、捐赠校服和文体器材、添置图书。

【双拥共建】　2023年，中卫军分区军地联合拟制下发《2023年中卫市双拥工作要点及任务分工》和军地互提需求、互办实事"双清单"，与共建联系点中卫中学开展读书活动。联合市退役军人事务局，共同发布"2023年中卫市户籍现役军人立功受奖光荣榜"。协调驻卫部队现役军人子女入学，驻卫官兵、民兵为高中阶段学校新生进行军训。为中卫中学制作艺术雕塑和宣传栏。

【兵役登记】　2023年，中卫军分区依托视频会议安排部署征兵准备工作，结合专武干部例会，安排部署兵役登记工作，细化任务，明确责任；在人武部、街道和乡镇开设兵役登记站，张贴《兵役登记通告》，开展咨询报名、登记审核等工作。逐乡镇开展兵役登记督导检查，促进工作落实，中卫市提前完成男性公民兵役登记任务。

（马芬芬　李　斌　宋万斌）

国防动员

【概况】　2023年8月15日，中卫市国防动员办公室开展潜力数据统计调查培训，完成上报37家国防动员成员潜力数据统计调查分析报告。11月17日，通过宁夏军区和自治区国动办联合评估检查，整组核实心理防护、医疗救护专业队伍和运输保障能力。12月21

日，召开中卫市国防动员委员会，审议通过印发《中卫市国防动员建设规划》《中卫市国防动员委员会工作规则》《中卫市国防动员委员会联合办公室工作运行细则（试行）》《中卫市国动委联合办公室关于贯彻落实〈宁夏回族自治区国防动员工作建设规划〉重点任务分工方案》。开展正常业务训练及安全检查。开展指挥所通信设施和警报通信设施安全大检查活动，对本行业安全进行拉网式排查，对辖区内所有警报设施现场逐个排查登记，发出整改通知2份，全部整改到位，确保所有设施处在安全状态。规范收缴人防易地建设费，对不符合建设人防地下室，易地建设审批严格把关，按规定收取易地建设费。依法依规完成行政审批，2023年，共审批办结受理件57项。

【机构改革】　2023年，中卫市根据自治区国防动员改革精神及《关于中卫市深化国防动员体制改革涉及机构编制事项的通知》，调整中卫市国防动员委员会组成单位，成立联合办公室，以市人民防空办公室为基础调整组建中卫市国防动员办公室，保留中卫市人民防空办公室牌子。设置行政编8个：主任1名（由市发展改革委主任兼任），副主任2名（由原人防办班子成员担任）；设综合协调科、工程管理科（行政审批科）、指挥训练科（法制科）；按改革要求，分别在市发展改革委设国民经济动员科、在市交通运输局设交通战备科、在市工业和信息化局设信息动员科、在市委宣传部设全民国防教育科，各科室按照“三定”方案有序开展工作。成立沙坡头区、中宁县、海原县国防动员办公室，设在县（区）发展改革局并挂牌，主任由发展改革局局长兼任，核定专职副主任1名。

【宣传教育】　2023年，中卫市国防动员办公室在市辖区12所小学安装宣传栏34块，在红太阳广场发放有关防空防灾的宣传资料、人防教育知识教材6000余册。

【人防工程建设】　2023年，中卫市国防动员办公室指导督促开工建设2个人防工程项目，邀请自治区办专家提供技术指导；对在建的人防工程进行质量监督及跟踪指导，对检查中发现的安全隐患督促整改；邀请自治区国动办对人防工程进行竣工备案验收。

【人防工程安全监管】　2023年，中卫市国防动员办公室制定《2023年度安全生产监督管理工作实施方案》，于3月28日、8月10日、11月8日举办人防工程质量监督维护管理、安全生产工作培训班3次，邀请自治区人防质监站和平战管理中心，对全市人防从业人员针对人防工程管理常见问题进行讲解培训；与市辖区16家人防工程运营管理单位签订安全生产责任书，明确人防工程主体责任、监管责任；开展年度人防工程安全检查，对早期、已建成和在建的人防工程进行5轮全覆盖检查，对个别重点工程实行不定期多次检查，确保年度无安全事故发生。

（陈　静）

经济管理

发展和改革

【项目投资】 2023年，中卫市开展项目"五比"和"扩大有效投资巩固提升年"活动，推进"扩大有效投资百日攻坚行动"，组织全市一季度重大项目集中开工，落实"五个一"项目协调推进机制，建立健全"4+13"市级领导包抓、重点项目督查长效工作制度，紧盯开工建设、统计入库、竣工验收等各个环节，做好服务和协调调度。1—12月，全市共实施各类项目589个，5个自治区重点项目完成投资73亿元，投资完成率为227.4%。争取城市燃气管道等老化更新改造和保障性安居工程项目、宁夏水安全保障工程等项目到位资金10.2亿元；列入支持项目37个，其中，中央和自治区预算内资金5亿元。围绕基础设施补短板、产业转型升级、生态环境保护和治理、社会事业发展和民生改善等方面，研究梳理国家政策项目资金支持领域和方向，结合"十四五"规划，组织开展2024年重点项目谋划工作，先后邀请自治区发改委"行家里手"策划召开委机关项目谋划研讨会、全市项目谋划管理工作培训会，提请市政府办印发做好2024年项目谋划储备通知等，多措并举建立全市新一年项目谋划推进机制。开展三轮次项目谋划征集工作，初步储备2024年重大项目238个（年度计划投资2000万元以上），概算总投资1456.8亿元，年度计划投资433.7亿元。

【转型升级】 2023年，中卫市建成腾格里沙漠3GW新能源基地光伏复合项目一期，为全国首批首个率先实现并网的新能源"沙戈荒""一核三绿四示范"项目。实施明阳中宁喊叫水200MW光伏复合、宁夏佳洋能源200MW光伏发电复合等项目，争取湖南水发兴业绿色能源股份有限公司42MW、国家电投中卫香山49.8MW等分散式风电9个289.1MW。推进"绿电园区"试点项目建设。国能宁夏中卫电厂4×66万千瓦机组扩建、腾格里沙漠3GW新能源基地光伏复合项目二期等开工建设，宁夏至湖南特高压直流输电工程获国家发改委核准批复，推进天都山、甘塘750kV等输变电站项目。

全市新能源装机容量达1017万kW，占自治区1/3。宁夏龙源新能源有限公司"沙漠光伏生态治理经验分享及成效展示"得到央视等各级主流媒体宣传报道、在全国性会议上做经验交流。研究制定《中卫市节能减排规划》《关于开展用能权有偿使用和交易改革提升能源要素配置效率的实施方案》《中卫市碳达峰实施方案》《2023年能源消费总量和强度双控目标任务及重点工作安排》等，建立协调推进工作制度、能耗"双控"目标任务责任清单，将目标任务分解下达各县（区）和工业园区、市直相关部门及重点用能企业，压实压紧目标责任。全市规模以上工业能源消费量同比增长17.9%，单位工业增加值能耗同比上升2.3%；2023年，按照国家评价考核口径（扣除原料用能和可再生能源消费）能耗强度同比下降1%左右，完成自治区下达的目标任务。开展"两高"项目清理整顿，执行钢铁、电解铝、水泥、电石、铁合金等高耗能项目产能等量或减量置换要求，12个违规在建"两高"项目完成整改并通过自治区核验销号。

【深化改革】 2023年，中卫市履行经济综合改革专项小组牵头单位职责，制定《关于贯彻落实2023年市委深化改革工作要点经济综合改革任务的通知》，建立经济综合改革专项任务清单及落实台账，指导各部门对承担的任务细化时间表、路线图，明确责任人。完成市本级与沙坡头区国防领域财政事权和支出责任划分、政府采购项目全流程电子化等21项改革事项。组织各部门（单位）对2023年营商环境测评填报过程中的组织领导、资料准备、系统填报等方面进行全面复盘，梳理《2022年度营商环境第三方测评指标存评存在问题清单》《2022年度营商环境第三方测评企业满意度评价存在的问题清单》《企业诉求清单》，明确责任单位、整改时限，督促各部门（单位）靠实责任，掌握各项问题整改落实情况。建立以全市58个部门为成员单位的优化营商环境联席会议制度、会商制度、报告制度以及营商环境改革亮点经验做法时时推送、月总结制度。2023年，向自治区推送中卫市亮点工作信息80余篇。加强行政许可和行政处罚等信用信息常态化录入、公示，分析市直部门及县（区）“双公示”数据合规情况，比对失败原因，提高信息报送质量。2023年，归集企业法人数据19.43万条，自然人数据0.14万条，行政许可数据1.51万条，行政处罚数据0.10万条，失信惩戒信息322条。推进信用修复工作，率先将“信用中国”市级信用协同修复初审时间由3个工作日缩短为1个工作日，在线处理企业信用修复申请162例。“公共场所信用承诺告知”获全国典型案例荣誉表彰。

【物价管理与调控】 2023年，中卫市按要求启动应急价格监测预警机制，采取“定时、定点、定人”的“三定”工作方法，对46种应急价格监测品种实行“日监测、日报告”应急监测。加强部门联动，联合相关部门开展停车场收费、旅游景区价格、重大节假日期间住宿价格、学科类校外培训机构收费专项检查，提升消费环境质量。加大市场巡查频次，掌握市场价格变动情况，强化价格监测预警，提升监测质量和水平。1—12月，CPI累计上涨0.6%，上涨幅度控制在3%的预期调控目标以内，价格总水平保持基本稳定。深化城市用水价格改革，调整市辖区城镇供水价格，建立有利于节约用水的价格机制。按照“准许成本加合理收益”原则，制定执行城镇管道燃气配气价格，加强城镇燃气配送环节价格监管。调整全市公办幼儿园保育教育费收费标准，健全学前教育经费投入长效机制。印发《中卫市规范城镇燃气工程安装收费实施方案》，制定全市居民燃气工程安装费（城镇非新建居民住宅）收费标准，规范收费行为。制订《中卫市2023年迎峰度夏有序用电实施方案》《中卫市2023年迎峰度冬有序用电实施方案》《中卫市节约用电助力电力保供专项行动方案》，确保迎峰度夏、迎峰度冬期间电网安全运行，维护供电秩序，保障居民、公共服务行业等电力供应。

（丁　娟）

国有资产管理

【国资国企改革】 2023年，中卫市完成国企改革三年行动评估验收，推动现代企业制度建立成熟定型，国有经济布局结构调整优化。加快“国资国企中卫行”合作项目落地见效，签约项目62个，总投资1091.87亿元，开工建设项目31个，完成投资112.16亿元。加强央地合作，签约项目3个，总投资402.97亿元，占全区签约项目的27.9%。

（张　涛）

【中卫市建设投资有限责任公司（宁夏沙坡头旅游产业集团有限责任公司）】 2023年，中卫市建设投资有限责任公司总投资2.8亿元，进行中卫历史文化街区文旅融合项目。实施湖畔花园大酒店改造项目。投资500万元建设金沙岛东大门帐篷酒店。完成南北长滩复制项目规划，报市规委会通过，纳入黄河黑山峡水利枢纽工程可研报告。完成银河酒店、青春漠漠搭初设方案。采取“走出去”和“请进来”营销模式，开展文旅推介活动，先后组织20批次走出去开展营销，签约旅行社100余家。承接1.2万余人次到景区开展研学、艺术写生活动，收入150万元。探索“旅游+体育”的营销模式，举办“邂逅浪漫花海·体彩乐透相伴”体旅融合营销活动、2023年丝绸之路电动陆冲拉力赛暨“穿越腾格里·逐浪金沙岛”、十六运龙舟赛等节事活动。提升“大漠星河”旅游品牌。按照市委、市政府下达的招商引资任务，重点围绕“1+5”的招商新模式，接待16批次到中卫的单位实地踏勘项目，分12批次赴外省（市）商洽重点项目，完成招商引资任务1.05亿元。签订租赁合同40份，盘活资产54宗，盘活率提高到64.29%。以服务质量提升年为抓手，强化“服务即产品、服务即体验”的意识，以优质服务保障全域旅游发展。聘请专业机构、专家讲师、服务质量培训师和酒店顾问，分批次有针对性开展35场次大型专业知识培训。坚持“点上试验、以点带面、积累经验、全面推广”的原则，开展插花、饮品制作、管家服务等定向专题培训28次。按照“缺什么训什么，什么弱训什么”的原则，邀请行业专家开展服务质量专项辅导20次，查出整改问题101项，整改率达到100%。以安全为基石，筑牢生产防线。与各部门、子公司、景区（点）签订年度安全生产目标管理责任书15份，景区（点）负责人逐级签订150份。紧盯重点领域，开展安全隐患排查47次，查出整改安全隐患214处，全年无安全事故发生。

（胡晓娟）

【高新技术产业开发集团】　2023年，中卫市高新技术产业开发集团有限公司实现收入9755万元。完善法人治理结构，深化企业改革，精简下属子公司2家，修改完善《“三重一大”管理办法》等10项制度。完善薪酬体系，细化工作流程，强化绩效考核，协调降低贷款利率，每年节约利息支出50万元。开挂牌转让盘活炫我数据中心，回笼项目转让收益1480万元。实施中关村产业园基础设施改造提升，酒店资产公开招租，打造集研发、交流、住宿、餐饮于一体的综合性科技产业园。强基础、补短板，激发园区产业吸引力。实施西部云基地防洪排涝工程等19个基础设施项目，完成项目投资总额1.5亿元。推动宁钢集团转让城新公司股权。抓好“能源岛”综合管道、第二固废填埋场、机动车检测中心等自营项目管理，为园区企业供应蒸汽29.8万蒸吨，实现收入6145.4万元；与7家企业签订一般工业固废处置协议约8.3万吨/年，全年填埋处置8000吨，实现收入60万元；检测机动车辆4500辆，实现收入210万元。降成本、引企业，数字产业引领获得新发展。以建设大数据产业中心市为目标，投资3100万元与北京天地通公司推进中卫—西安—郑州直连OTN网络传输系统项目；投资2000万元参股数字宁夏公司；投资1000万元入股特加森数据中心；投资300万元入股宁夏联明循环科技公司。运营国家（中卫）新型互联网交换中心，签约接入企业达到25家，完成业务流量接入750G。举办2023云天大会，参会嘉宾1100余人，签约22个概算总投资751.06亿元的产业项目。引进中交建、中能建等6家企业入驻中关村产业园，孵化中小微企业21家，提升西部云基地数字产业集群发展、集约发展。

（石教俊）

【应理城乡市政产业（集团）公司】　2023年，中卫市应理城乡市政产业（集团）有限公司资产总额达83.62亿元；实现收入3.82亿元；实现净利润998万元；招商引资1.21亿元。坚持“项目带动”战略，主动申报项目，到位资金1250万元，实施供热节能降碳二期项目，改造420万平方米住宅小区63套换热机组，改善群众采暖质量。升级建筑资质，实施和参与建设城市小微公园、体育公园改造提升、中卫市军休老年大学综合楼等项目12个，完成投资1.1亿元。与宁夏交建集团合资成立宁夏城市发展集团公司，承揽工程项目5个，完成产值7300万元。引入杭州悦天公司供应链创新与应用新模式，投资建设“建材集采云平台”项目，邀请140家商户入驻，承揽业务76项，实现净利润220万元。累计派遣353名劳务人员服务市科协等14家单位，实现营收1140万元。抽调专班队伍保障时代佳苑供热。免费解决230处各类供暖问题，在线监控的1340户群众中97%达到20摄氏度以上。新增43处公交站点2条线路，优化线网13次，1.6万余名群众享受免费优惠政策。医疗机构废弃物、畜禽医废处置覆盖率达100%，实现100%无害化处理。新增220个停车位，安装电动自行车、新能源汽车充电桩842个。完成中宁隔离板房项目移交，以及结算审计、财务决算审核工作。集中5个月时间，完成14个安置小区10730套住宅初始登记工作，化解“办证难”问题。融资7400万元，推动恒大“保交楼”项目，完成264套住宅、73套营业房剩余工程，垫付利息等费用285万元。新墩等3个便民市场投入使用。完成自治区第十六届运动会服务保障工作。完善安全生产责任体系和管理体系，实现安全生产责任100%全覆盖。开展安全生产隐患大排查大整治，编制《企业员工安全生产知识手册》《“五懂五会五能”职工安全技能手册》，从业人员全部取得《安全生产和职业健康培训合格证书》。创建城市客运二级安全标准化单位，实现全年安全生产“零事故”。修订《企业文化手册》，完善“应理书香苑”，建设“静一园”、习语长廊等。组织开展各类培训18期2000人次，为169名专业技术人员发放33万元技能津贴，实施企业年金制度。

（周东徽）

【中卫市林草集团股份有限公司】　2023年，中卫市林草集团股份有限公司实现营业收入3345万元，资产总额达3213万元，实现归母净利润41万元。精准浇水、分类施肥，防旱防小，科学用药，规范修剪影响行人视线、车辆驾驶沿路植被，完成城区道路平交口安全隐患整治81处，沙坡头大道、南苑路等10条道路通行能力得以提升。协调新建绿化供水泵房1座，连通维修供水管道1800多米；自筹资金60余万元对新增3500亩绿化带完善配套水利滴灌设施；采取分区分时错峰灌溉、使用保水剂、吨吨桶等措施，确保花草树木长势良好。编制《林草集团园林绿地养护技术规范》，完善规章制度20余项，按照工作项目化、项目清单化、清单责任化，优化调整原有412个责任区。投入资金191万元购置洒水车、自卸车、三轮摩托车等共17辆，剪草机、割灌机等各类生产设施设备304台。对养护区域枯枝落叶沉积的历史欠账，进行清理，共清理清运沉积物5600方，火灾次数同比下降90.6%。投入300余人次对高铁商圈绿化带脏、乱、差进行集中整治。筹资90余万元对18处公园广场42条街道缺株断带区域进行补植花灌木25万余株乔木3000余株、对3.2万平方米裸露空地进行治理。筹资12万元，投入1500余人次参与文明城市创建工作，围绕自治区第十六届运动会及重要节日景观小品打造摆放鲜花40余万盆。种植西瓜580亩，亩产商品瓜达4.2吨，实现产业发展"零"的突破。争取现代高效节水农业项目资金508.72万元，在高家水基地实施改造扩容0.95万立方米和1.4万立方米蓄水池各1座，新建首部过滤枢纽1套，铺设地埋压力管道11.05公里，配套完善田间设施及建筑物，提升基地内水利灌溉系统的蓄水、灌溉保障能力。通过采取苗木采购、栽植、管护一体化的方式，配套完善节水滴灌设施，精准施策，加强日常浇水管护，抓好城区闲置土地环境治理及北部绿色发展区防护林乔木林造林项目补植补造和管护，成活率超过90%；涉及环保整改的明盛染化项目区成活率超过95%。

（王　彤）

财　政

【概况】 2023年，中卫市地方一般公共预算收入完成23.1亿元，为预算的99%，同比增长6%。其中，市本级地方一般公共预算收入完成9.69亿元，为预算的100.37%，同比增加6.58%。全市一般公共预算支出完成211.8亿元，为预算的90.04%，同比增长8.01%。其中，市本级一般公共预算支出完成59.4亿元，为预算的85.9%，同比增长22.9%。

【财政收支】 2023年，中卫市制订《关于实施财源建设工程推进全市经济高质量发展的实施方案》，加强财政运行监测调度，提高税收政策执行精度。加大争取资金力度，全年到位项目资金234亿元，同比增长10%。通过国家黄河流域规模化防沙治沙项目、公共就业服务能力提升示范项目竞争性评审，获得6.1亿元资金支持，确保一批基础设施、生态治理、民生事业项目顺利实施。过好降本增效"紧日子"。对标对表自治区党委、政府要求，制定《关于贯彻落实自治区关于进一步严格财政支出管理坚决落实过紧日子要求的通知》，压减一般性、非刚性支出，"三公"经费和"三项"费用控制在2019年决算数的80%以内。加强财政资源统筹，盘活国有低效闲置资产5.42亿元、存量资金2.89亿元，财政资金安全规范高效运行。护好财政运行"基本盘"。落实"1+5+3"防范化解地方债务风险一揽子方案，通过预算安排、收回结余结转资金、盘活处置闲置资产资源等方式，化解债务29.56亿元，其中市本级10.88亿元。市本级、中宁县债务风险等级黄色，沙坡头区、海原县债务风险等级绿色。坚持"三保"优先，执行《中卫市规范公务员工资津贴补贴实施方案》。

【民生福祉】 2023年，中卫市聚焦人民群众急难愁盼问题，实施"六大提升行动"，民生支出占比达75%，10件民生实事全部办结。社会保障水平持续提高。修订完善市本级社会保险基金存放管理实施办法，续存基本医疗、养老保险基金14.62亿元，实现社保基金保值增值。筹措资金1.74亿元，支持被征地农民和企业职工养老保险补贴，城乡居民基础养老金每人每月增长15元，惠及居民9.07万人。拨付资金1.3亿元，发放企业退休职工取暖费。筹集资金4.29亿元，保障公益性岗位、灵活就业等群体补助，支持实施职业技能培训和公共就业服务能力提升示范项目。筹措资金26.96亿元，实施"互联网+教育"、智慧实验室等项目18个，新（改扩）建中小学、幼儿园20所，新增学位6020个，学校基础设施不断优化。落实绩效考核分配办法，完善教师培养培训体系，足额发放校长和班主任津贴、寄宿制学校绩效工资。统筹资金2.1亿元，建设自治区第十六届运动会暨首届残特奥运动会田径场、体育运动广场等15个场馆，购置租赁602种竞赛器材，保障赛事顺利举办。支持第十三届丝绸之路大漠黄河国际文化旅游节等活动举行，全市接待游客突破1500万人次，增长68.5%。筹集资金8.09亿元，支持基本医疗保障、公共卫生服务等，受益群众62万人次。为6202名孕产妇和7007名城镇无业妇女免费提供唐氏筛查和"两癌"检查。筹措资金6.62亿元，保障疾病预防、基层医疗机构及公立医院改革与高质量发展，城市医疗集团"五大中心"实体化运行。筹措资金23.5亿元，支持村级组织运转、人居环境整治、新型农村集体经济等工作，建设高标准农田18万亩、高效节水灌溉7.3万亩，完成厕改5761座、清洁取暖改造3.2万户。

【发展活力】 2023年，中卫市紧盯现代化产业体系建设，落实好税费优惠政策，支持重点产业补链延链、中小微企业快速发展，退税减税降费9.8亿元，减缓社保费4.5亿元。落实普惠金融政策，累计发放贷款13.8亿元。安排资金1830万元，办好消费促进月、绿色智能家电下乡等活动。投入资金2250.5万元发放政府消费券24.2万张，带动消费3.2亿元。拨付资金1267万元，为符合条件群众发放购房补贴，满足刚性和改善性住房需求。围绕“六新六特六优”产业布局，投入资金2.44亿元，支持云计算和大数据、新材料、交通物流高质量发展。全社会研究与试验发展经费投入8.12亿元、增长50.9%，助力企业科技创新。筹集资金2.5亿元支持城区道路、排水防涝项目建设，新（改扩）建市政道路17条29.2公里，中沟路、迎湖路、富民路建成投用。落实自治区安全生产“1+37+8”系列文件要求，统筹资金3.6亿元，支持非煤矿山、危险化学品、燃气等重点领域安全隐患排查整治，实施工业园区危化品停车场和重大安全风险防控项目，新建中卫市粮食物资储备库，城镇燃气用户“三件套”加装率达100%。坚持山水林田湖草沙综合治理，推动自治区生态文明建设“1+4”系列文件深入实施，统筹资金3.76亿元，支持历史遗留废弃矿山生态修复、黄河流域规模化防沙治沙项目，巩固腾格里沙漠东南缘治沙成果。筹措资金7520万元，推动中卫工业园区水循环综合利用项目建设。

【财政体制改革】 2023年，中卫市明确市本级与沙坡头区国防领域财政事权和支出责任，完成中央和自治区出台的“1+10”改革实施方案。建立政府非税收入网上支付平台，打通费用缴纳便民服务“最后一公里”。深化预算编制、预算执行、预算单位账务处理和决算编报融合衔接，逐步实现部门预算全过程闭环管理。

【预算效能管理】 2023年，中卫市实现“全方位、全过程、全覆盖”预算绩效管理，做到绩效目标申报和审核全覆盖、绩效监控全覆盖、绩效自评全覆盖。组织开展4个部门（单位）整体支出绩效评价、8个重点项目事后及全流程绩效评价，涉及资金3.5亿元，评价结果与政策调整和预算安排相挂钩。

【财会监督】 2023年，中卫市聚焦减税降费、基层“三保”、资产管理等8个重点领域，开展财会监督行动，举办中卫市财务管理能力提升培训班，提高部门（单位）财务管理水平和财会人员综合素质。开展乡村振兴等领域专项治理，对查出问题及时督促整改。

【资产清查】 2023年，中卫市开展防疫资产、物资清查和盘活利用。经核查，市本级共形成防疫资产、物资价值50668.85万元（其中，资产类47384.93万元，物资类3283.92万元），闲置防疫资产物资18711件、价值228.7万元。

【统发工资】 2023年，中卫市纳入工资统发单位103个，统发人数3970人，2023年累计发放56691万元。同时成功发送手机工资单信息25.1万条。完成代扣代缴工作。累计代扣代缴各类资金12327万元，其中，代扣住房公积金6014万元，代扣个人所得税572万元，代扣养老保险和职业年金4767万元，代扣医疗保险和失业保险892万元，其他代扣82万元。

【国库集中支付】 2023年，中卫市累计支付资金68079笔，支付金额390621万元（其中，财政支付41291笔累计支付365922万元，占总支出的93.7%；单位支付26788笔累计支付24699万元，占总支出的6.3%）。

（张 涛）

税 务

【概况】 2023年，中卫市税务系统负责18个税种、8个费种，45173户纳税人的税费征管和服务工作。全年共组织各项税费收入89.42亿元，同比增收18.91亿元。其中，税收收入38.41亿元，中央级收入18.27亿元，地方级收入20.13亿元，超收1300万元。实现社保费收入38.44亿元；非税收入6.87亿元；其他收入6.52亿元。

【减税降费】 2023年，中卫市通过“找对人”“送上门”“对点服”等方式推进“政策找人”，实现精准推送超3.44万户（人）次，新增减税降费及退税缓费12.71亿元。带动全市2023年新增市场经营主体5290户，为中卫地方经济社会发展注入新的动力。

【纳税服务】 2023年，中卫市税务局开展“便民办税春风行动”，升级创优税务领域“放管服”改革，打造“杞云e税·为您办”税务服务品牌，聚焦精细服务提档、智能办税提速、诉求响应提质，先后分5批推出129条便民办税缴费措施，网上办理率达108%，纳税人缴费人业务办理效率提升50%以上，为2.8万户群众解决历史遗留城镇住宅“办证难”问题。

【队伍建设】 2023年，中卫市税务系统深入贯彻新时代党的组织路线，落实“带好队伍”机制制度体系，加强领导班子和干部队伍建设，选贤任能树导向，精准培育筑基石，全系统正科级干部80后、90后占比57.7%。练兵比武竞赛整体成绩位列自治区第三，先后荣获“全国巾帼建功先进集体”“全区民族团结进步模范集体”等多项荣誉。

（徐泽颖）

审　计

【概况】　2023年，中卫市共完成审计项目23项，其中，市本级及部门财政预算执行审计6项，领导干部经济责任审计、自然资源资产审计8项，专项审计项目7项，政府投资项目审计2项。海原县乡村振兴重点帮扶县相关政策落实和资金审计项目获评自治区审计厅优秀审计项目第二等次。

【财政预算执行审计】　2023年，中卫市组织对市本级预算执行等6个预算单位财政资金使用情况进行审计，揭示4个方面56个问题，督促加快资金支付2.46亿元，盘活存量资金0.47亿元，纠正违规资金250万元。

【经济责任、自然资源资产离任审计】　2023年，中卫市重点开展市科技局、司法局等8个单位主要负责同志的经济责任、自然资源资产审计工作，揭示领导干部在贯彻执行党和国家经济方针政策等7个方面94个问题。

【专项资金审计和审计调查】　2023年，中卫市实施中卫市就业补助资金和失业保险基金审计调查，涉及违规资金1875.81万元。实施海原县乡村振兴重点帮扶县相关政策落实和资金审计，创新开展1个整体项目审计操作指引、3个清单梳理、N项结果运用的“1+3+N”工作方法，揭示4个方面15个问题，纠正违规资金2217.8万元；实施中卫市山林权改革情况专项审计调查，揭示4个方面24个问题。

【政府投资项目审计】　2023年，中卫市加大对政府投资项目的审计力度，组织实施2022年城区市政道路新建改造和中卫工业园区第二固废填埋场投资项目审计，揭示7个方面19个问题。

【研究型项目审计】　2023年，中卫市成立研究型审计工作领导小组，制订《关于开展“研究型审计深化年”活动的实施方案》，围绕选题立项、审计实施、项目管理、审后提升4个方面，确定4项研究型审计试点项目，明确责任科室和完成时限。结合就业补助资金和失业保险基金审计调查、网络安全和信息化建设审计项目，开展4次研究型审计专题研讨会。牵头实施的海原县乡村振兴重点帮扶县相关政策落实和资金审计、中卫市山林权改革情况专项审计调查2个研究型审计项目成效初显。

【审计整改】　2023年，中卫市贯彻落实《关于建立健全审计查出问题整改长效机制的实施意见》，以健全制度、完善机制为抓手，制定《中卫市审计整改约谈暂行办法》，通过市政府分管领导集体约谈、个别约谈重点整改单位，提请召开市委审计委员会、政府专题会、政府常务会议专题研究审计问题整改情况，夯实审计整改各方职责，推动形成全员全流程抓整改的大格局。将审计整改作为绩效考核评价减分指标，以考核倒逼被审计单位落实整改责任。全面梳理2021年以来各级审计机关审计查出问题，建立完善了78个审计项目610个问题的整改台账，整改率达到99.84%。进一步化解问题存量、遏制问题增量，确保审计发现问题整改到位。

（刘芳霞）

统　计

【统计基础】　2023年，中卫市统计局举办全市部门统计基层基础建设培训班，组织33个市直有关部门、县（区）统计局统计人员参加培训，系统阐释《宁夏部门统计工作规范》，明确部门统计规范标准，确保部门统计基层基础建设出真绩见实效。成立5个调研指导组，通过集中辅导、重点督导、业务指导等方式巡回指导各层面对标规范化建设标准完善台账资料、规范制度建设，开展统计承诺践诺和星级评定，推进统计基层基础规范化建设第一个“三年行动”收官。

【统计调查】　2023年，中卫统计局做好全市国民经济各行业和社会发展各领域统计调查以及各专业月度、季度、年度定期报表审核验收等工作，按时完成全市地区生产总值、2022年全市民营经济增加值核算工作。建立“准四上”企业台账和固定资产投资项目统计入库联动机制，动态监测企业经营和项目建设情况，对达标企业和项目第一时间入库纳统。2023年内，全市新增“四上”企业76家，新入统固定资产投资项目435个。

【统计分析】　2023年，中卫市统计局围绕市委和市政府中心工作开展统计分析研判，为市委和市政府科学决策、精准施策提供可靠依据。撰写统计快报11篇、统计专报24篇、统计报告8篇、统计信息49篇、统计预警信息14篇。其中，46篇统计分析获得市委和市政府主要领导批示，2篇统计分析分别获得全区优秀统计分析一等奖、二等奖。

【统计服务】　2023年，中卫市统计局编印发布《中卫统计年鉴2023》《2022年中卫市国民经济和社会发展统计公报》《2022年中卫经济要情手册》，完成党的十八大以来中卫经济发展情况数据整理及分析工作，为市委和市政府以及行业部门决策提供统计数据参考。严格落实《中卫市统计局统计数据对外提供和发布管理制度》，推进统计数据提供服务全面、及时、准确。对外提供统计数据服务160余次，开展"依申请公开"答复工作14次。依托"中卫统计"微信公众号发布经济运行情况分析、"一图读懂中卫经济运行情况"图文解读等24篇，为社会公众了解全市经济社会发展情况提供统计服务。

【统计法治】 2023年，中卫市统计局强化统计普法教育。紧盯领导干部"关键少数"，压实统计人员责任主体，坚持培训必讲法、宣传必说法，推进统计法律法规进机关、进企业、进社区。推动市委常委会、市人民政府常务会议各学习《统计法》1次，举办行业主管部门和"四上"企业统计法治培训班10场次，指导各县（区）统计局举办统计业务和统计法治培训班15场次，召开中卫市统计专项治理警示教育会议1次，发放警示教育案例选编200本。强化统计执法监督。坚持以专项治理为抓手，以重点问题为导向，上下联动大力开展执法检查。2023年内全市共执法检查企业（单位）102家、项目2个，其中，市本级执法检查55家。强化数据质量核查。2023年内下达市局各专业数据质量核查任务592家、县（区）统计局核查任务1092家。

【统计宣传】 2023年，中卫市统计局组织普法宣传。借助统计业务指导、数据质量核查、统计执法检查、统计开放日、广场文艺演出、"12·4""12·8"等重要节点开展普法宣传活动，提高社会公众对宪法、民法典和统计法等法律法规的知晓度。宣传第五次全国经济普查。在中卫城市频道电子屏滚动播放五经普宣传视频，在全市各部门、单位户外电子屏滚动播放五经普宣传标语；立足行业部门窗口优势，借助办证办税大厅、行业管理平台、商户网格服务群、管理对象工作群等活跃平台和普查对象集中的办事窗口，有针对性地精准开展宣传发动；借助"中卫发布""中卫统计"微信公众号，及时转载"统计微讯"公众号图文、音视频宣传五经普，提升宣传传播力、影响力和公信力，引导各类普查对象依法接受和支持普查，按时、如实填报普查信息。

【统计普查】 2023年，中卫市强化组织领导，成立由市长为组长、分管副市长为副组长、29个部门（单位）主要负责人为成员的全市第五次全国经济普查领导小组，下设领导小组办公室，设在市统计局。召开全市五经普工作会1次，普查领导小组会议暨推进会1次，专项工作协调会3次。普查区划分及"两员"选聘培训。全市共划分普查区516个、普查小区759个，标绘建筑物13493个，选聘普查"两员"1066人，举办单位清查业务培训班和全市第五次全国经济普查方案暨软件培训班各1期。开展"地毯式"单位清查。全市各级普查人员以"找全、查清、划准普查对象"为目标，采取"以行政村为单位，以核心区域为重点""先易后难，先小后大""以点带面，逐步推进"的工作方法，深入乡镇村居，逐村逐街逐巷，对所属辖区内的全部法人单位、产业活动单位和个体经营户全面开展"地毯式"入户清查。开展数据质量核查。抽取沙坡头区文昌阁社区、中宁县杞苑社区、海原县团结社区等6个社区开展数据质量核查，核查指标差错率在质量验收差错控制范围之内。开展投入产出调查。选定107家具有行业代表性的调查单位，按月维护投入产出调查单位名录库，及时变更、替换、删除不符合要求的调查单位，完成最终确定的92家投入产出调查单位电子台账填报工作。

（刘昭霞）

自然资源管理

【规划管理】 2023年，《中卫市国土空间总体规划（2021—2035年）》《中宁县国土空间总体规划（2021—2035年）》《海原县国土空间总体规划（2021—2035年）》获自治区人民政府批复；全市累计完成364个村庄规划编制任务，实现除"搬迁撤并、城郊融合"类村庄以外"应编尽编"要求。

【耕地保护】 2023年，中卫市保护耕地440.12万亩、永久基本农田343.45万亩。实施5个补充耕地及提质改造项目，新增耕地4153亩，通过"进出平衡"流入耕地8338亩。建成市、县、乡、村、组五级耕地保护网格化监管体系，依托监管平台开展耕地监测监管、图斑核查整改等工作，安装耕地保护责任牌522个、二维码警示桩2661个，实现耕地"一地一码"管理。制定印发耕地保护十条措施、党政同责实施办法、网格化监管工作方案、加强耕地保护工作通知、举报奖励办法共5份制度性文件，压实各级耕地保护责任。

【土地利用】 2023年，中卫市跟踪开展用地服务，取得自治区国有建设用地批复6087.8亩，出让供地50宗2193.3亩（收缴出让金3.96亿元）、划拨供地70宗1.66万亩，为中交中卫云数据中心、"宁湘直流"配套光伏储能等重点项目落地提供保障。办理用地预审与选址意见书19件、建设用地规划许可证23件、建设工程规划许可证47件，处置批而未供土地1.54万亩、闲置土地1756.2亩，土地节约集约利用水平不断提升。

【矿产资源管理】 2023年，中卫市推行矿业权审批不见面、网上办，换发采矿许可证1个，办理采矿权抵押备案1宗，指导各县（区）延续采矿许可证2个，注销采矿权38个，有证矿山数61个，有效矿山19个。编制《中卫市矿产资源规划（2021—2025年）》中期评估。建成全市砂石土矿产资源储量数据库，实现砂石土矿储量数据科学、动态管理。强化矿山巡查130余矿次，监督矿山落实开发利用方案和恢复治理方案，推广开采外包模式，自上而下、分层开采和边采边治成为矿山开采新常态，杜绝超层越界开采，规范全市矿山开采。推动绿色矿山建设，编制绿色矿山建设方案16个，1个达到自治区绿色矿山标准。开展矿产资源开采突出问题排查整治。督促各县区排查问题矿山197个。编制完成《中卫市地质灾害防治规划》。

【生态修复】 2023年，中卫市编制完成黄河上游风沙区（中卫）历史遗留废弃矿山生态修复示范工程项目中涩井沟、常乐镇、香山地区、宁安镇等9个子项目勘测、设计及预算工作，完成项目评审。该项目包含两县一区13个子项目，总投资5.06亿元，矿山生态修复面积2799.5公顷，2023年开工10个项目。完成湿地保护修复1.44万亩。

【产权登记】 2023年，中卫市创新不动产登记"线上办""就近办""网上查""上门办""承诺办""高效办"六大便民服务措施，压缩办理时限，全年共办理不动产权证22991本，办理不动产登记证明10640本，办理司法查解封登记1273件，注销登记8371件，抵押登记7497件，抵押融资达63.33亿元。网上办理抵押权首次登记、预告登记450件；新建商品房现售、预售网签备案2607件。整合登记、核税、交易备案等实现综合受理，环节由4个优化为2个；首次登记、转移登记、在建工程抵押登记压缩到4个工作日，企业转移登记2个工作日办结，抵押登记1个工作日内办结。完成53宗农村集体建设用地确权登记发证，办理以承包经营有偿使用国有农用地不动产权证11宗1880.9亩，发放林权类不动产权证112宗2117.81亩，对生态移民迁出区13.21万亩国有林地进行确权登记，确权率达100%。

【综合生态治理】 2023年，中卫市举办黄河"几字弯"攻坚战宁夏战役现场推进会，编制《中卫市荒漠化综合防治和防沙治沙规划》，提出构建"一沙""两河""三山""四湖"的荒漠化防治格局，谋划在腾格里沙漠东南缘固沙锁边治理区等4个项目区，投资26.82亿元，实施10类41个项目，综合运用工程固沙、光伏治沙、人工造林、退化林修复、中幼林抚育、围栏封育等工程措施推进荒漠化综合防治，打好黄河"几字弯"攻坚战，规划到2030年，完成黄河"几字弯"荒漠化治理225万亩。2023年，依托宁夏南部生态保护和修复治理、"蚂蚁森林"合作造林、国土绿化试点示范等重点项目，推进沙漠治理、荒山造林等生态工程，完成国土绿化、生态修复等任务32.6万亩、草原生态修复8.1万亩、湿地保护修复1.44万亩，"十四五"以来累计完成人工造林117.6万亩，抚育提升及退化林分改造47万亩，封禁保护15万亩，封山育林49.5万亩，退耕还林8万亩，生态光伏治沙4.5万亩。全市林地面积达240.7万亩，森林覆盖率为7.49%，治理沙漠170万亩，治理率达94%。实施城市绿地改造778.8亩，城市绿地改造提升8处、生态修补裸露区域5处、城市街道绿地3条，城市建成区绿地率为40.05%。开展草原禁牧巡查1500余次，查处偷牧251次。完成林业有害生物监测574.54万亩次，监测覆盖率达100%；防治任务完成率达100%；复检调入苗木2691.94余万株；2023年内无松材线虫病、美国白蛾等重大林业有害生物疫情发生。制定印发《关于开展全市湿地摸排建档并建立一般湿地名录的通知》，全市共发布一般湿地名录斑块1568个35.94万亩。启动编制发布《中卫市湿地保护条例》。全市生态保护修复工作吸引全国40多家新闻媒体采访，先后多次被《人民日报》《光明日报》等主流媒体报道，受到蒙古国总统呼日勒苏赫的赞赏。

【经果林产业】 2023年，中卫市实施乡村产业振兴"万千百工程"，新植枸杞1万亩，枸杞种植基地稳定在23万亩，产量20万吨、产业综合产值156亿元，较2022年分别增长11%、4%。推广"良种+良方"枸杞种植模式，建设有机肥替代化肥示范园12个、标准化枸杞种植示范基地9个，标准化率为80%。新种植苹果800亩、红梅杏1100亩，建设万亩标准化苹果、红枣、红梅杏种植示范基地各1个，开展果园修剪、清园技术服务30余次。加快建设杞福源、美杞赋鲜锁鲜等6个精深加工项目，推出枸杞巧克力、枸杞红茶等科研新品20余种。举办第六届枸杞产业博览会，促成购销及招商协议51个，签约金额106.46亿元。

【自然资源执法】 2023年，中卫市落实《封堵废弃金矿矿井（硐）指导意见》相关标准，对全市设立2个金矿勘查调查项目，22个金矿硐、105个铜矿矿硐、122个古生物化石矿硐按照"一井一策""三不留、一毁闭"原则，逐项目编制整治方案，完成矿硐封堵和生态环境治理。完成全市38110个农村乱占耕地建房非住宅类补充摸排图斑市级审核上报工作。国家自然资源督查西安局例行督查2022年反馈192个问题全部完成整改；2023年反馈84个问题，整改78个。组织开展自然资源动态巡查887次，发现自然资源违法行为121起，当场制止117起，暂扣违法机械设备109台次。立案处理卫片、转办、巡查发现各类自然资源领域违法行为109起，共处罚没款1112.83万元。按时督导核查、审核上报3805个土地矿产卫片。依法查处涉规划、野生动物保护违法行为9起，共处罚款204.5万元。成立林草执法工作专班，以下发“涉林涉草”卫片图斑线索为抓手，研判处置图斑84个，实地踏勘49处，立案查处非法占用林地草原违法行为26起，涉及林地草原面积233.59亩，共处罚款14.99万元。

【深化改革】 2023年，中卫市加快推进全民所有自然资源资产委托代理机制试点工作，完成32项试点任务，出台储备管护、收益管理等配套制度，基本摸清水流、湿地、森林等自然资源家底，形成资源资产清查、收益研究等65项成果。完成山林地确权登记18.1万亩，2023年新增林权抵押贷款4364万元，落实公益林政策性保险196万亩，2023年申报成功1个自治区级林下经济示范基地（宁夏泓兴达果业有限公司），智慧林长、巡护通APP全面运行，国有林业总场组建运行。完成市辖区11个乡镇135个行政村1310宗961661.43亩集体所有土地宗地数据的入库、受理、登薄和确权登记，确权率达100%。完成市辖区385宗集体建设用地权属调查、地籍测量、工作底图的绘制工作，对符合登记发证条件的223宗898.9亩农村集体建设用地进行确权登记发证。修订出台《中卫市沙坡头区国有农用地管理办法》，市辖区办理11宗1880.9亩以承包经营有偿使用国有农用地不动产权证。推行多元化供地方式，全市以产业用地“标准地”模式挂牌出让工业用地3宗387.74亩，出让价款2521万元，倒逼园区土地利用强度提升。完善城乡地价公示体系，沙坡头区、海原县中心城区及集体建设用地基准地价更新成果通过自治区审核并经市人民政府批准发布实施，确保基准地价的现时性和有效性。完成中卫市土地二级市场电子竞价系统建设。市本级成功办理工业用地分割转让2宗238.38亩，有效促进空闲土地盘活利用。中宁县被列为全国集体经营性建设用地入市改革试点县，助力乡村振兴，通过采用公开方式出让，成功开展集体经营性建设用地入市10宗147.32亩，获得土地出让收益2260.49万元，“黄羊古落”保护性开发被自治区列入土地权改革典型案例。沙坡头区被确定为自治区农村闲置宅基地农房盘活利用试点区，宅基地、集体土地确权率100%，实现农村“房地一体”窗口受理、平台办理，经验做法被《中国自然资源报》、宁夏电视台等媒体宣传报道。

（杨 晓）

公共资源交易

【交易数据】 从交易体量来看，2023年中卫市公共资源进场交易项目共921个，交易额889989.31万元（其中，进入市公共资源交易中心交易项目747个，交易额570339.15万元，节约资金22831.75万元，节约率为3.87%；进入自治区公共资源交易服务中心交易项目174个，交易额319650.16万元）。从交易分布来看，市本级进场交易项目233个，交易额218820.44万元。沙坡头区进场交易项目139个，交易额267367.44万元。中宁县进场交易项目314个，交易额199483.23万元。海原县进场交易项目235个，交易额204318.18万元。从资源要素交易情况来看，工程建设项目进场交易424个，交易额735041.49万元。政府采购项目进场交易483个，交易额145557.96万元。全市工业用地挂牌20宗，成交14宗，成交面积745224.26平方米，成交价款9389.86万元。

【健全体制机制】 2023年，中卫市推动召开市公管委第一次全体会议，全面履行决策、指导、协调职能，统筹制定全市公共资源交易发展规划和重点工作，研究解决交易领域重大事项和突出问题，推动各项任务落地落实落细。研究制定市公管委工作规则、公管委办公室工作细则，制定出台中卫市关于深化体制机制改革创新推进公共资源交易高质量发展的实施方案、落实自治区公共资源交易高质量发展“十四五”规划实施方案的分工方案、深化公共资源交易平台整合共享进一步规范公共资源交易活动的实施意见。落实“放管服”改革要求，修订完善开评标区管理制度、场内评审专家不良行为发现记录报告制度等20余项，制定出台交易平台服务内容及工作规范、评标区管理工作人员工作职责等，重塑进场交易项目办事指南与服务细则，简化规范进场交易手续和流程，用制度规则管人管事，筑牢交易过程风险防范堤坝。

【深化改革创新】 2023年，中卫市实施“线上办理”

提升交易效能。推进"互联网+公共资源交易"，对交易项目入场申请、公告发布、开评标日程安排、预约场所、招标文件发布和备案等环节全部线上办理，实现数据"多跑路"、投标企业"零跑腿"。2023年，采用全流程电子化交易项目917个，占进场交易项目的99.57%。节省企业招标文件购买费、标书制作费、差旅费等约2000万元。"云端评标"营造阳光环境。推行远程异地评标，房建市政、交通、水利等工程建设项目全部实现远程异地评标，打通全流程电子化交易的"最后一公里"，减少人为干扰。探索开展跨省远程异地评标，与山东德州市合作开展跨省远程异地评标项目2个，实现跨省远程异地评标零的突破。2023年，累计服务远程异地主场项目149个、副场项目1428个。"统计分析"助力宏观决策。按月统计汇总进场交易数据，按季度形成公共资源进场交易数据综合分析报告，从进场交易体量、交易地区分布、交易方式采用等进行总体分析，从进场交易量、各类资源要素、进场交易区域分布、电子化交易水平、跨区域交易情况、企业投标成本等角度同比、环比掌握数据变化情况，思考分析提出意见建议，将分析报告上报市级人民政府和自治区公共资源交易管理局，为宏观经济决策提供参考。"评定分离"压实主体责任。率先在自治区探索推行房屋住建和市政基础设施工程招标"评定分离"，实现评标权和定标权"分家"。2023年，采用"评定分离"项目34个，交易额达93838.09万元。

【优化营商环境】　2023年，中卫市简化进场交易流程。推动有财政计划单的政采项目和发改审批的、住建在线监管的工程项目实行自动审核预约场地，只要具备相关法律法规手续即可登网交易。做实减免清退文章。对依法必须招标的房屋市政、交通、水利、农业农村等单项合同估算价1000万元及以下的政府投资项目，以及政府采购信用评价等级为A级的投标供应商，免收投标保证金；优化平台保证金缴退功能，到期后系统原账户自动退回；集中对2000余万元沉淀的应退未退保证金进行清退。加大电子保函应用。推行电子保函替代传统投标保证金缴退方式，减轻企业参与投标占用资金负担，增加中小微企业的投标机会。截至2023年12月底，开具保函349笔，担保金额9658.6万元，服务市场主体151家。保障重大项目交易。聚焦市委、市政府年度重大项目，为重大工程建设项目和时令性较强的政府采购项目进场交易开设"绿色通道"。2023年，共服务重大项目165个，交易额14.31亿元。

【强化协同监管】　2023年，中卫市公共资源交易中心聚焦突出问题，配合有关职能部门履行监管职能，最大限度降低廉政风险。注重现场管理。创新"五色"马甲制，强化进场人员身份辨识，方便投标人和社会公众监督。优化提升信息软件系统，把规则、制度、流程全部固化为电子化程序。注重内控管理，排查业务环节廉政风险点49个，制定防控措施94条，防止场内跑风漏气、围标串标行为的发生。深化专项治理。持续巩固工程建设政府采购等重点领域突出问题专项治理成果，加强与纪检监察、公安等部门协同联动，整治行业乱象、净化交易环境。强化交易见证。运用大数据、网络技术、智能终端、身份识别、CA认证等手段，加强交易平台见证系统功能建设，实现交易过程实时记录、全程留痕、终身可溯，保障交易主体知情权，提升公共资源交易活动的透明度和公信力。2023年，共见证交易项目793个，记录推送评标专家不良行为50人次，监督部门处置25人次；记录推送招标代理机构不良行为27次，监督部门处置4次；记录推送投标供应商不良行为21家，监督部门处置12家。

（卜治军）

市场监督管理

【概况】　2023年，中卫市市场监督管理局完成自治区第十六届运动会、自治区首届残特奥运动会、云天大会等重大时段食品安全保障工作。25起案件被自治区市场监督管理厅作为"铁拳"行动典型案例相继公布，其中，《中卫市容大燃气销售有限公司涉嫌出具虚假鉴定结论、使用已报废气瓶等违法行为案》被评为总局十起经营主体严重违法失信典型案例，被全国城镇燃气安全专项整治工作专班办公室作为典型案例进行通报。《擦亮"中宁枸杞"金字招牌，全面助推乡村振兴》入选2023年全国第二批地理标志助力乡村振兴典型案例；宁夏协鑫晶体科技发展有限公司、利安隆（中卫）新材料有限公司被认定为国家级知识产权优质企业，宁夏中化锂电池材料有限公司被认定为自治区级知识产权优势企业，3家单位入选国家级"千企百城"商标品牌价值提升行动名单。《铁腕治理严重违法失信企业提升信用监管水平》《中卫市市场监管局重拳出击 严惩安全生产领域违法行为》经验材料被自治区市场监管厅采纳发表，报国家市场监管总局。开展制止餐饮浪费专项行动，其间共责令整改餐饮浪费行为的55家，查办典型案例16起、罚没款0.1万元。工作经验被自治区市场监管厅确定为自治区典型，上报国家市场监管总局。商业贿赂案件实现零的突破，两起不正当竞争案件被评为自治区典型案例。组织开展电梯驻点维保标准化建设，形成以维保效果为导向的维保服务机制。承办2023年全国医疗器械安全宣传周（宁夏）启动仪式和2023年“全国安全用药月”宁夏系列活动启动仪式。《“三医联动”促融合 数据共享破壁垒》被评为中卫市2023年十佳改革案例。启动实施市场监管所标准化规范化建设，建成4星级市场监管所3家，3星级市场监管所5家。

【优化营商环境】 2023年，中卫市深化“放管服”改革，推行“照后减证”，对118项涉企行政审批事项按照“取消审批、审批改备案、告知承诺、优化准入服务”四种方式，深入推进“证照分离”改革全覆盖。开展“一业一证”改革，选取与人民群众生活密切相关的住宿餐饮、母婴健康等14个高频行业，推行“一业一证”改革，实现“一次告知”“一次填报”“一窗受理”“一网联动”“一证准营”。全年市场主体总量达10万户，新登记各类市场主体1.5万户。持续开展“双随机、一公开”监管，全市各部门共发起各级各类抽查事项211项，抽查检查对象1260户，发现问题151个。推动公平竞争审查制度深入实施，全市共审查增量政策措施359件，修改4件；梳理存量政策措施124件，修改7件，废止4件，审查覆盖率达到95%。

【食品安全监管】 2023年，中卫市启动创建“国家食品安全示范城市”，出台《中卫市创建国家食品安全示范城市实施方案》，推动“两个责任”落地落实，按照“分层分级、逐级包保”的原则，全市2216名领导干部包保13812家食品生产经营主体，开展入企督导20539次。聚焦群众关注度高的农村假冒伪劣食品、校园及周边食品、餐饮浪费等问题，开展食品专项整治30余项，累计排查整治各类食品安全风险隐患1600条，下达责令整改通知书220份，立案查处食品类案件162件，罚没款140.65万元。

【药械监管】 2023年，中卫市以药品安全巩固提升行动为统领，围绕“两品一械”重点领域、重点环节开展全链条监管，检查药械化经营单位3760家次，发现并整改风险隐患1135条。开展医疗机构“规范药房”建设工作，对接“阳光药店”系统589家，建成率为95.9%。自治区医疗器械唯一标识试点工作现场观摩会在中卫市召开。

【特种设备安全监管】 2023年，中卫市开展电梯、锅炉、压力容器等特种设备安全专项整治，共组织开展岁末年初、超期未检、打非治违等各类特种设备安全专项整治19项，检查特种设备使用单位912家次，抽查特种设备1310台（套），排查消除安全隐患815个，立案查处16起，罚款255万元。全面开展瓶装液化石油气大排查大起底行动，全市累计排查经营户10704家次，排查液化气瓶113968只，回收不符合安全技术要求的气瓶63093只，报废处置61279只，排查整改一般隐患2037项。

【工业产品质量安全监管】 2023年，中卫市开展燃气具及配件、电动自行车等10项专项整治行动，抽检电线电缆、小家电、儿童玩具等16类524批次产品，立案查处不合格产品案件52起，累计罚没款52.33万元。

【质量体系建设】 2023年，中卫市贯彻落实《质量强国建设纲要》，建设质量基础设施“一站式”服务中心2家，全年共服务企业9家，解决技术难题12个。47家工业产品生产企业配备质量安全总监和质量安全员，全市规模以上企业首席质量官聘任率达55.7%。制订《〈国家标准化纲要〉中卫落实方案》，指导184家企业对573项标准通过《国家产品标准信息公共服务平台》进行自我公开声明，涵盖715种产品。开展服务业标准化建设和服务业品牌化建设，指导1家自治区服务业标准化试点单位完成验收、1家国家级服务业标准化试点单位完成年度绩效考核、7家企业申报2024年自治区服务业标准化试点。

【知识产权保护】 2023年，中卫市制定《2023年知识产权强区建设纲要和“十四五”规划实施工作要点》《中卫市高价值发明专利培育实施方案》，成立中卫市知识产权纠纷调解委员会，全市建成知识产权保护站10家。强化案件办理，全年办理商标侵权案件24起，专利侵权纠纷行政裁决案件6起，罚没款4.14万元。截至2023年11月，中卫市有效注册商标总量13188件，有效发明专利量436件，万人有效发明专利4.04件。

【市场秩序整治】 2023年，中卫市市场监督管理局加大价格监督检查力度，开展涉疫药品和医疗用品稳价保质、停车收费、教育收费、民生领域反不正当竞争执法等专项整治行动，查处民生领域价格违法行为21起，累计罚没款61.01万元。开展旅游市场整治和网络交易市场整治，依法查处涉旅违法行为案件8起、网络交易案件11起。聚焦民生领域，深入开展“铁拳”行动，打击市场监管领域各类违法违规行为，2023年，全市共查办各类违法案件444件，罚没款785.9万余元。开展“放心消费在宁夏”创建活动，全年受理投诉举报8599件，办结率达98%，为消费者挽回经济损失76.2万元。

（王永丽）

海 关

【概况】 2023年，中卫市外贸进出口总值18.1亿元。其中，进口2.8亿元；出口15.3亿元。中卫市共与72个国家和地区发生进出口业务。其中，“区域全面经济伙伴关系（RCEP）”成员国、东盟成为中卫市主要进出口贸易国家和地区。

【进出境动植物检疫】 2023年，中卫海关共查验抽检出口种子37批次，取样送检17批次，出具不合格证书8份。落实陆生动物检疫风险监控计划，协调地方动物防疫部门开展调查，全年共开展兽药残留、疫情疫病监测采样7次，检测项目70余项，检出二类动物疫病1次，涉疫动物2头。累计查验放行蔬菜等鲜活易腐农产品近40种，超过3万吨，货值2.55亿元，同比增长75.5%，被中央电视台选为促进“夏日经济”发展的典型案例进行专题报道。出口种子51批，货值约87.6万美元；出口枸杞700余批，1800余吨，货值0.78亿元。助推宁夏染料产品首次出口到“一带一路”共建国家和地区，帮扶辖区箬竹叶、染料、牛羊肉产品实现首次出口。

【危险货物安全监管】 2023年，中卫海关共检验监管进口危化品1批次，出口危险品900余批次，出具危险化学品包装使用鉴定、性能鉴定1000余份，不合格通知单15份。

【原产地签证管理】 2023年，中卫海关审核签发原产地证书671份，货值9132万美元，其中，RCEP原产地证书134份，货值3780万美元，企业获得税收优惠超456万美元。

【打私工作】 2023年，中卫海关牵头研究中卫市打击走私综合治理领导小组和办公室组成及职责分工，建立相关工作机制，成立联络员队伍，深入组织开展“五进”宣传活动。先后协调烟草、市场监管等部门前往宁夏大学中卫校区授课，实地赴黄河花园社区、四季鲜市场、蔡桥新村、工业园区危险品生产企业开展宣传，悬挂横幅、发放宣传品、播放宣传视频、指导签订《反走私承诺书》，营造全民参与打私的浓厚氛围。经过各部门单位的共同协作，中卫市成为自治区首个成立市级反走私领导机构的地市；首个邀请自治区打私办授课并被中国反走私微信公众号报道的地市；首个唯一实现“进学校、进社区、进村屯、进市场、进企业”全覆盖的地市，宣传受众达600余人次，发放宣传册200余份。

【外贸统计分析】 2023年，中卫海关加强外贸形势分析研判和监测预警，围绕重点行业、重点企业和重要外贸伙伴地区，定期开展跟踪分析，动态做好进出口指标监控。每月开展贸易统计分析并形成工作专报12期，所报各类报告得到地方党委、市政府主要领导批示4次，为市委、市政府科学决策提供参考。

【海关知识产权】 2023年，中卫海关帮助指导宁夏金象医药化工有限公司通过海关总署知识产权备案，实现辖区海关知识产权备案零的突破，进一步维护企业合法权益，提升品牌形象和国际竞争力。

【技术性贸易措施应对】 2023年，中卫海关对辖区内23家农食产品企业、5家化矿金属企业及1家玩具企业开展海关技术性贸易壁垒措施调查工作，应对输韩枸杞和输日植物源性农食产品技术性贸易措施壁垒；建立特色农食产品境外检验检疫要求定期通报机制，及时发布预警信息8条，指导企业按照进口国要求加工生产，提升企业应对能力，规避外贸风险。

【对外开放平台建设】 2023年，中卫海关支持拓展开放通道，助力中卫迎水桥海关监管作业场所建设，针对地方建设需求，走访地方政府及口岸部门，加强对相关政策的收集整理研究，形成政策文件汇编，向相关部门提出合理化意见建议。

【优化营商环境】 2023年，中卫海关全面落实《银川海关优化营商环境21条举措》，实施“关长送政策上门”“问题清零”等机制，先后开展政策宣讲17次，现场解决问题4类25个。优化企业备案流程，压缩报关单位和出口食品生产企业备案办理时限，推广出口检验检疫证书“云签发”模式，出口检验检疫证书实现在线“秒签”，激发外贸主体活力。提高“两步申报”“两段准入”等业务改革应用率，保障进口医疗设备快速通关，全年共查验放行进口医疗设备4批，支持地方医疗民生项目建设。坚持底线思维，聚焦当前海关监管面临的“滞、瞒、逃、骗、害”等全要素风险，筑牢正面监管防线，完善监管链条。释放政策红利，加强RCEP等优惠贸易协定政策培训，推广原产地证书“智能审核+自助打印”智慧审签模式，指导企业用好政策红利。推动1家优质报关服务平台落户中卫。

（张 艳）

工业与园区建设

综 述

【县(区)规模以上工业】 2023年,中卫市规模以上企业工业增加值同比增长15.2%(沙坡头区同比增长5.2%,中宁县同比增长28.0%,海原县同比增长17.2%),增速位居全区第二。全市规模以上企业工业实现营业收入759.87亿元,同比下降12.5%;利润总额亏损12.82亿元,同比增亏6.26亿元;工业固定资产投资同比下降10.9%。

【项目建设】 2023年,中卫市建成铭岛科技20万吨再生铝、宁创5万吨高精度铝板带箔等25个项目,协鑫光伏5吉瓦颗粒硅、中车新能源储能装备制造、和光方硅芯一期等重点项目建成投产,晨光30万吨硅基气凝胶新材料、贝盛5吉瓦光伏组件等32个项目按期推进,伟天炭材碳纤维等13个项目办理前期手续。加大招商引资力度,德嘉科技20吉瓦单晶硅、旭合科技5吉瓦光伏组件等项目落地。

【惠企服务】 2023年,中卫市落实自治区工业领域各类项目资金申报管理办法,累计为企业争取项目资金3.5亿元。出台《中卫市推动新材料产业高质量发展政策措施》,加大新材料产业培育力度,实现新材料产业扩规、提质、增效,促进全市工业高质量发展。制定印发《关于建立"有求必应、无事不扰"工作机制 进一步优化营商环境的意见(试行)》,优化营商环境。组织编印《促进民营企业高质量发展政策汇编》,精准帮助市场主体对接扶持政策。组织开展全市民营经济高质量发展座谈会,一对一梳理办理企业意见建议,解决企业突出问题。常态化做好账款清欠工作,全面完成中卫市清欠任务。制定《中卫市规模以上工业企业高质量发展分类评价管理工作实施方案》,提升对工业企业的精准服务,促进工业经济高质量发展。围绕新材料等重点产业,按照"线上+线下"的模式,先后组织、举办各类培训班,提升企业管理水平。

【绿色发展】 2023年,中卫市落实绿色高质量发展理念,重点做好工业能耗双控、工业节能审查、工业节能监察、淘汰落后产能、固废资源综合利用等工作,提升工业绿色水平。严控工业能耗指标,强化任务分解及能耗双控,全市规模以上企业工业增加值能耗同比增长2.3%。开展工业节能监察,对天元锰业等14家重点企业进行节能监察。严控"两高"项目盲目发展,做好中央环保督察反馈问题整改销号工作,"两高"项目未批先建历史遗留问题配合完成整改销号工作。落实国家、自治区淘汰落后和化解过剩产能政策,中冶美利云等3家企业7个项目完成2023年自治区淘汰落后和化解过剩产能任务。强化绿色制造体系建设,瑞泰科技等3家企业获批为自治区绿色工厂。推进一般工业固废资源综合利用工作,全市一般工业固废综合利用率为61.8%。

【安全生产】 2023年,中卫市常态化做好对民用爆炸物品储存销售企业安全生产监督检查工作,确保民爆企业年内未发生安全生产事故。落实自治区党委十三届四次全会精神,做好安全生产"1+37+8"系列文件任务分工落实,开展工业领域安全生产、生态环保大排查、大整治、大提升行动,全面做好工业企业和民爆企业安全生产督导及"回头看",形成工作闭环,筑牢企业安全生产防线。全面完成专项督查及自治区"四防"督察组等反馈问题整改工作。

【信息化工作】 2023年,中卫市全面落实推动工业经济高质量发展工作要求,聚焦提质增效关键,开展产业信息化和科技领域政策宣贯及相关项目申报辅导,引导企业加大智能改造投入力度,提升工业智能化水平。全年新增培育宁夏瑞泰科技股份有限公司年产4万吨尼龙66及精细化工副产盐等智能工厂、数字化车间5家，培育产业信息化试点示范项目12个，建成工业互联网平台7个，宁夏瑞泰科技股份有限公司的安全生产智能管控一体化示范平台成功获批国家工业互联网试点示范项目。

【创新驱动】 2023年，中卫市技改完成盈德气体氮气供应、顺泰冶炼硅钙炉改造、文晶3吉瓦单晶石英坩埚等11个项目。强化企业梯次培育，新增利安隆（中卫）新材料有限公司自治区企业技术中心1家，渝丰化工等8家企业获评自治区专精特新中小企业，培育宁创新材料等创新型中小企业43家，全通枸杞、互联网交换中心通过揭榜中期验收。

【园区建设】 2023年，中卫市已建成中卫工业园区、中宁工业园区和海兴开发区3个工业园区，园区道路、供排水、供电、天然气、通信、污水处理厂、中水处理厂等配套基础设施不断完善，实现"六通一平"，园区承载功能不断增强，成为中卫市工业经济发展的集中区、招商引资的重要平台。中卫工业园区建成危化停车场、安全实训基地等基础设施，成为全区首个安全风险等级降为D级的工业园区。全市形成新兴产业、传统产业、特色产业三大产业集群，涵盖新材料、新能源及制造、建材、精细化工、冶金制造、农副产品深加工6个工业产业板块和云计算大数据1个信息产业板块。

电力工业

【概况】 截至2023年12月31日，中卫电网35千伏—330千伏电压等级变电站共74座，主变压器157台，总容量12496.8兆伏安。其中，330千伏变电站9座，330千伏主变压器25台，总容量7560兆伏安；220千伏变电站2座，220千伏主变压器6台，总容量720兆伏安；110千伏变电站34座，110千伏主变压器71台，总容量3804兆伏安；35千伏变电站29座，35千伏主变压器55台，总容量412.8兆伏安。所辖35千伏—330千伏电压等级输电线路共198条，长度3220.87千米。其中，330千伏线路31条，长度695.32千米；220千伏线路4条，长度14.86千米；110千伏线路102条，长度1555.14千米；35千伏线路61条，长度955.56千米。新投主变6台，变电容量517.5兆伏安。新投产110千伏电压等级输电线路1条，总长度14.52千米。新投产光伏电站2座，新增装机容量1100兆瓦，储能电站2座，新增装机容量400兆瓦/800兆瓦时。中卫市供电营业区面积1.7万平方公里，拥有营业厅37个、农村供电所39个、自助营业厅18个，多元化缴费终端120台，充电站56座，充电桩112个。

【电力供需】 2023年，中卫电网供电量219.56亿千瓦时，同比增长5.69%；完成售电量216.49亿千瓦时，同比增长5.84%。2023年，中卫电网最大日供电量6825.91万千瓦时，发生日期为2023年11月4日；最小日供电量为5036.61万千瓦时，发生日期为2023年7月3日；平均日供电量5955.59万千瓦时。2023年，中卫电网并网发电总装机容量11668.85兆瓦。其中，火电厂3座，装机容量1402兆瓦；水电厂2座，装机容量124.3兆瓦；风电场31座，装机容量3546兆瓦；光伏电站91座，装机容量6424.55兆瓦；生物质发电厂1座，装机容量12兆瓦；其他机组10台，装机容量160兆瓦。截至2023年12月31日，中卫电网新能源并网总装机容量9982.55兆瓦，其中，风电装机容量3546兆瓦，光伏装机容量6424.55兆瓦，生物质装机容量12兆瓦，新能源装机容量占地区发电总装机容量的86.21%。

【中卫电网负荷特性】 2023年，中卫电网最大负荷2915.68兆瓦，发生日期为2023年8月20日；最小负荷1675.92兆瓦，发生日期为2023年1月7日；平均负荷2462.11兆瓦。中卫电网负荷主要由高载能负荷、电解铝负荷、大用户负荷、扬水负荷、电铁及民用负荷组成，其中，高载能负荷约占全网负荷的45.74%，电解铝约占全网负荷的16.64%，大用户约占全网负荷的

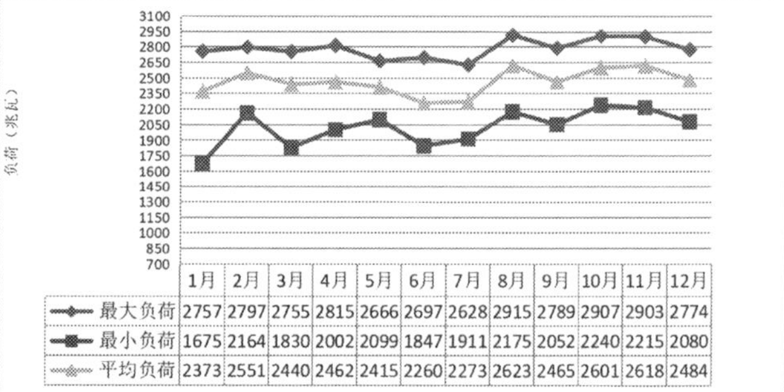

	1月	2月	3月	4月	5月	6月	7月	8月	9月	10月	11月	12月
最大负荷	2757	2797	2755	2815	2666	2697	2628	2915	2789	2907	2903	2774
最小负荷	1675	2164	1830	2002	2099	1847	1911	2175	2052	2240	2215	2080
平均负荷	2373	2551	2440	2462	2415	2260	2273	2623	2465	2601	2618	2484

图1 2023年中卫电网负荷分月统计

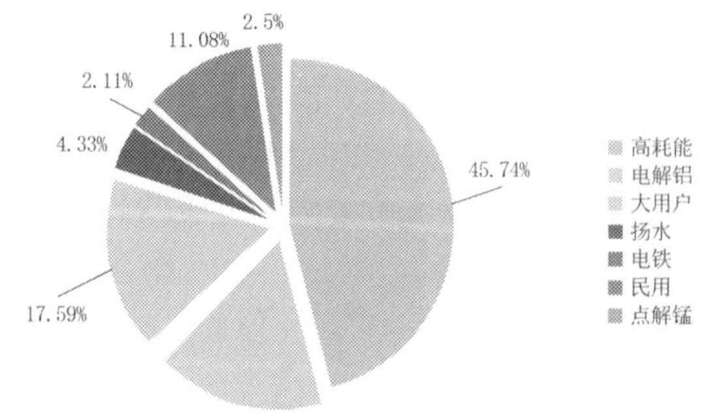

图2 2023年中卫电网分类负荷比例

17.59%。

【安全生产】 2023年，国网中卫供电公司贯彻国务院安委会安全生产十五条措施、自治区"1+37+8"系列文件要求、公司安全生产五十五条具体举措，集中治理重点隐患，防控重大风险，公司安全生产形势总体平稳，全年未发生人身、电网、设备、信息系统七级及以上事件；未发生误操作、火灾等事故；未发生其他对公司和社会造成重大影响的事故(事件)。截至2023年12月31日，电网实现长周期安全运行5763天。

【电网建设】 2023年，宁夏茂烨冶金330千伏供电工程等4项新开工项目完成建设任务，中卫古城110千伏变电站主变扩建工程等7项电网建设工程及续建项目竣工投产，推动中卫市重点项目的按期投运。主网实施生产技改、大修项目42项，投资资金2459.79万元，完成330千伏黄安I线等线路改造，110千伏凯李线等引流线大修，330千伏塞上变电站等2座变电站安防系统改造，110千伏常乐变电站等21座变电站视频巡视系统改造，110千伏古城变2号主变压器改造，35千伏田营变电站6千伏设备及综自改造，提高设备健康水平，保障电网稳定运行。

【经营服务】 2023年，国网中卫供电公司跟踪服务中卫市18项涉电重点招商引资项目，推动形成负荷5.11万千瓦。在2023年自治区营商环境评价中，中卫市"获得电力"指标与银川市并列第一。落实服务民生"二十项举措"和供电服务"十项承诺"，节省低压用户办电投资1.57亿元。实施领导班子包抓班组、星级评价考核等一系列措施，营配业务融合率达100%，"95598"意见工单数同比压降29.53%。开展"送服务、解难题、促发展"客户大走访，解决客户诉求842项。将"电e金服"推广嵌入到电费催缴全过程，累计完成电e票3.3亿元，为中小微企业纾困解难提供"卫电方案"。

【创新创效】 2023年，国网中卫供电公司《数字化赋能配电网供电可靠性管控能力提升管理实践》获得2023年(第十一届)全国电力企业管理创新论文大赛二等奖；《服务宁夏算力枢纽的智能绿色电网发展体系构建与实施》获得2023年第五届宁夏企业管理现代化创新成果三等奖；《"双碳"引领下的超高比新能源发电智慧调度管理》《以数据主人为核心的电网企业数据治理体系构建与实践》《基于"智慧工地"的电网基建工程作业现场数字化管理》获得宁夏公司2023年优秀管理创新成果三等奖。申请专利53件(其中发明40件)、授权14件(其中发明4件)；登记(见证)软著1份，发表科技论文28篇(其中SCI源刊2篇，EI源刊2篇，核心期刊6篇)，出版科技专著3本；1篇科技论文获得中国电力技术市场协会2023城市电网技术创新学术类论文三等奖；牵头自治区联合基金项目1项(项目名称："面向新能源基地的风光储协同控制优化技术研究")。

【改革改制】 2023年，国网中卫供电公司推进治理体系和治理能力现代化。完善中国特色现代企业制度、"三重一大"决策管理办法等制度文件。推动公司业务优化和转型升级，以"融合、简约、放权、赋能"为工作目标，优化体制机制，打造"链条短、质效高、服务优"的业扩报装管理新模式，建立业扩及营商环境管控中心，实现全流程单部门闭环管控，业扩办结工单和报装总容量实现"双提升"，平均接电时间压降2.81个工作日。配合宁夏公司做好虚拟电厂建设，接入可控负荷209.16万千瓦。成立配网管理部负责开展配网规划建设和运维检修专业管理。实施低压营配业务融合，"95598"意见工单同比压降29.53%。

【主题教育】 2023年，国网中卫供电公司设立综合协调、材料宣传、推动发展、整改整治4个工作组，建立"五项机制"，主题教育典型经验和做法在国家电网公司主题教育简报和《国家电网》杂志刊发。开展为期7天的专题读书班，举办交流研讨19人次。分4批组织200余名党员赴六盘山、闽宁镇红色教育基地现场研学，增强党性意识。梳理供电服务中群众急难愁盼问题14件，制定整改措施42项，解决各类诉求842个。成立业扩及营商环境管控中心，修订完善制度方案29项，精简流程26个，压减低压业扩全流程接电时长2.81个工作日。设立"煤改电"工作专班，保障中卫市一区两县2.9万户"煤改电"负荷按期接入。

【重大活动保电】 2023年，国网中卫供电公司累计制订工作方案30项，投入保电队伍180支、保电人员近万人次，开展针对性培训25场次、演练36场次，高质量完成"全国两会"、中高考、自治区第十六届运动会等30余项保电工作，其中二类保电2项，三类保电22项。

【电力供应】 2023年，国网中卫供电公司促请政府印发迎峰度夏(冬)有序用电实施方案，成立市、县两级电力负荷管理中心，完成负荷管理协调指挥能力建设。扩大可调节负荷资源库建立，可调节负荷208.65万千瓦，占2023年最大负荷的68.87%。组织大有、三元等7户执行节约用电及错避峰生产，最大压降负荷28万千瓦。强化电网网架建设，加快推进重点项目建设，完成古城2号主变、应理1号主变、鸣沙1、2号主变增容改造，110千伏三七Ⅰ、Ⅱ线加高改造等主干网架结构优化项目，攻坚沙坡头区城网电缆通道改造等配网工程。为高危及重要客户、敏感客户、居民小区、九小场所等8265户提供用电安全检查服务，发现、消除各类安全隐患3765条，建立安全隐患台账，按期督促用户整改销号，全年未发生客户侧电力安全事故。

【工业园区电力供应保障】 2023年，中卫工业园区电网已形成以750千伏沙坡头变为枢纽，330千伏中卫变、凯歌变、塞上变为支撑，110千伏卫北变、美利变、新星变、金梁变为联络供电的坚强电网结构。持续优化园区10千伏公共电网，投资826万元新增及改造10千伏线路7条、配变11台、安装运行各类自动化终端126台，实时监测公网线路运行状态，快速处置公网故障，公网线路停电平均时长同比压降54%。组织对中卫地区重点招商引资项目开发规模、建设时序等进行详细摸底，结合中卫电网资源现状及规划，分析研究各类重点项目的系统接入方案，形成《中卫地区新能源与重点招商引资项目接入能力分析报告》，为中卫市“十四五”后三年及“十五五”期间配电网建设及工业园区重点招商引资项目用电接入提供科学指导。完成330千伏江南变电站选址方案论证与踏勘，完成相关站址、路径协议签订。

【“宁电入湘”工程】 2023年，国网中卫供电公司成立“宁电入湘”工作专班，建立常态化沟通协调机制，多次召开工程协调会、规委会，为工程前期工作顺利开展提供有力保障，完成“宁电入湘”工程中宁换流站现场启动仪式的各项任务。参与换流站、750千伏甘塘变、天都山变选址、线路路径踏勘、方案比选等工作，落实70余处选址用地、环评、交通等建设条件核查，累计取得关键性协议252份。解决线路穿越昊丰矿区难题，取得直流线路、接地极线路跨越黄河卫宁段兰州鲶国家级水产种质资源保护区原则同意的路径意见。取得送端换流站线路迁改工程临时用地批复文件及先行使用林地、草地批复文件，完成签署林地、草地协议各25份，完成建设单位地震、地灾、文物、压覆矿专项评估均，取得相关评审意见。中卫市全域均可进场施工。完成“宁电入湘”工程换流站送端土地无偿划拨、线路档内大棚拆迁协调，取得“宁电入湘”送端换流站用水指标，制订站外电源及临时施工电源、供水增压泵站方案，完成5条线路迁改等工作。

【“东数西算”宁夏枢纽建设】 2023年，国网中卫供电公司主动服务“东数西算”中卫集群建设，及时掌握数据中心布局规划情况，收集整理分析新增云基地用户项目进展、报装、负荷等情况，合理制订云基地新增用户电网接入方案，储备配套电网项目。定期对接获取移动二期、电信二期等14个在建项目涉电需求，制订安全、可靠、经济、科学的供电方案，主动提供接电服务，投资754万元为110千伏金梁、新星变电站扩建24个接入间隔，满足云计算企业近期接入需求，规划投资4.54亿元在云基地布局330千伏江南变电站和110千伏步云变电站，增加110千伏供电间隔18个、10千伏间隔24个。按季度对云计算企业开展用电安全检查，及时从专业角度发现用户存在的安全隐患，协助、督促用户处理各类隐患，保障云计算企业安全稳定运行。

【驻点帮扶】 2023年，国网中卫供电公司派驻驻村支部书记和工作组入驻沙坡头区永康镇乐台村和东园镇瑞应村。争取协调第三方精准投资，共计在乐台村115户屋顶铺设太阳能电池板光伏发电项目。该项目年平均发电量212万度电，为乐台村村民每年创收共计55万元。建立“电力爱心教室”，共改造12间教室（功能室）智能照明，捐赠100台太阳能路灯。开展帮扶农产品进食堂、进工会慰问品和职工爱心订购等活动。建成2个“村网共建”电力便民服务点，乐台村和瑞应村入选国网公司“村网共建”典型示范。东园镇瑞应村电力爱心超市获得国网公司授牌，荣获“国家电网助力乡村振兴示范村”。

【宁夏中卫古城110千伏变电站主变扩建工程】 古城110千伏变电站最大负荷为51.98兆瓦，35千伏主要负荷性质为商业、居民及工业。该工程2022年6月27日开工建设，2023年11月28日竣工投运，新增变电容量63兆伏安，投资规模3354万元。

【宁夏中卫应理110千伏变电站#2主变增容改造工程】 应理110千伏变电站位于中卫沙坡头区，有两台主变，其中1号主变容量50兆伏安，2号主变容量31.5兆伏安。该工程2022年6月27日开工建设，2023年9月8日竣工投运，新增变电容量50兆伏安，投资规模820万元。

【宁夏中卫南华110千伏变电站#2主变扩建工程】 南华变主要为海原县城城网及周边农网供应电力，有1台主变，容量为50兆伏安，不满足主变N-1校验，供电可靠性较低。该工程2022年4月27日开工建设，2023年9月22日竣工投运，新增变电容量50兆伏安，投资规模1213万元。

【宁夏中卫协鑫110千伏供电工程】 宁夏协鑫晶体科技发展有限公司位于中卫工业园区，计划总投资建设13吉瓦单晶方棒项目，该项目分三期建设，Ⅰ期3吉瓦于2016年投运，本期5吉瓦计划2022年年底投产，三期5吉瓦计划2024年投产，三期共计13吉瓦。协鑫变电站拟新增1台容为63兆伏安变压器。本次建设宁夏中卫协鑫110千伏供电工程是为协鑫二期和三期新增负荷提供电源。该工程2022年11月28日开工建设，2023年3月25日竣工投运，新建线路长度9.2公里，投资规模1255万元。

（韩宁宁 赵中标 林彦君 刘宣烨 刘昌辉 哈光明 施卉 侯凯 董越 朱涛 刘华）

中卫工业园区

【概况】 2023年，中卫工业园区共有入统工业企业116家，其中，规模以上企业79家，完成工业总产值331.4亿元，实现工业销售产值326.4亿元，实现营业收入355.6亿元，完成工业固定资产投资47.7亿元，实现税金总额6.9亿元，工业生产电力消费量达到111.8亿元。

【项目建设】 2023年，中卫工业园区共开工建设工业项目29个、云计算项目13个，全年完成固定资产投资46.5亿元(含云计算)。推动协鑫5吉瓦单晶硅等9个工业项目建成投产，晨光硅基新材料一期、中盛新2.8万吨绿色环保染料、全钒液流储能电池、力印板材、德嘉20吉瓦单晶等20个项目开工建设，广电一期、联通三期、移动二期、特加森一期等9个项目开展机电设备和服务器安装，浩云长盛、电信二期等4个项目开展前期工作。云基地安装机架达6.7万个。

【招商引资】 2023年，中卫工业园区赴北京、天津、江苏等地开展招商引资工作19次，接待到中卫考察的公司团队75个，推动德嘉20吉瓦单晶、旭合5吉瓦光伏组件等21个项目落地园区。全年完成招商引资到位资金99.6亿元(含云计算)。

【安全生产】 2023年，中卫工业园区结合网格化管理服务体系，探索形成“二分三定四抓”工作机制。排查整改各类问题隐患3426项。累计投入1.3亿元对安全基础设施进行改造提升，实施危货停车场一期、化工安全技能实训基地、园区封闭化卡口、封闭化围栏等项目。建成气防站、消防特勤站、卫生服务站。开展中卫工业园区应急演练、自治区地震演练、重大事故警示教育、安全知识竞赛等系列活动。园区在全区化工园区安全风险等级评估中排名第一，通过国务院安委办专家组复核，安全风险等级降为D级。

【生态环境】 2023年，中卫工业园区完成整改第二轮中央环保督察反馈的园区牵头的4项问题。开展冬春季大气污染防治工作。对在线监测数据造假等六方面开展拉网式排查整治。持续开展“生态园区、绿色工厂”建设，组织实施云基地绿化提升、2023年生态环境提升等项目，共种植乔木5.6万株，绿篱6.23万平方米。

【基础设施建设】 2023年，中卫工业园区完成泰安路、宁钢大道等道路改造7.3公里。新装、维修太阳路灯315盏。实施中云路和夏云路供排水、创业慈善园供排水等管网建设维修项目，铺设维修供排水管道18.4公里。实施铁路专用线、云基地防洪排涝、电缆沟安全提升改造等一批补短板项目，共计开工建设基础设施项目11个。

【科技创新】 2023年，中卫工业园区启动创建国家高新区申报工作，成功申报自治区级小微创业创新示范基地，积极申报自治区级特色产业集群。成立中卫市第一家新材料研发机构“西交大—扬农集团(瑞泰)新材料联合研发中心”。协调西安交通大学化工学院面向园区化工企业开展硕士生培养30人。年内伟中能源、金象医药2家企业获评国家高新技术企业，6家企业完成国家高新技术企业复评。

【服务企业】 2023年，中卫工业园区建立重点项目包抓红黑榜公示制度，定期对重点项目、重要任务进行跟踪督办。组织晨光、宇光等8家企业前往宁夏大学、银川能源学院等开展校园招聘工作，协助企业招聘职工2300多人。年内开展企业职业技能、安全环保、企业管理、法律培训等活动21次，共培训各类化工总控工、电工人员900余人。协调将78项审批服务事项延伸至服务大厅。全面推行“1232”“企业零跑路”行政审批机制，平均审批时限比法定时限缩短70%。

（梁春波）

中宁工业园区

【概况】 2023年，中宁工业园区规模以上企业产值315.5亿元，固定资产投资完成29.3亿元。

【项目建设】 2023年，中宁工业园区万隆30万吨锰锭熔炼、铭岛20万吨再生铝、宁创5万吨铝板带箔、今飞200万件汽车轮毂涂装线、顺元堂出口枸杞杀菌及包装生产线、铭岛熔炼炉保温炉及燃烧系统技改、锦腾碳素增效技改、天元建材水泥熟料生产线节能和环保技改等项目建成投产；大唐储能电站、宁化片区35千伏输变电工程、万宁100万吨高纯硫酸锰（一期30万吨）、明阳智慧能源产业园基础设施配套等项目按计划推进。

【招商引资】　2023年，中宁工业园区外出招商20余次，接待客商200余人次，引进杭州锦江集团30万吨电解铝及铝基产业链、宁夏钰滔环保50万吨电解铝固体废弃物综合利用、今飞轮毂二期、和光2吉瓦单晶硅棒200吉瓦方硅芯生产线、上储共享储能、中国水电四局中宁县能源装备制造等产业关联度高、带动性强的重点项目。

【产业结构】　2023年，中宁工业园区实施万宁100万吨高纯硫酸锰（一期30万吨）、铭岛20万吨再生铝等延链补链强链项目；引进明阳风电叶片制造、大唐共享储能电站等重点项目落户园区；推动促进铭岛熔炼炉保温炉及燃烧系统技改、锦腾碳素增效技改、天元建材水泥熟料生产线节能和环保技改、仓满制桶氦气检漏等技术改造项目投产达效。

【安全环保】　2023年，中宁工业园区未发生较大及以上安全生产事故。围绕“1+37+8”文件落实，园区管委会召开安委会4次，召开党工委会和主任会研究安全生产工作10次，制发安全生产相关文件26件，组织各层次安全生产培训13场次。开展工贸企业专家指导服务、危化企业设备带病运行、“大起底、大排查、大整治”专项行动等8项专项检查。全年排查企业448家次，排查问题隐患1986项，全部整改完成。2023年，自治区党委、中卫市委“四防”督察组督查企业33家次，隐患问题156项，整改148项。按照区市县统一安排部署，开展燃气领域专项整治行动，排查商户、企业248家（次），整改问题隐患522项；按照自治区工信厅统一安排部署，着重开展工业领域安全生产生态环保“大排查、大整治、大提升”百日攻坚行动，排查企业30家次，整改安全生产问题隐患93项。开展春夏两季森林防火应急演练，组织指导兴尔泰化工集团、华夏特钢等企业开展生产事故及消防应急演练。强化在建项目管理，对园区15个在建项目开展联合巡查2次，专项检查2次，累计巡查152家次，下发整改通知29份，停工通知书22份，检查记录单40份，排查安全隐患387条，整改329条。加强自建房排查整改，拆除35间危房及存在安全隐患的商铺，对63间存在安全隐患的仓库、门面房采取关闭商铺、督促人员撤离、设置围挡硬隔离并悬挂危险警示标识、协调供电公司、燃气公司断电、停气等措施，确保人员安全。园区未发生环境污染事件。开展水污染、土壤污染、固废污染防治和危废规范化管理。督导检查企业生态环境171家次，整改问题隐患117项，督促企业完成区、市委“四防”督查组反馈14家企业24项问题整改销号。完成2018年以来中央、自治区环保督察反馈各项问题“回头看”及第二轮中央生态环境保护督察第26项问题整改销号工作。开展生态环境监测数据专项治理。成立专项治理工作领导小组，制定印发《关于开展生态环境监测数据造假专项治理的通知》，采取企业自查自纠和园区排查同步进行方式，对园区21家大气环境重点排污单位、5家水环境重点排污单位在线监测设施验收情况、设备运行情况、管理台账填写情况等进行拉网式排查治理。加强重点区域环境治理。全面清查园区规划范围高铁沿线两侧500米内固废非法倾倒、堆存和填埋等环境违法行为，对高铁沿线两侧乐家物流、中澳伟辉及汽车城等存在问题进行集中整治。完成园区42个排污口核查整治及建档工作。

【科技创新】　2023年，中宁工业园区获批自治区“绿电园区”创建试点；争取工信厅低成本化改造资金1281万元；宁华科技、北星精工、天元锰业等5家企业成功申报国家高新技术企业；天元锰材料研究院、杞福源商贸等5家企业成功申报创新型中小企业；铭岛铝业、中晶半导体申报获批自治区绿色工厂，宁创科技成功获自治区重点产业十大“链主”企业；早康枸杞获批服务型制造示范企业；佰仕兴工、宁创科技、铭岛铝业、天元锰业等5家企业打造铸牢中华民族共同体意识示范企业。

【营商环境】　2023年，中宁工业园区实行“点对点、一对一”服务机制和“周督导、月通报”工作机制，建立重大项目服务绿色通道，在手续办理方面实行指导帮办和领办服务。2023年，为27家企业办理项目备案45份，办理项目施工许可证9份。领办嘉里物流（宁夏）陆港项目、今飞轮毂二期能评、环评、安评等前期手续11项。帮助指导企业申报国家高新技术企业、创新型中小企业、自治区“链主”企业、自治区绿色工厂。聘请第三方完成中宁工业园区水资源论证区域评估，进一步降低企业生产经营成本。召开政银企座谈会，协调行业部门解决企业“融资难、融资贵”问题；聚焦宁创、铭岛再生铝生产线原料短缺问题，搭建铝水原料供应桥梁，为铝基产业持续发展提供原料保障；联合高速、公安等部门协调解决明阳智慧能源产业园项目超限设备运输进厂难题；召开多部门协调推进会，推动促进北星碳化硅精密传动装置硅陶瓷粉项目顺利备案；帮助北星精工、天元锰业、宁创科技、铭岛铝业等企业申报贷款贴息、转型升级、融资租赁等自治区新型工业化项目，累计贷款3.6亿元；筹措资金200余万元解决今飞轮毂自动化涂装车间项目用水及用电问题、兴尔泰新型材料碳化硅项目电力接入问题、明阳智慧能源产业园（一期）及大唐储能项目临水临电问题；联合人社局召开5场招聘会，累计为宁创科技、天元锰业等用工企业招引各类人才2500余人。投入2000余万元低成本化改造资金，实施宁华片区生活污水管网配套建设项目、明阳智慧能源产业园项目（一期）基础配套设施项目及10千伏供电工程、宁华片区35千伏输变电站工程、天元锰业十二料场西侧张裕沟支沟排水管道工程、大唐中宁200MW/800MWh共享储能项目供水管网及供电项目。2023年，争取低成本化改造资金，实施工业园区污水管网改造、黄河水替代工业用水、园区危化停车场项目。全面整治道路安全隐患，补画道路标线、维修故障路灯、安装波形护栏。盘活园区低效闲置土地，引入长安铝业50万吨电解铝固体废弃物综合利用示范项目盘活宏岩矿业444亩低效土地，提高土地利用率；与自治区相关厅局对接上报园区规划范围调整相关事宜，提高园区亩均投资强度和亩均产出强度，提升园区土地集约节约利用水平。

【综合治理】 2023年，中宁工业园区会同园区派出所，依托反诈宣传，开展各类普法活动7次，受益职工1.3万余人。协调化解拖欠农民工工资案件149起，协助讨要农民工工资2800.91万元。促成源林生物发电厂与宁夏中赢正源发电有限公司破产重整，督促重整方转入第一笔群众集资款兑付资金650万元。帮助恒兴果汁逐步恢复生产，兑付第一批果农欠款、工人工资社保372万元，第二批65万元资金兑付工作已展开。落实河湖长制主体责任，对石空沟、罗家沟等5条沟道以及闲置厂区巡查，加大对滥采滥挖、乱堆乱倒治理力度，主动靠前协调解决天元锰业铁路专用线影响行洪事宜，保证汛期沟道行洪畅通。落细林长制主体责任，持续进行园区森林苗木绿化养护，补植补栽各类苗木15133棵、种植景观花卉50亩。开展园区土地巡查，2023年对园区南、北区土地巡查20次，监督企业完成问题整改落实。督促天元锰业、兴尔泰化工集团等企业对53处违法图斑进行整改销号，销号41处。

（纪春莲）

云计算与大数据产业

综 述

【全市云计算和大数据项目调度会议】 2023年1月30日召开。会议指出，近年来，中卫市紧跟数字经济发展浪潮，云计算和大数据产业实现了从无到有、从小到大的大跨步飞跃，成为全国首个"双节点"城市，在国家布局一体化算力网络协同创新体系中发挥着重要作用。各相关部门要进一步抢抓国家实施"东数西算"战略机遇，按照自治区"1244+N"发展战略，把云计算和大数据产业作为全市"一号工程"持续推进，实现数字产业化、产业数字化。会议强调，要做大规模，用足用活用好"双节点"城市金字招牌，全力完成2023年确定的投资规模、建设项目、装机容量目标任务，形成大项目遍地开花、大产业集聚发展。要做强基础，重点抓好云计算和大数据产业发展需要的配套基础设施、人才培养和引进、技术力量等基础建设，形成生产力。要做活动能，进一步增强思想认识，努力发扬"四千"精神，将IDC互联网数据中心发展向算力、算法、数字加工交易等方向逐步突破，围绕信息技术应用创新、数据供应链培育等方面精准发力，使数字经济实现量的快速增长和质的稳步提升。会议要求，各级、各部门要进一步做优云计算和大数据产业发展环境，下好"先手棋"，打好主动仗，紧盯政策机遇，持续在优化政务环境、政策环境、法治环境、人文环境上下足功夫，团结奋斗、担当实干，全力推动云计算和大数据产业跨越式、超常规、跳跃式发展，为加快建设数字中国作出中卫贡献。

【先行区建设中卫市2023年第四次推进会暨大数据产业中心市推进会】 2023年5月11日，黄河流域生态保护和高质量发展先行区建设中卫市2023年第四次推进会暨大数据产业中心市推进会召开。市委书记、市人大常委会党组书记张利主持会议并讲话，强调要深入贯彻习近平总书记关于网络强国的重要思想和数字中国的重要论述，全面落实自治区第十三次党代会和市第五次党代会部署要求，大力实施云计算和大数据产业提质增效行动，加快构建以数字经济为引领的现代化产业体系，打造大数据产业中心市，为全面建设社会主义现代化美丽新宁夏作出中卫贡献。市委副书记、市长马洪海参加现场观摩，市人大常委会主任崔昆参加会议。张利指出，建设大数据产业中心市是自治区赋予中卫市的政治任务，机遇宝贵、使命光荣，我们必须扛起责任、强化担当、抓好落实。要完整、准确、全面贯彻新发展理念，牢固树立"不进则退"的危机意识，按照"锚定五年、抓实三年、干好每年"的思路，抢抓国家实施"东数西算"战略机遇和自治区支持中卫大数据产业中心市高质量发展机遇，围绕数字宁夏"1244+N"行动计划，加快建设"一集群""双中心""三基地"，着力形成一批"东数西算"典型场景和应用，全力打造国家一流数据中心集群，奋力建设数字丝绸之路主阵地，着力培育宁夏数字经济增长极，用大数据产业"一朵云"引领中卫高质量发展"一片天"。张利强调，要科学规划产业布局，加快推进项目建设，加大招商引资力度，做大做强大数据产业规模。要充分发挥"云天中卫"品牌优势，加快推进数字产业化、产业数字化，拓展数据资源应用，强化企业创新主体地位，大力发展云计算、云制造、云服务、云应用，推动数字经济与实体经济融合发展。要建立健全要素保障体系，全面落实各项政策，为各类项目建设和运营提供坚强保障。要优化营商环境，进一步简化审批环节、缩短审批时间，加快绿电园区建设，加大人才引育力度，统筹解决企业用水、用电、用地、用工等难题，为企业提供"保姆式"服务。要形成工作合力，各相关市领导和各责任部门(单位)、企业要牢固树立“一盘棋”思想，履职尽责、密切配合、高效推动，多想点子、创新路子，确保大数据产业中心市建设各项任务落地落实。会前，与会人员实地观摩中国移动数据中心、中国联通数据中心、国家（中卫）新型互联网交换中心和中国广电（宁夏·中卫）数据中心项目建设运营情况。会议对《关于支持中卫大数据产业中心市高质量发展的实施方案》进行责任分工。

【2023云天大会】 2023年9月16日，2023云天大会以线上线下同步的方式在中卫沙漠星星酒店召开。大会由自治区发展和改革委员会、工业和信息化厅、宁夏通信管理局、中卫市人民政府主办，中国通信工业协会数据中心委员会、宁夏中关村产业园科技投资有限公司承办，主题为“数聚中卫 算引未来”。大会设1个主会场、8个分会场、5个专题活动，专家、学者及央（国）企、国内数字经济龙头企业领军人物以及算力产业上下游企业代表等约1000名嘉宾出席会议。会议签约协议22个，总金额751.06亿元，发布一系列阶段性成果，提升宁夏枢纽、中卫数据中心集群影响力。开幕式上，进行合作项目集中签约成果发布展示；向宁夏数字信息产业研究院、中交（中卫）大数据科技有限责任公司、中能建绿色数字科技（中卫）有限公司、联通（宁夏）产业互联网有限公司进行授牌；发布《宁夏中卫大数据产业链生态蓝图》，包括闽宁云、智算云、航天云在内的创新云平台，算力生态协同发展——大漠倡议书，《数据中心风冷（风侧自然冷却）技术应用规范》标准；颁布“2023算力应用创新技术案例征集”结果；启动国家（中卫）新型互联网交换中心集群网络安全服务平台暨安全监测监管平台。发展中国家科学院院士、国际欧亚科学院院士、国务院参事石勇，中国工程院院士陈左宁，国家信息中心信息化和产业发展部主任、国家信息中心未来产业和平台经济研究中心主任单志广，中国通信工业协会数据中心委员会理事长、中国长江三峡集团有限公司总信息师金和平，宽带资本董事长田溯宁等做主旨演讲。

【“东数西算”宁夏枢纽京津冀“飞地园区”揭牌】 2023年8月4日，“东数西算”宁夏枢纽京津冀“飞地园区”揭牌仪式在北京举行。自治区发展和改革委员会、中卫市云计算和大数据发展局、宁夏西部云基地发展有限公司（以下简称“西云发展公司”）、北京智优沃科技有限公司（以下简称“智优沃科技”）以及众多科技创新企业的领导、嘉宾出席揭牌仪式。这标志着宁夏与京津冀在深化数字经济领域合作、推动数字经济高质量发展上掀开了新的一页。西云发展公司与智优沃科技举行签约仪式，双方将在园区发展、孵化器以及智算平台服务等方面开展深入合作。从“沙漠水城、云天中卫”，到云计算产业中心、数字经济生态之城，宁夏中卫大数据产业招商引资成效显著。宁夏枢纽京津冀“飞地园区”正式挂牌开园，既是贯彻落实数字中国战略的重要举措，也是拓展东西部协作、深化宁夏与京津冀合作的有力措施，同时还是“东数西算”宁夏枢纽节点、西部云基地数字生态示范园、西云算力智算中心与宽带资本的四方联合共创而产生的奇妙反应。入驻宁夏枢纽节点京津冀“飞地园区”的六大优势，即享受宁夏各种政策优惠条件；享受“飞地园区”房租或工位的租金补贴；享受优惠的算力，实现算力自由；享受对接宁夏应用场景的支持服务，参与宁夏示范项目建设；享受来自宽带资本数字生态系统的赋能，与更多非凡企业共创非凡事业；享受智优沃孵化器的一切便利条件。

【中卫市云计算和大数据人才培养基地】 2023年8月11日，中卫市云计算和大数据人才培养基地揭牌仪式在中国移动中卫分公司举行。云计算和大数据人才培养基地包括数据中心运维管理、网络信息安全、分布式存储、西部云基地大学生实习实训4个人才培养基地。基地以专业核心能力培养为切入点，坚持以培养云计算大数据行业高素质、高技能应用型人才为目标，以健全的制度体系和精简的组织结构为基础，以实践教学改革为动力，以师资队伍建设、生产性实习实训教学体系建设为支撑，着力打造立足中卫、面向全区、走向西部、辐射全国的集产、教、研、学、用于一体的人才培养高地。

云计算产业

【概况】 2023年，中卫市云计算和大数据产业年度实施项目14个，概算投资133亿元，年内完成投资18亿元。累计安装数据中心标准机架6.7万架，完成固定资产投资22.4亿元，招商引资到位资金27.7亿元，向上争取资金1.7亿元。信息传输、软件和信息技术服务业增加值增长18.8%，电信业务总量增长35.6%。

【重点项目建设】 2023年，中卫市云计算和大数据产业开工建设项目13个，电信一期、联通二期建成运营，机架全部交付使用；广电一期、联通三期、移动二期、特加森一期、爱特云翔一期5个项目机房主体工程封顶，年内开展室内外装修、机电设备采购安装等相关工作；亚马逊二期建成3栋机房，交付机架1800架，宣和站点第二阶段设备完成安装;算力自主可控平台项目安装服务器1100台;美利云二期C1楼1920个机架交付美团公司,B1楼开展机电设备采购工作;中交一期、“航天云”数据中心项目已搭设临建、开挖基坑。宁夏一号”(钟子号)项目启动03组5颗低轨卫星研制工作,适时申请发射。卫星测控地面站天线组阵项目11套卫星地面测控站和1栋商业卫星测控指挥中心建成投用。遥感卫星定标场项目完成硬件设备和软件系统升级,具备快捷遥感和测运控定标一体化运行的能力。通信基带和便携式地面测控站组装测试项目完成6套便携站组装测试。

【基础设施建设】 2023年,中卫市开通中卫至北上广深等国内重要城市长途传输链路,互联网出口总带宽达18 T。建成中国广电中卫至京津冀IP骨干网络(CBNET),传输速率升级至10×100 G。运营国家(中卫)新型互联网交换中心,签约接入企业达到25家,完成业务流量接入750 G。申报国家增值电信业务开放试点。新建5G基站920座,实现市区千兆网络全覆盖。协调各运营商通过集团公司向国家发改委呈报第二批重大专项,实施一批重大网络工程,打通各枢纽节点间高可靠性网络。推动运营商网络全光网改造,光信号一跳直达,直连骨干网北京、西安、上海、兰州、成都、广州六个大区节点,降低长途传输网络时延。协调国网公司完成新星、金梁110 kV变电站主变容量扩容,增加10 kV出线间隔56回。

【“云天中卫”建设】 2023年,中卫市搭建政务数据共享交换平台、“云天中卫”综合调度指挥中心、区块链平台、GIS平台、基础支撑平台等数字政府建设基础支撑平台,可为全市各行业智慧应用建设提供云资源服务和数据支撑。建成覆盖市、县、乡、村四级的电子政务外网97条,覆盖113家行政事业单位,推动49个非涉密信息系统上云部署。推动政法综治平台及9000余路视频资源、应急管理一体化会议系统等在综合调度指挥中心部署,推进市域社会治理现代化建设。

【招商引资】 2023年,中卫市梳理京津冀、粤港澳、长三角、成渝4个招商工作组招商线索74条,云天大会签约线索83条,接待国家发改委、中央网信办、中国人民银行、奇虎360、京洲投资、曙光信息、中兴通讯等180余次,赴北京、广州、深圳、西安、杭州、南京等地招商20余次,参加算力产业高质量发展大会、2023企业上云暨算云融合产业大会等推介会8场次。与中交建、航天驭星、西云算力等达成合作并推动项目落地。揭牌成立“东数西算”宁夏枢纽京津冀“飞地园区”,推动宁夏与京津冀在数字经济领域深入合作。

云计算项目

【中国联通中卫云数据中心项目】 中国联通中卫云数据中心一、二期工程交付投运,共交付1500架4千瓦,2000架8 kW算力机架,机架资源销售完毕,所有机房签约上架。三期项目完成土建施工,开展机电项目准备。建成后可提供约2000架8kW算力机架。

【中国移动(中卫)数据中心项目】 中国移动(中卫)数据中心,累计投资超过14亿元,智算平台投资超过3.2亿元,总投资超过18亿元。在建2座机房楼,总机架数为4000架高功率机架。智算平台完成2期建设,具备超过200台英伟达A、H系列高性能GPU算力服务器。GPU大算力基地和数据中心园区规划总占地200亩,建成后具备8座数据中心机楼,基地园区总功率负载超过134 MW,拥有13332个高功率机架(相当于53600个2.5 kW标准机架),可承载12000台高性能GPU算力服务器。主要瞄准AI人工智能产业,可支撑AI大模型的训练与推理需求。汇集国内一批先进算力产业生态合作伙伴,初步构建起从基础设施建设、算力提供、大模型训练到软件应用的完整产业链,和多家生态合作伙伴签署相关产业发展合作协议。

【中国电信宁夏数据中心项目一期】 作为中卫重大项目,位于中卫工业园区的中国电信宁夏数据中心定位为全国一体化算力网络国家枢纽节点宁夏枢纽示范工程,承载着中国电信天翼云、信创云、医疗云、超算数据中心等业务。同时借鉴国内外建设大型数据中心先进设计、建设和运营理念,依据国际数据中心Tier3标准建设,采用全自然风冷却技术,年平均PUE值不高于1.2。该数据项目一期投资3.75亿元,建设2栋数据中心楼和1栋运维楼,计划部署6 kW机柜2032个;二期建设2栋数据中心楼,计划部署6 kW机柜6000个。

(柏林岚)

农业 水利

农业农村

【概况】　2023年，中卫市农林牧渔服现价总产值达165.83亿元；农村常住居民人均可支配收入15566元。守牢国家粮食安全底线，新建高标准农田10.23万亩，粮食种植面积218.04万亩，总产量69.4万吨，其中，小麦面积15.14万亩，水稻面积2.55万亩，玉米面积118.47万亩，大豆复合种植面积15万亩，马铃薯面积30.11万亩，杂粮36.77万亩。稳定“菜篮子”产品供应，蔬菜种植面积20.78万亩，总产量51.9万吨，其中，设施蔬菜3.87万亩，露地蔬菜16.91万亩。存栏奶牛14.45万头，肉牛、肉羊、生猪和家禽饲养量分别为51.77万头、290万只、91.69万头、925万羽，肉、蛋、奶总产量分别为10.93万吨、4.79万吨、64.88万吨。葡萄酒酿造中心1个、酒庄1个，种植酿酒葡萄3000亩。新认证绿色食品24个，农产品质量安全监测总体合格率为98.9%。培育自治区级以上农业产业化龙头企业57家，其中，国家级8家，中卫市农业产业化重点龙头企业35家，农民专业合作社55个、家庭农场55家、联合社2个，创建市级示范社13家，三星级家庭农场18家，农产品加工转化率达72%。中卫市非确权压砂地全部退出，2023年中卫市瓜果类种植面积62.3万亩，产量140.9万吨，实现产值23.53亿元。建立农作物病虫害统防统治及绿色防控融合示范点44个。推广测土配方施肥面积336余万亩，创建有机肥替代化肥示范区6个，示范面积3.44万亩，中卫市化肥利用率、农药利用率、残膜回收利用率、畜禽粪污综合利用率分别达41.5%、41.8%、93.3%、94%以上。开展农村人居环境整治提升五年行动，实行常态化督查整治，提升乡村面貌，改造农村户厕5761座，中卫市普及率达到64%。中卫市办理“一村一年一事”443项，办结率达100%。

【产业融合】　2023年，中卫市农产品加工企业完成总产值78.2亿元，实现营业收入64.7亿元。开展休闲农业提升年活动，中卫市休闲农业和乡村旅游155家，年接待游客152.61万人次，营业总收入达到1.54亿元。中宁县石空镇太平村获2023年中国美丽休闲乡村，宁夏逸悦葡萄酒业有限公司和宁夏拓老七现代农业科技有限公司获2023年全国休闲农业与乡村旅游四星级企业。

【农村改革工作】　2023年，中卫市443个村集体收入23942.36万元（不含补助收入），较上年增长18.3%；村集体经济收益为17079.7万元，较上年增加608.49万元，增长3.69%。全市2023年经营收益超过10万元的村占85%以上。全市18个村集体获得实施中央、自治区发展壮大村级集体经济项目。推进农村产权抵押贷款工作，产权抵押登记从土地承包经营权逐步扩大到林权、农业设施产权、农民住房财产权等产权，2023年，年内新增农村产权抵押登记贷款215笔1.11亿元，累计办理农村产权抵押贷款5378笔8.49亿元，其中，土地承包经营权抵押登记贷款5195笔达到5.32亿元。2023年，新增农业设施产权抵押贷款36笔8008万元。丰富农村土地“三权分置”具体实现形式，推进土地流转，放活土地经营权，全市承包土地流转面积76.36万亩（沙坡头区18.84万亩，中宁县36.1万亩，海原县21.42万亩）；农业生产社会化服务托管服务面积300万亩以上；沙坡头区自治区级第二轮承包到期再延长30年试点工作有序推进。

【镇罗农文旅融合示范园】　2023年，沙坡头区镇罗农文旅融合示范园以中小学及亲子家庭为目标群体，通过土地认领、温室共享、休闲采摘、亲子教育，打造休闲农业“趣味园”。通过历史融入、文化引领、科技带动、研究交流，打造农业综合“科普园”。通过推广优新技术、优良品种、智慧管理、高效经营，打造联农带农“示范园”，引领产业不断优化升级，促进农业农村高质量发展。镇罗农文旅融合示范园设置共享温室及农事体验服务，温室种植桑葚及樱桃等作物，面向中小学及家庭提供认领服务，倡导普及有机种植，由认领客户亲身体验种植、管理、采收等农事活动。通过农耕体验活动，孩子们进一步亲近自然，既能满足好奇心、求知欲，又能让孩子们在农耕文化熏陶下更加理解“谁知盘中餐，粒粒皆辛苦”的含义，养成吃苦耐劳、勤俭节约的好习惯。

（韩昌烨　梁倖杰　张天量）

种植业

【概况】　2023年，中卫市划定粮食功能区109.96万亩，落实粮食种植面积218.04万亩，总产量69.4万吨，其中，小麦面积15.14万亩，水稻面积2.55万亩，玉米面积118.47万亩，大豆复合种植面积15万亩，马铃薯面积30.11万亩，杂粮36.77万亩。建设粮食绿色高质高效示范区1000亩，推广测土配方施肥300余万亩，三大粮食作物专业化统防统治累计面积307.75万亩次。中卫市种植硒甜瓜面积61.42万亩，其中，压砂西甜瓜42.39万亩，露地西甜瓜15.45万亩，设施西甜瓜3.58万亩，实现总产量195.14万吨。

【蔬菜产业】　2023年，中卫市蔬菜种植面积20.78万亩，总产量51.9万吨，其中设施蔬菜3.87万亩，露地蔬菜16.91万亩。制定印发《中卫市冷凉蔬菜产业高质量发展实施方案》，创建绿色标准园4个，推进老旧设施改造1153座，推广应用蚯蚓生物技术、秸秆生物反应堆、水肥一体化、病虫害绿色防控等提质增效技术30.3万亩次。

（王　雪）

畜牧业

【概况】　2023年，中卫市奶牛存栏14.45万头，同比增长12.8%；肉牛、肉羊、生猪和家禽饲养量分别为51.77万头、290万只、91.69万头和925万羽；同比下降5.15%、3.93%、2.56%、10.45%；肉、蛋、奶总产量分别为10.93万吨、4.79万吨、64.88万吨，同比增长-6.19%、34.21%、20.93%。

【标准化养殖场建设】　2023年，中卫市畜禽规模化养殖场319个，其中，奶牛场39个、肉牛场65个、肉羊场48个、生猪养殖场106个、养鸡场61个。新创建国家级畜禽养殖标准化示范场3个、自治区级畜禽养殖标准化示范场7个，累计创建自治区以上标准化示范场42个（国家级8个，自治区级34个）；创建万头标准化肉牛养殖示范乡镇10个、千头标准化肉牛养殖示范村创建主体20个，新建千只标准化肉羊养殖场3家，创建万只标准化肉羊养殖示范村10个。

【畜牧品种改良】　2023年，中卫市完成能繁母猪人工授精配种3.4万头，良种覆盖率达到100%；推广奶牛优质性控冻精3.8万支，性控胚胎1000枚，奶牛良种覆盖率达到100%；建设肉牛人工授精配种网点66处，采购使用优质肉牛冻精13万支，改良肉牛7.1万头，肉牛良种化率达到90%；建成中国（宁夏）良种牛繁育中心，与北京首农合作成立宁夏种牛生物科技有限公司，场内共有牛398头，其中，引进优质种公牛63头，种子母牛254头，产犊81头；生产冻精61.6万支、胚胎280枚,在自治区外销售冻精17.2万支；完成滩羊（山羊）种公羊采购投3000只。

【惠农政策】　2023年，中卫市落实草原生态补偿政策，草原生态奖补面积990万亩，其中，沙坡头区334万亩，中宁县290万亩，海原县366万亩，奖补资金7431.5万元。落实养殖业惠农政策，全市粮改饲政策全覆盖，实施畜牧良补、种子工程和新技术推广等养殖业项目政策。

【项目建设】　2023年，中卫市麦垛山奶牛养殖基地项目确定入园主体6家，2个万头、2个0.3万头牧场开工建设。阜民丰奶牛场、泽厚源奶牛场、沐沙奶牛场扩建项目建设完成并投入使用；宁夏奶业科创中心建成饲料营养检测实验室、疾控与繁殖检测实验室并投入使用，2023年共检测DHI奶样22.8万份；肉牛产业上，小南川标准化万头肉牛养殖场项目（一期）全部完成建设，新建5个千头标准化肉牛养殖场。实施牛肉品牌营销体系建设项目，全市在广东省广州市、深圳市、东莞市等地建成牛肉品牌营销店9个；建成海原海润、宁夏夏华等屠宰企业6家，2023年共屠宰加工肉牛1.85万头，肉羊37.5万只。

【畜禽养殖污染治理】　2023年，中卫市新建有机肥加工厂1个，累计建成以畜禽粪污为主要原料的有机肥加工厂8个，畜禽粪污资源化利用率达到94%。

【饲料监管】　2023年，中卫市开展饲料投入品和水产用药安全、法律法规知识宣传活动，集中宣传3场次，入户宣传25次110余户，累计发放全面禁用含促生长类药物饲料添加剂倡议书等农产品质量安全宣传彩页2000余份，增强养殖生产经营主体科学合理用药、遵守休药期销售、保障畜禽产品质量安全和维护自身权益的意识。

【动物疫病免疫】 2023年，中卫市累计强制免疫畜禽1869.29万头(只)次，应免畜禽免疫密度达100%。引导规模养殖场开展"先打后补"，全市"先打后补"规模养殖场达115家。

【动物疫病监测】 2023年，中卫市开展动物疫病监测和流行病学调查工作。完成口蹄疫、高致病性禽流感等12种动物疫病病原学和血清学监测样品共25412份，其中，病原学监测12164份，血清学监测13248份。口蹄疫、高致病性禽流感等重大动物疫病平均免疫抗体合格率达80%。及时通过"全国动物疫病监测与疫情信息系统"汇总上报和分析全市动物疫情疫病，做好疫情形势分析研判和监测预警。全市3县(区)共报告发生各类动物疫病16种，其中，二类疫病3种，三类疫病13种，未发生区域性重大动物疫情。

【布病防治】 2023年，中卫市聚焦《中卫市畜间布病防治专项三年攻坚行动实施方案(2022—2024年)》目标任务，制订2023年度全市畜间布病防治重点工作任务清单及专项监测计划，开展"五大专项行动"，持续落实落细"免疫、监测、消毒、宣传、检疫、净化、无害化处理"等关键措施，全市应免羊免疫密度达100%，奶牛场免疫备案率100%，完成布病样品监测5851份，其中，血清学监测4935份，病原学监测916份；出动消毒车辆222台，投放消毒设备216台套，使用消毒药品38.6吨，消杀畜禽养殖屠宰等场所4958个，累计消毒面积达850.88万平方米；市、县(区)分别召开"口罩+手套"专项行动启动会议4场次，举办培训活动80场次，培训人数2910人，开展各类宣传活动220场次，参加人数达28600人，现场接受群众咨询7250余人次，张贴宣传条幅和挂图3000余张，发放各类宣传资料和用品10.5万份、防护用品4000份，全市布病防治宣传乡镇覆盖面达100%；完成布病防控问卷调查8250份，调查显示群众布病知晓率超过98%。科学开展布病防治效果中期评估，全市畜间布病防控措施有力有效，人间布病报告发病率与上年相比下降35.09%。

【动物疫病净化】 2023年，中卫市多举措推进动物疫病净化。厘清工作思路定目标。印发《中卫市动物疫病净化工作实施方案(2023—2026)》，进一步明确和细化全市疫病净化工作的具体目标、任务分工、推进措施，力争用4年时间完成疫病净化工作目标。政策宣传提认知。采取集中培训、发放技术材料、进场指导等方式，提高企业参与疫病净化的积极性和认知度，增强内生动力。技术指导补短板。采取"一病一策、一场一案"方式，通过点对点服务、手把手指导等形式，解决企业在实施疫病净化过程中遇到的难点和堵点，提升企业疫病净化工作能力。监测监管保质量。制定印发《中卫市动物疫病净化场监督检测工作方案》《中卫市动物疫病净化场监督管理制度(试行)》，定期开展监督监测和跟踪监管。共检测样品5500份，为企业出具检测报告26份。示范创建促发展。通过典型引领、示范带动，提升全市养殖环节生物安全管理水平。中卫市共建成1个国家级非洲猪瘟无疫小区、5个国家级疫病净化场。

【动物检疫管理】 2023年，中卫市产地检疫畜禽251.31万头(羽)，出具动物检疫证明1.34万张；屠宰检疫畜禽23.42万头(羽)、肉品2095.25万千克，出具动物产品检疫证明12.87万张，无害化处理检疫不合格动物75头，屠宰环节"瘦肉精"检测3.11万份。

【动物卫生监管】 2023年，中卫市组织开展养殖场所动物防疫条件监督管理示范创建活动，通过企业申报、县级初审、市级验收、自治区复验的形式，10家养殖场通过示范创建验收。全市审核办理养殖场所《动物防疫条件合格证》194个。推行病死畜禽专业化集中无害化处理，加快实现病死畜禽规范化处理、资源化利用。督促指导规模养殖场建设病死畜禽暂存设施38个，全市78家规模养殖场、7家屠宰场实行委托处理，沙坡头区病死畜禽集中无害化处理基本实现全覆盖。全市共集中无害化处理病死畜禽4201.37吨。开展动物诊疗专项整治，检查动物诊疗机构4家，宠物用品经营店、宠物美容场所、兽药经营店等26家，维护动物诊疗市场秩序。落实执业兽医备案和乡村兽医登记管理，全市备案执业兽医30人、助理兽医师21人、乡村兽医124人。严格畜禽调运监管，实行贩运人员、运输车辆备案登记与检疫出证关联管理，督促落实跨省调运指定通道准入和落地报告制度，严防外源性疫情传入。全市共备案畜禽贩运人员22名、车辆72台，跨省调入畜禽476.72万头只、动物产品452.14万千克。

【畜禽产品质量安全监管】 2023年，中卫市制定印发《中卫市畜禽屠宰"严规范 促提升 保安全"三年行动实施方案》《中卫市打击畜禽私屠滥宰违法行为专项行动工作方案》，聚焦重点区域、重点部位、重点时段，开展屠宰监管系列专项行动，共立案查处违法案件6起，捣毁私屠滥宰窝点10处。落实兽药生产经营许可准入制度，强化兽药信息化追溯管理，开展畜禽养殖用药专项整治行动，组织开展兽用抗菌药使用减量化试点行动，整顿养殖用药“三超一不规范”行为，提高兽药质量安全监管水平和科学用药水平。全市77家兽药经营店全部纳入兽药信息化监管平台管理，对16家兽药店GSP进行现场检查验收，完成兽药抽检28批次、畜禽产品抽检187批次，检测结果全部合格。2023年，累计检查兽药生产企业1家、经营店77家、规模养殖场212家、动物诊疗机构3家，督促指导整改问题65个。举办全市兽药规范使用暨兽用抗菌药使用减量化试点场达标创建培训班1期，结合基层专家服务行等活动开展现场宣传培训活动9场次，共培训300余人，累计发放《兽药安全使用宣传手册》《兽用抗菌药减量化使用宣传册》等各类宣传材料5000余本(份)。以排查消除生鲜乳质量安全隐患为目标，围绕全市35家生鲜乳收购、56辆生鲜乳运输车辆和奶牛养殖场3个重点环节，全面组织摸排巡查，健全完善生鲜乳生产、收购、销售、检测、运输等痕迹化记录管理，严查严防非法添加等违法违规行为。协助抽检生鲜乳质量安全监测33批次，检测结果全部合格。

【安全生产和环境保护】　2023年，中卫市成立安全生产领导小组，制定印发《中卫市兽医领域安全生产重大事故隐患排查专项整治2023年行动实施方案》《中卫市兽医行业领域安全监督检查管理制度(试行)》《全市兽医行业领域安全风险隐患排查整治事项责任清单》《全市兽医行业领域安全风险隐患排查整治工作方案》，对兽医行业领域安全生产风险点进行细化，实行清单式管理，推进安全隐患排查2023行动。2023年，共排查整改安全风险隐患9个。持续抓好畜禽养殖环节医疗废物处置监管工作。推行规模养殖场自行委托处理、散养户政府集中收集处理工作机制，实现养殖医疗废弃物应收尽收、规范处置。全市58个规模养殖场签订医疗废物委托处理协议，建设医疗废物暂存间146个，设置乡镇畜禽养殖医疗废物集中收集站(点)40个，2023年处理医疗废物20.34万千克。

(范学成)

水产业

【概况】　2023年，中卫市渔业水域面积稳定在5.4万亩，水产品产量2.1万吨。

【渔业绿色发展】　2023年，中卫市推进渔业结构优化调整，加强池塘改造及尾水治理、大水面生态养殖、设施渔业等集成技术、装备应用，实施老旧池塘改造及养殖尾水治理面积1188亩，建设稻田陆基生态渔场120亩，新增设施温棚鱼菜共作养殖缸4口200立方米，落实湖泊大水面名优鱼类生态养殖面积4580亩、稻渔综合种养面积1400亩，落实南美白对虾池塘养殖面积20亩、设施养殖6口300立方米，饲料鳜设施养殖3口150立方米、网箱养殖3口60立方米；脆肉鲩网箱养殖10口300立方米；加州鲈设施养殖缸16口800立方米、池塘养殖面积130亩。

【渔业安全生产】　2023年，中卫市统筹推进渔业发展与安全生产，加强渔业安全生产应急体系建设，提升渔业安全生产装备水平，印发《中卫市渔业安全生产事故应急预案》，编制《水产养殖场(户)渔业安全生产事故应急救援预案》。组织开展渔业安全生产事故应急演练培训1次，渔业安全生产培训5次，统一购置救生圈、救生杆、灭火器等400套，制作渔业安全警示牌360块，渔业船舶停靠点标牌40个。加快渔业船员培训发证，2023年，沙坡头区完成渔业船员发证21本，中宁县完成渔业船员发证27本。组织相关工作人员开展渔业安全生产大检查15次，全市出动检查人员305人次，检查渔业养殖场55个、休闲渔业场点11个，发放各类宣传资料2000余份，渔业养殖管理记录册52份，安全警示牌160个、悬挂生产宣传横幅40条、粘贴和发放安全警示标识40份，2023年，未发生渔业安全生产事故。

【渔业行政执法】　2023年，中卫市开展“中国渔政亮剑2023”系列专项执法、野生动物保护“清风行动”等重大执法检查，印发《“中国渔政亮剑2023”系列专项执法行动中卫方案》《中卫市2023年“清风行动”工作方案》等方案。联合公安、自然资源、市场监管等部门开展联合宣传检查3次，入社区、集市宣传3次，累计发放水生野生动物保护以及黄河禁渔宣传材料1万余份；利用新媒体进行执法宣传7次，发布电视游播宣传4期40天；开展黄河卫宁段禁渔专项执法398人次，车辆123辆次，陆上巡查里程约9815千米，检查餐饮场所7家、大型集贸市场2家，检查经营鲜活水产品交易门店、农贸市场31个次；清理整治违规网具19张，查办违法案件3件，行政处罚0.22万元。实施农业生态资源保护补助的渔业资源保护项目，向黄河宁夏中卫段及附属流域等放流经济鱼类259万尾以上。全市共完成国家、自治区组织的水产品质量安全监督监测抽样116个样品，抽检合格率达98%。推动水域滩涂养殖证发证，2023年沙坡头区发证率达95%，中宁县发证率达96%。

（汪宏伟）

农业产业化

【农产品加工业】 2023年，中卫市有农业产业化龙头企业92个，其中，沙坡头区44个，中宁县40个，海原县8个。农产品加工企业342个，完成总产值78.2亿元，实现营业收入64.7亿元。

【新型农业经营主体培育】 2023年，中卫市在农业农村部门备案的家庭农场1416个，市级及以上示范家庭农场139家；新培育家庭农场55家。在农业农村部门备案的农民专业合作社1699家，国家级农民合作社示范社37家；自治区级农民合作社示范社56家。在农业农村部门新增备案的农民合作社55家、联合社2家。继续实施家庭农场和农民合作社示范创建活动，2023年中卫市评定市级示范社13家、三星级家庭农场各18家。海原县农民合作社质量提升整县推进试点工作成效显著。沙坡头区农业社会化服务创新试点县工作稳步推进。

（梁俸杰 张天量）

农业机械化

【概况】 2023年，中卫市农业机械总动力110.3万千瓦，比上年增加5.47万千瓦，其中，拖拉机拥有量31921台，联合收割机2257台，各种拖拉机配套农机具达45421台（套），主要农作物耕种收综合机械化水平达到84.74%，比上年增加2.54个百分点，农机装备结构进一步优化。

【农机购置补贴】 2023年，中卫市共落实农机购置补贴资金3671.91万元，补贴购置各类农业机械4048台套，其中，拖拉机739台，谷物联合收获机32台，玉米联合收获机42台，薯类收获机7台，其他农业机械2666台，受益农户3029户，拉动农民投入资金16724.52万元。在购机补贴实施过程中，重点向玉米、大豆收获、水稻种植、硒砂瓜生产、枸杞生产、马铃薯生产、无人植保飞机等机械倾斜，推进农业主导特色产业发展。

【农机社会化服务体系建设】 2023年，中卫市共有农机作业服务公司和农机专业合作社45家，其中，拥有农机原值100万元（含100万元）以上的20家，农机户6.15万户，作业服务面积达82.4万亩，农机社会化服务收入10950万元，其中农机作业服务收入8344万元。

【农机安全监理】 2023年，中卫市拖拉机、联合收割机登记注册751台，培训农机驾驶操作人员2332人，检验拖拉机、联合收割机6276台，审验驾驶员1813人。办理报废补贴农业机械44台。

【农机市场监管】 2023年，中卫市检查农机作业，农机制造、农机销售、维修企业（网点）等合作组织83家，排查隐患34起，整改34起，整改率达100%。

（左佳伟）

农产品质量安全监管

【概况】 2023年，中卫市制定印发《关于做好2023年元旦春节期间农产品质量安全监管工作的通知》《关于印发2023年中卫市农产品质量安全监管工作要点的通知》《关于印发中卫市2023年农资打假专项治理行动实施方案的通知》《关于印发中卫市2023年农产品质量安全监管项目实施方案的通知》等，召开全市农产品质量安全工作会议3次。

【农产品质量安全宣传】 2023年，中卫市利用重要节点，开展宣传活动。利用“周五有约”创城、“保春耕卫民生”农资打假行动、“3·15”消费者权益日、民法典宣传周、质量安全宣传月等重要节点开展系列宣传和现场咨询活动，宣传《中华人民共和国食品安全法》《中华人民共和国农产品质量安全法》等内容。组织力量在乡村农贸集市通过发放口杯、手提袋等形式宣传真假农资辨别方法。结合日常监管，深入农资生产经销企业、农机作业现场、农产品生产基地、屠宰场开展《农药管理条例》《兽药管理条例》《中华人民共和国农产品质量安全法》宣传。依托2023年中卫市高素质农民培训班，通过采取悬挂横幅、发放宣传资料、现场讲解等方式，向参加培训的农产品生产主体宣传《中华人民共和国农产品质量安全法》、禁限用农兽药、绿色食品认证知识。累计发放宣传资料31000份，咨询群众6000多人。

【农产品质量安全监管】 2023年，中卫市农产品质量安全执法案件立案28起，罚款25.87万元，没收违法所得4.22万元。农产品质量安全监测工作。针对中卫市及辖区内风险隐患较大、易发频发的农产品进行重点监测。抽检对象及范围涉及生产基地、种植散户、批发市场、运输车辆等；抽样种类涵盖草莓、韭菜、芹菜、菠菜、番茄、辣椒、茄子、黄瓜、菜豆、甘蓝和畜禽、水产品等58种农产品；根据生产销售规模和季节特点均衡抽检20次；共检测禁用、限用、常规3种不同类型药物，有机磷类、有机氯及拟除虫菊酯类、氨基甲酸酯类等4类58种农药参数（组分），氟喹诺酮类等3类13种兽药参数。完成定量抽检1353批次，监督抽查536批次，风险监测817批次，合格率为98.9%，其中，市本级622批次、中宁县200批次、沙坡头区211批次、海原县320批次。农资经营规范管理。围绕中卫市春耕备耕、夏种夏管、秋种秋收等农资使用旺季关键时间节点，结合放心农资下乡进村活动，落实农资监管责任制，狠抓种子、农（兽）药、化肥、饲料及饲料添加剂流通和使用等环节监管，加大对制售假劣和非法生产经营违禁农业投入品等整治力度，重点打击农资门店的不规范经营行为，严查农资下乡“忽悠团”、上门推销、游商游贩兜售假劣农资等坑农害农行为，联合公安、市场监管等部门加大对制售假劣和非法生产经营违禁农业投入品等整治力度。全市农产品质量安全执法立案15件，罚款64818元，没收违法所得2240元。全产业链标准化示范基地建设。推进特色优势产业标准化建设，在枸杞、苹果、软梨子产业建立全产业链标准体系，提升基地按标生产能力。自治区农业农村厅已对早康枸杞全产业链标准化示范基地、中宁枸杞产业集团全产业链标准化示范基地、玺赞庄园枸杞全产业链标准化示范基地、弘兴达果业全产业链标准化示范基地4个创建国家现代农业全产业链标准化示范基地进行验收。早康枸杞全产业链标准化示范基地被农业农村部命名为国家级现代农业全产业链标准化示范基地，西部枣业食品有限公司软梨子生产基地被自治区农业农村厅审定为自治区现代农业全产业链标准化示范基地。种植业产品监管。按照《国家禁用和限用农药名单》加强农药使用管理，按照农药使用规范，执行农药安全间隔期，适时对症施药，控制施药时间。推进化肥农药减量增效行动，全市推广测土配方施肥面积300余万亩，建设“三新”示范面积3.9万亩，开展化肥减量增效试验5项，主要粮食作物测土配方施肥与化肥减量增效技术覆盖率超过90%，重点落实45个农作物病虫害统防统治及绿色防控融合示范点（绿色防控、农药减量控害、科学用药等），示范面积27.22万亩；开展小麦“一喷三防”统防统治面积达4.02万亩，围绕草地贪夜蛾、小麦条锈病、玉米蚜虫等重大病虫害设立监测点60个，安装草地贪夜蛾诱捕器150套、棉铃虫诱捕器25套、高空测报灯8台。畜产品监管。落实兽药生产经营许可准入制度，强化兽药信息化追溯管理。全市71家兽药经营店全部纳入兽药信息化监管平台，完成16家兽药店GSP检查验收，开展兽药抽检28批次、畜禽产品抽检187批次，检测结果全部合格。组织开展畜禽养殖用药专项整治行动，整顿养殖用药“三超”行为，提高兽药质量安全监管水平和科学用药水平，检查兽药生产企业1家、经营店77家、规模养殖场212家、动物诊疗机构3家，督促指导整改问题65个。持续推行食用农产品承诺达标合格证。为主要农业生产主体新增配备多功能食品安全快速检测仪、农兽药残留和胶体金速测仪等10台，其中，沙坡头区3台、海原县3台、中宁县4台，为一些开具合格证的主体进行材料补助。全市累计建成基地准出、市场准入结合监管点58家，全部开具合格证，累计开具食用农产品承诺达标电子合格证近40万张。

【农产品认证】 2023年，中卫市农业农村局指导宁夏神聚农业科技有限公司、早康枸杞股份有限公司、宁夏弘兴达果业开展有机认证，建设优质农产品基地。完成牛肉、红葱2个产品的GAP认证，申报绿色产品28个、名特优新农产品3个、特质农产品6个、全程质量控制10家，已取得绿色认证24个。全市绿色认证农产品累计达到108个；中卫硒砂瓜、沙坡头梭鲈、海原小米、中宁清水河牛肉及猪肉、大战场樱桃番茄等13个产品被评定为全国名特优新农产品。

（蒋卓文）

水利水保

【水利工程建设】 2023年，中卫市开复工各类水利工程项目51项，概算投资23.2亿元，完成投资11.27亿元。市本级实施沙沟水库除险加固工程等4个项目，完成投资1.28亿元；沙坡头区实施峡门供水工程泵站管线消缺一期等15项工程，完成投资2.55亿元；中宁县实施水系连通及水美乡村建设试点县项目等7项工程，完成投资1.66亿元。海原县实施海原西安供水水源工程等25项工程，完成投资5.78亿元。

【农业灌溉】 2023年，中卫市农业灌溉实行以水定植、定额管理、总量控制，按照自治区下达中卫市的引水指标，结合灌区实际，将取水指标科学、合理分配到各县（区）。编制完成水量分配及调度预案，做到科学配水、合理分水、管住用水，强化用水过程管理，提高水资源管理能力和利用效率。全年农业取水量为11.81亿立方米（其中畜禽用水0.16亿立方米），农田灌溉水有效利用系数超过0.580。

【河湖长制】 2023年,中卫市制定印发《中卫市2023年河湖长制工作要点》《黄河中卫段安全与环境整治工作方案》等文件,修订《中卫市全面推行河湖长制会议制度》等制度;全市四级河湖长有效巡河3.1万余次,有效巡河率达129%,清水河、第一排水沟、小湖、千岛湖等市级河湖长召开现场工作会议,协调解决河湖水环境问题;累计整改完成水利部(黄委)、自治区河长办及自查出的122个河湖"四乱"问题,对水利部下发的611个河湖遥感图斑进行市级复核;先后开展河湖"清漂行动"、黄河中卫段垃圾专项整治行动,累计出动1500余人次,车辆机械180余台次、清理垃圾近200吨。国控黄河中卫段出入境断面实现Ⅱ类进出,香山湖、清水河泉眼山断面(剔除本底值氟化物)水质均达到Ⅲ类及以上。

【水资源管理】 2023年,中卫市水务局严格落实《中卫市水资源集约高效利用实施方案》,将全市13.39亿用水指标科学合理分配到各县(区);全市年度内总用水量13.11亿立方米(其中黄河水11.93亿立方米),较自治区下达指标少取用0.28亿立方米;巩固水资源超载综合治理成效,2021—2022年沙坡头区、中宁县耗用水量管控情况达到目标要求,工业节水、生活节水、生态用水压减等节水措施均达到目标要求。

【水利行业监管】 2023年,中卫市办理宁夏行政审批与公共服务系统办件38件(取水许可审批6项,防洪影响评价审批14项,水土保持方案审批18项),办理水土保持承诺书15件;对"互联网+监管"的监管事项清单重新进行梳理排查,新增认领监管事项7项,监管事项增至36项(2022年为31项),完成34项监管事项的覆盖录入,行为覆盖率为94.44%。

【节水型社会建设】 2023年,中卫市严格按照水利部批复的中卫市典型地区再生水配置试点方案工作内容,实施完成中卫工业园区水循环综合利用工程、美利纸业再生水利用管网建设项目;全市非常规水利用量达1257万立方米(达到自治区下达的目标值1050万立方米);2023年,向自治区工信厅申报创建自治区级节水型企业6家,创建满5年复评2家;指导宁夏雨润农业节水灌溉制造有限公司申报水利部2023年度国家成熟适用节水技术—多进水孔抗堵塞滴灌带成果产业化与应用。

【水旱灾害防御】 2023年,中卫市实施完成徐庄马滩段及孟北线临河险段应急抢险加固工程;督导各县(区)对辖区内水库、堤防、在建水利工程、山洪沟和山洪灾害易发区进行全面检查,建立隐患台账、督促全面整改;实施完成中卫市沙沟水库等3座病险水库除险加固工程,治理完成海原县关桥乡等9条山洪沟道,有序推进海原县蒿家湾水库等4座病险水库除险加固及清水河中宁段防洪治理工程;强化防汛物资与应急队伍建设,补充采购污水泵等7类应急物资,对现有防汛设备物资进行维修养护,组建3支400人的专业抢险队伍;强化值班值守,会同应急、消防等部门开展防汛应急救援演练及桌面推演,对移动云MAS短信网关、预警发布系统和村镇预警广播等预警发布体系进行完善,提升监测预警和应急处置能力。

【水土保持】 2023年,中卫市通过工程措施、植物措施、封山禁牧等多项水土保持措施,完成海原县南堡、高台等6个水土流失综合治理项目,全市新增水土流失治理面积172.04平方千米。

【水利改革】 2023年,中卫市收储工业及规模化养殖业用水指标303万立方米,向宁夏协鑫晶体科技发展有限公司等企业进行有偿配置,多措并举盘活工业用水权指标,累计征收用水权有偿使用费5548万元。协调宁夏水投中卫水务公司对禹兴水务公司股权进行收购,沙坡头区迎闫公路两侧产业区供排水工程等涉水合作项目完成年度建设任务。各县(区)末级渠系农业水价综合改革均通过市级复核验收。

【水利安全生产】 2023年,中卫市制定印发《2023年水利安全生产工作要点》《全市水利重大事故隐患专项排查整治2023行动方案》等文件,健全水利安全生产管理机制;年度内组织开展安全生产综合监督检查6次,发现整改问题隐患203个(其中,重大隐患5个,一般问题隐患198个)。

(王 茂)

住房和城乡建设

综述

【概况】 2023年，中卫市建成区面积79.5平方公里，常住人口城镇化率50.83%；城市道路长度560.95公里，城市道路面积1300.89万平方米；供热管道长度（热水）597.72公里，集中供热面积2019万平方米；供气管道长度1083.82公里，燃气普及率80.31%；公共供水管道长度498公里，全年公共供水总量达到2582.89万立方米；排水管道长度434.01公里，城市污水处理率99.87%，城市生活垃圾无害化处理率为100%。

【城市建设融资】 2023年，中卫市住房和城乡建设局共争取中央扩大内需及自治区项目各类专项资金6.1亿元，完成招商引资1.3亿元。

重点工程建设

【棚户区改造项目】 2023年，中宁县完成棚户区改造自治区下达任务货币化安置400套；海原县完成棚户区改造自治区下达任务货币化安置200套。

【市政设施建设项目】 2023年，沙坡头区建设综合档案馆及文昌阁、东方红社区服务站，推进完整社区建设，对新墩花园等5个社区基础设施进行改造提升。协调充电桩运营单位新增电动自行车充电端口2800余个，累计配建3.3万余个。中宁县完成小团结路特色街区、盛世花园小游园、2处便民市场建设，建设停车场3个，新增公共厕所3座，提质改造公共厕所9座。海原县实施海原县可再生能源建筑应用试点示范项目、2023年管网及换热站改造项目、第二污水处理厂二期扩建项目、特色街区打造工程，建设天然气门站1座，临时停车场3个，划定停车位741个，完成八小南侧绿化工程和老交警队街头“口袋公园”工程。

【道路建设及改造工程】 2023年，沙坡头区完成富民南路、宁钢大道、应理南街、应理北街、长城东街、长城西街、黄河大桥以南连接滨河路段7条13公里城市道路新改建工作，建成滨河北路、应理街、长城路等22公里排水防涝主管网。中宁县完成平安东街、镇东路、团结路等9条市政道路约14.3公里雨污分流管网改造。海原县完成柳荫路建设项目、政府南北街（南门广场—惠民街）改造工程，推进县城华润大道、中静路、华山路等7处易涝点1.8公里排水防涝主管网建设，完成6处易涝点改造，剩余1处易涝点项目（复兴巷排水管网改造）完成前期手续。

【保障性住房工程】 2023年，中卫市先后建成保障性租赁住房38341套204.33万平方米（沙坡头区15033套89万平方米，中宁县15090套75万平方米，海原县3779套17.86万平方米，海兴开发区4439套22.47万平方米），分配入住36478套（沙坡头区13559套，中宁县15090套，海原县3590套，海兴开发区4239套），分配入住率达到95%（沙坡头区90.2%，中宁县100%，海原县95%，海兴开发区95.5%）。调整2023年公租房申请标准，降低准入门槛。

【老旧小区改造提升工程】 2023年，沙坡头区改造提升金河一期、新花园2个老旧小区基础设施4.7万平方米，惠及群众690户。中宁县改造提升41个老旧小区，其中，35个小区改造任务已完成，剩余6个小区室外配套因冬季供暖及地形原因暂无法继续施工。海原县完成图书馆小区楼体及基础设施改造。

【冬季清洁取暖项目】 2023年，中卫市冬季清洁取暖23个项目中，8个已完工，14个正在建设，1个办理前期手续，累计完成热源清洁化改造面积783万平方米，完成既有建筑节能改造面积67万平方米，完成农村煤改电33291户，累计完成投资约13.45亿元。

【乡村建设】 2023年，中卫市住房和城乡建设局指导县(区)因地制宜实施乡村建设项目,完成沙坡头区宣和镇、中宁石空镇、海原李旺镇3个高标准重点小城镇以及沙坡头区何滩村、冯庄村,中宁县南湾村、沙滩村、白马村、周马庄子村,海原县武塬村7个美丽宜居村庄建设项目年度建设内容。加强历史文化传承保护,沙坡头区柔远镇莫楼村、中宁县余丁乡黄羊村及海原县西安镇菜园村、西安村4个传统村落保护项目通过自治区住建厅评审,入选自治区传统村落名录。改造农村危房97户,建成抗震宜居农房130户。持续完善农村生活垃圾"户、村、乡(镇)、县城或区域"四级分类收运处置体系,全市433个行政村全部实现垃圾集中处理,农村生活垃圾分类和资源化利用覆盖面超过30%,农村生活垃圾处理率超过98%,无害化率95%以上。

行业管理

【行政审批】 2023年,中卫市不断深化工程建设项目审批制度改革,印发《2023年中卫市工程建设项目审批制度改革工作要点》,配套印发《关于深化工程建设项目分类定制审批的通知》《关于进一步推进房屋建筑与市政基础设施工程竣工联合验收工作的通知》《关于试行分阶段办理建筑工程施工许可证的通知》等文件,助力加快区域评估、联合测绘、多图联审、联合验收、中介服务、分类定制和极简审批继续优化,全市共办理工程建设项目审批事项1113件,为3个工业类投资项目办理分阶段施工许可手续,累计发放工程建设项目审批电子证照32本。全年共审查核准办理房地产预售17批、建筑工程施工许可证65个,发放和更换燃气企业及站点的经营许可证50个。

【建筑市场管理】 2023年,中卫市直管在建房屋建筑、市政工程项目共53项,总建筑面积28.4万平方米。全年共开展工程综合执法检查2次,节前安全检查8次,安全专项执法检查2次。累计检查项目共168项次,下发质量问题限期整改通知书26份,安全巡查记录5份,安全隐患整改通知书181份,停工通知书2份。共受理工程质量问题投诉件224件,其中,市长信箱170件、业主自访37件、信访件11件、网信舆情6件,投诉主要集中在墙体裂缝、地面下陷、屋面渗漏等问题,投诉办结回复率达100%。全年累计对存在违法违规行为的13家企业进行处罚,扣除12家企业信用分值共2350分,记分处理18名关键岗位人员,每人扣除3~6分不等的分值。所有在建房屋建筑和市政基础设施工程均在监督范围之内,工程主体结构质量可控,安全生产形势总体平稳。沙坡头区共办理施工许可证手续54起,办理建筑起重机械安拆告知及使用登记401起,审核办理建筑企业优良业绩加分91起4510分,企业不良行为27起2450分,个人不良行为扣分23起56分。查处未办理施工许可擅自开工建设、工程转包等违法案件5起,累计行政处罚230.71万元。年度累计向建筑工地参建主体下发建筑工程质量安全隐患限期整改通知书282份,督促1163条质量安全隐患全部整改到位。中宁县组织执法检查15次,检查建筑工地87个,下发建设工程质量安全隐患停工整改通知书38份、建设工程质量安全整改通知书114份,查处建筑施工领域安全隐患63项,完成整改336条。对检查发现的19家建设单位、施工单位存在违法违规性行为进行行政处罚,处罚金额共计498145.83元;对4家施工企业、3家监理企业进行了信用惩戒,扣除企业信用分;对检查发现有违法违规行为的64名从业人员进行个人记分处罚。海原县在建项目82个,总建筑面积约76万平方米。监督工程竣工验收46项,竣工工程资料备案审查48项;办理建筑起重机械安装(拆卸)告知19项,使用登记19项,注销超期塔式起重机2台;特殊建设工程消防设计审查29项,消防竣工验收及备案抽查74项。开展综合执法检查3次,形成综合执法检查通报3份,检查在建项目210余项次、检测机构和预拌混凝土企业11家,月度通报8份,整改通知书163份,停工整改通知书24份,行政处罚8家企业,罚款157万元,扣除企业诚信分值9起,关键岗位人员违法违规记分21人次,消除各项目重大安全隐患。

【房地产市场管理】 2023年,中卫市共有资质内房地产企业25家。全市实施房地产开发项目28个,房地产开发项目完成投资26.43亿元,房地产开发项目施工面积333.33万平方米,其中,住宅施工面积248.39万平方米,商品房销售面积69.99万平方米、销售额35.4亿元,房地产开发项目待售面积88.63万平方米。加强房地产市场监管,制定《中卫市商品房预售资金监管实施细则》,监管预售项目19个,监管金额24.76亿元(非重点监管资金16.45、重点监管资金8.31亿元),涉及企业16家,释放监管资金41批共1.07亿元,解除监管项目9个。开展"双随机、一公开"检查3次,检查房地产企业9家,下发限期整改通知书1份。依法规范房屋中介从业行为,完成房屋中介机构及其分支机构备案43家。开展住房改善行动,举办房车惠民联展、第二届中卫房车节等促销活动，累计销售44套4444.7平方米，销售额2390.13万元。落实中卫市房地产市场11条措施，累计审核购房补贴人数11批次2715人2715.03万元。

【公共设施管理】 燃气方面：2023年，中卫市共有32家燃气经营企业，其中，天然气经营企业26家、液化石油气经营企业6家，42座加气站，22个液化石油气供应点。建成城市天然气管道1031.8公里（均是2000年后建设）。组织开展2023年春季开复工、全国两会、清明节期间城镇燃气安全生产检查工作、"安全生产月"、中秋和国庆节期间燃气行业安全生产检查工作，通过现场指导与宣传教育相结合、排查问题与督促整改相结合，强化对安全生产负责人安全生产知识教育培训，以整改促安全，确保燃气经营运行安全。通过政府督查和专家抽查两种方式对城镇燃气企业进行安全检查，共排查安全隐患260项，通过制定整改措施、建立隐患整改台账，实行闭环管理，安全隐患动态清零，对排查出的所有安全隐患全部进行整改落实，消除安全隐患。与市商务局、市场监督管理局、应急管理局和消防大队开展联合检查，对检查发现的问题进行限期整改。编制《中卫市城镇燃气应急预案》和《中卫市城镇燃气发展"十四五"规划（2021—2025）》。指导市商务局、市场监督管理局按照任务分工，加强对餐饮行业使用燃气的经营单位监督管理。按照《中卫市城镇燃气安全专项整治工作方案》组织开展城镇燃气安全专项整治工作，成立中卫市城镇燃气安全专业委员会，抽调市场监管、商务、公安、应急管理、消防救援等部门骨干力量形成集中办公制，确保各项任务统筹协调到位、指导落实到位。印发《中卫市城镇燃气安全隐患排查整治工作机制（试行）》，建立城镇燃气工作责任机制、抽查指导机制、督查机制和会商调度机制。制定《"九小"等场所安全排查整治标准（试行）》《中卫市城镇燃气安全隐患排查整治十条措施》，从场所行政许可、燃气设施设备、燃气日常管理、消防安全管理、室内装修装饰、应急处置6个方面规范检查标准、用气安全标准等，解决检查标准不一、判定不一、整治不一、处罚不一等问题。围绕"五必须""十必查"要求，聚焦"问题气""问题瓶""问题阀""问题软管""问题管网""问题环境"，采取"周通报、旬督导、月调度"工作方式，全力排查、彻底整治，防范遏制安全生产事故发生。组织开展燃气用户入户安全检查工作，排查整改62982个安全风险隐患（3个含重大风险隐患）。各相关部门查处燃气领域违法案件52起，罚款240.6万元，移送司法部门2起立案查处，全部结案。全市共有城镇燃气用户180809户（天然气139236户、液化气41573户），其中，沙坡头区燃气用户110180户（天然气98213户、液化气11967户），中宁县燃气用户62435户（天然气38303户、液化气24132户），海原县燃气用户8194户（天然气2720户、液化气5474户）全部加装"三件套"，加装率达100%。全市4个大型商贸综合体和5条重点商业街区共计133户液化石油气餐饮用户全部完成"瓶改管""气改电"。全市普通液化石油气餐饮用户共计2482户，完成"瓶改管"187户、"气改电"501户，完成率27.72%。其中，沙坡头区普通液化石油气餐饮用户共计1025户，完成"瓶改管"125户、"气改电"194户，完成率为31.12%。中宁县普通液化石油气餐饮用户共计1081户，完成"瓶改管"62户、"气改电"218户，完成率为25.90%。海原县普通液化石油气餐饮用户共计376户，完成"气改电"89户，完成率23.67%。燃气经营企业结合网格化管理、液化石油气上门配送服务和入户安检等，加强对燃气用户安装可燃气体报警装置的宣传，鼓励居民用户安装可燃气体报警装置，增强安全隐患防治意识，预防安全事故发生。中卫市辖区热电联产设计供热能力1037万平方米，入网面积1517万平方米，实际供热面积1095万平方米，服务用户13.2万户，换热站234座，投运供热管网245余公里，热源为国能中卫热电厂。恒祥国际、时代佳苑、夏华家园及世和新天地等4家地源热泵小区共计60万平方米，因供热质量不达标需接入集中供热，有香山悦府、锦宸湾、中萃芳庭、山水大院三期等5个新建小区84万平方米申请接入，供热负荷已严重超过设计能力，需要建设第二热源。供水方面：中卫市共有供水厂3座，其中，2座正常运转，另外1座停运。日供水能力8万立方米，实际日供水量约4万立方米，满足市民日常生活用水需求。市区供水管道长约117公里。投资670万元建成智慧供水系统，对城区16个片区供水管网压力进行实时在线监测，提升管网漏损、爆管抢修效率；对水源地6个泵房实施红外监控，实现泵站远程启停和水质自动化在线监测，提升供水安全监管能力；对水厂过滤车间、二级加压泵站的水位、压力、流量等参数实时在线监测，水厂设备实现远程启停，提升水厂安全运行效率；对城市公共供水的进厂原水、出厂水、管网水及二次供水实行日监测、月检测，97项生活饮用水检测指标全部达标，保障水质安全。自来水水质综合合格率达到100%，水质检测项目具备97项检测能力。排水方面：城市排水管网总长度148.92公里，管径为500~1800毫米。其中，老城区排水管道主管道约为61.5公里，管材为钢筋砼管，接口采用柔性胶圈接口。雨水口采用平箅式单箅雨水口，地势低洼处采用联合式单箅雨水口，检查井采用重型铸铁井盖和混凝土井盖。新城区排水管道主管道约为87.42公里。管材为钢筋砼管，接口采用柔性胶圈接口，局部道路采用钢管，雨水口采用平箅式单箅雨水口，地势低洼处采用联合式单箅雨水口，检查井采用重型铸铁井盖和混凝土井盖。中心城区有污水处理厂1座，占地5.67平方公里，集污工程服务面积30平方公里，日设计处理能力为4万立方米，主要承担城区范围内生活污水的收集、处理。加大污水接入和管理力度，城区市政污水管网覆盖区域生活污水排放单位基本全部依法接入市政污水管网，封堵施工降水、地源热泵回水排入市政排水管网工地2个、小区5个；城区污水处理厂平均进水BOD浓度达到129.4毫克/升，生活污水收集率达到68.92%。市政公用设施方面：对宁夏水投中卫水务有限公司、中卫市泰和热力有限公司、中卫市宏建热力有限公司进行安全大检查，从操作现场、内业资料、应急预案、制度建设、领导带班值班记录，整改记录等系统地进行检查走访，提出整改意见。

【招投标监督管理】 2023年，中卫市完成政府建设工程报建招标备案26项，工程报建率、开标工程备案率均达100%，备案资料归档及时完整、目录清晰，按时按要求完成各项招投标任务。

（张 飞）

住房公积金管理

【概况】 2023年，中卫市实缴单位1180家、实缴职工64344人。新开户单位109家、新开户职工7590人。当年缴存12.88亿元，同比增加1.61亿元。2023年，当年提取20427人，占实际缴存职工人数的31.75%；当年提取10.63亿元；提取率82.53%，比上年度上升13.53个百分点。2023年，发放个人住房贷款956笔，比上年增加19笔；发放金额4.32亿元，比上年增加0.16亿元。截至2023年年末，累计发放个人住房贷款23675笔、58.53亿元，个人住房贷款余额占缴存余额的53.64%。个人住房贷款存量9154笔、贷款余额20.04亿元。

【制度建设】 2023年，中卫市坚持“房住不炒”定位，完善“租购并举”住房制度，制定出台《中卫市住房公积金稳经济保增长促发展具体政策措施实施细则》《中卫市住房公积金异地购房贷款实施细则》等6项制度文件，调整优化贷款范围、存贷比例、贷款利率等15项政策措施，推进“带押过户”、恢复“商转公”、开通“组合贷”、开办“首付款提取”“先提后贷”，租房提取实现“按月提”“据实提”，楼盘项目实施“预售许可证即准入”。

【资金收支】 业务收入：2023年，中卫市住房公积金实现业务收入10209.72万元，其中，存款利息收入3774.59万元，委托受托银行贷款利息收入6328.57万元，其他106.56万元。业务支出：2023年，实现业务支出5745.98万元，其中支付缴存职工利息5459.60万元，支付受托银行贷款手续费286.13万元，其他0.25万元。增值收益：2023年，实现增值收益4463.75万元，其中拟上缴公共租赁住房（廉租住房）建设补充资金3570万元、管理费用893.75万元。截至2023年年末，累计提取公共租赁住房（廉租住房）建设补充资金2.75亿元、累计提取贷款风险准备金0.21亿元。

【数字化建设】 2023年，中卫市住房公积金管理中心坚持以服务企业主体和便利缴存群众为重点，拓宽“网上办”“掌上办”功能，推进“不见面、网上办”服务，完善网上业务大厅、“12329”服务热线、微信公众号等综合服务平台，借助数字化助力“最多跑一次”、信息化推动“就近跑一次”、智能化赋能“一次不用跑”。开通“四级四同”线上服务事项36项，位居全区前列；13项业务实现“跨省通办”，1248家单位签约网厅服务，6.64万名缴存人员开通线上信息平台，签约率和开通率分别达99%、95.05%。建设集管理、服务、监管于一体的“数字公积金”云平台项目。参与住房和城乡建设部《住房公积金风险防控体系建设研究》课题，承办课题定稿研讨会，以一域之光为全区添彩。参与“云天中卫”建设，筹办“数字公积金分论坛”，助力“数字公积金”建设。中卫以服务企业主体和便利缴存群众为重点，上云部署公积金智慧应用，积极接入全区一体化服务平台，推动住房公积金信息化建设迈入新阶段。把数字化理念、思路、方法、手段运用到住房公积金事业全过程各领域，打造全系统业务协同、全方位数据赋能、全业务线上服务、全链条智能监管的数字化新模式，以数字赋能公积金治理体系和治理能力现代化。对接燕山大学住房金融和住房公积金研究中心在中卫设立“住房公积金研究基地”，宣传中卫、推介中卫。

（鲍靖宜）

交通 邮政 通信

交通运输

【概况】 公路：2023年，中卫市公路通车里程达8965.00千米，沙坡头区2899.10千米，中宁县2355.28千米，海原县3710.63千米；按行政等级分：国道941.11千米，省道767.32米，县道101.16千米，乡道2325.58千米，村道4273.78千米，专用公路556.06千米；按技术等级分：高速公路616.08千米，一级公路128.72千米，二级公路1261.68千米，三级公路1023.15千米，四级公路5935.37千米。铁路：境内有包兰铁路和宝中、太中银、干武、吴忠至中卫城际铁路；共有14个车站，其中编组站1个，为迎水桥编组站，二等站5个，为干塘、中卫、中卫南、中宁、中宁东，四等站4个，为新市沟、枣园堡、中宁南、沙坡头，五等站2个，无人站2个。货运站7个，分别为干塘、迎水桥、中卫、中宁、枣园堡、中宁南、中宁东；客运站4个，为中卫、中卫南、中宁、中宁东。航空：中卫沙坡头机场位于中卫市沙坡头区，距市中心约9千米，建成投运于2008年12月26日，是宁夏第二个民用机场，是陕、甘、宁、青第14个机场，是全国的第160个民用机场，是西部民航20多年来第一个新建新增的机场，满足空客320和波音737及以下机型起降。先后开通至北京、西安、乌鲁木齐、上海、福州、重庆、银川等城市航班，保证旅客可以快捷舒适地直飞中卫。水运：黄河流经中卫186千米，占全区的46%，检验合格的营运船舶112艘，在册登记船员261人；正常营运的渡口2处，为永丰渡口、马滩渡口；有3家水运企业，为中旅（宁夏）沙坡头旅游景区有限责任公司、中卫腾格里金沙岛旅游度假区有限责任公司、中卫常迎黄河浮桥管理有限责任公司。客运：中卫市有客运站5个，其中一级站1个（沙坡头区），二级站3个（中宁1个、海原2个），三级站1个（沙坡头区1个），建设其他客运站444个（沙坡头区94个、中宁县77个、海原县273个）。从事班线企业17家（沙坡头区6家、中宁县5家、海原县6家），线路205条（沙坡头区19条、中宁县89条、海原县97条），车辆413辆（沙坡头区90辆、中宁县125辆、海原县198辆）；公交企业13家（沙坡头区4家、中宁县5家、海原县4家），城乡公交线路35条（沙坡头区4条、中宁县19条、海原县12条），公交车辆263辆（沙坡头区95辆、中宁县90辆、海原县78辆）；出租车企业19家（沙坡头区13家、中宁县3家、海原县3家），出租车辆1763辆（沙坡头区875辆、中宁县532辆、海原县356辆）。货运：危货运输企业44家（沙坡头区31家、中宁13家），车辆438辆（沙坡头区258辆、中宁180辆）；普货运输企业491家（沙坡头区265家、中宁县100家、海原县126家），运输个体户19297家（沙坡头区5035家、中宁县2843家、海原县11419家），车辆23239辆（沙坡头区9040辆、中宁县3950辆、海原县10249辆）。

【重点项目建设】 2023年，中卫市交通运输局承担重点项目11个，全年完成投资24.59亿元。中沟路、迎湖路路面维修改造工程6月建成通车。2023年交通运输、仓储和邮政业固定资产投资任务20亿元。《中卫市全国性综合交通枢纽城市发展规划（2022—2035年）》经2023年12月13日市人民政府专题会议研究审定。启动“十四五”期第二批“公交都市”创建申报工作，完成《中卫市国家公交都市建设示范工程实施方案（2024—2026年）》编制。实施提升农村公路质量服务乡村振兴三年攻坚行动，新建改建农村公路及路况提升工程共计555.3公里，实施安全生命防护工程131公里，实施危桥改造3座。航空：持续稳定运营中卫至北京、上海、广州、厦门等既有航班，开通昆明、南京、宜昌等地旅游包机，航空服务范围进一步扩大。中卫机场2023年完成航班起降1816架次，实现旅客吞吐量17.5万人次,货邮吞吐量760.05吨,架次、客、货运量同比分别增长163.95%、312.92%、1043.15%;开展通航训练1.32万架次。公路运输:全市公路货运周转量1686625(万吨公里);公路客运周转量256415898(人公里)。铁路运输:增强班列组织化程度,与新疆伊尔克什坦等口岸建立合作关系,积极协调天津、青岛、霍尔果斯等口岸、港口,累计开行“青岛港—中卫”“天津港—中卫”公铁海联运班列、“新疆—中卫”疆煤进宁班列85159个集装箱,输送锰矿石、铁矿石、煤炭260.05万吨,货值约296680.23万元。西部陆海新通道运营宁夏有限公司累计开行国内班列116列,货重约29.59万吨,货值约84198.62万元人民币,开行国际班列136车,货重约0.36万吨,货值约464.02万美元。

【中卫下河沿黄河公路大桥建成通车】　2023年11月28日,中卫下河沿黄河公路大桥建成通车。中卫下河沿黄河公路大桥位于中卫市沙坡头区,起点位于沙坡头区旅游新镇,终点与国道338线呈T形交叉,线路全长8.40公里,是《宁夏回族自治区“十三五”综合交通运输体系发展规划》中省道205线重要跨河通道,也是“十四五”规划新增的国道629线主线一部分,被列为自治区重点工程。该项目与迎闫公路共同形成中卫市西侧乌玛高速与定武高速的联络线,建成后将与乌玛高速、定武高速、乌玛高速联络线,形成宁夏“三环八射九联”高速公路布局方案中规划的中卫环线,对推动中卫市构建旅游中心城市以及促进区域经济社会发展具有重大意义。中卫下河沿黄河公路大桥全长1228米,采用双塔双索面斜拉桥形式,主跨155+296+155米,主桥双向6车道,桥面宽33米,项目完成投资9.2亿元,是全区规划建设的第20座黄河公路大桥,该桥是全区已建的主塔最高(113米)、主跨最长(296米)、桩基最深(96米)、承台最大(7777立方米混凝土)的跨黄河公路大桥。

【S50海原至平川(宁甘界)公路PPP项目段建成通车】　2023年12月8日,S50海原至平川(宁甘界)公路PPP项目段建成通车。S50海原至平川(宁甘界)公路工程为政府和社会资本合作PPP项目,由宁夏交通投资集团有限公司牵头,联合宁夏交通建设股份有限公司组成的联合体中标本项目,并组建宁夏海平高速公路管理有限公司,负责项目建设运营养护管理。项目位于中卫市海原县境内,起点与同海高速和黑海高速通过立交枢纽相接,路线沿东西方向布设,终点接宁甘界甘肃省规划的一级公路。项目全长43.54公里,批复概算40.85亿元,采用双向四车道高速公路标准建设,设计速度80公里/小时,路基宽度25.5米,汽车荷载等级采用公路–1级。全线桥梁8288米/44座,占路线全长的19.04%;枢纽式互通1座,一般互通2座;设服务区1处,新设收费站3处,利用原收费站1处,该项目打通海原向西的省际高速出口。

【国道338线中宁至中卫段公路建成通车】　2023年11月28日,国道338线中宁至中卫段公路建成通车。该项目位于中卫市中宁县与沙坡头区境内,属于旧路改扩建工程。项目起点位于既有G338线(恩红路)下穿太中银铁路桥南侧120米处,与既有G338线(恩红路)T形交叉,终点位于常乐镇以南,定武高速南600米处。项目路线全长71.01公里,其中新建段28.06公里,利用既有道路改建段42.95公里。项目按二级公路标准建设,除中宁物流园区道路设计速度采用60公里/小时,其余路段设计速度采用80小时。红山口子至中宁工业(物流园)段路基宽17米,中宁工业(物流园)至国道109线路口路段路基宽度32.5米,国道109线路口至新水路路口段路基宽度24.5米,其余路段路基宽12米,项目总投资8.43亿元。该项目避开中卫城区,为城市发展预留空间,保障国道畅通、减少公路对城市规划、景区规划、自然保护区的影响。该项目完善黄河以南的路网,为中卫市未来重点开发地区—黄河南岸的南山台子移民区修建一条服务于该地区的干线公路,对黄河南岸的土地开发具有重要的意义。

【国道344线头营至李旺段公路建成通车】　2023年11月28日,国道344线头营至李旺段公路建成通车。该项目位于原州区和海原县境内,为普通国道改扩建工程,项目起点位于原州区头营镇国道344线与兴工大道交叉口处,终点位于海原县李旺镇红圈村国道344线与省道204线平交口向北315米处,路线全长54.12公里。项目按照二级公路标准建设,设计速度80公里/小时,路基宽度12.0米,全线采用沥青混凝土路面,项目投资4.82亿元。

【省道205线西安至关庄段公路建成通车】　2023年11月28日,省道205线西安至关庄段公路建成通车。该项目位于中卫市海原县境内,路线全长48公里,起点位于海原县西安镇,终点位于海原县关庄乡。按二级公路技术标准设计,全线设置大中小桥18座,涵洞103道,总投资6.7亿元。

【优化营商环境】　2023年,中卫市交通运输部门充分利用网络大数据,提供特事特办、预约办理等便民服务,推动事项、环节、材料、时限等再优化;协调推动解决资格证查询滞后问题，实现资格证件信息全国范围内可查询；推行政务服务事项网上办理、跨省通办，道路旅客运输、普通货物运输以及危险货物运输驾驶员，道路危险货物运输押运人员的从业资格证补发、换发、变更、注销及诚信考核等高频服务事项均可通过交通运输部公众号、“道路运政一网通办”小程序、国家政务服务平台“跨省通办”服务专区等渠道实现在线网上办理、“跨省通办”。顺应行业发展形势，推进审慎包容监管，营造包容新兴业态稳步发展、兼顾传统业态转型发展的营商环境。许可道路危险货物运输企业5家、道路普通货物运输企业22家、道路旅客运输企业1家，备案机动车综合性能检测机构1家。备案中卫至海原、中卫至银川等定制客运班线7条，2023年运营26758单，营收347.48万元。

【农村客运】　2023年，中卫市制定出台《中卫市促进农村客运高质量发展实施方案》，争取农村客运发展资金1347.94万元，立项建设工业园区综合客运站，巩固客货邮商融合发展线路9条，2个乡镇客货邮商综合服务站、16个村级客货邮商综合服务点正常运转，农村客运车辆带货30555件，通过客货邮商网络销售农副产品1.85万件。完善农村客运基础设施，完成439个行政村客运线路标牌进行更新，新建农村客运招呼站11个。引导支持中宁县支持购置农村纯电动新能源微公交11辆，喊叫水乡、徐套乡移民地区39个行政村群众实现预约出行服务。

【交通运输综合执法】　2023年，中卫市开展全市交通运输执法领域突出问题专项整治。开展路政执法巡查105次，巡逻公路里程3017.6公里；开展“马路市场”清理整治，联合旅游、市场监管等部门开展联合行动23次，清理占道经营摊点137处，驱离随意停靠路边购物车辆1340余辆；开展涉路施工执法检查32次。对沙坡头区货运源头企业进行排查，重新确定37家货运源头企业并在网站上公示；联合公安交警、中卫分局分别在中卫黄河大桥、中卫市工业园区联合开展春运、两会等重点时间段货车超限超载联合执法28次，查处超限运输车辆31辆，对违法超限超载驾驶员从业资格证给予记10分处理142人次。开展客运市场秩序综合治理，重点治理高铁站出租车经营秩序，查处出租车违法违规经营行为5起，采取说服教育、劝导示范、警示告诫等方式纠治出租车驾驶员120余人次，现场纠治其他不规范经营行为30余起；治理各交通枢纽、乡镇、重点学校周边及旅游景区道路旅客运输违法违规经营行为及固定线路非法营运，与公安交警、旅游等部门强化信息互联互通，采取定点设卡、突击检查等方式，开展客运市场整治，开展联合行动60次，排查车辆5000余辆次，发现并纠治问题车辆50余辆次，查处非法营运17起、不规范旅游包车行为6起。规范维修驾培市场发展，完成沙坡头区381辆教练车二级维护和综合性能检测，组织客运、危货从业资格证考试26期1450人，组织开展道路运输“两类人员”安全考核6场次312人。全市5家驾校全年新增培训驾驶人7314人。指导170家三类维修业户向交通运输主管部门备案。

【交通运输安全监管】　2023年，中卫市交通运输局安委增设运输安全专项委员会、公路安全专项委员会、水上安全专项委员会等5个专项安全委员会，制定印发《中卫市交通运输局安全生产委员会工作规则（试行）》，压实“一件事全链条监管”的责任体系。强化专项整治。开展重大事故隐患排查整治和重大风险防范化解2023行动，检查企业2003家次，帮扶指导县（区）交通运输局4次、企业6次；排查整治一般问题隐患1202个，重大事故隐患3个；实施行政处罚54起。实施“两客一危一货一面”专项整治和道路运输安全生产突出问题集中整治“百日行动”，严格驾驶员资格考试和从业人员审核，考核合格110人；开展首次城市客运企业“两类人员”安全考核，合格率为55.8%；注销危货运输企业6家，报废、注销、转出危货运输车辆41辆；注销普货运输企业17家，清理报废注销10年以上老旧重型货车966辆。开展燃气安全专项整治，查处“普拉危”案件8起，新审核增加厢式危货运输车16辆；启用瓶装液化石油气全链条安全监管信息系统，录入涉燃气危货运输企业10家。推进消防安全重大风险隐患专项排查整治，抽查检查单位374家次，帮扶指导县3个（次）、重点单位（企业）45家次，约谈企业3家次。清除铁路沿线安全环境治理盲点，落实“双段长”制、联席会议等长效机制，召开市际联席会议2次，县际联席会议12次，乡（镇）际联席会议36次，治理铁路沿线漂浮物安全风险隐患问题131件，形成“协同监管、综合治理”良好局面。强化支撑保障。在全市282辆班线客车、156辆重载普通货车升级改造智能报警监控系统终端，实现视频动态实时监控。全面推广应用宁夏道路运输监督服务体系，全市18家客运企业、44家危货运输企业按要求将企业安全生产制度、安全管理机构、人员信息、培训证明等相关资料上传平台。在马滩等3个渡口和浮桥建设水运智能监控系统，实现对渡口和浮桥安全的远程监管。强化企业帮扶。

持续做好市交运集团遗留问题处置工作，针对中卫市东胜公共交通有限公司和宁夏丰贸环玉运输有限公司安全隐患问题，引导经营业户"报废一批、转户一批、停运一批"，两家企业78辆车全部妥善处理，安全隐患及时消除。指导帮扶5家道路运输企业开展标准化达标创建，全部达到二级标准，通过自治区交通运输厅复核。对20世纪90年代以来沙坡头辖区审批建设的25处黄河渡口进行摸底排查，经征求相关部门和沙坡头区政府及沿河各乡(镇)意见，报请市人民政府研究，撤销12处非营运性渡口，报废老旧船舶10艘。强化应急体系建设。牵头制订《中卫市道路运输交通事故应急预案》《中卫市危险化学品道路运输事故应急预案》《中卫市水上船舶事故应急预案》《中卫市铁路交通事故应急预案》4个预案，编制应急预案简易处置卡、工作流程图。启动《中卫市交通运输行业综合应急预案》及子预案修订工作。联合公安交警印发《中卫市道路交通联勤联动工作方案》，建立道路交通应急救援处置等十二项联勤联动工作机制，全年共发布预警信息57条。组织开展事故应急演练120场次、从业人员自救互救技能培训57场次，高质量承办2023中卫市水上交通应急救援演练全区观摩会。

【质量监督】　2023年，中卫市交通运输局受理质量监督申请20件、质量责任登记18份、办理工地试验室备案19件。坚持事前预防，依法开展施工现场执法检查132次、286人次，实现所有建设项目执法监管全覆盖，现场整改发现施工现场监理旁站、巡视不到位、项目负责人等关键人不在岗履约等行为，现场发现质量安全隐患问题并下发责令整改通知书5份。积极配合上级主管部门开展农村公路质量服务乡村振兴三年攻坚行动督查，检查路况提升工程51个、安防及危桥改造工程6个。完成市本级及沙坡头区建设市场主体2个勘察设计单位、3个监理单位、11个施工单位、2个试验检测单位"宁夏交通运输综合行政执法管理系统"企业名录库录入。督促监理、施工、试验检测等单位开展生产安全事故警示教育活动12次。

（吕召军）

公路管理

【概况】　截至2023年年底，宁夏公路管理中心中卫分中心普通国道MQI值93.81、PQI值92.17，优良路率达100%；普通省道MQI值84.46、PQI值80.05，优良路率达69.76%，路况质量稳步提升。

【安全生产】　2023年，宁夏公路管理中心中卫分中心，建立健全分中心安全生产重大风险防范化解和重大安全生产隐患排查治理双重预防机制，落实风险分级管控和隐患排查治理安全生产责任。编制完成《中卫分中心公路养护管理安全生产风险辨识、评估、管控与事故隐患排查、治理指导手册》。深入贯彻落实自治区党委十三届四次全会精神，组织开展用气用电及安全生产专项督导检查和隐患排查，全年共排查各类安全隐患549项，全部整改完毕。建立完善应急保障体系，有效应对和处置突发事件。2023年，及时处置水毁险情、山体滑塌灾害险情119次，组织极端天气应急保通保畅8次，高效率完成夏季防汛、冬季防滑保通保畅工作。开展"安全生产月""全国防灾减灾日""消防宣传月"等宣传活动10场次，开展应急演练15次，安全培训319人次。

【科技创新成果应用】　2023年，宁夏公路管理中心中卫分中心持续贯彻落实低碳低耗养护绿色发展和安全发展理念，探索新技术、新材料具体应用。在G338线、G109线中宁黄河桥南至中宁收费站段、G109线新寺沟至中宁治超站段三项养护工程项目车辙严重位置和平交道口处采用外掺玄武岩纤维沥青混合料，提升公路抗车辙性能；在G109线新寺沟至中宁治超站段修复养护工程采用智慧交通悬臂式可变信息板，实时掌握道路信息；在G109线中宁黄河桥南至中宁收费站段采用智能检测一体机和地砖灯同频联动、闪烁发光的智慧斑马线，提升驾驶人夜间或雨雾天气辨识度；在S103线、S204线等4处边坡失稳区域布设GNSS地表位移实时监测和视频监控设备，随时掌握边坡稳定性状况，对发现的危险情形及时预警预报，全面推动"四新技术"的应用。

【养护工程项目】　2023年，宁夏公路管理中心中卫分中心共实施养护工程项目8项，总投资10919.33万元，已完成投资额10013.64万元，完工8个项目，经质量检测均合格。

【公路养管】　2023年，宁夏公路管理中心中卫分中心科学制订养护管理方案，推行精细化养护管理模式，加强日常养护维修保养。统筹日常养护资金939.28万元对分中心养管的普通国省干线和2022年接养地方养管的4条普通省道路基路面、桥涵设施、标志标牌等进行维修、清理、增设。开展桥涵集中整治，遏制桥梁病害的蔓延。委托专业检测单位完成分中心辖养65座桥梁的定检工作及25座大桥、特大桥的风险辨识手册、养护手册及应急预案编制工作，准确掌握桥梁状况。分中心养管桥梁201座，一、二类桥梁占比93.22%，桥涵等公路设施安全服务能力提升。在G109线K1312+818-K1369+221(中宁梅家沟至中宁大战场)段创建管养示范样板路56.40公里。将G109线、G338线等7条515.59公里普通国省干线公路日常养护和其他路段路面病害处置、站房维修面向市场公开招标实施，市场化份额占全年预算的62.5%。

【综合管理】 2023年，宁夏公路管理中心中卫分中心开展制度宣讲10期，结合工作实际，梳理原有制度、办法，目前已制定和完善制度44项。强化"业财融合"的预算管理模式，严把预算指标关。全年累计支出20719.82万元，预算执行率94.58%。完成资产清查核实工作，清查出报废待处置资产182项，盘活闲置资产37项。严格国有资产报废处置程序，处置资产266项。对108段/941.87公里国省干线公路资产明细科目进行核算，并按要求录入公共基础设施卡片信息。落实领导干部带头学法和行政会议学法"第一议题"制度，举办法治讲座2次、法治素质测试200人次，旁听庭审2次。对8名新任干部进行任前法治测试，完成法律文书及文件材料合法合规性审查152份。利用"民法典宣传月""4·15国家安全教育日"等活动节点，多角度、多形式、多载体开展法律法规、条例等宣传活动。委托第三方审计机构对分中心2022年以来17个养护工程项目进行全面审计，以"经济体检"强化风险防控。

邮 政

【概况】 2023年，中卫市共有邮政普遍服务网点54处，两县一区40个乡镇全部设立邮政快递服务站点，建制村直接通邮率为100%。全市共有快递服务品牌10个(EMS、圆通、申通、中通、韵达、顺丰、京东、德邦、极兔、菜鸟)，法人快递企业14家，快递分支机构31家，快递末端网点146家，快递服务覆盖416个建制村，建制村快递服务通达率为93.91%。建成村级寄递物流综合服务站259个，覆盖228个建制村，覆盖率51.47%。全市共有各类邮政快递运输车辆520辆(其中，机动车113辆，电动三轮车407辆)，从业人员622人。全市寄递企业累计建成自动化分拣线6条，自动化分拣能力达到6.57万件/小时，沙坡头区主要快递品牌企业全部实现自动化分拣。

2023年全市邮政行业发展情况表

指标名称	2023年/万件	比去年同期增长/%
邮政行业寄递业务量	2502.02	14.68
1.快递业务	1364.70	33.76
其中:同城	136.33	82.86
异地	1228.00	30.12
国际/港澳台	0.36	-81.60
2.邮政公司寄递业务	1137.32	-2.08
其中:函件	12.44	-14.85
包裹	0.78	9.86
订销报纸累计数	1052.14	0.14
订销杂志累计数	35.87	9.66
汇兑	0.00	
邮政行业业务收入	21301.46	25.29
快递业务收入	14965.72	29.27
邮政公司寄递业务收入	783.65	-16.58

【快递业务发展】　2023年，中卫市邮政行业寄递业务量完成2502.02万件，其中，快递业务量完成1364.70万件；邮政公司寄递业务量完成1137.32万件。全市邮政行业业务收入（不包括邮政储蓄银行直接营业收入）完成2.13亿元，其中，快递业务收入完成1.50亿元；邮政公司寄递业务收入完成783.65万元。全年通过寄递渠道销售寄递各类农特产品904.75万件，带动产值3.96亿元。

2023年中卫市分县（区）快递业务量、投递量和业务收入情况表

指标名称	2022年/万件	2023年/万件	同比增长率/%	全市占比/%
业务量	1020.29	1364.70	33.76	100.00
沙坡头区	252.89	370.61	46.55	27.16
中宁县	682.24	863.42	26.56	63.27
海原县	85.16	130.67	53.43	9.57
业务收入	11577.17	14965.72	29.27	100.00
沙坡头区	4979.63	6983.41	40.24	46.66
中宁县	4802.79	5561.15	15.79	37.16
海原县	1794.75	2421.16	34.90	16.18
投递量	4223.07	5380.43	27.41	100.00
沙坡头区	2038.43	2585.28	26.83	48.05
中宁县	1287.99	1577.90	22.51	29.33
海原县	896.64	1217.25	35.76	22.62

【行业安全监管】　2023年，中卫市邮政管理局全面落实安全生产“1+37+8”系列文件，开展行业重大事故隐患专项排查整治2023行动、平安寄递专项行动、“九小”场所等专项整治，检查整改一般隐患96个，重大隐患2个。联合市检察院、公安禁毒、林草、烟草等部门开展“三项制度”执行情况、寄递渠道涉毒行为、“扫黄打非”、破坏野生动植物资源、烟草寄递等专项检查，打击寄递渠道违法行为。全年开展日常检查239次、联合检查32次，立案处罚8件，处罚金额4.3万元。做好行业运行监测预警和舆情监测，落实信息报告制度。完成春节、国庆、全国两会、杭州亚运会、自治区十六运和业务旺季期间寄递渠道安全保障工作。

【邮政普遍服务】　2023年，中卫市邮政管理局开展邮政普遍服务、邮票销售监督检查，完成两轮机要通信全覆盖检查和1次“跟班作业”。持续巩固建制村100%直接通邮和县级党政机关《人民日报》当日见报成果。开展高考录取通知书寄递服务质量回访，确保通知书安全准确投递。

【行业绿色治理】　2023年，中卫市邮政管理局实施行业绿色发展“9218”“9211”工程，压实企业主体责任和属地责任，推动行业绿色发展和低碳转型，全市邮政快递业电商快件不再二次包装率达到98.70%，可循环包装的邮件快件数量14.85万件，回收复用瓦楞纸箱数量达到159.04万个。一次性塑料编织袋使用量0.641万个，回收处置一次性塑料制品1.04吨。全市寄递企业设置快递包装废弃物回收装置的网点数量84个，新能源和清洁能源汽车保有量5辆。

【新业态】　2023年，中卫市邮政管理局成立中卫市快递行业党委、中卫市快递行业妇联、中卫市邮政快递行业人民调解委员会。规范申（投）诉办理流程，处理申（投）诉292件，挽回群众损失4.71万元，群众满意率达100%。强化快递员关爱措施，建成快递员爱心驿站10处，为“快递小哥”提供热水补给、途中休息、手机充电、急救药品等爱心服务。强化行业人才培养，举办快递员职业技能培训3期，参训137人。选树行业先进典型，顺丰、圆通、申通等企业11名快递员获评宁夏首届“塞上江南最美骑士”。推荐3个集体和6名从业人员参与评选“2023年度全国邮政快递业青年安全生产示范岗”“青年文明号”等荣誉。

（高婷婷）

通信管理

【电信通信】　2023年，中国电信中卫分公司实现县（区）分公司云改数转关键岗位干部队伍专业化、科技化、年轻化，35岁及以下且本科以上学历人员7名，占比26.92%；45岁及以下且本科以上学历人员17名，占比达65.38%。22人通过考试并取得HCIA-Data Center Facility认证证书。完成联合村、坪路村、团结村、永乐村4个帮扶村的产业帮扶和数字乡村建设。完成人才基地建设并通过中卫市云计算和大数据发展局评审验收。完成自治区第十六届运动会、自治区首届特殊奥运动会、云天大会、大漠黄河国际文化旅游节等8次应急保障，组织海原抗震救灾、中宁电力室进水等应急演练11场次、参演224人次。排查整改隐患4处，完成中卫新局电力室地基下沉、机房内供暖管道隐患整治。中卫新局增补水浸探头68个、蓄电池安装内阻测试器24组并接入监控系统。

（凌模范）

【移动通信】　截至2023年年底，中卫移动建设完成无线网络基站5000个，其中5G基站超1000个，5G整体覆盖率为98.57%。2023年，中卫移动完成39个千兆标杆小区的FTTR的改造，建成千兆小区2723个，覆盖家庭28万户。通过5G、云计算、大数据等技术手段助力政府及企业各个产业数字化发展。融合中卫信息安全运营中心的优势资源，联合中卫市云计算和大数据发展局挂牌成立“中卫市网络信息安全人才培养基地、中卫市云计算和大数据产业人才实训基地”，同宁夏大学前沿交叉学院达成战略合作，牵引2个创新新型人才服务项目落地。开展网络安全工程师、数据中心运维工程师、网络安全实操等9期培训，参训人员600余人，其中，351人获得国家级专业机构和华为认证证书。为中卫市人民医院、中卫市中医医院、中卫市妇幼保健院等两县一区共12家医院18个医疗系统部署信创云资源。开展服务培训6期，累计参加390多人次，开展“站店听音”“总经理接待日”等活动，做响“心级”特色品牌。完善智慧健康养老产品及服务推广目录，推进新一代信息技术以及移动终端、可穿戴设备等智能设备在居家、社区、机构等养老场景集成应用，发展健康管理类和养老监护类智能产品，推广应用智能护理、智能防走失终端等智能设备。打造“数字乡村”示范点，强化农村5G基站、网络建设，2023年在农村建设5G基站500余个，4G基站1000余个；建成1195个行政村宽带网络、覆盖乡村用户约18万户。推进建设“高效节水农业项目和高标准农田建设项目自动化控制工程”项目，辐射2个乡镇3个乡村，为沙坡头区春播备耕建设5G+视频监控，助力高标准农田示范区推广精准种植，促进农村产业发展。以“平安乡村”建设为契机，联合村部、乡镇派出所“进村入户”，为村民安装室外智能摄像头，接入村部联防监控平台，智能安防统一监控，实现全村信息化综合治理。运用“智慧监管+视频巡查”，实现行政村公共安全视频监控100%覆盖。推进乡村治理数智化工程，为20个乡镇38个行政村建设“数字乡村”平台。推广远程教育、三个课堂、VR教室、5G智慧云考场等教育信息化应用，推动优质教育资源与乡村学校、家庭远程对接，提升乡村中小学校园管理信息化水平、乡村互联网家庭教育水平。建设“互联网+医疗健康”一体化平台，打造市县一体化全民健康信息平台。组建反诈攻坚团队，选派人员入驻中卫市公安局反诈中心开展工作，发挥运营商基层优势，做好反诈宣传和治理工作，2023年，全年发送反诈公益短信500余万条，拍摄制作反诈视频3期，协助公安机关打击诈骗窝点8个。

（孙若然）

【联通通信】　2023年，中卫联通移网用户累计新增12.41万户，出账用户达到26.58万户。宽带用户新增2.14万户，出账用户达到6.23万户。智慧家庭工程师累计为31112户免费上门检测网络。建设数字乡村，助力乡村振兴战略，累计建设交付133个数字乡村，26个通信合作社，为村“两委”提供乡村治理数字化平台和平安乡村监控平台，获中国联通集团“2023年百千万行动优秀市分公司”称号、宁夏联通“先进经营单位”荣誉称号。承办2023云天大会“聚数创新·数安智算”网络与数据安全分论坛，签约中卫—上海100G电路等业务。协同电信共建共维共优，提升5G网络感知。与电信达成全面“4G一张网”，电联双方中频共享率均达到95%。完善900M打底网，2023年，开通900M基站150个。2023年新开通5G基站249个，累计开通775个。在宽带建设方面，建设交付光纤宽带网络端口4.06万个，光纤宽带网络接入端口总数达19.07万个，千兆光纤宽带网络端口16.05万个，中卫城市住宅覆盖率达到91.04%，行政村覆盖率达到61.25%，为7.3万家庭接通光纤宽带“信息高速路”。完成第六届云天大会、自治区首届残特奥运动会、自治区第十六届运动会等共计14次重大节日和重要会议的网络保障工作。

（何佳辉）

【铁塔通信】 2023年，中国铁塔股份有限公司中卫市分公司累计获取塔类需求1000个（含结转），订单交付及时率为97%。室分业务累计起租30万平方米。用户数量3837户，站均租户2.16户。智联业务全年储备商机总额达1260万元，储备率600%，签约落地项目5个，全年实现收入400万元。能源业务实现收入200万元。累计建设低速充电端口9000个，累计服务居民近10万人；投放100辆共享电单车，服务2500余名宁夏大学中卫校区师生出行；为中卫市公安局、中卫市沙坡头区检察院、中卫市沙坡头区法院、宁夏银行、农业银行等20余个企事业单位及20余名个人提供备保电及引电服务；在中卫市建设基础换电设施，累计服务外卖行业和快递行业100余人。收集客户关注问题站点需求100处，解决及时率为100%。组织开展高等级基站排查整治工作，整改率为100%。改善地震烈度仪运行率，运行率达99.9%。协同运营商完成“应急先锋”、自治区第十六届运动会、西部数谷等重大应急通信保障，累计出动保障人员236人次，车辆126辆次，油机189台次，重保期间零退服。开展两轮压茬推进隐患整治，累计排查3400站次，发现安全隐患2100个，整治完成率为100%。累计更换逾龄老旧动环160站，更换蓄电池110站、空调119站、开关电源131站，其中，高等级站址占比72.3%，维修动环主设备及通信模块350站，FSU离线率降低至0.1%，综合设备准确率提升至99%，FSU覆盖率达100%，发电及时率达到99%。构建“大安全”格局，召开安委会、安委办会议12次，“四不两直”监督检查8次。紧紧围绕“安全生产月”开展隐患排查整治13次，排查重点场所、重点部位、重点场景、重点设备设施等1900处，发现隐患900处，隐患整改率100%。强化培训和应急管理，开展各类活动17次。

（陈 薇）

生态环境保护

综 述

【生态环境质量】 空气环境质量：2023年，中卫市沙坡头区城市空气质量综合指数3.55，优良天数290天，达标率79.5%（较2022年优良天数减少9天，达标率下降2.4%），$PM_{2.5}$年均浓度为28微克/立方米（扣除沙尘天气）；中宁县空气质量综合指数4.03，优良天数285天，达标率78.7%（较2022年优良天数持平，达标率持平），$PM_{2.5}$年均浓度为30微克/立方米（扣除沙尘天气）；海原县空气质量综合指数2.85，优良天数335天，达标率92.3%（较2022年优良天数增加1天，达标率下降0.5%），$PM_{2.5}$年均浓度为21微克/立方米（扣除沙尘天气）。水环境质量：2023年，中卫市地表水监测断面（点位）共计12个，其中，国控断面4个，区控断面8个，城市集中式饮用水水源地4个。中卫境内4个国控断面总体水质均达到国家及自治区考核目标，8个区控断面总体水质均达到或优于自治区考核目标Ⅳ类，中卫市集中式饮用水水源地总体水质均达到自治区考核目标Ⅲ类。土壤环境质量：2023年，全市土壤环境质量总体保持稳定，农用地和建设用地土壤环境安全得到基本保障，土壤环境风险基本管控，重点建设用地安全利用得到保障，农村生活污水治理率为36.1%。声环境质量：2023年，中卫市沙坡头区功能区噪声共布设9个监测点位，每季度测量1次，昼间和夜间达标率均为100%。中卫市沙坡头区道路交通噪声共布设33个监测点位，监测总路段长20.8公里，8—10月期间昼间和夜间各监测1次，年均等效声级分别为59.9dB（A）、50.7dB（A），质量等级均达标（一级），总体评价为“好”。中卫市沙坡头区区域环境噪声共布设104个监测点位，8—11月期间昼间和夜间各监测1次，年均等效声级分别为53.0dB（A）、44.4dB（A），昼间和夜间区域环境交通噪声、生活噪声、建筑施工噪声、工业噪声分别占总构成的58.7%、39.4%、1.9%、10%，噪声质量等级为二级，总体评价为“较好”（沙坡头区区域声环境质量的主要噪声源为生活噪声和交通噪声）。

【污染物排放量】 2023年，自治区下达中卫市大气污染物氮氧化合物、挥发性有机化合物削减量分别为509.41吨、0吨，实际削减量分别为2543.16吨、24.6吨。自治区下达中卫市水污染物减排任务为三年累计减排量不低于“十四五”期间总任务的60%，化学需氧量、氨氮实际削减量分别为843.48吨、129.25吨，完成自治区下达年度目标任务。

【依法行政管理】 2023年，自治区推行法治政府单项示范创建活动期间，中卫市申报“发挥柔性执法作用打造服务型阳光型法治政府”入选并开展答辩。针对重点监管企业，录制《以案释法》《与法同行》广播、电视访谈节目。组织召开案件讨论会11次、听证会5次，审核行政处罚案件43起、合同59份、信息公示70份、依申请公开审核2起。

【环评项目管理】 2023年，中卫市共完成建设项目环评审批143个。中卫市重点建设项目办理环评56个（含豁免17个）。开展环评文件质量复核，对1家环评单位和1名环评工程师进行通报批评和失信记分，对3份环评文件质量问题移交支队查处。办理排污许可证申请、变更等事项225家次，2022年度执行报告、重点管理企业季度执行报告提交率100%，完成常用有色金属冶炼等七个典型行业2022年度执行报告内容规范性审核，完成排污限期整改清零，督促重点管理排污单位排污许可证质量整改。动态更新初始排污权、政府储备权、可交易排污权和新增排污权，挖掘政府储备权二氧化硫735.54吨、氮氧化物186.19吨、化学需氧量180.37吨、氨氮33.91吨、可交易排污权

1.99吨。组织开展排污权交易43笔，交易金额144.7万元。完成全区首单排污权租赁，清洁生产审核评估3家、验收1家。完成全市排污权抵押融资，共抵押融资2笔，融资280万元。

【大气污染防治】 2023年，中卫市生态环境局组织召开全市大气污染防治攻坚推进会、协调会13次，下发工作督办函、提醒函24份。每日对空气质量变化趋势及时分析研判，发布空气质量分析日报360余期、周报51期、月报11期，发布污染天气应对调度指令134期，启动重污染天气黄色预警Ⅲ级应急响应1次。完成《中卫市重污染天气应急预案》修订和企业重污染天气应急减排清单编制等工作。推进钢铁行业超低排放改造和北方地区冬季清洁取暖项目，推进铁合金企业污染综合治理，巩固提升11家化工企业VOCs“一企一策”综合治理，推进实施20个年度大气治理项目，成功申报专项资金支持项目11个，争取项目资金4400万元，对8个建筑工地安装在线视频监控设备。对12家机动车排放检验机构及机动车维修行业进行规范化治理，推进实施加油站油气回收在线监测设备安装50座，环保备案非道路移动机械414辆，抽测145台。开展柴油车辆上路抽测执法联合行动，抽测车辆78辆。对46家重点涉气企业废气治理设施开展安全专项检查。未发生重度污染天，空气质量综合指数排名全区第二。

【水污染防治】 2023年，中卫市生态环境局抽查检查全市5个城市及14个农村“千吨万人”水源地保护区，累计发现并整改问题6个。印发《关于加强中卫市入河（湖、沟）排污口排查整治和监督管理工作实施方案》，完成黄河干支流、重点排水沟排污口补充排查工作。对全市30家重点涉水企业水污染防治设施建设运行及安全生产隐患问题进行帮扶指导。对中卫市第一排水沟、中宁县北河子沟等重点排水沟及其主要支沟进行巡查，累计排查并整改问题33个。督促建成中宁县第一、第二污水处理厂再生水利用系统工程项目等3个重点项目，开工建设中卫市河北地区城乡供水工程水源地保护项目。

【土壤污染防治】 2023年，中卫市生态环境局督导24家土壤污染重点监管企业完成土壤污染隐患排查和土壤自行检测。加强涉重金属企业监管，制订整治工作方案，完成年内重金属减排任务。严格建设用地准入管理，以用途变更为住宅、公共管理与公共服务用地的地块为重点，督促土地使用权人完成15个地块土壤污染状况调查。争取污水治理专项资金2845万元，实施农村生活污水治理项目15个，5个污水处理站被自治区生态环境厅评为“最美污水处理站”。组织开展全市农村生活污水集中处理设施的调查评估，农村生活污水处理率达到36.1%。完成《中卫市新污染物治理工作方案》，对13大行业35个小行业90家企业开展基本信息化学物质调查，完成基本信息的审核。

【危废安全处置】 2023年，中卫市生态环境局评估考核固危废重点企业38家，督导企业落实危险废物申报登记、台账记录、标识管理、转移联单等制度，组织50余家企业开展《中华人民共和国固体废物污染环境防治法》培训，压实企业主体责任。指导137家危险废物和74家固体废物企业及时线上申报固危废产生、贮存、处置等情况，组织开展危险废物专项排查行动，建成中卫工业园区第二固废填埋场。

【噪声污染防治】 2023年，中卫市生态环境局统筹推进工业、建筑施工、交通运输和社会生活噪声污染防治，督促指导海原县完成城区环境噪声功能区区划调整工作。工业噪声方面，要求全市企业认真落实环评批复要求，生产运营采取有效隔声、消声等措施。建筑施工方面，对于夜间施工不办理相关手续的企业依法依规进行立案处罚，立案查处1起。交通运输方面，在主要交通路段两侧设置隔离带，合理划定禁鸣区域，督促相关部门及时查处乱鸣笛交通违法行为。社会生活方面，针对城区部分商户在生产、加工时噪音扰民问题，及时进行现场勘查并督促整改，共制止商户利用音箱宣传的噪音事件480余起，广场舞噪音扰民360余起，清理利用喇叭营销的流动商贩1800余起，在中、高考等特殊时段开展专项噪声污染整治。处理各类噪音扰民投诉问题190余次，对商户进行噪音检测12次。在红太阳广场、文化广场等安装在线监测设备10套，设置功能区自动监测站点9处，对中卫市沙坡头区城区声环境功能区划分调整方案进行评估。城市声环境功能区、区域及道路交通声环境质量保持稳定。

【生态环境监测】 2023年，中卫市生态环境局落实全市水、气、声、土壤环境质量监测和重点污染源监测，共公布各类有效监测数据25235条，城市环境空气质量日报365期，环境质量预报365期，编制环境质量月报12期，半年报1期，中卫市生态环境质量报告1份、生态环境状况公报1份、环境统计年报1份。做好中卫市沙坡头区空气质量自动监测工作，完成对PM_{10}等6项指标数据的监控及分析工作，共出具日均值有效监测数据8760个；开展酸雨监测工作29次，报出有效数据348个、降尘量数据36个、沙尘快报20期；地表水环境质量监测共接收采测分离87批次2726个样品，出具区控、国控监测报告35份、质疑报告5份；每月对国控、区控断面开展例行监测，出具监测报告51份、水质监测报告单5份、有效监测数据4991个；城市集中式生活饮用水源地水质监测共出具有效监测数据3306个，出具监测报告13份；中卫工业园区及美利林区地下观测井（共73眼）共出具有效监测数据3018个，出具监测报告30份；人工湿地、小湖、千岛湖等水质监测共出具有效监测数据4104个、监测报告54份；中卫市声环境质量监测共出具有效监测数据672组，噪声监测报告5份。完成各县（区）农村环境质量监测和全市92个土壤监测点位国家网土壤例行监测样品采集、制样工作。对56家重点排污单位进行执法监测，出具各类监测报告205份；对中卫市10家社会化机构监测质量进行监督检查，对15家企业进行实验室安全检查，对20家企业开展自行监测监督检查，统计审核工业源和集中式污染治理设施156家。

【生态环境执法】　2023年，中卫市生态环境局制定执法重点工作11项，检查污染源1740家次，出动执法人员4370余人次，人均执法次数51.12次，活跃率达100%。立案查处各类环境违法行为69起，下达行政处罚决定书41份，执行案件3起（停产2起、移送拘留1起）。选派26名执法骨干参加生态环境部、生态环境厅组织的培训和监督帮扶，在生态环境厅组织实战比武与知识竞赛中获得优秀集体奖。全市行政执法案卷评查中评选优秀案卷2本，自治区司法厅案卷评查中评选优秀案卷1本，宁夏生态环境厅采纳发布典型案例3件。督促4家新增重点排污单位完成自动在线监测设备安装联网工作。实现重点排污企业自动监测监控设施安装联网率达100%，有效传输率为97.51%。妥善处置一般突发环境事件5起，排查发现生态环境领域安全问题356个，整改率达100%。完成清水河中卫段“南阳实践”调研及突发水污染事件应急演练，与固原市生态环境局签订突发水污染事件联防联控框架协议。建立生态环境应急物资储备库（中卫分库），共储备37种1900余件救援、防护、处置物资。受理调查办结各类生态环境信访案件233件（其中，噪声污染155件、大气污染53件、水污染8件、固废污染9件、其他8件）。

【督察问题整改】　2023年，中卫市生态环境局通报生态环保督察反馈问题整改情况10次，调度上报整改进展11次，呈送专报5份，下发督办函、提示函32份。中央环保督察11项年度任务，8项通过自治区验收，332件转办信访件全部办结。自治区环保督察8个问题全部完成整改，自治区党委各类督察反馈462个问题，完成整改457个；“绿盾2022”行动反馈3个问题全部完成整改。生态环境部和自治区相关领导先后9次实地调研挂牌督办问题，10月29日，生态环境部解除美利源水务公司挂牌督办。美利林区地下水挥发酚连续7个月稳定达标并通过自治区核查验收。

【生态示范区建设】　2023年，中卫市生态环境局推进各县（区）争创国家生态文明建设示范区，助推全市国家生态文明建设示范区创建工作。制发《中卫市国家生态文明建设示范区创建工作考核细则》，推进沙坡头区“绿水青山就是金山银山”实践创新基地创建工作。指导海原县编印《海原县国家生态文明建设示范区规划（2023—2030年）》。指导中宁县编印《中宁县“绿水青山就是金山银山”实践创新基地实施方案编制工作方案》，挖掘中宁县玺赞生态枸杞庄园“两山”典型事迹。

【环保科普】　2023年，中卫市以世界环境日、全国低碳日、生物多样性日、全国生态日、全国节能宣传周等生态环境保护重要活动节点为契机，围绕“美丽中国，我是行动者”“中卫市首届黄河流域生态保护主题宣传实践月”等活动，宣传习近平生态文明思想。全市共举办生态环保主场活动启动仪式3场、“建设人与自然和谐共生的现代化”专场文艺演出2场，举办清洁生产审核和应急监测等培训班5场、环保讲座和知识竞赛3场，组织7家环保设施开放单位线下开展活动173次，接待1094人次。编制时长10分钟《党建引领逐“绿”前行》宣传片1部，展出展板100余块、条幅80余条，评选优秀环保绘画187幅、“环保小卫士”132名、班级创新海报17块。设置环保主题宣传街道路牌210套。公开发布大气、水、土壤污染自动监测和政策解读等信息，在市政府官网发布生态环保信息1080条、微信公众号92期291条、微博58条，编报信息371篇（市级以上媒体刊载采用20篇）。开展“周五有约”等志愿服务活动70余场、“文明健康 绿色环保”宣教实践活动16场次、生态环境保护宣教实践活动20场次。持续发布工作简讯，召开新闻通气会，举办政府开放日，“宁夏频道”“中卫新闻网”“中卫日报”“中卫广播电视台”等主流媒体先后20余次报道全市生态文明建设工作要闻，推送公益短信10万条。

（洪丽思）

中卫沙坡头国家级自然保护区

【概况】 据2023年最新调查，中卫沙坡头国家级自然保护区共有种子植物87科276属515种。国家二级重点保护植物有沙冬青、半日花、斑子麻黄、野大豆、甘草5种；我国特有属植物百花蒿，阿拉善地区特有植物阿拉善碱蓬和宽叶水柏枝；保护区内珍稀植物有沙鞭和斑子麻黄。保护区分布有脊椎动物5纲34目82科192属299种，国家一级保护种类有北方铜鱼、大鸨、黑鹳、金雕、乌雕、草原雕、白尾海雕、玉带海雕、秃鹫、荒漠猫10种；国家二级保护种类有厚唇裸重唇鱼、拟鲇高原鳅、大天鹅、小天鹅、疣鼻天鹅等45种；国家三有陆生动物203种；鸟类列入《中华人民共和国政府和日本国政府保护候鸟及其栖息环境协定》的种类有100种，列入《中华人民共和国和澳大利亚政府保护候鸟及其栖息环境的协定》的种类有27种，列入《濒危野生动植物种国际贸易公约》（CITES）附录Ⅰ的有白尾海雕1种、附录Ⅱ的有27种。哺乳类列入《濒危野生动植物种国际贸易公约》（CITES）附录Ⅱ的有1种。

【资源管护】 2023年，中卫沙坡头国家级自然保护区建立"管理局—管理站—管护点"三级管理体系；开展日常巡护管理837次2811人次；调查处理违法违规事件28件，下发停工通知1份，整改通知13份；救助国家"三有"保护动物苍鹭2只；开展"清风行动"专项检查，排查餐饮企业22家、养殖户27家、景区2处、野生动植物栖息地12处，未发现野生动植物非法贸易；实地核查生态环境部遥感监测反馈点位14处、自治区"绿盾2022"自然保护区强化监督工作组反馈点位3处、国家林草局自然保护地监督检查遥感系统反馈的2022年图斑43处、2022年草原变化图斑13处，监督管理涉及保护区建设项目4个；录入检查执法信息9条；组织开展并顺利完成保护区生态环境保护成效自评估工作；持续全面推行林长制实施，组织召开林长制会议1次，林长制暨社区共建共管联席会议2次，各级林长巡林197次。

【安全生产】 2023年，中卫沙坡头国家级自然保护区召开安全生产和森林草原防火会议17次，签订防火责任书20余份，修订完善制度4项；开展森林草原火灾、燃气安全及重大事故隐患排查整治和"安全生产月"等专项行动，进行日常巡护检查及隐患排查60余次200余人次，处理一般火情9起，整治安全隐患49处；开展保护区内坟墓分布情况调查2次，摸清保护区169穴坟墓分布情况；建成小湖与长流水管理站防火物资库各1座，并配备置物架；修建防火演练场1处、围栏650米；维修巡护防火道路22.7公里；开展森林草原防灭火知识培训8次、防火演练大比武2次、消防器材实际操作演练11次、防灾减灾演练1次、无人机驾驶员培训1期10人次。

【科研监测】 2023年，中卫沙坡头国家级自然保护区组织开展植物、动物、昆虫等10项专项调查，发表论文4篇，制作植物腊叶标本500份，植物浸制标本50份，动物浸制标本85份，真菌标本195份。获取气象、水质、土壤监测记录492万条、野生动物影像资料9000份，监测到国家一级保护动物10种、二级保护动物45种；建设珍稀植物繁育圃34.16亩、收集圃37.23亩、培植圃80亩。开展林业有害生物防治，监测到沟眶象、苹果蠹蛾等林业有害生物3种，完成树干施药防治钻蛀2800株，防治面积100亩；上报野生动物疫源疫病监测信息1万余条，未发现野生动物非正常死亡现象；调查发现外来入侵物种5种，并制作标本，采取防治措施。

【科普宣教】 2023年，中卫沙坡头国家级自然保护区建成由保护区概况宣传栏，党建宣传阵地，艺术浮雕、沙盘、标本馆，治沙技术中心内科普长廊、沙生植物园、珍稀植物培植基地五个部分组成的宣传教育中心，累计接待访客1500余人次；开展科普宣教"四进"活动，宣传普及习近平生态文明思想以及森林草原防火、生物多样性保护等方面的政策法规和知识，悬挂宣传条幅32条，发放宣传资料5000份，发送宣传短信12万条，制作宣传专题片1部，微信公众号发布信息1500余条，抖音号发布视频50条。

【数字化管理】 2023年，中卫沙坡头国家级自然保护区利用云计算、物联网、大数据、移动互联网等新一代信息技术，建成"基础信息、资源管护、科研监测、林草防火、数智中心、系统管理"6大板块18个模块为一体的保护区数智中心平台系统。通过感知化、物联化、智能化的手段，融合保护区各项业务工作需求，创建立体感知、管理协同高效、生态价值凸显、服务内外一体的生态保护区发展新模式，实现防火监测"智慧化"、资源管理"数字化"、人员管理"数据化"、科研监测"实时化"、信息管理"一体化"，推进保护区管理体系和管理能力现代化建设。

（郝丽波）

南华山国家级自然保护区

【生态修复】　2023年,南华山国家级自然保护区实施人工促进生态修复工程5万亩,涉及乔木林和退化林2个修复单元,共栽植云杉、白桦、文冠果、刺玫等乔灌木236万余株,苗木整体成活率95%以上。创新运用"无人机吊运"和"骡马驮运"以及滑道、溜索将200余万株苗木精准运送到栽植区,确保生态修复工程顺利实施,避免植被破坏。2023年度生态修复项目被列为自治区级重点生态建设工程。

【安全生产和森林草原防火】　2023年,南华山国家级自然保护区以草原防火为重点,在重点时期、关键节点组织召开安全生产——森林草原防灭火工作会议9次,划定责任区29个,层层签订责任书,全面实行"责任到人、地块到人"无缝隙的森林草原防火网格化管理。排查整改各类风险隐患35处。出全招管控野外火源,依托16座重载云台、39个球机、11处道路卡口和地面巡护、无人机巡航和防火门禁系统等"天地空"一体化巡护方式,紧盯重要区域、重点人群。对辖区内1059座坟墓实行档案化管理和预约制祭祀,消除祭祀引发火灾风险保障应急准备,严格落实领导带班、24小时值班制度和安全生产——森林防火日报制度,储备各类防火物资6000余件,落实防火机具"周启动、月检修"管理要求和扑火队伍"周演练、月拉练、季大训"防火培训。开展宣传教育,先后开展集中宣传活动7次,悬挂横幅300余条,张贴通告1000余份,安插防火预警旗600余面,发放宣传单10000余份。开展培训演练,组织200余人次开展森林草原防火培训、比武、演练和考核工作4次。全方位强化巡护管护手段,新配发72台地面巡护手持终端,购置6台无人机。新建管护围栏3.4公里,完成11.75公里巡护道路改造提升工作,开设防火隔离带172公里,割除杂草5399亩,完成61处变化图斑的核查核实工作,维修门禁系统10处,检修视频监控前端设备16个。建设以水灭火"大山喷淋"体系,建有防火应急取水井3眼、消防取水点44处,铺设消防管道58000米。

【智慧林业建设】　2023年,南华山国家级自然保护区建成智慧南华山林业管理平台,主要包括1个巡护管护PC端业务管理系统、1套视频监控系统、1套视频会议系统、1个野生动物监测板块,生态感知一张网、生态监测一张图、林草综合管理一个平台的智慧林业建设初具规模,初步达到生态因子实时监测、野生动物全域监测和森林草原火灾早发现快处置目标。

【基础设施改造】　2023年,南华山国家级自然保护区完成管理处机关综合服务用房1884平方米,华山、五桥沟、关门山、马万山管理站各500平方米和2个护林点800平方米基础设施改造提升交付使用。

【科研监测】　2023年,南华山国家级自然保护区完成松材线虫、落叶松红腹叶峰、黄叶甲等林业有害生物10万亩监测工作和5万亩鼠害、虫害防治工作。与宁夏大学联合开展植物群落样方监测,外来林业有害生物入侵调查,采集植物标本200多份,昆虫标本100多种。联合东北林业大学布设红外相机40台,拍摄范围能有效覆盖整个保护区。监测到野生动物10余种,红外相机拍摄照片2000余张,抓拍国家重点保护野生动物照片200余张,首次拍摄到豹猫、狍子等国家重点保护动物。先后建立625平方米12要素标准气象站1处、安装自动虫情设备10个。与宁夏大学和东北林业大学正在联合开展动物、植物、昆虫、土壤、水文、真菌、保护区管理及社会调查等8个科考单元的科学考察工作。启动第四次综合科学考察活动和保护区志编纂工作。

（马宏福　张国亮）

商贸流通

综述

【促消费活动】 2023年，中卫市围绕春节、五一、十一等传统消费旺季，联动重点商圈和企业，开展“第二届房·车文化节”“浪宁夏 品味道”2023中卫美食文化节等线上线下促消费活动122场次，投入2250.5万元发放“促进消费 改善民生”政府消费券，直接带动消费3.15亿元。开展“巨惠暖冬”汽车促消费活动，推出申购汽车补贴不限量，叠加发放1000～2000元家电补贴等优惠举措，14天时间核销家电券366张，汽车补贴1000份以上，带动12月汽车消费8073.7万元，同比增长42.59%，环比增长56.47%。通过汽车下乡、以旧换新、奖励激励等政策支持以及展销、促销活动带动，全年限额以上汽车类商品零售总额同比增长60.49%。

【电子商务】 2023年，中卫市电子商务高质量发展工作专班成立，印发《中卫市2023年电子商务高质量发展工作要点》，召开工作推进会，统筹各县（区）建设数商兴农超市，推动实体店入驻“中卫优品”APP电商平台，向新业态、新零售升级转型，建设数商兴农超市30家。举办“网上年货节”“开播吧，中卫”等线上促销活动11场次，投放消费券98.5万元，“中卫优品”电商平台线上消费1085万元。建成首批自治区级电商直播示范基地3个，自治区级数字商务企业2个。续建中卫市苹果电商产业园、海原牛羊肉电商产业园各1个，新建宁夏拓老七农副产品电商产业园1家。举办“新农人”电商培训班，免费培训“新农人”400人。

【物流建设】 2023年，中卫市打造消费场景设施，提升改造城市商圈3个，特色街区3条。创建自治区级绿色商场1家，自治区级绿色饭店1家。新建外埠窗口9个，销售额约3.37亿元。争取现代物流项目资金525万元，新增冷库3295平方米，建设标准化冷库8间。新增3A级物流企业3家，开行国际班列750列，全市社会物流总额810亿元。

【县域商业建设】 2023年，中卫市争取中央财政资金2700万元，实施县域商业体系建设项目20个，其中，补齐基础设施短板——乡镇商贸中心15个项目，完善三级物流配送体系3个项目——商贸物流2个、三级物流体系1个，增强农产品上行功能2个项目。截至2023年12月底，完成验收且合格的项目16个。拨付实施企业资金1743.27万元，拨付率为65%；带动社会投资8600.91万元。

【商贸服务业监管】 2023年，中卫市商贸服务业监管企业总计15900家，其中企业4642家，具体工商户11258家。制定《关于开展全市商贸领域安全生产大排查工作的通知》等安全生产文件5个，成立5个检查组联合第三方安全服务技术单位，对大型商超、酒店、餐饮、加油站等重点商贸企业开展安全生产督导检查。分行业组织商贸流通企业开展安全生产相关培训48场次，5400余名企业负责人参加培训，现场发放“口袋书”、宣传彩页8300余份。制作安全生产宣传单、口袋书、小卡片等12500份，排查过程中现场发放、宣传、讲解、普及安全生产知识，确保企业安全稳定运行。排查商贸领域各类企业7284家（次），排查隐患问题8940条，现场整改8602条，整改率为96.2%。

【中卫物流园】 中国物流中卫物流园是中国诚通集团投资西部的重要物流基础设施，是中国物流股份有限公司布局“一带一路”的物流骨干网络，园区位于中卫市沙坡头区柔远镇砖塔村，东临柔三路、南临沙坡头大道、西临高新四街、北临卫青公路，项目总投资7.8亿元，总占地面积483亩，总建筑面积26万平方米。其中，一期项目投资4.7亿元，占地面积278亩。园区以新能源、智能化、信息化、节约化以及绿色环保为设计理念，打造面向国际和国内，辐射西北，服务中卫的枢纽型现代化中国物流的综合性智慧物流园区。园区建设走“以城促园、城园联动、整体发展”的道路，构建“一心、一港、三区、两流”的链式布局结构。“一心”即中国物流物联网创意中心；“一港”即公路港；“三区”即国际电子商务示范区、新能源汽车示范区和新能源仓储示范区；“两流”即资金流和信息流贯穿和链接整个园区所有业务环节。立足于完善区域物流通道网络，调整和推进物流节点设施建设，以规范中卫市物流市场管理，确立物流诚信经营机制，有效降低物流成本，促进物流业持续健康高质量发展。

招商引资

【概况】 2023年，中卫市实现社会消费品零售总额132.68亿元，同比增长0.6%。实施招商引资项目291个，实际到位资金319.29亿元，同比增长32.98%。其中，新建项目199个，实际到位资金206亿元；续建项目92个，实际到位资金113.29亿元。网络零售额76.3亿元，增长12.27%；实现外贸进出口总值18.10亿元，实际利用外资1.74亿美元。中卫市获批全国一刻钟便民生活圈试点城市，举办全区县域商业体系建设现场会，获2023国际肉类产业博览会“优秀组织奖”、中阿博览会“绿色展台奖”等荣誉。中卫市投资促进服务中心成立。

【招商活动】 2023年，中卫市制定《中卫市2023年招商引资工作实施方案》，围绕自治区“六新六特六优”产业和中卫市六大产业，成立“8+4”专题招商小组，明确工作任务，压实工作责任，降低企业成本，确保项目尽快落地。兑付中卫光明生态智慧牧场有限公司等4家公司2022年招商引资奖励资金479万元。市、县（区）党政“一把手”外出招商46批次，对接企业180个，洽谈项目168个。全市累计“走出去”339批次，“请进来”592批次，走访城市90余个，对接企业268家，拟签约项目40个。

【重点项目落实】 2023年，中卫市促成落地贝盛5GW高效光伏组件项目等一批延链补链强链项目落户中卫。利用自治区招商引资平台优势，组织参加宁夏党政代表团赴上海浙江江苏经贸活动等，加强中卫宣传推介，促成和光新材料硅芯圆棒生产及方硅芯深加工项目等一批延链补链强链项目落户中卫。

【会展博览产业】 2023年，中卫市发挥第三方招商机构、商协会等优势作用，强化以商招商、展会招商，举办中卫市招商引资（上海）推介会、走进武汉·2023年中卫招商引资推介会、宁夏·中卫（合肥）招商引资推介会等节会，组织参加2023年国际肉类产业博览会、宁夏与央企深化合作投资推介会、2023中国国际电子商务博览会等各类展会、推介会28次，组织参展企业171家。第六届中国—阿拉伯国家博览会中卫展馆荣获“绿色展馆”荣誉称号。

【优化招商环境】 2023年，中卫市加强督办落实能力。成立招商引资工作专班，要求每个县（区）每个部门确定1名分管负责同志专门负责，配齐配强工作人员，加强招商引资对接、沟通等工作。实行“一月一通报、两月一调度、一季一督查、半年一评促、年终一考核”。按照招商引资时间表、任务书，建立“五个一”包抓机制，实行挂图作战、清单式推进。落实重点招商引资项目行政审批代办制度，累计为121个新建项目提供全程代办、领办、帮办服务，为300余家企业提供惠企政策送达、政策细则解释、业务指导等服务，审批时限平均压减6个工作日，审批材料减少30.5%。实行入库项目分类管理，及时调整更新在库项目相关信息，持续跟踪做好协调服务，加强龙头企业和重点项目监测分析，为中卫光明生态智慧牧场有限公司等4家公司兑付2022年招商引资奖励资金479万元。进一步明确沙坡头区新能源发电土地租赁相关事宜，增加亚马逊云计算中卫合作项目预交电费周转资金1000万元，奖励对中卫市作出突出贡献的亚马逊、西云数据两家云计算大数据企业共计850万元。强化策划宣传能力，加强项目包装策划，聘请第三方专业机构围绕“六新六特六优”产业产业策划包装重点招商项目100个，为开展精准招商提供项目信息。聘请专业媒体机构，制作中卫市招商引资宣传片和投资指南。

（张雅琪）

供销合作

【概况】 2023年，中卫市供销集团公司（不含2家并账管理的粮食企业）实现营业收入5157万元，同比增长18.12%，实现净利润-1383万元，同比减亏236万元，减亏幅度14.58%。成功申报成为中卫市第十三批农业产业化重点龙头企业和第十一批农业产业化自治区重点龙头企业。

【服务“三农”】 2023年，中卫市种子公司实现营业收入1199.65万元，完成小麦、水稻等主要农作物种子供应销售149.46万公斤，引进推广玉米新品种6个，培育销售瓜菜种苗400万株；落实主要农作物种子繁育面积4400亩，生产种子160万公斤。搭建数字化综合服务平台，整合农业社会化服务资源，开展耕种管收农业综合社会化服务，2023年托管土地面积5000亩，提供种子种苗、开展技术服务、收购贮藏、农产品销售服务面积8.24万亩，销售各类有机肥、化肥及农药400吨。持续强化生鲜供应链公司治理，完善冷链物流配送综合体系，拓宽农产品自采渠道，形成从田间到餐桌全产业链服务体系。生鲜供应链管理有限公司实现营业收入700万元，主营业务实现盈利。加强现代产业园区建设管理，完成94座大棚建设任务、项目验收、问题整改、种植结构调整等工作。福友农业科技有限公司实现销售收入165.08万元(其中大棚出租收入98.63万元，生产经营收入66.45万元)。

【农产品销售】 2023年，中卫市供销集团强化与传统客户合作，新增北京超市发连锁股份有限公司、中石化宁夏中卫石油分公司、宁夏麦芒农业科技有限公司等13家新客户。销售硒砂瓜4750吨。推行"平台销售+直播带货+短视频"全渠道矩阵销售模式，通过抖音直播销售硒砂瓜64000单。以京东"中国特产中卫馆"、淘宝店铺"宁夏中卫供销农特产馆"、微信小程序"中卫供销商城"开展枸杞、牛羊肉、苹果、枸杞原浆等特色产品销售，完成销售额143万元。通过双品牌联合运行模式，主推牛羊肉、枸杞、枸杞原浆、小杂粮等9大类产品，申请注册"杞子红""卫宁黑山峡"两个商标。参加"宁夏品质中国行江浙沪站""宁夏与央企深化合作座谈会投资推介活动"等农产品展示展销会，组织开展"迎双节 促消费"等活动。

【项目建设】 2023年，中卫市供销集团申报自治区现代物流发展专项资金项目、县域商贸体系建设、农业产业化重点龙头企业监测认定等7个项目，到位项目扶持资金652万元。"数字供销"建设项目。争取自治区供销社"数字供销"建设项目资金100万元，开发完成社员管理、金融服务应用、农资供应等模块，改造建设的400平方米社会化服务大厅投入使用。县域商业体系项目建设。按照商贸流通提质增效行动计划(2022—2024年)内容，向沙坡头区商务局申报建设宣和、永康、常乐3个商贸中心项目。农村寄递物流体系项目建设。争取市商务局县(乡、村)快递物流体系项目建设支持，与中国邮政集团有限公司中卫分公司合作，在刘台物流园建设中卫市三级物流统仓统配处理中心投入运行，邮政、中通、京东3家快递企业进驻，日投递邮件1.2万件。

【治理效能】 2023年，中卫市供销集团健全企业市场化经营机制。制定《员工招聘与录用制度》《中层管理人员聘用管理办法》，落实和完善能上能下、能进能出聘用机制，组织开展中卫供销生鲜供应链管理有限公司1名副经理岗位竞聘工作。强化预算管理，完成集团公司、子分公司2023年度预算报表，上报《供销集团2022年薪酬方案执行情况及2023年薪酬预算情况的报告》《2022年度经营业绩考核目标完成情况自查预评估报告》，修改完善《市供销集团绩效考核管理办法》，建立"岗位+绩效"的薪酬分配体系，组织开展2023年度经营业绩考核工作。建立健全企业内控管理制度。针对巡察问题整改，建立完善《股权投资管理办法》《内部审计管理办法》《项目管理办法》《营销管理办法》《市场分析研判制度》等制度。指导种子公司、供应链公司、福友农业科技公司健全财务管理等制度，确保运行规范。强化业务培训工作。组织开展财务、营销、农资、消防安全、直播销售员等培训班8次，共培训228人次。协调参加市委、市政府、自治区供销合作社及相关部门各类培训班43次，共84人次。

【安全生产】 2023年，中卫市供销集团开展安全生产隐患排查及安全生产专项整治工作，重点对社属企业、基层供销社、出租资产等用水用电用气、车辆交通、建设施工、消防、特种设备等领域开展安全隐患排查。排查整改销号安全问题及隐患58项，年内未发生重大安全生产事故。

(施江波)

粮食和物资储备

【粮食储备安全管理】 2023年，中卫市严格落实粮食安全党政同责。成立以市委、市政府主要负责同志为双组长的粮食安全责任制考核工作领导小组，及时研究部署粮食安全工作。将耕地保护和粮食安全责任制纳入市政府重点工作和效能目标考核，压紧压实各县(区)重农抓粮主体责任。至2023年年底，中卫市耕地保有量440.12万亩，永久基本农田保护面积343.45万亩，粮食生产功能区110.05万亩，累计建设高标准农田220万亩，2023年落实粮食种植面积215.48万亩。制定《中卫市完善粮食供应保障体系实施方案》《粮食应急风险排查制度》《粮食风险隐患请示报告制度》《粮食舆情引导制度》为防范化解各类粮食应急保障风险隐患，守住不发生粮食应急保障问题底线奠定基础。开展深化涉粮问题专项整治，自查问题7件，完成整改6件。加快建立靠制度管权、管粮、管人、管事的长效机制，共建章立制3项。

【粮食收储调控】　2023年，中卫市粮食和物资储备局深化巩固储备粮动态轮换机制，与市财政局、农发行联合印发《2023年度市本级储备粮轮换计划通知》，2023年轮换储备原粮5357吨，销售出库临时储备水稻5000吨，市场粮源有效调控。印发《关于调整市本级原粮储备规模的通知》，5000吨临时储备水稻全部销售出库，5000吨临时储备小麦转化为市本级常规储备。协调农业发展银行提供收购贷款资金6468万元，投入储备粮补贴资金800余万元。全市共有原粮储备1.8万吨，应急成品粮油储备3610吨，社会责任储备3000吨。

【粮食保供稳价】　2023年，中卫市设立夏粮收购点17处，秋粮收购点40处，全市收购粮食55.57万吨，销售粮食47.65万吨，未发生农民卖粮难现象。完善粮食应急体系和管理制度，持续巩固"政府统一领导、部门分工负责、粮源统一调配、社区核对人口、网点对接社区、定点定量供应"的应急供应机制。整合粮油供应资源，优化粮食应急加工、储运、配送、供应网点布局，签约授牌17家粮食应急保障企业，与张掖、武威、白银三市签订《2023年粮食产销合作协议》《粮食安全保障协议》。制定《粮食市场监测预警体系实施方案》和《中卫市粮食市场价格监测制度》，对粮食市场信息实行周监测、月统计、季分析、年报告机制。上报和发布市场价格信息46篇，报送分析报告3篇，完成社会粮油供需平衡调查和农户居民存粮调查工作。

【粮食流通监管】　2023年，中卫市粮食和物资储备局开展夏秋粮收购流通检查7次，共检查企业45家（次），政策性粮油库存检查1次，共检查企业20家（次），春秋季粮油安全普查工作2次，共检查企业34家（次）。受理"12325"举报案件1件并办结。建成集出入库管理、智能安防、粮情监测、环流熏蒸于一体的智慧粮库监管平台，实时在线监测1.8万吨原粮和3610吨应急成品粮油，实现政银企三方共同监管。将县（区）储备数据并入市级监管平台，形成全市政策性粮油监管"一张网"的格局。对各县（区）、企业开展"两个安全"隐患排查200余家（次），排查一般隐患问题112项，重大隐患问题1项，全部整改完成。承办"全区粮食和物资储备行业2023年安全生产培训和综合演练"。聘请专家为重点单位开展安全生产知识培训及安全隐患排查1次。开展本辖区内收获粮食的质量调查、品质测报和原粮卫生监测等工作。全年共计检验检测样品417份，同比增长197%。其中，抽样检测市县级储备原粮样品82份，应急成品粮油样品60份，新收获粮食（小麦、稻谷、玉米）154份，新收获商品稻谷重金属专项监测样品37份，国家考核样品5份，社会化服务检验检测样品79份，粮油检验检测项目达到六大类182项。参加全国粮油检验盲样考核，获得"满意"成绩2次。

【粮食产业发展】　中卫市粮食和物资储备局实施优质粮食工程"六大提升行动"，2023年实施项目8个，总投资8226.94万元。建设中卫市应急粮食储备库项目，争取自治区统筹资金及"优质粮食工程"项目资金745万元。完成自治区原粮储备生产基地2.5万亩小麦种植和0.87万吨收购，完成种植任务的156%、收购任务的145%；完成1万亩水稻种植和0.45万吨收购，完成种植任务的100%、收购任务的113%。贯彻执行《中卫市粮食节约行动实施方案》，开展粮食储存和加工损耗调查，落实粮食产后服务中心"五代"服务，累计节粮减损2万余吨，助农增收5500余万元。建立自治区级粮食安全宣传教育基地，开展粮食安全宣传教育活动，通过主题党日、"粮食科技活动周"等活动，向1000余名干部、群众宣传普及粮食安全和爱粮节粮知识。

【应急救灾物资保障】　2023年，中卫市粮食和物资储备局承担应急储备物资的收储、轮换、日常管理及重要物资和应急物资供求变化监测等职责。完善《中卫市突发事件基础救灾物资保障方案》《中卫市市级救灾物资储备调拨工作制度》，向市直部门和县（区）紧急调拨物资9个品种2941件，回收物资10个品种5422件。储备市级应急救灾物资16个品种55854件。其中，帐篷6924顶、折叠床7822张、棉被11183条、大衣11841件、褥子9466条。争取代储自治区级应急物资棉帐篷1230顶、单帐篷949顶、折叠床9500张。建立生活物资方便面储备163800桶/袋、饮用水储备117000瓶、牛奶储备15600瓶，实施企业代储、动态轮换，可保障7800转移安置人口2～7天应急生活物资需求。承办自治区应急物资储备规范化建设工作推进会、全区应急物资调运演练，参与宁夏"应急先锋·2023"抗震救灾联合应急演练物资保障工作。

（高晓光）

烟草管理

【经济运行】 2023年,中卫市烟草专卖局落实三级共育机制,实施农网终端"旧貌换新颜"攻坚行动,发挥中宁县局(分公司)试点作用,推进数智驱动客户服务转型增效,全年建成合作终端4户、加盟终端1户、直播间3个、"乡村服务站"3处,新建农网示范街(村)11个,客户经理人均服务客户数同比增加40户,客户毛利率17.2%,零售客户综合满意度96.70分。落实"一村一策"精准帮扶计划,指导监督用好12万元定向捐赠帮扶资金。全年物流费用691.3万元,增幅2.90%;单箱物流费用203.77元/箱,增幅2.09%,物流费用率0.70%。塑膜使用量比去年同期减少1.125吨,节约成本1.79万元,累计回收塑膜6.012吨,回收率47.91%。

【专卖管理】 2023年,中卫市烟草专卖局开展"利剑""平安寄递"系列打击涉烟违法犯罪专项行动,成功侦破"2·10"三级国标网络案件,全年查处假私卷烟案件84起,查获假私卷烟21.67万支。查获"12·13"零担物流运销假烟网络案,打掉运输假烟团伙、销售假烟团伙各1个,抓获犯罪嫌疑人10人,查获假烟29.68万支,涉案金额近200万元。全年查处真烟非法流通案件149起,其中,5万元以上案件28起,查获真品卷烟268.38万支。持续开展电子烟市场专项治理,全年查获加热不燃烧烟草制品案件1起,查处向未成年人售卖电子烟案件1起,破获"5·25"非法经营电子烟刑事犯罪案件。

【企业治理】 2023年,中卫市烟草专卖局组织评审结题创新项目20个,"短周期"精益改善活动成果84个,1项QC课题获全区系统优秀质量管理成果二等奖,创新工作室"尖刀班"获"全国质量信得过班组",获授实用新型专利1项,实现自主专利"零"的突破。成立融媒体工作室,举办首届视频大赛,全年在行业内外主流媒体发稿67篇。

【法治建设及社会活动】 2023年,中卫市烟草专卖局推进"八五"普法规划、法治烟草建设任务落实,利用"3·15""12·4"等重要宣传节点,通过志愿服务、党日活动等形式,组成宣传队伍面向社会开展"法律进社区""法律进校园"等活动,通过市场检查、送法进零售户、以案说法等形式,扩大普法宣传工作辐射面,增强广大消费者的自我维权意识和零售客户守法经营意识。针对定点帮扶村硒砂瓜、小番茄、牛肉等农产品销售困难问题,组织开展"爱心乐购"活动,帮助销售农产品240余吨、销售额30余万元。

(杨 堃)

盐 业

【概况】 2023年,中盐宁夏盐业有限公司中卫分公司销售各类盐3390吨。其中,销售小包装食用盐2851.6吨,完成年度计划2600吨的109.7%,销售工业盐271吨,完成年度计划650吨的41.7%;销售畜牧盐117.5吨,完成年度计划200吨的58.8%;实现营业收入总额约679.67万元,完成年度预算665万元的102.22%,利润总额-197.595万元。

【盐品营销】 2023年,中盐宁夏盐业有限公司中卫分公司按照《中盐宁夏盐业有限公司2023年营销策划方案》要求,调整营销策略,通过营造全员营销氛围、开展基础盐品促销活动、制定阶梯价格、实施销售返利等活动,年度小包装食用盐如期完成目标任务。与内蒙古腾格里水投公司、红寺堡奴尔麦食品有限公司沟通协调签订购销合同,大包装食用盐销售81吨,完成计划任务162%。将BC店的建立与维护工作分解到人,建立"人人头上有指标、人人肩上有责任"的中高端盐品全员营销机制,"BC"店实现增店扩量。共建立商超陈列和"BC"店共140家,完成年度目标120家的117%。低钠盐、绿色盐等中高端盐品销量提升。

【食盐安全管理】 2023年,中盐宁夏盐业有限公司中卫分公司落实盐产品质量管控和储备食盐的管理工作。严格执行食盐每日购、销、存、运各个环节的质量管控工作,加强食盐碘含量检测,各配送站由专人负责执行"先检后销"规定,确保食盐质量安全。做好政府储备盐的足额储备,发挥央企食盐储备社会责任,在应对8月份食盐集中销售中确保食盐保质、保量、安全供应,8月25—28日,共计出库(含订单)销售各类小包装食盐近400吨。

【辅助服务】 2023年,中盐宁夏盐业有限公司中卫分公司与市场监管、卫生防疫等相关部门协调,开展消除碘缺乏病知识和合格食盐安全常识宣传工作。定期对集贸市场、超市、便利店、食品加工小作坊、餐饮业、学校食堂开展监督巡查,确保合格食盐市场占有率保持在正常水平。

(唐彩玲)

石油供应

【概况】　2023年，中国石油天然气股份有限公司在中卫市两县一区(沙坡头区、中宁县和海原县)共有加油(气)站53座。

【市场环境】　2023年，中卫市共有加油站138座，其中，中国石油宁夏中卫销售分公司53座、中国石化中卫石油分公司23座、民营加油站62座；加气站32座，其中，中国石油宁夏中卫销售分公司9座、中国石化中卫石油分公司14座、民营加气站9座。

【经营效益】　2023年，中国石油天然气股份有限公司宁夏中卫销售分公司成品油销售23.74万吨，同比增长36.98%；LNG销售10.24万吨，同比增长70.31%；CNG销售174.33万立方米，同比增长170.53%；实现非油品业务销售9367.07万元，同比增长24.5%；实现毛利1424.96万元，同比减少6.2%。

（訾　瑞）

旅　游

综述

【概况】　截至2023年年底，中卫市共有旅游景区景点53家（其中，国家AAAAA级1家，AAAA及2家，AAA级10家），自治区（省）级旅游度假区3家；星级酒店8家；农家乐269家（5星级2家，4星级9家，3星级38家）。

【旅游项目建设】　2023年，中卫市实施沙漠主题度假中心、沙坡头景区星星酒店二期（钻石酒店）、沙漠传奇等28个文化旅游项目，完成投资5.54亿元，建成沙漠传奇、钻石酒店、永乐村乡村旅游基础设施、中宁枸杞文化一条街、海原县休闲街区等15个文旅项目。

【旅游招商】　2023年，中卫市梳理文化旅游招商引资项目18个，计划总投资6.83亿元，截至年底，完成投资5.49亿元。接待中商联合开发集团、熙遇实业有限公司、宁夏汇强发展集团有限公司、上海金选民艺术中心等投资企业来卫考察调研40余次。

旅游营销推介

【概况】　2023年，中卫市制订《中卫市2023年旅游宣传营销方案》，先后赴16个重点客源城市开展文旅推介活动20场次，推出11条精品旅游线路，开通南京、宜昌、昆明等旅游包机，年内接待旅游包机202架次、专列60列次、游客6.1万人次；先后举办第十三届丝绸之路大漠黄河国际文化旅游节、沿黄省区民歌会、宁夏沙坡头金蛙国际艺术节等10项节事活动和南北长滩梨花节、中宁枸杞文化旅游节、宁夏海原·盖牌“村BA”篮球争霸赛等多项乡村文旅活动，累计50余万人次参与，相关宣传信息浏览量突破1000万次，抖音话题#我在中卫等你 浏览量突破2.4亿次。

【第十三届丝绸之路大漠黄河国际文化旅游节】　2023年5月26日，2023中国宁夏（沙坡头）·第十三届丝绸之路大漠黄河国际文化旅游节在中卫市沙坡头旅游新镇开幕。文化旅游节启动仪式以“大漠黄河，星空之约”为主题，融合黄河、沙漠、丝路、星空多种文化元素，以独特的舞台设计融合烟花秀、光影秀、音乐诗剧、乐器联动等精彩纷呈的节目，为大众呈现一场精彩的文化艺术盛宴。旅游节期间还举办“唱响黄河”沿黄省（区）民歌会、“黄河婚礼”“皮筏对歌”展演等活动，充分展现黄河流域深厚的文化底蕴，全方位展示中卫黄河、大漠、丝路、星空等特色文化旅游资源。

【宁夏沙坡头金蛙国际艺术节】　星星的故乡·宁夏沙坡头金蛙国际艺术节是响应党中央闽宁对口协作的号召，为东西部文旅协作打造新样板工程。活动由宁夏回族自治区文旅厅、福建省文旅厅、中卫市沙坡头区人民政府、厦门市思明区人民政府等单位联合举办。2023年艺术节赛事类别涵盖钢琴、民乐、打击乐、舞蹈、语言、声乐、器乐综合等全品类艺术项目，以“文旅+美育+研学”的模式，搭建全国青少年、艺术家展示才华、互相交流的平台。艺术节为市民群众奉上“三赛三周”艺术盛宴，即8月6—11日“大漠之音”国际钢琴大赛暨钢琴研学周、8月11—14日“壮美黄河”国际综合大赛暨艺术研学周、8月14—17日“共绘星空”国际美术大赛暨美术研学周系列活动，邀请国内20余所顶尖音乐、美术院校资深教授、著名演奏家等担任嘉宾评委，开设名家大师班、点评会、艺术盛典等多元活动。为进一步加大文化惠民力度，艺术节还举办多场音乐会，演绎经典名作，让广大市民群众在家门口品赏精彩纷呈的美育盛宴。设置丰富多彩的配套活动，创新打造近20组富有想象力、科技感和互动感的儿童装配艺术展和大地艺术行动，并借助暑期旅游和艺术节举办契机，制定“玩沙”“玩水”“玩星”多种研学组合产品，推出“艺术家推荐美食套餐”“艺术家推荐旅行套餐”等，释放“文旅融合+”品牌效应，打造沙坡头区“艺术”文旅IP。

【全区群众广场舞大赛】　2023年7月24—25日，由自治区党委宣传部、自治区文化和旅游厅、自治区妇女联合会、自治区体育局及宁夏广播电视台联合主办的“引领新风尚　欢乐新时代”2023年全区群众广场舞大赛在中卫市沙坡头区鸣沙村举行。大赛包含千人广场舞展演开幕式、广场舞比赛及颁奖仪式等内容，31支参赛代表队共1000余人，通过线上线下相结合的形式，为全区观众献上一场精彩的群众文化盛宴。

【中宁枸杞文化旅游节】　2023年6月23日，第六届枸杞产业博览会“中华杞乡·康养中宁”第三届枸杞文化旅游节在中宁县杞乡黄河体育中心拉开帷幕。旅游节通过开幕式、文旅市集、非物质文化遗产活态展示、景区展示推介、巡游和歌舞等活动，让杞乡文化旅游魅力再次全方位、多角度地呈现在大众面前展示。启动仪式上，公布2023年中宁文旅路线及2023年中宁旅游优惠政策。旅游路线及活动内容丰富、花样繁多，包含非遗展示、民俗展演、文旅休闲、亲子体验等多种娱乐方式，从展示到演出、从体验到品鉴，让广大游客全方位、多维度感受杞乡风情、感知杞乡魅力、感悟诗意生活。同时，中宁县面向进入中宁旅游的区内外旅行社、自驾车俱乐部（房车俱乐部、协会）制定发布《中宁县引客入宁（中宁）奖励办发（试行）》，每年统筹安排300万元专项资金落实奖励。奖励项目包括一日游、过夜游、自驾车旅游和全年过夜游。

【第五届全国大漠健身运动大赛】　2023年，中卫市积极把握“体育+旅游”产业融合发展新趋势、新特点，并制定全国首个《沙漠运动比赛项目标准》，进一步规范30项沙漠运动规则、竞赛组织流程和器材规格，形成完备的沙漠运动比赛体系。9月5—8日，第五届全国大漠健身运动大赛在中卫市举行，大赛由国家体育总局社体中心、宁夏体育局和中卫市人民政府共同主办，共有全国25个代表团的627名运动员报名参赛。共设置竞赛项目12个，其中集体项目8个，包括沙漠足球、沙漠排球、沙漠毽球、沙漠拔河、沙漠拉沙舟、沙漠羽毛球、沙漠定向团体赛、抢种抢收硒砂瓜；个人项目4个，包括沙漠滑沙、沙漠障碍赛、沙漠马拉松6公里、沙漠定向个人赛。

乡村旅游

【南长滩村】　中国历史文化名村，是黄河进入宁夏境内第一个村庄，号称黄河第一渡。南长滩村有史前岩画、古代水车、秦代长城，黄河两岸怪石嶙峋，高崖耸立。每年的4月中旬是梨花盛开的季节，南长滩村的梨树有百年树龄、百亩梨花绽放黄河岸边，景色宜人。

【北长滩村】　中国历史文化名村，北长滩村与黄河南岸的南长滩村遥遥相望，有着历经沧桑的百年梨园，有着诉说着历史文明的古老水车，北长滩村部分农家仍保留明清时期当地传统的建筑风格——“四梁八柱式”土木结构建筑，院墙则是用石块堆砌而成，是宁夏境内具有地方特色、保存完整、集中的房屋。在北长滩黄河岸边仍保留着宁夏境内唯一一架自转式古老水车，是北长滩永久性的标志性建筑。随着乡村旅游的发展，为满足旅游住宿，北长滩自驾车营地临河而建，可开展研学旅行、自驾越野、乡野篝火、写生创作等活动。

【何滩村】　何滩村利用村中心路房屋两侧墙体打造3D彩绘墙，以党史知识、乡村振兴、黄河文化、古村落遗迹和星空漫画为主题，建设老房子展馆、田园民居、观景台和自然教育课堂等设施，将闲置农房变成自然观光、农耕文化教育、乡村课题研究的基地。

【沙坡头村】　沙坡头村为景区依托型村落，离沙坡头景区不足1公里，周边采摘、童家院子民俗村等农家乐聚集，周边特色民宿、农家乐、农家大院体验感丰富，形成以餐饮、民宿、优质水果采摘、休闲度假为一体的乡村旅游集聚区。

【中宁杞菊红生态农庄】　中宁杞菊红生态农庄位于中宁县石空镇倪丁村，是集生态观光、休闲体验、餐饮娱乐、有机养生、艺术写真、自驾游于一体的乡村旅游基地。基地种植茶用药用北京菊、杭白菊、金银花，彩色番茄、草莓，纯手工制作玫瑰花蜜露、鲜花香皂，新鲜插花，精深加工中宁小红枣，中宁枸杞，培育花卉盆景，将农业、生态和休闲观光旅游业深度融合，打造田园式乡村旅游景观。

【森沃生态观光园】　园区建设和运营中国进口种苗、种球渠道，育种、种植、冷链、销售及农业生态大数据等，运营60万平方米连栋温室园区，投资建设60万平方米智能连栋温室，生产切花百合、高档盆花、叶菜及西红柿以及全年均可参观游览的休闲农业园区。

【中宁禹尧庄园】　中宁禹尧庄园距中宁县城24公里，区域面积500亩，依托适宜的气候条件和优越的生态环境，打造特色枸杞番茄产业、高端鲜食葡萄基地和特色番茄创意文化园观光采摘中心，建有开心农场、游客接待服务中心、观景葫芦长廊、采摘园、亲子乐园等亲子娱乐设施。

【贺堡梨园（关桥梨花小镇）】　关桥乡是海原县香水梨种植的核心区，种植香水梨已有200多年。建成百年梨园风情区、留影互动区、主题星光漫步道、梨花半岛等观景互动点，配备游客服务中心、农夫驿站、梨花邮局、"微风好货"本来味道消费扶贫特色馆及村民就创联办的"梨园人家"农家乐等服务区，初步成为集游览、体验、休闲、娱乐、研学为一体的特色乡村旅游小镇。每年4月，关桥梨花小镇均举办梨花节。

【盖牌村】　盖牌村位于郑旗乡苋麻河流域，距离县城50公里，自古就是古丝绸之路上的一个重要驿站。2017年，盖牌村以"无烟峡驿站"为品牌，走上发展旅游产业的道路。在做好原生态自然风光游览，历史遗迹观光，民族风情体验，黄土文化展示等板块基础上，充实休闲驿站的内涵。开发出集餐饮住宿、运动休闲、研学疗养等于一体的综合性休闲旅游度假村。

【李俊大滑坡】　李俊大滑坡是1920年海原大地震造成的自然景观，大滑坡从徐家沟到蒿内全长2公里，山体向前推移1千米，滑坡的泥土有1亿立方米，滑坡堵住水沟，形成1000亩的李俊湖，也称李俊海子水库。水库绵延2公里。李俊大滑坡与李俊海子水库相互映衬，中间的公路是须弥山石窟通向西吉火石寨景区的必经之路，从李俊大滑坡自驾游基地出发到海原县城，一路上得天独厚的景致和驾驶体验，给人一种新的激情和快乐时光的感受。

【西安州古城】　西安州古城位于宁夏海原县城西南20公里处，背靠天都山，前临锁黄川，历史上称之为"固靖之咽喉，甘凉之襟带"。西安州古城是西夏时期的南牟会行宫城池遗址，是我国保存最完整的一座西夏王朝的行宫遗址。1984年，第二次全国文物普查时被发现，是宋、夏时期的古城遗址。西夏时期名为"南牟会"，北宋改名为"西安州"，明代在此置西安州守御千户所，清代设游击驻防。1920年，发生海原大地震，城内建筑全部被震毁，仅存地表的城墙与瓮城。地震后居民重建家园，在城址内建成一个完整的自然村落"老城村"。2005年，西安州古城遗址被宁夏回族自治区人民政府公布为自治区文物保护单位。西安州古城遗址是海原地区规模最大，等级最高的西夏城址。对研究西夏政治、军事、文化具有极其重要的价值。

【震柳遗址】　哨马营震柳，其前身可追溯至明朝弘治年间，约500年历史。遗存有五株明代古柳，呈北斗七星分布状。据说宋代名将杨六郎伐辽时驻军于此，古柳是杨六郎的拴马柱和乘凉休憩地。1920年海原大地震后，古柳因地表左旋错动而被活生生地撕成两半，左旋位移达0.4米，错动的方式反映地震中的一般规律，即所谓左旋走滑位移，对地震研究具有很重要的参考价值。

【舟塔枸杞采摘体验园】　园区设置枸杞采摘体验区、网上认植区、种植区、花卉区、经果林区、大棚采摘区、停车场等功能区域，是集枸杞种植采摘、观摩体验、产品展销、枸杞文化宣传、休闲旅游于一体的特色产业乡村旅游示范点，可为游客提供农家小吃、民宿住宿、采摘体验等旅游服务。

民　宿

【概况】　中卫市立足"沙漠水城、云天中卫"的文旅强市战略定位，用好沙漠、黄河、星空、乡村等资源优势，从城市基础设施建设、打造特色精品民宿、文旅深度融合等方面同向发力、同频共振，成功培育星空旅游、休闲度假、民宿体验等八大特色旅游业态，不断擦亮"星星故乡、沙漠水城"旅游品牌形象。中卫市立足区域资源优势打造特色民宿，在创新旅游业态、旅游场景、旅游模式上下功夫，通过丰富民宿业态、提升民宿服务品质等措施，积极培育沙漠星星酒店、黄河·宿集、金沙海火车主题民宿、黄羊古落民宿、丰安屯"枣"主题民宿等形态多样的民宿，2023年11月3日，第六届全国民宿品牌大会上中卫市被授予"中国民宿品牌发展先行示范区"荣誉称号。2023年五一期间，中卫上榜全国民宿预订热门城市第一名。

【南岸半岛黄河·宿集】　南岸半岛黄河·宿集位于中卫市沙坡头区常乐镇上游村大湾自然村，是以度假住宿业态为主的宿集群。宿集将建筑美学和生活美学融合，倡导旅行式生活方式，建筑风格吸收当地民居元素，周边集合黄河、长城、沙漠、湿地、古村落等自然景观和人文景观，民宿区内建设书店、美术馆、咖啡馆、主题餐厅、骆驼巷子集市等商业配套。惊险的沙漠冲浪、浪漫的烛光晚餐，神秘的古代岩画、生态的原始村落、美丽的沙漠湿地，给游客带来不一样的西部野奢体验。南岸、沙枣小院被评为全国甲级旅游民宿。黄河·宿集入选"全国首个美丽中国案例文献库”。

【星空在野民宿】 位于中卫市沙坡头区迎水桥镇鸣钟村。小院共有雅舍14间、大厅1间、餐厅1间、会议室1间，占地1300多平方米，每间客房面积约50~75平方米，内置香樟木制家具。

【中卫市东先生民宿】 民宿坐落于中卫市林场西侧，也是早年间腾格里沙漠治沙工人住过的房子，改造成中高端民宿。民宿地理位置优越，毗邻沙坡头机场，距离市区高铁站10分钟车程，距离沙漠星星酒店15分钟车程，交通便利，方便游客出行。民宿外观延续西北夯土老房子风格，院落和客房面积较大，设计风格以原木风为主，营造出原始、艺术、轻奢的感觉.室内保留原顶原木结构，床榻、茶几、桌子等设施均采用木制，院内搭配有木制凉棚、木制桌椅、木制秋千。

景区景点选介

【沙坡头旅游景区】 沙坡头旅游景区既具江南景色之秀美，又兼西北风光之雄奇。黄河在此画下一个独特的“U”形大湾，有天下黄河第一漂的黄河大峡谷漂流、西北第一驼队的腾格里沙漠探险驼队、中国首创世界唯一沙漠大扶梯、天然形成的国际滑沙中心、横跨黄河820米的黄河飞索、惊险刺激的黄河蹦极、漫步云端的大漠飞天，被称为“中国十大最好玩的地方”。

【腾格里金沙岛旅游度假区】 腾格里金沙岛旅游度假区位于腾格里沙漠东南边缘，距离中卫市区8公里，集生态观光、花卉观赏、休闲度假、运动养生于一体，先后荣获国家级水利风景区、中国最美田园乡村、省级休闲旅游度假区称号。景区内金沙环绕、水系纵横、鸟飞鱼跃、花香弥漫，形成沙中有水、水中有绿、绿中有景、景中生韵的生动画面。

【寺口风景区】 寺口风景区位于中卫市区东南方向，所处地带古称北海。是丝绸之路上宁夏境内著名的关口之一，景区遍布史前岩画、碉堡、兵营遗址、战场遗址等景观。寺口风景区占地面积18平方公里，分为东、西两个景区。东景区被称为宁夏大峡谷景区，以山石地貌(喀斯特地貌)景观最为有名，有6亿年前形成的“宁夏版图”自然奇观；西景区为著名的苏武牧羊遗址景区，以西北少有的丹霞地貌为依托，山势陡峭，人文景观丰富，文化积淀更为深厚。

【高庙保安寺】 高庙保安寺，创建于明朝永乐年间。占地6895平方米，殿堂僧寮300余间，高29米。重楼叠阁，檐牙相啄，迂回紧凑，小巧玲珑，形似凤凰展翅，凌空欲飞之势。被誉为“中国古寺庙经典建筑之最”。

【沙坡头水镇】 沙坡头水镇位于中卫市新区香山公园西侧，是集美食、购物、民俗文化体验、休闲娱乐、度假住宿于一体综合服务业商贸集聚区。整个景区划分为丝绸之路特色美食、文化特色商贸、康养度假娱乐、水上游乐等四大功能区域，引入宁夏非物质文化遗产文化馆、途家酒店、锦江之星、陕西老碗席面、中宁枸杞养生馆、应理书院、老街网咖、全球购等45家商家入驻，是自治区特色旅游街区。

【腾格里金沙海景区】 腾格里金沙海景区位于沙坡头区迎闫公路以西，腾格里沙漠腹地，是集餐饮、住宿、户外拓展、休闲、娱乐、旅游观光、沙泉疗养于一体的旅游休闲度假区，被评为国家体育旅游示范基地。有金字招牌火车旅馆、浪漫的沙漠星辰帐篷酒店，可以体验骑骆驼沙漠探险、沙海冲浪、沙漠赛车等体验性的项目。

【香山湖国家湿地公园】 香山湖国家湿地公园位于腾格里沙漠南缘、黄河之滨、中卫市城区南郊，北起平安路，南至黄河南岸堤坝，西起黄家庄，东至滨河湖泊东堤坝，包括永久性河流、洪泛平原、永久性淡水湖和草本沼泽四个湿地类型，是复合型的湿地生态系统。香山湖湿地形成年代久远，湖泊面积大，林草丰茂，碧波荡漾，是我国中西部的东亚—澳大利西亚鸟类迁徙路线上重要的停歇地和繁育地。湿地公园内共有维管束植物43科84属100种，有野生脊椎动物共计105种，有国家Ⅰ级保护动物3种，国家Ⅱ级保护动物7种，自治区保护动物15种。

【海原天都山景区】 海原天都山景区位于中卫市海原县西安州古城西10公里处，共有石窟9处。削山筑石凿窟，有盘山曲径可登临，洞窟皆为平顶长方形。石窟寺现存历史碑志6通。天都山始名于宋咸平五年(1002年)，西夏夺取后泛称为天都山，1046年，李元昊动用民工在天都山削壁凿窟为避暑宫，即为石窟之始。石窟在明代、清代和民国年间重修，增修。洞内塑像被毁，现存佛像为重塑，洞窟保存较好。尤其是寺庙群建筑雕梁画栋，金碧辉煌。1989年，被县宗教局定名为“天都山道观”，现为自治区级名胜古迹重点保护单位。

【中宁天湖景区】 中宁天湖景区位于长山头农场，是宁夏境内原始湿地保存最完整的自然资源之一。景区内建有环湖路、游人码头、垂钓中心、农家乐园、接待中心、餐饮中心、野生动植物观赏、农业生态考察观光等景点设施,区域内,万亩红柳郁郁葱葱,吸引无数珍禽野兽在此栖息。

【玺赞生态枸杞庄园】 玺赞生态枸杞庄园占地面积13000亩,是一家以枸杞产业为核心,集生态、种植、科研、加工、销售、旅游全产业链于一体的综合性农业休闲景区,集中展示中宁枸杞悠久的历史文化、现代枸杞产业发展的科技成就、生态枸杞的采摘乐趣及玺赞庄园秀美的田园风光,是休闲娱乐、旅游度假、考察学习的理想场所,是团队拓展、集体旅游、亲子活动的优选基地。

【华宝枸杞健康体验馆】 华宝枸杞健康体验馆以枸杞文化展示为主题,成功打造3A级旅游景区华宝枸杞健康体验馆,围绕枸杞历史、动人传说、食用价值、种植分布、品种差异、农耕器具、民间文物等多个维度呈现枸杞千百年来的历史演变,研发出枸杞原浆、枸杞原浆复配饮料、枸杞休闲食品、枸杞彩妆等以枸杞文化为主的旅游商品。

【黄羊古落】 黄羊古落位于中卫平原东部,中宁县余丁乡中部。东邻早春余丁,西接胜金关,南临黄河,北靠双龙山,形成依山傍水之势。由于环境优美村中长寿老人居多,百岁老人都在村中安享晚年。黄羊古落以“挖掘在地文化、保留老村肌理、植入艺文元素、重在深度体验”为原则,打造具有“历史厚度”“个性态度”“艺术气度”的新派艺文古村落。黄羊钱鞭、中宁蒿子面制作技艺两大国家级非物质文化遗产代表性项目为此注入活力。

【漠贝酒庄】 漠贝酒庄是一家集葡萄种植、酿造、品鉴展售、商务洽谈、观光旅居、休闲娱乐及葡萄酒文化鉴赏传播于一体的现代化酒庄。有1100亩有机葡萄基地,种植的葡萄有蛇龙珠、赤霞珠、美乐等品种。酒庄产品“漠贝梅鹿辄干红葡萄酒2012”“漠贝蛇龙珠干红葡萄酒2012”在第六届亚洲葡萄酒质量大赛中获得银奖。漠贝葡萄基地在2010年被评为自治区级有机酿酒葡萄种植示范基地。2021年,漠贝酒庄被评为宁夏贺兰山东麓葡萄酒产区五级酒庄。

【丰安屯】 丰安屯位于中宁县石空镇太平村,南靠滨河大道,西邻石空镇,建设游客服务中心、中宁有礼购物商店、生态酒店、民俗风情街等基础设施。以田园生活体验园为定位,划分为接待展示区、农业综合区、文化休闲区、休闲度假区、房车露营区、果园养殖区、拓展活动区7个功能区。布局酒吧街、枣工坊、非物质文化遗产广场、亲子运动营、林下树屋、“枣”主题民宿、节庆广场等34个景点。

(丁雪梅)

金　融

综　述

【概况】　2023年，中卫市共有地方金融组织27家，其中，小额贷款公司12家(含3家分支机构)，融资担保公司6家(含2家分支机构)，典当行9家。累计为全市“三农”及中小微企业等各类市场主体提供贷款或融资支持超过60亿元，融资或贷款余额15亿元。累计立案非法集资案件94起，其中2023年新立案11起，均为以前年度发案，逐年消化案件，非新发非法集资案件。中卫市存量非法集资案件全部进入司法程序，2023年度审结非法集资案件8起，追赃挽损1.13亿元。

【预防非法集资】　2023年，中卫市成立市、县(区)全覆盖的防范和处置非法集资工作领导小组，制定《中卫市2023年防范和处置非法集资工作要点》，明确工作重点、责任单位，将非法集资工作经费纳入同级财政预算。排查非法集资风险隐患，开展投资公司备案管理工作，联合市场监管局、市税务局、市人社局等部门，共核查投资公司109家，梳理完善“一企一卡”信息表。开展涉嫌非法集资广告资讯信息清理排查，检查各类广告经营发布者40家，监测各类广告和资讯信息1096条，约谈、函告、行政指导9人次，查处户外广告、张贴物52个。开展第三方财富管理公司摸底排查，建立台账，研判风险，采取措施。开展“双伪”企业排查整治，对疑似伪金交所及变种字样企业进行全面排查整治，向自治区地方金融监管局报送疑似“伪持牌”企业12家，疑似“伪金交”企业零家。开展“扫楼清街”专项行动，成立“扫楼清街”工作专班，联合市场监管局、公安局开展“扫楼清街”行动2次，对市域内各类投融资机构和地方金融组织进行风险排查，共检查重点企业23家。深化金融放贷领域专项整治，印发《持续深化全市金融放贷领域整治工作分工方案》。提升非法集资防范意识，举办防范非法集资线上培训班1期，开展宣传月活动，以“守好钱袋子 护好幸福家”为主题，制作价值4.25万元的宣传品，联合市新闻传媒中心制作防范非法集资《以案释法》电视节目和广播节目各1期，面向全市群众发送防范非法集资宣传短信30万条，公布市处非办举报电话，发挥群众力量，全面获悉非法集资线索。部门协同，打击非法集资犯罪行为，印发《关于进一步做好养全市老领域防范和处置非法集资有关工作的通知》《中卫市防范和处置非法集资工作领导小组办公室关于联合开展解债类非法集资打击整治工作的通知》等，一案一策、分级分类化解处置；印发《2023年全市打击防范非法集资“歼灭战”行动方案》等，化解存量风险。2023年，审结非法集资案件8起，变更罪名1起。

【地方金融组织依法合规发展】　2023年，中卫市金融工作局组织全市开展年审换证工作，对依法合规发展的予以年审换证，支持发展；对存在违规行为按期整改到位的予以年审换证并加强监管；对存在违规行为且未按期整改或整改不到位的，提请自治区地方金融监督管理局不予年审换证且撤销经营许可证；对存在违法行为的，移交司法机关处理。联合开展金融风险隐患大排查大整治，联合国家金融监督管理总局中卫监管分局累计排查银行18家，保险机构17家，小贷公司、融资担保公司、典当行、投资公司等地方金融组织40家，排查化解安全生产风险隐患17个，未发现金融领域及安全生产重大风险隐患。履行地方金融组织管理责任，开展地方金融组织专项审计，重点就各地方金融组织业务发展、利率水平、资产状况等情况加强审计监管，坚持扶优限劣原则，引导不符合条件的有序退出，指导2家典当企业(恒丰源典当、全顺典当)有序退出，支持有发展潜力的做优做大。落实“照前会商”机制，组建一支85人的会商联络员队伍，对涉金融业务字样市场主体名称和经营范围等商事登记管理事项进行会商研判，把好准入关，消除风险隐患，办理会商事项8项。联合县沙坡头区金融办对审计检查中出现问题的1家典当企业负责人进行警示约谈，对其下一步整改提出具体指导和监管意见。

【金融服务质效】 2023年，中卫市金融工作局制订《中卫市"走商圈 进企业"活动方案》，联动人民银行中卫市中心支行、国家金融监督管理总局中卫监管分局开展金融服务"走商圈 进企业"专项活动，为5864户中小微企业和商户对接融资36.51亿元。中卫市金融工作领导小组办公室印发《中卫市贯彻落实〈金融支持全区民营经济高质量发展的若干措施〉任务分工清单的通知》《中卫市加快推进现代金融产业高质量发展工作任务清单》等方案；中卫市金融工作局印发《中卫市落实〈关于推进绿色金融支持新征程生态文明建设的工作方案〉重点任务分工》《中卫市落实〈国务院关于推进普惠金融高质量发展的实施意见〉重点任务分工》等通知，通过政策引导信贷投放、强化督导惠企政策落实，2023年，全市金融机构贷款增长13.41%。

（呼培菊　张 玮）

【中国人民银行中卫分行】 中国人民银行中卫市中心支行于2023年8月18日挂牌更名"中国人民银行中卫市分行"，系中国人民银行派出机构。2023年12月末，中卫市贷款余额633.38亿元，同比增长13.41%，普惠小微贷款和个体工商户贷款余额分别为124.55亿元和56.89亿元，同比增长11.65%和14.32%，房地产贷款余额和个人住房贷款余额分别为96.98亿元和78.29亿元，同比增长8.94%和12.8%，涉农贷款余额405.6亿元，同比增长11.32%。累计发放支农、支小再贷款25.2亿元、再贴现4.04亿元，分别同比增长32.63%和8.31%，限额使用率90.31%；累计使用碳减排等结构性货币政策工具52.05亿元。落实普惠小微贷款支持工具和普惠小微贷款阶段性减息政策，累计发放普惠小微贷款支持工具激励资金216.21万元。发挥LPR引导作用，推动辖区贷款利率下降，辖区新发放企业贷款加权平均利率4.24%，同比下降0.83个百分点，累计为实体经济让利2293万元。推动金融机构累计发放排污权和用水权相关抵押贷款1370万元。加强乡村振兴和农业强国建设金融服务，助力枸杞、肉牛等特色产业高质量发展；加大对乡村振兴重点帮扶县的资源倾斜力度；推动中宁县开展"党建+金融"村银共建助推乡村振兴发展试点工作。防范化解金融风险，召开4次党委会及专题会议，安排部署辖区金融风险防范化解重点工作。实施"党建+"创建存款保险宣传示范村项目，创建完成三个存款保险宣传示范村，实现辖区县域全覆盖。举办金融机构存款保险宣传技能竞赛，开展中卫市金融突发事件模拟处置活动，完善金融突发事件相关应急机制。前移风险防范关口，建立辖区金融风险台账。协同公安司法等部门打击电信网络诈骗，截至2023年12月末，案件立案同比下降27.9%，止付和冻结银行账户8580户、资金11652万元。强化反洗钱监管，向公安机关移送重点可疑交易线索7条，以洗钱罪立案3起，推动1起上游犯罪为金融诈骗的洗钱案件以洗钱罪宣判。加强征信监管，推动应收账款融资扩面增量，截至2023年12月末，实现融资成交58笔，同比增长346.2%，支持企业数25家，同比增长150%，完成政采贷融资2960万元，实现应收账款融资14.21亿元。降低小微企业、个体工商户支付服务手续费，累计为1.15万户市场主体减费让利260万元。指导辖区12家银行营业网点完成无障碍环境建设工作，实现辖区县域全覆盖、银行业金融机构全覆盖。联合金融机构开展"现金服务大篷车"乡村行活动，承办宁夏辖区发行库业务技能大比武活动，立案侦破1起假币案件，反假人民币和整治拒收现金工作深入推进。落实增值税留抵退税政策，累计办理退库业务8万笔，金额10.28亿元。与延安市分行联合开展跨省国库应急演练。指导金融纠纷调解中心规范运行。践行金融为民理念，深入乡村、学校、集市、社区、企业开展存款保险、征信、移动支付等金融知识宣讲活动。强化与公安部门工作协同，推动1起打击地下钱庄案件落地，实现宁夏辖区地下钱庄案件"零"的突破。总结上报《GS银行违反规定办理经常项目资金收付案》被纳入国家外汇管理局典型案例汇编。开展汇率风险管理首办户拓展工作，新增拓展汇率风险管理首办户企业6家，办理远期结汇金额212万美元，助推企业规避汇兑损失。聚焦贸易外汇收支便利化和市场主体问题，提供精准化、精细化外汇服务。截至2023年12月末，中卫市便利化试点企业数和收付汇金额分别较上年末增长100%和428.33%。聚焦跨境人民币"首办户"拓展，拓展跨境人民币"首办户"企业7家，办理跨境人民币结算4433.5万元，跨境人民币收付总量1.97亿元，同比增长5.9%。

（田嘉乐）

金融监管

【概况】 2023年7月20日，中卫银保监分局更名为国家金融监督管理总局中卫监管分局。截至2023年年末，中卫银行业机构资产总额899.96亿元，比年初增加64.17亿元，同比增长7.68%；负债总额857.79亿元，比年初增加62.95亿元，同比增长7.92%；所有者权益42.18亿元，实现净利润6.23亿元。

【金融服务】 截至2023年年末，中卫市辖区各项贷款、存款余额同比增长13.41%、6.22%；保险保费收入、赔付支出同比增长9.71%、31.53%。普惠型小微企业、普惠型涉农贷款余额同比增长12.52%、12%，普惠型小微企业贷款平均利率较年初下降0.66个百分点，国家乡村振兴重点帮扶县海原县各项贷款余额同比增长14.48%。人民网、央广网等6家主流媒体集中报道中卫金融支持乡村振兴和地方特色产业发展情况。

【风险防控】 2023年，中卫市开展金融资产风险分类测算、延期还本付息政策退出风险排查，处置不良资产7.51亿元。法人银行平均资本充足率16.67%，拨备覆盖率198.48%，核心监管指标全部达标，整体经营稳健、风险可控。强化舆情风险防控，常态化开展扫黑除恶、反诈工作，组织开展消保监管评价、宣传教育周、宣传月和消保知识竞赛活动，依法合规处理各类信访举报投诉341件。

【金融改革】 2023年，中卫市推动制定车险自律约定，压实保险机构车险“二次综改”主体责任，辖区车险改革有序推进。

（王　明）

银行业

【工商银行中卫支行】 截至2023年年末，中国工商银行股份有限公司中卫支行实现拨备前利润2014万元，中间业务收入1165万元，各项存款时点余额23.06亿元，较年初增加0.76亿元，各项贷款余额20.05亿元，较年初增加8亿元，增幅66.4%。5月，在中卫市海原县新设一个综合性网点支行。推动乡村普惠金融发展，普惠贷款余额7622万元，较年初增加1501万元。聚焦重大项目，向宁夏中盛新科技有限公司等制造业投放贷款6179万元；高新技术企业贷款余额6689万元，较年初净增6079万元。

（麦晓萌）

【建设银行中卫分行】 截至2023年年末，建设银行中卫分行一般性存款余额73.8亿元，贷款余额34.7亿元。聚焦自治区“六新六优六特”产业和中卫市“六个特色”产业，加大对新能源、新材料、战略性新兴、基础设施等重点领域信贷投放力度，绿色贷款较年初新增1.9亿元，基础性设施领域贷款较年初新增2.04亿元，战略性新兴贷款较年初新增1.42亿元。普惠贷款余额4.3亿元，普惠贷款客户数1513户。减费让利累计14.33万元，惠及小微企业及个体工商户1600余户。完成中卫市人民医院、中卫市沙坡头区人民医院、中卫市妇幼保健院等重点医疗机构银医通服务升级，中卫市职业技术学校“银校通”硬件整合以及“中旅沙坡头”小程序接入建行生活APP属地化应用场景项目。承接中卫市政府消费券投放活动5轮次，参与领券人数11.6万人，累计带动消费额8444.5万元。推进营业部无障碍网点建设，建成运营两个社保卡服务大厅，完成鼓楼西街支行规范化服务国标认证。开展安全生产隐患大排查大整治及“回头看”，组织开展地震逃生、突发火灾逃生等应急演练60余次。堵截一起电信网络诈骗，挽回客户损失4万元。发现一起不法贷款中介活动，配合自治区农业农村厅、海原县公安局、农业农村局、乡村振兴局开展防范不法贷款中介宣传教育活动。

（杨立昕）

【中国银行中卫分行】 截至2023年年末，中国银行中卫分行实现营业收入5435万元，净利息收入4815万元，拨备前利润3735；各项存款时点余额215942万元，其中，公司存款时点余额94270万元，个人存款时点余额121672万元；贷款余额384298万元，其中，公司贷款余额319022万元，个人贷款余额为65296万元；不良贷款余额4964.98万元，其中，公司贷款不良4354万元，零售贷款不良272.66万元，信用卡透支不良额338.32万元，不良率1.13。2023年，取得中卫市重点项目批复12户，金额142.55亿元。2023年，绿色金融贷款余额28.56亿元，较2022年新增15.26亿元，绿色贷款占贷款总额的74.32%，绿色金融贷款无不良；涉农贷款253610万元；普惠贷款余额3.49亿元，线上普惠金融余额0.89亿元。

（高　晶）

【农业银行中卫分行】 截至2023年年末，中国农业银行中卫分行累计发放法人贷款17.94亿元，办理贴现业务6.34亿元，办理银行承兑汇票业务6.43亿元，其中，制造业贷款余额6.43亿元，占各项贷款比重

19.63%；新兴产业贷款余额为14.62亿元，占各项贷款总额的35.43%。推进小微、民营企业贷款投放；创新推广各类纯线上、纯信用贷款业务，与税务局开展“税银互动”，推出“纳税e贷”；与市场监督管理局开展“动产质押”合作，全面推广“抵押e贷”。简化贷款手续、缩短贷款链条，加快发展供应链融资、知识产权、股权、仓单、存货、保单等新型质押类信贷业务。累计为2694万户小微企业及个体工商户融资4.93亿元，监管口径普惠小微贷款比年初净增1.03万元，计划完成率为90.44%，普惠贷款客户数较年初增加579户；供应链融资授信余额5000万元，存货质押贷款余额2649万元，林权抵押贷款余额180万元。涉农贷款余额为10.35亿元，其中“惠农e贷”余额1.74亿元，占比42.6%；农户信息建档新增2976户；已脱贫人口小额贷款余额0.14亿元。以“科技引领+金融赋能”为引擎，围绕居民衣、食、住、行、娱等方面打造综合消费场景，延伸金融服务触角，加快对政务、医疗、教育、旅游等领域综合场景的搭建；做好智慧学校、智慧医院、智慧景区、智慧停车等局部场景建设，构建服务“智慧银行”新模式。推进渠道工程建设，加强厅堂“智迎客”、掌银合伙人、行外商圈获客引流，掌银月活客户达6.1万户，方便客户随时随地办理业务；同时，延伸适老化和暖心金融服务，坚持开展擦亮招牌活动，改善网点服务环境，提升客户体验；落实网点“升温”工程，积极提供应急保障、预约上门、特殊群体个性化服务等便民服务，方便客户“零跑腿”办理业务。

（田 辉）

【农发行中卫支行】 截至2023年年末，中国农业发展银行中卫市支行累放各项贷款4.45亿元，各项贷款余额19.12亿元；各项对公存款余额5.08亿元，对公存款日均余额4.86亿元。2023年，粮食储备贷款余额4948.11万元，审批绿色贷款7.34亿元，发放改善农村人居环境中长期贷款3.93亿元。采用单一水费收费权质押方式，支持宁夏水投中卫水务有限公司中卫市河北地区城乡供水工程项目，投放贷款0.11亿元，贷款余额1.91亿元。通过土地承包经营权抵押贷款方式向宁夏弘兴达果业有限公司发放贷款380万元。助力乡村振兴，投放地方储备粮贷款1000万元，投放海原普惠小微企业贷款320万元。发挥政策性金融职能，落实小微企业贷款延期还本付息政策。强化风险管理，清收风险贷款、基金，累计清收关注类贷款321.11万元，全额收回宁夏格鲁博进出口贸易有限公司贷款140万元和中卫市粮食和物资储备局粮棉政策性财务挂账贷款186.11万元；收回风险基金本金267.58万元、逾期投资收益27.88万元。

（白 涛）

【邮储银行中卫分行】 截至2023年年末，邮储银行中卫分行资产规模48.62亿元，各项存款余额43.34亿元，各项贷款余额26.62亿元。推进财富管理体系建设，强化科技赋能，推进线上线下相融合的服务模式，多渠道加大对乡村振兴、普惠服务等重点领域的金融服务。加强全面风险管控能力，强化对重点领域风险研判，及时采取管控措施，防范风险隐患，强化问题化解。

（智 欣）

【中卫农村商业银行】 截至2023年年末，中卫农村商业银行资产总额162.64亿元，负债总额148.07亿元；各项存款余额134.22亿元，各项贷款余额82.07亿元，贷款户数33486户。加大信贷投放力度，创新推出拥军贷、先锋贷等信贷产品，办理拥军贷154户、授信总额2251万元、用信余额1665万元；共办理先锋贷121户、授信总额2560万元、用信余额1871万元。加强考核引导，调动员工积极性。创新贷款利率定价模式，通过利率手段调整贷款结构，修订《中卫农村商业银行贷款利率定价管理办法（修订）》，2023年年末，纯贷款73.85亿元，较年初增加8.05亿元；贷款户数共32791户，较年初增加1921户。坚持支农支小市场定位，开展政银担合作模式，为党支部领办合作社提供融资支持，办理党支部领办合作社贷款16户、840万元。推行试点“新农快贷”，承贷主体12388户，授信户数1237户，授信金额8728万元，其中，“新农快贷”1388万元、其他产品7340万元。聚焦“出单”，累计出单8738户、16亿元，贷款户数较年初增加2269户。开展公积金贷和随薪贷专项营销，授信4288户、用信余额36738万元。拓展零售业务，推进信贷结构向小微和零售业务转型，发放全民创业贷款1431户、25034万元，妇女创业贷款3822户、50328万元；办理按揭贷款4162户，余额111290万元，较年初增加252户、3905万元；“房e贷”授信82户，总授信金额1650万元，用信余额1155.85万元。加大合规专项检查、大风险计量识别力度。开展合规教育、应急演练、法律知识普及。

（张夏收）

【宁夏银行中卫分行】 截至2023年年末，宁夏银行中卫分行资产总额70.12亿元，负债总额70.10亿元；各项存款余额68.69亿元，各项贷款余额49.9亿元。普惠型小微企业贷款较年初新增1.75亿元。定制支持肉牛、奶牛、苹果、禽蛋养殖、物流运营等特色贷款产品，推出红火贷、牛劲贷、宁海通等线上化信用贷款产品。支持“六新六特六优”产业，贷款24.69亿元，占各项贷款余额49.48%，累计投放产业贷款5223笔、16.83亿元。对接自治区“六个一百”和中卫市重点项目清单，为9个中卫市重点项目新增授信8.48亿元，为文旅产业、大数据等中卫市重点产业提供信贷支持。推进“进社区、进市场、进乡村”三进工作，共建社区13个、市场7个、乡村104个，签约乡村振兴金融服务站98家，服务站点覆盖全市19个乡(镇)80个行政村，乡镇级覆盖率达47.5%。

（周桂玲）

【石嘴山银行中卫分行】　截至2023年12月末，石嘴山银行中卫分行资产总额30.23亿元，各项存款余额25.88亿元，贷款余额为29.92亿元，客户数12余万户。聚焦中卫市冶金、现代化工、文化旅游等传统优势产业给予信贷支持。聚力中卫市云计算、新材料、新能源等新兴产业，为客户提供金融服务。聚焦枸杞、肉牛养殖、奶牛养殖、冷凉蔬菜种植等小微客户集群产业，通过创新金融产品、扩宽担保方式、简化贷款流程等，为小微客户提供金融产品服务。开展社区暖心公益活动，联动社区乡镇向广大群众宣传金融知识、讲解存款保险、防范金融诈骗、打击非法集资等金融知识。

（张　伟）

【中卫香山村镇银行】　2023年，中卫市香山村镇银行实行“柜台延伸”，进村入户，推出农村承包土地经营权抵押贷款业务。加大对特色产业种植、畜禽养殖等涉农行业在创业、扩大规模、流动资金方面的支持，“乐农贷”专门针对农户以土地抵押进行贷款。对从事农业产品的优质企业客户采取联保贷款。开办“速保贷”，使用简易程序办理、审批贷款业务。

（张吉昌）

保险业

【人保财险】　2023年，中国人民财产保险股份有限公司中卫分公司保费收入4.97亿元，累计承担风险保障3578.58亿元，市场份额52%；受理理赔案件3.6万件，赔款支出3.27亿元。农险保费收入1.49亿元，其中，承保种植业农作物136.1万亩，养殖业牛羊猪50万头，为中卫市农业生产承担风险保障38.41亿元。中卫市共发生理赔案件12147件，共计赔款1.4亿元，受益农户数4.4万户。中卫辖区大灾已决赔款6895.32万元，受益农户3.2万户。城乡居民大病保险累计承保96.17万人，保费收入6924.18万元；受理大病理赔案件6438人，报销金额5461.46万元。为辖区19家枸杞种植企业和253家种植大户办理“金农保”雇主责任保险，提供风险保障4.92亿元。在海原开办肉牛价格保险，为14家肉牛养殖合作社和179户养殖散户承保8330头肉牛，提供风险价格1.25亿元；承办肉牛养殖保险3045.2头，完成提供风险保障4.09亿元，共赔款1857.93万元，受益农户2358户次。开办商业型肉牛成本养殖保险，承保肉牛74头，参保农户11户，提供风险保额37万元。在中宁开办枸杞干果价格保险，承保枸杞干果7248.11亩，提供风险保障3999.7万元。

（何　梅）

【人寿保险】　截至2023年年底，中国人寿中卫分公司实现总保费收入1.51亿元。开展“理赔直付便捷赔”“小额案件高效赔”“重大疾病一日赔”活动；推动金融服务“适老化”，开展助老助残快速优先模式；推介“空中客服”，提供“不出门、就见面”的远程视频服务；开展“名医云讲堂”“百日经脉健康”等老年人健康主题服务。全面防控重点风险，提升合规文化教育，将风控、合规、诚信、法治等宣教工作有机融合，开展合规文化培训30余场次；向销售职场推广总、分公司制作的“5分钟合规小视频”专题诚信教育。加大风险排查力度，开展自查自纠工作。对于违规违纪行为，按照《员工违规违纪行为处理规定》《保险销售人员违规行为处理规定》执行，在员工会、职场进行警示通报。对人员信息不规范、保险业务开展过程不规范、理赔不及时、违规非法集资、违规销售非保险产品等问题开展专项排查。

（张　莹）

教育 科技

教育

【概况】 2023年，中卫市共有各级各类学校518所，其中，普通高中8所，中职学校3所，初级中学27所，九年一贯制学校25所，小学268所(含教学点89个)，特殊教育学校3所，幼儿园184所(其中公办131所，民办53所)。全市教育界有党组织231个，共有党员5191名，其中，在职党员4150名，离退休党员1041名。全市共有教师15578名，其中，高中教师2170名，中职教师535名，义务教育阶段教师9299名，学前教育教师3506名，特殊教育教师68名。全市各学段学生共212511名(不含中卫市高级技工学校)，其中，普通高中学生28260名，中职学生7965名，义务教育阶段学生140905名，学前幼儿35062名，特殊教育学生319人。全市高考报名考生共14827人(文科类3811人，理科类8580人，高职类2436人)，其中，沙坡头区4785人；中宁县3943人；海原县6099人。全市学前三年幼儿入园率为95.17%，小学适龄儿童入学率为100%，九年义务教育巩固率达100%，高中阶段毛入学率为95.04%。

【立德树人】 2023年，中卫市打造优秀“思政大课堂”3个、精品思政课100节，培育区级德育示范校9所，打造中宁四中等铸牢中华民族共同体意识教育实践基地5个，创新开发“石榴籽”课程24节，评选市级示范校10所。沙坡头区中卫四中被武装部评为全国国防教育示范校。开展2023年中卫市义务教育质量监测。开展新时代好少年主题读书行动。中卫一中荣获沿黄九省区普通高中辩论邀请赛一等奖、中卫六中荣获2023赛季全球青少年人工智能竞赛一等奖等。完成自治区十六运、首届残特奥会相关工作，承办全区青少年校园足球联赛中职组比赛，举办全市中小学生跳绳、足球等体育赛事，打造区级体育特色学校9所。出台“我们的节日”系列活动方案，常态化开展校园文化艺术活动，承办宁夏沙坡头金蛙国际艺术节。开展劳动教育“互观、互学、互促”展示交流研讨等系列活动，培育自治区级劳动教育示范学校10所。海原县树台乡九年一贯制学校被教育部基教司评为第四批全国乡村温馨校园典型案例学校。中卫市被教育部认定为全国儿童青少年近视防控改革示范区，被确定为信息技术支撑学生综合素质评价试点区。

【教师队伍建设】 2023年，中卫市制定印发《中卫市师德师风三年行动计划(2023—2025年)》，深入开展师德师风演讲及优秀教师先进事迹宣讲活动，发布优秀教师风采展12篇，选树师德标兵等先进典型180名。开展师德违规案例警示教育2次、师德师风专题教育5场次。招聘新教师487人，其中，硕士研究生和公费师范生119人。实施“起航”“青蓝”“卓越”等教师培养计划，培训教师1.4万余人次。建立名师名校长队伍梯队攀升体系，培育教育部领航名师1名、塞上名师1名，特级教师17名，青年拔尖人才1名。建设市级名师工作室20个。选派2名校长到福建挂职锻炼。选派55名城镇、中心学校音体美教师到乡村小规模学校走教，85名教师到移民区学校交流任教。在第39个教师节中，全市10人荣获“全区教育工作先进个人”、17人荣获“全区优秀教师”。为幼儿园聘用教师缴纳“五险一金”，逐步实现同工同酬。

【教育教学】 2023年，中卫市建立“1+4+X”教学视导、首席教研员等工作机制。深入实施卫银教育合作“区域教育发展促进、教师队伍培养帮扶、互联网+质量监测”三项行动计划，组织全市43所中小学与银川市部分教育优质校建立卫银教育联盟8个，开展跨区域交流、培训、研讨等活动20余次，赋能教师4000余人。创新建立"理论测试+课堂教学"教师考核机制。组织开展全员课堂达标过关考核。2023年,全市高考上线率较2022年提高7.72个百分点。

【办学条件改善】 2023年,中卫市投资5.4亿元,实施教育项目31个,增加各级各类公办学位6020个,配备设施设备31.7万件,学校教育教学条件得到持续改善。将普通高中学校采暖费纳入财政预算,生均公用经费由每年每人700元增加至800元。投入资金2494.32万元,为全市公办幼儿园购买保育保教服务,惠及幼儿2万余人。挂牌成立中卫市特殊教育资源中心,强化特殊教育学校服务能力,通过特教学校就读、随班就读、送教上门相结合的方式,适龄残疾儿童少年入学安置率达100%。

【互联网+教育】 2023年,中卫市投资4600余万元建成中卫城区教育专网枢纽节点,建设县级智能研修中心3个,打造自治区级"互联网+教育"标杆校17所,2所学校被自治区教育厅确定为首批四星级智慧校园。沙坡头区、中卫三中、中卫四小、中卫六小、中卫十一小的典型工作经验和应用成果在全区展示推广。承办全区"互联网+教育"示范区建设成果展示暨现场推进会。宁夏"互联网+教育"示范区顺利通过教育部考核验收。

【校园安全】 2023年,中卫市校园安全防范建设达到4个100%。建立"三训三进三查三保障"安全工作机制,对学校重点工作人员进行安全意识、专业知识和实践操作培训16场7451人次,开展"家校共佑"家长进校园看安全等活动。制定印发《中卫市校园安全工作指导手册》等文件6项,制定防溺水等具体措施65条。投入资金7000余万元,对暖气管网、电线、燃气等安全隐患问题进行全面整改,年内共整改问题997个。

【职业教育】 2023年,中卫市召开全市职业教育专业建设推进会,优化调整专业设置和人才培养方案,将市职业技术学校的31个专业调整为24个,新增钢铁冶炼技术和化工仪表自动化2个专业;中宁县职业技术学校加大涉农、机电等专业建设,开设果蔬花卉生产技术等9个专业;海原县职业技术学校停招电子技术应用专业,新增电气设备运行与控制专业,开设园艺技术等13个专业。与中卫西部云基地企业、中卫工业园区宁钢、协鑫等企业联合开展产业学院建设,宁夏装备制造现代产业学院、宁夏数字信息现代产业学院被列入自治区培育对象。申报1+X证书试点项目26个。年内开展各类培训3790人次,完成职业技能认定共3549人次。组织全市职业学校学生参加全区职业技能大赛,共获奖148项,较2022年增长13.5个百分点。承办2023年全区职业教育活动周启动仪式、"中银杯"全区职业院校技能大赛赛项及颁奖仪式。

【教育综合改革】 2023年,中卫市创新建立"理论大讲堂"制度,19名中层以上教育干部站上机关学习讲台。印发《中卫市推进中小学教师"县管校聘"管理体制改革实施意见》等文件,全面推行中小学教师"县管校聘"改革,完成全市333所学校11650名教师竞聘上岗工作。建立学业水平分级检测管理考评制度、初中学业水平考试与综合素质评价相结合的高中招生录取机制。推进教育数字化,建立大数据分析下的分层精准教学平台。

【学生资助及贷款】 2023年,中卫市共资助困难学生13.62万人次8396.017万元,其中,学前一免一补共资助12764人次1530.6万元;义务教育阶段共资助73822人次2592.205万元;普通高中共发放助学金15119人次1511.9万元,共计免学费13168人次615.712万元;中职阶段共发放助学金5290人次529万元,共计免学费16106人次1610.6万元,给予奖学金10人6万元。全市共为23154名大学生办理生源地信用助学贷款共计1.96亿元,其中,沙坡头区5571名,发放助学贷款金额4672.25万元;中宁县5126名,发放助学贷款4616.15万元;海原县12457名,发放助学贷款金额1.0348亿元。

(马 贵)

【中卫市第一中学】 中卫市第一中学学校占地86062.7平方米,建筑面积63133平方米,绿化面积22268平方米。年内有教学班61个,在校学生3246人,教师249人,其中正高级教师3人,高级教师95人,中级教师86人,区市级骨干教师54人。学校积极探索普通高中学生综合素质评价模式,开展学生社团和劳动实践活动,有义工服务队、墨魂古风社、星辰天文社等29个社团,涉及志愿服务、传统文化、朗诵、演讲、辩论、读书、写作、相声、艺术欣赏和体育等领域。是宁夏大学、宁夏师范大学指定师范专业学生实习基地。

(徐志翔)

【中卫市第九中学】 中卫市第九中学占地84.5亩,建筑面积16484平方米,有综合楼1栋,教学楼3栋,实验楼、宿舍、餐厅各1栋。年内有教学班28个,学生1320人,教职工98人。名校长工作室1个,名师工作室3个,各级各类骨干教师23人。以“爱心桥”党建品牌为依托,探索实施“党团队三旗联动”一体化育人机制。开设射击、网球、皮影戏、合唱、乐队等特色社团,打造“真美少年·德润青春”德育品牌,以艺弘德。2023年,学校先后获得“自治区劳动教育示范校”“中卫市美育特色学校”“沙坡头区体教融合示范校”等荣誉称号。

(陈晓婷)

【中卫市第五小学】 中卫市第五小学学校占地面积27665平方米,建筑面积11180平方米。年内有教学班59个,在校学生3154人,教师136人,各级各类骨干教师29名,“李红燕名师工作室”1个。建有铸牢中华民族共同体意识主题馆、红领巾超市、智慧书法室、创客室、美术工作坊、“伴学空间”图书室,开办古筝、古琴、围棋、书法、编程、足球等特色社团。2023年,学校获全国第七届中小学生艺术展演活动三等奖,被自治区教育工委命名为全区中小学“党建示范点”,被自治区教育厅评选为“全区铸牢中华民族共同体意识教育示范校”“自治区家庭教育指导服务示范校”。

(林晓静)

【中宁县第二中学】 中宁县第二中学始建于1952年,原名中宁县女子小学,1973年改建为中宁县城镇中学,2004年改名中宁县第二中学。2010年,中宁县委、县政府为改善办学条件,促进县域内义务教育均衡发展,将中宁县第二中学从县城中心迁建新校区。学校占地面积约129398平方米,建筑面积31934平方米。建有足球场、篮球场、排球场和乒乓球场、器械运动场地及400米标准环形塑胶跑道田径场。学校建成信息技术教室7间,智慧教室17间,在线课堂10间,STEAM创客室、科学工作室、机器人实验室等数字化功能室10间。现有教学班51个,学生2418人。学校现有专任教师177人(其中,高级教师49人,中级教师87人,区市县级骨干教师40人,党员教师69人,研究生5人),教师平均年龄40岁,本科以上学历177人,学历合格率达100%。学校先后获得全国“七五”普法先进集体”、全国“青少年足球特色校园”、全国“青少年篮球特色学校”,自治区“文明校园”、全区“先进基层党组织”、全区“教育工作先进集体”、自治区“创新素养领航学校”、全区“德育示范校”“劳动教育示范校”和全区智慧校园四星级学校等荣誉和称号。

(冯向红)

【中宁县第一幼儿园】 中宁县第一幼儿园始建于1956年,党支部成立于1988年,是自治区级示范幼儿园。学校占地面积30亩,建筑面积7373平方米,设置20个教学班,能容纳700多名幼儿。教职工77人,正式党员7名,高级职称教师7人,区县级骨干教师5名。幼儿教师资格证持有率100%,学历合格率达100%。幼儿园环境优美,设施设备功能室齐全,是一所历史悠久、师资雄厚、文化底蕴深厚的优质示范园。

(冯向红)

【海原县第一中学】 海原一中始建于1945年,为自治区示范性普通高中,占地面积87910平方米。年内有教学班80个,学生4372人,教职工302人,其中,研究生学历18人;正高级教师1人,高级教师103人,一级教师97人;自治区特级教师1人,市级专家型校长1人,市级名师1人,区市县三级骨干教师60人。学校教师参加2023年课堂教学“四课”比赛,获区级一等奖2人,二等奖9人;市级一等奖6人,二等奖28人。2023年高考及全区学业水平测试成绩创历史新高。2023年,学校获得“自治区文明校园(2023—2025)”“全区教育工作先进集体”“自治区优质教育集团”“全区青少年普法教育组织工作突出奖”“第四届宁夏中小学体育大课间比赛高中组一等奖”等荣誉,全年学校有6次活动被“学习强国”专题报道。

(张有余)

【海原县职业技术学校】 海原县职业技术学校学校占地面积198000平方米,建筑面积48548.22平方米,是一所集中等学历教育、短期职业技能培训于一体的国家级重点中等职业学校,是国家中等职业教育改革发展示范学校、全国农村成人教育先进学校、全国中小学中华传统文化传承学校(剪纸)、全国民族团结进步示范学校。年内有教学班63个,在校学生2128人,教职工204人(在编教师142人,外聘教师62人),双师型教师50人,专业教师84人,高级职称32人,硕士研究生2人。开设有汽车运用与维修、幼儿保育、康复技术、中餐烹饪、电子商务、园艺技术、工业机器人技术应用、畜禽生产技术、电气设备运行与控制、计算机应用、会计事务、民族音乐与舞蹈、建筑装饰技术13个专业。建有“宁夏南华山国家职业技能鉴定所”,具有初、中级电焊工、电工、汽车维修工、育婴员、中式烹调师、中式面点师、养老护理员、刺绣品制作、剪纸等14个工种的培训资质;具备养老护理员、刺绣品制作、汽修工、焊工、电工、育婴员、中式烹调师、中式面点等8个工种的考核鉴定与评价资质。

(黄选银)

科 技

【全社会研发投入】 2023年,中卫市全社会研究与试验发展(R&D)经费投入为8.12亿元,较上年增加2.74亿元,增长50.9%,增速居全区五市第二。R&D经费投入强度为1.44%,较上年提高0.37个百分点,增幅居全区五市第一,R&D投入强度位居全区五市第三。全市有研发活动的规模以上工业企业达到74家,增长10.45%,占比39.78%。

【科技项目建设】 2023年,中卫市聚焦新材料新能源、云计算大数据、冶金化工、现代农业等重点产业发展,实施自治区各类科技计划项目78个,其中,中卫市新型互联网交换中心的"面向大规模数据交换中心的智能安全运营平台关键技术研究"、华宝枸杞的"枸杞子防治慢性肝病的作用机制及其功能产品开发"2个项目获自治区重点研发计划项目立项支持。筹措财政资金1664万元实施市级科技项目54个,其中,市级规上企业项目42个,社会发展领域项目12个,带动企业自主实施项目108个,直接增加研发投入6062万元。

【科技型企业】 2023年,中卫市共有14家企业被认定为国家高新技术企业,瑞泰科技和利安隆2家企业成为中卫市首批自治区创新型示范企业,誉成云创成为中卫市首个自治区瞪羚企业。193家企业入库国家科技型中小企业,69家企业备案自治区科技型中小企业。年内共有各类科技型企业518家,其中,国家科技型中小企业193家、自治区科技型中小企业232家、国家高新技术企业55家、自治区科技"小巨人"企业18家、自治区农业高新技术企业17家、自治区创新型示范企业2家、自治区瞪羚企业1家。

【科技创新平台】 2023年,中卫市全通枸杞组建的"宁夏枸杞生物制品工程技术研究中心"获自治区科技厅批复认定,备案自治区技术创新中心22家,获批宁夏临床医学研究中心中卫分中心1家、诊疗实践基地5家。年内有各类创新平台107个,其中,自治区技术创新中心80个、自治区工程技术研究中心8个、自治区科技创新团队11个、自治区众创空间4个、自治区科技企业孵化器2个、自治区创新联合体1个、自治区创新研发机构1个。

【东西部科技合作】 2023年,中卫市制定印发《中卫市落实自治区〈全国东西部科技合作引领区建设2023年工作要点〉责任分工任务清单》并认真推进落实。组织全市80家企业与区外54所高校院所开展科技合作。中宁县联合南京中医药大学等高校深挖枸杞药用和食用价值,推出枸杞巧克力等20余种科研新品种。瑞泰科技与西安交通大学联合组建"新材料联合研发中心",围绕化工新材料新技术及装备领域关键核心技术开展联合攻关,可为企业培养硕士研究生30名。中宁枸杞产业研究院、华宝枸杞等5家企业与华东理工大学、江南大学等高校签署产学研合作协议。宁钢集团的"高速棒材绿色化制备关键技术研究与应用"等自治区对外科技合作项目进展顺利。

【科技成果转化】 2023年,中卫市组织16家企业申报自治区重大科技成果转化项目,瑞泰科技的"一种高纯氯甲酸-2-乙基己酯的合成产业化应用"、同辉气体的"高纯度食品级液体CO_2生产技术产业化成果应用"等6家企业的6个重大科技成果转化项目获科技厅立项支持。西安交通大学国家技术转移中心中卫分中心落户中卫。组织企业积极参加第十二届中国创新创业大赛(宁夏赛区),海原种牛生物科技公司获得二等奖,天瑞鸣钟、华宝枸杞获得优胜奖。登记科技成果60项、完成技术合同成交额1.75亿元,分别完成自治区下达目标任务的120%、112%。

【科技金融】 2023年,中卫市科技局推进宁夏科技型中小微企业风险补偿贷款("宁科贷")工作,为全市78家科技型中小企业发放"宁科贷"20738万元,为41家企业发放科技金融贷款贴息542.9万元。

【科技人才】 2023年,中卫市依托于光明牧业宁夏奶业科创中心实施的"牛奶产业高质量发展人才引育项目"获自治区党委人才办立项支持,获批资金50万元。项目旨在引进区外高端牛奶产业专家到中卫市开展奶牛生产性能测定(DHI)等技术的服务和推广应用,并为中卫培养一线技术人才。向自治区科技厅推荐科技领军人才10名,其中,全通枸杞供应链管理股份有限公司的周学义被纳入遴选名单。利安隆(中卫)新材料有限公司技术负责人李平被纳入中卫市第一批"智创卫(未)来"人才培养人选。全市科技特派员人数达到572名。

【科技助力乡村振兴】 2023年,中卫市科技局制定《中卫市2023年科技助力乡村振兴工作方案》,组织农业企业开展科技攻关和科技成果转化应用。华宝枸杞公司的"枸杞子防治慢性肝病的作用机制及其功能产品开发"项目获批2023年自治区重点研发计划项目,争取资金200万元;海原砂甜宝合作社"退砂地大拱棚西甜瓜新品种引进及轻简化栽培技术集成示范"

等15个项目获县域科技成果引进示范推广立项支持，争取资金450万元；春杞枸杞公司的“高价值枸杞新产品成果转化及产业化”等2个自治区重大科技成果转化项目，争取资金415万元。围绕自治区“六特”产业和中卫市马铃薯、小杂粮等特色产业，吸收有技术特长、组建经济实体的人员加入科技特派员队伍，带动农民创新创业。2023年，中卫市科技特派员人数达到572人，创办企业157家，领办、创办经济合作组织及协会161家，培育科技示范户648家，开展技术培训21915人次，服务农民13778户，带动就业近万人。“枸杞养生酒废渣制备生物发酵饲料技术应用与示范”等47个项目获得科技特派员项目立项支持，争取资金375万元。协调自治区选派“三区”人才60名，到全市60个移民村开展科技培训与服务。国家科技特派团16名专家教授聚焦海原县特色产业发展，围绕品种技术引进推广、技术瓶颈科技攻关等重点工作，分为8个产业组开展科技帮扶工作，技术服务覆盖17个乡镇61个行政村，累计开展培训26次，培训3100多人次。

（王　政）

气　象

【概况】 2023年，中卫市气候年景总体属正常。全市平均气温10.3℃，较常年偏高1.2℃，为1961年以来第2高值；平均降水量215.1毫米，较常年偏少15.3%；平均日照时数2537.8小时，较常年偏少355小时。异常天气气候事件多发，2022/2023年冬季单日降雪量大，2月7—8日，北部出现中雪，南部出现大到暴雪，各地累计降水量为3.5～12.2毫米。兴仁国家基本气象站降水量为6.8毫米，创该站建站以来冬季日降水量极值，中卫、海原国家基本气象站为1961年以来2月日降水量第二高值；春季前期“暖”中后期“冷”，各地出现重度“倒春寒”；4—5月多阴雨天气，全市平均日照时数创同期新低；夏季最高气温明显偏高，北部高温日数多；汛期局地短时强降水多，共出现15轮局地强降水天气，冰雹灾害频发；阶段性气象干旱严重；北部各地入秋时间偏晚；全年沙尘日数多，春季全市出现强度、范围仅次于1993年5月5日沙尘暴；11月至12月出现5次明显降温过程，降温幅度大，其中一次达强寒潮。年内发生暴雨、冰雹、霜冻等灾害，直接经济损失41860.7万元；其中主要灾害为冰雹、霜冻灾害，冰雹经济损失占全年气象灾害损失的36%，霜冻经济损失占全年气象灾害损失的29%。春季大风沙尘、汛期多轮暴雨冰雹，对城市道路交通安全造成不利影响。

【气温】 2023年，中卫市平均气温10.3℃，较常年偏高1.2℃，为1961年以来第二高值。沙坡头区、中宁县、海原县、兴仁镇国家气象站平均气温分别为10.8℃、11.9℃、9.2℃和9.2℃，较同期偏高1.1℃、1.3℃、1.1℃和1.4℃，其中沙坡头区、海原县为1961年以来第一高值，兴仁镇为第二高值，中宁县为第三高值。2022/2023年冬（2022年12月—2023年2月）、2023年春、夏、秋季平均气温分别为-4.6℃、11.3℃、23.0℃、10.4℃，较常年同期偏高0.2℃、0.6℃、1.7℃、1.6℃，其中，夏季为1961年以来同期第二高值，仅次于2022年（23.2℃），秋季为1961年以来同期新高。全年除4月、5月平均气温较常年同期偏低1.1℃和0.1℃外，其他月份均偏高0.3～2.7℃；9月全市平均气温为18.4℃，较常年偏高2.8℃，为1961年以来同期新高，其中，沙坡头区、中宁县、兴仁镇为同期最高，海原县为同期第二高。

【降水】 2023年，中卫市平均降水量215.1毫米，较常年偏少15.3%。沙坡头区、中宁县、海原县、兴仁镇国家气象站降水量分别为134.2毫米、166.6毫米、336.3毫米和223.3毫米，较同期偏少29.3%、14.7%、13%和8.5%。降水量时空分布不均。2022/2023年冬季平均降水量为10.1毫米，较常年同期偏多71%，兴仁国家站为1961年以来第二高值，海原国家站为1961年以来第四高值；2023年春、秋季平均降水量分别为62.6毫米、62.7毫米，较常年同期偏多47%、0.9%，夏季平均降水量为79.3毫米，较常年同期偏少46%。各月来看，2、4、5、10月月降水量偏多6.9%～14.9%，其余各月降水偏少0.4%～70.1%。

【日照时数】 2023年，中卫市年平均日照时数2537.8小时，较常年偏少355小时。中卫、中宁、海原、兴仁国家气象站日照时数分别为2567.8小时、2541.6小时、2412.4小时和2629.2小时，偏少407小时、418.6小时、267小时和327.5小时。2022年冬季平均日照时数为589.4小时，较常年同期偏少48.5小时，2023年春、夏、秋季日照时数分别为595.2小时、767.0小时和603.7小时，偏少182.2小时、47.5小时和57.7小时。除11月偏多6.5小时外，其他各月偏少5.9～108.3小时。其中，4月全市平均日照时数188.6小时，较常年同期偏少67.1小时，为1961年以来同期第二少值，5月全市平均日照时数171.4小时，较常年同期偏少108.3小时，为1961年以来同期第一少值。

【人工影响天气】 至2023年年底，中卫市共建成固定火箭高炮增雨防雹作业点18个，地面增雨烟炉园7个，人影移动作业点23个，布设高炮7门、火箭发射架31部，人影作业人员40人。

（吴 科）

地 震

【地震监测预报预警】 2023年，中卫市地震局强化震情趋势研判。印发《中卫市地震局2023年度震情监视跟踪和应急准备工作方案》，依据中卫地震监测中心站前兆观测数据的变化及宏观观测情况，对地震趋势及时进行分析研判，每半年召开一次会商会，并将会商结果上报市委、市人民政府、宁夏地震局和市应急局。组织人员对沙坡头区宏观观测点和宏观观测员履职情况进行检查，并对中宁、海原县宏观观测点（员）进行抽查，提高地震监测预报工作水平。联合中卫地震监测中心站对中卫地震监测站设备运行及微观监测点的周边监测环境进行检查，保障辖区内地震监测台网的正常运行，确保震情信息能够第一时间有效传递与共享。配合宁夏地震局在中卫市安装12个地震预警信息发布终端，其中，沙坡头区6个，中宁县3个，海原县3个。增加地震预警预报系统在中卫市布点的预警大喇叭6套、地震预警信息发布终端7套。

【地震灾害防御】 2023年，中卫市地震局强化抗震设防监管。按“前台受理、网上办理、当天办结”的规定进行抗震设防的审批，办理建设工程抗震设防确认事项9件，其中：一般工程6件，乙类工程3件。印发《关于建立市本级及沙坡头区地震易发区房屋设施加固工程清单管理长效机制的通知》，明确任务范围、上报时间和工作要求；组织采集本辖区2022年度已完成加固和新建、改建、扩建房屋设施抗震设防数据信息。开展地震活动断层避让检查工作。按照《自治区防震减灾工作领导小组办公室关于做好地震活动断层避让工作的意见》，先后两次组织人员对两县一区的地震活动断层避让牌（碑）完好情况进行检查，查看避让牌（碑）是否完好以及附近是否存在安全隐患，对检查中发现的问题，能立即整改的，立行立改，不能立即整改的，限期整改并跟踪督办，确实整改不了的，市地震局以专报形式上报宁夏地震局，配合宁夏地震局抓好具体问题的解决，确保辖区范围内地震活动断层避让牌（碑）发挥避让作用。

【地震响应】 2023年，中卫市抗震救灾指挥部办公室（市地震局）对2021年制定的《中卫市地震应急预案》进行修订。4月8日由市抗震救灾指挥部牵头，开展地震应急救援桌面推演工作；5月11日，由市抗震救灾指挥部办公室（市地震局）牵头组织，抗震救灾指挥部成员单位参加中卫市2023年全国防灾减灾日地震应急示范演练；5月12日，市抗震救灾指挥部办公室组织各成员单位，参加由自治区抗震救灾指挥部办公室举行的自治区地震应急救援桌面推演活动。采用“平战结合”的方式，建立42人的防震减灾助理员队伍。组织开展地震应急救援“第一响应人”培训班和宏观观测员培训班。印发《2023年全国两会地震安全保障服务实施方案》《2023年高考期间地震安全保障工作方案》等方案，完善组织领导，强化工作措施，做好地震监测预报、震灾风险防范、应急处置准备、涉震舆情应对等工作。

【防震减灾公共服务】 2023年，中卫市地震局利用全国防灾减灾日、唐山大地震纪念日、海原大地震纪念日、国际减灾日等重要时段，开展防震减灾宣传教育进机关、进企业、进学校、进社区、进农村、进家庭活动，发放防震减灾知识读本、地震小常识等，提高社会公众对防震减灾知识的知晓率，增强社会公众的风险防范意识。强化防震减灾科普教育阵地建设。按照宁夏地震局《关于开展2023年度自治区防震减灾科普教育基地和科普示范学校认定工作的通知》要求，指导两县一区具备申创条件的学校、基地积极进行申报创建。印发《中卫市防震减灾工作领导小组联席会议制度》。推进工程技术应用，中宁县教体局经县发改委立项、规划审批，采用减隔震技术建设中宁一小。强化教育阵地建设，指导中卫市第二中学、中宁县第一小学完成创建自治区级防震减灾科普示范学校的申报工作；指导海原县地震博物馆完成创建自治区级防震减灾科普教育基地的申报工作。加强专业队伍联动，通过组织地震应急演练、业务培训等方式强化与武警中卫支队、市消防救援支队等专业队伍的联动；加强对地震应急救援“第一响应人”、蓝天救援队、青年志愿者等非专业队伍的培训。注重科普人才培养，组织两县一区的防震减灾工作者、科普展馆讲解员、教师等6名选手参加2023年全区防震减灾科普讲解大赛，参赛选手张艳荣获自治区三等奖。

（李超男）

文化 体育 传媒

文化

【文化惠民】 2023年，中卫市先后举办2023年“文化和自然遗产日”宁夏宣传展示月主会场、2023年全区群众广场舞大赛等自治区级大型群众文化活动；开展“文化大篷车”“送戏下乡”“广场文艺演出”“书香中卫”等系列活动962场次；组织基层人文大讲堂13期、基层公益性培训班3次，参与群众万余人；创排剧目《二个女红军》，在全市范围内巡演100场次。中卫市文化馆逐梦舞蹈队在全区群众广场舞大赛中荣获一等奖，并荣登2023年全国广场舞展演—广场舞大会（山西大同片区）舞台，被文化和旅游部公共服务司评为优秀广场舞团队。

【群众文化】 2023年，中卫市打造文化惠民示范项目，争取自治区乡村文化惠民示范项目补助资金30万元，建设完成沙坡头区“幸福何滩”群众精神文明素养提升志愿服务项目、中宁县大战场农民合唱团志愿服务项目、海原县西安镇非物质文化遗产进校园志愿服务项目。以“戏曲票友大赛”“全区广场舞大赛”“春节社火展演暨舞龙舞狮大赛”等群众文化活动为媒介，通过政府购买服务、原创剧目补贴、以奖代补等方式，鼓励各类文艺团队和社会各方面力量，打造新时代精品力作。

【文化产业】 2023年，中卫市完成自治区级文化产业示范园区（基地）申报复核推荐工作，新增自治区级文化产业示范基地2家（宁夏华宝枸杞产业有限公司、中卫市文化旅游有限公司）。举办宁夏中卫文化旅游产业发展专家服务基层活动，走访文化旅游企业15家、公共文化场所1处，开展专题讲座4场次。不断完善中卫数字文化馆文化云平台、线下数字体验空间等数字化服务平台，开通线上视频点播学习、非物质文化遗产知识普及学习、馆内活动报名及预约、场馆预订、文化资讯等公益性服务内容。争取2023年度自治区舞台艺术精品创作工程项目艺术扶持资金50万元，扶持文化类企业打造精品力作。

【公共图书】 2023年，中卫市共采购图书12200册，征订期刊252种，报纸69种，接收赠刊96种。文献总藏量52.06万余册，其中纸质文献28.56万册，电子文献23.5万册，电子资源存储达12.92TB。有长安社区、黄河花园社区、中山社区、光明社区4个社区分馆，世纪花园、向阳社区、大麦地、图书馆南侧4个城市悦读书房，设有24小时智慧微书房2个。共设有900个阅览座位。2023年，接待读者23.29万人次，图书借阅人次5.58万、图书借阅册次9.33万，累计持证读者2.7万人。

【文化遗产保护传承】 2023年，中卫市编制《2023年黄河流域中卫段文化生态保护区重点工作计划》，争取自治区专项补助资金100万元，打造迎水桥镇、镇罗镇非物质文化遗产展馆，实施阳光大麦地非物质文化遗产保护传承基地进行提升改造项目和“非遗进校园”宣传教育项目。新增自治区级非物质文化遗产保护传承基地7处、自治区级非物质文化遗产传承项目21项，指导非物质文化遗产代表性传承人开发《双管咪咪》《宣纸扇面烙画四联》《手工毯》《黄河印象桶包》等非遗文创作品20余项。

【文化市场监管】 2023年，中卫市联合开展2023年旅游市场秩序专项整治行动、文旅市场整治规范提升百日专项行动等6次；建立《全市旅游投诉处理机制部门联系人信息名录》，制定印发《深入开展文旅行业安全隐患排查整治行动工作方案》等，召开旅游安全联席会议4次，联合相关部门开展旅游市场秩序和安全隐患排查整治工作。文旅行业全年未发生安全生产事故，安全形势整体稳定。

【文化设施建设】　2023年，中卫市新建城市阅读岛3个，提升改造村(社区)综合文化服务中心30个，实施完成中卫市图书馆维修改造及设备购置项目。全市共有文化馆3个、分馆32个、乡镇综合文化站38个，村综合文化服务中心448个，社区综合文化服务中心51个、农民文化大院122个。实施高庙基于预防性保护的古建筑信息留存及应用、大麦地岩画前期勘察等项目，成立中卫市博物馆联盟，编纂出版《中卫文物藏珍—第一次全国可移动文物普查成果卷》。

体 育

【自治区第十六届运动会承办】　2023年，中卫市先后投资1.63亿元，新改建中卫市田径场、射击馆等18个场馆，新建维修香山公园健身步道8公里。举办开(闭)幕式，强化赛事各项保障，为59个参赛单位、45个代表团和8655名运动员提供服务。

【"喜迎十六运　倒计时100天"誓师大会】　2023年，3月8日，"喜迎十六运　倒计时100天"誓师大会在市田径场举行。市委书记、自治区第十六届运动会中卫市筹备工作指挥部指挥长张利出席并作动员讲话。市政协主席杨文生出席。张利表示，自治区第十六届运动会是全区规格最高、规模最大、影响最广的体育盛会。高标准高质量办好十六运，对于发展体育运动、增强人民体质、提升城市品位、提高市民素质、促进人文交流、推动经济社会发展具有重要作用。中卫作为东道主，要发扬"主人翁"精神，扛起中卫担当，举全市之力、集各方之智、下非常之功，扎实做好各项筹备工作，力求办出中卫特色、办出一流水平，努力把十六运办成创新、绿色、节俭、廉洁、安全的体育盛会。要展现中卫形象，弘扬中华体育精神，对标最高、聚焦最好、锚定最优，全面展现沙漠水城、云天中卫靓丽形象，让嘉宾感受中卫魅力、体验中卫活力。要呈现中卫精彩，集中开展宣传推介，举办精品文化展演，给宾客留下难忘的"中卫记忆"。要彰显中卫温度，展现中卫特色，提供最优服务，带动形成人人都是东道主、人人都是参与者、人人都是志愿者、人人都是形象大使的良好氛围。要释放中卫活力，坚持承办赛事与推动高质量发展相结合，将体育精神融入中卫现代化建设的生动实践，让体育运动在中卫蔚然成风，以体育助推经济社会高质量发展。

张利希望，全体备战运动员和教练员要发扬更快、更高、更强、更团结的奥林匹克精神，以最佳身心状态、最优竞技水平投入备战比赛，有金必夺、有分必争，为十六运增辉、为中卫争光、为人生添彩；要严格执行比赛规定，保持良好赛风赛纪，赛出风格、赛出水平，充分展现中卫体育健儿良好道德和文明风范；要虚心好学、敢于拼搏，刻苦训练、以赛代练，通过比赛切磋技艺、广交朋友、收获友谊、增强本领。誓师大会上，备战自治区十六运运动员和教练员代表进行宣誓，举行包括歌舞表演《五彩欢歌》、特警警组协同战术、武术表演《太极功夫扇》、武术健身操《中国少年》、健身表演《体教融合 快乐成长》等节目在内的文体活动展演，展示积极乐观、青春动感的体育魅力，展现中卫儿女阳光向上、团结奋进的精神风貌。

【自治区第十六届运动会开幕式】　2023年，6月16日晚，自治区第十六届运动会在中卫市体育馆隆重开幕。自治区党委书记、人大常委会主任梁言顺出席开幕式并宣布开幕，自治区党委副书记、自治区主席张雨浦致开幕词，自治区政协主席陈雍出席，国家体育总局副局长张家胜应邀出席并致辞。自治区领导雷东生、白尚成、杨培君、马秀珍出席开幕式。自治区副主席马宗保主持开幕式。自治区运动会是宁夏水平最高、规模最大、影响最广的综合性体育盛会，每4年举办一次。该届运动会主题为"办共享全运、展塞上新风、促全民运动"，共设青少年组、群众组、高校组3个组别43个大项382个小项比赛项目，选用24个体育场馆举行比赛。来自全区的59个参赛单位、45个代表团、8455名运动员、教练员报名参赛，是自治区运动会历史上参赛规模最大、参赛人数最多的一届运动会。开幕现场举行题为《奋进新征程 感恩新时代》的大型文体展演和3场绚丽的烟花表演，共同点燃全民参与体育运动的热情。

【自治区第十六届运动会闭幕式】　2023年，6月24日晚，自治区第十六届运动会在中卫市体育馆落下帷幕。自治区党委常委、宣传部部长李金科宣布自治区第十六届运动会闭幕，自治区人大常委会副主任杨培君、自治区政协副主席马秀珍出席闭幕式。自治区副主席马宗保主持闭幕式。该届运动会充分展现中华体育精神和奥林匹克精神，焕发全区体育事业的蓬勃生机，凝聚全区体育战线的工作力量，激发全区各族群众参与全民健身的积极热情，不仅在赛场上赛出成绩、赛出风采、赛出友谊，也在赛场外展现精神、展现品格、展现团结，是一次精彩纷呈、令人难忘的体育盛会。特别在田径、举重、游泳和射箭4个项目上，有1队27人29次破21项自治区青少年纪录，1人2次破2

项自治区成年纪录，取得运动成绩和精神文明双丰收。闭幕式上，运动会组委会表彰"体育道德风尚奖"代表团、青少年组成绩突出代表团、优秀赛区，并授予中卫市人民政府特别贡献奖。

【自治区首届残特奥运会】　2023年9月9日—13日在中卫市举行。残运会设田径、乒乓球、羽毛球、飞镖、象棋、举重、旱地冰壶、跆拳道8个大项，参赛运动员主要是视力残疾人、听力残疾人及肢体残疾人；特奥会设田径、乒乓球、羽毛球、旱地冰壶、轮滑5个大项，参赛选手主要是智力残疾人。参赛单位以地级市为单位组织代表团，每个代表团组织一个代表队，中卫市作为东道主可增报1个代表队，因此，共有银川市、石嘴山市、吴忠市、固原市、中卫市6个代表队参赛。每个代表队参赛运动员70人，其中残运会50人、特奥会20人，共计420名运动员；各代表团工作人员总数200人左右，裁判长、裁判员、仲裁员、分级师360人左右，招募志愿者300人左右，各级各部门有关负责人及竞赛管理人员300人左右，赛事总人数1580人。

【自治区首届残特奥运会开幕】　2023年，9月8日晚，自治区首届残疾人运动会和特殊奥林匹克运动会在中卫市体育馆开幕。自治区政府副主席刘军出席开幕式并宣布开幕，中国残疾人联合会党组成员、副理事长赵素京应邀出席并致辞，自治区残疾人联合会党组书记、理事长马如林致开幕词，市委书记、市人大常委会党组书记张利致欢迎词，市委副书记、市长马洪海主持，市人大常委会主任崔昆、市政协主席杨文生出席。赵素京在致辞时说，党的十八大以来，以习近平同志为核心的党中央格外关心关注残疾人事业，对新时代残疾人事业作出一系列重大决策部署。近年来，宁夏深入贯彻落实习近平总书记关于残疾人事业重要论述，不断加大惠残资金、政策投入和残疾人服务基础设施建设力度，残疾人就业、康复等多项工作稳定处于全国领先行列，创造多项在全国推广的工作模式，残疾人体育工作取得长足发展和进步。希望宁夏以举办本届运动会为契机，积极营造全社会理解、关心、帮助、支持残疾人事业的良好氛围，促进残疾人自强不息、奋勇争先，为推动残疾人事业高质量发展、建设社会主义现代化美丽新宁夏凝聚起磅礴力量。马如林在致辞时说，体育是残疾人展示自我、实现人生价值的重要舞台，举办自治区首届残特奥运动会是检阅全区残疾人事业发展成果、展示全区经济社会发展成就的重要平台。在全区上下和社会各界的鼎力支持下，中卫市人民政府、自治区体育局、自治区残联科学筹划、精心部署，紧密配合、协同作战，高质量完成赛事筹备各项工作。希望赛事各工作机构继续努力，周密组织、周到服务，确保赛事安全有序进行；希望残疾人运动员弘扬奥林匹克精神和中华体育精神，奋力拼搏、勇创佳绩，为全面建设社会主义现代化美丽新宁夏激扬起强大奋进力量。张利在致辞时说，举办自治区首届残特奥运动会，是全区残疾人运动员的一场盛会，也是继自治区第十六届运动会之后的又一件喜事。中卫将全力以赴做好赛事服务保障，力争把本届运动会办成"特色鲜明、团结安全"的体育盛会，办成"交流互鉴、温暖民心"的文化盛会。希望全体运动员充分展现竞技之美、精神之美、生命之美，在拼搏中不断超越自我、在奋斗中创造精彩人生。中卫将以本届运动会为契机，把体育运动的激情转化为加快推动残疾人事业高质量发展的信心和决心，为全面建设社会主义现代化美丽新宁夏作出新的更大贡献。伴随着自治区首届残特奥运动会会歌《我们在一起》，会旗缓缓升起、迎风飘扬。运动员、教练员、裁判员代表宣誓后，《圆梦新时代 美好向未来》大型文体展演拉开序幕，表演以《生命绽放》《共沐阳光》《梦想飞扬》三个篇章为脉络，生动展现全区残疾人热爱生活、乐观向上、自强不息、顽强拼搏的精神风貌，展现新时代新征程全区残疾人事业高质量发展新局面。自治区首届残特奥运动会组委会成员单位分管负责同志，自治区各市分管负责同志，福建、内蒙古残联有关负责同志，各代表团负责同志及运动员、裁判员代表，新闻媒体、志愿者、群众及中卫市社会各界代表参加开幕式。

【自治区首届残特奥运会闭幕】　2023年，9月12日晚，自治区首届残疾人运动会和特殊奥林匹克运动会圆满完成各项赛程，在中卫市体育馆落下帷幕。自治区政府党组成员、副主席刘军出席闭幕式并宣布自治区首届残特奥运动会闭幕。自治区残疾人联合会党组书记、理事长马如林致闭幕词。市委书记、市人大常委会党组书记张利出席闭幕式。市委副书记、市长马洪海致答谢词。市人大常委会主任崔昆、市政协主席杨文生出席闭幕式。市委常委、副市长许洪波主持闭幕式仪式。马如林在致辞时说，在自治区党委、政府的坚强领导和亲切关怀下，在中卫市委、市政府和全市人民的辛勤努力和奋力拼搏下，在各代表团的同心协力和积极参与下，自治区首届残特奥运动会圆满落幕。372名残疾人运动员发扬"自尊、自信、自强、自立"精神，以乐观向上、贡献有我的奋进姿态，在赛场上顽强拼搏、勇敢超越，赛出了风格，赛出水平，创造出优异的比赛成绩，充分展示新时代全区残疾人工作取得的非凡成就，生动彰显了新时代新征程全区残疾人事业发展呈现的蓬勃态势，必将激励着越来越多的残疾人参与康复健身、投身体育运动、创造美好生活，必将汇聚起全社会扶残助残的强大正能量。马洪海在致辞时说，成功举办自治区首届残特奥运动会，离不开赛场上运动员的奋力拼搏，离不开赛场下无数工作人员的辛勤付出，离不开108万中卫人民的支持配合。中卫紧扣"为爱拼搏、圆梦中卫"主题，以一流的场馆建设、一流的赛事组织、一流的服务环境，在自治区首届残特奥运动会历史上写下浓墨重彩的一页，彰显平等、参与、共享的文明理念，实现"简约、安全、精彩"的办赛目标，绽放耀眼的竞技之美、精神之美、生命之美，留下鲜明的时代印记、文化印记、中卫印记。让我们共同乘着残特奥运动会的东风，放大其带动效应，以赛为媒、残健共荣、携手共进，促进残疾人事业高质量发展。闭幕式上，宣读了关于授予自治区首届残特奥运动会参赛代表团体育道德风尚奖和优秀组织奖的决定，并举行宁夏回族自治区残疾人运动会和特殊奥林匹克运动会会旗交接仪式，自治区第二届残特奥运动会将于2026年在银川市举办。随后，《圆梦新时代　美好向未来》闭幕式文体展演拉开帷幕，通过《绿洲心声》《盛世欢歌》《星海飞翔》三个篇章及尾声《地久天长》，展示出该届残特奥运动会运动员超越自我、共享荣光的良好精神风貌，和全区残疾人平等参与社会生活、共享发展成果的生动局面，晚8时20分许，现场播放银川市城市宣传片，银川市开展文体展演。闭幕式在歌曲《领航》中落下帷幕。在5天的赛程中，共产生734枚奖牌，其中，金牌337枚、银牌253枚、铜牌144枚。自治区首届残特奥运动会组委会成员单位分管负责同志，自治区各市、县（区）分管负责同志，各代表团工作人员及运动员、裁判员代表，新闻媒体、群众、志愿者及中卫市社会各界代表参加闭幕式。

【体育设施建设】　2023年，新建中卫市田径场等4个场馆，改造提升中卫市体育馆等14个场馆。积极争取上级资金，开工建设5个多功能运动场、香山公园健身步道和10个移民村"康乐角"工程。向五馆一中心、公园、社区等公共场所配发安装篮球架21副、健身路径62套、乒乓球桌30台、儿童乐园2套，全市体育场地总面积达到308万平方米，人均体育场地面积达2.86平方米，城市"10分钟"健身圈基本建成。

【群众体育活动】　2023年，中卫市组织开展第五届全国大漠健身运动大赛、"喜迎十六运　倒计时100天"誓师大会、全市全民健身运动会、全区乒乓球邀请赛、全区排球城市联赛、社区运动会、广场舞大赛等全民健身活动30余次。先后开展网球公益培训班、广播操公益培训、太极拳社会体育指导员培训班等活动3次，累计培训800余人，全市经常参加锻炼的人口占比达39.98%。

广播电视

【广播电视安全播出】　2023年，中卫市通过签订安全播出责任书、开展安全保障工作检查、做好重要保障期值班值守、紧盯问题隐患整改等方式，督促各部门（单位）切实提高安全保障等级、提升安全保障标准、做好传输安全保障、加强巡视巡护和检修维护，严密防范非法攻击、破坏、干扰等事件，保障广播电视和网络视听安全播出。

【应急广播体系建设】　2023年，中卫市制定印发《中卫市广播电视安全播出应急预案》《中卫市应急广播体系建设实施方案》，督促指导各单位严格落实安全播出责任，修订完善专项应急预案，开展应急演练，提升安全播出应急处突能力，推进市级应急广播平台建设。

【群众文化】　2023年，中卫市按照"一村一月放映一场数字电影"的总体要求，完成全市农村电影放映6839场次。

（丁雪梅）

广播网络

【业务发展】　2023年8月4日，中国广电（宁夏·中卫）数据中心（一期）项目土建工程封顶，10月16日，机电工程进场安装。该项目建成后将承接广电系统内部业务、东部及省内数据存储和处理业务、国家文化大数据体系业务等。

【安全保障】　2023年，中国广电宁夏网络有限公司中卫市分公司强化属地责任，开展安全生产风险隐患常态化治理和加强经常性教育培训，落实落细安全生产各级责任，把安全生产、安全播出、网络安全和消防安全等责任压实到部门、到岗位、到个人。聚焦制约安全生产的重点难点问题，完善安全生产制度和管理体系，加强统筹规划，落实资金有效利用，组织实施重点任务清单的各项任务措施，持续推进"人防、技防、工程防、管理防”等治本之策。加强检查考核，把安全生产治本攻坚纳入分公司月度、季度安全检查和年终考核范畴，定期开展检查督导和考核问责，强化正面典型引导和宣传。

（刘凌霄）

新闻传媒

【概况】 2023年，中卫市新闻传媒中心有从业人员165人。主办媒介有《中卫日报》、中卫电视台综合频道、中卫综合广播、中卫交通音乐广播、中卫新闻网站等传统媒体，中卫发布、中卫日报微信公众号、中卫市新闻传媒中心新浪微博、云端中卫客户端等新媒体平台。

【新闻宣传】 2023年，中卫市新闻传媒中心聚焦全国、全区、全市重要会议精神、全市重大项目开工、全面深化改革、创建全国文明城市等重点工作，制订重点宣传报道方案30余个，开设“在习近平新时代中国特色社会主义思想指引下　新时代新作为新篇章”“新时代新征程新伟业”等专栏40余个，刊发相关稿件1100余条（次）。结合第二批主题教育，开设“学习贯彻习近平新时代中国特色社会主义思想主题教育”“学思想　强党性　重实践　建新功”“沿着总书记指引的方向”等专栏，通过刊发评论员文章、推出音频版学习资料、制作“学习书签”等形式，融合传播载体、创新宣传形式，多平台、全覆盖开展主题教育宣传报道，刊发宣传稿件230篇，累计阅读播放量16万余次。围绕“五个示范市”建设，策划推出“开年就是决战，以‘开门红’带动‘全年红’”、聚焦“六新六特六优”等产业发展系列报道，开展全方位、全媒体宣传，共刊发各类稿件2000余篇。围绕自治区第十六届运动会暨首届残特奥运动会、第十三届丝绸之路大漠黄河国际文化旅游节、2023云天大会等重大活动，组织各平台开设“备战十六运　做好东道主”“全域旅游”“数聚中卫”等专题专栏，各平台共计发稿1200余篇（条）。在自治区十六运和残特奥运动会开幕当天，策划推出20个整版纪念特刊，运动会期间，各平台共发稿200余篇（条），完成赛事直播20余场。加强与中央、自治区主流媒体的沟通联系，推送中卫好声音、新亮点。2023年，新华社、“学习强国”宁夏学习平台、《宁夏日报》、宁夏电视台新闻联播等中央、自治区主流媒体采用中心稿件4000余篇，共有11件新闻作品获自治区级奖项，传媒中心被新华社宁夏分社评为“2023年度新华社供稿工作先进单位”。

【媒体融合】 2023年，中卫市新闻传媒中心按照市委、市政府要求，探索媒体深度融合发展。深化内部机构改革，科学合理配置人力资源，制订市新闻传媒中心“三定方案”并上报市委编办。推进薪酬改革，制订《中卫市新闻传媒中心薪酬分配方案》《中卫市新闻传媒中心业务部室工作人员量化考核办法》，优化中心工作人员薪酬分配。推进传媒集团改革，制订《中卫市新闻传媒集团有限公司改革方案》，建立“新闻+政务+服务+商务”运营模式。筹措资金600万元对广播电视系统进行改造。加强全媒体传播矩阵建设，开通上线“学习强国”中卫学习平台，成立市级“新媒体联盟”，新媒体传播能力进一步提升，传媒中心入选新华社信息中心“市级融媒体中心融合发展典型实例”。策划创作“我们的节日”“二十四节气”等系列新媒体栏目，通过“海报引导+短视频跟进”宣传形式叠加推送，初步形成品牌效应。启动新媒体绿幕直播间，完成非遗文化直播间直播10场次。开设视频版《中卫日报》，实现《中卫日报》的新媒体化。推出《主播说创城》等一批新闻媒体产品，原创新媒体产品较2022年增长1倍以上，“中卫发布”微信视频号总浏览量超700万+，抖音号总浏览量超6000万+。关注民生热点事实，开通民生新闻热线，抽调骨干力量成立民生新闻采访小组，开展“办实事、解民忧”主题报道。免费为退役军人、低保户、残疾人等特殊群体刊登身份证、驾驶证、低保证、户口簿、医保卡、房产证等各类挂失声明。

【产业经营】 2023年，中卫市新闻传媒中心营收820万元。先后承接十六运闭幕式及市场开发工作、“3·8点靓她经济”促销活动、全市读书会、禁毒知识竞赛等，策划服务各类政策宣讲和开业宣传活动。印刷《中卫日报》119期，完成自治区第十六届运动会特刊印刷任务。与30余家单位签订长期印务、印刷、户外广告安装制作等业务合作协议。拍摄制作宣传片、专题片20余部，宣传短片30余部，积累各种影视素材1500余分钟。完成2023年度《中卫日报》发行工作，报纸征订14243份。

【广电制播】 2023年，中卫市新闻传媒中心共维护各类设备和解决技术问题20多台次，及时处理重大安全隐患4起，完成重大活动和节假日期间安全播出工作，做到重要保障期、重要播出时段零安全责任事故。

（张海霞）

卫生健康

综述

【医疗机构】 截至2023年年底，中卫市共有医疗卫生机构702个，其中，医院21个(综合医院15个，中医医院3个，专科医院3个，口腔、眼科、精神病医院各1个)，基层医疗卫生机构665个(其中，乡镇卫生院40个，社区卫生服务中心(站)19个，门诊部4个，村卫生室451个，诊所、卫生所、医务室151个)，专业公共卫生机构14个，其他卫生机构2个。

【医护人员】 2023年，中卫市拥有卫生技术人员数7048人，其中，执业(助理)医师数2432人，注册护士数3059人，药师493人，技师416人，其他610人。全市每千人口执业(助理)医师数2.25人，每千人口注册护士数2.83人。

【编制床位】 2023年，中卫市医疗卫生机构编制床位4621张，实有床位4489张，每千人口医疗卫生机构编制床位数4.27张、实有床位4.15张。

【医疗诊疗】 2023年，中卫市总诊疗人次数662.42万人次，其中，基层医疗卫生机构门诊量占总诊疗量68.68%。出院人次数13.51万人次。县域内住院量占比达72.26%，三级公立医院门诊人次数与出院人次数比为11.94:1，三级医院平均住院日8.07天。

疾病预防控制

【概况】 2023年，中卫市开展流感、新冠、手足口病等重点传染病监测，强化结核病规范诊治和全程管理，全市肺结核报告发病率46.93/10万，病原学阳性率62.86%，规则服药率94.86%，治疗成功率92.95%。推进第五轮全国艾滋病综合防治示范区创建，开展各类人群HIV抗体筛查检测183759人次，新发现报告HIV感染者/病人45例，按现住址现存活随访管理365例，治疗覆盖率为94.0%。巩固地方病防治专项三年攻坚行动成果，合格碘盐食用率为93.89%，15个降氟改水工程建成达效。全面推进布病防治专项三年攻坚行动及包虫病防治工作，开展布病高危人群筛查；全市布病报告发病率68.86/10万，全市报告乙、丙类传染病23种12547例，报告发病率1161.26/10万。落实免疫规划任务，依法依规采购存储配送疫苗，开展预防接种规范化管理专项活动，确保全过程冷链安全。开展国家免疫规划疫苗的查漏补种及入托、入学儿童预防接种证查验和经常性接种率调查督导，适龄儿童疫苗报告接种率均在99%以上，乙肝疫苗首针及时接种率达到99.35%，全市无疫苗相关性疾病报告。主动做好AEFI报告及免疫规划疫苗针对传染病监测，共报告AEFI病例148例。推进公共卫生工作。食品安全风险监测任务完成率为101.57%，检出14株致病菌，阳性菌株检出率为5.43%；上报食源性疾病病例信息592例，采集便样标本430份，阳性检出率为13.95%。完成全市枯水期和丰水期生活饮用水水质监测工作，水样合格率为94.46%。做好病媒生物监测工作，鼠、蟑、蚊、蝇密度达到国家C类控制标准，开展个人放射剂量监测71家单位429人，完成五类重点场所两轮次消毒监测与评价。完成学生常见病和健康影响因素监测及学生视力健康管理，中卫市学生视力档案上报率为98.56%。完成工作场所职业病危害因素监测47家及重点人群职业健康素养监测调查，报告疑似职业病32例、职业病20例。

【慢性病防治管理】 2023年，中卫市抓管理强保障，推进慢病管理工作。做好严重精神障碍和农村癫痫患者登记及随访管理工作，全市严重精神障碍患者报告患病率为4.76‰，管理率96.71%，规范管理率95.16%，体检率82.54%，面访率96.22%，服药率

85.48%，规律服药率70.15%。管理癫痫患者1473例，管理率为1.37‰。加强人口死因监测和肿瘤随访登记，全市粗死亡率635.95/10万，恶性肿瘤报告发病率为159.79/10万。规范管理高血压患者84793人、规范管理率91.71%，血压控制率为83.27%。规范管理2型糖尿病患者22442人、规范管理率91.28%，血糖控制率为82.21%。全市居民电子健康档案建档率96.07%。65岁以上老年人体检率89.21%，健康管理率为81.78%。推进重大慢性病机会性筛查干预，医疗机构机会性筛查任务完成率为109.56%。开展居民慢性病及危险因素监测和居民肌肉骨骼疾病调查，巩固自治区级慢性病综合防控示范建设成果。

【疾病预防控制重大事件及重要成果】 2023年，中卫市新组建疾病预防控制中心（市卫生监督所），初步取得融合互促、一加一大于二的效果。艾滋病防治再上新台阶。减免沙坡头区所有确诊艾滋病感染者/病人治疗期间检查费用共8.69万，将沙坡头区9家基层医疗机构纳入中卫市艾滋病检测网络实验室，沙坡头区申报成功并被国家批准为第五轮全国艾滋病综合防治示范区。减免职业健康体检费用助力营商环境建设，全年进行职业健康体检1万多人，减免费用130万元。提升预防接种规范管理水平。在全市范围内启动预防接种规范管理专项活动，全市23家狂犬病暴露处置门诊启动“云免疫”信息系统；划拨冷链能力提升专项经费9.2万元，为滨河镇社区卫生服务中心新建12立方米冷库一座，为五家医疗卫生机构的产科预防接种门诊和狂犬病暴露预防处置门诊安装7套疫苗冷链温度监测设备。获得国家及自治区多项荣誉奖励。中卫市疾病预防控制中心被中华全国妇女联合会授予“全国三八红旗集体”称号。

（王雅璐）

妇幼保健及老年人健康服务

【人口与妇幼保健】 计划生育指标：2023年，中卫市出生人口9273人。共核定农村部分计划生育家庭奖励扶助、计划生育家庭特别扶助等计划生育“奖、优、补、扶”各项惠民政策对象9143人，发放扶助金1337.444万元。落实特殊家庭“双岗”“三岗”联系人315人、开设计划生育特殊家庭就医“绿色通道”40个。完成备案托育机构33家，托位数2883个，每千人拥有3岁以下婴幼儿托位数达2.67个。全市免费婚检9490人，婚检率为91.39%；新生儿多种疾病筛查7501人，筛查率为99.95%；农村妇女“两癌”检查32625人，任务完成率为100.38%。2023年，中卫市人民政府持续推进“妇女关爱行动”为2023年度10件民生实事之一。为35～64岁城镇妇女免费提供宫颈癌、乳腺癌筛查7007人；为全市7170名孕妇提供免费唐氏筛查。在市（县）级人民医院分别建成危重孕产妇和新生儿救治中心3个。

【老年人健康服务】 2023年，中卫市开展老年健康宣教，提升预防保健意识和水平。各县（区）持续开展“情暖夕阳健康行”活动。启动实施老年人阿尔茨海默病和帕金森病“两病”筛查，遴选确定沙坡头区文昌镇蔡桥路社区、海原县老城区幸福社区、海原县关桥乡张湾社区、中宁县宁安镇丰宁社区为试点社区。推进老年医学科建设行动，全市二级以上医疗机构均为老年人设立就医绿色通道，优先服务老年人。市中医医院作为“全国第二批安宁疗护试点单位”，开展局部沙疗、芳香疗法、音乐疗法、身心减压疗法、静脉自控镇痛泵技术、中医药特色疗法等服务。实施全国示范型老年友好社区创建和老年友善医疗机构建设活动，沙坡头区滨河镇中山社区，中宁县宁安镇振兴社区通过国家验收。中卫市中医医院、中宁县人民医院、沙坡头区柔远镇卫生院等50家医疗机构达到老年友善医疗机构标准，其中A级19家、B级18家、C级13家，全市老年友善医疗机构创建合格率为89%。

（李姣姣）

中医中药

【概况】 2023年，中卫市制定印发《中卫市促进中医药传承创新发展的实施方案的通知》《中卫市中医药传承创新发展服务体系建设实施方案》等一系列文件，成立以政府分管副市长为组长，县、区政府领导及编办等8个市直部门主要负责人为成员的中医药工作领导小组，市、县卫生健康行政部门均设立中医管理科，配备中医干事。2023年，有中医类医疗机构39家，中医医院3家。每千人口公立中医类医院床位数0.79（中医类医院床位数858）；每千人口中医类别执业（助理）医师数0.34[中医类别执业（助理）医师368人]；每万人口中医类别全科医师数0.48（中医类别全科医师52人）；中医总诊疗人次占医疗卫生机构总诊疗人次的31.2%（1676658/5358317），中医类医院出院人数占医院出院人数的24.9%（23704/95232）。以市中医医院为龙头，社区卫生服务中心、乡镇卫生院为枢纽，社区卫生服务站、村卫生室为基础，民营医疗机构为辅助的中医药服务网络体系形成并有效运转。建成市中医医院心脑血管科、推拿科，中宁县中医医院心病科3个国家级中医特色优势专科，建成市中医医院针灸推拿科等7个自治区级中医重点专科，建成市中医医院康复科等3个市级重点专科。市中医医院治未病科被国家中医药管理局确定为中医药预防保健及康复服务能力建设科室，呼吸科确定为京宁合作重点中医专科，设立“郭维琴名医工作站分站”。2023年11月，中卫市中医医院顺利通过三级甲等中医医院等级复审，成功创建为三级甲等中医医院。

【中医药发展推广】　推进中医专科联盟、中医适宜技术推广，以市中医医院牵头组建中医专科联盟并作为全市中医适宜技术推广基地，为基层培养133名中医人才。市中医医院顺利通过国家三级甲等中医医院现场评审。依托高质量发展示范项目，为县区医院配备微电脑多功能颈腰椎牵引床等中医诊疗设施设备148件，开展推拿、按摩、理疗、康复、养生保健等中医药特色服务，开展中西医结合诊治消化系统疾病、慢性肝病等疑难疾病。全市乡镇卫生院和社区卫生服务中心“中医馆”覆盖率达100%，451家村卫生室384家可以提供中医非药物疗法。持续推进基层医疗卫生机构中医馆（中医阁）标准化打造、为基层医疗机构配备牵引床、熏蒸治疗机、火罐、刮痧板电针治疗仪等中医诊疗设备。举办中医馆基层人才能力提升、中医药适宜技术推广等培训班。采取“引进一批、外派一批、师承一批、西学中用一批”人才培养机制，全面提高中医药人员综合素质。制定中医药人才发展政策措施，推进各级名老中医药专家传承工作室（站）建设，做好名老中医药专家学术经验继承人和“西学中”人才培养。建设4个全国基层名老中医药专家传承工作室，3个区级基层名老中医药专家传承工作室，依托名老中医传承工作室，发挥名医领军作用，促进青年医师成长，确定继承人43名。开展中医学术继承工作，选拔吕学武等5名有丰富学术经验及技术专长专家，发挥示范带教作用。全市师承带教老师24人，师承学生52人。2023年有中医执业（助理）医师368人、从事中医工作的护理人员521人、中医药人员75人、从事中医工作的医技人员61人。市（县）中医医院充分发挥中医药适宜技术培训基地作用，累计开展中医药知识讲座100余次。基层乡镇卫生院和社区卫生服务中心开展中医药适宜技术服务10种以上，村卫生室、社区卫生服务站开展中医药适宜技术服务5种以上。组织全市副主任以上中医医师，针对群众腰腿疼等中医治未病和日常保健知识制作16期中医专家讲中医宣传小视频，制作香囊、经络按摩梳等中医药宣传精品，遴选市职业技术学校、市第七中学组织开展内容丰富、形式多样的中医药文化进校园活动，建设校园中医药文化角和中医药文化学生社团，加强中医药文化传播。

（赵海英）

卫生监督

【概况】　2023年，中卫市有各类被监督单位4627家，其中，公共场所2556家，生活饮用水供水单位66家，涉及饮用水卫生安全产品单位3家，学校232家，餐饮具集中消毒4家，消毒产品3家，传染病防治746家，职业卫生用人单位181家，放射诊疗机构69家，职业健康检查机构、职业病诊断机构、放射卫生技术机构6家，医疗机构723家，血液安全2家，妇幼健康36家。全市卫生监督机构共计监督检查户数4278家，总体卫生监督覆盖率为92.46%。全市共计办理卫生行政许可915件，其中，新发576件，变更92件，延续153件，注销94件，其中，公共场所卫生许可862件，生活饮用水卫生许可42件，放射诊疗许可10件，职业健康、职业病诊断、放射卫生技术机构许可1件。地区办理中，市本级476件，其中，新发315件、变更29件、延续38件、注销94件；中宁县258件，其中新发167件、变更47件、延续44件、注销0件；海原县181件，其中新发94件、变更16件、延续71件、注销0件。全市共计实施卫生行政处罚107起，其中一般程序案件48起，简易程序案件59起，累计罚款72.2万元，没收违法所得1.1万元，吊销“医疗机构执业许可证”1起，组织听证案2起，无行政复议、行政诉讼，以及移送司法机关案件。地区案件办理中，市本级共计实施卫生行政处罚85起，其中，一般程序案件37起，简易程序案件48起，累计罚款51.3万元，没收违法所得9576元，吊销《医疗机构执业许可证》1起，本年度行政听证类案件1起，无行政复议、行政诉讼及移送司法机关案件；中宁县共计实施卫生行政处罚6起，其中，一般程序4起，简易程序案件2起，罚款8.2万元，没收违法所得15元，听证1起，无行政复议、行政诉讼及移送司法机关案件；海原县共计实施卫生行政处罚16起，其中，一般程序案件7起，简易程序案件9起，累计罚款12.7万元,没收违法所得1468元,无听证、行政复议、行政诉讼及移送司法机关案件。监督完成2023年度国家下发全市双随机抽检任务358件,任务完成率达100%,共产生双随机案件11件,累计罚款500元。其中市本级187件,监督完成187件,任务完成率100%,产生双随机案件11件,累计罚款500元;中宁县113件,监督完成113件,任务完成率达100%;海原县58件,监督完成58件,任务完成率达100%。

【医疗服务监督】 2023年,中卫市开展打击非法行医专项行动。统一印制严厉打击非法行医专项行动公告,在中卫电视台、中卫发布新媒体刊播,并通过公众号、朋友圈等转发传播,在辖区各公立医疗机构、民营医院、个体诊所、大型商场、重点生活美容机构张贴公告,让全社会知情参与,共张贴打击非法行医专项行动公告220张,各类新媒体刊播转发公告3100余次。整合监督力量与五一节前医疗安全检查、公共场所卫生检查等相结合,对鼓楼北街、世和广场、万达商圈、创业城商圈等商业活动聚集区的商场、美容养生等非法行医易发场所进行全面排查,规范门头标示、招牌,清除包含“治疗”字眼的文字、图片、海报等,排查收集非法行医信息线索。将打击非法行医专项行动与创建卫生城市复审工作结合,组织全体卫生监督员对市区各类重点可疑场所进行逐街道拉网式排查,共出动卫生监督员112人次、监督检查大型商场5家次、宾馆18家次、各类生活美容场所及摊位69家次,发放宣传资料600余份,下发卫生监督意见书63份,取缔含“医疗”字眼的宣传内容33家,共计查处无证行医案件12起,累计罚款31万元,没收违法所得0.14万元。开展社会办医疗机构依法执业专项监督检查。全市卫生监督机构共计检查147家社会办医疗机构,未发现出借、出让和转租《医疗机构执业许可证》和出租承包科室、超范围开展诊疗活动,以及使用非卫生技术人员等违法违规行为。开展2轮次医疗机构不良执业行为积分检查。共监督检查各级各类医疗机构177家次,其中三级综合医院2家次、三级中医医院2家次、二级综合医院4家次、妇幼保健院2家次、疾病预防控制中心2家次、社区卫生服务站(含中心)12家次、乡(镇)卫生院18家次、民营医院12家次,个体诊所124家次。经监督检查,各医疗机构不良执业行为记0分的101家次,记1~3分的65家次,记4~6分的10家次,记7~9分的1家次。各医疗机构不良执业行为121人次。开展传染病防治监督检查。对医疗机构传染病疫情信息报告、院内感染控制、医疗废物处置情况进行监督检查,从医疗废物的产生、分类收集、集中储存转运交接等各个环节均明确由专人把关,责任到人。对二级医疗机构病原微生物实验室规章制度建立情况,病原微生物菌(毒)种、样本采集、运输、储存、人员防护和培训、生物安全管理、实验室技术规范和操作规程执行、实验室档案建立,以及实验室废弃物无害化处理等情况进行监督检查,确保病原微生物实验室生物安全。共检查各级各类医疗卫生单位132家,其中,各级医院13家,乡镇卫生院9家,社区门诊3家,村卫生室38家,个体诊所16家。对1家未按照规定报告传染病疫情的民营医院给予警告的行政处罚,1家未按规定报送传染病疫情信息的民营医院给予500元罚款的行政处罚,对1家未按规定将一次性使用医疗用品用后及时进行无害化处理的个体诊所,给予罚款4000元的行政处罚。

【公共卫生监督】 2023年,中卫市卫生健康委对2255家公共场所进行卫生监督检查,各公共场所均设置卫生管理部门,建立卫生管理档案,从业人员持有效健康证上岗率达100%,设置有禁止吸烟警语标志,在醒目位置公示卫生许可证、卫生信誉度等级,能按照要求对顾客用品用具进行清洗、消毒、保洁,量化分级管理率达100%。对自治区第十六届运动会中卫赛区11家定点住宿场所的卫生状况进行监督检查和公共用品用具采样抽检。对21家水箱式二次供水单位的档案管理、管水人员健康体检、设施卫生防护、二次供水设施维护清洗、水质消毒、水质检测情况等进行检查,监督覆盖率达100%。对4家农村集中式供水单位基本情况、设施设备、人员培训、供水状况、监督管理等开展重点卫生监督检查。完成6家集中式供水单位和14家二次供水单位卫生许可审查工作,经现场审查指导,对符合卫生许可条件的依法发放《卫生许可证》。对3家餐饮具集中消毒配送单位的场所卫生、从业人员健康培训合格证以及出厂产品卫生质量进行监督和指导,对2家消毒产品单位按照消毒产品管理规范工作要求进行监督指导。完成2023年春季学校、托幼机构传染病防控专项监督检查,指导学校落实传染病疫情报告、学生晨午检、因病缺勤追踪、预防接种查验等制度,确保学校教学环境、生活饮用水、校医室(保健室)设置等均符合卫生要求,保障少年儿童的健康权益。

【职业放射卫生监督】 2023年,中卫市卫生健康委严格按照《中卫市深入开展职业病危害专项治理工作实施方案(2022—2025年)》要求,实时督促指导已纳入职业病危害专项治理范围但尚未完成治理工作的用人单位进行整改，专项治理模块中的67家企业，完成治理的企业有42家，治理合格率为62.68%（2023年目标为60%）。按照《宁夏回族自治区卫生健康委办公室关于印发宁夏职业卫生分类监督执法试点工作方案的通知》要求，结合本地实际，制订《中卫市本级及沙坡头区职业卫生分类监督执法试点工作实施方案》，组织召开用人单位职业卫生分类监督执法工作启动会，督促指导各用人单位及时完成自查自评工作，上报综合风险评估报告73家。开展第21个《中华人民共和国职业病防治法》宣传周系列活动，在铁路广场、红太阳广场面向群众进行宣传，对辖区内各用人单位企业负责人及职业卫生管理人员进行2023年度职业卫生培训。加强职业卫生违法行为查处，2023年，共查处职业卫生违法案件18起，其中，简易程序17件，一般程序1件，罚款1.8万元。对中卫市妇幼保健院、中宁荣安体检中心放射诊疗许可情况进行现场审核，同意发放《放射诊疗许可证》。对放射工作人员个人放射剂量超标情况进行检查，督促医疗机构组织相关人员进行应急体检，查找个人剂量计超标原因并要求各医疗机构加强个人剂量计佩戴管理。举办一期放射卫生工作人员培训班，按照自治区相关工作要求，完成放射诊疗机构专项监督检查和“双随机”抽检等工作。

（马建新）

爱国卫生

【概况】　2023年，中卫市深化爱国卫生运动，印发《中卫市2023年爱国卫生工作要点》《中卫市关于深入开展爱国卫生运动工作的通知》《中卫市2023年病媒生物预防控制工作实施方案》等系列政策文件，成立以分管副市长任主任、市人民政府副秘书长、市卫生健康委主任、沙坡头区分管副区长等8人任副主任、23个职能部门（单位）的负责同志为成员的中卫市爱国卫生运动委员会，修订《中卫市爱国卫生工作管理办法》，将爱国卫生工作纳入市委、市政府效能目标考核，召开中卫市国家卫生城市复审推进会3次，部署安排各项工作，协调解决爱国卫生工作中的重大问题。组织各县（区）、各部门（单位）开展1—12月爱国卫生日、首个爱国卫生日启动仪式及第36个爱国卫生月宣传活动，开展“线上+线下”集中宣传600余次，悬挂宣传条幅（含电子屏）200余条，摆放宣传展板168块，发放宣传资料1.5万余份。强化经费保障，财政部门落实经费保障政策，提供必要的资金支持，设立包含健康中卫建设、健康水平提升行动、国家卫生城市复审的专项业务经费363万元。

【巩固国家卫生城市创建成果】　2023年，中卫市卫生健康委印发《中卫市国家卫生城市复审工作方案》《中卫市国家卫生城市复审宣传工作方案》，制作《中卫市国家卫生城市复审专题片》《中卫市国家卫生城市纪实画册》和《中卫市巩固国家卫生城市工作指导手册》，召开中卫市国家卫生城市复审动员会暨健康中卫建设工作推进会，成立以书记、市长为双组长的巩固国家卫生城市领导小组，承办全区国家卫生城市创建暨复审观摩培训会，邀请自治区级专家对中卫市国家卫生城市复审工作开展模拟测评。在公交站台、路名牌、防护栏、擎天柱等制作国家卫生城市公益广告300块。制作国家卫生城市复审指导手册、国家卫生城市复审宣传手册、国家卫生城市复审倡议书和健康素养漫画记事本1.5万份，发放巩固国家卫生城市倡议书1万份。2023年8月，中卫市顺利通过国家卫生城市复审。开展国家卫生乡镇评估，择优向自治区爱卫办推荐沙坡头区常乐镇、沙坡头区迎水桥镇、沙坡头区柔远镇、中宁县石空镇、中宁县恩和镇、中宁县太阳梁乡、中宁县新堡镇7个卫生乡镇创建国家卫生乡镇。

【健康中卫建设】　2023年，中卫市卫生健康委印发《中卫市2023年健康水平提升行动重点任务分工方案及任务清单》《中卫市健康中卫行动暨健康水平提升行动2023年工作要点》，市委、市政府主要领导、分管领导组织召开全市健康中卫建设暨健康水平提升行动工作调度会议3次，将健康中卫建设暨健康水平提升行动、健康中卫建设纳入市委、市政府督查计划及县（区）、责任部门年终效能目标考核内容，开展专项督查并制订整改方案、通报3期，为2022年度考核前两名兑现以奖代补资金30万元。建立“健康中卫”微信公众号，定期发布健康中卫建设暨健康水平提升行动工作动态34期，印发《关于进一步做好健康中卫建设暨健康水平提升行动氛围营造工作的通知》，开展托育宣传月、第36个世界无烟日、全民营养周、职业病防治法宣传周等健康中卫行动主题宣传活动20余次，营造健康中卫建设暨健康水平提升行动浓厚宣传氛围。全市人均预期寿命提高至76.9岁，居民健康素养水平提高至28.32%，寄宿制卫生专业技术人员配备率达到100%，对垃圾进行处理的行政村比例达到

99.6%，经常参加体育锻炼比例达39.98%，高血压、糖尿病患者规范管理率均超过85%，重大慢性病过早死亡率降低至14.7%，每万人口全科医生数达3.97，健康中卫建设暨健康水平提升行动各项指标达到年度目标要求。2023年8月份，中卫市被确定为健康城市建设宫颈癌和乳腺癌综合防治试点城市，也是全区唯一入选全国健康城市建设推动健康中国创新模式试点城市。

【健康细胞创建】 2023年，中卫市卫生健康委印发《关于开展健康细胞示范点和自治区级卫生乡镇创建工作的通知》，组织各县（区）开展健康细胞交叉督导1轮次，成功创建自治区级健康细胞示范点120个，其中，健康社区（乡村）18个、健康企业4个、健康机关（事业单位）20个、健康学校示范点20所、健康家庭示范户58户。

【健康影响评价评估制度】 2023年，中卫市印发《中卫市健康影响评价评估实施方案》《中卫市健康影响评价评估实施细则》，成立中卫市健康影响评价评估建设工作领导小组和中卫市健康影响评价评估专家委员会，组织开展首届健康影响评价研讨会议，审议完成2个公共政策类、1个工程项目类、1个实施方案类案例评价。

【病媒生物消杀】 2023年，中卫市卫生健康委印发《中卫市2023年病媒生物预防控制工作实施方案》《中卫市2023年病媒生物监测实施方案》，投入资金25万，聘请第三方消杀公司对文昌镇、滨河镇辖区的8个市场、10个垃圾中转站、21个固定公厕、6条繁华街道、9处水域和299栋居民楼的地下管道、暖气沟、垃圾箱开展春夏季消杀2次、秋冬季消杀2次，降低重点区域和重点场所、居民小区的病媒生物密度。

【健康教育与健康促进】 2023年，中卫市卫生健康委优化调整专家咨询委员会和科普专家库，实施健康科普“六进”巡讲60场次，开展义诊咨询活动80场次，举办“科普健康知识 共享健康生活”主题健康科普节目比赛，评选出优秀科普作品18个。举办线上健康科普知识有奖答题2轮次，制作健康科普视频8个，发放健康干预物品1万余份，全市12个健康教育作品获评中国健康教育中心校园呼吸道传染病防控健康教育实践案例与优秀传播材料。实施健康素养监测，中卫市2023年城乡居民健康素养水平达28.32%。

【社区戒烟综合干预】 2023年，中卫市卫生健康委印发《2023年中卫市控烟干预工作方案》《关于组织开展第36个世界无烟日活动的通知》《中卫市社区戒烟综合干预工作实施方案（2022—2023年）》，拨付社区戒烟综合干预资金9万元用于相应设施配套，同时下发整改方案1期，组织县（区）及市直各部门单位通过悬挂横幅、设立戒烟咨询台、发放宣传资料等多种方式开展第36个无烟日宣传活动，参与人数1万余人。

（李姣姣）

社会管理

人力资源和社会保障

【就业创业】 2023年，中卫市推进“就业创业促进年”活动，实施就业容量扩增行动，文化旅游、枸杞等产业带动就业25万余人，项目建设带动就业5.2万余人。深化劳务输出组织化程度，培育劳务中介组织8家、劳务经纪人428人，全市农村劳动力转移就业21.98万人，实现转移就业收入39.13亿元。实施“创业中卫”行动，优化创业“贷款+培训+补贴+服务”全周期服务体系，开展创业培训1870人，培育孵化基地2个、创业实体2073个，创造新岗位3741个，发放贷款8.34亿元，创业带动就业10109人。实施“技能中卫”行动，开展职业技能培训8731人次、职业技能等级认定10302人。成功申报3.13亿元的国家公共就业服务能力提升示范项目。

【城镇居民增收】 2023年，中卫市举办招聘活动269场次，提供就业岗位3万余个，开展“1311”精准帮扶，安置公益性岗位2010人，招募“三支一扶”900名，高校毕业生帮扶就业率92.63%，城镇新增就业1.22万人，零就业家庭动态清零。落实机关事业单位工资政策，发放年度考核奖等3.97亿元，批复市属公立医院奖励性绩效工资等2.33亿元，城镇居民工资性收入稳步增长。2023年，全市城镇居民人均可支配收入36138元，增长6.0%。

【社会保险】 2023年，中卫市基本养老保险、失业保险、工伤保险参保人数分别达到76.35万人、9.37万人、17.4万人。稳步提高城乡居民养老保险待遇，调增基础养老金15元，沙坡头区、中宁县、海原县城乡居民月人均养老金分别达到240元、270元、235元。做好企业和机关事业单位退休人员待遇调增工作，累计发放养老金32.9亿元，惠及17.3万人。全面落实社会保险费“缓、降、返、补”政策，缓缴养老保险、失业保险费2450万元，降低养老、失业、工伤保险费6.4亿元，为企业发放稳岗返还资金、一次性扩岗补助1473.97万元，发放失业保险金、失业补助金、一次性生活补助等6725.17万元，社会保险政策执行率达到100%。开展为期三年的社保基金管理巩固提升行动，追回违规资金329.7万元。实施工伤预防五年行动，强化重点企业工伤预防宣传，力争实现由“事后补偿”向“事前预防”的转变。

【人才与人事管理】 2023年，中卫市实施人才“四大工程”，制定印发《中卫市技术技能人才队伍建设行动计划（2023—2025年）》，新增高技能人才859名，精心组织考试60余场次，招聘事业单位人员545名，全职招引硕士研究生高层次人才168名。坚持“按编设岗、因事设岗”，调整备案15个事业单位岗位设置方案，审核备案岗位晋级和聘任678人，给予段军等24名同志、市人民医院等13个集体记功奖励。深化人才评价机制改革，下放市直属公立医院副高级职称评审权限，打破非公有制企业职称评审壁垒。实施“文化旅游产业专家服务团”示范项目，柔性引进高端专家103名，入选塞上技能大师1名，自治区技术能手3名。建设“锰材料”博士后工作站1个、专家服务基地2个、人才小高地2个，培育创新创业团队7个。

【劳动维权】 2023年，中卫市开展欠薪隐患“动态清零”、工程建设领域保障农民工工资支付“六个一”、全市根治欠薪冬季等专项行动，全市检查用人单位396家、下发工作提示函、欠薪问题移交单16份，约谈企业30余次，对4家企业行政罚款8.7万元；处置各类劳动保障监察投诉举报线索2154条（其中，线下投诉举报612条、“全国根治欠薪线索反映平台”等线上平台涉嫌欠薪线索1542条），为3670名劳动者追回劳动报酬3568.64万元，线索办结率97%。建立“农民工工资争议速裁庭”，举办劳动关系四员培训班1期、“劳动关系协调员”四级技能培训班4期，培训200余家企业人力资源部门负责人，获评自治区级金牌调解组织1家。接收劳动人事争议案件1634件，立案处理1315件，结案1280件，结案率97.34%，全市劳动关系整体和谐稳定。

（王 煜）

民 政

【救助服务】 2023年，中卫市累计发放各类救助金6.3亿元，惠及困难群众13.6万人，其中：保障城乡低保对象101899人，发放高龄津贴11030人，保障残疾人两项补贴42249人次，实施临时救助19573人。

【养老服务】 2023年，中卫市建立健康养老产业发展包抓工作机制，推动形成“居家、社区、机构相协调、医养康养相结合”的健康养老服务体系。投资5900余万元完成沙坡头区养老机构安全性改造及护理能力提升、海原县中心敬老院等9个项目。改造护理型床位433张，护理型床位占比达48.4%。筹资133万元为全市46375名老年人购买意外伤害保险，完成特殊困难老年人家庭适老化改造853户。

【社区治理】 2023年，中卫市实施社区建设“三年行动”，创建规范化标准化社区23个，打造区级“五社联动”示范社区8个。投入557万元实施社区公益创投项目69个，开展活动1100余场，服务群众7万余人次。优化社区网格设置，全市68个社区重新划为835个网格，并统一编号赋码。中宁县余丁乡探索“253”模式村级议事协商新机制，列入“全国村级议事协商创新实验”试点，沙坡头区探索“网格+1235”工作法，入选“全区首批城市社区治理试验区”。开展基层治理不良现象专项整治，清理整治各类挂牌3273块、制度1520个、展板90块、证明事项1307个。

【培育监管】 2023年，中卫市共培育登记社会组织6家。对注销、更换法人的社会组织进行审计，共审计8家。强化社会组织“一把手”及领导班子的监督管理，举办社会组织负责人能力提升培训班32课时，覆盖社会组织50家。印发《2023年社会组织工作要点》《关于开展2023年全市社会组织领域系列专项治理活动的通知》等文件，依法加强管理，推动社会组织高质量发展。对市属登记注册的164家社会组织开展年度检查，合格133家、不合格12家、注销登记10家、撤销登记9家。加大品牌社会组织和专业人才培育力度，新培育3A级社会组织4家、4A级社会组织2家。投入176万元实施公益创投项目27个，开展服务活动300场次，受益人数3万余人，引导全市社会组织积极参与乡村振兴等工作。组织社会工作人才培训，覆盖人数400余人，2023年，新取得中级社工师证人员12人、初级社工师证99人。

【社会事务】 2023年，中卫市建设市、县级“枢纽型”未保中心2个，打造乡镇“节点型”未保工作站34个，规范村级“末梢型”儿童之家452个，构建基层未保工作新模式。建成乡镇社会工作服务站40个，实现全覆盖，探索“1+2+3+4+N”服务体系、三站合一运营模式成效显著。2023年全区乡镇社会工作服务站建设现场观摩会和基层未保体系建设现场观摩推进会先后在中卫市召开，中卫市民政局被自治区未保委授予“全区未成年人保护工作先进集体”。

【地名服务】 2023年，中卫市与甘肃省白银市、庆阳市配合，完成甘宁线白银—中卫段、庆阳—中卫段行政区域界线第五轮联合检查，涉及6个县（区）22个乡镇，界线总长350.7公里，共埋设界桩48个。完成3条县级行政区域界线第四轮联检2023年度工作任务。开展“清理整治不规范地名成果巩固年活动”，全市共排查地名信息158815条，确定不规范地名81条，完成标准化处理21条。

【公益募集】 2023年，中卫市依托公益慈善基金会，采取多种形式，鼓励引导民营经济支持慈善事业，动员社会爱心人士投入到慈善工作中，开展慈善扶贫、济困、助学、助医、助老等工作。2023年共募集资金360.4万元，支出项目救助资金420.2万元。

（孙 同）

退役军人事务

【思想政治教育】 2023年，中卫市以建设“退役军人思想政治示范市”为目标，召开中卫市建设“退役军人思想政治工作示范市”推进会，指导县（区）利用现有资源，打造沙坡头区国防教育基地、中宁张子华生平纪事馆、海原关桥小镇等退役军人思想政治教育基地6个；擦亮以“老兵宣讲团”“老兵志愿服务队”“兵支书工作队”三支队伍为骨干的“3+N”工作品牌，为建设美丽新中卫贡献“兵力量”；为抗美援朝老战士、荣立一等功以上退役军人拍摄“走近英雄（功臣）”专题片，在媒体开设“纪念延安双拥运动80周年”专栏广泛宣传；健全退役军人先进典型台账，挖掘、培树退役军人先进典型100余人，实现“县区有榜样、乡镇有先进、村居有典型”；鼓励、支持优秀退役军人进入村（居）班子，43名“兵支书”、152名“兵委员”成为助力乡村振兴的“排头兵”。

【双拥创建】 2023年，中卫市常态化做好光荣牌悬挂工作，优待证申领制发位居全区前列，为96名立功受奖现役军人家庭送喜报和慰问金，春节、八一等期间走访慰问驻军部队（含消防支队）45次，慰问退役军人和重点优抚对象3226人，发放慰问金347万元。专程慰问长期执行高原备勤驻训任务的驻卫部队。累计招募“中卫崇军行动”合作伙伴近1200家，打造科技拥军、教育拥军、法律拥军、文化拥军“四项”特色拥军品牌，让军人享受到“普惠+优待”服务。召开纪念延安双拥运动80周年部分优抚对象座谈会，举办双拥专场文艺晚会，组织开展线上线下清明祭英烈、烈士纪念日系列活动，传承红色基因。将全市荣立战时三等功、平时二等功以上奖励退役军人典型事迹编纂成册，发布中卫籍现役军人“光荣榜”，田方、余广丽入选宁夏“最美拥军人物”“最美军嫂”。

【就业安置】 2023年，中卫市牢固树立“重牺牲奉献、重实绩贡献”安置导向，完成18名转业军官、政府安排工作退役士兵和国家综合性消防救援队伍退出消防员接收安置任务。及时足额发放自谋职业士兵一次性经济补助、待安置期间补助41.5万元。探索“教培先行、岗位跟进”新模式，完成适应性培训、职业技能培训777人次。举办退役军人军属专场招聘会3场次，邀请退役军人军属参加线上线下招聘活动10余场次，新增退役军人就业240名。协调为17户退役军人个体工商户、退役军人就业企业减免税金28万元，为482名退役军人军属、5家退役军人创办企业办理创业贷款9198万元，2名退役军人、6家退役军人创办企业被评为“全区就业创业典型”。

【服务保障体系建设】 2023年，中卫市聚焦主责主业，按照服务机构“五有”“全覆盖”要求，持续推进基层服务中心（站）精细化规范化服务，常态化做好建档立卡和优待证制发工作。落实常态化联系退役军人制度，建立帮扶援助谈心谈话制度，传播社会正能量。全市更新录入全国退役军人帮扶援助服务系统困难退役军人1482人，其中纳入城乡低保1355人；为134名听力障碍优抚对象配发助听器；争取上级专项资金400万元，实施中卫军休大学建设项目，推行县乡村556个退役军人服务保障网格化管理新模式，主动融入市域社会治理“1+6+1”网格化治理体系，提升退役军人服务保障管理水平。设立全区首家市级“宁夏中卫情暖老兵关爱退役军人基金会”，为74名患重大疾病退役军人发放关爱援助基金22.2万元。创新开展困难退役军人帮扶援助的做法被自治区党委退役军人事务工作领导小组办公室在全区推广。

（刘兰清）

医疗保障

【概况】 2023年，中卫市基本医疗保险参保110.98万人，完成全年目标任务111.30万人的99.72%。至2023年年底相关部门推送中卫市特殊困难人员22.31万人，除死亡、参军、服刑等不属于参保范围的1102人外，参保率99.61%。全市各类农村低收入人口（农村特困、农村低保和纳入相关部门监测的易返贫致贫人口）就医后通过“一站式”就诊结算569096人次，医疗总费用43631.06万元，医疗保险基金支付32607.29万元（基本医疗保险基金支付23581.43万元，大病保险支付2363.06万元，医疗救助支付6662.80万元），医保政策范围内报销比例94.25%，实际报销比例为74.73%。

【医保支付方式改革】 2023年，中卫市组织专家团队对DIP医保支付方式运行情况进行分析评估，对42家医疗机构上报的206例特例单议病案、24种中医优势病组进行论证，建立DIP病组目录库2631种（核心病组1666种，综合病组787种，基层病组154种，中医优势病组24种）。全市55家医疗机构DIP线上支付运行平稳。

【职工门诊共济】 2023年6月，全区职工门诊共济政策改革实施，中卫市80家医疗机构开展职工普通门诊费用报销业务，职工普通门诊就诊25.8万人次，统筹基金支付2034.81万元，较上年同期相比基金支出增长166.37%；职工门诊慢特病病种由28种增加到41种。

【基金监管】 2023年，中卫市开展普遍性违规问题整改清零行动、门诊大病“百日行动”、精神类专科医院专项检查、打击欺诈骗保专项检查及自治区飞行检查等，追回违规医保基金655万元，行政处罚144万元，对179名医保医师给予诚信扣分处理。认真开展信用评价工作，对全市492家医疗机构2022年度的医保基金监管信用进行评价。

【“安宁疗护”试点】 2023年，中卫市为适应老龄化社会需求，满足参保人员多样化、多层次医疗保障需求，做好疾病期末和老龄患者临终前的身体、心理、精神抚慰等方面的照料和人文关怀服务，在全区率先开展“安宁疗护”按床日付费试点工作，每人每天医保基金支付300元，最长疗护周期不超过90天。

【国谈药品】 2023年，中卫市组织全市57家公立医疗机构参加9批次374个品种国家组织集中带量采购和214个品种省际联盟集中带量采购，中选药品价格降幅50%以上，最高降幅超过93%。全市二级及以上公立医疗机构医用耗材网采率达到68.11%。全市4家定点医疗机构与9家定点零售药店纳入“双通道”管理，将346个国谈药品纳入“双通道”进行处方流转，年内共流转电子处方713张，医保基金结算183.77万元。

【医疗服务项目价格调整】 2023年，口腔种植医疗服务价格调整落地执行，中卫市组织医疗机构参与种植体和牙冠集中采购，单颗常规种植牙全流程平均费用降至5500元。印发《中卫市2023年（第一批）动态调整医疗服务项目价格的实施方案》（卫医保发〔2023〕67号）和《中卫市2023年（第二批）动态调整医疗服务项目价格的实施方案》（卫医保发〔2023〕71号）。动态有序调整医疗服务项目价格98项，其中，调增58项，调减40项，调价后整体增加收入为595.43万元。

【医保待遇保障】 2023年，中卫市全民就医待遇保障保持稳定。截至11月底，全市就诊2793013人次（住院132951人次，门诊2660062人次），医保基金支出80281.8万元，职工门诊就医实际报销比例67.61%，住院政策范围内报销稳定在80%以上；城乡居民就医门诊报销比例81.53%，住院政策范围内报销比例稳定在75%以上。

【经办服务】 2023年，中卫市将高血压、糖尿病、恶性肿瘤门诊放化疗等5种门诊慢特病治疗费用纳入跨省异地直接结算。在医药机构开通医保“刷脸”直接支付业务，落实医保6类16项便民服务措施，推进五级经办业务一体化，将城乡居民基本医疗保险参保登记、异地备案等15项医保经办服务事项下沉乡镇民生服务中心，将糖尿病高血压门诊慢特病的认定、办理审批权限下放至乡镇卫生院，打通医保服务群众“最后一公里”。

（伊玉红）

乡村振兴

【脱贫人口收入】 2023年度，中卫市脱贫人口人均纯收入为16295元，同比增加2246元，增长16%，其中人均工资性收入为9455元，占比58%；人均生产经营净收入为2750元，占比16.9%；人均财产性收入为336元，占比2.1%；人均转移性收入为3754元，占比23%。沙坡头区脱贫人口人均纯收入为16658元，同比增加2109元，增长14.5%，其中人均工资性收入为10458元，占比62.8%；人均生产经营净收入为2363元，占比14.2%；人均财产性收入为343元，占比2.1%；人均转移性收入为3493元，占比21%。中宁县脱贫人口人均纯收入为15083元，同比增加1969元，增长15%，其中人均工资性收入为9973元，占比66.1%；人均生产经营净收入为953元，占比6.3%；人均财产性收入为1495元，占比9.9%；人均转移性收入为2662元，占比17.7%。海原县脱贫人口人均纯收入为16480元，同比增加2327元，增长16.4%，其中人均工资性收入为9174元，占比55.7%；人均生产经营净收入为3186元，占比19.3%；人均财产性收入为97元，占比0.6%；人均转移性收入为4023元，占比24.4%。

【防止返贫动态监测和帮扶】 2023年，中卫市严格落实“四个不摘”要求，重点关注收入，抓实监测、帮扶、责任、考核四个环节，确保不发生规模性返贫，坚持行业部门信息共享，集中排查和日常监测预警相结合，组织开展集中排查。对新识别监测对象精准制定“一户一策”，及时落实产业、就业等开发式帮扶措施，2023年新识别监测对象528户2135人，消除风险199户772人。

【移民致富提升】 2023年，中卫市围绕“9+1”工作思路和年度重点任务，整合资金4.77亿元，实施项目640个，完工638个，完成投资4.7亿元。坚持“一村一业”发展思路，投入资金2.49亿元，实施沙坡头区永乐村苹果园高效节灌试点、中宁县太阳梁乡枸杞种植科技示范基地、海原县山门新村土地改良等项目。通过“五个一批”方式促进移民务工就业，开展技能培训899人次，职业介绍和就业帮扶10656人次，提供就业岗位4812个，实现移民转移就业5.873万人，完成全年任务（5万人）的117.4%，累计收入11.77亿元。按照自治区移民致富“一区十镇百村”示范创建要求，中宁县大战场镇、太阳梁乡2个乡镇和沙坡头区常乐镇康乐村、中宁县恩和镇红梧村、海原县三河镇富陵村等16个村制定方案，分年度推进，逐步发挥示范引领作用。

【就业帮扶】 2023年，中卫市加大劳务经纪人和劳务中介组织培育力度，开展脱贫劳动力职业技能培训899人，为脱贫劳动力发放创业担保贷款81笔807万元。53家就业帮扶车间带动劳动力就业2746人（脱贫劳动力1002人)。通过"点对点"输送务工人员2430人(脱贫人口608人)。

【项目资金投入】 2023年,自治区下达中卫市衔接资金8.97亿元,支付8.8亿元,支付率98.13%。其中,中央衔接资金6.54亿元,支付6.45亿元,支付率98.69%(沙坡头区99.1%、中宁县98.47%、海原县98.67%);自治区衔接资金2.43亿元,支付2.35亿元,支付率96.6%(沙坡头区99.1%、中宁县98.33%、海原县93.1%)。强化扶贫(帮扶)项目资产管理,落实建管并重、建用结合后续管理制度,指导各县(区)录入2022年扶贫(帮扶)项目资产540个,资产原值19074万元。做好扶贫(帮扶)项目资产大排查工作,排查问题308个,整改308个,盘活闲置低效资产10个。

【乡村建设】 2023年,中卫市编制完成183个村庄规划。新改建农村公路535.2公里,常住人口20户以上具备条件自然村通硬化路率和农村公路列养率均达到100%。完成农村电网巩固提升工程59个,完成乡村清洁能源建设"煤改电"项目完成热源清洁化改造面积752万平方米,改造农户5.1万户,完成卫生户厕改造5761户。完成乡镇商贸中心建设20个,快递服务覆盖416个建制村,建设5G基站221个,"一站式"便民服务全覆盖。百分之八十六的乡镇卫生院达到国家服务能力标准。基层治理成效明显,三星级及以上村党组织达88%。开展党的政策理论宣传、移风易俗宣传教育等活动4000余场次。

【金融帮扶】 2023年,中卫市发放小额信贷15205户9.24亿元(沙坡头区1686户8739万元,中宁县1465户7550万元,海原县12054户76145万元),完成任务的96.3%(沙坡头区102.8%,中宁县100.7%,海原县95.2%),贷款覆盖率46.93%(沙坡头区29.08%,中宁县42.96%,海原县51.45%)。新增"富民贷"4389户5.46亿元(沙坡头区121户1605万元,海原县4175户51675万元,中宁县93户1333万元),任务完成率182%。实施民生实事项目——乡村振兴健康保,共计投入资金621.69万元,为全市13.84万(其中,沙坡头区15053人、中宁22482人、海原县100877人)脱贫人口、"三类监测"对象购买家庭意外伤害保险和大病补充医疗保险,承保率88.2%(其中,沙坡头区67.4%、中宁县93.9%,海原县91.2%)。

【闽宁协作】 2023年,中卫市制定印发《2023年闽宁资金项目实施方案》,投资7110万元,实施4个方面27个项目。投入闽宁协作社会帮扶资金1500万元,实施6类17个项目。海原县与漳浦县互派139名干部和技术人才挂职、交流学习。在福建漳州科技学院开展劳务人员素质提升培训班2次127人。海原援宁工作组助力引进宁夏深海物联智能科技有限公司、宁夏翰霖包袋纺织品有限公司、宁夏闽宁原工贸有公司等3家企业落户闽宁科技园,解决当地群众就业岗位300个。

【社会帮扶及培训】 2023年,中卫市选派第五轮驻村第一书记255名和464名驻村工作队员。举办全市"三农"干部"大学习大轮训"培训班,培训各级乡村振兴干部2688人;举办驻村第一书记示范培训班,培训驻村第一书记255人;举办全市乡村振兴干部能力素质提升培训班,各乡镇(街道办)分管领导、包村干部、业务干部、村"两委"成员及驻村第一书记、工作队员共3220人参加培训;举办全市学习贯彻党的二十大精神全面推进乡村振兴基层干部研修班及开展考察学习班,分3期组织各县(区)党委、政府及各乡镇共54名干部,到浙江省、江苏省、山东省、河南省等地实地培训学习。

【问题整改】 2023年,中卫市及时对各级各类反馈问题整改进行调度,2022年度国家综合考核反馈的4个方面30个问题全部完成整改;自治区2023年7月督导调研及《中国乡村振兴》杂志社暗访反馈的224个具体问题(沙坡头区116个、中宁县41个、海原县67个)全部完成整改,并长期坚持。把巩固拓展脱贫攻坚成果同乡村振兴有效衔接工作与乡村振兴领域腐败和作风问题专项治理紧密结合起来,中卫市纪委监委、乡村振兴、农业农村、自然资源、医疗保障等部门20余名业务骨干、4次到各县(区)开展督导调研,实现全市39个重点乡镇全覆盖,走访行政村142个,"回头看"比例达36%,累计走访农户566户(脱贫户234户、监测户178户、一般户154户),访谈县、乡、村干部275名,共反馈21个方面58类问题,全部完成整改。

(柳 鹂)

应急管理

·综 述·

【概况】 2023年,中卫市共发生生产安全事故21起,同比减少1起,死亡21人,同比减少2人,受伤8人,同比增加1人。其中,沙坡头区发生生产安全事故9起,同比持平,死亡8人,同比持平,受伤6人,同比增加3人;中宁县发生生产安全事故5起,同比持平;死亡6人,同比增加1人,受伤1人,同比减少3人;海原县发生生产安全事故2起,同比减少1起,死亡3人,同比持平，受伤0人，同比持平；中卫工业园区发生生产安全事故5起，同比持平，死亡4人，同比减少3人，受伤1人，同比增加1人。海兴开发区未发生生产安全事故。全市生产安全事故亿元GDP死亡率为0.04，安全生产形势总体趋稳，各项控制指标均控制在自治区下达控制指标以内。

【贯彻落实自治区党委十三届四次全会精神】 2023年，中共中卫市委召开五届七次全会，专题聚焦安全生产，全面落实“深、准、狠”总要求和“防、查、改、教、强、技、制、督、调、究”重点任务，清单式学习自治区“1+37+8”系列文件，坚决守牢安全生产底线。加强城镇燃气专项整治，成立中卫市城镇燃气安全专业委员会，组建工作专班，累计入户安全检查18万余户，“燃气三件套”全部安装完毕，排查整改安全隐患6.3万处。加强重点领域专项整治，成立以市委书记、市长任组长的排查整治工作小组，建立厅级领导包抓责任制，由14名厅级领导包抓12个重点行业领域，督促落实排查整治责任，共检查8万余家次，排查整改隐患5.7万处。加强人员密集场所疏散通道和外窗整治，强制拆除障碍物990处，临时查封19家，警告10人，立案处罚25处，行政处罚21.865万元。加强问责问效，建立“六查”倒查机制，制定《中卫市安全生产责任落实干部“究、调”机制（试行）》，共处理追责问责干部79人。加强警示曝光，公布曝光重点行业领域典型案例22起，其中国家部委媒体采纳曝光4起。开展“利剑出击 隐患曝光”行动50次，曝光隐患22条，专栏曝光单位10家。

【重大安全隐患专项整治】 2023年，中卫市建立健全安全生产事故预警、事故通报、约谈、挂牌督办、转办督办五项工作机制，组织专题学习国务院安委会安全生产“十五条硬措施”25次，排查整治重大隐患148处，公布典型执法案例4个。强化安全监管执法，责令停产停业38家，临时查封23家，警告19人，立案处罚50起，累计罚款401.455万元；追究刑事责任8人，党纪政纪处分13人，行政处罚单位10家、个人14人，罚款358.7万元。

【重点行业领域排查整治】 2023年，中卫市开展“九小”等场所专项整治。建立市、县、乡、村（社区）四级联动的工作机体系，形成指导检查、督查、会商调度等工作机制，累计检查各类“九小”场所22733家，排查整改问题隐患25970处。全市整治室内消火栓无水732处，增设二楼逃生窗1678处，责令“三停”17家，临时查封7家，强制拆除429处。开展安全评价机构执业行为专项整治。制定《安全评价机构执业行为专项整治工作台账》，工作计划、抽查计划、任务清单、检查清单，抽查安全评价报告46个，发现问题线索68项，采用简易程序对8家安全评价机构给予罚款，共计罚款3.19万元；向外省安全评价机构许可部门发送移交函7份。开展工贸领域安全生产专项排查整治行动，检查冶金工贸企业67家次，整治一般问题隐患123条，督促企业对自查自纠26条重大事故隐患进行整改销号，对3家冶炼企业进行当场处罚，罚款5800元。开展矿山安全生产专项排查整治。深入宣传贯彻《中共中央办公厅 国务院办公厅〈关于进一步加强矿山安全生产工作的意见〉》，检查矿山企业122家次，整治一般隐患问题209条。对检查出的隐患问题整改不到位的3家企业进行当场处罚，对1家矿山企业进行立案查处，共计罚款14.59万元，责令停产整顿企业1家。开展危险化学品领域专项排查整治。加大对重大危险源安全风险防控，采取“企业自查”“异地交叉”方式对全市23家重大危险源企业开展安全检查，自查检查发现隐患问题212项。对6家企业进行立案，给予罚款共计34.69万元。

【自然灾害综合防治和应急救援能力提升】 2023年，中卫市加强自然灾害综合防治工作，制定《应急救援联络会商制度》《应急管理预警信息发布制度》等，定期召开防灾减灾会议，针对防火期、汛期等重点时段开展灾害风险研判会商，做到灾害应急管理统分结合、灾害信息共享、区域应急协同联动、灾害预警和应急响应联动。成立中卫市气象灾害防御与人工影响天气指挥部，由应急、水务、自然资源、公安、消防等38家成员单位组成，按照职责分工开展行业领域气象灾害防范。指导帮助沙坡头区做好“全国综合减灾示范县”创建工作，应急、气象、地震、消防等部门人员检查沙坡头区全国综合减灾示范县创建工作中存在问题，反馈并督促沙坡头区整改，通过国家减灾委初步验收。承办自治区“应急先锋2023”抗震救灾军地联合应急演练。完成支援甘肃青海地震灾区1800套活动板房转运安装任务。加快推进全国应急预案试点建设工作，着力构建“1+75+10+N”应急预案体系。推进自然灾害综合防治，建立“市—县—乡—村”四级灾害信息员队伍，建成国家基本气象站2个，国家、省级气象观测站79套，发布预警信息50余次。

（冯忠兵）

·消防救援·

【概况】 中卫市消防救援支队下辖沙坡头区消防

救援大队、中宁县消防救援大队、海原县消防救援大队、工业园区消防救援大队、海兴开发区消防救援大队5个大队，东园消防救援站、正大路消防救援站、海城消防救援站、沙坡头消防救援站、文昌特勤消防救援站和迎水桥消防救援站6个消防救援站，海兴开发区政府专职消防救援站、蔡桥路政府专职消防救援站、石空政府专职消防救援站、水上政府专职消防救援站4个政府专职消防救援站。支队有压缩空气泡沫车、60米云梯消防车、化学事故洗消消防车、地震救援器材运输车、水陆两栖救援车等各类消防车。配有防蜂服、防静电服、隔热服、降温背心、阻燃毛衣等个人特种防护类装备和有毒、可燃气体探测仪、水质分析仪、电子气象仪、漏电探测仪、生命测探仪、救生气垫等抢险救援专业侦检器材。配置潜水装具、水下成像仪、冲锋舟、橡皮艇等水域救援装备的水域专业力量。2023年，全市消防救援队伍共受理警情1815次，出动车辆2952辆次，出动指战员1.75万人次，抢救疏散人员520人，抢救和保护财产价值906.51万元。扑救各类火灾1148起，成功处置“2·21”天元锰业脱硫塔火灾、“5·6”紫光天化蛋氨酸厂房火灾、“8·8”福银高速车辆事故等一系列急难险重任务。

【消防工作责任】 消防安全工作被纳入市委、市政府领导干部2023年度安全生产重点工作职责清单。政府常务会议率先学习《宁夏回族自治区农村消防安全管理办法》，研究具体贯彻落实意见。以务实举措推动自治区党委十三届四次全会精神及“1+37+8”系列文件落实落地，提请政府拨付2500余万元解决部分商业网点和室外消防栓无水问题，全面推动救援窗口改造、仿古格栅清除。以市消安委会名义印发《2023年度消防工作重点任务清单》，与各县（区）签订年度消防目标责任书，定期通报行业领域火灾情况，向行业部门发出消防安全工作提示函。制定“1+37+8”消防专项整治行动“一台账三清单”，细化工作任务191项，常态化派员40余人次参加市委“四防”督导，督促落实整改，259条问题全部整改到位。

【消防安全治理】 2023年，中卫市消防支队联合行业部门大力开展行业消防安全标准化建设，组织召开医疗、高层公共建筑、养老机构等约谈培训会，累计约谈社会单位800余家。采取“监督员+专家”模式对全市36家高层公共建筑进行专家示范教学培训式检查。建成全区首个支队级火灾调查技术中心、移动消防科普体验馆、“消防专列”消防科普教育实训基地。开展“护春耕 勿烧荒”“百名记者学消防”等集中宣传活动120余场次、“周五有约”消防志愿服务活动60余次。邀请党的二十大代表姬秀花、网络达人“枸杞大叔”等9名公众人物参与“消防公益说”“网络达人共创”等线上宣传活动。2023年，支、大队两级消防部门共检查社会单位5947家次，督促整改火灾隐患3282处，完成重要节假日和自治区第十六届运动会、2023云天大会、第十三届丝绸之路大漠黄河国际文化旅游节等重大活动消防安保任务。

【执勤备战工作】 2023年，中卫市消防支队组织开展全市消防救援队伍第五届“火焰蓝杯”体能对抗赛，举办全市多种形式消防救援队伍岗位练兵考核暨灭火救援实战化比武竞赛活动。建立高层建筑、化工场所、森林草原火灾扑救和游泳、山岳救援实训基地，支队化工灭火救援编队、地震救援专业队高质量通过宁夏消防救援总队测评。配齐配强互联网、应急指挥网、自组网“三网”通信装备和现场联合作战关键应急通信装备，组建无人机飞行编队，完成对部分消防安全重点单位、重点区域的无人机建模和测绘。2023年，全市消防救援队伍共开展熟悉演练1150余场次，修订完善各类灭火救援预案520余份，配合完成自治区“应急先锋·2023”军地联合地震应急演练工作。

【装备基础建设】 2023年，中卫市消防支队合理优化装备结构，依据灭火救援专业队建设标准，全年共为基层消防救援队站调拨、配发消防车22辆、器材装备4170件（套），在编消防队站装备达标率超过95%。中卫市“十四五”消防事业发展规划明确全市需建设消防站7个，建成4个，开工建设1个。支队培训基地综合训练馆和战勤保障库消防车库2个建设项目提前开工建设。按照便携式宿营、饮食、医疗、供电、模块化储运装备编配，全力提升阵地、营地战勤保障能力。修订完善战勤保障预案15份，圆满完成全区地震救援专业队能力测评暨实战拉动演练战勤保障任务。

（王凯敏）

统计调查

【主题教育】 2023年，国家统计局中卫调查队紧跟上级要求，坚持步调一致。召开专题会议传达学习部署主题教育工作，党组书记带头领学促学，讲专题党课，班子成员坚持学在先，走在前，以实际行动做好示范。制定实施方案和学习计划，明确时间表和任务书，细化任务，硬化措施，确保有序推进。紧扣主题主线，坚持学深悟透。通过“深学+研学+督学”模式，围绕必读书目，开展交流研讨，依托本地红色资源，沿着总书记足迹，开展革命传统教育，领导班子通过个别访谈、现场提问、一对一谈话了解学习情况，推动主题教育走深走实。紧贴工作实际，坚持深入调研。聚焦突出问题，确定针对性强的调研课题，通过深入一线，听民意、察实情、定措施，形成调研报告。定期开展调研成果交流，推动调研成果转化。紧抓检视问题，坚持深挖细究。采取个别谈话、召开座谈会、设立意见箱、发放意见征求表等方式，广泛征集干部职工意见建议。召开专题会，班子成员着重从思想、政治、作风、能力、廉政5个方面进行认真剖析，进一步明确整改方向。紧推整改整治，坚持真抓整改。坚持把“改”字贯穿主题教育始终，梳理突出问题，确定整改措施，明确责任目标。通过建立以业绩为导向的考核机制、制定科室例会、专题推进会机制、规范公文处理流程、强化群团建设等一系列措施，推动整改落实到位。

（王　鹏）

【统计法治建设】　2023年，国家统计局中卫调查队坚持以学法树牢统计法治意识。专题学习习近平总书记关于统计工作的重要论述和宁夏调查总队专项治理行动推进方案，专题学习贯彻《领导干部干预统计工作记录报告制度》。成立专项治理行动工作领导小组，分管领导全程指导业务自查，纪检组跟踪督导，制定整改措施，立行立改、边查边改，确保专项治理行动取得实效。坚持以崇法守好统计法治底线。坚持党组会例行学法、党组理论学习中心组定期学法，制定法治工作要点和执法检查计划，做好相关记录台账的报送工作。严格执行数据质量审核评估管理办法，确保过程科学严谨、公正透明、统一规范，有效防范廉政风险和数字腐败。持以普法营造防惩统计造假良好氛围。围绕《统计法》颁布40周年，结合“9·20”统计开放日、“12·4”国家宪法日和“12·8”《统计法》颁布纪念日，开展进党校、入企业、到乡村、访群众、宪法宣誓等系列活动，党组书记在《中卫日报》刊发统计法治署名文章，分管领导为中卫市直机关科级以下党员干部培训班讲授统计法专题课；深入企业和社区通过挂横幅、立展板、开展扫码有奖知识竞答活动，营造浓厚的普法氛围。坚持执法提高统计公信力。抽选工业生产者价格和采购经理调查企业开展统计执法检查，责令1家企业限期整改，有效排查存在的问题和风险隐患。

【统计调查服务】　2023年，国家统计局中卫调查队统计工作职能发挥调查队“轻骑兵”优势，搜集整理热点、重点问题，通过翔实的调研数据和系统分析，为党政领导把脉经济社会状况提供决策依据。结合经济运行中重点难点热点问题，利用已掌握的数据资源，紧密围绕国家、自治区政府、市委、市政府的重大决策部署，紧扣中卫市和沙坡头区两级政府领导关注的热点问题，通过实地调研、电话访谈、问卷调查等方式开展快速调查，撰写统计分析信息。坚持“对症下药”，强化培训力度，提高调查员分析能力。成立信息工作小组，定期举办统计分析撰写和调查技巧微讲堂，通过工作群点赞和队务会通报的形式晒出完成情况和亮点做法，激励干部职工撰写高质量稿件。目标更加精准，坚持“减量提质”。全年总队工作信息网采用动态139篇，同比增长51%；采用各类调查信息396篇，同比增长21%；中卫市人民政府网站采用调查资料16篇次。高层次采用方面，国家统计局工作信息网采用56篇，同比增长47%；中国信息报采用37篇，同比增长6.2倍，其中：《如何做好耕地流转调查》被中国信息报社评选为2023年度调查总队新闻宣传机构好新闻“三等奖”；调查专报被地方党政主要领导批示17篇次；微信公众号推送文章11篇次，其中2篇被宁夏调查采用。

（雍　正）

【城乡居民可支配收入】　2023年，中卫市城乡居民人均可支配收入22034.4元，同比增加1621.3元，增长7.9%。其中，城镇居民人均可支配收入为36138元，同比增加2047.2元，增长6.0%；农村居民人均可支配收入为15566.3元，同比增长1168.6元，增长8.1%。中卫市城乡居民人均工资性收入13332.8元，同比增长7.1%。其中城镇居民工资性收入37034.3元，同比增长3.5%；农村居民工资性收入7049.2元，同比增长9.6%。中卫市城乡居民人均家庭经营净收入5110.9元，同比增长10.1%。其中，城镇居民经营净收入3664.3元，同比增长28.5%；农村居民经营净收入5774.3元，同比增长6.4%。中卫市城乡居民人均财产净收入437.1元，同比增长2.8%。其中，城镇居民人均财产净收入954.3元，同比增长1.0%，农村居民人均财产净收入199.9元，同比增长1.5%。中卫市城乡居民人均转移净收入3153.6元，同比增长8.6%。其中城镇居民人均转移净收入4485.1元，同比增长7.4%，农村居民人均2542.9元，同比增长8.5%。

（王汗清）

【粮食面积产量】　2023年，中卫市粮食播种面积191.45万亩，同比增长0.03%。其中夏粮面积15.92万亩，同比下降10.70%，秋粮175.53万亩，同比增长1.10%。沙坡头区粮食播种面积27.58万亩，同比下降0.3%；中宁县粮食播种面积53.80万亩，同比增长0.2%；海原县粮食播种面积110.07万亩，同比持平略增。分品种看：小麦播种面积15.12万亩，同比下降11.4%；水稻播种面积2.58万亩，同比下降45.1%；玉米播种面积102.26万亩，同比增长5.8%；豆类播种面积8.87万亩，同比增长0.6%；其他谷物34.23万亩，同比增长1.8%；马铃薯28.40万亩，同比下降7.0%。粮食总产量69.4万吨，同比增长0.8%。其中夏粮总产3.40万吨，同比增长12.0%；秋粮65.99万吨，同比增长0.3%。市辖两县一区粮食总产均实现增长，其中沙坡头区粮食总产15.79万吨，同比增长1.3%；中宁县粮食总产30.17万吨，同比增长0.5%；海原县粮食总产23.44万吨，同比增长0.9%。分作物品种看：小麦3.34万吨，同比增长11.9%；水稻1.54万吨，同比下降45.0%；玉米55.45万吨，同比增长4.4%；马铃薯5.68万吨，同比下降11.4%。粮食单产水平呈现夏增秋减态势，受夏粮增产拉动和高产作物比重增加共同影响，全年粮食综合单产达到362公斤/亩，同比增长0.8%。其中夏粮综合单产214公斤/亩，同比增长25.3%；秋粮综合单产376公斤/亩，同比下降0.8%。市辖两县一区粮食综合单产均呈现增长态势，其中沙坡头区粮食综合单产572公斤/亩，同比增长1.6%；中宁县粮食综合单产561公斤/亩，同比增长0.3%；海原县粮食综合单产213公斤/亩，同比增长0.9%。从主要作物品种来看：小麦单产221公斤/亩，同比增长26.3%；水稻单产596公斤/亩，同比增长0.2%；玉米单产542公斤/亩，同比下降1.3%；豆类单产87公斤/亩，同比下降4.7%；其他谷物单产76公斤/亩，同比下降6.3%；马铃薯（折粮）单产200公斤/亩，同比下降4.7%。

（朱 昊）

【主要畜禽监测】 2023年，中卫市主要畜种存栏稳定，肉蛋奶供应充足，其中猪、牛、羊、禽肉产量8.35万吨，同比增长10.41%；禽蛋产量3.75万吨，同比下降2.55%；生牛奶产量59.57万吨，同比增长23.74%。2023年，中卫市生猪存栏33.6万头，同比增长4.6%，其中，能繁母猪2.9万头，同比下降14.4%；共出栏生猪41.8万头，同比下降4.4%；全年各季度生猪毛重价格每公斤分别为15.54元、14.05元、15.70元、15.51元。生猪育肥成本每公斤约16元，与上年生猪价格先低后高。2023年，中卫市牛存栏38.0万头，同比增长5.0%，其中，肉牛存栏23.8万头，同比增长1.5%；共出栏牛13.2万头，同比增长20.6%。2023年肉牛毛重价格每公斤在28元～31元范围波动，整体价格略低于上年。2023年，中卫市奶牛存栏14.2万头，同比增长11.5%。全年各季度生牛奶收购价格每公斤分别为3.77元、3.51元、3.38元、3.10元。2023年，中卫市羊存栏117.9万只，同比下降5.7%，共出栏羊123.1万只，同比增长28.8%。2023年，中卫市家禽存笼385.7万羽，同比下降10.0%，其中蛋鸡存笼346.4万羽，同比下降7.3%；家禽共出笼255.9万羽，同比增长12.6%。全年各季度鸡蛋平均价格每公斤分别为9.53元、9.39元、9.77元、9.68元。

（朱 元）

【居民消费价格】 2023年，中卫市居民消费价格总指数（CPI）上涨0.6%，涨幅较上年同期收窄1.5个百分点。其中，食品价格上涨0.3%，非食品价格上涨0.6%；服务项目价格上涨1.1%，工业品价格下降0.1%。扣除食品和能源价格的核心CPI上涨1.1%，涨幅保持基本稳定。从环比看，月度间环比价格指数较为平缓，变动幅度在-0.8～0.7之间，波动跨度1.5个百分点；从同比看，月度同比价格涨幅在-0.4%～1.9%之间，波动跨度2.3个百分点；从分类项目看，八大类商品及服务价格呈“五涨三降”运行态势，其中，其他用品及服务、教育文化娱乐、医疗保健、食品烟酒、衣着价格分别上涨5.0%、2.2%、1.1%、0.9%和0.7%，交通通信、生活用品及服务、居住价格分别下降1.5%、0.2%和0.1%；分区域看，中卫市居民消费价格总水平累计上涨0.6%，高于全国和全区平均物价水平0.4和0.2个百分点，CPI涨幅与银川市并列居于第一位。主要商品和服务项目价格变动特点：食品价格低位运行，中卫市食品价格累计上涨0.3%，涨幅较上年同期回落0.8个百分点，拉动CPI上涨约0.05个百分点。非食品价格小幅上涨0.6%，涨幅较上年同期回落1.7个百分点，拉动CPI上涨约0.53个百分点。其中工业品价格小幅下降0.1%，拉动CPI下降约0.03个百分点。服务价格小幅上涨1.1%，拉动CPI上涨约0.36个百分点。

（刘晓东）

人物与荣誉

个人荣誉

全国退役军人服务站“百名优秀站长”潘玉婷　女，1988年5月出生，中共党员，现任滨河镇槐树北巷社区退役军人服务站站长。潘玉婷始终把退役军人的获得感和幸福感作为衡量工作的标准，创新退役军人服务模式，用心用情用力做好基层退役军人服务保障各项工作。创新工作思路，坚持把发挥退役军人模范作用与志愿服务工作相结合，把退役军人“请进来”组队伍，让退役军人“走出去”做服务，发动社区退役军人骨干组建“槐北老兵”志愿服务队，开展文明城市创建、反诈宣传等志愿服务活动50余次。熟悉掌握辖区238名退役军人具体情况，经常与辖区退役军人面对面、零距离地交流谈心，详细询问他们的身体情况、工作和生活现状，认真倾听困难诉求，对症下药帮忙解决。2023年，慰问优抚对象及困难退役军人25户，发放慰问资金2.15万元，解决退役军人实际困难100余件。2023年，潘玉婷被退役军人事务部授予全国退役军人服务站“百名优秀站长”荣誉称号。

全国爱国卫生运动70周年先进个人李姣姣　女，1987年6月出生，大学本科学历，现任中卫市健康教育所所长、中卫市爱国卫生运动委员会办公室负责人、中卫市卫生健康委健康促进科负责人。李姣姣在国家卫生城市创建期间筹办多次领导小组会议，解决重点难点问题，确保中卫创卫工作安排部署及时到位。最终中卫市通过自治区及国家的暗访和技术评估，成功创建为国家卫生城市。2021年李姣姣全面统筹中卫市健康宁夏建设考核，中卫市获自治区二等奖，奖励资金40万元。全民健康水平提升行动考核中中卫市获自治区第二名。2023年，李姣姣被全国爱国卫生运动委员会授予“全国爱国卫生运动70周年先进个人”荣誉称号。

打击“洗洞”盗采金矿专项整治行动表现突出个人蔡永慧　女，现任中卫市自然资源综合行政执法支队支队长。蔡永慧在“洗洞”盗采金矿专项整治行动全面排查阶段，调阅大量档案材料，多次深入实地勘查，认真反复核实，督促指导各县区全面排查“洗洞”盗采金矿矿点、矿区，为全市金矿摸排工作摸清底数奠定基础。在集中整治阶段，先后多次到中卫市沙坡头区金场子矿区与海原县马场沟—柳沟矿区实地督导调研，指出两矿区存在的问题，提出整改建议，并邀请自治区专家现场指导进行整改。在总结验收阶段，提前做好组织动员工作，多次联系市“洗洞”盗采金矿专项整治行动联席会议成员单位，对沙坡头区与海原县金矿问题整改情况督导验收，顺利通过自治区验收。通过验收后，及时总结经验，融会沙坡头区、海原县在该次专项整治工作中的好经验好办法，建立健全全市“洗洞”盗采金矿长效监管机制，杜绝“洗洞”盗采行为的发生。2023年，蔡永慧被自然资源部、生态环境部等授予打击“洗洞”盗采金矿专项整治行动表现突出个人荣誉称号。

2022年度全国法院办案标兵曾美静　女，1989年2月出生，中共党员，大学本科学历，现任中卫市沙坡头区人民法院立案庭（诉讼服务中心）庭长、审判委员会委员、一级法官。曾美静自参加工作以来，始终奋战在司法审判第一线，将执法办案作为第一要务，务实高效，敢于创新。截至2023年，累计办结包括合同、侵权、婚姻家庭等各类民事纠纷2300余件，年均办案数量超400件，办理案件结案数在全市基层法院中位列第一，且发改率全院最低，做到判决率、上诉率双降和结案数、结案率双升。“爱岗敬业，积极攀登”是曾美静作为一名法院人对自己工作的要求。曾美静先后被评为沙坡头区人民法院“办案标兵”、优秀共产党员，被中卫市中级人民法院授予个人三等功，被沙坡头区委组织部评为优秀公务员，授予个人三等功；被自治区高级人民法院评为全区法院先进个人，2023年被最高人民法院年评为2022年度全国法院办案标兵。

2022年打击治理洗钱违法犯罪工作成绩突出个人王静 女，1982年6月出生，中共党员，大学本科学历，现任中卫市沙坡头区人民法院刑事审判庭庭长、审判委员会委员、一级法官。王静作为一名法院人，履行司法职责，仔细审查证据材料，积极调查取证，依法审结多起洗钱犯罪案件。在办案过程中，王静主动参与侦查机关、检察机关和有关银行之间的联系和配合，将“追缴赃款、挽回损失”列为案件的重点，贯穿于整个案件审理、处理的全过程。严格把好案件事实关、证据关、程序关和法律适用关，努力使所办案件做到事实清楚、证据确凿、定性准确、量刑适当。强化与有关部门之间的协作配合，准确地甄别、审查、认定涉案财产，做到应追尽追、应赔尽赔，坚决防止犯罪分子隐匿、抽逃、转移财产，将涉案财物的清运、财产变现、资金归集、清退等工作做好，尽可能地为受害群众挽回经济损失，展现出新时代法官的优良精神面貌。2023年，王静被最高人民法院、最高人民检察院等多家单位评为2022年打击治理洗钱违法犯罪工作成绩突出个人。

人民法院党建工作先进个人马志强 男，1977年3月出生，中共党员，现任中卫市沙坡头区人民法院党组成员、政治部主任、一级主任科员。2008年以来长期负责院党支部各项工作，工作中突出抓好干警教育。通过党组理论学习中心组学习、“政法大讲堂”等平台，以政治教育活动、政治理论学习等四项内容为抓手，提升党员、干警的政治理论素养和业务水平。严格规范组织生活。积极配合党支部书记落实党建工作责任，推进支部规范化建设，丰富党建活动形式，积极做好发展党员工作。积极打造党建品牌。坚持守正创新，立足法院工作实际，打造“忠诚为民、公正司法”的党建服务品牌，成立“妇女儿童维权党员先锋队”等四个党员先锋队。不断加强自身建设。注重提升自身政治修养和业务能力，担当作为，清正廉洁，不断自我完善、自我提高。2021年，马志强被中卫市委评为优秀党务工作者，2023年，被最高人民法院评为人民法院党建工作先进个人。

2022年度专家提名助残新闻人物马永庆 男，1984年10月参军入伍。在部队因吃苦耐劳，军事素质过硬，多次受到嘉奖。1985年12月赴老山地区参战，1987年1月5日在作战中不幸被炸断左腿，为了不暴露行动计划、保护战友，他强忍剧烈疼痛爬回战壕。荣立二等功。1989年底退役返乡后，马永庆放弃政府安排的工作决定创业。从摆地摊干起，后又成立水果种植专业合作社，整理开发荒地1200亩，带动40多名退役军人、残疾人就业，为困难群众捐款捐物数万元，资助2名家庭困难的学生完成学业。2005年，马永庆被推选为中卫市残疾人创业协会会长。退役后，马永庆经常深入机关、乡村、部队、校园进行红色宣讲。2021年，沙坡头区成立“老兵红色宣讲团”，马永庆第一时间报名参加。2022年7月，他被自治区退役军人事务厅聘请为“宁夏老兵宣讲团”成员。马永庆践行着新时代退役军人的初心和使命。近年来，马永庆先后荣获“中卫市自强模范先进个人”“自治区自强模范”“自治区优秀退役军人”“全国优秀复员退伍军人”等荣誉。2023年，荣获专家提名2022年度助残新闻人物称号。

集体荣誉

中卫市紧密型医疗集团建设试点城市 中卫市整合医疗资源创新管理机制，制定《中卫市城市医疗集团“五大中心”建设指引》，细化“五大中心”运行方案，由中卫市人民医院牵头，成立集团总院党委，集团总院下设集团总院办公室、人力资源、医防管理、运营管理、信息统计、物资供给中心等部门和单位，各成员单位根据实际情况和工作职责，牵头成立“五大中心”，出台《中卫市紧密型城市医疗集团总院干部选拔任用管理办法（试行）》。资源共享打造运行新模式，整合扩容专业人才队伍，下沉优质医疗资源，打造智能煎配送中心、区域消毒供应中心、区域检验中心，运用信息化手段整合区域医疗资源，实现资源共享。多元融合构建就医新格局，通过远程转诊系统下转基层医疗机构康复治疗患者2098例，基层上转二级以上医疗机构诊治患者240例，向沙坡头区外三甲医院转诊890例，提供远程影像诊断服务18608例、远程心电诊断服务10786例，基层首诊、双向转诊、急慢分治、分级诊疗就医新格局基本形成。2023年，国家卫生健康委、发展改革委、财政部等6部门联合印发《紧密型医疗集团试点名单》，中卫市位列其中。

2020—2021年度全国平安医院建设工作表现突出集体中卫市中医院 中卫市中医院不断推进"平安医院"保障能力建设，将强化自身医疗安全质量作为重要前提，建成国家级重点中医专科2个、自治区级重点中医专科6个、市级重点中医专科5个，创建名医工作室6个。深化"平安医院"创建专项整治，将平安医院工作纳入年度科室效能目标考核指标体系，与科室责任人签订《安全生产目标责任书》，与业务工作同部署、同检查、同考核。加强"平安医院"创建联动，建立健全医患纠纷预防和情况研判科室协作联动机制，定期排查，利用医疗风险追溯机制，预防医疗纠纷发生。与中卫市消防大队建立消防安全协作联动机制，定期组织演练培训。2023年，国家卫生健康委员会、中央政法委等联合发布"2020—2021年度全国平安医院建设工作表现突出地区、集体和个人通报"表扬名单，中卫市中医院位列其中。

全国三八红旗集体中卫市疾病预防控制中心 中卫市疾病预防控制中心是一支女性职工占比超69%的"巾帼"团队，承担着疾病预防控制、突发公共卫生事件应急等工作。近年来，面对严峻复杂的疫情防控形势，中卫市疾病预防控制中心坚守责任、冲锋在前，着力破解疫情防控工作中的难题。中卫市疾病预防控制中心先后获"甘宁两省(区)鼠疫联防工作先进集体""自治区文明单位"等荣誉称号，2023年，中卫市疾病预防控制中心被授予"全国三八红旗集体"称号。

打击"洗洞"盗采金矿专项整治行动表现突出单位中卫市自然资源局 中卫市自然资源局在全市开展打击"洗洞"盗采金矿专项整治行动以来，先后4次召开党组会议进行研究，以重点工作推进专项整治行动落实。印发《关于开展打击"洗洞"盗采金矿专项整治行动工作的通知》，建立中卫市打击"洗洞"盗采金矿专项整治行动联席会议制度，定期召开市级联席会议，分析研判形势、研究解决问题、细化工作措施，横向掌握各部门、各行业工作推进情况，纵向推动各县(区)工作落实，形成多方合力、齐抓共管的工作步调。分行业、分领域、分区域开展现存、历史遗留等金矿"拉网式""地毯式"摸排，对摸排成果审核汇总，形成沙坡头区、海原县22个金矿矿洞摸排数据。延伸摸排122个铜矿矿洞、105个古生物化石矿洞。在整治验收阶段，市自然资源局多次深入一线靠前指挥督导检查，多次召开党组会议研究部署整治整改与验收工作，邀请自治区专家对县(区)一级提交的恢复整治方案进行评估审核，确保整治整改工作顺利施行。建立和完善针对"洗洞"盗采金矿的长效监管机制，持续发挥联席会议制度优势，坚持全环节管控，全流程监管，形成沟通合作和联动机制，发挥"人防+技防"的监管优势，全面营造打击盗采金矿资源群防群治社会氛围。2023年，中卫市自然资源局被自然资源部、生态环境部等评为打击"洗洞"盗采金矿专项整治行动表现突出单位。

人民法院督察工作先进集体中卫市中级人民法院督察室 中卫市中级人民法院督查室坚持以习近平新时代中国特色社会主义思想为指导，深入贯彻习近平法治思想，认真贯彻落实习近平总书记关于全面从严治党重要论述和党中央决策部署，紧紧围绕"公正与效率"工作主题,大力加强人民法院督察工作，开展审务督察、司法巡查、法官惩戒,狠抓防止干预司法"三个规定"落实，认真接收处理群众投诉举报，不断提升司法公信力。以开展主题教育、政法队伍教育整顿、巡察反馈问题整改为契机，精心谋划、科学统筹，推进党风廉政建设和反腐败工作，为推动中卫法院高质量发展提供坚强的纪律保证。2023年，中卫市中级人民法院督查室被最高人民法院评为人民法院督察工作先进集体。

全国维护妇女儿童权益先进集体中宁县人民法院综合审判庭 中宁县人民法院综合审判庭发挥团队优势，以家事审判切题，既重视发挥法律的规范作用，又重视发挥道德的教化作用，实现案件审理与家庭文明建设有机融合，构建"德法共治"新局面。整合审判资源。组建以"法官+法官助理+书记员+调解员"为主体的"1+1+1+N"家事审判团队，秉持"调解优先、调审分离"的理念，实施案件繁简分流，简案诉前调解，家事案件全部实现诉前调解后再行立案，全员参与诉前调解和诉中审理工作，推动家事审判与诉源治理融合发展。启动心理干预。邀请婚姻家庭咨询师、儿童心理咨询师介入，帮助当事人解开心结，促进矛盾纠纷实质性化解。打造更具会谈、协商氛围的圆桌式家事审判法庭，拉近当事人距离，减少庭审对抗。在案例警示教育室，通过声、光、影的浸入式感受，唤起当事人的甜蜜过往，挽回一桩桩分崩离析的婚姻。构建解纷合力。完善家事审判多元化纠纷解决机制，强化与公安、民政、妇联、调解协会等部门协作配合，通过多主体参与、多资源利用、多手段处理家事纠纷，每年化解婚姻纠纷案件300件以上。2023年中宁县人民法院综合审判庭被最高人民法院评为全国维护妇女儿童权益先进集体。

人物名录

荣誉级别	姓　名	单位和职务	获奖名称
国家级	张翠艳	中卫市科技特派员	最美家庭
	白山丹	海原县人民检察院第一检察部主任	
	蒋　利	中卫市沙坡头区农业技术推广服务中心	全国农业农村系统先进个人
	郭　洁	中宁县农业农村局	
	潘玉婷	沙坡头区滨河镇槐树北巷社区退役军人服务站站长	全国退役军人服务站“百名优秀站长”
	刘雪梅	中卫市人民检察院四级高级检察官	全国检察机关个人一等功
	曹　莉	中卫市鑫沙建设有限公司	2023年度乡村文化和旅游带头人支持项目入选人员
	冯永新	沙坡头区迎水桥镇何滩村党支部	
	姬秀花	中宁县大战场镇东盛村志愿服务队志愿者	最美志愿者
	袁达昌	中卫监狱二监区监区长	全国监狱先进个人
	蒋永芬	中卫市妇联干部	全国巾帼建功标兵
	齐鲁宁	民进中卫市委会秘书长	民进全国宣传思想工作先进个人
	张　蓓	民进中宁县委会秘书长、中宁县疾控中心检验科科长	卫生检验操作台专利
	鲁志成	中卫市劳动保障监察支队支队长	和谐劳动关系创建工作先进个人
	孙艳萍	中卫市科技局农村与社会发展科技科副科长	科普工作先进工作者
	李姣姣	中卫市健康教育所所长	爱国卫生运动70周年先进个人
	王俊艳	中宁县人民检察院党组成员、副检察长	2022年打击治理洗钱违法犯罪工作成绩突出个人
	寇明洲	沙坡头区人民检察院第三检察部主任	第一届全国检察机关行政检察业务竞赛业务能手
	李　哲	中卫市工信局网络安全监管协调科科长	2023年国家网络安全宣传周活动表现突出个人
	蔡永慧	中卫市自然资源综合行政执法支队支队长	打击“洗洞”盗采金矿专项整治行动表现突出个人
	郭　红	中卫市委保密办副主任、保密科科长、四级调研员	全国保密工作先进工作者
	汪淑玲	中卫市劳动人事争议人民调解委员会调解员	全国模范人民调解员
	王　蕊	中卫市沙坡头区宣和镇人民调解委员会调解员	
	姬秀花	中宁县大战场镇东盛村人民调解委员会调解员	
	陈红霞	中卫市沙坡头区宣和镇党委委员、副镇长	维护妇女儿童权益先进个人
自治区级	王　莎	中卫市人民检察院	青少年普法教育工作表现突出辅导员
	王俊艳	中宁县人民检察院	青少年普法教育工作表现突出工作者
	马晓娥	中卫市关工委	
	于建涛	中共海原县委政法委	
	魏　敏	中卫市沙坡头区教育局	

续表

荣誉级别	姓　名	单位和职务	获奖名称
自治区级	张丽萍	中共海原县委宣传部	
	段永军	中卫市沙坡头区教育局	青少年普法教育工作表现突出工作者
	曹　鹏	海原县第二小学	
	袁志国	中卫市沙坡头区教育局	
	田玉萍	海原县关工委	
	王永霞	中卫市第四中学	
	马迎梅	中卫市第十一小学	
	刘剑华	中宁县司法局	
	康晓伟	中共海原县委组织部	
	马东卂	海原县教体局	
	马彦龙	海原县就创局	
	罗永锋	海原县公安局	
	马凯强	海原县就创局	
	邹媛媛	沙坡头区委统战部副部长	民族团结进步模范个人
	段永军	沙坡头区教育局局长	
	黄振全	沙坡头区宣和镇党委书记	
	杨生宝	沙坡头区迎水桥镇鸣沙村党支部书记、村委会主任	
	黄　莉	沙坡头区滨河镇新墩花园社区党支部书记、居委会主任	
	孙建国	中宁县委统战部副部长	
	金万忠	中宁县新堡镇经济联合社理事长	
	刘明星	中宁县第九小学党支部书记、校长	
	高贵武	玺赞庄园枸杞有限公司党支部书记、总经理	
	罗成军	海原县三河镇富陵村党支部书记、村委会主任	
	罗　成	海原县海城街道黎明社区党支部书记、居委会主任	
	罗伟强	海原县职业技术学校党支部副书记、校长	
	马　震	中卫市委统战部副部长、民族宗教事务局局长	
	白卫东	中卫市财政局副局长	
	杨富国	中旅(宁夏)沙坡头旅游景区有限公司总经理助理兼工会主席	
	何正旺	中卫市消防救援支队海原大队党委书记、政治教导员	
	黄飞虎	中卫市委副秘书长、政研室主任	全面深化改革工作先进个人
	张银其	沙坡头区水务局法规与水资源管理办公室主任	
	徐　晓	中宁县石空镇党委书记	
	李伟保	海原县水务局副局长	
	徐为立	国网宁夏电力有限公司中卫供电公司高级技师	首届“塞上工匠”
	鲁　拯	中卫市委巡察工作信息中心副主任	驻村帮扶工作优秀驻村工作队员
	李长银	海原县高崖乡高崖村工作队员中卫市教育局专技七级	
	牛仲逸	海原县甘城乡甘城村第一书记、海原县人民检察院法警大队队长	驻村帮扶工作优秀驻村第一书记

续表

荣誉级别	姓　名	单位和职务	获奖名称
自治区级	郑建东	中宁县喊叫水乡周马庄子村第一书记、中宁县喊叫水乡杨庄子完全小学中级教师	驻村帮扶工作优秀驻村第一书记
自治区级	麦怀玉	海原县高崖乡高崖村第一书记、中卫市第六小学副高级教师	驻村帮扶工作优秀驻村第一书记
自治区级	刘保宇	中卫市纪委监委案件审理室副主任	“十佳审理人”
自治区级	高　欣	中卫市廉政教育和信息中心主任	“十佳审理人”
自治区级	刘　慧	中卫市纪委常委、监委主任	“十佳审理人”
自治区级	刘　阳	中卫市纪委监委案件审理室主任	“十佳审理人”
自治区级	马玉兰	海原县第三中学	第十批自治区特级教师
自治区级	马迎梅	中卫市第十一小学	第十批自治区特级教师
自治区级	马新平	中卫市第一中学	第十批自治区特级教师
自治区级	王月霞	中宁县第六中学	第十批自治区特级教师
自治区级	王俊生	中卫市教学研究室	第十批自治区特级教师
自治区级	尹红军	中宁县第九小学	第十批自治区特级教师
自治区级	尹学辉	中宁县第一小学	第十批自治区特级教师
自治区级	冯艳萍	海原县第一小学	第十批自治区特级教师
自治区级	邢建芳	中卫市第五中学	第十批自治区特级教师
自治区级	吕秀梅	中卫市第七小学	第十批自治区特级教师
自治区级	李玉梅	海原县高级中学	第十批自治区特级教师
自治区级	杨彦文	海原县师资培训中心教研室	第十批自治区特级教师
自治区级	周兆兰	中卫市第二中学	第十批自治区特级教师
自治区级	赵爱东	中卫市第三中学	第十批自治区特级教师
自治区级	眭莉珍	中宁县第二中学	第十批自治区特级教师
自治区级	詹晓伟	中卫市第六中学	第十批自治区特级教师
自治区级	杨永斌	中卫市委组织部人才工作科科长	督查和信息工作先进个人
自治区级	何苗苗	中卫市纪委监委三级主任科员	督查和信息工作先进个人
自治区级	田　力	中卫市政府副秘书长	督查和信息工作先进个人
自治区级	马　骁	中卫市人民检察院四级高级检察官	督查和信息工作先进个人
自治区级	马小东	沙坡头区委办公室副主任、档案局局长	督查和信息工作先进个人
自治区级	孙　晶	中宁县委办公室副主任	督查和信息工作先进个人
自治区级	马伟宝	海原县委办公室督查督办服务中心主任	督查和信息工作先进个人
自治区级	刘淑梅	中卫市妇联党组书记、主席	关心下一代工作先进个人
自治区级	王晓燕	中卫市妇联办公室主任	未成年人保护工作先进个人
自治区级	刘雪梅	中卫市人民检察院四级高级检察官	未成年人保护工作先进个人
自治区级	郭　瑶	沙坡头区人民检察院第四检察部主任	未成年人保护工作先进个人
自治区级	马志莲	海原县人民检察院第二检察部副主任	未成年人保护工作先进个人
自治区级	王　玲	中卫市市场监督管理局食品安全监管科科长	未成年人保护工作先进个人
自治区级	韩　莉	中卫市儿童福利院后勤办公室主任	未成年人保护工作先进个人

续表

荣誉级别	姓　名	单位和职务	获奖名称
自治区级	徐　敏	中卫市博慧社工服务中心副总干事	未成年人保护工作先进个人
	吴　鑫	中卫市沙坡头区民政和社会保障局干部	
	冯学渊	中卫市沙坡头区委教育工委书记、教育局党组书记	
	宋　丽	中卫市沙坡头区东园镇金沙村儿童主任	
	拓文龙	中卫市沙坡头区滨河镇综合执法办公室干部	
	张莉娟	中卫市沙坡头区文昌镇东花园社区儿童主任	
	李文军	中宁县教育体育局干部	
	马伊敏	中宁县宁安镇党委委员、副镇长	
	殷文杰	中宁县弘扬社工服务中心理事长	
	张芳芳	中宁县余丁乡民政助理员	
	徐美意	中宁县太阳梁乡白马梁村儿童主任	
	王艳玲	中宁县新堡镇吴桥村妇女儿童主任	
	徐　龙	海原县知行社会工作发展中心理事长	
	马生龙	海原县团委副书记	
	田莉梅	海原县教育体育局干部	
	马小霞	海原县史店乡史店村专职儿童主任	
	马瑞燕	海原县贾塘乡儿童督导员	
	刘文新	中卫市职业技术学校教务科科长	五一劳动奖章
	张　丽	中宁县农业技术推广服务中心主任、农艺师	
	李　鹏	宁夏锦腾炭素有限公司安环科科长，中级注册安全工程师	
	靳喜强	中卫市尚善社会工作服务中心理事长	宁夏首届“最美社工”
	穆风录	海原县蒲公英社会工作服务中心理事长	
	丁爱锐	中卫市工业和信息化局节能监察中心四级主任科员	节能工作先进个人
	李梦源	中卫市机关事务服务中心节能与房产管理科副科长	
	邢永勋	沙坡头区工业信息化和商务局干部	
	张建华	中卫工业园区管理委员会副主任	
	杨卫国	海原县发展和改革局党组书记、局长	
	王秉发	中宁县发展和改革局党组成员、副局长	
	董进越	中宁县工业和信息化局节能监察中心主任	
	杨伯仁	中宁工业园区经济发展和投资促进局局长	
	董建方	宁夏红枸杞产业有限公司酿酒高级技师	第四届“塞上技能大师”
	林永冀	中国邮政集团有限公司中卫市分公司邮递员	首届塞上江南“最美骑士”
	何　鑫	中卫市圆诺达快运有限公司快递员	
	金福荣	中国邮政集团有限公司中卫市分公司邮递员	
	冯玉方	中国邮政集团有限公司中卫市分公司邮递员	
	柳　磊	中卫市神风快运有限公司（美团）外卖骑手	
	钟艳波	中宁县诚捷申通快递有限公司快递员	

续表

荣誉级别	姓　名	单位和职务	获奖名称
自治区级	李燕宜	中宁县诚捷申通快递有限公司快递员	首届塞上江南“最美骑士”
	康小燕	宁夏奥斯特电子商务有限公司外卖骑手	
	张学锋	顺丰速运(宁夏)有限公司中宁分公司快递员	
	石　耀	顺丰速运(宁夏)有限公司中宁分公司快递员	
	马义学	中国邮政集团有限公司海原县分公司邮递员	
	张宏霞	中宁县残疾人联合会三级主任科员	第六届“人民满意的公务员”
	鲁志成	中卫市劳动保障监察支队支队长、一级主任科员	
	党晓伟	中卫市公安局沙坡头区分局经济犯罪侦查大队大队长、四级警长	
	景学杰	中卫市发展和改革委员会党组成员、副主任	
	黎恩生	海原县海城街道党工委书记	
	张艳娟	中卫市教育局教研室	第四批自治区“塞上名师”
	汪淑玲	中卫市劳动人事争议人民调解委员会主任	人力资源和社会保障工作先进个人
	万伟中	中卫市人力资源和社会保障局副局长	
	李云雁	中卫市人力资源和社会保障局社会保险科科长	
	高学红	中卫市社会保险事业管理中心副主任	
	张艳芳	中卫市就业创业和人才服务中心失业保险科科长	
	曾明红	中卫市中小微企业促进服务中心副主任	
	祁　航	沙坡头区人力资源服务中心九级职员	
	谢怡婷	沙坡头区民政和社会保障局社会救助和殡葬管理中心主任	
	卢　雪	沙坡头区柔远镇人民政府副镇长	
	李彩虹	中宁县财政局社会保障股股长	
	朱凤莲	中宁县人力资源和社会保障局副局长	
	赵　娜	中宁县审批服务管理局副局长	
	杜晓薇	中宁县新堡镇民生服务中心主任	
	白　斌	中宁县委组织部副部长、公务员局局长	
	靳伟东	中宁县教育体育局人事办主任	
	田　燕	海原县委机构编制管理办公室一级科员	
	田凤宝	海原县财政局九级职员	
	张永生	海原县人力资源和社会保障局四级主任科员	
	张琛琦	海原县劳动保障监察执法局一级科员	
	马彦龙	海原县就业创业和人才服务局四级主任科员	
	黄勤虎	海原县人民法院政治部主任	
	马晓明	海原县九彩乡人民政府四级主任科员	
	任晓彬	中卫市禾翼生态农业科技有限公司总经理	
	杜文斌	中冶美利云产业投资股份有限公司 技师	第四届自治区技术能手
	王玉洁	宁夏印象餐饮管理有限公司 高级技师	
	段正竹	中卫市高级技工学校 高级技师	

集体名录

荣誉级别	获奖集体	荣誉名称
国家级	安全生产智能管控一体化示范平台项目(宁夏瑞泰科技股份有限公司)	工业互联网试点示范
	宁夏中卫云计算基地数据中心C1楼(宁夏誉成云创数据投资有限公司申报)	2022年国家新型数据中心典型案例
	推进公共场所信用承诺告知案例	2023年度全国信用承诺特色案例奖
	沙坡头区镇罗镇(西红柿)	首批国家农业产业强镇
	中宁县舟塔乡(枸杞)	
	海原县人武部	第十批全国民族团结进步示范单位
	中卫市沙坡头区林业和草原局	防沙治沙先进集体
	中卫市公安局指挥部情报指挥中心	全国青年文明号
	推进公共场所信用承诺告知	全国信用承诺特色案例奖
	宁夏瑞泰科技股份有限公司	国家级绿色工厂
	利安隆(中卫)新材料有限公司	
	中卫市	中国民宿品牌发展先行示范区
	宁夏早康枸杞股份有限公司	首批农业高质量发展标准化示范基地(国家现代农业全产业链标准化示范基地)
	沙坡头区沙枣小院民宿	全国甲级旅游民宿
	中卫市云计算和大数据发展局	第三批节约型机关建成单位
	沙坡头区滨河镇向阳社区	最佳志愿服务社区
	中卫市海原县西安镇菜园村	第六批中国传统村落
	中卫市沙坡头区滨河镇槐树北巷社区	第六批全国"扫黄打非"进基层示范点
	中卫市沙坡头区东园镇金沙村	巩固拓展脱贫攻坚成果村级实践交流基地
	中卫市疾病预防控制中心	全国"三八"红旗集体
	中旅(宁夏)沙坡头旅游景区有限公司导游演艺部	全国巾帼文明岗
	中宁县农业农村局农业技术推广服务中心	
	国家税务总局中卫市税务局第一稽查局	全国巾帼建功先进集体
	宁夏卫安安全技术服务有限公司(中卫市防灾减灾救灾科普基地)	全国科普工作先进集体
	中卫市	2020—2021年度全国无偿献血先进市
	中卫市	81个紧密型城市医疗集团建设全国试点城市
	中卫市	健康城市建设推动健康中国行动创新模式宫颈癌和乳腺癌试点城市
	中卫市中医医院	2020—2021年度全国平安医院建设表现突出集体
	中卫市卫生健康委《推进公共场所信用承诺告知案例》	2023年度全国信用承诺特色案例
	中卫市疾病预防控制中心《某口腔诊所损伤性医疗废物未按照类别分置于专用医疗废物容器内》	2020—2022年度医疗机构传染病防治监督优秀典型案例
	中卫市疾病预防控制中心"中卫市多种形式开展肺结核防治知识健康教育活动"	中国健康教育中心校园常见呼吸道传染病防控健康教育优秀案例
	中卫市发展和改革委员会	2022—2023年度全国价格监测工作先进单位
	中卫市人民政府	"东数西算"标杆
	中卫市云计算和大数据发展局	数字经济创新案例
	中卫市云计算和大数据发展局	节约型机关
	马小平家庭	全国五好家庭

续表

荣誉级别	获奖集体	荣誉名称
国家级	海原县人民检察院田某福司法救助案	国家司法救助典型案例
	沙坡头区人民检察院刘某等生产、销售不符合安全标准的食品刑事附带民事公益诉讼案	“3·15”检察机关食品药品安全公益诉讼典型案例
	中宁县人民检察院	全国第三批节约型机关
	中宁县机关事务服务中心	
	中宁县委党校	
	中宁县审计局	
	中宁县残联	
	中宁县宁安镇	
	中宁县新堡镇	
	中宁县石空镇	
	中宁县白马乡	
	中宁县鸣沙镇	
	中宁县喊叫水乡	
	中宁县太阳梁乡	
	中宁县石空镇太平村	2023年中国美丽休闲乡村
	宁夏逸悦葡萄酒业有限公司	2023年全国休闲农业与乡村旅游四星级企业
	宁夏拓老七现代农业科技有限公司	
	国家税务总局中卫市税务局《冬去春来》	第十届亚洲微电影艺术节中国税收单元最佳作品
	中卫市自然资源局	全国自然资源信访工作业绩突出单位
	中卫市自然资源局	打击“洗洞”盗采金矿专项整治行动表现突出单位
	中卫市市场监督管理局	药品监管统计数据上报示范单位
	中卫市中宁县人民法院综合审判庭	维护妇女儿童权益先进集体
	中卫市海原县未成年人救助保护中心	
自治区级	中卫市商务局	2023国际肉类产业博览会优秀组织奖
	中卫市委宣传部	民族团结进步模范集体
	中卫市税务局	
	沙坡头区文昌镇党委	
	中卫市第九小学	
	中宁县大战场镇东盛村村委会	
	中宁县审批服务管理局	
	海原县贾塘乡党委	
	中共海原县委统战部	
	中卫市卫生健康委	全面深化改革工作先进集体
	中宁县委政研室	
	沙坡头区文昌镇双桥村	议事协商示范村(社区)
	沙坡头区滨河镇光明社区	
	中宁县余丁乡石空村	
	中宁县宁安镇黄滨村	
	中宁县宁安镇宁新社区	

续表

荣誉级别	获奖集体	荣誉名称
自治区级	海原县红羊乡杨明村	议事协商示范村(社区)
	海原县西安镇园河村	
	沙坡头区滨河镇瑞丰社区	优秀村规民约(居民公约)
	沙坡头区永康镇永丰村	
	沙坡头区东园镇谢滩村	
	中宁县石空镇丰安社区	
	中宁县太阳梁乡德盛村	
	中宁县宁安镇黄滨村	
	海原县三河镇富陵村	
	沙坡头区迎水桥镇何滩村	民主法治示范村(社区)
	沙坡头区柔远镇镇靖村	
	沙坡头区镇罗镇凯歌村	
	沙坡头区文昌镇黄湾村	
	中宁县余丁乡余丁村	
	中宁县恩和镇沙滩村	
	中宁县白马乡跃进村	
	海原县西安镇园河村	
	海原县三河镇富陵村	
	海原县海城镇高台村	
	宁夏瑞泰科技股份有限公司	创新型示范企业
	利安隆(中卫)新材料有限公司	
	中宁县	创新型县(区)建设
	中卫市科学技术局	第八届宁夏创新创业大赛最佳组织单位
	中卫市纪委监委	审理业务竞赛优秀组织奖
	中卫市委组织部	宁夏党建研究会2022年度自选调研课题一等奖
	中卫市委办公室	督查和信息工作先进集体
	沙坡头区委办公室	
	中宁县委办公室	
	海原县委办公室	
	海原县	卫生县城
	玺赞庄园枸杞有限公司	“五一”劳动奖状
	中卫市公安局情报指挥中心	工人先锋号
	华润风电(海原)有限公司西华山检修班组	
	宁夏胜金水泥有限公司	2022年度自治区节水型企业
	宁夏天元锰业集团有限公司	
	中卫市供销集团有限公司	商务工作先进集体
	中卫市中心血站	2023—2025年度区级文明单位
	中卫市发展和改革委员会	节能工作先进集体
	中卫市工业和信息化局	

续表

荣誉级别	获奖集体	荣誉名称
自治区级	中卫工业园区管委会	节能工作先进集体
	沙坡头区发展和改革局	
	中宁县发展和改革局	
	宁夏瑞泰科技股份有限公司	
	中卫市云计算和大数据发展局	2023年自治区健康机关示范点
	中卫市沙坡头区人民检察院	未成年人保护工作先进集体
	中宁县人民检察院	
	中卫市民政局	
	中卫市教育局	
	中卫市社会工作服务站	
	中卫市沙坡头区委政法委	
	中卫市沙坡头区滨河镇新墩花园社区	
	中宁县民政局	
	中宁县石空镇人民政府	
	海原县未成年人救助保护中心	
	海原县公安局	
	海原县妇女联合会	
	中卫市沙坡头区人民检察院第一检察部	打击危险废物等环境违法犯罪表现突出集体
	中卫市农业技术推广与培训中心	农业农村工作先进集体
	中卫市自然资源局	2023年度自然资源领域不动产确权登记专项工作先进单位
	中卫市住房和城乡建设局	2022年度全区安全生产工作成绩突出集体
	中卫市应急管理局	
	中卫市市场监督管理局	
	中宁县应急管理局	
	海原县卡立方智能科技有限公司	
	宁夏华御化工有限公司	
	中卫市职业技术学校	驻村帮扶工作先进单位
	中宁县教育体育局	
	中卫市工业和信息化局	
	中卫市商务局	第六届中阿博览会绿色展台奖
	中卫市委国家安全委员会办公室	“四防”工作先进集体
	中卫市青年企业家协会劳动人事争议人民调解委员会	自治区级金牌调解组织
	宁夏大学博雅书院	2023年全区青少年普法教育工作突出集体
	中卫市司法局	
	中卫市沙坡头区人民检察院	
	中宁县关工委	
	中共海原县委组织部	
	海原县关工委	

续表

荣誉级别	获奖集体	荣誉名称
自治区级	海原县教体局	2023年全区青少年普法教育工作突出集体
	海原县司法局	
	中卫市沙坡头区工业信息化和商务局	第六届“人民满意的公务员集体”
	中卫市人民检察院第五检察部	
	中卫市就业创业和人才服务中心	人力资源和社会保障工作先进集体
	中卫市社会保险事业管理中心	
	中卫市人事考试培训中心	
	沙坡头区人力资源服务中心	
	中宁县人力资源和社会保障局	
	中宁县劳动保障监察执法大队	
	海原县委组织部	
	海原县社会保险事业管理中心	
	宁夏塞上应理人力资源服务有限公司	
	宁夏金鹰保安物业服务有限公司	
市级	宁夏江元物业服务有限公司 江元隆府	中卫市“美好家园”小区
	宁夏正丰物业服务有限公司中卫市分公司 正丰香格里	
	宁夏金砖物业服务有限公司 滨河首府	
	宁夏中博安然物业服务有限公司 观河大院	
	银川众一集团物业服务有限公司中卫分公司 众一山水城	
	杨艳丽家庭(沙坡头区文昌镇迎宾社区壹方城小区)	2023年度“最美家庭”(民族团结家庭)
	李小梁家庭(海原县海城街道东城小区)	
	马伏荣家庭(沙坡头区永康镇永新村)	
	范璐婷家庭(沙坡头区滨河镇中山社区紫荆花城小区)	
	陈莉君家庭(沙坡头区文昌镇恒祥社区恒祥国际小区)	
	周政家庭(中宁县白马乡朱路村六队)	
	马俊荣家庭(海原县海城镇王井村)	
	马明云家庭(海原县树台乡二百户村)	
	李生海家庭(海原县李旺镇团庄行政村第五自然村)	
	杨彦芳家庭(海原县李旺镇杨堡行政村十一自然村)	
	朱海家庭(沙坡头区香山乡深井村深井队)	2023年度“最美家庭”(移风易俗家庭)
	郑建国家庭(沙坡头区东园镇白桥村五队)	
	陈旋宏家庭(海原县关庄乡关庄行政村井沟自然村)	
	董尚定家庭(海原县关桥乡麻春行政村董堡自然村)	
	田兴兰家庭(海原县郑旗乡郑旗行政村盖牌自然村)	
	陈秋霞家庭(海原县西安镇园河行政村任湾自然村)	
	贺继福家庭(中宁县余丁乡永兴村四队)	
	刘旭阳家庭(中宁县鸣沙镇五道渠村十一队)	
	吕学翻家庭(中宁县恩和镇朱台村八队)	
	胡居善家庭(沙坡头区永康镇丰台村一队)	

续表

荣誉级别	获奖集体	荣誉名称
市级	白彦超家庭(中宁县宁安镇红苑社区富康花园小区)	2023年度“最美家庭”(孝老爱亲家庭)
	杨平丽家庭(海原县李俊乡李俊村)	
	张梅家庭(海原县三河镇鹭海村二组)	
	李晓红家庭(海原县海城街道幸福花园小区)	
	陈娟家庭(中宁县宁安镇石桥村)	
	宋芳家庭(中宁县宁安镇宁新社区红宝花园小区)	
	马丰霞家庭(中宁县喊叫水乡高岭村)	
	刘淑英家庭(沙坡头区滨河镇光明社区众一山水城小区)	
	刘淑兰家庭(中宁县余丁乡时庄村一队)	
	雍菊莲家庭(中宁县宁安镇富民社区黄滨新居小区)	
	周仲怀家庭(沙坡头区滨河镇中山社区中山小区)	
	任振华家庭(沙坡头区文昌镇华西社区民生花园小区)	2023年度“最美家庭”(友爱互助家庭)
	倪万顺家庭(海原县甘城乡甘城村二组)	
	田进强家庭(海原县贾塘乡后塘村八队)	
	何永霞家庭(海原县红羊乡红羊村)	
	丁卫杰家庭(中宁县喊叫水乡上庄子村)	
	马志虎家庭(中宁县大战场镇长山湖村二队)	
	董学文家庭(中宁县太阳梁乡南塘村)	
	柳志强家庭(中宁县太阳梁乡德盛村)	
	李莲芝家庭(中宁县宁安镇红苑社区液化小区)	
	杨志敬家庭(沙坡头区文昌镇蔡桥路社区万泉小区)	
	崔月娟家庭(沙坡头区文昌镇文昌阁社区长河小区)	
	南志红家庭(沙坡头区文昌镇蔡桥路社区正丰香格里小区)	2023年度“最美家庭”(书香润德家庭)
	马全华家庭(海原县高崖乡高湾行政村石岘子自然村)	
	段继武家庭(海原县七营镇盘河村二组)	
	杨兰兰家庭(中宁县大战场镇元丰村二队)	
	赵秀莲家庭(中宁县白马乡白路村二队)	
	刘彰德家庭(沙坡头区文昌镇民族巷社区团结小区)	
	王泽祥家庭(沙坡头区文昌镇黄河花园社区黄河花园小区)	
	张兴芳家庭(沙坡头区文昌镇丰安社区众一家园小区)	
	滕淑珍家庭(沙坡头区文昌镇世纪花园社区美丽城市花园小区)	
	石华家庭(沙坡头区滨河镇阳光社区阳光骄子小区)	
	马永庆家庭(沙坡头区文昌镇华西社区民生花园小区)	2023年度“最美家庭”(创业创新家庭)
	田志福家庭(海原县史店乡田拐行政村双涝子自然村)	
	杨亮家庭(海原县九彩乡九彩村)	
	吴香娟家庭(中宁县新堡镇南湾村六队)	
	孙向阳家庭(沙坡头区柔远镇镇靖村五队)	
	董佳琪家庭(中宁县石空镇丰安社区)	

续表

荣誉级别	获奖集体	荣誉名称
市级	曹利芳家庭（中宁县宁安镇殷庄村一队）	2023年度“最美家庭”（创业创新家庭）
	刘永生家庭（沙坡头区永康镇永康村九队）	
	曾燕家庭（沙坡头区文昌镇恒祥社区紫金苑小区）	2023年度“最美家庭”（绿色环保家庭）
	管存元家庭（海原县三河镇四营行政村）	
	杨志成家庭（海原县海城镇山门行政村新庄洼自然村）	
	田德荣家庭（海原县史店乡徐坪行政村上队自然村）	
	崔学兵家庭（中宁县恩和镇河滩村六队）	
	魏淑春家庭（中宁县新堡镇刘营村八队）	
	王常录家庭（中宁县余丁乡时庄村五队）	
	王文全家庭（沙坡头区香山乡梁水村）	
	张全凤家庭（沙坡头区迎水桥镇姚滩村四队）	
	王燕家庭（沙坡头区滨河镇新墩花园社区新墩花园东区）	2023年度“最美家庭”（双拥模范家庭）
	马明智家庭（海原县贾塘乡黄坪行政村大路自然村）	
	武海东家庭（海原县七营镇八营村五组）	
	柯占军家庭（海原县三河镇代店村四组）	
	巫建忠家庭（中宁县白马乡彰恩村五队）	
	顿宝莲家庭（中宁县太阳梁乡隆原村）	
	王进霞家庭（沙坡头区文昌镇黄河花园社区黄河花园小区）	
	康秀琴家庭（沙坡头区杞香苑社区香山名邸小区）	
	张艳家庭（沙坡头区蔡桥路社区正丰香格里小区）	
	李雪琪家庭（沙坡头区文昌镇华西社区物华林居小区）	
	刁成凯家庭（沙坡头区文昌镇杞香苑壹号院小区）	
	李明家庭（沙坡头区文昌镇和睦社区应理新社区）	2023年度“最美家庭”（健康示范家庭）
	冯义智家庭（海原县关桥乡王湾西村）	
	魏怀英家庭（海原县海城街道文昌小区）	
	金正俊家庭（海原县树台乡韩庄行政村上小川自然村）	
	冯学东家庭（海原县曹洼乡白崖村）	
	狄玉玲家庭（沙坡头区常乐镇常乐村）	
	孙向兰家庭（沙坡头区文昌镇福兴苑社区福兴苑小区）	
	杨自花家庭（中宁县徐套乡红柳村）	
	沈庆龙家庭（中宁县舟塔乡铁渠村三队）	
	吴海萍家庭（中宁县宁安镇杞苑社区金岸骄子小区）	
	徐荣家庭（沙坡头区文昌镇恒祥社区紫金苑小区）	2023年度“最美家庭”（清正廉洁家庭）
	杨素梅家庭（海原县海城街道格兰美景小区）	
	卢泽萍家庭（海原县郑旗乡人民政府）	
	黄洁家庭（海原县海城街道文昌小区）	
	张芳家庭（中宁县宁安镇富民社区中瀛御景小区）	
	张凤芹家庭（中宁县新堡镇安定社区信用社小区）	
	王文家庭（中宁县恩和镇上庄村四队）	
	廉怡家庭（沙坡头区文昌镇福润苑社区天莉花园小区）	
	王英家庭（沙坡头区滨河镇光明社区众一山水城小区）	
	刘晓翠家庭（沙坡头区滨河镇文苑社区康乾雅苑小区）	

附录

重要文献

中卫市委常委会工作报告

——2023年12月28日在中共中卫市委五届九次全体会议上

现在，我受市委常委会委托，向全会作工作报告。

今年以来，面对严峻复杂的外部环境和艰巨繁重的改革发展稳定任务，在党中央及自治区党委的坚强领导下，市委常委会坚持以习近平新时代中国特色社会主义思想为指导，深入学习贯彻党的二十大和习近平总书记视察宁夏重要讲话指示批示精神，全面落实自治区第十三次党代会和市第五次党代会安排部署，以深入开展主题教育为动力，以铸牢中华民族共同体意识为主线，团结带领全市各级党组织和党员干部群众在爬坡过坎中前行、在攻坚克难中奋进，坚持稳中求进工作总基调，统筹发展和安全、发展和环保、发展和民生，推动经济持续回升向好、生态环境持续改善、民生保障更加有力、安全基础巩固夯实、社会大局保持稳定、政治生态风清气正，各项事业取得新进展，中国式现代化中卫实践迈出坚实步伐。

一、旗帜鲜明讲政治，坚决做到“两个维护”

坚持把党的政治建设摆在首位，引领全市各级党组织和党员干部深刻领悟“两个确立”的决定性意义，增强“四个意识”、坚定“四个自信”、做到“两个维护”，始终在思想上政治上行动上同以习近平同志为核心的党中央保持高度一致。

加强党的全面领导。市委常委会坚决贯彻中央加强和维护党中央集中统一领导的《若干规定》，严格遵守新形势下党内政治生活若干准则，严肃党的政治纪律和政治规矩，坚决维护党中央一锤定音、定于一尊的权威。充分发挥市委总揽全局、协调各方作用，全面履行把方向、管大局、作决策、保落实职责，严格落实请示报告制度，先后召开市委全体会议2次、常委会会议46次、议事协调机构会议35次，定期听取市人大常委会、政府、政协、法院、检察院党组和市直部门、群团组织工作汇报，每月召开1次先行区建设重点任务推进会，研究解决重大问题，推动落实重点任务，确保党的全面领导落实到全市经济社会发展各领域全过程。

持续强化理论武装。坚持把学习贯彻习近平新时代中国特色社会主义思想、党的二十大和习近平总书记视察宁夏重要讲话指示批示精神作为首要政治任务，作为中卫全部工作的主题主线、统揽事业的根本遵循、引领发展的方向指引，结合“大学习、大讨论、大宣传、大实践”活动，引导各级党组织和广大党员干部在真学真懂真信真用上下功夫，切实用以武装头脑、指导实践、推动工作。严格落实“第一议题”制度，突出党的二十大报告和习近平总书记最新重要讲话、重要文章、重要指示批示等内容，每次市委常委会会议、市委理论学习中心组会议认真学习，结合我市工作安排部署，市级领导带头分专题、分领域、分阶段进行理论学习和研讨交流。发挥党校（行政学院）教育培训主阵地作用，将习近平新时代中国特色社会主义思想、党的二十大报告纳入干部教育培训必学篇目，对处、科级干部分层次、分批次、全覆盖开展轮训，推动党的创新理论入脑入心、走深走实。

坚决落实党中央及自治区党委部署。坚持把习近平总书记重要指示批示作为党内政治要件，对党中央及自治区党委召开的重要会议、出台的重要文件、作出的重大部署，第一时间传达学习，研究贯彻落实意见，坚定不移推动落实，做到总书记有号令、党中央有部署、自治区有要求、中卫市见行动。扎实开展贯彻落实习近平总书记视察宁夏重要讲话指示批示精神情况全面大起底、“回头看”，梳理重点任务119项，目前完成117项，剩余2项正在有序推进并取得阶段性成效。认真学习贯彻自治区党委十三届四次、五次全会精神，召开市委五届七次、八次全会，就统筹发展和安全、发展和环保工作深化部署、推动落实。坚决抓好中央生态环保督察反馈问题、黄河流域生态环境警示片披露问题、自治区党委第一巡视组交办问题和各类督查检查发现问题整改，以坚决整改的实际成效体现政治忠诚与责任担当，推动党中央决策部署及自治区党委工作要求在中卫落地生根、见行见效。

深入扎实开展主题教育。按照党中央及自治区党委部署要求，把开展主题教育作为重大政治任务，聚焦主题主线，把握目标要求，突出真学实干，一体推进五项重点措施，以学铸魂、以学增智、以学正风、以学促干取得明显成效。坚持把理论学习贯穿主题教育始终，深化“四学联动”，抓好“五个载体”，通过举办读书班、研讨交流会、专题党课等方式，深刻领悟习近平新时代中国特色社会主义思想的世界观、方法论和贯穿其中的立场、观点、方法，教育引导全市党员干部在深化理论武装中筑牢信仰之基、补足精神之钙、把稳思想之舵。坚持“四下基层”制度，大兴调查研究之风，聚焦重点工作和难点问题，“小切口”靶向选题，坚持调研问计、沉底问政、走访问需，发现和解决了一批突出问题、推出了一批务实举措、形成了一批长效机制。坚持把检视整改作为主题教育的重中之重，边学习、边对照、边检视、边整改，树立和践行正确政绩观，深入开展“8+1”专项整治，化解信访积案168件，为民办实事解难题850件，为企业纾困解难271个，广大群众切身感受到了主题教育带来的新气象新变化。

二、铆足干劲促发展，经济实力迈上新台阶

牢牢把握高质量发展这个首要任务，完整准确全面贯彻新发展理念，加强党对经济工作的领导，强化预警监测、分析研判、科学调度，打好减税降费、纾困基金、金融信贷“组合拳”，全年经济运行总体平稳、稳中向好，预计全市地区生产总值增长7%左右。

加快构建现代化产业体系。坚持高端化、智能化、绿色化、融合化方向，围绕自治区“六新六特六优”产业布局和我市“六个特色产业”发展，加快转型升级步伐，推动现代化产业体系建设取得重要进展。持续推进农业倍增行动，全面落实粮食安全党政同责，扎实推进农田水利和高标准农田建设，大力发展高效节水农业，建成一批现代农业产业园，培育一批乡村振兴产业示范基地，枸杞产业综合产值达到156亿元，粮食种植面积218.1万亩、产量69万吨，枸杞、牛奶、肉牛（羊）、果蔬4个百亿级农业产业集群初步形成。持续推进工业倍增行动，大力实施“四大改造”，加快推进新型工业化，狠抓延链补链、企业技改、园区提质、节能降碳，腾格里沙漠3吉瓦新能源基地光伏复合项目一期建成，成为全国首批首个率先实现并网的新能源“沙戈荒”项目，全市新能源装机容量突破1000万千瓦，新材料产业产值达到350亿元，6个百亿级工业产业集群和1个千亿级工业园区加快培育，预计全年规上工业增加值增长14%左右。持续推进服务业提质增效行动，预计全年服务业增加值增长6.5%。以创建全域旅游示范市为目标，擦亮大漠星空、沙坡鸣钟“宁夏二十一景”品牌，中卫大漠黄河（沙坡头）旅游度假区入选国家级旅游度假区，举办大漠黄河国际文化旅游节等节事活动，预计全年接待游客人数达到1500万人次，实现旅游收入88亿元。持续推进商贸流通业提质增效、物流业提质增效行动，认真落实“10+3”行动计划，累计投入2550.5万元发放政府消费券带动消费3.75亿元，西北首个硅铁产地期货交割仓库落户中卫，中卫被自治区确定为市场保供试点省级支持城市，中宁县和沙坡头区被评定为全国县域商业体系“领跑县”，全市外贸进出口总额突破17亿元。持续推进云计算和大数据产业提质增效行动，加快培育新质生产力，编制完成中卫数据中心集群建设规划、产业发展专项规划和“一集群”“三基地”实施方案，大力实施“东数西算”工程，高效运营新型互联网交换中心，建成全国首个"万卡级"智算基地，建成一批算力应用场景，西部云基地安装标准机架6.7万架，数字信息产业产值达到100亿元，中卫算力分指数位列全国第八、西北第一。

狠抓项目建设扩大有效投资。扎实开展项目"五比"和"扩大有效投资巩固提升年"活动，建立市级领导包抓重点项目和"五个一"协调推进机制，每月首次市委常委会会议通报项目建设、招商引资等情况，举行重大项目集中开工，累计实施项目589个，预计全年完成固定资产投资近300亿元。建立争政策、争项目、争资金、争示范、争荣誉"五争"机制，定期通报进展情况，督促县区和部门主动"进京赴银"，预计全年上争项目资金234亿元、增长10%，新增地方政府债券8.55亿元、再融资债券15.08亿元、置换工程款债券8.81亿元，成功争取黄河流域规模化防沙治沙项目、公共就业服务能力提升示范项目，竞争性评审项目资金额度再创新高。持续加大招商引资力度，成立投资促进服务中心，举办2023云天大会、第六届枸杞产业博览会等活动，预计全年招商引资到位资金320亿元、增长23.1%，招商引资机制更加完善、质效逐步提升。

统筹推进城乡区域协调发展。全面落实自治区系统构建区域经济高质量发展新格局"1+1+9"政策体系，推动区域协调发展向更高水平、更高质量迈进。大力推进基础设施一体化建设发展，中卫下河沿黄河公路大桥、海原到平川高速公路（宁甘界）建成通车。加快建设宜居宜业宜游示范市，持续推进城市更新行动，实施滨河北路雨污分流管网等36个市政基础设施项目，改造城镇老旧小区1729户、棚户区住房600套，全市城镇化率达50.8%，中卫成功入选全国第三批城市一刻钟便民生活圈试点城市。巩固拓展脱贫攻坚成果，全力支持海原县推进国家乡村振兴重点帮扶县工作，牢牢守住不发生规模性返贫底线，全市脱贫人口人均纯收入增长16%。学习运用"千万工程"经验，大力推进乡村振兴示范市建设，加快建设宜居宜业和美乡村，持续推进乡村建设行动，完成清洁取暖改造3.2万户，改造农村户厕5761座，建设高质量美丽宜居村庄7个、高标准重点小城镇3个，创建自治区乡村振兴示范乡镇2个、示范村6个，沙坡头区被评为2023中国高质量发展乡村振兴十大示范县（区）。

深化改革创新激发内生动力。实施改革赋能行动，党政机构、国资国企、农业农村等改革纵深推进，134所中小学校完成党组织领导的校长负责制改革，中卫被确立为全国紧密型城市医疗集团建设试点城市。在全区率先创设"六权"交易集成专区，18项改革做法被列为全区典型案例，中宁县被列为全国集体经营性建设用地入市改革试点县，海原县完成全区首笔排污权抵押贷款。持续推进"放管服"改革，深化政务服务一站办理试点工作，大力推行"审核合一、一人通办"制度，企业开办实现"全程网办"，个体工商户实现随到随办，70%以上事项实现委托窗口审批决定，全年新增市场主体1.5万户，市场准入更加便利，市场活力持续迸发。实施科技"双倍增"行动，新增国家高新技术企业14家、自治区科技型中小企业69家，培育引进科技创新团队4个，建设各类科技创新平台24个，誉成云创公司入选自治区瞪羚企业名单，协鑫、利安隆两家企业被评为国家知识产权优势企业，R&D经费投入强度1.44%，增幅五市第一。中宁县入列自治区首批创新型县（区）。

三、持之以恒优环境，美丽中卫焕发新颜值

深入学习贯彻习近平生态文明思想，全面落实自治区"1+4"系列文件，大力实施生态立市战略，持续推进生态建设行动，协同推进降碳、减污、扩绿、增长，生态环境保护示范市建设取得新成效。

深入推进污染治理。统筹推进"四尘"同治、"五水"共治、"六废"联治，持续打好蓝天、碧水、净土保卫战，加快推进北方地区冬季清洁取暖等项目，全市空气质量优良天数总体平稳，黄河中卫过境段水质保持Ⅱ类进出，国省控制断面、重点河湖沟道、城市集中式饮用水水源地水质均达到或优于自治区考核目标，耕地和建设用地土壤环境质量状况整体安全稳定，黄河黑山峡水利枢纽工程前期工作扎实推进。深入开展生态环境违法行为专项整治，加大生态环境行政执法力度，建立健全"六查"联动机制，集中解决了一批在线监测不规范、巡检运维不严格、台账资料不健全等问题隐患，中央和自治区党委环保督察反馈的188个问题已完成整改168个，剩余问题正在按计划推进整改。

加快生态保护修复。编制完成中卫市国土空间规划，合理划定"三区三线"。坚持山水林田湖草沙一体化保护和系统治理，因地制宜、分类分区开展大规模国土绿化行动，全面打响黄河"几"字弯攻坚战，实施黄河上游风沙区历史遗留废弃矿山修复、宁夏南部生态保护和修复、西华山草原公园生态修复等16个项目，香山兴仁片区生态修复及灌区供水（一期）管线工程通水试运行，中部干旱带海原西安供水水源工程全线通水，完成土地绿化40.7万亩，治理水土流失28.5

万亩，废弃矿山修复4.1万亩，城市建成区绿地率40.05%，生态环境质量持续巩固提升。

坚持绿色低碳发展。研究制定节能减排规划、碳达峰实施方案，全面推进碳达峰“十大行动”，建立能耗“双控”任务清单，严格控制工业能耗指标，扎实开展“两高”项目清理整顿，完成12个在建违规“两高”项目整改销号，新增3家自治区级绿色工厂。严格落实“四水四定”原则，全市万元生产值用水量、农业亩均用水量、万元工业增加值用水量较2020年分别下降26%、7.3%、47%，三县（区）全部达到国家县域节水创建标准。大力推行绿色生产生活方式，倡导绿色出行，推广绿色建材，发展绿色家装，开展节约型机关创建活动，让绿色理念深入人心、绿色生活蔚然成风，让建设美丽中卫成为全体市民的自觉行动。

四、用心用情惠民生，群众福祉实现新改善

坚持以人民为中心的发展思想，深入实施“六大提升行动”，将75%以上财力用于保障改善民生，实实在在办好惠民利民实事，用实干推动发展、取信于民，持续增强人民群众获得感、幸福感、安全感。

多措并举稳就业促增收。牢固树立就业优先工作导向，落实就业优先政策，强化精准服务保障，开展“就业创业促进年”活动、欠薪隐患“动态清零”专项行动，紧盯高校毕业生、农民工、退役军人等重点群体，新增城镇就业1.22万人，农村劳动力转移就业22万人，离校未就业高校毕业生帮扶就业率94.8%，城镇调查失业率控制在5.1%以内。扎实开展城镇居民收入、农民增收致富、百万移民致富等提升行动，多措并举促进群众收入持续稳定增长，预计全年城镇和农村居民人均可支配收入分别增长7%和9%。

全面提升教育医疗水平。实施教育高质量发展三年行动，深化“互联网+教育”融合应用，加大教师培训培养力度，改进提升教育教学水平，建立“以赛促练”的体育、美育和劳动教育发展机制，有效促进德智体美劳“五育”融合，教育发展主要指标高于全区平均水平，“互联网+教育”示范区顺利通过教育部考核验收。实施健康水平提升行动，深化医疗卫生体制改革，公立医院改革与高质量发展示范项目加快推进，市中医医院三甲创建顺利通过，紧密型城市医疗集团“五大管理中心”实体化运行，县域医共体“五统一”管理逐步走深走实，新增一批临床重点专科、医疗质控中心和专科联盟，市、县两级全部建成互联网门诊，群众在家门口就能看上病、看好病，全市人均期望寿命达到77.3岁，居民健康素养水平达到28.3%。国家卫生城市通过复审，国家食品安全示范城市创建纵深推进。

坚决兜牢社会保障底线。全面实施全民参保计划，养老保险、失业保险、医疗保险、工伤保险基本实现法定人群全覆盖，基本医疗保险参保率稳定在95%以上。稳步推行医保跨省异地就医直接结算，实现高血压等五种门诊慢特病全国直接结算。稳步提高城乡居民养老保险待遇，实施城乡低保“扩围增效”、高龄津贴“扩围提标”，为190万人次困难群众发放救助补助资金6.3亿元，为1715名社会散居孤儿和事实无人抚养儿童发放养育津贴1589.6万元，帮助困难群众解难题、渡难关。抓实抓好“保交楼”工作，部门联动有效解决不动产办证难、市区棚户区改造等一批历史遗留问题，切实做到“民有所呼，我有所应”。中卫住房公积金工作跻身全国住房公积金五十强。

五、综合治理守底线，市域治理取得新成效

全面贯彻总体国家安全观，坚持党的领导、人民当家作主、依法治国有机统一，做好民族宗教工作，创新市域社会治理，全市社会大局安定团结、和谐稳定。

民主政治建设不断加强。全力支持人大及其常委会依法履职，召开市委人大工作会议，出台《关于新时代加强和改进人大工作的实施意见》，督办落实代表建议30件，《中卫市餐厨垃圾管理办法》印发实施，《中卫市湿地保护条例》将于2024年1月1日起实施，人大依法履职能力水平明显提升。充分发挥人民政协协商民主重要渠道和专门协商机构作用，落实党委会同政府、政协制定年度协商计划制度，督办落实政协提案119件，“关于对银行不合理规定应予及时规范和纠治的建议”被全国政协采用。完善大统战工作格局，各民主党派、工商联围绕大局献计出力，群团组织联系群众桥梁纽带作用充分发挥，完成共青团、工会、妇联组织换届，实现县级新的社会阶层人士组织全覆盖，大团结大联合生动局面不断巩固发展。坚持党管武装，加强国防教育，国防动员和后备力量建设不断加强。加强军人军属荣誉激励和权益保障，做好退役军人服务保障工作，双拥共建成效显著。

民族宗教领域和谐稳定。深入学习贯彻习近平总书记关于加强和改进民族工作的重要思想，以铸牢中华民族共同体意识为主线，全面贯彻党的民族理论和民族政策，以“555”创建思路为牵引，有形有感有效建设铸牢中华民族共同体意识示范市。深入推进党员干部培元固本、青少年学生夯基育苗、各族群众凝心聚魂、社科理论正本清源“四项工程”，广泛开展“十个一”宣传教育和群众文化活动，精心打造市委党校铸牢中华民族共同体意识主题教育馆等宣传教育阵地84个、铸牢中华民族共同体意识示范点151个，创建国家及自治区级民族团结进步示范单位18个，“四个共同”中华民族历史观和“四个与共”“五个认同”思想深入人心。全面贯彻党的宗教工作理论和方针政策，坚持我国宗教中国化方向，依法加强宗教事务管理，坚决打击非法宗教活动，全面防范和抵御境外宗教渗透，全覆盖拉网式排查化解宗教场所安全隐患，全市民族团结、宗教和顺、社会和谐大好局面持续巩固。

依法治市水平全面提升。全面贯彻习近平法治思想，坚持法治中卫、法治政府、法治社会一体建设，深入实施“八五”普法，扎实做好《中华人民共和国民法典》宣传，深化法律服务惠民工程，中卫市“三个一行动”入选全国工商联“民营企业产权司法保护协同创新百佳实践案例”。全面准确落实司法责任制，司法质量、效益和公信力显著提升。常态化推进扫黑除恶斗争，严厉打击“黄赌毒”“食药环”“盗抢骗”和养老诈骗、电信诈骗等违法犯罪行为，构建“1+3+N”专业合作化缉毒执法打击新模式，全市刑事立案、盗窃发案、电诈发案大幅下降，“平安中卫”建设扎实推进。开展维护社会稳定风险隐患大排查大化解大整治行动、信访源头治理攻坚行动，纵深推进“人民调解+仲裁+信访”纠纷治理模式，建立“一重点两重复双交办”化解机制，中央和自治区信联办交办的重复信访件全部办结，沙坡头区滨河镇“红色物业联盟”化解物业纠纷工作法被评为全国“枫桥式工作法”先进典型，镇罗派出所被命名为全国第三批“枫桥式公安派出所”。

安全生产形势稳定向好。牢固树立安全发展理念，全面落实自治区“1+37+8”系列文件，扎实开展安全隐患大排查大整治，全面落实10项重点任务，建立干部“究、调”机制，排查整治一般隐患12万余处、重大隐患148处，生产安全事故起数、死亡人数、经济损失全面下降，安全生产形势总体稳定、持续向好。组织参加全区党政领导干部安全生产综合能力提升专题培训班，认真开展基层应急能力、事故警示教育、技能指导服务等培训，全市各级干部的安全监管能力、企业员工和基层群众的安全防范能力全面提升。建立“横向到边、纵向到底”的安全防范责任体系，健全“1+75+10+N”应急预案体系，制定应急管理、安全生产、防灾减灾救灾责任清单，压实“三管三必须”责任，切实以治本之举、长远之策防风险、除隐患、保安全。

六、守正创新聚合力，宣传思想文化得到新加强

深入学习贯彻习近平文化思想，全面贯彻全国、全区宣传思想文化工作会议精神，自觉担负新的文化使命，严格落实党管宣传、党管意识形态、党管媒体原则，举旗帜、聚民心、育新人、兴文化、展形象，为各项事业发展提供坚强思想保证、强大精神力量、有利文化条件。

巩固壮大主流思想宣传。聚焦学习宣传贯彻党中央及自治区党委重要会议精神，坚持网上网下、内宣外宣协同发力，广泛开展“奋进新征程 建功新时代”等主题宣传、政策宣传、成就宣传、典型宣传，扎实开展“美丽新宁夏 黄河千里行”等主题调研采访，组织新闻发布活动28场，推出更多视角多元、话语鲜活、形式多样的宣传报道，讲好中卫故事、传播中卫声音、展示中卫形象。在全区率先成立新媒体联盟，提高宣传引导能力，让主旋律更高扬、正能量更强劲。

持续强化核心价值观引领。坚持用社会主义核心价值观铸魂育人，深入实施文明素养提升行动，持续推进全国文明城市创建，广泛开展各类文明实践活动，推动移风易俗，弘扬社会正气，抵制陈规陋习。创新实施文化惠民工程，广泛开展“文化进万家”“文化大篷车”等群众文化活动，推出纪录片《古味新年》、道情小戏《三个女红军》等文艺作品，新增自治区级非遗保护传承基地7处、非遗传承项目21个，高质量承办自治区第十六届运动会和首届残特奥运动会，“千名文艺志愿者进基层”主题实践活动入选全国文化科技卫生“三下乡”活动示范项目，“以改革促融合彰显黄河文化时代价值”入选中国改革2023年度地方全面深化改革典型案例。

七、管党治党强基础，政治生态呈现新气象

坚决贯彻新时代党的建设总要求和新时代党的组织路线，持续推进新时代党的建设新的伟大工程，扛牢主责、抓好主业，切实以高质量党建引领高质量发展、保障高水平安全。

以夯实基层基础强基固本。坚持大抓基层鲜明导向，深入实施基层党组织建设提质增效工程，扎实推进抓党建促乡村振兴，深化“一抓两整”示范县乡创建行动，整顿软弱涣散村党组织12个，培养“两个带头人”6096名，新一轮选派719名驻村干部助力乡村振兴，成立村党支部领办合作社127个，全市村集体经济收益10万元以上村超过85%。深入推进党建引领基层治理，强化物业党建联建共建，构建协同高效的城市基层治理指挥体系、责任体系和工作体系，城市基层治理体系和治理能力经受住了安全生产等“大战大考”检验。扎实推进“五型”模范机关创建，打造党建工作品牌74个，三星级及以上机关党组织占比达90.6%。全面推动机关事业单位、国有企业党建工作提档晋级，实现党建工作与业务工作深度融合。聚焦新业态新就业群体党建“破题任务”，实施“五项行动”，全市非公经济组织和社会组织党组织覆盖率分别达到92.2%和96.6%，两新党建工作经验入选“全国百个两新党建优秀案例”。探索开展“揭榜领题”，推动基层党建工作责任上肩、合力攻坚，有效破解基层党建难题10项。

以激励担当增进队伍活力。深入实施干部队伍“增信赋能”工程，牢固树立有为者有位、优秀者优先、吃苦者吃香的鲜明导向，调整优化领导班子26个，提拔重用处级干部68名，晋升四级调研员以上职级干部69名，选派58名年轻干部跨地区、跨领域交流任（挂）职，2022年我市选人用人工作总体评价“好”等次占100%。严格执行“三个区分开来”，对18名处分期满表现优秀的干部重新提拔或晋升职级，人民日报及内参先后两次报道我市推动干部能上能下经验做法。深入实施人才队伍建设“聚才兴业”工程，围绕我市“六个特色产业”聚才引才，打造专精特新人才集聚平台，引进高层次人才168名，柔性引进高端专家103名，认定自治区工程技术研究中心1家，获批博士后工作站1家。常态化举办青年干部人才读书会，激励青年人才扎根中卫、建设中卫。严格党员发展和管理，推行“乡管村培”机制，探索流动党员分类管理，高质量发展党员955名。

以严的基调强化正风肃纪。聚焦“一把手”和领导班子权力运行薄弱环节，强化监督检查，查处违规违纪“一把手”49人、处分11人。深入开展形式主义、官僚主义专项整治，查处不担当不作为等作风问题50个、处分31人。开展“全市领导干部廉政警示教育周”系列活动，召开全市廉政警示教育大会，对权力集中、资金密集、资源富集部门负责人和新任职领导干部进行警示教育和集体提醒谈话。一体推进“三不腐”，处置问题线索1238件、立案225人，给予党纪政务处分167人，市、县（区）两级全部消除“零留置”。认真贯彻实施监察法，市、县（区）完成276名监察官等级首次确定工作。坚持政治巡察定位，完成3轮18个市直部门（单位）党组织常规巡察，高标准高质量服务保障自治区党委第一巡视组巡视中卫各项工作。

打铁必须自身硬。一年来，市委常委会坚持高标准、严要求，不断加强自身建设，带头坚定捍卫“两个确立”、坚决做到“两个维护”，带头学习贯彻习近平新时代中国特色社会主义思想和党的二十大精神，带头贯彻落实党中央决策部署及自治区党委工作要求，全面加强班子政治建设、思想建设、组织建设、作风建设、纪律建设，努力干在实处、走在前列、当好表率。坚决贯彻民主集中制，坚持集体领导与个人分工负责相结合，严格按照议事规则和决策程序办事，力求做到科学决策、民主决策、依法决策。一以贯之从严落实中央八项规定及其实施细则精神，严格执行自治区《若干意见》和“八条禁令”，出台《中卫市委常委会贯彻落实中央八项规定及其实施细则精神若干措施》，主动接受各方面监督。班子成员自觉以事业为重，主动担当负责，勇于开拓创新，保持清廉本色，带动形成风清气正的政治生态和干事创业的良好环境。这些工作的推进和成绩的取得，是以习近平同志为核心的党中央领航掌舵、把脉定向的结果，是自治区党委坚强领导、关心支持的结果，是全市干部群众团结一心、奋力拼搏的结果。各位委员、候补委员和各县（区）、各部门（单位）的负责同志在各自岗位上履职尽责、务实苦干、狠抓落实，对市委常委会的工作给予了大力支持，我代表市委常委会向同志们表示衷心感谢！

在总结工作的同时，我们也分析了市委常委会工作中存在的不足，主要是学懂弄通习近平新时代中国特色社会主义思想还有差距，破解高质量发展深层次问题的办法还不够多，更好统筹发展和安全、发展和环保、发展和民生工作还需持续用力，全面从严治党的政治责任还需进一步压实，党员干部作风还需进一步改进等。对这些问题，我们将在今后工作中采取务实举措，切实加以解决。

请同志们对市委常委会的工作提出意见建议。

中卫市政府工作报告

——2024年1月4日在中卫市第五届人民代表大会第三次会议上

一、2023年工作回顾

2023年是全面贯彻党的二十大精神的开局之年，是三年新冠疫情防控转段后经济恢复发展的一年，是我市承压奋进高质量发展取得明显成效的一年。在自治区党委、政府和市委坚强领导下，全市上下坚持以习近平新时代中国特色社会主义思想为指导，全面贯彻党的二十大和二十届二中全会精神，一体贯彻习近平总书记视察宁夏重要讲话指示批示精神，认真落实自治区第十三次党代会和市第五次党代会部署要求，以铸牢中华民族共同体意识为主线，坚持稳中求进工作总基调，完整、准确、全面贯彻新发展理念，统筹发展和安全、发展和环保、发展和民生，着力扩大内需、优化结构、提振信心、防范化解风险，高质量发展迈出坚实步伐。

（一）全力以赴促发展，经济运行稳中有进。预计地区生产总值突破600亿元、增长7%，规上工业增加值增长14%，社会消费品零售总额增长2%，地方一般公共预算收入增长5%，城镇和农村居民人均可支配收入分别增长7%和9%。退税减税降费9.8亿元，减缓社保费4.5亿元，发放普惠贷款13.8亿元。589个重点项目加快推进，完成投资近300亿元。宁夏至湖南±800千伏特高压输变电、国能宁夏中卫电厂4×66万千瓦机组等重大项目开工建设。招商引资到位资金320亿元，增长23.1%。上争项目资金234亿元，增长10%。新增入统纳规商贸单位46户、工业企业19家。新增市场主体1.5万户，增长23%。

（二）全力以赴强动能，产业转型步伐加快。特色农业提质增效，建设高标准农田面积18万亩，发展高效节水灌溉面积7.3万亩。粮食种植面积191.5万亩，产量69.4万吨。中国（宁夏）良种牛繁育中心建成投用。麦垛山现代奶牛养殖基地等12个现代农业项目加快推进。奶牛存栏15万头，增长15.4%。肉牛饲养量56万头，增长5.7%。枸杞产业综合产值156亿元。工业经济提效强链，协鑫光伏5吉瓦单晶硅等25个项目投产见效，文晶3吉瓦单晶石英坩埚等11个技改项目建成投运。新能源装机容量突破1000万千瓦，新材料产业产值达到350亿元。制造业、战略性新兴产业占规上工业增加值比重分别达57%和15.8%。文旅产业提档升级，实施钻石酒店等文旅项目28个，举办黄河国际文化旅游节等节事活动44项。全市接待游客首次突破千万人次大关，达到1500万人次，实现旅游收入88亿元，分别增长68.5%和66.1%。中卫市获评中国民宿品牌发展先行示范区。大漠黄河（沙坡头）旅游度假区入选国家级旅游度假区。数字经济提速壮大，高标准运营国家（中卫）新型互联网交换中心。美团三期、联通二期等4个数据中心建成运营。新增标准机架2.3万架，增长52.2%。建成全国首个“万卡级”智算基地。成功举办第六届云天大会。规模以上信息传输、软件和信息技术服务业营业收入增长10%。数字信息产业产值达到100亿元。算力质效指数全国第八、西北第一。

（三）全力以赴增活力，改革开放深入推进。加大“六权”改革力度，处置“批而未供”土地1.54万亩，盘活闲置土地1756亩。出让工业“标准地”387.7亩，收储用水指标303万立方米。完成排污权交易43笔152.9吨，山林权交易4笔4381亩。4家企业纳入全国碳排放权交易市场。中宁县被列为全国集体经营性建设用地入市改革试点县。深入开展营商环境三年提升行动，101项政务服务事项“零材料”办理，85项“一证（照）通办”，162项“跨省通办”，448项“区内通办”。全社会研究与试验发展经费投入8.12亿元、增长50.9%，强度达到1.44%、提高0.37个百分点。新兴产业突破成势，新增国家高新技术企业14家、自治区科技型中小企业69家，誉成云创公司入选自治区瞪羚企业名单。中宁县获评自治区首批创新型县（区）。

深化国内外合作开放，华夏特钢铁路专用线、郝迪新能源装备制造物流园建成投运。沙坡头机场新开通南京等3个地区旅游包机业务。常态化开行中欧货运班列750列。新增3A级物流企业3家、外贸企业3家。外贸进出口总额17亿元，实际利用外资1.4亿美元。西北首个硅铁产地期货交割仓库落户中卫。

（四）全力以赴强基础，城乡品质不断提升。扎实推进城市更新和乡村建设行动。实施滨河北路雨污分流管网等基础设施项目36个，更新“四类管线”124.5公里，新改扩建市政道路17条29.2公里。改造老旧小区1729户、棚户区600套。新建城市小微公园8处，城市建成区绿地率达39.8%。下河沿黄河大桥、海平高速公路建成通车。新改建“四好农村路”555.3公里，实施安全生命防护工程131公里。改造卫生厕所5761座。完成农村清洁取暖改造3.2万户。建设重点小城镇3个、美丽宜居村庄7个。创建自治区乡村振兴示范乡镇2个、示范村6个。农村生活垃圾处理率、生活污水治理率分别达98%和36.1%。沙坡头区荣获2023中国高质量发展乡村振兴十大示范县。

（五）全力以赴抓环保，生态底色更加靓丽。黄河流域生态保护和高质量发展重大国家战略全面落实。自治区生态文明建设“1+4”系列文件深入实施。中央第二轮生态环保督察反馈问题11项年度整改任务基本完成。黄河流域生态环境警示片披露问题整改销号。实施北方地区冬季清洁取暖等19个项目。空气质量优良天数比例79.5%。黄河中卫段水质保持Ⅱ类进出。土壤环境质量总体安全可控。海原县荣获全国农业面源污染综合防治试点县。全面打响黄河“几”字弯攻坚战，实施黄河上游风沙区历史遗留废弃矿山修复等16个项目，整治废弃矿山4.1万亩，植树造林32.6万亩，修复草原、湿地9.5万亩，治理水土流失28.5万亩。万元生产总值用水量、农业亩均用水量、万元工业增加值用水量较2020年分别下降26%、7.3%和47%，三县（区）全部达到国家县域节水创建标准。

（六）全力以赴办实事，民生福祉持续增进。“六大提升行动”扎实推进，10件民生实事全部办结，民生支出占比75%以上。城镇新增就业1.2万人，农村劳动力转移就业22万人，分别完成自治区下达任务的135%和133%。脱贫人口人均纯收入增长16%。新（改扩）建中小学、幼儿园20所，新增学位6020个，学前教育毛入园率、九年义务教育巩固率、高中阶段毛入学率分别达95.2%、100%和95%。中卫市被教育部认定为信息技术支撑学生综合素质评价试点市。市县（区）疾病预防控制局全部挂牌成立，城市医疗集团“五大中心”实体化运行，市中医医院成功创建三级甲等中医医院。国家卫生城市顺利通过复审。中卫市获批全国紧密型城市医疗集团建设试点。成功举办自治区第十六届运动会、首届残特奥运动会。新建运动场地15座，改造体育公园2个。开展“送戏下乡”等文艺演出962场。城乡居民基础养老金、城乡低保、特困人员救助供养标准稳步提升。发放困难群众救助资金6.3亿元。改造养老机构9家，新增护理床位433张。中卫市入选全国第三批城市一刻钟便民生活圈试点。

（七）全力以赴保安全，治理效能稳步提高。宗教和顺、民族和睦、社会和谐良好局面持续巩固。全国文明城市创建稳步推进。全面落实自治区安全生产“1+37+8”系列文件，扎实开展城镇燃气等12个领域专项整治，城镇燃气用户“三件套”加装率100%，3543栋自建房安全隐患全面消除，安全生产事故起数、死亡人数分别下降22.7%和4.4%。沙坡头区被确定为全国县域综合减灾示范县试点。中卫工业园区在全区化工园区风险等级评估中率先达到D级标准。县级社会矛盾纠纷调处中心实体化运行，168件信访积案有效化解。沙坡头区滨河镇“红色物业联盟”化解物业纠纷工作法被评为全国“枫桥式工作法”先进典型。中卫市公安局镇罗派出所被命名为全国第三批“枫桥式公安派出所”。化解政府债务29.56亿元，738套“保交楼”任务全部完成，2.8万套房屋办证难问题妥善化解。军政军民团结持续巩固，成立全区首家情暖老兵关爱退役军人基金会。常态化开展扫黑除恶斗争，纵深推进全民禁毒和反诈人民战争，持续加强未成年人保护，刑事立案、盗窃发案、电诈发案率分别下降16.8%、20.5%和28.7%。

国家安全、国防动员、人民防空、民兵预备役等工作持续加强，工会、共青团、妇联、科协、文联、工商联、残联、伊协、红十字会等群团组织桥梁纽带作用充分发挥，审计监督、行政执法、统计调查、气象地震、慈善老龄、关心下一代、史志档案等工作取得新成效。

（八）全力以赴提效能，政府自身建设全面加强。深入开展学习贯彻习近平新时代中国特色社会主义思想主题教育，严格落实“第一主题”“第一议题”制度。严格执行重大事项请示报告制度，提请市委研究重大事项85件。自觉接受市人大法律监督、工作监督和市政协民主监督，办理人大代表建议30件、政协委员提案112件，办复率100%。建立与民主党派、工商联和无党派人士联系工作机制。提请市人大常委会审议地方性法规1件。政协提案办理工作经验全区交流。顺利完成“八五”普法中期验收。行政复议改革入选全区法治政府建设示范项目。严格落实中央八项规定及其实施细则精神，“三公”经费只减不增。发扬“严细深实勤俭廉+快”的工作作风，干净干事、担当干事、团结干事的氛围更加浓厚。

各位代表！过去的一年，我们坚守初心使命，在抢抓机遇、争先进位中展示了中卫形象，在攻坚克难、化解风险中彰显了中卫担当，在稳中求进、以进促稳中作出了中卫贡献！这些成绩的取得，根本在于习近平总书记的掌舵领航，在于习近平新时代中国特色社会主义思想的科学指引，在于自治区党委、政府和市委的坚强领导，在于市人大、市政协和社会各界的监督支持，是全市上下辛勤努力、团结奋斗的结果。在此，我代表市人民政府，向广大干部群众，向人大代表、政协委员、各民主党派、工商联、无党派人士、老领导老干部，向中央、自治区驻卫单位、驻卫部队、武警官兵、公安干警、消防指战员，向所有关心、支持、推动中卫发展的社会各界人士表示衷心感谢和崇高敬意！

各位代表！惟其艰难，方显勇毅；惟其笃行，弥足珍贵。一年来中卫高质量发展的生动实践，让我们深切体会到，必须坚持把党的全面领导作为履职尽责的根本保证，坚定拥护“两个确立”、坚决做到“两个维护”，不折不扣落实党中央、国务院决策部署和自治区党委、政府及市委工作要求。必须坚持把铸牢中华民族共同体意识作为民族地区各项工作的主线，促进各民族共同团结奋斗、共同繁荣发展。必须坚持把高质量发展作为新时代的硬道理，完整、准确、全面贯彻新发展理念，推动经济实现质的有效提升和量的合理增长。必须坚持把人民对美好生活的向往作为我们的奋斗目标，让发展更有“温度”、民生更有“质感”。必须坚持把实干担当作为政府系统的鲜明导向，坚持系统思维，增强忧患意识，提高统筹能力，弘扬务实作风。

各位代表！思危方能居安，知忧才能克难。在肯定成绩的同时，我们也清醒地认识到，中卫欠发达后发展的市情没有根本改变，发展不平衡不充分的问题依然较为突出。对标高质量发展的新要求，面临“质”有效提升和“量”合理增长的双重挑战，经济总量小、市场主体少、创新能力弱、产业层级低，部分企业经营较为困难，投资增长和消费恢复不及预期。对标人民群众对美好生活的新期待，面临补齐民生短板和防范化解风险的双重压力，城乡基础设施和基本公共服务还需持续提升，安全生产、生态环境、经济金融等领域的风险隐患仍然存在，城乡二元结构尚未破除，财政收支矛盾有所加大。对标建设忠诚干净担当干部队伍的新考验，面临能力不足和作风不硬的双重制约，政府系统一些干部理念视野、专业能力、思维模式还有差距，缺乏斗争精神，“不愿为”和忽视客观规律“乱作为”现象仍有发生。我们将正视问题差距，切实加以整改。

二、2024年主要目标和重点任务

今年是中华人民共和国成立75周年，是实现“十四五”规划目标任务的关键一年，也是中卫建市20周年，做好政府工作机遇难得、使命光荣。从全国看，经济回升向好、长期向好的基本趋势没有改变，中央明确宏观政策继续加力增效，进一步优化重大生产力布局，为经济实现行稳致远提供了根本保证。从全区看，宁夏全域纳入黄河流域生态保护和高质量发展重大国家战略、全域纳入黄河“几”字弯攻坚战标志性战役，为我市争取政策项目创造了有利条件。从全市看，中卫位居战略腹地，资源禀赋独特，发展新材料、新能源、新基建、新业态具有突出组合优势，产业扩规、提质、增效潜力巨大。我们有信心开辟新领域新赛道、打好主动仗攻坚战，以“小不自小”的奋斗状态和“弱鸟先飞”的进取精神，让高质量发展成为中卫大地的最强音。

今年政府工作总体要求是：坚持以习近平新时代中国特色社会主义思想为指导，全面贯彻党的二十大、二十届二中全会和中央经济工作会议精神，深入落实习近平总书记视察宁夏重要讲话指示批示精神，按照自治区党委十三届六次全会和市委五届九次全会部署要求，坚持稳中求进工作总基调，完整、准确、全面贯彻新发展理念，加快融入新发展格局，以中国式现代化为中心任务，以高质量发展为首要任务，以铸牢中华民族共同体意识为主线，以先行区建设为牵引，统筹扩大内需和深化供给侧结构性改革，统筹新型城镇化和乡村全面振兴，统筹高质量发展和高水平安全，统筹高质量发展和高颜值生态，统筹高质量发展和高品质生活，深入推进“五个示范市”建设，深化实施“七个战略”，着力增强经济活力、防范化解风险、改善社会预期，着力巩固和增强经济回升向好态势，着力推动经济实现质的有效提升和量的合理增长，着力增进民生福祉、推进共同富裕、保持社会稳定，奋力谱写中国式现代化中卫高质量发展新篇章。

经济社会发展主要预期目标是：全市地区生产总值增长7%左右，工业增加值增长8%，固定资产投资增长6%左右，地方一般公共预算收入增长3%，社会消费品零售总额增长5%，城镇和农村居民人均可支配收入分别增长7%和9%左右，居民消费价格涨幅控制在3%以内，城镇调查失业率控制在5.5%以内，粮食播种面积、粮食产量、资源能源消耗、污染物排放等全面完成自治区下达目标任务。

实现上述目标，挑战与机遇并存，需要付出加倍努力。我们要坚持稳中求进、以进促稳、先立后破，扎实做好稳预期、稳增长、稳就业工作，继续保持大抓发展、抓大发展、抓高质量发展的坚定决心，重点抓好"八个聚力、八个突破"。

*（一）聚力高质量发展，奋力推进产业转型升级取得新突破。*坚持产业兴市，大力发展新材料、新能源、新基建、新业态"四新"产业，积极发展新质生产力，加快建设高端化、智能化、绿色化、融合化的现代化产业体系。

加快发展以"新材料"为龙头的新兴产业。打造中西部重要新材料研发生产基地，力争新材料产业产值突破400亿元、增长10%。分领域编制全产业链发展规划，加快培育高性能金属材料、晶硅新材料、高性能纤维材料、高分子化工新材料、电池及储能材料5个产业集群。实施今飞320万件汽车轮毂、万宁锰基锂电池材料等10个项目，积极创建国家级企业技术中心、工程研究中心，打造国家金属锰战略储备、国家铝基材料研发应用示范等产业地标。培育一批具有产业链控制力的生态主导型企业，打造产业集群。

加快构建以新能源为引领的新动能。抢抓国家新能源综合示范区建设机遇，打造"风光水火储"多能互补、"源网荷储"一体化发展的清洁能源基地。全力做好黄河黑山峡水利枢纽工程前期工作，积极推进牛首山二期等4个抽水蓄能项目。加快国能中卫电厂4×66万千瓦机组、"绿电园区"试点等10个重点项目建设，力促沙漠光伏基地二期等6个项目建成投运，新能源装机容量突破1350万千瓦。加快建设宁夏至湖南±800千伏特高压输变电、天都山750千伏变电站等9个电网项目，建设大唐、龙源等4个储能电站项目，推进四维新型储能制造等8个产业链项目，支持海兴开发区打造西部大型风机组装制造和智能运维基地，新能源产业产值达到200亿元。

加快打造以新基建为支撑的数字产业集群。建设"一集群""双中心""三基地"，高标准运营国家（中卫）新型互联网交换中心，打通中卫—上海跨域直连网络。建成投运广电一期等数据中心7个，开工建设联通四期等数据中心7个，力促中能建等3个绿色智算中心落地建设，标准机架达到12万架。招引行业知名企业10家以上、绿色节能设备和信息安全服务创新创业企业8家，创建"东数西算"示范样板企业5家。跟踪颠覆性技术和前沿技术催生的新动能、新产业、新模式，加快发展人工智能、卫星大数据等新兴数字产业。以数据交付为牵引培育数据要素市场，融合发展数据加工、数据清洗、数据标注、数据集成、数据分析、数据应用、数据推送等算力产业。信息传输、软件和信息技术服务业增加值增长20%以上，数字信息产业产值增长30%。建设数字经济小镇。办好第七届云天大会。

加快培育以新业态为代表的现代服务业。培育壮大新型消费，大力发展数字消费、绿色消费、健康消费。实施沙坡头南岸康养度假中心、沙漠主题度假中心等16个旅游项目，办好"青春漠漠搭"沙漠营地文化旅游消费季等50项节事活动，提升大漠黄河（沙坡头）国家级旅游度假区能级。做足"旅游+"文章，发展房车营地、露营旅行等新业态，丰富田园综合体、沙漠之夜等新模式，拓展数据中心游、古村落游等新线路，挖掘冬季游、博物馆游等新潜力，鼓励夜间经济、草根赛事、路边音乐会等新热点，力争游客人数、旅游收入均增长15%以上。积极应对人口老龄化趋势，丰富沙疗沙浴、富硒农业、康养旅居等服务供给，大力发展"银发经济"。实施消费扩容提质工程，提振汽车家电、批零住餐等传统消费，拓展首店、首展、首秀等新业态，改造城市商圈、特色街区3个，打造现代服务业集聚区6个。健全县域电子商务服务和寄递物流配送体系，建成乡镇商贸中心14个、乡镇寄递物流示范站10个以上。建设市级"数商兴农超市"50个。网络零售额增长10%以上。创建全国供应链创新与应用示范城市。

*（二）聚力高效益项目，奋力推进扩大有效投资取得新突破。*坚定不移实施项目带动战略，始终把项目建设作为利当前、管长远、增后劲的基础工作，科学精准落实"两大任务"，用大项目、好项目支撑大产业、带动大发展。

主动出击招引项目。抢抓沿江沿海产业转移机遇，承接资金、技术、劳动密集型产业向西部腹地有序转移。围绕"四新"产业完善"五个清单"，聚焦产业链卡点、断点、弱点引进链上配套企业，各园区落地“延链补链强链壮链”项目5个以上，“四新”产业招商引资到位资金占比达60%。加强与央企、区属国有企业对接合作，鼓励民间资本参与市政交通、乡村振兴等领域建设，力争民间投资增长10%以上。全年招商引资项目200个以上、到位资金突破400亿元。

千方百计争取项目。聚焦国家和自治区战略方向、政策导向、投资走向，编制“五争”工作指引，安排1000万元专项资金用于项目前期工作，在生态建设、城市更新、民生改善和防灾减灾救灾能力建设等方面加强项目谋划，确保储备规模动态保持在500亿元左右。抢抓国家新能源综合示范区、“东数西算”工程等重大机遇，加大中央预算内资金、专项债券、增发国债等上争力度，积极参与项目竞争性评审，做好策划论证、项目包装、对接争取工作，年内上争资金260亿元、增长10%以上。

全力以赴建设项目。计划实施重点项目236个，新建续建晨光年产30万吨硅基及气凝胶等122个产业项目，中卫工业园区铁路专用线等87个基础设施项目，公立医院改革与高质量发展示范等15个民生项目，宁夏南部生态保护和修复等12个生态环保项目，产业投资占比超过60%，项目新开工数量和竣工数量均超过50%。启动实施“项目投资攻坚年”行动，确保重点项目一季度开工率超过80%、上半年全部开工，年内完成固定资产投资350亿元。

（三）聚力高颜值生态，奋力推进美丽中卫建设取得新突破。坚定实施生态立市战略，坚决打好“九大战”，协同推进降碳、减污、扩绿、增长，加快建设天更蓝、山更绿、水更清、环境更优的美丽中卫。

打好黄河“几”字弯攻坚战。构建“一沙”“两河”“三山”“四湖”荒漠化防治格局，压茬推进国土绿化试点示范、历史遗留废弃矿山生态修复等12个生态治理项目，启动实施腾格里沙漠东南缘固沙锁边治理等生态修复项目19个，开工建设海原宋庄小流域水土流失综合治理等项目6个，完成营造林33.6万亩，修复草原、湿地5.8万亩，治理水土流失面积24万亩。实施生物多样性保护工程，加强外来入侵有害物种防控治理，加快建设香山寺、西华山国家草原自然公园，加强天湖等8个自然保护地管理，推进香山湖植物科普园、腾格里沙生植物园等湿地生态修复工程。争创国家生态文明建设示范市。

全面落实“四水四定”。落实水资源消耗总量和强度“双控”。开工建设黄河中卫段河道综合治理、贺兰山东麓（卫宁段）防洪治理工程，实施沙坡头区卡口山调蓄水库等19个水利项目，完成中宁县大佛寺沟等12条山洪沟道治理及4座水库除险加固。全面推进“互联网+城乡供水”，建成海原县西安供水12万亩高效节灌田间配套工程。推进全国典型地区再生水利用配置试点项目，非常规水源利用量达到1350万立方米以上，城市再生水回用率达到48%、工业园区再生水利用率达到85%，万元生产值用水量、万元工业增加值用水量控制在自治区下达指标之内。

纵深推进污染防治。深入打好蓝天、碧水、净土保卫战，持续强化“四尘”同治、“五水”共治、“六废”联治，高质量推进中央第二轮生态环保督察反馈问题整改。实施水循环综合利用、烟气治理超低排放改造、农业面源污染综合治理等12个项目。强化工业废气深度治理，严格管控机动车尾气、工地扬尘等污染，确保空气质量稳中向好。常态化开展河湖“清四乱”，实施清水河入黄口水生态治理工程，黄河中卫段水质稳定Ⅱ类进出。加强农业面源污染防治，确保土壤环境质量稳定好转。

推进绿色低碳发展。强化“三线一单”约束管控。实施节能减排“十大重点任务”，坚决遏制“两高一低”项目，能耗双控等指标完成自治区下达任务。扎实推进“四大改造”，重点行业达到标杆水平的产能比例超过20%，一般工业固废综合利用率达到51%。开展绿色低碳社会行动，加快建设绿色机关、绿色社区等“绿色细胞”，争创国家绿色货运配送示范城市。健全完善生态保护补偿、生态环境损害赔偿和生态产品价值实现机制。

（四）聚力高能级活力，奋力推进深化改革开放取得新突破。坚持以创新求突破、促发展，以改革破难题、稳预期，以开放拓空间、育优势，持续增强发展内生动力。

提升科技创新能力。坚持“四个面向”，实施“四大工程”，强化人才第一导向，推进创新强市战略，全社会研究与试验发展经费增长10%以上。强化企业创新主体地位，培育国家高新技术企业5家、专精特新企业5家、自治区创新型示范企业1家。围绕云计算大数据、新材料等产业，实施科技项目60个，转化科技成果55项，技术合同交易额1.6亿元以上。深化东西部科技合作，落实科技创新后补助政策，培育科技创新平台10家以上。实施“聚才兴业”工程，引进高层次人才100名以上。

深化重点领域改革。扎实推进“六权”改革，深化土地二级市场、排污权交易，加快山林权“三权”分置、用能权指标核定，探索碳排放权有偿分配，建立完善用水权交易收益分配、监管机制。实施国企改革深化提升行动，做强核心业务，增强核心功能，健全现代企业制度，提高企业经营管理水平。积极推进产业工人队伍建设改革，纵深推进农业农村、财税金融、“放管服”等领域改革。扎实开展第五次全国经济普查。

培育开放合作优势。积极融入“一带一路”、西部陆海新通道，强化与黄河“几”字弯等毗邻区域协作，构建区域协调发展新格局。实施铁路干线、专用线完善工程，推动实施包兰铁路银川至中卫段改造等项目，建成投运中卫工业园区、迎水桥2条铁路专用线，常态化开行中欧班列800列以上。稳定运行中卫至北上广重点航线和西安、武汉等城市航线，机场旅客吞吐量突破26万人次。引导贝盛、朗利等企业在卫报关出口，新增外贸型企业5家，实现进出口外贸总额20亿元、增长10%以上。培育自治区级物流园区1家、物流企业2家，全市社会物流总额增长10%以上。

建设一流营商环境。坚决清除各类显性和隐性壁垒，着力营造市场化、法治化、国际化营商环境。迭代升级“放管服”改革，高效服务全国统一大市场建设，打造更加高效、便捷、智慧的政务服务。坚持“两个毫不动摇”，做到民营企业、国有企业同等对待，本土企业、域外企业一视同仁，依法平等保护民营企业产权和企业家合法权益。大力弘扬企业家精神，完善企业帮扶机制和政企沟通机制，构建“亲清”新型政商关系。落实减税降费、援企稳岗等政策措施，全力支持中小微企业发展，力争市场主体数量达到10.7万户。加大经济宣传和舆论引导力度，凝聚推动中卫经济高质量发展的信心和力量。

（五）聚力高品位建设，奋力推进城市功能提升取得新突破。践行“人民城市人民建、人民城市为人民”理念，构建人人参与、人人负责、人人奉献、人人共享的城市治理共同体，把“城市让生活更美好”的理念变成市民实实在在的切身感受。

加快建设宜居韧性智慧城市。深入实施城市更新行动十大工程，新（改）建鼓楼街、宁安南街等8条市政道路，打通亲水街、永乐街等5条断头路，改造16个老旧小区，建设8处小微公园。巩固创卫成果，深化文明城市创建，推进青年发展型城市建设。建设怀远路雨污分流管网等42个基础设施项目，完成雨污分流改造12处，消除积水点35个，更新“四类管线”903.5公里。加快农村煤改电等15个项目建设，实现城区、县城清洁取暖全覆盖。统筹建设“平急两用”公共基础设施，实施十里水街安全提升项目，加固改造中卫黄河大桥，争创国家安全发展示范城市。推进物业行业专项整治，建设完整社区、未来社区7个，创建物业管理示范小区10个以上，打造“一刻钟便民生活圈”。建成投运城市运行管理服务平台，深化扩展社会管理数字应用场景，实现“一屏观全域、一网管全城”。完善新型网络基础设施，5G基站达到2600个以上。

推进以县城为重要载体的新型城镇化。积极融入黄河“几”字弯都市圈、沿黄城市群发展，城镇化率提高到52%。加快推进国土空间详细规划和专项规划编制，着力提高城乡规划建设治理水平。做大做强县域经济，支持沙坡头区建设产业转型示范区、中宁县建设“中华杞乡”、海原县建设绿色生态特色县，打造重点小城镇2个、美丽宜居村庄8个。推动城乡基础设施互联互通、产业协同互补互促、生态环境共保共治、公共服务共建共享，促进土地、资本等生产要素高效流通，增强县域综合承载能力和治理能力，促进县域城乡融合发展。加快农业转移人口市民化，健全教育、就业创业、医疗卫生、住房保障等基本公共服务体系，让进城群众更快更好融入城市。

（六）聚力高标准融合，奋力推进乡村全面振兴取得新突破。学习运用“千万工程”经验，坚持产业兴农、质量兴农、绿色兴农，加快乡村全面振兴示范市建设，全面提升乡村产业发展水平、乡村建设水平、乡村治理水平，建设宜居宜业和美乡村。

精准培育乡村产业。全面落实粮食安全党政同责，坚持稳面积、稳单产两手发力，健全耕地数量、质量、生态“三位一体”保护制度体系，坚决遏制耕地“非农化”、基本农田“非粮化”，新增高标准农田15万亩，粮食播种面积稳定在200万亩。精心做好“土特产”文章，更好发挥市场机制作用，做大做强枸杞、牛奶、肉牛（羊）、冷凉蔬菜等特色产业，瓜菜面积稳定在60万亩以上，奶牛存栏16万头、肉牛饲养量56万头。深入实施农业倍增行动，建设乡村振兴产业示范基地30个，实施农产品精深加工项目5个，改造农产品加工企业10家以上。巩固提升海原县马铃薯种薯繁育中心功能。完善联农带农利益联结机制，创建农产品生产示范基地8个、有机蔬菜基地2万亩，培育自治区级农产品示范区2个、龙头企业10家、家庭农场30家，让农民干在产业链上、富在产业园里。

有序推进乡村建设。适应乡村人口变化趋势，推进“多规合一”实用性村庄规划编制。深入实施农村人居环境整治提升行动，更新维护卫生厕所2000座，农村生活污水治理率超过38%，农村生活垃圾处理实现全覆盖。提高乡村基础设施完备度，完成清洁取暖改造4.7万户，改造提升农村公路1068.8公里，开工建设S205中卫至下小河段项目，推进农房安全、数字乡村等工程。支持海原县争创全区提升农村公路质量服务乡村振兴示范县。加强和改进乡村治理，强化农村精神文明建设，持续推进农村移风易俗，争创民主法治示范村（社区）10个、乡村治理示范村镇5个以上。

加快促进农民增收。严格落实“四个不摘”，健全防止返贫动态监测和帮扶、脱贫群众稳定增收长效机制，确保实现“两个高于”目标。加大海原县国家乡村振兴重点帮扶县倾斜支持力度，落实落细沙坡头、中宁中部干旱带贫困区域定点帮扶政策。实施农民“四项收入”增收行动，推进农村产权流转交易、宅基地制度改革试点，实现资源要素流动增值，财产性净收入增长10%以上。支持就近就业和劳务输出，建设农民工返乡创业基地10个，培训新型职业农民1000名，培育劳务经纪人300名，乡村覆盖率达到100%，工资性收入增长9%。实施联农带农产业项目10个，因地制宜发展乡村旅游、农村电商、庭院经济，经营性净收入增长9%以上。落实财政直接补贴、保险信贷补贴，转移性净收入增长6%以上。壮大农村新型集体经济，力争85%以上的行政村集体经济收入突破10万元。

（七）聚力高品质生活，奋力推进民生保障改善取得新突破。坚持把人民利益、人民需要、人民满意作为政府一切工作的出发点和落脚点，全力解决群众急难愁盼问题，不断实现人民对美好生活的向往。

突出就业优先导向。全面实施公共就业服务能力提升示范项目，开展职业技能培训5.4万人次，打造零工市场4个、零工驿站15个，培育驻外劳务工作站、农民工创业基地等60家以上，构建覆盖全民、辐射全域、便捷高效的全方位公共就业服务体系。抓好高校毕业生、退役军人、农民工等重点群体就业，城镇新增就业1.2万人以上，农村劳动力转移就业21万人以上，零就业家庭动态清零。发放创业担保贷款4亿元，培育创业实体1600户，创业带动就业8500人。实施“扩中提低”行动，推动城乡居民稳定增收。

办好人民满意教育。坚持教育优先发展，落实立德树人根本任务。实施中卫七中等中小学、幼儿园新（改扩）建项目9个，增加学位6900个，推进学前教育、特殊教育普惠安全发展，加快义务教育优质均衡发展和城乡一体化。深入推进“互联网+教育”建设，扎实推进卫银教育合作“三项行动”，创新推进教育数字化赋能普通高中教学质量提升。加快培育宁夏装备制造现代产业学院、宁夏数字信息现代产业学院，积极申办中卫云天职业技术学院。支持宁夏大学中卫校区建设。强化师德师风建设，培养高素质教师队伍。

推进健康中卫建设。深化公立医院综合改革，加快公立医院改革与高质量发展示范项目建设，建成投运中卫市“120”紧急救援中心，力促市人民医院传染病楼等项目开工建设。创建国家级重点专科1个、自治区级重点专科3个、市级临床重点专科5个。迁建沙坡头区人民医院，推进市人民医院创建三级甲等综合医院。推动中医药传承创新发展，提升基层中医药服务能力。落实支持三孩生育配套政策。深入推进“互联网+医疗健康”。深化爱国卫生运动，创建“健康细胞”102个，城乡居民健康素养水平提升不少于2个百分点。积极争创自治区健康城市。

扎实做好社会保障。健全覆盖城乡全体居民的社会保障体系、分层分类的社会救助体系，织密扎牢社会保障网。巩固拓展全民参保成果，落实城乡居民基本医疗保险、大病保险和医疗救助制度，稳步提升普通门诊保障水平。优化提质养老机构服务能力，推进社区居家养老服务体系建设，实施困难老年人家庭适老化改造，新（改）建乡镇养老服务中心3个。深入开展拥军优属活动，切实保障退役军人合法权益。持续开展根治欠薪专项行动。扎实推进老年人、妇女儿童、残疾人群、未成年人关爱服务，积极发展社会福利、公益慈善、志愿服务、社会工作等事业。

繁荣发展文体事业。坚持以社会主义核心价值观为引领，大力实施文明素养提升行动，深化群众性精神文明创建。加强城乡公共文化服务供给，提升改造综合文化站、文化服务中心10个，建设新型公共文化空间10个以上。创新实施文化惠民工程，开展送戏下乡等文化演出活动300场次以上。加强大麦地岩画、高庙等文化遗产保护利用，强化中卫彩绘等非物质文化遗产保护传承，推进长城、长征、黄河文化公园建设。实施全民健身行动，新建体育公园1个、健身步道16公里、多功能运动场5个，举办全民健身活动50场次，国民体质合格率超过94%。

各位代表，民之所望，施政所向。我们聚焦群众急难愁盼问题，征集确定了10件民生实事，总投资28.2亿元，涵盖10个方面23项内容，这是我们作出的庄严承诺，一定尽心竭力办实办好。

（八）聚力高水平安全，奋力推进“平安中卫”建设取得新突破。贯彻总体国家安全观，巩固夯实安全发展基础，防范化解各种风险挑战，促进高质量发展和高水平安全良性互动。

深化民族团结进步创建。以“555”工作思路为牵引，深入推进“五大工程”，持续深化“八进”活动，打造铸牢中华民族共同体意识教育馆，加快建设铸牢中华民族共同体意识示范市。全面贯彻新时代党的宗教工作基本方针。扎实开展马克思主义“五观”大宣讲，让“四个共同”的中华民族历史观、“四个与共”的共同体理念、“五个认同”的价值取向融入各族群众血脉。

有效防范化解重大风险。坚持底线思维、极限思维，实现发展和安全动态平衡、相得益彰。全面加强粮食能源、重要产业、数字信息等领域风险防范。持续做好重点房地产项目风险化解，探索推进灵活就业人员参加住房公积金制度试点，促进房地产市场健康发展。加强和完善现代金融监管，依法稳妥处置地方法人金融机构、重点企业金融风险，严厉打击非法集资等非法金融活动。全力做好“三保”工作。落实政府年度化债方案，坚决遏制隐性债务增量，牢牢守住不发生系统性风险底线。

创新完善社会治理体系。坚持和发展新时代“枫桥经验”、弘扬传承“浦江经验”，推动“四下基层”走深走实，努力把矛盾纠纷化解在基层、消除在萌芽。持续推行“人民调解+仲裁+信访”“警格+网格”社会治理模式，扎实开展信访问题源头治理攻坚行动，全面推动信访法治化建设。强化社会治安防控，常态化推进扫黑除恶，依法严厉打击各类违法犯罪活动，积极创建全国禁毒示范城市。健全网络综合治理体系。规范婚姻、殡葬、地名管理。强化食品药品安全监管。高质量推进国家食品安全示范城市创建。统筹经济发展和国防动员能力建设，支持国防和军队建设，巩固“双拥”创建成果。

坚决守牢安全生产底线。落实落细自治区安全生产“1+37+8”系列文件，全面实施“本质安全示范创建三年行动”，深入开展企业主体责任落实专项行动，深化矿山、城镇燃气、“九小”场所、特种设备等重点行业领域风险隐患排查整治，切实做到“五个到位”，确保“六个逐年下降”，实现“三个不发生”。强化执法能力建设，加大安全生产非法违法案例曝光力度。加强安全生产源头管控，实行重大风险隐患提级挂牌督办。加大极端天气等灾害预警监测力度，提升防灾减灾和应急保障能力，切实维护人民群众生命财产安全。

三、切实加强政府自身建设

各位代表，奋斗铸就辉煌，实干赢得未来。我们将牢记习近平总书记“长征永远在路上”的殷殷嘱托，自觉践行“社会主义是干出来的”伟大号召，深入落实“四下基层”制度，当好执行者、行动派、实干家，在中国式现代化的新征程上努力交出优异答卷。

忠诚为首，不折不扣抓落实。始终坚持把学习贯彻习近平新时代中国特色社会主义思想作为首要政治任务，巩固拓展主题教育成果，深刻领悟“两个确立”的决定性意义，把增强“四个意识”、坚定“四个自信”、做到“两个维护”落实到政府工作的全过程各方面，体现到干部实际行动上，确保最终效果符合党中央决策意图和区、市党委工作要求。始终胸怀“两个大局”，牢牢把握“国之大者”，不断提高政治判断力、政治领悟力、政治执行力，让最讲党性、最讲政治、最讲忠诚成为政府系统的鲜明底色。

实干为基，雷厉风行抓落实。牢记“三个务必”，增强“六个能力”，提升“三种本领”，大力弘扬“严细深实勤俭廉+快”和“五个到群众中去”的工作作风。统筹把握时度效，民主科学决策、蹄疾步稳行动，说了算、定了干，去内耗、防内卷，推动工作提速提效。用好调查研究“传家宝”，努力做到思路清晰“带领干”、身先士卒“带头干”、凝心聚力“带动干”，让担当尽责、真抓实干在政府系统蔚然成风。

利民为本，求真务实抓落实。牢记民之所望、政之所向，站稳人民立场，厚植为民情怀，尽心竭力增进民生福祉。践行新时代党的群众路线不动摇，问政于民、问需于民、问计于民，更加关注群众“柴米油盐”的烦恼、“衣食住行”的需求、“酸甜苦辣”的倾诉。坚持把为民造福作为最大政绩，办好一批“小切口、微幸福”民生实事，努力做到发展为了人民、发展依靠人民、发展成果由人民共享。

担当为要，敢作善为抓落实。坚决落实全面从严治党要求，认真履行党风廉政建设主体责任和“一岗双责”，确保严的基调贯穿政府工作始终。严格依照法定权限和程序履行职责，严格规范公正文明执法，自觉接受人大法律监督、政协民主监督和社会舆论监督，高质量办理人大代表建议和政协委员提案。争创全区法治政府建设示范市。坚持为民聚财理财，坚决落实“过紧日子”要求。严格落实中央八项规定及其实施细则精神，坚决纠治形式主义、官僚主义，切实做到干部清正、政府清廉、政治清明。

各位代表！路虽远，行则将至；事虽难，做则必成！让我们更加紧密地团结在以习近平同志为核心的党中央周围，深入学习贯彻党的二十大精神和习近平总书记视察宁夏重要讲话指示批示精神，在自治区党委、政府和市委的坚强领导下，牢记领袖嘱托，担当使命任务，保持战略定力，聚焦经济建设这一中心工作和高质量发展这一首要任务，踔厉奋发、勇毅前行，以高质量发展的实际行动和成效，为全面建设社会主义现代化美丽新宁夏作出中卫贡献！

名词解释

1.“万卡级”智算基地：基于大数据中心集群，联合智算服务企业，打造全国领先超万张智能算力卡规模的智算中心集群，面向全国提供大规模智算服务。

2.城市“四类管线”：燃气管线、供热管线、供水管线、排水管线。

3.四好农村路：农村公路建好、管好、护好、运营好。

4.生态文明建设“1+4”系列文件：“1”指自治区党委《关于深入学习贯彻习近平总书记重要讲话精神 全面推进新征程生态文明建设 加快建设美丽宁夏的意见》；“4”指环境整治、生态修复、绿色发展、组织保障4类专项文件。

5.黄河“几字弯”攻坚战：2023年6月6日，习近平总书记在内蒙古巴彦淖尔主持召开加强荒漠化综合防治和推进“三北”等重点生态工程建设座谈会，提出要全力打好黄河“几字弯”攻坚战，科尔沁、浑善达克两大沙地歼灭战，河西走廊—塔克拉玛干沙漠边缘阻击战三大标志性战役。其中“黄河‘几字弯’攻坚战”指以毛乌素沙地、库布齐沙漠、贺兰山等为重点，全面实施区域性系统治理项目，加快沙化土地治理，保护修复河套平原河湖湿地和天然草原，增强防沙治沙和水源涵养能力。

6.实施“六大提升行动”：居民收入提升、移民致富提升、教育质量提升、健康水平提升、文明素养提升、城乡面貌提升行动。

7.城市医疗集团“五大中心”：城市医疗集团总院人力资源管理中心、运营管理中心、物资供给管理中心、医防管理中心、统计信息中心。

8.安全生产“1+37+8”系列文件：“1”指自治区党委、政府《关于深入学习贯彻习近平总书记重要指示精神 统筹发展和安全 提高安全生产工作水平 切实保障人民群众生命财产安全的意见》；“37”指《关于城镇燃气安全提升行动的方案》等37个安全生产专项文件；“8”指《管行业必须管安全、管业务必须管安全、管生产经营必须管安全实施细则（试行）》等8项安全生产配套文件。

9.燃气用户“三件套”：燃气报警器、自闭阀和金属波纹管。

10.五个示范市：大数据产业中心市和产业升级示范市、铸牢中华民族共同体意识示范市、生态环境保护示范市、宜居宜业宜游示范市、乡村全面振兴示范市。

11.七个战略：创新强市战略、产业兴市战略、乡村振兴战略、生态立市战略、文化活市战略、依法治市战略、惠民富市战略。

12.源网荷储：“源”即以新能源（风电、光伏）为主的电力电源；“网”即在新能源电站和电力用户之间建设专用供电网络，配套相应的输配线路、变电站和附属设备，组建分布式智能电网；“荷”即引进符合中卫经济社会及产业发展，具备需求侧响应能力的优质电力用户；“储”即配套建设储能，满足负荷侧电压等级需求，提高电力系统灵活性调峰调频能力，保障电力安全，实现高质量供电。

13.绿电园区：以碳中和为主攻方向，采用源网荷储一体化模式，建设一个清洁能源供应基地作为示范园区的源端，支撑园区用电。

14.“一集群”“双中心”“三基地”：“一集群”即全国一体化算力网络国家枢纽节点宁夏枢纽中卫数据中心集群；“双中心”即全国一体化算力网络国家枢纽节点、国家（中卫）新型互联网交换中心；“三基地”即国家“东数西算”示范基地、信息技术应用创新基地、国家级数据供应链培育基地。

15.银发经济：专门为老年人消费服务的产业。

16.五个清单：产业政策清单、龙头企业清单、配套企业清单、招商资源清单、重点项目清单。

17.“五争”工作：争政策、争项目、争资金、争示范、争荣誉。

18.九大战：绿色转型整体战、污染防治攻坚战、防沙治沙阵地战、保护修复系统战、稳妥降碳持久战、体制创新突破战、生态安全守护战、环境保护人民战、基础支撑协同战。

19.“一沙”“两河”“三山”“四湖”：“一沙”即腾格里沙漠；“两河”即黄河、清水河；“三山”即香山、南华山、卫宁北山；“四湖”即香山湖、腾格里湖、天湖、海原石峡口水库。

20.四水四定:以水定城、以水定地、以水定人、以水定产。

21."四尘""五水""六废":"四尘"即煤尘、烟尘、汽尘、扬尘;"五水"即饮用水源、黑臭水体、工业废水、农田退水、城市污水;"六废"即建筑垃圾、生活垃圾、危险废物、畜禽粪污、工业固废、电子废弃物。

22.三线一单:生态保护红线、环境质量底线、资源利用上线和生态环境准入清单。

23.节能减排"十大重点任务":大力推动重点行业转型升级、着力提升工业园区节能环保水平、统筹推进城镇绿色节能改造、系统完善交通物流节能减排体系、深入开展农业农村节能减排、稳步实施公共机构能效提升行动、协同推进重点区域污染物减排、加快推动煤炭清洁高效利用、扎实开展挥发性有机物综合整治、不断提升环境基础设施水平。

24.四大改造:结构改造、绿色改造、智能改造、技术改造。

25.四个面向:面向世界科技前沿、面向经济主战场、面向国家重大需求、面向人民生命健康。

26.实施"四大工程":创新力量厚植、创新主体培育、创新协同联动、创新生态涵养工程。

27."六权"改革:用水权、土地权、山林权、排污权、用能权、碳排放权改革。

28."三权"分置:所有权、承包权、经营权三权分置。

29."两个毫不动摇":毫不动摇巩固和发展公有制经济,毫不动摇鼓励、支持、引导非公有制经济发展。

30.城市更新行动"十大工程":设计品质提升、城市道路疏堵提畅、市政基础设施更新改造、城镇老旧小区改造、城镇棚户区改造、老旧街区改造、老旧厂区改造、城市环境品质提升、城市公共服务提质、历史文化保护传承工程。

31.完整社区:在居民适宜步行范围内,有完善的基本公共服务设施、健全的便民商业服务设施、完备的市政配套基础设施、充足的公共活动空间、全覆盖的物业管理和健全的社区管理机制,且居民归属感、认同感较强的社区。

32.未来社区:以满足人民美好生活向往为根本目的的愿景社区,围绕社区全生活链服务需求,通过互联网与物联网技术串联人、物和事的全要素,聚焦生产、生活、服务和治理,构建生活新体验、服务新模式、治理新模式、产业新方式的未来城市新单元。

33."千万工程":"千万工程"是"千村示范、万村整治"工程的简称,由习近平总书记在2003年6月担任浙江省委书记时提出的一个以改善农村生态环境、提高农民生活质量为核心的村庄整治建设大行动,是浙江绿水青山就是金山银山理念在基层农村的成功实践,在浙江近4万个村庄中选择1万个左右的行政村进行全面整治,把其中1000个左右的中心村建成全面小康示范村。

34.四个不摘:摘帽不摘责任、摘帽不摘政策、摘帽不摘帮扶、摘帽不摘监管。

35.两个高于:脱贫群众收入增速高于农村居民平均水平,农村居民收入增速高于城镇居民平均水平。

36.农民"四项收入":工资性收入、经营性收入、财产性收入、转移性收入。

37.扩中提低:扩大中等收入群体比重,增加低收入群体收入。

38.三项行动:区域教育发展促进行动、教师队伍培养帮扶行动、"互联网+质量监测"行动。

39.健康细胞:社区、医院、学校、家庭、机关等"健康细胞"。

40.马克思主义"五观":国家观、民族观、历史观、文化观、宗教观

41."555"工作思路:抓好"五项工作"、夯实"五个基础"、作出"五个示范"。抓好五项工作:着力构筑中华民族共有精神家园、推动各民族共同走向社会主义现代化、促进各民族广泛交往交流交融、提升民族事务治理体系和治理能力现代化、坚决防范民族领域重大风险隐患。夯实五个基础:夯实铸牢中华民族共同体意识的思想基础、物质基础、社会基础、法治基础、治理基础。作出五个示范:在促进民族关系和谐、维护民族团结和睦上作出示范,在构建"六共"格局、促进各民族交往交流交融上作出示范,在创建"5585"模式、推动共同体建设有形有感有效上作出示范,在探索创建工作评价标准、构建中华民族共同体意识指标体系上作出示范,在完善政策法规制度、建立常态化长效化机制上作出示范。

42.推进"五大工程":党员干部培元固本、青少年学生夯基育苗、各族群众凝心聚魂、社科理论正本清源、中华民族共有精神家园建设。

43.深化"八进"活动:民族团结进步创建进机关、进企业、进社区、进乡镇、进学校、进新经济组织、进宗教活动场所、进景区。

44.四个共同:我国辽阔疆域是各民族共同开拓

的，悠久历史是各民族共同书写的，灿烂文化是各民族共同创造的，伟大民族精神是各民族共同培育的。

45.“四个与共”：休戚与共、荣辱与共、生死与共、命运与共。

46.“五个认同”：各族群众对伟大祖国、中华民族、中华文化、中国共产党、中国特色社会主义的认同。

47.“三保”：保基本民生、保工资、保运转。

48.“四下基层”：领导干部“宣传党的路线、方针、政策下基层，调查研究下基层，信访接待下基层，现场办公下基层”，是习近平总书记在福建工作期间大力倡导并身体力行形成的工作方法和工作制度。

49.“五个到位”：单位主要负责人认识到位，安全生产责任主体履职到位，日常管理与阶段性监督检查到位，隐患排查及整改到位，危险源监控到位。

50. 六个逐年下降：安全生产事故死亡人数、事故起数、单位地区生产总值生产安全事故死亡率、工矿商贸就业人员十万人生产安全事故死亡率、营运车辆万车死亡率、煤矿百万吨死亡率6个主要指标逐年下降。

51. 三个“不发生”：不发生重特大生产安全事故，不发生安全生产领域较大网络舆情炒作事件，不发生安全生产领域风险向政治安全领域传导问题。

52.“三个务必”：务必不忘初心、牢记使命，务必谦虚谨慎、艰苦奋斗，务必敢于斗争、善于斗争。

53. 六个能力：机遇捕捉、项目谋划、政策把握、市场谈判、攻关制胜、工作制胜能力。

54. 三种本领：推动高质量发展、服务群众、防范化解风险本领。

55.“五个到群众中去”：意见到群众中去听、问题到群众中去找、办法到群众中去学、效果到群众中去看、满意度到群众中去评。

中卫市2023年国民经济和社会发展统计公报

中卫市统计局　国家统计局中卫调查队

（2024年4月30日）

2023年，是全面贯彻党的二十大精神的开局之年，是三年新冠疫情防控转段后经济恢复发展的一年，是全市承压奋进高质量发展取得明显成效的一年。在市委和市政府的坚强领导下，全市上下坚持以习近平新时代中国特色社会主义思想为指导，全面贯彻党的二十大精神和习近平总书记视察宁夏重要讲话指示批示精神，围绕自治区第十三次党代会部署要求，坚持稳中求进工作总基调，着力推动稳经济一揽子政策措施发力显效，生产供给稳中有升，市场需求持续改善，就业物价总体稳定，民生保障有力有效，转型升级扎实推进，全市高质量发展迈出坚实步伐。

一、综合

2023年，初步核算，全市实现地区生产总值590.78亿元，按不变价格计算，比上年增长7.1%。其中，第一产业增加值81.88亿元，增长7.6%；第二产业增加值269.51亿元，增长9.5%；第三产业增加值239.39亿元，增长4.8%。第一产业增加值占地区生产总值的比重为13.9%，第二产业增加值的比重为45.6%，第三产业增加值的比重为40.5%。按常住人口计算，人均地区生产总值54677元，比上年增长6.8%。

图1 2019-2023年全市生产总值及其增长速度

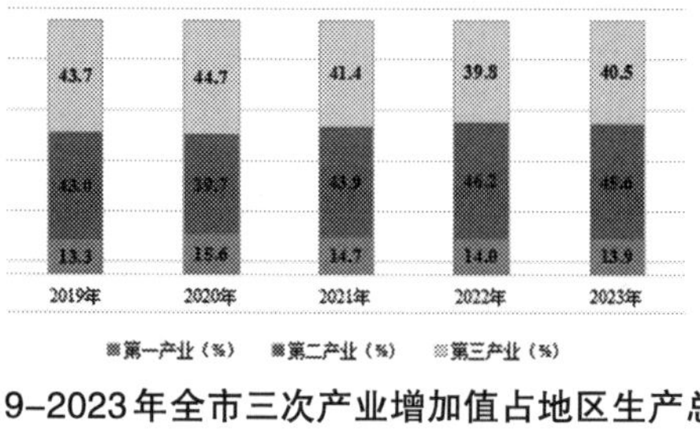

图2 2019-2023年全市三次产业增加值占地区生产总值比重

年末全市户籍总户数39.16万户，户籍总人口121.98万人。年末全市常住人口108.06万人，比上年末增加0.02万人，其中城镇常住人口55.78万人，占常住人口的比重（常住人口城镇化率）为51.62%，比上年末提高0.79个百分点。全年出生人口1.28万人，出生率11.85‰；死亡人口0.73万人，死亡率6.76‰；自然增长率5.09‰。

表1 2023年末全市人口数及其构成

指标	年末数（万人）	比重（%）
常住人口	108.06	100.0
其中：城镇	55.78	51.62
乡村	52.28	48.38
其中：男性	56.53	52.31
女性	51.53	47.69

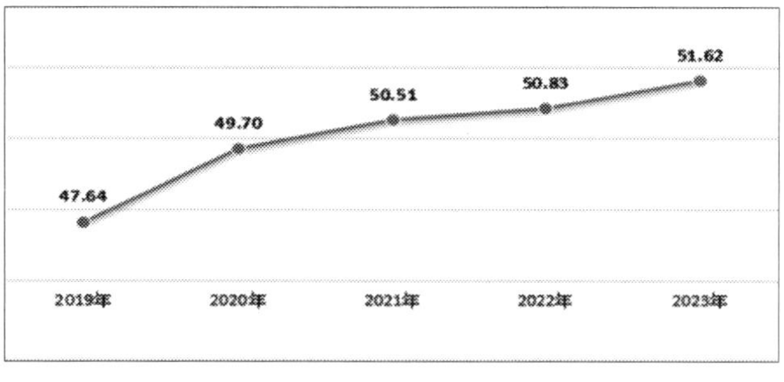

图3 2019—2023年全市城镇化率（%）

全市城镇新增就业人员12216人，比上年增加138人。全市农村劳动力转移就业22.06万人，比上年增加0.01万人。

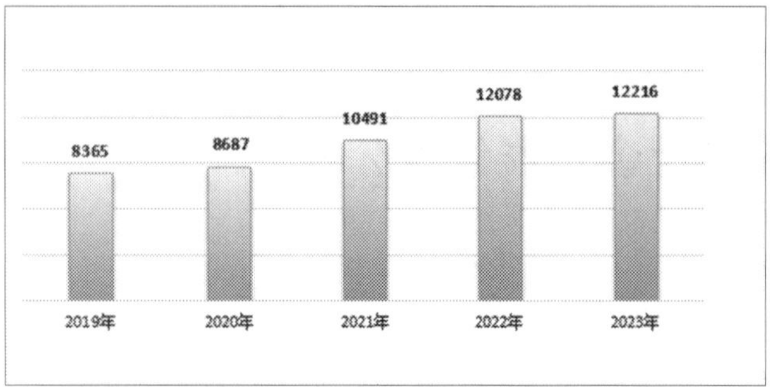

图4 2019—2023年全市城镇新增就业人数(人)

2023年,全市居民消费价格比上年上涨0.6%。服务项目价格上涨1.1%。

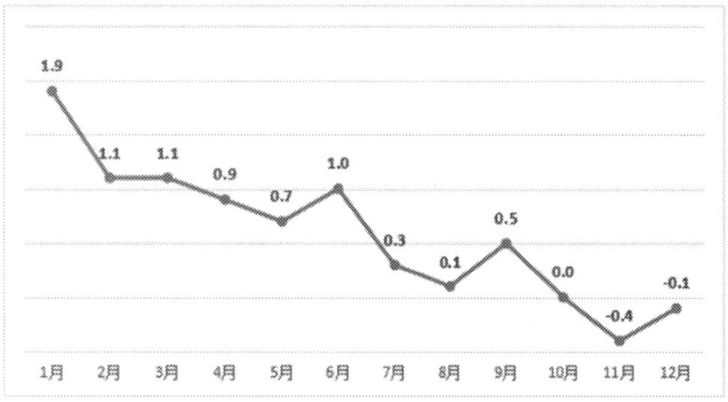

图5 2023年全市居民消费价格当月同比涨跌图(%)

表2 2023年全市居民消费价格比上年涨跌幅度

指　标	上年价格=100
一、居民消费价格总指数	100.6
#服务项目价格指数	101.1
#食品烟酒	100.9
衣　着	100.7
居　住	99.9
生活用品及服务	99.8
交通通信	98.5
教育文化娱乐	102.2
医疗保健	101.1
其他用品及服务	105.0

发展动能日益增强。全市信息传输、软件和信息技术服务业增加值比上年增长18.8%,拉动全市生产总值增长0.5个百分点。规模以上工业中,高技术制造业增加值比上年增长11.8%,占规模以上工业增加值的比重为7.7%;装备制造业增加值比上年增长14.1%,占规模以上工业增加值的比重为9.3%;水电、风电、太阳能发电等清洁能源发电量165.55亿千瓦时,比上年增长14.7%。全年新登记市场主体1.5万户,日均新登记企业7.6户。

二、农业

2023年,全市实现农林牧渔业增加值85.02亿元,比上年增长7.5%(按可比价计算,下同),完成农林牧渔业总产值165.83亿元,比上年增长7.5%。其中,农业产值97.66亿元,增长3.3%;林业产值0.96亿元,下降26.7%;畜牧业产值59.27亿元,增长16.3%;渔业产值3.09亿元,增长16.4%;农林牧渔服务业产值4.85亿元,增长5.7%。

全市粮食种植面积191.5万亩,比上年增加0.1万亩,增长0.03%。其中,小麦种植面积15.1万亩,减少2.0万亩;水稻种植面积2.6万亩,减少2.1万亩;玉米种植面积102.3万亩,增加5.6万亩;薯类种植面积28.4万亩,减少2.1万亩。

全市粮食总产量69.4万吨,比上年增加0.6万吨,增产0.8%。其中,夏粮产量3.4万吨,增产12.0%;秋粮产量66.0万吨,增产0.3%。全年小麦产量3.3万吨,增产11.9%;水稻产量1.5万吨,减产45.0%;玉米产量55.5万吨,增产4.4%;马铃薯(已折粮)产量5.7万吨,减产11.4%。

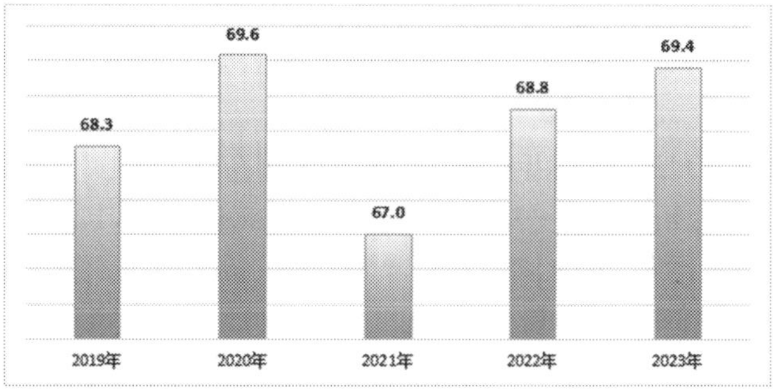

图6 2019—2023年全市粮食产量(万吨)

全市蔬菜种植面积26.7万亩,增长9.7%,产量51.9万吨,增长13.3%;枸杞种植面积25.5万亩,增长3.1%,产量4.5万吨,下降3.3%;瓜果种植面积62.3万亩,增长18.7%,产量140.9万吨,增长17.2%。其中,西瓜种植面积60.6万亩,增长20.0%,产量138.9万吨,增长18.7%。

全市肉类总产量8.3万吨,比上年增长10.4%。其中,猪肉产量3.5万吨,下降3.1%;牛肉产量2.2万吨,增长20.8%;羊肉产量2.1万吨,增长28.0%;禽肉产量0.5万吨,增长12.1%。禽蛋产量3.8万吨,下降2.6%。牛奶产量59.6万吨,增长23.7%。年末全市生猪存栏33.6万头,比上年末增长4.6%;牛存栏38.0万头,增长5.0%,其中奶牛存栏14.2万头,增长11.5%;羊存栏117.9万只,下降5.7%;家禽存笼385.7万只,下降10.0%。全年生猪出栏41.8万头,下降4.4%;牛出栏

13.2万头，增长20.6%；羊出栏123.1万只，增长28.8%；家禽出笼255.9万只，增长12.6%。

三、工业和建筑业

2023年，全市实现工业增加值237.90亿元，比上年增长12.7%，占地区生产总值的比重为40.3%。规模以上工业增加值增长15.2%。在规模以上工业中，分轻重工业看，重工业增长15.3%，占规上工业增加值的比重为95.3%；轻工业增长12.5%，占规上工业增加值的比重为4.7%。分经济类型看，国有控股企业增加值增长5.1%；股份制企业增长15.6%，外商及港澳台商投资企业增长4.5%；私营企业增长26.1%。分门类看，采矿业增加值增长40.3%，制造业增长9.2%，电力、热力、燃气及水生产和供应业增长14.9%。

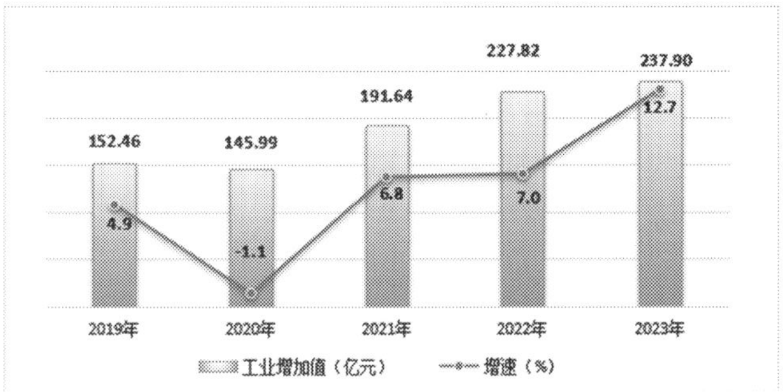

图7 2019—2023年全市工业增加值及其增长速度

规模以上工业中，有色金属冶炼及压延加工业增加值增长18.5%，农副食品加工业下降0.1%，食品制造业增长10.0%，计算机、通信和其他电子设备制造业增长13.6%，石油、煤炭及其他燃料加工业下降9.7%，黑色金属冶炼和压延加工业增长15.7%，造纸和纸制品业下降5.1%，电力、热力生产和供应业增长16.8%，化学原料和化学制品制造业增长8.6%，非金属矿物制品业增长0.1%。

规模以上工业企业利润亏损10.68亿元，增亏3.67亿元。分经济类型看，国有控股企业利润16.36亿元，比上年下降0.6%；股份制企业利润亏损11.67亿元，增亏5.77亿元；外商及港澳台商投资企业利润0.99亿元，扭亏转盈2.10亿元；私营企业利润亏损26.31亿元，减亏2.18亿元。分门类看，采矿业利润亏损670.3万元，减亏422万元；制造业利润亏损36.81亿元，增亏10.80亿元；电力、热力、燃气及水生产和供应业利润26.19亿元，增长37.1%。规模以上工业企业每百元营业收入中的成本为92.15元，比上年增加1.61元。年末规模以上工业企业资产负债率为76.9%，比上年末提高12.9个百分点。

年末全市发电装机容量1248万千瓦，比上年末增长10.9%。其中，火电装机容量236万千瓦，增长1.7%；水电装机容量12万千瓦，与上年末持平；并网风电装机容量355万千瓦，与上年末持平；并网太阳能发电装机容量644万千瓦，增长22.5%。

表3 2023年全市规模以上工业主要产品产量及其增长速度

产品名称	单位	产量	比上年增长(%)
电石	万吨	33.4	-10.1
合成氨	万吨	11.3	-25.1
单晶硅	吨	20662	28.9
水泥	万吨	311.0	9.1
钢材	万吨	157.4	-3.9
铁合金	万吨	129.1	16.8
十种有色金属	万吨	31.0	22.3
发电量	亿千瓦小时	286.7	26.5
其中：火力发电量	亿千瓦小时	121.2	47.2
风力发电量	亿千瓦小时	77.8	9.0
太阳能发电量	亿千瓦小时	82.2	23.2

全市建筑业实现增加值31.68亿元，比上年下降7.4%。全市具有资质等级的总承包和专业承包建筑业企业完成建筑业总产值36.82亿元，下降8.9%。其中，国有及国有控股企业完成产值4.89亿元，下降11.6%；私营企业完成产值28.03亿元，下降10.4%。

图8 2019—2023年全市建筑业增加值及其增长速度

四、服务业

全市服务业实现增加值239.39亿元，比上年增长4.8%，占地区生产总值的比重为40.5%。分行业看，批发和零售业实现增加值24.66亿元，比上年增长7.1%；交通运输、仓储和邮政业实现增加值31.74亿元，增长12.3%；住宿和餐饮业实现增加值7.00亿元，增长11.4%；金融业实现增加值26.49亿元，增长5.1%；房地产业实现增加值20.01亿元，增长4.3%；其他服务业实现增加值126.28亿元，增长2.4%。全年规模以上服务业企业实现营业收入89.41亿元，比上年增长12.6%。

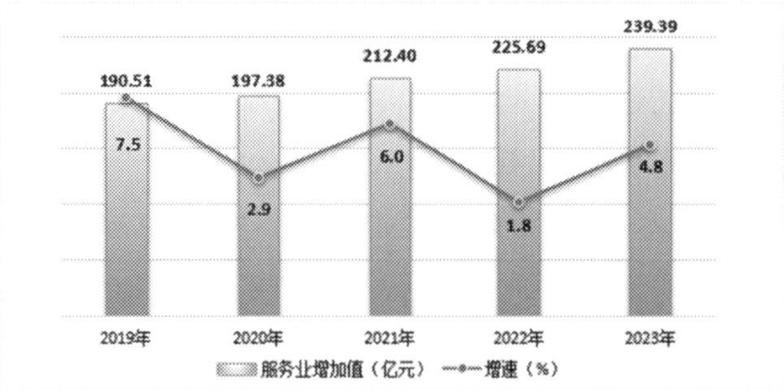

图9 2019—2023年全市服务业增加值及其增长速度

年末全市民用汽车保有量21.36万辆，比上年末增长7.3%，其中私人汽车保有量19.21万辆，增长7.6%。民用轿车保有量11.72万辆，增长86.0%，其中私人轿车6.31万辆，增长4.2%。全年民航旅客吞吐量17.54万人次，货邮周转量60.8万吨公里。

全年完成邮政行业业务总量2.03亿元，按2020年不变单价计算，比上年增长26.6%。完成邮政业务收入2.13亿元，增长25.3%。全年邮政业完成函件业务12.44万件，下降14.9%；邮政包裹业务0.78万件，增长9.9%；快递业务1364.7万件，增长33.8%。

全年电信业务总量比上年增长35.6%。实现电信业务收入16.77亿元，增长43.7%。年末全市电话用户总数129.4万户，增长1.7%。其中，固定电话用户7.2万户，移动电话用户122.2万户。年末固定互联网宽带接入用户52.3万户，比上年末增加3.2万户。

五、贸易

全市实现社会消费品零售总额132.62亿元，比上年增长0.6%。按经营地分，城镇消费品零售额99.68亿元，增长0.7%；乡村消费品零售额32.94亿元，增长0.2%。按消费类型分，商品零售额114.09亿元，下降1.1%；餐饮收入18.53亿元，增长12.4%。

图10 2019—2023年全市社会消费品零售总额及其增长速度

在限额以上单位（法人）商品零售额中，粮油、食品类零售额比上年增长7.3%，饮料类增长5.2%，烟酒类增长16.6%，服装、鞋帽、针纺织品类增长8.6%，化妆品类增长20.6%，日用品类增长19.7%，家用电器和音像器材类下降19.5%，中西药品类下降6.6%，文化办公用品类下降8.6%，通信器材类增长40.5%，汽车类增长58.6%，石油及制品类增长4.7%。

全年实现进出口总额18.08亿元，比上年下降49.1%。其中，出口总额15.29亿元，下降20.6%；进口总额2.79亿元，下降82.8%。

六、固定资产投资

全年固定资产投资（不含农户）比上年下降6.8%。其中，区属投资下降6.9%，县属投资下降6.8%。分投资主体看，国有投资下降5.9%，民间投资下降8.1%。

在县属固定资产投资中，第一产业投资比上年下降34.5%，第二产业投资下降10.9%，第三产业投资增长4.4%。工业投资下降10.9%，占县属固定资产投资的比重为53.0%。新能源投资下降8.5%，占工业投资的比重为50.7%。高耗能投资（不含电力、热力生产和供应业）下降27.8%，占工业投资的比重为15.0%。工业技改投资下降13.3%，占工业投资的比重为18.4%。县属基础设施投资增长31.9%。

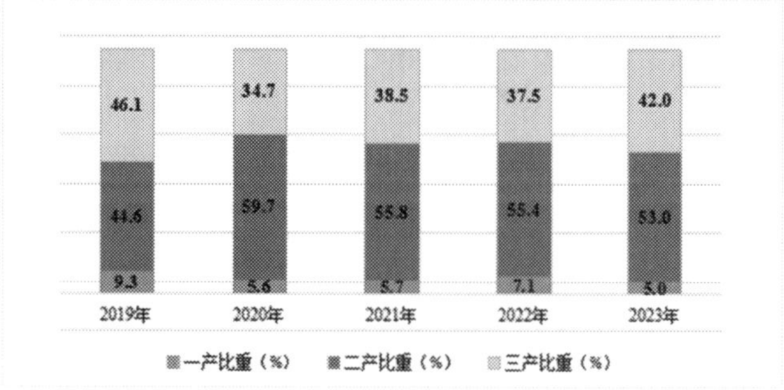

图11 2019—2023年全市县属固定资产投资（不含农户）三次产业比重

表4 2023年分行业县属固定资产投资（不含农户）增长速度

行 业	比上年增长（%）
农、林、牧、渔业	-29.1
采矿业	-
制造业	-24.7
电力、热力、燃气及水生产和供应业	-5.0
建筑业	-
批发和零售业	-8.1
交通运输、仓储和邮政业	10.8
住宿和餐饮业	258.5
信息传输、软件和信息技术服务业	31.5
金融业	-
房地产业	-13.4
租赁和商务服务业	3.2

续表

行 业	比上年增长(%)
科学研究和技术服务业	-42.1
水利、环境和公共设施管理业	13.5
居民服务、修理和其他服务业	-
教育	-0.2
卫生和社会工作	2.3
文化、体育和娱乐业	-41.4
公共管理、社会保障和社会组织	65.5

全年完成房地产开发投资26.43亿元，比上年下降15.8%。其中，住宅投资20.91亿元，下降10.4%；商业营业用房投资1.58亿元，下降58.2%。年末全市商品房待售面积88.63万平方米，下降2.1%。其中，住宅待售面积41.65万平方米，增长31.7%。

表5 2023年全市房地产开发和销售主要指标及其增长速度

指 标	单位	绝对额	比上年增长(%)
投资额	亿元	26.4	-15.8
其中：住宅	亿元	20.9	-10.4
房屋施工面积	万平方米	333.3	-7.9
其中：住宅	万平方米	248.4	-6.8
房屋新开工面积	万平方米	66.1	5.9
其中：住宅	万平方米	54.7	5.8
房屋竣工面积	万平方米	81.3	95.2
其中：住宅	万平方米	67.6	114.2
商品房销售面积	万平方米	70.0	21.0
其中：住宅	万平方米	60.0	18.4
商品房销售额	亿元	35.4	18.9
其中：住宅	亿元	30.5	17.3

七、财政和金融

全市完成地方财政收入31.41亿元，比上年增长10.4%。其中，一般公共预算收入23.17亿元，增长6.0%。在地方一般公共预算收入中，税收收入14.73亿元，增长5.8%。主体税种中，增值税5.89亿元，增长55.3%；企业所得税1.73亿元，下降5.6%；个人所得税0.40亿元，下降8.6%。全年财政支出220.17亿元，比上年增长7.8%。其中，一般公共预算支出211.86亿元，增长8.0%。在一般公共预算支出中，一般公共服务支出10.10亿元，增长1.4%；教育支出28.76亿元，增长0.5%；社会保障和就业支出32.57亿元，增长11.2%；卫生健康支出25.19亿元，增长9.8%。

图12 2019—2023年全市一般公共财政预算收入及其增长速度

年末全市金融机构本外币各项存款余额755.38亿元，比年初增长5.2%。其中，人民币各项存款余额755.13亿元，比年初增长5.2%。金融机构本外币各项贷款余额633.39亿元，比年初增长13.4%。其中，人民币各项贷款余额633.38亿元，比年初增长13.4%。

表6 2023年末全市金融机构人民币存贷款余额及其增长速度

指 标	年末数(亿元)	比上年末增长(%)
各项存款	755.13	5.2
其中：住户存款	559.48	11.1
非金融企业存款	66.86	-12.6
各项贷款	633.38	13.4
其中：住户贷款	336.13	10.7
企(事)业单位贷款	297.25	16.7

全市保险公司原保险保费收入21.92亿元，比上年增长9.7%。其中，财产险业务保险保费收入9.56亿元，增长9.5%；寿险业务保险保费收入12.36亿元，增长9.9%。支付各类赔款及给付9.63亿元，增长31.7%。其中，财产险业务赔款及给付支出6.76亿元，增长19.1%；寿险业务给付支出2.87亿元，增长75.0%。

八、居民收入消费和社会保障

全市居民人均可支配收入22034元，比上年增长7.9%，扣除价格因素，实际增长7.3%。按常住地分，全市城镇居民人均可支配收入36138元，比上年增长6.0%，扣除价格因素，实际增长5.4%。其中，人均工资性收入27034元，增长3.5%；人均经营净收入3664元，增长28.5%；人均财产净收入954元，增长1.0%；人均转移净收入4485元，增长7.4%。全市农村居民人均可支配收入15566元，比上年增长8.1%，扣除价格因素，实际增长7.5%。其中，人均工资性收入7049元，增长9.6%；人均经营净收入5774元，增长6.4%；人均财产净收入200元，增长1.5%；人均转移净收入2543元，增长8.5%。

全市居民人均消费支出14705元，比上年增长3.6%。按常住地分，城镇居民人均消费支出20692元，增长12.3%，其中食品烟酒类消费支出5713元，增长9.6%，占城镇居民人均消费支出的比重为27.6%。农村居民人均消费支出11959元，比上年增长7.8%，其中食品烟酒类消费支出3653元，增长8.7%，占农村居民人均消费支出的比重为30.5%。

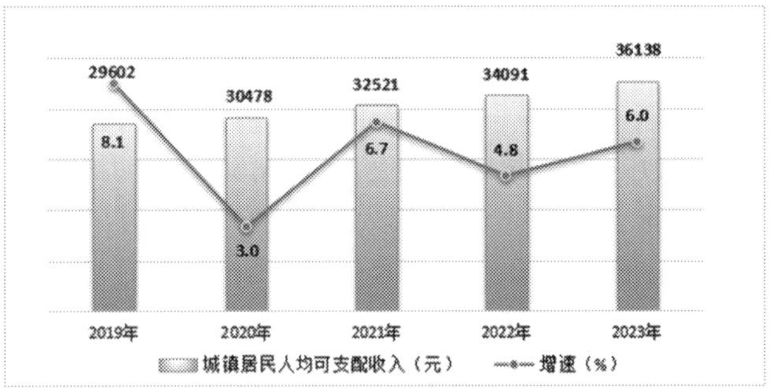

图13 2019—2023年全市城镇居民人均可支配收入及其增长速度

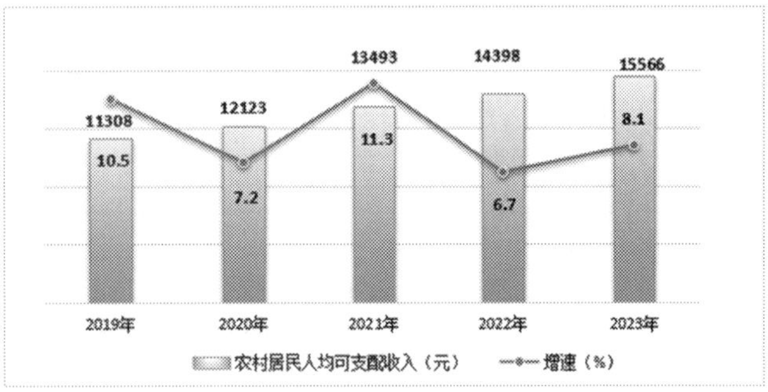

图14 2019—2023年全市农村居民人均可支配收入及其增长速度

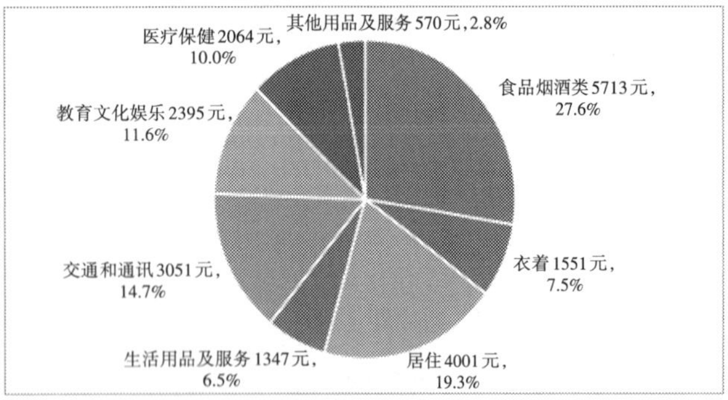

图15 2023年全市城镇居民人均消费支出及其构成

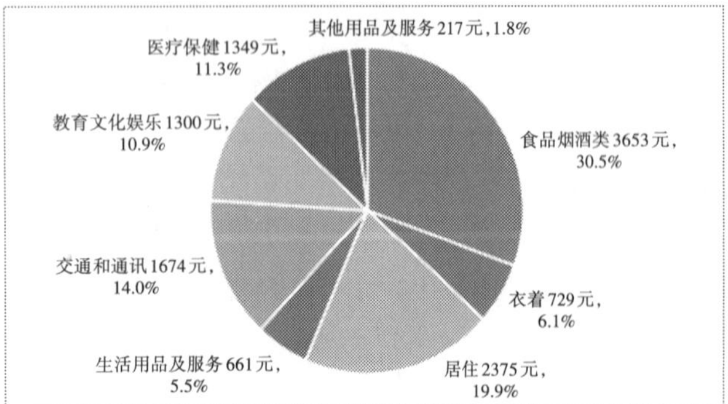

图16 2023年全市农村居民人均消费支出及其构成

年末全市参加基本养老保险人数30.61万人，比上年末增加302人。参加城乡居民基本养老保险人数45.77万人，比上年末减少2.03万人。参加基本医疗保险人数110.98万人，减少0.62万人。其中，参加职工基本医疗保险人数14.34万人，增加0.36万人；参加城乡居民基本医疗保险人数96.64万人，减少0.98万人。参加失业保险人数9.41万人，增加0.26万人。领取失业保险金人数4556人。参加工伤保险人数16.34万人，减少0.15万人，其中参加工伤保险的农民工7.84万人，增加1.21万人。参加生育保险人数11.10万人，增加0.22万人。年末全市共有1.69万人享受城市最低生活保障，发放保障金9483万元；8.50万人享受农村最低生活保障，发放保障金32760万元，1589人享受农村特困人员救助供养，全年临时救助1.98万人次。全年抚恤、补助退役军人和其他优抚对象3963人。

年末全市拥有养老机构24个，其中农村敬老院12个、社会福利院1个、民办养老机构11个，共有床位5727张，入住老人844人。儿童福利院1个，共有床位50张，入住儿童3人。城乡建立各类社区服务站511个。

九、科学技术和教育

全市共争取上级科技项目277个，到位资金1.66亿元。全年专利授权数816件，其中获得授权发明专利86件。年末，全市共有国家级高新技术企业14家，自治区科技型中小企业32家。每万人有效发明专利拥有量3.83件。

全市制造业产品合格率94.63%。

年末全市各级各类学校514所，教职工17061人，其中专任教师14157人。全市小学学龄人口入学率100.0%，初中阶段毛入学率99.64%，高中阶段毛入学率95.0%，小学六年巩固率100.0%，初中三年巩固率100.0%。

表7 2023年全市教育机构学生情况

类别	校数（所）	招生数（人）	在校学生数（人）	毕业学生数（人）
普通高等学校	1	556	2105	709
中等职业教育学院	3	2522	8055	3060
普通高中	8	8870	27402	8821
普通初中	54	14803	45202	15113
普通小学	261	16106	95703	15517
幼儿园	184	14668	35062	17392
特殊教育学校	3	82	319	60

十、文化旅游、卫生健康和体育

年末全市拥有专业艺术表演团体9个，业余文艺团体191个，文化馆3个，公共图书馆3个，剧场、影剧院7个，文化站39个，全市已建成大型公共文化服务场所10个，村级文化室443个，社区文化室68个。

全市接待旅游人数1503万人次，比上年增长

68.8%。旅游总收入88.4亿元，比上年增长66.6%。

年末全市共有医疗卫生机构702个。其中，医院21个，基层医疗卫生机构665个，专业公共卫生机构14个。年末卫生技术人员7048个。其中，执业医师（助理）2432人，注册护士3059人。医疗卫生机构实有床位4489张。其中，医院3678张，基层医疗卫生机构700张，专业公共卫生机构79张。全年总诊疗人次662.43万人次，出院人数13.51万人次。

年末全市共有体育场馆23个，体育场地面积310万平方米。全年举办体育运动竞赛场次50次，举办大型职工群众运动会8次，培训二级体育指导员335人。

十一、资源、环境和应急管理

全市城市现状建设用地73.52平方公里。其中，居住用地26.33平方公里，工业用地3.32平方公里，公共管理和公共服务用地6.34平方公里，商业服务业设施用地7.14平方公里，物流仓储用地4.07平方公里，道路交通设施用地14.20平方公里，公共设施用地2.21平方公里，绿地与广场用地9.91平方公里。全市城市道路长度561.67公里。全市共有公园44个，公园面积938.52公顷，人均公园绿地面积15.53平方米。年末全市建成区面积达到79.62平方公里。建成区绿化覆盖率达到39.09%，绿地率为36.06%。

全年空气质量优良天数290天，优良天数比例为79.5%，细颗粒物（$PM_{2.5}$）平均浓度为28微克/米^3，可吸入颗粒物（PM_{10}）平均浓度为66微克/米^3，环境空气质量综合指数为3.55%。全年全市降水量214毫米。全年平均气温为10.3℃，比上年下降0.1℃。

全市规上工业能源消费量比上年增长17.9%，单位工业增加值能耗比上年增长2.3%。

全市发生各类生产安全事故21起。其中，道路交通7起，工矿商贸13起，建筑施工6起，工矿商贸其他7起，火灾事故1起。死亡21人。其中，道路交通死亡5人，工矿商贸死亡15人，建筑施工死亡8人，工矿贸其他死亡7人，火灾死亡1人。经济损失2151.5万元。全市亿元GDP生产安全事故死亡人数0.0355人。

注释：

［1］本公报中数据均为初步统计数。正式数据以《中卫统计年鉴2024》为准。部分数据因四舍五入的原因，存在总计与分项合计不等的情况。

［2］地区生产总值、三次产业及相关行业增加值绝对数按现价计算，增长速度按不变价格计算。

［3］①规模以上工业：年主营业务收入2000万元及以上的工业法人单位。②有资质的建筑业：有总承包、专业承包资质的建筑业法人单位。③限额以上批发和零售业：年主营业务收入2000万元及以上的批发业、年主营业务收入500万元及以上的零售业法人单位。④限额以上住宿和餐饮业：年主营业务收入200万元及以上的住宿和餐饮业法人单位。⑤房地产开发经营业：有开发经营活动的全部房地产开发经营业法人单位。⑥规模以上服务业：年营业收入2000万元及以上服务业法人单位，包括：交通运输、仓储和邮政业，信息传输、软件和信息技术服务业，水利、环境和公共设施管理业三个门类和卫生行业大类；年营业收入1000万元及以上服务业法人单位，包括租赁和商务服务业、科学研究和技术服务业、教育三个门类，以及物业管理、房地产中介服务、房地产租赁经营和其他房地产业四个行业小类；年营业收入500万元及以上服务业法人单位，包括：居民服务、修理和其他服务业，文化、体育和娱乐业两个门类，以及社会工作行业大类。

［4］火电装机容量包括燃煤、燃油、燃气、余热、余压、余气、垃圾焚烧及生物质发电装机容量。

［5］邮政行业业务总量按2020年价格计算，邮政行业业务收入不包括邮政储蓄银行直接营业收入。

［6］城镇职工基本养老保险人数、收缴和发放范围为企业职工和机关事业单位人员。

［7］养老机构数和儿童福利院数包含非运营机构数。幼儿园人数包含学前班人数。

［8］体育场地调查对象不包括军队、铁路系统所属体育场地。

资料来源：

本公报中就业、养老保险、失业保险、工伤保险数据来自市人社局；户籍人口数据来自市公安局；市场主体、专利数据来自市市场监督管理局；发电装机容量数据来自国网中卫供电公司；进出口数据来自中卫海关；汽车保有量来自市车管所；民航数据来自西部机场集团宁夏机场有限公司中卫分公司；邮政数据来自市邮政管理局；电信数据来自自治区通信管理局；财政数据来自市财政局；金融数据来自人民银行中卫市分行；保险业数据来自中卫银保监分局；医疗保险、生育保险数据来自市医保局；社会福利数据来自市民政局；优抚对象数据来自市退役军人事务局；科学技术数据来自市科技局；教育数据来自市教育局和宁夏大学中卫校区；文化、旅游和体育数据来自市旅游文体广电局；城市建设数据来自市住建局；环境数据来自市生态环境局；气象数据来自市气象局；生产安全数据来自市应急管理局；其余数据均来自市统计局和国家统计局中卫调查队。

中卫市组织机构和领导人名录

（2023 年 1 月 1 日至 12 月 31 日）

中国共产党中卫市委员会

书　记　张　利
副书记　马洪海（回族）
　余瑞东
常　委　高　鹏（女）
　万学道
　郑明亮
　刘凯华
　于建文
　郭爱迪
　赵会勇（2023.08 任职）
　许洪波（挂职，2022.06 任职）
　常　虹（女，2023.08 任职）
秘书长　于建文（2023.08 任职）
副秘书长　李伟善（2023.10 任职）
　田海福（回族）
　黄飞虎（任至 2023.10）
　孙学全（任至 2023.10）
　郭振华
　李松龄（2023.02 任职）
　田　力（回族，2023.10 任职）
　焦海珍（2023.10 任职）
　张永华（任至 2023.10）

中卫市人民代表大会常务委员会

党组书记　张　利
主任、党组副书记　崔　昆
副主任　万克军
　韩秉文
　何建勃
　田风才（回族）
　陈自强
　景兆珍
　马　丽（女，回族）
　金　忱
秘书长　何太成
副秘书长　龙海生
办公室主任　袁海清（2023.02 任职）
办公室副主任　马仲元（回族）

法制工作委员会

主　任　李　斌（2023.08 任职）
　陆宝明（任至 2023.04）
副主任　刘树飞

财政经济工作委员会

主　任　李红瑛（2023.08 任职）
　刘金保（任至 2023.04）
副主任　杨金保

农业与环境资源保护工作委员会

主　任　刘宏阳（2023.02 任职）
　魏建雄（任至 2023.02）
副主任　常　军

教育科学文化卫生民族宗教工作委员会

主　任　王朝升（2023.02 任职）
　童　颢（任至 2023.02）
副主任　李正甫（回族，2023.10 任职）
　叶建成（任至 2023.07）

人事代表联络与选举工作委员会

主　任　陈玉茂
副主任　孙玉祥

监察和司法工作委员会

主　任　严　静（女）

中卫市人民政府

党组书记、市　长	马洪海(回族)
副市长、党组副书记	赵会勇(2023.08任职)
副市长	郭爱迪
	许洪波(挂职)
	康俊杰
	张　虎
	马自忠(回族,任至2023.08)
	杨照明(回族)
	陈贵贞(女)
秘书长	孙尚金
副秘书长	王秀娟(女,任至2023.07)
	雍跃斌
	万伟中(2023.07任职)
	姚宏愿(2023.07任职)
	田　力(回族,任至2023.10)
	马宏全
	刘　明(挂职,任至2023.02)
	陆　升
	贺伟龙
	王立明(2023.10任职)

中国人民政治协商会议中卫市委员会

党组书记、主席	杨文生(回族)
党组副书记	万学道
党组副书记、副主席	盛建宁
副主席	穆风梧(回族,不驻会)
	吕玉兰(女)
	张　鹏
	杨树春(回族)
	冯忠铁
	严玉华
	孙尚金
秘书长	孙志刚
副秘书长	于建涛(2023.10任职)
办公室主任	潘志华
办公室副主任	詹卫明
提案委员会	
主　任	范金祥
副主任	王存栋
经济委员会	
主　任	俞正荣
副主任	雍正嘉(任至2023.08)
教科文卫体委员会	
主　任	邹建萍(2023.08任职)
	李　诚(任至2023.08)
副主任	彭浩平
社会和法制委员会	
主　任	唐兴武
副主任	詹树楷
民族宗教和港澳台侨委员会	
主　任	杨树春(回族)
副主任	谈　柱(正处级)
	王燕玲(女)
文化文史和学习委员会	
主　任	吕玉兰(女)
副主任	马建才(2023.10任职)
	张江涛(正处级,任至2023.10)
	孙素香(女)
农业和农村委员会	
主　任	盛建宁
专职副主任	任进文(2023.03任职)

中国共产党中卫市纪律检查委员会

书　记	刘凯华
副书记	杨智龙(回族)
	周自军
	拓晓明
常　委	刘　慧(女)
	詹伟斌
	陈学森
	赵文胜
	王国强(回族,2023.02任职)
派驻纪检监察组组长	
第一派驻纪检监察组	朱　樱(女)
第二派驻纪检监察组	禹淑贤(女)
第三派驻纪检监察组	董兴华
第四派驻纪检监察组	杨卫华(2023.08任职)
第五派驻纪检监察组	刘险峰
第六派驻纪检监察组	贾廷虎
第七派驻纪检监察组	张春山

第八派驻纪检监察组　李　波（回族）
第九派驻纪检监察组　雍　清
第十派驻纪检监察组　马福俊
第十一派驻纪检监察组　张　力（任至 2023.12）
第十二派驻纪检监察组　罗永国（任至 2023.10）
　　张文华（2023.12 任职）

中卫市监察委员会

主　任　刘凯华
副主任　杨智龙（回族）
　　周自军
　　拓晓明
委　员　赵文胜（任至 2023.02）
　　刘　慧（女）
　　詹伟斌
　　陈学森
　　王国强（回族，2023.02 任职）
　　何少龙（2022.11 任职）

中卫市法检两院

市中级人民法院
党组书记、院长　何　莉（女，回族）
副院长、党组副书记　高永生
副院长　雍振海
　　彭吉文
纪检监察组组长　雍　清
政治处主任　赵雪兰（女）
审委会专职委员　陈文普
　　薛鹏飞
市人民检察院
党组书记、检察长　李晓军
党组副书记、副检察长（正处级）
　　强吉鸿（回族）
副检察长　李彤宇
　　周晓梅（女，回族，2023.02 任职）
纪检监察组组长　马福俊
政治部主任　万晓红
检委会专职委员　沈　璐（女）

中卫市委工作部门

市委办公室
主　任　金　忱（任至 2023.02）
　　李伟善（2023.10 任职）
副主任　丁　娟（女，回族）
　　田　平（回族，2022.04 任职）
　　贺学军（回族，2022.08 任职）
市委督察室主任　田海福（回族）
市委党史研究室主任　刘　才（2023.04 任职）
市委组织部
部　长　于建文
副部长　刘淑芳（女，正处级，分管日常工作）
　　钱建平（任至 2023.02）
　　赵得坤（兼）
　　吴　鹏
　　李玉晴（女，2023.02 任职）
部务委员　李玉晴（女，任至 2023.02）
　　陈思旭（满族，2023.12 任职）
市非公有制经济组织和社会组织党工委
书　记　钱建平（任至 2023.02）
专职副书记　焦宇辰（2023.02 任职）
市委宣传部
部　长　高　鹏（女）
副部长　李金星（正处级，分管日常工作）
　　孙艳琳（兼，2023.07 任职）
　　李伟善（兼，2023.07 任职，任至 2023.10）
　　吕永军（兼，2023.10 任职）
　　胡立华（任至 2023.01）
　　丁　芳（女，回族，2023.01 任职）
　　刘乙龙
市文明办专职副主任　刘资华
市委统战部
部　长　万学道
副部长　倪祝新（分管日常工作）
　　马　震（回族，任至 2023.10）
　　穆怀中（回族，2023.12 任职）
　　俞正国
　　张学海

	雍平华(2023.10任职)
	张　斌(任至2023.10)

市委政法委

书　记	常　虹(女,2023.08任职)
副书记	孙家骥(正处级,分管日常工作)
	王中宏
	宋学强
	刘文霞(女,2023.07任职)
	李　斌(任至2023.07)

市委政策研究室

主　任	田　力(回族,2023.10任职)
	黄飞虎(任至2023.10)
副主任	徐元才
	郭吉鹏

市委网络安全和信息化委员会办公室

主　任	孙艳琳(女)
副主任	周向军
	郭彦涛
	杨　波(回族,2023.04任职)

市委机构编制委员会办公室

主　任	赵得坤
副主任	胡德海
	焦海珍(任至2023.10)
	马　娟(女,回族,2023.10任职)

市直属机关工作委员会

书　记	于建文
副书记	张永华(2023.10任职)
	张志军(正处级,分管日常工作,任至2023.02)
	李正甫(回族,任至2023.10)
	汪金文
	徐　宁(2023.12任职)

市委巡察工作领导小组办公室、巡察组

主　任	赵文胜
副主任	罗永国(2023.10任职)
	王国强(回族,任至2023.02)
巡察组副组长	赵爱民
	李　峰
	杨卫华(任至2023.08)
	白春霞(女,2023.10任职)

市委老干部局

局　长	吴金柱
副局长	赵艳芳(女)
	彭吉忠(2023.07任职)

中卫市委及部门直属事业单位

市委党校

校　长	于建文
常务副校长	王越宏
副校长	张巧荣
	王文红
	龙生平(挂职,2023.03任职)

市新闻传媒中心

党委副书记、副主任、总编辑	胡立华(2023.01任职)
纪检监察组组长	罗永国(任至2023.10)
副主任兼副总编辑	谢亚东
财务总监	唐银喜(任至2023.01)
副总编辑	保永琴(女)

市档案馆

馆　长	孙学全
副馆长	陈智勇

中卫市政府工作部门

市政府办公室(挂市政府外事办公室牌子)

党组书记、主任	姜鹏飞(2023.02任职)
	孙尚金(任至2023.02)
副主任	王立明(任至2023.10)
	杨　虎(2023.10任职)
	白虎成(2023.02任职)

市发展和改革委员会

主　任	张俊华
副主任	徐志鹏
	吴洪国(任至2023.08)
	景学杰
	黄占荣(2023.10任职)
	尚富华(挂职,任至2023.07)

市教育局

局　长	孙自文
副局长	景兆栋
	冯博文(2023.04任职)
	姚宏愿(任至2023.07)

市委教育工委

书　记　　孙自文
副书记　　闫自立（2023.07任职）
委　员　　张春山
姚宏愿（任至2023.07）
景兆栋
冯博文（2023.05任职）
孙　毅

市科学技术局

局　长　　陈正刚（2023.10任职）
雍平华（任至2023.10）
副局长　　李红文
李建杰

市工业和信息化局

局　长　　张志刚
副局长　　俞军平
莫岩峰
孙占宏

市公安局

党委书记、局长、督察长
张　虎
党委副书记　　高　军（2023.12任职）
政　委　　高　军
副局长　　马天华
李满洲
于　涛
杨学军（挂职）
纪检监察组组长　　张　力（任至2023.12）
政治部主任　　张淑芬（女）
指挥部主任　　李全国
刑事侦查局局长　　李　芳
刑事侦查局政委　　姚富祥
交通警察局局长　　郑　华
交通警察局政委　　王建军
特警支队支队长　　王学新
市禁毒办专职副主任
郭　鹏（2023.12任职）
看守所所长　　郭　鹏（任至2023.12）
吴金孝（2023.12任职）
看守所政委　　刘振海

沙坡头区公安分局

局　长　　张海涛

市民政局

局　长　　钱建平（2023.02任职）
袁海清（任至2023.02）
副局长　　张　越（女）
张卫洲
王　军

市司法局

局　长　　李　斌
副局长　　俞　敏（女，任至2023.12）
陈健壮
李树田
张　娟（女，2023.12任职）

市财政局（挂市政府国有资产监督管理委员会牌子）

党组书记、局长　　杨树春（回族）
副局长　　张秀兰（女）
白卫东
李金凯
边　冬（挂职，2023.08任职）
市政府国有资产监督管理委员会党工委书记
杨树春（回族）
市政府国有资产监督管理委员会专职副主任
殷秀玲（女，2023.08任职）
李红瑛（女，任至2023.07）

市人力资源和社会保障局

局　长　　张广军
副局长　　刘晓燕（女）
曹玉强（2023.02任职）
万伟中（任至2023.07）
李松龄（任至2023.02）
冯国虎（回族，2023.10任职）

市自然资源局

党组书记、局长　　刘天平
副局长　　李　创
汪文奎
常崇生（2023.05任职）

市生态环境局

局　长　　冯　磊（2023.10任职）
陈正刚（任至2023.10）
副局长　　于　鑫（任至2023.12）
沈　军
李玉明
孙万学（2023.12任职）

市住房和城乡建设局(挂城市管理综合执法监督局牌子)
局　长　邱　斌
副局长　高全军
王　琳(任至2023.10)
徐　斌
陆春波(2023.10任职)

市交通运输局
局　长　雍　军(2023.04任职)
冯建军(任至2023.02)
副局长　黄秀芬(女)
宋志鹏(回族)
李建存(2023.05任职)
杨玉山(挂职,2023.07任职)
罗晓军(挂职,任至2023.07)

市水务局
局　长　童　颢(2023.02任职)
刘宏阳(任至2023.02)
副局长　田建文(任至2023.10)
胡文礼
丁全保
张　锐(2023.10任职)

市农业农村局
党委书记、局长　李伏荣
副书记　汪万文(兼)
副局长　任　勤(女)
刘德祥
陆和建

市商务局
局　长　冯　旭(回族)
副局长　赵　楠
文铭旌(2023.02任职)
吴洪国(2023.08任职)
李存斌(回族,任至2023.01)
崔海菊(女,任至2023.07)

市投资促进服务中心
党组书记、主任　李存斌(2023.01任职)
副主任　王爱强(2023.01任职)
陆向上(2023.01任职)

市旅游和文化体育广电局(挂文物局牌子)
党组书记、局长　吕永军(2023.10任职)
李伟善(任至2023.10)
副局长　王立军
张　强
崔春杰
雍志存(挂职,任至2023.10)

市文化市场综合执法支队支队长
刘晓燕(女)

市卫生健康委员会
党组书记、主任　杨正权(回族,2023.02任职)
姜鹏飞(任至2023.02)
副主任　杜永山
卢俊福(回族)
王耀玺

市退役军人事务局
局　长　马　斌(女,回族)
副局长　万振林
何永忠
高喜军(兼)

市应急管理局
局　长　陶鸿波(2023.10任职)
马建才(任至2023.10)
副局长　张巨宏
冯玉彦
詹国鹏(2023.10任职)
冯进强(任至2023.10)

市审计局
局　长　张海涛
副局长　张　军
温旭茹(女)
黄　河(2023.10任职)
雍　军(任至2023.02)

市统计局
党组书记　黄玉华
局　长　周　红(女)
副局长　薛　梅(女)
方振荣

市市场监督管理局(挂知识产权局牌子)
党组书记、局长　妥大君(2023.02任职)
赵凤山(任至2023.02)
副局长　张学斌
马　辉(任至2023.10)
张　伟

市乡村振兴局
局　长　汪万文
副局长　范永伟
穆　华(回族)

市医疗保障局

局　长　　李新忠

副局长　　王　勇

张　华(2023.10任职)

市审批服务管理局

局　长　　巩中升

副局长　　高秀英(女)

万富春

市粮食和物资储备局

局　长　　马　震(回族,2023.10任职)

吕永军(任至2023.10)

副局长　　张海燕(女)

彭大成(任至2023.10,退休)

市国防动员办公室(原市人民防空办公室)

主　任　　张俊华(2023.02任职)

赵吉文(任至2023.02)

副主任　　赵吉文(正处级,分管日常工作,2023.02任职)

李宏然

李明善(任至2023.02)

市信访局

局　长　　马宏全

副局长　　董志荣(任至2023.10)

周立祖(回族)

市云计算和大数据发展局

局　长　　薛军勇

党组副书记　　施永贵

副局长　　拓守辉

马振钧

蔡　磊(挂职,2023.03任职)

李　彬(任至2023.07)

庞　娜(女,任至2023.01)

侯永刚(挂职,2022.05任职)

市金融工作局

局　长　　王　铁

副局长　　田晓育(回族,任至2023.12)

万荣福

市口岸和投资促进办公室

主　任　　李崇新

副主任　　罗清明

阿　莲(女,2023.01任职)

中卫市政府及其部门直属事业单位

市住房公积金管理中心

主　任　　李长海(回族)

副主任　　赵炳学

朱　斌

市机关事务服务中心

主　任　　郭永超

副主任　　马姗丹(女,回族,2023.01任职)

强铭源(2023.08任职)

曹玉强(任至2023.02)

市公共资源交易中心

主　任　　张学兵(回族)

副主任　　李　彬(2023.08任职)

李进渊(回族)

李再能(任至2023.07)

海原甘盐池种羊场

场　长　　任进文(任至2023.01)

副场长　　邢连平

刘风武(回族)

市职业技术学校

党委书记　　张晓华

校　长　　张　红(女)

副校长　　李　斌

何玉琦

崔海菊(2023.08任职)

吴文铭(任至2023.07)

中卫中学

党委书记　　赵炳东

校　长　　李新华

副校长　　刘志军

龚天宝(2023.08任职)

中卫一中

校　长　　吴高峰

第三产业服务中心

主任(副处级)　　赵　峰(2023.03任职)

市就业创业和人才服务中心

主　任　　冯国虎(回族,任至2023.10)

市社会保险事业管理中心

主　任　　王福才

市卫生监督所

所　长　王慧琴(2023.05任职)

徐国文(任至2023.04)

市人民医院

党委书记　魏海玲(女)

党委副书记、院长　陈志宏

专职副书记　黄录宁

市中医医院

党委书记　俞　阳

院　长　吕学武

市地震局

局　长　高春花(女)

中卫市属国有企业

市供销集团有限公司(市供销合作社联合社)

党组书记、董事长、主任

谭政平

党组副书记、总经理、副主任

马星河(回族)

副总经理、副主任　王　平

王　英(女)

监事会主席、主任　彭吉忠(任至2023.07)

市建设投资有限责任公司(宁夏沙坡头旅游产业集团有限责任公司)

党委书记、董事长　宋大千

党委副书记、总经理　谭河清

副总经理　张　立(任至2023.11)

梁鑫裕(2023.11任职)

市应理城乡市政产业(集团)有限公司

党委书记、董事长　蒋建明

党委副书记、总经理　俞　斌

副总经理　姬作收

孙健宾

刘学财

李建存(任至2023.04)

工会主席　刘学财

财务总监　姬永萍(女)

监事会主席　殷秀玲(女,任至2023.07)

高新技术产业开发集团有限公司

党委书记、董事长　金钟河(回族)

党委副书记、总经理　鲁擎飞(任至2023.07)

党委委员、副总经理　崔　涛(任至2023.02)

张建全(任至2023.04)

肖　博

张　立(2023.11任职)

孙健宾(2023.11任职)

党委委员、监事会主席

周智贤

党委委员、财务总监　马丽萍(女)

市林草集团股份有限公司

党委书记、董事长　周保昱

副总经理　谢福才(任至2023.02)

周兴忠

财务总监　吴金凤

中卫市群团组织

市总工会

党组书记、主席　陈自强

常务副主席　张振宇(2023.02任职)

王朝升(任至2023.02)

副主席　吴春玲(女)

经费审查委员会主任　唐银喜(2023.01任职)

共青团中卫市委员会

书　记　靳　军

副书记　王　洋

马立芹(女,回族)

市妇女联合会

主　席　刘淑梅(女)

副主席　金　芳(女,回族)

陈淑兰(女)

市文学艺术界联合会

主　席　王世东

副主席　李玉华(女,回族)

市科学技术协会

主　席　马宏伟(回族)

副主席　丁　军(2023.02任职)

谭政华(任至2023.02)

雍春华(挂职)

市残疾人联合会

理事长　王秀娟(女,2023.07任职)

邹建萍(女,任至2023.07)

副理事长　徐　刚(回族)

市伊斯兰教协会

会　长　　穆风梧(回族)
副会长　　白　旭(回族,正处级)
　　马林成(回族)

市红十字会

常务副会长　　崔文萍(女)

市工商业联合会

党组书记　　雍平华(2023.10任职)
　　张　斌(任至2023.10)
主　席　　王文华

沙坡头区四套班子及法检两院

沙坡头区委

书　记　　宗立冬
副书记　　丁志军
　　马立明(2023.02任职)
　　张振宇(任至2023.02)
常　委　　穆怀中(回族,任至2023.12)
　　李华锋
　　宋传江
　　祁　洋
　　马立明(任至2023.02)
　　沈红菊(女)
　　龚　涛
　　张赞军
　　徐郑应
　　拜世雄(挂职,2023.03任职)
　　兰　雄(挂职,2023.03任职)
纪委书记、监委主任　　李华锋

沙坡头区人大常委会

主　任　　张冠华
副主任　　赵艳忠
　　马晓东(女,回族)
　　韩进军
　　武建国

沙坡头区政府

区　长　　丁志军
副区长　　张海涛
　　高怀雷
　　王文忠
　　龚　涛
　　徐郑应
　　拜世雄(挂职,2023.05任职)
　　兰　雄(挂职,2023.05任职)
　　马立明(任至2023.02)
　　周晓梅(女,回族,任至2023.02)

沙坡头区政协

主　席　　冯玉森
副主席　　梁清江
　　何建忠
　　张艳霞(女)

沙坡头区人民法院

院　长　　刘　伟

沙坡头区人民检察院

检察长　　张　斌

中宁县四套班子及法检两院

中宁县委

书　记　　何建勃
副书记　　周永根
　　彭小沛(2023.02任职)
　　杨正权(回族,任至2023.02)
常　委　　罗永珍(回族)
　　杨　军
　　黄宗浩
　　王建虎
　　吴金玲(女)
　　彭小沛(任至2023.02)
　　张晓辉
　　王子湄(女)
　　杨宝翟(2023.02任职)
　　孔　荣(挂职,2023.03任职)
纪委书记、监委主任　　黄宗浩

中宁县人大常委会

党组书记、主任　　巫　磊
副主任　　张泽军
　　俞雪峰
　　刘宁远
　　张　锐(任至2023.10)
　　令　薇(2023.12任职)

中宁县政府

县　长　　周永根
副县长　　彭小沛(任至2023.02)

王子湄(女)
杨宝翟
蒋昊良
花　铎
伏　刚
孟跃军(2023.12任职)
孔　荣(挂职,2023.03任职)
张　辉(挂职,2023.03任职)

中宁县政协

党组书记、主席　张志军(2023.02任职)
妥大君(回族,任至2023.02)
副主席　张光旭
赵洪武

中宁县人民法院

院　长　张广平

中宁县人民检察院

检察长　张月玲(女)

宁夏中宁工业园区党工委、管委会

党工委书记　何建勃
管委会主任　杨晓冬

海原县四套班子及法检两院

海原县委

书　记　余瑞东
副书记　张　鹏
李雪峰
李　明(挂职)
许建毅(挂职,2023.08任职)
常　委　于建涛(任至2023.10)
田风明(回族)
刘文杰
丁　芳(女,回族,任至2023.01)
采澎涛
常伟海
冯　磊(任至2023.10)
康晓伟
庞　娜(女,2023.01任职)
曾小明(挂职,任至2023.10)
许建毅(挂职,2023.08任职)
纪委书记、监委主任
常伟海

海原县人大常委会

主　任　杨　和(回族)
副主任　杨常林(回族)
马光智(回族)
马晓宏
冯　帆(女)

海原县政府

县　长　张　鹏
副县长　刘文杰
冯　磊(任至2023.10)
刘福林
贾治林
王银军
马海燕(女,回族)
吴佳伟
王金中(挂职)
曾小明(挂职,任至2023.10)
许建毅(挂职,2023.08任职)

海原县政协

主　席　丁志爱
副主席　田风梅(女,回族)
王建平(任至2023.10)
麻德明(回族)
段永军(2023.12任职)

海原县人民法院

院　长　徐青山

海原县人民检察院

检察长　郭孟强

市委、市政府管理、派出机构

宁夏中卫工业园区党工委、管委会

党工委书记　郭爱迪
党工委副书记、常务副主任
强　斌(回族)
党工委副书记　丁志军
蒋文韬
纪工委书记　王中华
副主任　张建华
崔　涛(2023.02任职)
徐　亮(挂职,2023.02任职)
文铭旌(任至2023.02)

吴　楠（挂职，任至2023.05）

海兴开发区党工委、管委会

党工委书记　佘瑞东
管委会主任　张　鹏
党工委副书记、常务副主任
黄飞虎（2023.10任职）
陶鸿波（任至2023.10）
管委会副主任　糟会杰（回族）
杨宝银
张广平（2023.01任职）
纪委监委派出海兴开发区纪检监察工作委员会
书记　李耀邦（回族）

中央、自治区驻卫单位

中华人民共和国中卫海关

党委书记、关长　赵立冬（任至2023.06）
赵　甫（2023.11任职）
党委委员、副关长　马　君（回族）
李雪菘（2023.03任职）

国家税务总局中卫市税务局

党委书记、局长　曹雪峰
党委委员、副局长　刘　冰（任至2023.12）
徐少华
鲁雅仙（女，任至2023.11）
张艺杰（2023.03任职，任至2023.12）
邓小东（回，2023.12任职）
徐长锋（2023.12任职）
党委委员、纪检组长
陈申然（任至2023.12）
宗　飞（回，2023.12任职）
党委委员、总经济师　王　刚（2023.05任职）
党委委员、总会计师　刘艳荣（2023.12任职）

国网宁夏电力有限公司中卫供电公司

总经理、党委副书记　冯国瑞
党委书记、副总经理　王　庆（任至2023.07）
张永进（2023.08任职）
党委委员、副总经理　张旭宁
韩　涛（2023.11任职、挂职）
田　炯
李振东
丁　立（任至2023.05）
党委委员、总会计师　王　文
党委委员、纪委书记、工会主席
田　玮
中宁县供电公司经理　房耀华
中宁县供电公司党委书记、副总经理
刘晓忠
宁夏天源电力有限公司董事、党总支书记
汪　华

中卫市气象局

党组书记、局长、主持工作
官景得
党组成员、副局长　李国兴
张德卫
副局长　赵书发

国家统计局中卫调查队

党组书记、队长　施明辉
党组成员、副队长　徐丽娟
马晓庆（女，回族）
党组成员、纪检组长　杜正龙（回族）

中卫市邮政管理局

局　长　张照辉
副局长　赵　亮

中国人民银行中卫市中心支行

党委书记、行长　陈义俊
党委委员、副行长　康彦华
杨　军
韩银莹（女）
党委委员、纪委书记　罗永军

国家金融监督管理总局中卫监管分局

局　长　余铂鹏
副局长　刘雪花（女）
刘文刚
纪委书记　周江宁

中卫市消防救援支队

支队党委书记、政治委员
逯　恒
支队党委副书记、支队长
武秀宏
支队党委委员、副支队长
张继东
雍彦峰
支队党委委员、副政治委员
刘小康

支队党委委员、政治部主任
岳光福

中国农业发展银行中卫市支行

党支部书记、行长
刘国华

中国工商银行股份有限公司中卫支行

党总支书记、行长
白晓毅(蒙古族,任至2023.04)
苗超杰(2022.12任职,2023.04代履职)

党总支委员、纪检书记
陈全胜(满族,任至2023.01)
李福林(2023.01任职)

党总支委员、副行长
李　莉(女,2023.05任职)
李俊英(任至2022.12)
王　斐(2023.02任职)
吴永安(2023.07任职)
高梦卡(任至2023.04)
米家文(2023.07任职)
李鸿元(任至2023.04)

中国农业银行股份有限公司中卫分行

行　长　赵积旭
副行长　沈晓乐
张立群
邹伟明
范　娟
纪委书记　文佐东

中国银行中卫支行

行　长　丁　峰
副行长　郑　南
张京宁
纪委书记　张全方

(中国)建设银行中卫分行

党委书记、行长　张建国
副行长　丁艳娟(女)
党委委员、派驻纪检组组长
李　青(任至2023.11)
杜　晖(2023.11任职)
党委委员、副行长　罗清平
吴丽萍(女)

中国邮政储蓄银行股份有限公司中卫市分行

党委书记、行长　赵向宇
副行长　党凤萍(女)
魏邦栋
黄　璇

宁夏银行股份有限公司中卫分行

行　长　舒建军
副行长　张世海
党总支委员、纪检员
赵　东
党总支委员　李永刚
行长助理　刘　琦

宁夏中卫农村商业银行股份有限公司

董事长　顾义军(回族,任至2023.03)
白义军(2023.03任职)
行　长　万福军(任至2023.07)
李学勇(2023.09任职)
纪委书记　谭　策
副行长　张　军
徐玉印

中卫香山村镇银行

党总支书记、董事长　李陶全
党总支副书记、行长　范仲成(土家族)
党总支委员、副行长　肖　琳
副行长　杜振江

石嘴山银行股份有限公司中卫分行

行　长　陈　龙(满族)

中国电信股份有限公司中卫分公司

党委书记、总经理　王　璞
副总经理、工会主席　严海军

中国移动通信集团宁夏有限公司中卫分公司

党委书记、总经理　唐红涛
党委委员、副总经理、纪委书记、工会主席
邹　超
杨　文(2023.07任职)
宗　伟(回族)

中国联合网络通信有限公司中卫市分公司

总经理　陈志鹏(任至2023.04)
邵　鑫(2023.04任职)
驻派纪检组组长　梁军河
副总经理　刘卫宁
马振钧
訾少强

中国铁塔股份有限公司中卫市分公司

党支部副书记、副总经理
李　喆

纪检委员、副总经理
金彩荣(女,回族)
副总经理　欧阳育文

中国人民财产保险股份有限公司中卫分公司

党委书记、总经理　李　杰
党委委员、副总经理　王玉泽
党委委员、纪委书记　吴忠定

中国人寿保险股份有限公司中卫分公司

总经理　陈　勇(2023.08任职)
副总经理　汪文平

中盐宁夏盐业有限公司中卫分公司

经理　李晓东(任至2023.11)
邢志明(2023.11任职)
副经理　王　拓

中国石油天然气股份有限公司宁夏中卫销售分公司

党委书记、副经理　关克军
执行董事、党委书记　关克军
党委副书记、经理　于　彬
总会计师　陈昶江
党委副书记、纪委书记、工会主席、副经理
王　英
副经理、安全总监　张建宏

中卫市烟草专卖局宁夏回族自治区烟草公司中卫市公司

党组书记、局长、经理
张宝林
党组成员、纪检组长　陈殿华
党组成员、副局长　马飞龙(回族,2023.08任职)
党组成员、副经理　罗芳伟(女)
高　明(2023.08任职)

宁夏回族自治区中卫沙坡头国家级自然保护区管理局

局　长　尤万学
副局长　刘荣国
秦伟春(任至2023.01)
王永军(2023.04.任职)

中国科学院寒区旱区环境与工程研究所
沙坡头沙漠研究试验站

站　长　张志山(2023.07任职)
副站长　赵　洋(2023.08任职)
贾荣亮
研究员　李新荣

宁夏广播电视网络有限公司中卫分公司

总经理　陶占海(任至2023.03)
苏　斌(2023.03任职)
副总经理　曹　明(任至2023.03)
柳大虎
刘凌霄(2023.03任职)

宁夏公路管理中心中卫分中心

党委书记、主任　丁玉录(回族)
党委委员、纪委书记　夏玉乾
党委委员、副主任　张建宁(任至2023.07)
张玉晖(任至2023.07)
杨永胜(2023.07任职)
曹志明(2023.07任职)

文献辑录

中卫市城市建筑垃圾管理办法

（2022年12月23日中卫市人民政府令第2号公布自2023年2月1日起施行）

第一章 总 则

第一条 为了加强对城市建筑垃圾的管理，维护市容和环境卫生，根据《中华人民共和国固体废物污染环境防治法》《城市市容和环境卫生管理条例》《城市建筑垃圾管理规定》等有关法律、法规和规章，结合本市实际，制定本办法。

第二条 本市行政区域城市规划区内建筑垃圾的产生、倾倒、收集、贮存、运输、中转、回填、利用、处置及相关监督管理活动适用本办法。

第三条 本办法所称建筑垃圾是指建设单位、施工单位新建、改建、扩建和拆除各类建筑物、构筑物、管网等以及居民装饰装修房屋过程中产生的弃土、弃料及其他废弃物。

前款规定的建筑垃圾中属于危险废物的，依照相关法律、法规的规定处理。

第四条 建筑垃圾处置实行属地管理、分级负责，遵循减量化、资源化、无害化和谁产生、谁承担处置责任、谁污染、谁担责的原则。

第五条 市、县（区）人民政府应当建立建筑垃圾管理协调机制，并将建筑垃圾管理工作所需经费纳入本级财政预算。

第六条 市住房和城乡建设部门是本市行政区域内城市建筑垃圾管理的行政主管部门，负责组织实施本办法。

县（区）市容环境卫生主管部门负责本行政区域内建筑垃圾的管理工作。

发展改革、公安、自然资源、生态环境、交通运输等部门按照各自职责做好建筑垃圾管理工作。

第七条 建筑垃圾处置实行收费制度，产生建筑垃圾的单位和个人应当按照国家有关规定缴纳建筑垃圾处置费。

第八条 任何单位和个人有权对违反本办法规定的行为进行投诉、举报。可拨打12345市民热线或者通过市长信箱等政府公众平台进行投诉、举报。

第二章 建筑垃圾排放管理

第九条 任何单位和个人不得有下列行为：

（一）随意倾倒、抛撒或者堆放建筑垃圾；

（二）在街道两侧、城市道路、桥梁、水域、河道、沟道、公共场地等区域堆放、倾倒建筑垃圾；

（三）将建筑垃圾混入生活垃圾、将危险废物混入建筑垃圾；

（四）擅自设立弃置场收纳建筑垃圾；

（五）涂改、倒卖、出租、出借或者以其他形式非法转让城市建筑垃圾处置核准文件。

第十条 施工单位应当及时清运工程施工过程中产生的建筑垃圾，并按照市容环境卫生主管部门的规定处置，防止污染环境。

第十一条 建设施工单位应当在施工工地配备建筑垃圾管理人员，施工工地应当符合下列条件：

（一）工地周边设置符合相关技术规范的围挡设施；

（二）施工期间采取覆盖、分段作业、择时施工、洒水抑尘等有效防尘降尘措施，配备扬尘在线监测可视设施，并与监管部门有效对接；

（三）设置建筑垃圾临时堆放场地，建筑垃圾采用密闭式防尘网遮盖，并及时清运；

（四）法律、法规和规章的其他规定。

第十二条 建筑垃圾处置实行核准制度。处置建筑垃圾的单位，应当向市容环境卫生主管部门提出申请，获得城市建筑垃圾处置核准后，方可处置。

市容环境卫生主管部门应当在接到申请后的20日内作出是否核准的决定。予以核准的，颁发核准文件；不予核准的，应当告知申请人，并说明理由。城市建筑垃圾处置核准的具体条件按照相关规定执行。

第十三条 鼓励建设单位、施工单位采取新技术、新材料、新工艺等，从源头上减少建筑垃圾的产生。

第三章　建筑垃圾运输管理

第十四条 施工单位不得将建筑垃圾交给个人或者未经核准从事建筑垃圾运输的单位运输。

第十五条 处置建筑垃圾的单位在运输建筑垃圾时，应当遵守下列规定：

（一）随车携带处置核准文件；

（二）按照规定的时间和路线行驶；

（三）不得丢弃、遗撒建筑垃圾，不得超出核准范围承运建筑垃圾；

（四）法律、法规和规章的其他规定。

第十六条 市容环境卫生主管部门应当与公安、交通运输等行政主管部门建立执法联动机制。

第四章　建筑垃圾消纳管理

第十七条 市、县（区）人民政府负责建筑垃圾消纳场的规划和建设工作。

支持和鼓励社会资本投资建设和经营建筑垃圾消纳场。

第十八条 建筑垃圾应当倾倒在建筑垃圾消纳场。

第十九条 设置建筑垃圾消纳场应当符合下列要求：

（一）自然资源、生态环境等行政主管部门核发的批准文件；

（二）符合《建筑垃圾处理技术标准》等相关行业标准；

（三）配备防尘、防污水外溢和渗漏、消毒杀菌等设施；

（四）法律、法规和规章的其他规定。

第二十条 建筑垃圾消纳场的经营管理者，应当遵守下列规定：

（一）设置符合相关标准的环保设施，配备专人管理，保持建筑垃圾消纳场相关设备、设施完好并有效使用；

（二）健全完善运行管理制度，如实记录建筑垃圾处置相关信息；

（三）不得接收工业垃圾、生活垃圾和有毒有害垃圾；

（四）作业时采取有效的防尘降尘措施，保持驶出车辆、场所及其周边环境整洁；

（五）法律、法规和规章的其他规定。

第二十一条 建筑垃圾消纳场不得擅自关闭或者无正当理由拒绝消纳建筑垃圾。消纳场达到原设计容量或者因其他原因无法继续消纳的，建筑垃圾消纳场的经营管理者应当书面告知市容环境卫生主管部门。

第五章　建筑垃圾综合利用

第二十二条 市、县（区）人民政府应当制定生产、销售、使用建筑垃圾综合利用产品的优惠政策。

第二十三条 鼓励和引导社会投入参与建筑垃圾综合利用和再生资源利用项目，逐步提高建筑垃圾综合利用产品在建设工程项目中的使用比例。

鼓励道路工程的建设单位优先选用建筑垃圾作为路基垫层材料。鼓励建设单位、施工单位新建、改建、扩建的各类工程项目在保证工程质量的前提下，优先使用建筑垃圾综合利用产品。

第二十四条 生产建筑垃圾综合利用产品，应当符合国家和地方的产业政策、建材革新的有关规定及产品质量标准。建筑垃圾综合利用产品的主要原料应当使用建筑垃圾，不得采用列入淘汰名录的技术、工艺和设备生产建筑垃圾综合利用产品。

第六章　法律责任

第二十五条 违反本办法规定的行为，法律、法规、规章已有处罚规定的，从其规定。

第二十六条 妨害、阻碍执法或者侮辱、殴打执行公务人员的，依照《中华人民共和国治安管理处罚法》等有关规定予以处罚；构成犯罪的，依法追究刑事责任。

第二十七条 市容环境卫生主管部门和其他部门工作人员有下列情形之一的，由上级主管部门责令改正；情节严重的，对直接负责的主管人员和其他直接责任人员依法给予行政处分；构成犯罪的，依法追究刑事责任：

（一）对不符合法定条件的申请人核发城市建筑垃圾核准文件或者超越法定职权核发城市建筑垃圾处置核准文件的；

（二）对符合条件的申请人不予核发城市建筑垃圾处置核准文件或者不在法定期限内核发城市建筑垃圾处置核准文件的；

（三）对建筑垃圾疏于监管，造成严重后果的；

（四）发现违法行为或者接到举报后不予及时查处的；

（五）其他玩忽职守、滥用职权、徇私舞弊的行为。

第七章 附则

第二十八条 本办法自2023年2月1日起施行。

中卫市人民政府常务会议工作规则

（卫政办发〔2023〕8号，经2023年2月27日市人民政府第45次常务会议审议通过，2023年2月27日印发。）

第一章 总则

第一条 为进一步规范市人民政府常务会议制度，完善重大行政决策程序，健全科学民主依法决策机制，提高依法行政能力，加快推进法治政府建设，根据国家有关法律、法规规定和《中卫市人民政府工作规则》，结合市人民政府工作实际，制定本规则。

第二条 市人民政府常务会议（以下简称“常务会议”）是讨论决定市人民政府工作中重大事项的决策性会议，坚持民主集中制，实行行政首长负责制。

第三条 常务会议坚持以习近平新时代中国特色社会主义思想为指导，全面贯彻党的二十大精神，深入贯彻习近平总书记视察宁夏重要讲话指示批示精神，深刻领悟“两个确立”的决定性意义，进一步增强“四个意识”、坚定“四个自信”、做到“两个维护”，务必不忘初心、牢记使命，务必谦虚谨慎、艰苦奋斗，务必敢于斗争、善于斗争，不断提高政治判断力、政治领悟力、政治执行力，坚决落实党中央、国务院和自治区党委、政府的决策部署，全面落实市委部署要求，依照宪法法律行使职权、履行职责、开展工作。

第二章 会议组成

第四条 常务会议由市长、副市长和政府秘书长组成，由市长召集并主持。必要时，市长可委托常务副市长召集并主持。常务会议须超过半数组成人员方能召开，一般每月召开2次，如有需要可由市长决定随时召开。

第五条 市人民政府副秘书长、市政府办公室副主任；市发展和改革委员会、司法局、财政局、审计局、国家统计局中卫调查队及政府督查室、政务公开服务中心主要负责同志固定列席常务会议；根据会议内容需要，可安排县（区）人民政府、有关部门（单位）主要负责同志列席会议。涉及经济社会发展全局、宏观政策调整优化、人民群众切身利益等重大议题，可邀请市委、人大、政协、纪委监委、中级人民法院、人民检察院及人民团体等有关方面负责同志，也可邀请利益相关方、人大代表、政协委员、民主党派、公众代表、专家学者、法律顾问等列席会议。

第六条 常务会议由政府秘书长负责协调，市政府办公室负责会议筹办组织、会议决定事项督办落实等工作。

第三章 议事范围

第七条 常务会议议题必须是带有全局性、宏观性、战略性、政策性、原则性重大问题。

（一）传达学习习近平总书记重要讲话和重要指示批示精神，研究贯彻落实意见，安排部署有关工作。

（二）传达贯彻党中央、国务院及自治区党委、政府重大决策部署、重要决定和重要会议精神，研究向自治区党委、政府请示报告的重大事项。

（三）传达市委重要决定和重要会议精神，审议需提请市委审定的重大事项。

（四）贯彻落实市人民代表大会及其常务委员会的决议决定，审议需提请市人民代表大会及其常务委员会审议的议案、重要工作报告草案和讨论决定的重大事项；审议向市政协通报的重要事项。

（五）讨论地方性法规草案，审议市政府规章、行政规范性文件等，落实政府常务会议会前学法制度。

（六）审议中卫市政府工作报告、国民经济和社会发展长远规划、年度计划、财政预决算及年度审计报告等；分析研究全市经济运行情况，研究事关经济社会发展、市场监管、社会管理、公共服务、生态环境保护和转变政府职能等方面的重大政策措施。

（七）审议市人民政府重大投资、重大项目建设、重要资源配置、社会分配调节、国有资产监督、保障改善民生、风险防范化解等方面的重大事项，研究关系公众切身利益或者社会关注度高的重大事项。

（八）审议预算外追加资金100万元（含100万元）以上事项，涉及财税政策、500万元以上的国有资产处置事项。

（九）审议以市人民政府名义授予的先进集体、先进个人称号和表彰决定。

（十）审议政府部门和县（区）人民政府的重要请示事项。

（十一）审议奖惩等事项。

（十二）审议其他重大事项。

第八条 下列情形之一的，不纳入审议范围：

（一）根据政府领导同志分工，可由市长、副市长、政府秘书长独立处理的事项或副市长之间能够协商解决的。

（二）属县（区）人民政府和市政府部门职权范围内或者相关部门（单位）能够协商解决的。

（三）未按规定完成意见建议征求、重大行政决策咨询论证、合法性审查、社会稳定风险评估等程序的。

（四）经协商后有关方面意见仍然分歧较大的。

（五）涉及机构设置、编制配备等事权，应由市委工作机关按规定研究决定的。

（六）未经会议主持人同意而临时动议的。

（七）其他不符合常务会议议事范围的事项。

第四章 议题提交

第九条 提交常务会议审议的议题，提请部门应在深入调查研究、组织专家评审、广泛听取意见、主动协调会商和反复修改完善的基础上形成成熟的意见或政策文件。除地方性法规草案和市人民政府规章草案由市司法局按照政府立法程序提请外，其他议题在提交常务会议审议前，应按照有关规定完成以下相关准备工作：

（一）对党中央、国务院及国家部委，自治区党委、政府及自治区厅局有明确考核目标任务、有明确时限要求的工作部署，需要提请常务会议传达贯彻的重要精神、安排部署的重点工作、研究解决的重大事项，提请部门必须及时研究提出传达学习、深入贯彻或推进落实的具体工作建议，不得随意拖延、不得瞒报漏报，确保应列尽列、全部纳入。

（二）涉及出台重大政策措施的议题，应由提请部门牵头，会同有关部门开展调查研究，广泛征求意见，并开展合法性审查、重大行政决策咨询论证、社会风险评估等前置程序；需报请市委常委会、深改委和人大常委会等审议的议题，要按有关规定要求提前征求各方意见、报相关部门开展前置审核，防止程序后置问题发生。

（三）涉及全市国土空间规划、发展规划、产业规划、改革举措和重大投资、重大建设、重要资源配置、社会分配调节等专业性、技术性较强的议题，要有效衔接国民经济和社会发展计划等，并按照有关规定，组织决策咨询机构或召开政府相关部门、专家、法律顾问、群众代表参与的咨询论证会进行论证。

（四）涉及城乡建设、交通运输、环境保护、文化教育、医疗卫生、社会保障、公共服务、社会治理等关系市场主体或人民群众切身利益的重要议题，要通过新闻媒体、网络征集广大群众建议或举行听证会等形式，广泛征求社会公众意见，开展社会稳定风险评估。

（五）涉及法律问题的议题，依法依规由市司法局进行合法性审查，并出具书面意见。涉及重要规划和项目建设事项的，应征求市发展改革、财政、自然资源等部门的意见。涉及增加财政支出或新增支出项目的，应征求市财政部门的意见。涉及表彰奖励事项的，应征求市纪委监委及组织、人力资源和社会保障、财政等部门的意见。涉及其他部门职权的，应征求相关部门的意见。

（六）制定市场准入、产业发展、招商引资、招标投标、政府采购、经营行为规范、资质标准等涉及市场主体经济活动的规章、行政规范性文件和其他政策性文件等，提请部门应当进行公平竞争审查。

第十条 提交常务会议审议的议题，提请部门主要负责同志是第一责任人，原则上会前应协调一致。分管副市长要先行召开专题会议研究，广泛征求方方面面的意见，形成明确意见后提交政府常务会议审定。提请部门须事先按议题涉及范围，征求县（区）人民政府和相关部门的意见，主动进行协商，取得一致意见。协商不一致的，视情况由相关副秘书长协调，报请分管副市长研究。涉及多位副市长的，由提出议题的副市长与其他副市长协调，取得一致意见。副市长协调后意见仍不一致的，又确需提交会议研究的议题，应报请市长审示。汇报材料要列明各方理据，提出倾向性意见后提交会议审议。

第五章 议题报批

第十一条 提请常务会议审议的议题由市政府办

公室会同提请部门严格审核议题内容和成熟度，严把政治关、法律关、政策关、事实关、文字关、格式关，严控议题列席单位范围，严格按规定程序和会议材料范式报审。报批常务会议议题单时，一并填报《中卫市人民政府常务会议议题报批单》，连同完整议题材料及会议纪要，报办公室副主任、分管副秘书长审核把关，报请政府秘书长、分管副市长审签。市政府办公室梳理汇总议题后，报请市长审定。市长未明确指示或签批意见的，不列入会议研究议题。报经领导审定同意后的文稿材料，提请部门不得擅自改动。

第十二条 政府办公室报批议题时，必须附全签批要件，包括但不限于议题报批单、起草说明和文件正文（或传达提纲、汇报材料等）、征求意见情况汇总表、主持讲话提纲、其他需要附后材料等。

第十三条 常务会议议题坚持成熟一个即报一个，完成报审程序、已经成熟的议题由市政府办公室列会；除特殊重大紧急情况外，原则上不允许临时性动议或会前仓促增加议题。会前1个工作日内报送的议题，原则上列下次常务会议审议。议题要件不齐、程序不完备的，退回提交部门完善后重新提交。如遇重大复杂问题，提请部门主要负责同志或分管副市长提前向市长汇报说明，切实提高会议决策效率。

第十四条 市政府办公室根据政府工作安排和议题轻重缓急程度，于会前3个工作日前整理汇总列会议题，提出常务会议议题建议方案，经政府秘书长审签后，呈市长审定。

分管副市长不能出席会议的，原则上不提交其分管领域议题上会，如遇上级有紧急时限要求须在规定时间作出决定的议题，分管副市长须书面提出意见，经市长同意后可安排上会。特别重大或突发公共事件和紧急工作，经市长同意后可随时安排上会。

第六章 会议组织

第十五条 常务会议议题审定后，由市政府办公室负责起草常务会议通知，经办公室副主任（副秘书长）审核、政府秘书长审签后制发，并告知参会人员和列席单位有关会议时间、地点、议题内容以及其他特殊要求等。

第十六条 提请单位要严格落实精简会议有关要求，按照会议材料范式，加强审核把关，严控篇幅时长，认真做好准备。

（一）传达学习贯彻类会议材料，一般应包括传达的指示批示或有关会议精神、我市工作开展情况及存在问题、我市贯彻落实意见、其他说明事项等内容，原则上字数控制在2000字以内（附件附表除外），汇报时间不超过6分钟。

（二）经济运行类会议材料，一般应包括经济运行情况（主要指标完成情况、重点工作推进情况、呈现主要特点等）、存在的主要问题、下一步工作措施、其他说明事项等内容，原则上字数控制在3000字左右（附表附件除外），汇报时间不超过10分钟。

（三）专项工作类会议材料，一般应包括工作开展情况、存在的主要问题、下一步工作措施、其他说明事项等内容，原则上字数控制在2000字以内（附件附表除外），汇报时间不超过6分钟。

（四）政策性文件类会议材料，一般应包括起草背景及过程（上位政策依据、征求意见情况、合法性审查、重大行政决策咨询论证、社会稳定风险评估等）、主要内容（总体思路、整体框架、主要板块、重点工作等）、其他说明事项、提请审议事项、政策性文件正文等内容，原则上起草说明字数控制在1500字以内（附件附表除外），汇报时间不超过5分钟。

（五）具体事项类会议材料，一般应包括基本情况、其他说明事项、提请审议事项等内容，原则上字数控制在1500字以内（附件附表除外），汇报时间不超过5分钟。

（六）涉及发展规划、产业规划和法律法规学习等议题时，在准备文字会议材料的基础上，倡导提请单位采用PPT方式进行汇报，力求简明直观。

以上会议材料，可根据政府工作安排、议题实际情况和会议具体要求，对材料范式略作优化调整，对材料篇幅和汇报时间略作增减。

第十七条 提交常务会议审议的议题，原则上应由提交部门主要负责同志汇报，会前要吃透政策要求，掌握市情实情，做足充分准备，准确无误回答问题。主要负责同志因故不能参加会议的，应在会前向秘书长报告，经同意后委托分管负责同志参加会议并汇报相关议题。

第十八条 讨论时，会议主持人根据需要指定列席人员发言。列席人员的意见代表本单位的意见，一般不发表与本单位此前最终书面意见不一致的意见，相同意见不再重复。

第七章 会议决定

第十九条 根据行政首长负责制的原则，市长或其委托召集会议的常务副市长在充分听取各方面意见的基础上，对审议议题最终作出通过、原则通过、不通过或其他决定。要严格落实重大事项请示报告制度，贯彻落实上级重大决策部署过程中的重要进展情况、重大问题，议定涉及全市的重大事项或作出的重大决定等事项，必须严格按照相关规定和程序，及时向市委请示报告。

第二十条 下列情形之一的，由市长或其委托召集会议的常务副市长决定不予通过或者暂不作出决定：

（一）议题重要内容论证不充分或者有遗漏，需要重新组织论证的。

（二）各方面意见分歧较大，需要进一步协商和协调的。

（三）其他不宜立即作出决定的情形。

第二十一条 市政府办公室按照规范格式做好会议记录，详细完整地记录议题的讨论情况及最后决定。

常务会议纪要由市政府办公室起草，涉及法律的内容由市司法局予以把关，涉及有关部门事项的由该部门予以核稿，经办公室副主任（副秘书长）审核，报政府秘书长、常务副市长审签，由市长签发。市长委托常务副市长召集会议的，由常务副市长签发。

常务会议纪要是各县（区）人民政府、市政府各部门、直属机构执行会议决定的内部文件，不作为对外作出行政行为的直接依据。除涉密内容外，根据相关规定，可依申请公开。

第二十二条 除特殊情况和议题外，常务会议一般安排市内媒体记者报道，重大事项视情邀请自治区驻卫新闻单位报道。常务会议新闻报道严格执行《中卫市级领导干部新闻报道工作实施细则》有关规定；凡需提请市委研究的事项和审议的文件，在市委未最终审定之前，不能提前对外发布，各媒体一律不作过程报道。新闻稿一般须由办公室副主任（副秘书长）或政府秘书长审定；如有需要，报市长或常务副市长审定。

第八章　会议纪律

第二十三条 市政府领导同志接到会议预通知或通知后，应事先安排好活动日程，保证出席会议。如不能出席会议，应及时向市长或委托召集会议的常务副市长请假。

列席单位应由主要负责同志参加会议，主要负责同志因特殊原因不能参会的，应提前书面向市政府请假，经政府秘书长审批同意后委派本单位熟悉议题情况、能够决定议题相关事项的负责同志参加。已明确反馈参会的列席人员，未经批准不得擅自缺席或更换。

第二十四条 与会人员要树牢政治意识、大局意识、核心意识、看齐意识，重大原则问题必须旗帜鲜明、头脑清醒、立场坚定，不得发表与党中央、国务院和自治区党委、政府决策部署及市委部署要求相违背的言论。会议讨论发言必须紧扣会议议题，严控篇幅时长，发表具有针对性、操作性的意见建议，语言要简练、条理要明晰、论点要明确、措施要具体，不得长篇大论、泛泛而谈。

会议研究期间，如有不同意见应及时提出、全面阐述。已经常务会议议定事项，常务会议组成人员和列席人员不得再到其他会议或场合发表不同意见，并认真做好其他人员的解释引导工作。

第二十五条 与会人员要严格执行中央八项规定及其实施细则精神，倡导“严细深实勤俭廉+快”的工作作风，落实减少会议、减少文件、减少陪会“十减”行动，严格遵守会议纪律，带头改进会风文风，会议期间不得随意走动、交头接耳、接打电话或擅自离开会场，不得办理与会议无关的事项。无关人员不得随意进出会场。

第二十六条 严格遵守保密纪律，全面落实保密管理措施，涉密会议和涉密议题要做好会议材料分发登记，与会人员严禁将手机等移动设备和带有无线发射功能的设备带入会场，严禁对会议内容进行录音、录像和拍照，不得将会议材料带离会场，不得传播或散布会议内容。

第二十七条 会务工作人员做好与会人员签到、分发会议材料、会议记录、会议组织和会场保障等工作，确保会议秩序。列席人员应提前候会，根据会议议题顺序，服从工作人员引导，依次进入会场，议题结束后即行离会。

第九章　决策执行

第二十八条 常务会议决定事项以常务会议纪要为准，各县（区）人民政府、市政府各部门、直属机构必须坚决执行，不得擅自改变。要认真落实会议决定事项，提高工作效率，在规定时限内完成办理工作，并按时报送办理情况。单位主要负责同志是推动落实的第一责任人，应第一时间安排部署，亲自抓好贯彻落实。

分管副市长和政府秘书长要全力推动相关部门抓好落实，分管副秘书长要协助督促落实。除会议有明确时限要求外，一般在会后1个月—2个月内办理完毕，特殊情况需延期办理的，应提前说明情况。如不能按时限办结，必须提前请示报告。

第二十九条 有关部门要按照政府信息公开相关规定，加强文件公开解读工作。以市人民政府或政府办公室名义印发的可以公开的文件，于文稿正式印发后3个工作日内在政府门户网站上公开；以部门名义印发或联合印发的可以公开的文件，于文稿正式印发3个工作日内在政府门户网站公开。牵头起草部门要会同有关方面同步做好政策解读和舆论引导。

第三十条 市政府办公室要加强对会议决定事项的催办，督查室要加强对会议决定事项办理情况的督办，定期汇总和通报办理情况，按程序报市政府领导。

第三十一条 常务会议材料，包括会议通知、批示文件、会议文件、会议记录、参会人员名单等一并由市政府办公室立卷、归档，以备查询。

第十章 附则

第三十二条 本规则由市政府办公室负责解释。

第三十三条 本规则自印发之日起施行。2022年1月11日市人民政府办公室印发的《中卫市人民政府常务会议规则》（卫政办发〔2022〕1号）同时废止。此前有关规定与本规则不一致的，以本规则为准。

关于加快建设宜居宜业宜游示范市的实施方案

（2023—2025年）

为确保市第五次党代会确定的“宜居宜业宜游示范市”目标落地落实，根据自治区“六大提升行动”方案，参照自治区新型城镇化、文化和旅游发展、就业促进等“十四五”规划，围绕全面建设社会主义现代化美丽新宁夏中卫工作落实体系，结合全市实际，制定本方案。

一、指导思想

坚持以习近平新时代中国特色社会主义思想为指导，深入贯彻落实党的二十大和习近平总书记视察宁夏重要讲话指示批示精神，全面落实自治区第十三次党代会和市第五次党代会部署要求，以黄河流域生态保护和高质量发展先行区建设为牵引，以满足人民群众对美好生活的向往为出发点和落脚点，以创建全国文明城市和全域旅游示范市为载体，深入实施城市更新行动，推进以县城为重要载体的城镇化建设，不断提高基本公共服务质量和水平，健全多层次社会保障体系，推进基层治理体系和治理能力现代化，全面建设高水准宜居城市、高品质宜业城市、高颜值宜游城市，奋力谱写全面建设社会主义现代化美丽新宁夏中卫篇章。

二、总体目标

到2025年，城乡基本公共服务质量明显提升，发展环境不

断优化，社会保障更加有力，环境质量持续改善，治理能力显著增强，文化旅游提质增效，产城融合、城乡互动、协调共生的发展格局初步形成，常住人口城镇化率达到56%以上，城镇、农村常住居民人均可支配收入年均增长8%和10%以上，力争旅游接待总人数和旅游总收入年均增长20%以上，努力把中卫建成宜居宜业、民富民安、共建共享的绿色之城、便捷之城、平安之城、文明之城。

三、主要任务

（一）建设高水准宜居城市，让人民群众安居

1.实施城市更新行动。加快推进老旧小区改造、城镇住房保障等城市更新改造“十项工程”，加快燃气、供水、排水、供热、电力、通信老旧管网改造，加强城市内涝治理和应急避难场所建设，“城市病”得到有效治理，城市建成区40%以上达到“海绵城市”要求。严控城市建设密度，加强城市设计管控，优化居住、工业、商业、交通、生态等功能空间布局，建成区人口密度控制在每平方公里0.6万至1万人，打造“沙漠水城、云天中卫”特色风貌。（责任单位：市发展改革委、教育局、财政局、住房和城乡建设局、交通运输局、商务局、卫生健康委、应急局，各县区）

2.建设“智慧城市”。全面推动“一集群”“双中心”“三基地”建设，形成一批“东数西算”典型示范场景和应用，打造大数据产业中心市。深化教育数字化应用，构建智慧教育教学环境，高质量建设中小学线上教学资源，覆盖率和普及率达到100%。推进健康医疗大数据中心建设，建设医联体信息平台和养老大数据平台，建立区域超声、心电、影像、病理、检验五大远程诊疗中心，促进家庭、社区、养老、医院等数据互通互享，提升医疗康养智能化水平。拓展“雪亮工程”应用，建设社会治理智能化综合平台、城市信息模型（CIM）基础平台，强化基础设施智慧化运维和监测预警，加快社会治理基本要素数字化、标准化。推动数字技术与社区治理深度融合，建设“智慧社区”。（责任单位：市委政法委，市发展改革委、教育局、公安局、民政局、财政局、卫生健康委、云计算和大数据局，各县区）

3.打造便捷城市。加大交通拥堵治理力度，完善停车服务设施，已建成居住（小）区增建一批集约化停车设施，新建居住（小）区配建停车位100%建设充电设施或预留建设安装条件。推广“完整社区”建设，合理布局城市教育、医疗、托育、养老、餐饮、家政、零售、快递、维修、健身等便民生活服务业务，完善15分钟便

民生活圈，改造提升5—7条商业街区，推动“夜间经济示范区”建设，提高居民生活消费便捷度。完善网格化管理服务机制，实现住宅小区物业管理全覆盖，提高社区精准化精细化服务管理能力和物业管理规范化水平。（责任单位：市发展改革委、教育局、民政局、财政局、住房和城乡建设局、交通运输局、商务局、卫生健康委，各县区）

4. 建设和美乡村。深入实施农业倍增行动，加快创建乡村振兴产业示范基地，构建现代农业产业体系，提升农业农村发展能力水平。健全产业发展、就业服务、政策惠农、权益保障政策措施，严格落实“四个不摘”要求，加大移民后续扶持力度，确保“两个高于”目标任务全面实现。强化乡村建设风貌管控，加强空心村整治和闲置土地利用，推进“多规合一”实用型村庄规划建设。深入开展农村人居环境整治，持续推进垃圾污水处理、厕所革命和村庄绿化、亮化、净化整治，80%村庄建成美丽村庄。全面深化农村改革，着力培育农村新型经营主体，大力发展农业社会化服务组织，壮大村集体经济，创新金融服务“三农”模式，促进农业农村现代化。深化党建“一抓两整”示范县乡创建行动，持续推进“三治融合”乡村治理体系建设，落实全域网格治理机制，推进综治中心、新时代文明实践中心（所、站）规范化建设，促进民族团结进步，深入开展移风易俗，形成乡村文明新风尚。（责任单位：市委组织部、宣传部、统战部、政法委，市发展改革委、财政局、自然资源局、生态环境局、住房和城乡建设局、水务局、农业农村局、金融工作局、乡村振兴局、公共资源交易中心，各县区）

5. 推进城乡融合。扎实推进城乡道路交通、供水保障、清洁能源、信息网络、快递物流等基础设施一体化，基本实现所有乡镇通三级以上公路，农村公路列养率达100%，城乡供水一体化覆盖率达到95%，县城及常住人口5万以上的乡镇基本实现清洁取暖，县域城乡物流体系基本建成。实施教育质量提升行动，深化教育领域改革，推动各类教育更加优质、协调均衡、公平发展，基础教育发展指标和质量居全区中上水平，高中阶段毛入学率达到95.7%，职业教育融合发展取得实质性进展。实施全民健康水平提升行动，加快建设公立医院综合改革国家级示范城市，提升疾病预防、医疗服务水平，落实三孩生育政策，全方位全周期维护人民健康。加快推进数字乡村建设，推进乡镇5G网络全覆盖。（责任单位：市发展改革委、教育局、公安局、财政局、住房和城乡建设局、交通运输局、商务局、卫生健康委、云计算和大数据局，各县区）

6. 推进绿色发展。大力实施生态立市战略，重点抓好水土流失和荒漠化治理，推进黄河中卫段和清水河流域综合治理，确保黄河干流水质保持Ⅱ类进Ⅱ类出。建立健全生态管控体系，加大废弃矿山、退化草原、移民迁出区生态修复力度，持续推进大规模国土绿化行动，加快城市绿化提质和村庄绿化工程，全市森林覆盖率、草原综合植被盖度、城市建成区绿地率分别达到7.79%、59%和40%以上。统筹推进“四尘同治”“五水共治”“六废联治”，加快实施清洁能源取暖项目，扎实做好能耗“双控”、垃圾分类、水资源循环利用等工作，基本消除重污染天气，环境空气质量稳定达到国家二级标准，土壤污染风险有效防控，单位生产值用水量、能耗完成自治区下达任务，地表水国控断面优良比例达到100%，消除城镇黑臭水体，城市生活污水收集率提升至97%以上、再生水利用率提高至50%以上，工业园区中水回用率达到90%以上，城市生活垃圾无害化处置率达到100%，清洁取暖率达到100%，创建一批无废机关、无废学校、无废社区，无废园区、无废商超等“无废细胞”，城乡人居环境明显改观。（责任单位：市发展改革委、财政局、自然资源局、生态环境局、住房和城乡建设局、水务局、农业农村局，中卫工业园区管委会，各县区）

7. 创建文明城市。打好城市文明创建提质扩面攻坚战，中卫市积极创建全国文明城市，中宁县力争获得全国文明城市县级提名城市资格，海原县创建自治区文明城市。修订《中卫市群众性精神文明创建工作管理办法》，稳步扩大文明村镇创建评选规模，力争2025年，实现县级及以上文明村镇占比达到60%以上。深化推进文明单位、文明家庭和文明校园创建，全面提升城乡文明素养。（责任单位：市创建全国文明城市指挥部成员单位，各县区）

8. 筑牢安全屏障。深入贯彻落实总体国家安全观，完善大安全风险研判防控机制，实施“四大工程”，纵深推进“十大专项行动”，有效防范处置各领域风险隐患。全面落实“1+6+1”政策文件，推进全国市域社会治理现代化试点建设，构建共建共治共享的城市基层社会治理体系。健全城市管理执法行政裁量基准，推进包容审慎执法，构建权责明晰、服务为先、管理优化、执法规范、安全有序的城市管理体制。深入贯彻落实自治区党委十三届四次全会精神，牢牢把握“深、准、狠”总要求，全面落实“防、查、改、教、强、技、制、督、调、究”重点任务，按照“1+37+8”系列文件要求，深入开展安全生产隐患排查整治，健全公共安全体系，坚决守住安全防线、护佑百姓安康。（责任单位：市委统战部、政法委、国安办，网信办，市教育局、工业和信息化局、公安局、民政局、司法局、住房和城乡建设局、旅游和文体广电局、商务局、应急局，各县区）

（二）建设高品质宜业城市，让人民群众乐业

9.创造公平开放的市场环境。实施高标准市场体系建设行动，严格落实全国统一的市场准入负面清单制度，推动"非禁即入"普遍落实。完善市场主体孵化培育、扶持壮大机制和政策措施，更好发挥有效市场和有为政府作用，推动市场主体梯度培育提质升级。到2025年，全市实有市场主体达到9万户左右。严格落实"减退免补"税费优惠政策，全面排查整治涉企违规收费问题，加强供水供电供气供地清理规范，支持引导金融机构扩大信贷规模，降低市场主体运行成本。实施物流提质增效行动，加快全国综合交通枢纽城市、区域物流枢纽城市、迎水桥保税物流中心建设，构建"123"快捷物流经济圈，打造中卫出海出境通道，不断完善开放型经济新体制。（责任单位：市发展改革委、财政局、交通运输局、商务局、市场监管局、口岸和投资促进办，各县区）

10.构建科技引领的创新环境。推进科技强市战略，实施科技双倍增行动，围绕产业链布局创新链，培育创新主体，加强科技攻关，实施科技项目，推动科技合作，落实科技创新补助政策，完善科技评价体系，不断提升科技创新能力。到2025年，全市国家高新技术企业达到60家，自治区科技"小巨人"企业达到30家，科技型中小企业达到300家，培育认定各类科技创新平台超过106个，其中自治区重点实验室1个，自治区工程技术研究中心15个，自治区技术创新中心90个，全社会R&D经费年均增长19%以上，投入强度高于全区平均水平。大力引进和培育产业领军人才、高端管理人才和高层次技术人才，支持宁夏大学建设相关产业学院。（责任单位：市发展改革委、科技局、工业和信息化局、财政局，宁夏大学中卫校区，各县区）

11.完善保障有效的政策环境。实施就业优先战略，健全就业公共服务体系和就业促进机制，实施重点群体创业服务提升工程，完善促进创业带动就业保障制度，确保就业形势总体稳定，城镇调查失业率控制在5.5%以内。全面取消城镇落户限制，优化户籍登记服务管理模式。进一步完善各类人才住房保障、科研资助、子女教育等优惠政策，吸引各类高层次人才入卫就业创业。完成建设自治区级青年发展型城市试点任务，健全服务成长需求、维护发展权益的青年全方位发展体系，更好发挥青年在城市发展中的生力军作用。健全完善农业转移人口市民化以及非户籍常住人口就业、教育、住房、社保、医疗卫生等基本公共服务配套政策，全面落实养老、医疗、工伤等社会保险政策，加强困难群众救助和妇女儿童、未成年人权益保护，不断完善健康教育、托育养老、重要民生商品保供稳价和住房、煤、电、油、气服务保障体系，全面提升社会保障水平。（责任单位：市发展改革委、教育局、民政局、财政局、人力资源社会保障局、住房和城乡建设局、卫生健康委、市场监管局、乡村振兴局，团市委、妇联，各县区）

12.培育诚实守信的社会环境。加快建设法治政府，构建职能明确、依法行政的政府治理体系，维护社会公平正义。健全执法司法对民营企业的平等保护机制，保护民营企业和企业家合法权益，营造全社会尊重企业家的浓厚氛围。加大知识产权保护力度，健全知识产权侵权惩罚性赔偿制度。健全政府守信践诺机制，打造诚信投资环境。依法推进社会信用体系建设，引导市场主体诚信经营。加大政府采购支持中小企业力度，增加中小企业在政府采购中的授予合同金额，推行信用监管和"互联网+监管"改革，对民营企业"有求必应、无事不扰"，对创新型企业包容审慎监管，健全常态化政企沟通机制，构建亲清政商关系。（责任单位：市发展改革委、工业和信息化局、司法局、财政局、市场监管局、工商联，各县区）

13.深化务实高效的政务环境。进一步深化"放管服"改革迭代升级，加快推进政务服务标准化、规范化、便利化，推动更多事项"一件事一次办""免证办""零材料办"，提高"一网通办""全程网办"效率，扩大"跨域通办"范围。推动电子证照跨区域互认共享，推广电子印章、电子发票等应用，新设立企业100%发放电子营业执照和电子印章。全面推进"证照分离""一照通办"，逐步实现"一码涵盖、一照通行""领照即开业"。深化简易注销登记改革，推进注销便利化。（责任单位：市市场监管局、审批服务局，中卫工业园区管委会，各县区）

14.建设高质高效的园区环境。优化园区产业结构，按功能定位承接重大产业项目，立足优势产业补链延链强链，加大"头部"企业、"链主"企业培育力度，推动中小微企业"卡链补位"融通发展，促进企业集聚化、产业集群化发展，打造千亿级产业园区。深入推

进管理体制机制改革，实行“管委会+公司”模式，吸引社会资本参与园区建设，推进运营建设市场化。优化园区产业用地审批和供应机制，加大批而未供和闲置土地处置力度，积极推广“标准地”出让和“弹性年期出让、长期租赁、先租后让、租让结合”供应方式，促进土地资源盘活利用。支持园区基础设施提升和循环化、智能化改造，完善公共服务和生活性服务配套，建设一体化智慧园区管理服务体系和科技成果转化示范基地。到 2025 年，基本建成智慧园区、集约园区、绿色园区。（责任单位：市工业和信息化局、自然资源局，中卫工业园区管委会，各县区）

（三）建设高颜值宜游城市，让人民群众畅游

15. 繁荣发展文体事业。创新实施文化惠民工程，提高公共文化服务覆盖面和实效性。加强艺术创作引导，深化国有文艺院团改革，支持民营文艺团体发展，鼓励和引导社会力量参与艺术创作和公益性演出。强化文物保护利用和非物质文化遗产传承，主动融入长城、长征、黄河三大国家文化公园（宁夏段）建设，到 2025 年，培育自治区级非遗传承基地 2 个。举办大漠黄河国际旅游节、乡村阅读论坛等活动，推动社会文体资源共建共享，深入开展全民健身活动，积极承办全国、全区大漠健身运动等大型赛事活动，建设休闲体育和沙漠运动知名城市，促进人民群众身心健康。（责任单位：市创建全域旅游示范市工作领导小组成员单位）

16. 打造特色旅游品牌。充分挖掘并讲好黄河故事，大力开发具有中卫特色的黄河文化体验产品、黄河乡村旅游产品、黄河旅游演艺产品，打造在全国有影响力的黄河文化旅游品牌。创新“大漠星空”“黄河星空”等系列旅游产品，开发星空研学、星空探秘等专项旅游产品，推出住星星酒店、品星空夜宴、看星空演艺等多元深度体验活动，打造具有国际影响力的星空特色旅游品牌。大力开发长城研学、科考、摄影等旅游产品，开发长城自驾游精品线路，打响“中国长城博物馆”品牌。（责任单位：市创建全域旅游示范市工作领导小组成员单位）

17. 大力发展乡村旅游。建设沙坡头大漠黄河休闲体验区、中宁县玺赞枸杞庄园休闲旅游采摘体验区、海原县贺堡河流域梨园风情区等项目，进一步优化乡村旅游发展布局。着力打造乡村振兴旅游示范项目，培育城市近郊乡村游憩地，开发乡村康养、休闲农庄、创意农业、农事体验、乡间赛事、特色餐饮、艺术采风等新兴乡村旅游业态，打造“乡村微度假”品牌，推动中卫乡村旅游提档升级。到 2025 年，新增乡村旅游重点村（镇）和特色村 6 个。（责任单位：市创建全域旅游示范市工作领导小组成员单位）

18. 打造文旅融合新业态。开发钻石酒店、沙漠主题度假中心等特色住宿产品，培育以精品民宿为主的特色休闲度假业态。打造沙坡头麦草方格治沙、金沙岛沙漠博物馆、金沙海研学旅行基地、黄羊古落研学基地、黄河古瓷制作体验等旅游产品，培育以研学、科普、养生、沙疗、避暑等为特色的康养观光旅游业态，推动生态康养旅游产业带建设。丰富提升黄河婚礼、非遗舞狮等旅游演艺产品，培育以市场为导向的文化旅游演艺业态。支持沙坡头、金沙海、丰安屯等有条件的旅游景区开展星空科普等夜间游览服务，培育夜间经济旅游业态。（责任单位：市创建全域旅游示范市工作领导小组成员单位）

19. 提高旅游服务质量。完善旅游集散服务中心各类功能，积极推进自驾游、房车游配套服务设施建设和旅游标识系统提升工程。加快智慧景区建设，提升 3A 级以上旅游景区 5G 网络覆盖水平，持续运营好中卫文旅相关新媒体账号，发布游玩攻略和资源介绍，为游客提供一站式、全方位、个性化的旅游服务。强化行业培训力度，全面提升从业人员服务技能和水平。（责任单位：市创建全域旅游示范市工作领导小组成员单位）

20. 加强文旅营销宣传。紧扣旅游消费市场个性化、差异化、定制化、多元化的需求，有序开拓国内客源市场，积极扩大入境客源市场。强化互联网大数据支撑，大力推广新媒体营销，增加中卫文旅品牌形象曝光率、点击率。加强文旅区域化合作，开发黄河主题、长城主题、丝路主题、生态主题等区域合作旅游线路产品。（责任单位：市创建全域旅游示范市工作领导小组成员单位）

21. 完善市场治理体系。开展文旅企业公共信用综合评价，深化“1+5+N”联动监管模式，建立跨部门执法检查联动机制，严厉打击“黑车”“黑导”非法载客营运、欺瞒诱导游客消费等违法行为，全面净化文旅市场环境。积极推动 A 级旅游景区、旅行社、星级饭店等单位开展文明单位创建活动，发挥行业协会、商会等社会组织和志愿者作用，开展文明旅游宣传，推动文化和旅游高质量发展。（责任单位：市创建全域旅游示范市工作领导小组成员单位）

四、工作要求

（一）强化组织领导。宜居宜业宜游示范市建设

纳入市级领导包抓重点工作，统筹协调推动各项工作落地见效。各县(区)、各部门(单位)要高度重视，精心部署，周密安排，主要负责同志要亲自抓，组织力量、明确责任、狠抓落实，务必把任务放在心上、抓在手上、落实在行动上，确保各项工作任务责任到位、落实到位。

(二)强化分工配合。各县(区)、各部门(单位)要根据本实施方案，明确路线图、时间表、任务书，确保见清单、见行动、见结果。各责任单位要树立大局观念，积极主动组织协调有关单位高效完成任务，加强信息沟通，形成工作合力，确保各项任务顺利推进、落地生根，取得实实在在的成效。

(三)强化督查考核。示范市建设工作作为各级领导班子和领导干部综合考核评价的重要内容，纳入全市效能目标管理考核范围。市委、市政府督查室要分阶段对贯彻落实情况进行专项督查，对行动迟缓、推诿扯皮、落实不力的通报批评、责令整改，对未完成工作任务、未达到预期目标的适时责令作出说明，切实发挥督查考核“指挥棒”“风向标”作用。

关于加快建设产业转型升级示范市的实施方案

（2023—2025年）

为深入贯彻落实党的二十大精神，全面落实习近平总书记视察宁夏重要讲话和指示批示精神，认真落实自治区第十三次党代会精神、市第五次党代会部署安排，以推动高质量发展为主题，以深化供给侧结构性改革为主线，不断培育壮大新兴产业，改造提升传统产业，逐步优化产业结构，打造西部产业转型升级示范市，结合中卫实际，特制定本实施方案。

一、指导思想

以习近平新时代中国特色社会主义思想为指导，全面贯彻落实党的二十大及习近平总书记视察宁夏重要讲话指示批示精神，以及自治区第十三次党代会精神，坚持以供给侧结构性改革为主线，坚持创新、协调、绿色、开放、共享发展理念，以市场化、法治化、国际化为原则，在深化改革开放中推动产业转型升级。加快培育壮大新能源、新材料、云计算和大数据等战略性新兴产业，加快推动冶金制造、精细化工等传统产业改造提升，加快构建以交通物流和文化旅游产业为主的现代服务业产业体系，加快推进乡村振兴产业示范基地建设，形成具有竞争力和影响力的产业集群，提高产业发展的质量和效益，增强产业发展的动力和活力，打造西部产业转型升级示范市，为全面建设社会主义现代化美丽新宁夏作出积极贡献。

二、总体目标

到2025年，全市工业增加值年均增长8%以上，制造业占工业比重达到60%以上，高技术产业占规上工业比重达到12%，战略性新兴产业占规上工业比重较2022年提高10个百分点；全市农业综合产值实现450亿元，农产品加工转化率80%以上；服务业增加值年均增长10%以上，物流业增加值占服务业比重20%以上，游客人数、旅游收入分别增长20%；产业竞争力和创新力明显增强，全市全社会研究与试验发展经费投入年均增长19%。全市拥有国家高新技术企业60家以上。

三、主要任务

（一）大力发展云计算和大数据产业

1.打造绿色国家“东数西算”示范基地。推动亚马逊、美利云、中国电信、中国移动、中国联通等数据中心扩规增容，加快特加森、中国广电等数据中心建设，做好数据中心业务拓展。争取水利部、中国交建等国家部委、央企数据中心落地中卫，推动在中卫集群集中规划建设国家安全数据存储和灾备中心。推动黄河云、渲染云等项目落地建设，加快打造面向工业互联网和人工智能的超算基地。优先支持PUE≤1.15、可再生能源使用率≥65%的大型和超大型数据中心建设，禁止PUE>1.3的数据中心新建和扩建。力争到2025年，标准机架达到33万个，数字信息产业产值达到500亿元。（责任单位：市云计算和大数据局，中卫工业园区管委会，各县区）

2.推动建设信息技术创新开发基地。积极引入信息技术创新应用架构体系下的生态企业，围绕信息系统、云平台、网络通信、数据资源等关键基础设施，研发试用高性能、高可靠、可分级分域的安全隔离、监控、风险排查相关技术和产品，探索建设以国产化自主可控产品为底座的信创云平台及适配基地，推进信创云在党政机关、医疗、交通、警务、能源、金融等重点领域探索应用。建立云安全评估体系，提升云身份认证、云访问控制、云数据安全、云虚拟安全和云安全管理等服务能力。加强数据安全产品研发，开展安全技术攻关，加快培育骨干企业，增强数据安全服务，打造可靠的“云生态”。加强与航天领域优势企业合作，推动“宁夏一号”（钟子号）卫星发射，支持开展遥感监测、北斗导航等卫星技术研发和应用创新，培育航天大数据优质企业上市。（责任单位：市委网信办，市公安局、云计算和大数据局，各县区）

3.建设区域数字经济基地。推动构建数据基础制度，推进公共数据、企业数据、个人数据分类确权使用，逐步培育数据要素市场。构建数据产业生态，充分发挥中卫集群集聚效应，重点发展服务器、机架、存储、网络设备、服务应用等配套产业，积极发展数据加工、数据治理、数据清洗等产业，加快发展人工智能、模型训练等算力服务产业。推动国家（中卫）新型互联网交换中心建设运营，为企业提供全方位接入服务。招引网络、IT、设备、配套设备企业，共建互联网交换中心生态共同体。加快“云天中卫”建设，全面提升经济社会各领域数字化、网络化、智能化水平，形成可复制推广的新架构、新模式、新业态。培育“东数西算”示范样板企业10家以上，形成“区域联动、利益共享”的发展格局。（责任单位：市云计算和大数据局、工业和信息化局、商务局，中卫工业园区管委会，各县区）

（二）加快提升文化旅游产业

4.推动旅游产业蓬勃发展。加快构建“一心多点”全域旅游空间布局，实施景区联动、优势互补，开展全域一体综合开发。推动沙坡头景区提质扩容，加快开发沿黄体验、沙漠探险、麦草方格治沙、黄河古瓷制作等主题研学旅游产品，进一步打造星空游品牌，积极创建国家级旅游度假区。加快A级景区创建，巩固寺口子4A级旅游景区、丰安屯自治区级旅游度假区。加快培育发展康养旅游，大力引进和培育龙头企业，建设钻石酒店、沙漠主题度假中心等特色旅游项目。开发一批夜间旅游、冬季旅游产品，策划一批主题突出、丰富多彩的假日旅游主题活动，持续扩大旅游消费。实施休闲农业和乡村旅游优质发展工程，重点推进沙坡头区迎水桥镇鸣钟村、中宁丰安屯度假村等乡村旅游发展。依托沙坡头、寺口子等景区资源，打造特色乡村旅游点，形成“一村一品、一村一景”的发展格局。到2025年，全市增加乡村旅游重点村（镇）和特色村6个。（责任单位：市旅游和文体广电局、农业农村局，各县区）

5.推进文化产业繁荣发展。推进文化创意与旅游休闲、特色农业、先进制造等领域融合发展，不断壮大文化产业规模。有序推进大麦地岩画、高庙、明长城、双龙山石窟、照壁山铜矿遗址等重点文物的保护利用，充分挖掘黄河、大漠、杞乡、边塞等文化元素，展现黄河文化的时代价值，鼓励建设大麦地岩画文化产业发展平台，推进文物和非遗创新、创意、展示、转化等与旅游相结合，开发一批特色鲜明的文创产品，打造一批非遗传承基地。构建富有中卫特色的文创旅游商品体系。依托中卫深厚的历史文化，深挖地方民俗特色，开发具有文化特色的旅游线路，促进文化旅游深度融合。（责任单位：市旅游和文体广电局、农业农村局，各县区）

（三）培育壮大交通物流产业

6.加强物流基础设施建设。主动融入“一带一路”建设，打造区域性大宗商品集散交易基地。加快推进宝中铁路（中卫—平凉）、包兰铁路（银川—中卫）项目开工建设，不断提升铁路运输能力。大力推进“一园多区”建设，加快推动宁钢集团中卫热电铁路专用线、华夏特钢铁路专用线、迎水桥海关监管场所等项目建设投运，常态化开行国际班列。加快推动沙坡头机场二期建设，提升沙坡头机场规模和通达能力，强化运输、仓储、配送、通关等环节服务体系建设，大力发展多式联运，加快打造立足中卫、辐射宁夏的煤炭储备基地、多式联运基地、智慧物流与工业供应链服务平台。（责任单位：市口岸和投资促进办、交通运输局，各县区）

7.推进智慧物流体系建设。建立跨地区、跨部门、跨行业的智慧物流公共信息平台，打造元泰物流、顺丰中卫分拨中心等具有全程供应链服务能力的专业物流信息平台，开展国家仓储智能化示范基地创建，构筑高效低耗低成本的智慧物流，打造建设一批全程可追溯的示范企业。支持物流企业建设企业物流标准，推进重点物流园区和骨干物流企业物流设施标准化示范工程。推动智能仓储改造、智能货运提升、基础设施智能化改造、干支物流网络智能化升级，开展智慧供应链创新应用行动，健全制造业智能物流体系。（责任单位：市口岸和投资促进办、交通运输局、商务局，各县区）

8.增强物流综合服务能力。做大做强物流企业，依托物流园区改造，引进国内外大型平台物流企业。加快培育和重点扶持一批本土龙头物流企业，支持一批中卫本土传统运输企业向现代综合型物流企业转型发展，鼓励企业通过兼并重组进行规模化发展。延伸物流产业链条，提升供应链集成创新能力，大力推广供应链管理，建设供应链管理平台，为制造企业提供供应链计划、供应链物流、供应链金融、供应链电子商务以及信息追溯等集成服务。（责任单位：市口岸和投资促进办、交通运输局、商务局，各县区）

9.优化城乡物流配送体系。加强农村物流设施网络规划，推动物流企业、电商企业和邮政快递企业利用现有物流资源开展深度合作。完善农村商贸服务网点和流通配送设施，突出抓好“快递进村”工程、

"村邮站"工程、智能快件箱工程建设，打通"农产品进城、工业品下乡"城乡双向寄递配送渠道，打造市县乡村四级服务网点，畅通城乡快递物流微循环。推进快递企业标准化，完善城市配送中心和配送网络等设施建设，推动城市快递末端综合服务平台建设，推广智能快递柜使用。加强冷链物流体系建设，有针对性补齐城乡冷链物流设施短板，发展全程冷链物流，提高农产品对外运输能力。（责任单位：市口岸和投资促进办、交通运输局、商务局、农业农村局，邮政管理局，各县区）

（四）做强新材料新能源产业

10.推动新材料产业加速发展。坚持提高创新能力、培育核心优势，加强锰基材料生产技术研发，引领锰材料发展。加强产业链条延伸，不断提高金属锰产品纯度，以锰元素为基础拓展新材料的开发和生产，推动电解金属锰向硅锰合金、锰酸锂、高纯硫酸锰、锂离子电池材料等方向发展，拓展应用领域，开发和生产高附加值的锰基新材料，打造高端、绿色、循环的国家金属锰战略储备基地。坚持扩大增量与优化存量并重，围绕高端应用，加大铝基材料技术改造力度，研发新产品，延长产业链条，整合提升铝基产业整体发展水平。推进高性能铝合金、铝型材加工及航空锻造制造、汽车轮毂深加工、铝灰渣无害化资源化处置等项目建设，促进现有铝基产业深加工产品做大规模。围绕关键环节延链补链，引进一批"高精尖"制造企业，鼓励支持企业发展铝合金车身板材、零部件、铝基复合材料和光伏组件边框等项目，不断拓展铝基材料应用范围，推动产业高端化、精细化、轻量化发展，打造铝基材料研发应用示范基地。围绕锂电池材料及尼龙、芳纶等高性能化工新材料，引进一批"高新"项目，扩大生产规模、延伸产业链。采用引进及自主创新技术，发展芳纶、尼龙66、高分子抗氧化剂等高性能化工新材料。到2025年，全市新材料产业产值突破700亿元。（责任单位：市工业和信息化局，各县区）

11.推动新能源产业高端化发展。优化新能源产业布局，在中宁徐套、喊叫水等地布局200万千瓦平价光伏基地，在沙坡头区、海原布局100万千瓦风电基地，在工业园区周边规划建设分散式风电项目，并配套相应规模的储能设施。加快推进6吉瓦沙漠光伏基地、5.5吉瓦"绿电园区"建设，不断提高新能源发电比例。加快推进宁夏—湖南±800千伏特高压直流输电、中卫电厂4×660兆瓦机组扩建等项目建设，推进区域电网升级改造，打通新能源内联外送通道，拓展发展空间。积极探索风电、光伏与储能、氢能等新兴产业互补开发、融合发展的新模式、新业态，推进新能源汽车充电、加氢设施网络建设，加快明阳智慧能源产业园、伟力得全钒液流电池装备制造等项目建设，推动中宁100万千瓦和牛首山二期140万千瓦抽水蓄能等项目建设，借助黑山峡水利枢纽工程发展水电，着力打造水风光储一体化的清洁能源基地。鼓励隆基硅、协鑫等光伏龙头企业扩大大尺寸铸锭、拉晶、切片、高效太阳能电池等主导产品规模，引导中车风电装备整机制造项目带动发展塔筒、叶片、风电大型铸件等关键零部件和配套设备制造。拓展风电机组运维、备件、大部件更换和技改等业务，着力构建制造、生产、运维全产业链，逐步把海兴开发区打造成为西部大型风机组装制造和智能运维基地。到2025年，力争新能源装机超过2300万千瓦。（责任单位：市发展改革委、工业和信息化局，各县区）

（五）推进传统工业转型升级。

12.推动冶金制造产业绿色发展。坚持优化存量和控制增量相结合，全面落实"四大改造"提升行动，围绕绿色低碳发展方向，重点推动钢铁、铁合金等传统冶金制造企业应用新技术，提升核心竞争力。引导宁钢集团重点发展高端精品钢、特钢、不锈钢等高附加值产品，建设高水平优特钢生产基地，培育一批产业链上下游企业，逐步推动钢铁冶金生产向现代制造业转型，推动企业循环化改造，不断提升自动化、智能化、循环化生产水平。严格铁合金行业准入管理，鼓励现有铁合金企业通过兼并重组等方式，组建大型铁合金企业集团，促进产业集中化、大型化、基地化发展。鼓励技术改造和新产品研发，推进铁合金电炉大型化、密闭化、自动化生产，提升企业自动化和资源综合利用水平，努力打造具有示范引领性的节能减排示范基地。（责任单位：市工业和信息化局，各县区）

13.推动精细化工产业链式发展。坚持绿色、耦合、智能、高端化发展方向，依托瑞泰、华御、紫光等龙头企业，围绕医药中间体、绿色环保型染料、饲料添加剂，研发生产一批高端、稀缺、绿色产品，优先发展高新技术、高附加值、安全度高和生态环保的项目，实现由基础精细化工向化工新材料的转型。围绕产业链条，承接产业转移，积极引进一批产业关联度高、创新能力强、市场前景好的项目，延伸拉长产业链条，推进上下游产业配套、产业链互补耦合，推动化工产业集群发展，着力打造西部高端精细化工基地。到2025年，力争精细化工产业产值达到200亿元。（责任单位：市工业和信息化局，中卫工业园区管委会，各县区）

14.提升数字化智能化改造水平。加强工业互联网应用，积极引进互联网高科技企业，鼓励行业龙头企业和大型制造企业联合各方资源，建设应用一批工业互联网平台，促进企业生产设计协同、生产管理优化、生产过程实时监测、质量控制以及节能减排。鼓励企业加强云计算、物联网、大数据、移动互联网等新一代信息技术与制造技术的融合应用，推动企业上云、设备联网，为生产制造提供精准化服务，提高产品供给质量和价值空间。引导企业建立完善以智能车间、智能工厂为载体，以精细化管理、智能决策为依托的现代生产制造与运营管理体系，积极组织企业申报工业互联网平台建设试点示范，形成一批应用试点示范项目，形成可复制、可推广的新业态和新模式，增强制造业转型升级新动能。（责任单位：市工业和信息化局，各县区）

（六）加快发展特色农业

15.提质增效枸杞产业。充分发挥“中国枸杞之乡”“中宁枸杞”区域公用品牌等优势，扩大种植规模，放大产业优势，加快发展精深加工，打造全国高品质枸杞种植和加工基地。以中宁枸杞、道地药材产地标准为引领，推动枸杞基地标准化、规范化、规模化，打造枸杞现代标准化原料基地。加强枸杞加工标准体系建设，引进上海植酵盛、杞福源等企业精深加工项目落地，重点建设枸杞酒、汁、酵素、糖肽等深加工生产线，推进枸杞全产业链发展与转型升级，打造全国枸杞产品加工基地。充分发挥中宁枸杞优质苗木种质资源优势，把控生产最前端，打造国家级枸杞良种苗木繁育中心。加快构建枸杞产业标准体系、病虫害绿色防控体系、质量检验检测体系和溯源体系，保障产品质量安全，提升产品品质。推进中宁国家级枸杞交易市场建设，完善“中宁枸杞”市场准入制度，持续打好枸杞品牌保卫战，稳步提升枸杞产品的市场竞争力。到2025年，枸杞种植面积24万亩，建成标准化生产基地21万亩，枸杞加工转化率达到40%，枸杞产业综合产值达到168亿元。（责任单位：市自然资源局、农业农村局，各县区）

16.扩规提质牛产业。加快推进乡村振兴产业示范基地建设，进一步调优种养结构，调大经营规模，调强加工能力，调长产业链条，推进布局区域化、生产标准化、经营规模化、发展产业化，着力构建奶牛、肉牛（羊）产业体系、生产体系、经营体系。聚焦牛奶产业全产业链建设，打造沿黄河优质奶源基地和沙坡头区腾格里沙漠南缘、麦垛山、香山北麓，中宁县太阳梁、红梧山，海原西安“一地六区”百亿级牛奶产业集群，加快推进麦垛山现代奶牛养殖基地建设，积极推动光明乳业日处理生鲜乳1500吨乳品加工厂、蒙牛年产10万吨高端固体奶加工项目落地，打造“宁夏中卫黄金奶源之乡”。依托海原肉牛标准化养殖示范县项目建设，打造沿清水河流域的百亿级肉牛（羊）产业带，建设肉牛（羊）“出户入园”项目20个，推广肉牛养殖“50”模式和肉羊养殖“300”模式，着力提升海润、夏华肉牛屠宰场精深加工能力，推进中国（宁夏）良种牛繁育中心达产达效，全面打造优质肉牛良种繁育基地、高端牛肉生产基地和“宁夏中卫高端肉牛之乡”。到2025年，肉牛饲养量达到60万头，规模化育肥比重达到30%；奶牛存栏达到20万头，万头以上规模化奶牛养殖场达到10个，年产鲜奶100万吨。（责任单位：市农业农村局，各县区）

17.培育壮大葡萄酒产业。坚持科学定位、放大优势、融合发展，打造高品质葡萄酒酿造基地。以迎水桥、常乐、永康、大战场、太阳梁等乡镇为核心区，建设标准化酿酒葡萄种植示范基地。依托“宁夏红”“漠贝”品牌优势和市场竞争力，开展高品质葡萄酒酿制，发展中小型酒庄，加快构建葡萄酒产业体系、生产体系、经营体系，打造“宁夏红”品牌葡萄酒，与贺兰山东麓葡萄酒产业协同发展。统筹葡萄酒业与文化旅游业深度融合，鼓励发展“葡萄酒庄+旅游”模式，增强产业发展带动力。到2025年，酿酒葡萄基地发展到4000亩。（责任单位：市农业农村局，各县区）

18.支持区域特色农业发展。重点发展以沙坡头区、中宁县为主的优质苹果基地，引进新品种，推广优质良种苗木，建设高标准苹果种植园。健全完善苹果生产技术规程、富硒苹果企业标准、富硒苹果行业标准和产品质量标准，积极开展经果林改造工程，加强富硒苹果品牌培育，打造“富硒苹果之乡”。加强蔬菜绿色标准园和“四好”设施农业园区建设，围绕设施果蔬、拱棚韭菜、速冻蔬菜三大品类，推广新品种、新技术，打造“富硒蔬菜之乡”。积极发展速冻蔬菜，高标准打造2万亩速冻蔬菜原料基地。加快推动马铃薯种植绿色化、基地标准化，推广良种繁育，建设曹洼、树台、关庄、红羊4个万亩高产示范区。培育和扶持2～3家马铃薯精深加工龙头企业，开展马铃薯主食品研发和加工，推进马铃薯主粮化，叫响海原“马铃薯之乡”品牌。推进小杂粮规模化、绿色化、系列化、高端化发展，持续开展小杂粮品种、种植模式试验示范。加强小杂粮精深加工，培育和拓宽销售市场，创建海原“小杂粮之乡”。（责任单位：市农业农村局，各县区）

19.加快农村一、二、三产业融合发展。积极创建国家农村产业融合发展示范园，以农业农村为基本依托，通过产业联动集聚、技术渗透、体制创新等方式，推动农业生产、农产品加工和销售、餐饮、休闲及其他服务业融合发展，促进农业产业链延伸、产业范围扩展和农民收入增加。探索建立“自有牧场+奶吧”“生产基地+加工企业+市场”“养殖基地+屠宰加工+餐饮”等产销模式，统筹标准化生产与乡村旅游、智慧农业、精深加工、产品研发、品牌打造、绿色优质安全农产品产区建设，推进全链条培育和一二三产业融合发展，构建形成国家、自治区、市级示范基地（乡、村）三级联动的乡村产业“新雁阵”。加强产业链横向拓展，大力发展乡村旅游、休闲康养、电子商务等现代乡村服务新业态，提升农业产业边际效应。到2025年，新增自治区级及以上产业融合发展示范园4个，培育市级龙头企业30个以上。（责任单位：市农业农村局、工业和信息化局、商务局、旅游和文体广电局，各县区）

四、保障措施

（一）加强组织领导。成立由市委、市政府主要负责同志任组长，分管负责同志任副组长，市直相关部门负责同志任成员的市产业转型升级领导小组，负责统筹协调全市产业转型升级工作。同时，各县（区）和行业主管部门要结合本地区的产业特点和发展需求，设立工作专班，与市级领导小组保持密切沟通和配合，统筹推进本地区、本行业的产业转型升级工作。

（二）强化金融扶持。设立专项资金用于支持产业转型升级工作，对符合要求的项目给予一定比例财政资金补助。加大税收优惠力度，对符合要求的企业给予所得税、增值税等方面的优惠；对从事战略性新兴产业和现代服务业的企业，给予研发费用加计扣除等方面的优惠和减免。引导企业申报产业转型升级专项债券等方式，增加社会资本对产业转型升级的投入，对有利于产业转型升级的项目合作、股权投资、风险担保等，给予政策倾斜和税收优惠。引导金融机构通过降低贷款利率、提高贷款额度、延长贷款期限、简化贷款手续等方式，提高信贷投放效率和效果，支持企业转型升级工作的信贷投放。做大做强政府性融资担保机构，加大“宁科贷”资金池规模，增强融资担保能力，力争融资担保放大倍数达到5～10倍，逐步将年化平均担保费率降至1%以下。

（三）促进科技创新。充分发挥科技创新的支撑引领作用，进一步激发各类创新主体的积极性和创造性，对参与产业转型升级工作的科研机构和企业，给予科研项目申报、科研经费拨付、科研成果奖励等方面的支持。同时，建立健全科技成果转化机制，鼓励科研机构和企业开展科技成果转化活动，在知识产权保护、技术交易、股权激励等方面给予政策支持。鼓励企业加大科研经费投入，积极参与产业转型升级，对新认定为国家或自治区级重点实验室、技术协同创新中心、新型研发机构、工程技术研究中心的科研机构和企业按规定给予奖补。加强知识产权保护，完善知识产权登记、认证、监管等制度，打击侵权行为，保障科技创新者的合法权益。探索股权激励模式，鼓励科研机构和企业采用股权投资、股权合作、股权分红等方式，实现科技成果转化的利益共享和风险共担。

（四）培育吸引人才。加强人才培养机制，与高校和科研机构合作，开展产业转型升级相关专业和课程的建设，培养适应市场需求的应用型人才。完善人才激励机制，建立以绩效为导向的薪酬体系，对在产业转型升级中取得突出成绩的人才给予奖励和表彰。对高层次人才给予住房补贴、安家费、科研经费等方面的支持，并在职称评定、职务晋升、岗位安排等方面给予倾斜。建立人才需求信息平台，及时发布产业转型升级领域的人才需求信息，引导人才向重点领域和关键岗位流动。

（五）加强监督考核。将产业转型升级工作纳入绩效考核，对各县（区）、各部门的产业转型升级工作进行定期监督检查和考核评价，并将考核结果作为干部选拔任用的重要依据。对在本市产业转型升级工作中表现突出的单位和个人给予表彰奖励；对在本市产业转型升级工作中存在问题和不足的单位和个人给予批评教育。

中卫市政府规章立法后评估制度

第一条 为了评估我市政府规章的实施效果，规范政府规章立法后评估工作，提高政府立法质量，根据《规章制定程序条例》《宁夏回族自治区人民政府立法工作规定》等法律法规、规章的规定，结合我市实际，制定本制度。

第二条 本制度所称立法后评估，是指在政府规章实施后，依照规定程序、标准和方法，对规章的立法技术、内容、实施绩效等进行调查分析和综合评价，并提出评估意见的活动。

第三条 立法后评估遵循客观公正、科学合理、注重实效、社会参与、公开透明的原则。

第四条 市人民政府应当加强立法后评估工作的统一领导，为立法后评估提供必要的人力、物力等保障。

市司法行政部门负责立法后评估工作的指导、协调和监督，有关单位及个人，应当配合做好立法后评估工作。

第五条 政府规章的起草单位或实施机关是立法后评估责任部门；有多个实施部门的，主要实施部门为立法后评估责任部门；实施部门不明确的，由市司法行政部门按照职责，协调确定立法后评估责任部门。

涉及公民、法人或者其他组织重大利益以及事关经济社会发展全局、规范政府共同行为的政府规章立法后评估，由市司法行政部门实施。

其他行政机关和有关单位应当按照各自职责，配合做好规章立法后评估工作。

第六条 评估实施单位根据需要，可以委托高等院校、科研机构、政府法律顾问、律师事务所、社会组织等专业机构实施评估工作或者评估工作中的部分事项。

评估责任部门按照前款规定委托专业机构开展立法后评估的，应当与受托单位签订委托协议，并在协议中明确立法后评估的具体工作要求、期限、费用及结算方式、质量考核、各方权利义务事项和违约责任等内容。

第七条 政府规章有下列情形之一的，应当进行立法后评估：

（一）与经济社会发展和公众利益密切相关、社会影响面广、社会关注度高，且实施已满三年的；

（二）调整对象发生改变，规章是否适应经济、社会发展的要求尚不明确的；

（三）实施后明显未达到预期效果，且人大代表、政协委员或者社会公众提出较多意见和建议的；

（四）拟上升为地方性法规的；

（五）已不适应经济社会发展需求，拟废止或进行重大修改的；

（六）市人民政府交办或者市司法行政部门认为有必要进行立法后评估的。

因上位法修改、废止或者急需修改、废止，需要对政府规章进行相应的修改或者废止的，可以不进行评估。

第八条 市司法行政部门应当将市政府规章立法后评估项目列入市人民政府年度立法工作计划，经市人民政府批准后实施。

市司法行政部门根据形势发展需要和实际情况，对年度立法后评估项目提出调整建议，报市人民政府批准后实施。

列入立法计划的后评估项目，评估所需经费应当纳入评估实施机关的年度预算，由财政部门按规定核拨。

第九条 评估实施单位应当根据具体情况和实际需要，对规章的全部内容进行整体评估，或者对其主要内容进行部分评估。

评估实施单位应当重点对规章涉及的机构职责、行政许可、行政处罚、行政强制、行政征收、行政征用、行政救助、行政给付等事项进行评估。

第十条 开展立法后评估主要依据以下标准进行：

（一）合法性，政府规章是否符合立法权限、程序，是否与法律、法规及其他上位法保持一致；

（二）合理性，政府规章是否符合公平、公正原则，职责分工是否明确，各项管理、处罚措施是否必要、适当；

（三）协调性，政府规章各项制度之间是否相互衔接协调，与同位阶的政府规章之间有无冲突；

（四）可操作性，政府规章是否符合本市实际且易于操作，

措施是否高效便民，程序是否正当，能否得到普遍遵守和执行，实施效果是否明显，是否实现预期的立法目的；

（五）技术性，政府规章制定的技术标准、逻辑结构是否严谨，概念界定是否清晰，语言表述是否准确；

（六）实效性，政府规章是否得到普遍遵守和执行，是否有效解决行政管理中的具体问题，实施是否取得经济社会效益，是否实现预期目的。

第十一条 立法后评估工作应当按照下列程序进行：

（一）成立评估小组。评估小组由评估责任单位自行组织，可以邀请人大代表、政协委员、司法行政机关的工作人员、专家学者、法律工作者、公众代表等参加；

（二）制定评估方案。评估方案主要包括评估内容、目的、标准、方法、步骤和时间安排、经费和组织保障等；

（三）开展调查研究。通过实地考察、座谈会、问卷调查、专题调研、专家论证等方法，采取多种方式收集社会公众、人大代表、政协委员、专家学者等方面的意见建议；

（四）进行分析评价。对收集到的材料及意见建议进行分析研究，提出初步评估意见，并经专家论证，提出继续施行或者修改、废止等方面的评估意见，形成评估报告，报送市司法行政部门；

（五）审查评估报告。市司法行政部门收到评估责任单位报送的评估报告后应及时研究，并指导评估责任单位修改完善，由评估责任单位形成正式的评估报告报送市人民政府。

第十二条 立法后评估报告应当包括以下内容：

（一）评估工作的基本情况；

（二）实施绩效、制度设计等评估内容分析；

（三）评估结论及建议；

（四）其他需要说明的问题。

第十三条 评估工作应当保障社会公众有效参与。评估实施单位可以在其门户网站刊登政府规章全文和评估相关事项等信息，充分听取公众意见。

公民、法人和其他组织可以通过书面或者电子邮件等方式提出意见或建议。

第十四条 评估工作应当自评估小组成立后6个月内完成，内容复杂、争议较大的，经市司法行政部门同意可以延长2个月。在规定时间内不能完成的，应当说明理由。

第十五条 评估报告可以由责任单位通过本单位网站向社会公开，但涉及国家秘密、商业秘密或者个人隐私的内容除外。

第十六条 评估责任部门开展的立法后评估工作，纳入中卫市法治政府建设考核内容。评估责任部门及其工作人员不履行或者不正确履行立法后评估职责，造成严重后果的，依照相关规定对直接负责的主管人员和其他直接责任人员依法给予处分。

第十七条 立法后评估报告应当作为修改或者废止政府规章、完善配套制度和改进行政执法工作的重要依据。

第十八条 立法后评估报告建议废止政府规章的，由市司法行政部门负责按照法定程序办理。

第十九条 对市人民政府或者市人民政府部门制定的行政规范性文件开展后评估的，可以参照本办法有关规定执行。

第二十条 本制度自印发之日起施行。

中卫市政府基层立法联系点工作制度

第一条 为了拓宽公民有序参与立法的途径，发挥基层单位在立法中的积极作用，推进科学立法、民主立法、依法立法，建立和完善立法工作机制，规范基层立法联系点的工作，提高立法质量，结合我市实际，制定本制度。

第二条 本制度所称的基层立法联系点，是指根据政府规章立法工作需要，通过相应程序，在乡镇人民政府、街道办事处、村(居)委员会、企事业单位和有关行业组织中确定的参与政府立法工作的基层单位及组织。

基层立法联系点是基层群众和组织直接参与立法活动的重要载体，是政府有关部门深入基层直接了解情况、听取意见的重要平台。

基层立法联系点应当具有代表性，兼顾不同地域、行业、领域的立法需要。

第三条 中卫市人民政府授权市司法行政部门对基层立法联系点进行选定和管理。市司法行政部门负责基层立法联系点的组织协调、联系服务和培训指导等日常工作。

第四条 基层立法联系点所在乡镇、街道办事处、县(区)司法局应当为本行政区域内的联系点工作提供必要的支持和帮助。

第五条 基层立法联系点应当符合以下条件：

(一)坚持正确政治方向；

(二)忠于宪法，模范遵守国家法律法规；

(三)有意愿参与中卫市政府立法工作；

(四)履行工作职责所需的其他条件。

第六条 基层立法联系点的选定，按照下列程序进行：

(一)有关单位根据本规定第五条规定的条件，向市司法行政部门推荐；

(二)市司法行政部门审查推荐名单，确定初选名单；

(三)市司法行政部门审定后在市人民政府官方网站公示5个工作日；

(四)公示期届满无异议或者异议不成立的，由市人民政府行文并授牌。

第七条 基层立法联系点履行以下工作职责：

(一)对中卫市人民政府年度立法工作计划提出意见建议；

(二)对中卫市政府规章草案提出修改建议；

(三)参与立法调研和课题研究等；

(四)反映基层组织、群众提出的立法建议和要求；

(五)协助市司法行政部门开展政府规章实施情况的调查、立法后评估，及时反映政府规章实施中遇到的难点问题，提出修改完善的建议；

(六)对市司法行政部门立法方面的工作提出意见建议。

第八条 基层立法联系点应当发挥本部门(单位)、本行业优势，拓宽联系渠道，创新工作方法，广泛收集意见，注重反馈意见的合法性、科学性、针对性、实用性。

第九条 基层立法联系点应当增强责任意识，建立完善工作机制，为立法工作提供条件，并确定本单位有关负责人和一名工作人员负责立法相关工作。负责人负责立法联系点的相关组织、协调、落实工作，工作人员具体承担立法联系点的相关日常工作。

第十条 向基层立法联系点征集意见建议，可以通过实地调研、召开座谈会、发放征集意见表和网络征集等方式进行，并做好征询意见的记录、整理、研究工作，及时将采纳情况向基层立法联系点反馈，并遵守保密规定。

第十一条 市司法行政部门应当建立工作联系服务机制，负责向基层立法联系点寄送或者通过信息平台发送规章草案、立法背景资料和其他需要征求意见的文件；有保密要求的，应当遵守保密规定。

第十二条 基层立法联系点收到规章草案及有关立法资料后，应当组织相关单位和人员研究或者开展座谈调研，收集整理意见建议，并及时向市司法行政部门反馈。基层立法联系点应当建立工作台账，并保存立法工作档案。

第十三条 市司法行政部门应当组织基层立法联系点相关人员参加相关业务培训、开展工作交流、普及相关法律，帮助其掌握法律知识，切实发挥基层立法联系点作用。

第十四条 基层立法联系点实行动态管理，每五年调整一次。积极支持配合立法工作的单位，可以继续作为基层立法联系点。

第十五条 基层立法联系点有下列情形之一的，经市司法行政部门决定，予以调整：

（一）未按规定较好履行工作职责的；

（二）无正当理由连续多次未按要求参与立法工作的；

（三）立法意见建议未经过研究论证，存在重大合法性问题达到两次的；

（四）有违法违规行为或者损害政府形象行为的；

（五）其他应当调整的情形。

第十六条 市司法行政部门根据工作需要，可以按程序增补有关单位作为基层立法联系点。

第十七条 市司法行政部门应当每年组织对基层立法联系点工作情况进行考核，对优秀单位和个人给予表彰，对存在问题和不足提出改进要求。

第十八条 本制度自印发之日起施行。

中卫市政府立法协商工作制度

第一条 为了完善政府立法协商机制，提高政府规章立法质量，促进科学立法、民主立法、依法立法，根据《中华人民共和国立法法》《规章制定程序条例》等法律法规规定，结合本市实际，制定本制度。

第二条 市人民政府立法协商活动，适用本办法。

第三条 本制度所称的政府立法协商，是指市人民政府规章立法过程中，与政协委员、民主党派、工商联、无党派人士、人民团体、社会组织等进行沟通、交流、讨论，听取意见和建议，并予以研究、参考、采纳和反馈的活动。

第四条 政府立法协商应当遵循广泛参与、平等沟通、依据充分、公正公开的原则，实现立法体现人民意志，保障人民通过多种途径参与政府立法活动。

第五条 市人民政府是政府规章立法主体，负责政府立法协商的组织、协调和保障。

第六条 政府立法协商工作由市司法行政部门、市政协社会和法制委员会负责组织。

第七条 市人民政府可以在以下立法工作或立法事项中开展立法协商：

（一）拟定年度规章立法计划过程中；

（二）规章起草、审修过程中；

（三）规章修改、废止程序进行过程中；

（四）规章立法后评估过程中；

（五）涉及需要通过法定程序将党的主张、党的路线方针政策转化为政府规章的重要事项；

（六）涉及城乡建设与管理、生态文明建设、历史文化保护、基层治理中遇到的突出矛盾和问题的；

（七）涉及社会公众普遍关注的重点、难点问题；

（八）涉及重大社会稳定风险因素的；

（九）存在重大意见分歧或者涉及利益关系重大调整的事项；

（十）其他需要协商的事项。

第八条 政府立法计划协商，由市司法行政部门作为发起人；立法内容协商，在起草阶段需要进行立法协商的，由立法起草部门作为发起人，在审修阶段需要进行立法协商的，由市司法行政部门作为发起人；立法后评估协商，由立法后评估实施部门作为发起人。

第九条 政府立法协商可以通过公开征求意见、书面征求意见，召开座谈会、咨询会、研讨会、论证会、实地走访、专题调研或者评估会等形式开展。

第十条 政府立法协商采取会议形式征求意见的，应当对立法协商相关事项进行介绍说明。政府立法协商采取书面形式征求意见的，应当将文本内容及起草说明、有关参考材料一并发送立法协商对象。政府立法协商采取向社会公开征求意见的，应当发布征求意见公告。

第十一条 政府立法协商参与人应当在深入调查研究、充分掌握真实情况的基础上，积极参与政府立法协商，通过陈述、讨论或者提交书面材料等方式发表意见和建议。

第十二条 立法起草部门、市司法行政部门、立法后评估实施部门应当做好政府立法协商记录，汇总、整理政府立法协商过程中提出的意见和建议，充分沟通协商，认真研究。将政府立法协商成果作为相关立法工作的重要参考，意见建议采纳情况向政府立法协商对象反馈。

第十三条 政府立法协商所需经费，按照有关预算管理的规定列支。

第十四条 本制度自印发之日起施行。

发文目录

2023年中共中卫市委发文目录

序号	文件名称	发布文号
1	关于印发《关于做好2023年全面推进乡村振兴重点工作的实施意见》的通知	卫党发〔2023〕1号
2	关于印发《中卫市委常委会2023年工作要点》的通知	卫党发〔2023〕2号
3	关于印发《中共中卫市委常委会贯彻落实中央八项规定及其实施细则精神的若干措施》的通知	卫党发〔2023〕3号
4	关于新时代坚持和完善人民代表大会制度加强和改进人大工作的实施意见	卫党发〔2023〕4号
5	关于印发《"十四五"期间中卫市人才发展规划》的通知	卫党发〔2023〕5号
6	关于印发《关于加强新时代全市统一战线工作的实施意见》的通知	卫党发〔2023〕6号
7	关于印发《关于坚持我国宗教中国化方向做好新时代全市党的宗教工作的实施意见》的通知	卫党发〔2023〕7号
8	关于印发《中卫市国家卫生城市复审工作方案》的通知	卫党发〔2023〕8号
9	关于市委常委工作分工的通知	卫党发〔2023〕9号
10	关于印发《关于在全市深入开展学习贯彻习近平新时代中国特色社会主义思想主题教育的实施方案》的通知	卫党发〔2023〕10号
11	中共中卫市委员会 中卫市人民政府关于给予曾小明同志记个人二等功的决定	卫党发〔2023〕11号

2023年中共中卫市委办公室发文目录

序号	文件名称	发布文号
1	关于印发《中卫"十四五"退役军人服务和保障规划》的通知	卫党办发〔2023〕2号
2	关于印发《中卫市退役军人工作政策制度改革实施方案》的通知	卫党办发〔2023〕3号
3	关于印发《中卫市国防动员办公室职能配置、内设机构和人员编制规定》的通知	卫党办发〔2023〕4号
4	关于印发《中卫市2023年度市级领导包抓特色产业、重点工作、重点项目任务分工方案》的通知	卫党办发〔2023〕5号
5	关于深入学习宣传贯彻习近平总书记在党的二十大精神研讨班上的重要讲话精神的通知	卫党办发〔2023〕6号
6	关于印发《关于全面贯彻落实党的二十大精神坚定不移把改革推向前进的实施意见任务分工方案》的通知	卫党办发〔2023〕7号
7	关于印发《中卫市属国有企业领导人员选拔任用工作办法(试行)》的通知	卫党办发〔2023〕8号
8	关于印发《中卫市市域社会治理现代化试点合格城市创建工作实施方案》的通知	卫党办发〔2023〕9号
9	关于印发《全市居民收入提升行动实施方案(2023—2027年)》的通知	卫党办发〔2023〕10号
10	关于印发《关于进一步理顺中卫市留置中心管理体制提升服务保障能力的改革工作方案》的通知	卫党办发〔2023〕11号
11	关于印发《中卫市大兴调查研究的实施方案》的通知	卫党办发〔2023〕12号
12	关于全市2022年度效能目标管理考核结果的通报	卫党办发〔2023〕13号
13	关于印发《"十四五"平安中卫建设规划》的通知	卫党办发〔2023〕15号
14	关于印发《关于建立"有求必应、无事不扰"工作机制进一步优化营商环境的意见(试行)》的通知	卫党办发〔2023〕16号
15	关于印发《中卫市高新技术产业开发集团有限公司改革方案》的通知	卫党办发〔2023〕17号
16	关于印发《中卫市生态环境资源案件联合执纪执法工作机制(试行)》的通知	卫党办发〔2023〕19号
17	关于印发《中卫市加强巡察整改和成果运用实施办法》的通知	卫党办发〔2023〕20号
18	关于印发《中卫市推进"科创中国"宁夏行动实施方案(2023—2025年)》的通知	卫党办发〔2023〕21号
19	关于印发《关于贯彻落实〈国家标准化发展纲要〉的实施方案》的通知	卫党办发〔2023〕22号
20	关于印发《中卫市安全生产责任落实干部"究""调"机制(试行)》的通知	卫党办发〔2023〕23号

续表

序号	文件名称	发布文号
21	关于印发《关于加强新时代离退休干部党的建设工作的实施意见》的通知	卫党办发〔2023〕24号
22	关于印发《中卫市创建国家食品安全示范城市实施方案》的通知	卫党办发〔2023〕25号
23	关于进一步规范市委公文处理工作的通知	卫党办发〔2023〕26号
24	关于印发《中卫市关于开展用能权有偿使用和交易改革提高能源要素配置效率的实施方案》的通知	卫党办发〔2023〕27号
25	关于印发《关于总结推广浙江"千万工程"经验加快建设乡村全面振兴示范市的实施意见(2023—2027年)》的通知	卫党办发〔2023〕28号
26	关于印发《中卫市市属国有林场深化改革实施方案》的通知	卫党办发〔2023〕29号
27	关于印发《关于加快建设宜居宜业宜游示范市的实施方案(2023—2025年)》《关于加快建设产业转型升级示范市的实施方案(2023—2025年)》的通知	卫党办发〔2023〕30号
28	关于印发《中卫市耕地保护党政同责实施办法(试行)》《中卫市耕地保护十条措施(试行)》的通知	卫党办发〔2023〕31号
29	关于印发《2023年度中卫市效能目标管理考核实施方案》的通知	卫党办发〔2023〕32号
30	关于印发《中卫市碳达峰实施方案》的通知	卫党办发〔2023〕33号
31	关于印发《中卫市贯彻中央民族工作会议精神检查暨宗教工作督查反馈意见整改清单》的通知	卫党办发〔2023〕34号
32	关于印发《中卫市委常委会及其委员落实耕地保护和粮食安全责任制职责清单》和《中卫市政府领导班子及其成员落实耕地保护和粮食安全责任制职责清单》的通知	卫党办发〔2023〕35号
33	关于做好2024年元旦春节期间有关工作的通知	卫党办发〔2023〕36号
34	关于印发《关于进一步加强市、县(区)、乡(镇)及村(社区)综治中心规范化建设的实施方案(试行)》的通知	卫党办发〔2023〕37号
35	关于印发《关于实施财源建设工程推进全市经济高质量发展的实施方案》的通知	卫党办发〔2023〕38号

2023年中卫市政府发文目录

序号	文件名称	发布文号
1	关于印发《2023年市本级财政收支预算》的通知	卫政发〔2023〕1号
2	关于恳请协调帮助宁夏天元锰业集团有限公司恢复供电复工复产的请示	卫政发〔2023〕2号
3	关于中卫市2022年地方政府隐性债务情况的报告	卫政发〔2023〕3号
4	关于对海原县委、县政府办公楼和政府礼堂进行抗震加固维修的请示	卫政发〔2023〕4号
5	关于中卫市沙坡头区2023年第一批次城镇建设用地的请示	卫政发〔2023〕5号
6	关于中卫市茂烨冶金有限责任公司新建330千伏变电站项目建设用地的请示	卫政发〔2023〕6号
7	关于2022年度实施乡村振兴战略进展情况的报告	卫政发〔2023〕7号
8	关于全面推行河湖长制工作情况的报告	卫政发〔2023〕8号
9	关于中卫市2022年全域旅游工作情况报告	卫政发〔2023〕9号
10	关于2022年度中卫市创新驱动发展战略推进情况的报告	卫政发〔2023〕10号
11	关于中卫市沙坡头区2023年第二批次城镇建设用地的请示	卫政发〔2023〕13号
12	关于2022年度实行最严格水资源管理制度和节水型社会建设考核工作自查情况的报告	卫政发〔2023〕15号
13	关于2022年度法治政府建设工作情况的报告	卫政发〔2023〕17号
14	关于龙源长流水330kV输变电工程项目建设用地的请示	卫政发〔2023〕18号
15	关于印发《中卫市人民政府工作规则》的通知	卫政发〔2023〕19号
16	关于做好全市第五次全国经济普查工作的通知	卫政发〔2023〕21号
17	关于印发《中卫市2023年度重大行政决策事项目录》的通知	卫政发〔2023〕22号
18	关于中卫市压砂地退出和生态修复情况的报告	卫政发〔2023〕23号
19	关于印发《中卫市"十四五"节能规划》的通知	卫政发〔2023〕24号
20	关于中卫市沙坡头区2023年第三批次城镇建设用地的请示	卫政发〔2023〕25号
21	关于聘任李海平为中卫市特聘专家的通知	卫政发〔2023〕26号

续表

序号	文件名称	发布文号
22	关于选派武警战士参与自治区第十六届运动会暨首届残特奥运动会开(闭)幕式升旗仪式的请示	卫政发〔2023〕27号
23	关于协调解决中卫市与阿拉善盟开展腾格里沙漠东南部新能源大基地合作开发项目有关事宜的请示	卫政发〔2023〕28号
24	关于中卫市沙坡头区2023年第四批次城镇建设用地的请示	卫政发〔2023〕30号
25	关于申请自治区首届残特奥运动会经费的请示	卫政发〔2023〕31号
26	关于审批《中卫市国土空间总体规划(2021—2035年)》(送审稿)的请示	卫政发〔2023〕32号
27	关于邀请参加2023中国宁夏中卫(沙坡头)第十三届丝绸之路大漠黄河国际文化旅游节启动仪式的请示	卫政发〔2023〕33号
28	关于旅游环境质量提升工作开展情况和投诉件办理情况的报告	卫政发〔2023〕34号
29	关于沙坡头区天井子山分散式风电项目建设用地的请示	卫政发〔2023〕35号
30	关于宁夏大学中卫校区办学情况的报告	卫政发〔2023〕36号
31	关于中卫市沙坡头区2023年第五批次城镇建设用地的请示	卫政发〔2023〕38号
32	关于沙坡头区兴仁镇污水处理厂建设项目建设用地的请示	卫政发〔2023〕39号
33	关于宁国运沙坡头区100MW复合光伏项目建设用地的请示	卫政发〔2023〕40号
34	关于对2022年黄河流域生态环境警示片披露突出问题整改申请验收销号的请示	卫政发〔2023〕43号
35	关于提请验收销号宁夏2022年黄河流域生态环境警示片披露落实"四水四定"要求不严格问题整改任务的请示	卫政发〔2023〕47号
36	关于2023年上半年亮点工作的报告	卫政发〔2023〕50号
37	关于命名中卫市第十三批农业产业化重点龙头企业的决定	卫政发〔2023〕51号
38	关于对宁夏2022年黄河流域生态环境警示片披露中宁县污水处理厂突出问题整改申请验收销号的请示	卫政发〔2023〕52号
39	关于印发市长副市长和秘书长等工作分工的通知	卫政发〔2023〕54号
40	关于选派武警战士参与自治区首届残特奥运动会开(闭)幕式升旗仪式的请示	卫政发〔2023〕55号
41	关于举办2023云天大会相关事宜的请示	卫政发〔2023〕56号
42	关于邀请自治区领导出席2023云天大会的请示	卫政发〔2023〕57号
43	关于恳请将中卫云基地数据中心稳定电价实施方案纳入自治区年度开发建设方案的请示	卫政发〔2023〕58号
44	关于沙坡头区2023年第七批次城镇建设用地的请示	卫政发〔2023〕59号
45	关于沙坡头区2023年第七批次城镇建设用地涉及工业项目选址有关情况的报告	卫政发〔2023〕60号
46	关于宁夏回族自治区首届残特奥运动会有关情况的报告	卫政发〔2023〕61号
47	关于成立中宁县大战场镇兴业村村民新建房施工事故调查组的通知	卫政发〔2023〕62号
48	关于申请出具沙坡头区峡门水库大坝除险加固工程一期项目符合生态保护红线内允许有限人为活动认定意见的请示	卫政发〔2023〕65号
49	关于龙源孟家湾330kV升压站项目建设用地的请示	卫政发〔2023〕70号
50	关于宁夏中卫综合应急储配煤中心建设项目建设用地的请示	卫政发〔2023〕71号
51	关于审批海原县国土空间总体规划(2021—2035年)的请示	卫政发〔2023〕79号
52	关于中卫市中沟路(宁钢大道至机场大道东段)改建工程建设用地的请示	卫政发〔2023〕80号
53	关于中卫市沙坡头区2023年第八批次城镇建设用地的请示	卫政发〔2023〕81号
54	关于宁夏天都山750千伏输变电工程建设用地的请示	卫政发〔2023〕82号
55	关于中卫市中沟路(宁钢大道至机场大道中段)改建工程建设用地的请示	卫政发〔2023〕83号
56	关于印发《中卫市人民政府关于进一步加强同民主党派工商联和无党派人士联系的制度》的通知	卫政发〔2023〕84号
57	关于印发中卫数据中心集群建设规划(2023—2030年)的通知	卫政发〔2023〕85号
58	关于中卫市2023年服务实体经济防控金融风险深化金融改革情况的报告	卫政发〔2023〕86号
59	关于西气东输三线中段(中卫—吉安)项目(沙坡头区段)建设用地的请示	卫政发〔2023〕87号
60	关于批准同意宁夏中宁工业园区调整规划范围的请示	卫政发〔2023〕88号
61	关于调整宁夏中卫市黄河流域规模化防沙治沙2023年中央财政国土绿化试点示范项目部分实施地点的请示	卫政发〔2023〕89号
62	关于2023年生态环境保护工作情况的报告	卫政发〔2023〕93号

2023年中卫市政府办公室发文目录

序号	文件名称	发布文号
1	关于审定中卫市2023年慰问活动方案(送审稿)的请示	卫政办发〔2023〕1号
2	关于印发中卫市云计算和大数据产业发展“十四五”规划的通知	卫政办发〔2023〕2号
3	关于印发中卫市大型活动社会治安领域应急预案中卫市群体性突发事件应急预案的通知	卫政办发〔2023〕3号
4	关于印发《中卫市促进农村客运高质量发展实施方案》的通知	卫政办发〔2023〕4号
5	关于印发《中卫市提升农村公路质量服务乡村振兴三年攻坚行动实施方案》的通知	卫政办发〔2023〕5号
6	关于印发中卫市人民政府2023年立法工作计划的通知	卫政办发〔2023〕6号
7	关于印发中卫市农村寄递物流体系建设实施方案的通知	卫政办发〔2023〕7号
8	关于印发《中卫市人民政府常务会议工作规则》的通知	卫政办发〔2023〕8号
9	关于印发中卫市能源产业发展“十四五”规划的通知	卫政办发〔2023〕9号
10	关于印发《中卫市推动新材料产业高质量发展政策措施》的通知	卫政办发〔2023〕10号
11	关于提请市政府常务会议审议《中卫市2023年度重大行政决策事项目录(送审稿)》的请示	卫政办发〔2023〕11号
12	关于印发中卫市“十四五”建筑节能专项规划的通知	卫政办发〔2023〕12号
13	关于印发中卫市大面积停电事件应急预案等6个应急预案的通知	卫政办发〔2023〕13号
14	关于印发《关于加强中卫市入河(湖、沟)排污口排查整治和监督管理工作实施方案》的通知	卫政办发〔2023〕14号
15	关于认真做好市五届人大二次会议代表建议和市政协五届二次会议提案办理工作的通知	卫政办发〔2023〕15号
16	关于印发《中卫市“扩大有效投资巩固提升年”活动实施方案》《中卫市项目“五比”活动实施方案》的通知	卫政办发〔2023〕16号
17	关于印发中卫市地质灾害防治规划(2021—2025年)的通知	卫政办发〔2023〕17号
18	关于认真做好自治区十三届人大一次会议代表建议和自治区政协十二届一次会议提案办理工作的通知	卫政办发〔2023〕18号
19	关于印发中卫市落实《宁夏回族自治区关于贯彻落实〈计量发展规划(2021—2035年)〉的实施意见》工作方案的通知	卫政办发〔2023〕19号
20	关于印发中卫市自然灾害救助专项应急预案等7个专项应急预案的通知	卫政办发〔2023〕21号
21	关于印发中卫市2023年服务业高质量发展工作要点的通知	卫政办发〔2023〕22号
22	关于印发《关于深化公共资源交易平台整合共享进一步规范公共资源交易活动的实施意见》的通知	卫政办发〔2023〕25号
23	关于印发中卫市道路交通安全管理“十四五”发展规划的通知	卫政办发〔2023〕27号
24	关于印发《中卫市消费环境质量提升攻坚整治专项行动工作方案》的通知	卫政办发〔2023〕28号
25	关于印发《中卫市外资三年外贸五年倍增计划实施方案(2023—2027年)》的通知	卫政办发〔2023〕29号
26	关于印发《中卫市广播电视安全播出应急预案》的通知	卫政办发〔2023〕30号
27	关于印发《中卫市进一步盘活存量资产扩大有效投资实施方案》的通知	卫政办发〔2023〕31号
28	关于印发中卫市城镇燃气突发事件应急预案和中卫市城市排水防涝应急预案的通知	卫政办发〔2023〕32号
29	关于印发中卫市城镇燃气发展“十四五”规划(2021—2025年)的通知	卫政办发〔2023〕33号
30	关于印发《中卫市新污染物治理工作方案》的通知	卫政办发〔2023〕34号
31	关于印发中卫市完整社区建设试点工作实施方案的通知	卫政办发〔2023〕36号
32	关于印发《关于落实自治区支持中卫大数据产业中心市高质量发展实施方案任务清单》的通知	卫政办发〔2023〕37号
33	关于印发《关于落实自治区人民政府办公厅关于促进全国一体化算力网络国家枢纽节点宁夏枢纽建设若干政策的意见任务清单》的通知	卫政办发〔2023〕38号
34	关于印发《中卫市2023年政务公开工作要点》的通知	卫政办发〔2023〕39号
35	关于印发中卫市监控化学品生产安全事故应急预案的通知	卫政办发〔2023〕40号
36	关于印发中卫市城市更新三年行动2023年工作计划的通知	卫政办发〔2023〕41号
37	关于印发《中卫市行政许可事项清单(2023年版)》的通知	卫政办发〔2023〕42号
38	关于印发《中卫市养老托育服务高质量发展实施方案》的通知	卫政办发〔2023〕43号
39	关于做好2024年项目谋划储备工作的通知	卫政办发〔2023〕44号
40	关于印发《中卫市扩大有效投资百日攻坚工作方案》的通知	卫政办发〔2023〕45号
41	关于印发《中卫市农产品质量安全突发事件应急预案》等4个应急预案的通知	卫政办发〔2023〕46号
42	关于印发《中卫市政务信息化项目管理办法(试行)》的通知	卫政办发〔2023〕47号

续表

序号	文件名称	发布文号
43	关于印发《中卫市商贸流通行业突发事件应急救援预案》《中卫市成品油零售领域突发事件应急救援预案》的通知	卫政办发〔2023〕48号
44	关于印发市人民政府办公室主任等工作分工的通知	卫政办发〔2023〕49号
45	关于印发《中卫市道路运输交通事故应急预案》等4个应急预案的通知	卫政办发〔2023〕50号
46	关于印发《中卫市沙坡头机场突发事件应急预案》和《中卫市物流行业领域突发事件应急预案》的通知	卫政办发〔2023〕51号
47	关于印发《中卫市政府规章立法后评估制度》《中卫市政府基层立法联系点工作制度》《中卫市政府立法协商工作制度》的通知	卫政办发〔2023〕52号
48	关于印发中卫市"数字+产业"倍增行动计划(2023—2027年)的通知	卫政办发〔2023〕53号
49	关于印发《中卫市加快县域经济和城区经济高质量发展2023年重点任务分工方案》的通知	卫政办发〔2023〕55号
50	关于印发《中卫市重点外贸外资企业"一企一计划"工作实施方案》的通知	卫政办发〔2023〕57号
51	关于印发《中卫市公共安全突发事件应急预案》的通知	卫政办发〔2023〕58号
52	关于印发《中卫市药品安全突发事件应急预案(试行)》的通知	卫政办发〔2023〕60号
53	关于印发中卫市开展碳排放权改革全面融入全国碳市场实施方案的通知	卫政办发〔2023〕61号
54	关于印发《中卫市贯彻落实〈宁夏回族自治区质量强区建设纲要〉实施方案》的通知	卫政办发〔2023〕62号
55	关于印发《中卫市推进"一业一证"改革实施方案》的通知	卫政办发〔2023〕63号
56	关于做好主要畜禽监测调查样本轮换工作的通知	卫政办发〔2023〕64号
57	关于印发加强数字政府建设实施方案的通知	卫政办发〔2023〕65号
58	关于印发国务院推动高质量发展综合督查实地督查迎检准备工作任务分工方案的通知	卫政办发〔2023〕66号
59	关于印发中卫市紧密型城市医疗集团建设试点工作方案的通知	卫政办发〔2023〕67号
60	关于印发中卫市突发事件医疗救护及防疫保障方案的通知	卫政办发〔2023〕68号
61	关于印发落实自治区深入推进新型工业强区五年计划任务分工方案的通知	卫政办发〔2023〕69号
62	关于印发中卫市现代化工产业高质量发展实施方案	卫政办发〔2023〕70号
63	关于印发中卫市行政审批中介服务事项目录清单(2023年)的通知	卫政办发〔2023〕71号
64	关于审议《中卫市人民政府关于进一步加强同民主党派工商联和无党派人士联系的制度(送审稿)》的请示	卫政办发〔2023〕72号
65	关于印发《关于加快推进中卫市新能源汽车充电基础设施建设的实施方案》的通知	卫政办发〔2023〕73号
66	关于印发中卫市耕地保护网格化监管工作方案的通知	卫政办发〔2023〕74号
67	关于印发中卫市贯彻落实自治区事故隐患自查核查排查督查调查验查责任"六查"倒查办法责任清单的通知	卫政办发〔2023〕75号
68	关于印发中卫市落实《关于推进服务业加快恢复确保完成全年目标任务的若干措施》任务分工的通知	卫政办发〔2023〕76号
69	关于印发《中卫市建设全国儿童青少年近视综合防控改革示范区工作方案》的通知	卫政办发〔2023〕77号
70	关于印发《中卫市提升行政执法质量三年行动任务清单(2023—2025年)》的通知	卫政办发〔2023〕78号
71	关于印发《中卫市县乡"属地管理"事项主体责任和配合责任清单(2023年版)》的通知	卫政办发〔2023〕79号
72	关于印发中卫市辐射事故应急预案的通知	卫政办发〔2023〕80号
73	关于市政府领导班子主题教育检视问题整改销号的请示	卫政办发〔2023〕81号
74	关于2024年部分节假日安排的通知	卫政办发〔2023〕82号
75	关于印发中卫市承接自治区人民政府授权农村村民住宅用地审批权实施方案(试行)的通知	卫政办发〔2023〕83号
76	关于印发中卫市持续加强禁牧封育工作实施方案的通知	卫政办发〔2023〕84号
77	关于印发《中卫市规模以上工业企业高质量发展分类评价管理工作实施方案(试行)》的通知	卫政办发〔2023〕85号
78	关于印发中卫市行政机关事业单位工作人员医疗补助实施办法的通知	卫政办发〔2023〕86号
79	关于印发《中卫市应急广播体系建设实施方案》的通知	卫政办发〔2023〕87号
80	关于印发中卫数据中心集群产业发展专项规划的通知	卫政办发〔2023〕88号
81	关于印发中卫市重污染天气应急预案的通知	卫政办发〔2023〕89号
82	关于对中卫市沙坡头区城区声环境功能区调整划分(2021年)补充说明的通知	卫政办发〔2023〕90号
83	关于印发2023年中卫市城市体检工作方案的通知	卫政办发〔2023〕91号
84	关于延长《中卫市市属城市公立医院综合改革财政补偿管理办法》有效期的通知	卫政办发〔2023〕92号